V.-L. TAPIÉ

DIE VÖLKER UNTER DEM DOPPELADLER

W0394162

V.-L. TAPIÉ

DIE VÖLKER UNTER DEM DOPPELADLER

STYRIA

Ins Deutsche übertragen von Gerald und Uta Szyszkowitz
Der Titel der französischen Originalausgabe lautet
„Monarchie et peuples du Danube“
und erschien © 1969 bei Librairie Arthème Fayard, Paris

1975 Verlag Styria Graz Wien Köln
Alle Rechte der deutschen Ausgabe vorbehalten
Printed in Austria
Umschlaggestaltung: Christoph Albrecht
Gesamtherstellung:
Druck- und Verlagshaus Styria, Graz
ISBN 3-222-10885-4

INHALTSVERZEICHNIS

IV. DER DREISSIGJÄHRIGE KRIEG

92

V. LICHT UND SCHATTEN DES BAROCK

120

VI. DAS WERDEN DER MONARCHIE ZU EINER GANZHEIT

143

VII. REFORM UND AUFKLÄRUNG

172

VIII. JOSEPH II.

207

IX. ZWISCHEN DEN REVOLUTIONEN

X. AUS ÖSTERREICH WIRD ÖSTERREICH-UNGARN

XI. INDUSTRIALISIERUNG UND NATIONALITÄTENFRAGE

XII. DER ZUSAMMENBRUCH

342

SCHLUSS

377

ANHANG

389

EINLEITUNG

„Österreich ... In dem neuen Europa, das nun geboren wird, ist dafür kein Platz mehr. Totengräber, schafft diesen Leichnam fort ..." So schrieb am 3. Oktober 1918 mit dem Pathos der großen französischen rhetorischen Tradition im „Journal franco-tchèque" der Historiker Ernest Denis, der große Freund der tschechischen Nation, der mit seinem berühmten Werk über Böhmen seit der Schlacht am Weißen Berge „La Bohême depuis la Montagne Blanche" ein blendendes Beispiel engagierter „politischer" Geschichtsschreibung geliefert hatte. Die junge Tschechoslowakische Republik hat ihm dann auch bekanntlich ihre Dankbarkeit dadurch erwiesen, daß sie einen der Bahnhöfe der Hauptstadt Prag den Namen des französischen Historikers verlieh, während die beiden anderen nach dem amerikanischen Präsidenten Woodrow Wilson und dem Staatsgründer und ersten tschechoslowakischen Staatspräsidenten Thomas G. Masaryk benannt wurden. In einer Zeit, in der manchmal der Wert und die „gesellschaftliche Relevanz" der Geschichtswissenschaft angezweifelt werden, mag die Erinnerung an diese ungewöhnliche Ehrung eines Historikers — denn es dürfte kaum ein anderes Beispiel für die Benennung eines Bahnhofes nach einem Geschichtsschreiber geben — den Jüngern der Muse Klio zu Trost und moralischer Stärkung gereichen.

Wenn wir die polemische anti-österreichische und anti-habsburgische Haltung von Ernest Denis mit dem ausgewogenen und verständnisvollen Urteil seines jüngeren Landsmanns Victor-Lucien Tapié in dem vorliegenden Werk vergleichen, so können wir daran den Wandel der Auffassung nicht nur in Frankreich, sondern auch in den anderen Ländern ermessen, die sich 1918 auf der Seite der Sieger befanden; einen Wandel, der die Frucht von mehr als einem halben Jahrhundert historischer Studien, Forschungen und Überlegungen, vor allem aber auch von Erlebnissen und Erfahrungen mannigfaltigster Art gewesen ist. Der Unterschied ist umso eindrucksvoller, als die beiden bedeutenden französischen Historiker Denis und Tapié, was ihre intellektuelle Entwicklung und die fortschreitende Bildung ihres Interesses für Mitteleuropa und die Donauländer betraf, mehr als eine Gemeinsamkeit aufweisen.

Denn auch Victor-Lucien Tapié war ein großer und aufrichtiger Freund Böhmens und des tschechischen Volkes, dessen Sprache er liebte und fließend in Wort und Schrift beherrschte. Ja gerade einem langen Aufenthalt im „goldenen Prag" als junger französischer Gastprofessor in der Zwischenkriegszeit verdankte er seine Einführung in die Probleme des mitteleuropäischen Raumes und seiner Geschichte, wobei er, der seine ersten historischen Studien den französischen Beziehungen zu den Ländern der Wenzelskrone am Vorabend des Dreißigjährigen Krieges und seine ersten beiden Bücher der Geschichte der böhmischen Brüderunität und der französischen Außenpolitik zur Zeit der Schlacht am Weißen Berge gewidmet hatte — das zweite dieser Bücher wurde mit dem „Prix Drouyn de Lhuys" der „Académie des Sciences morales et politiques" sowie mit dem „Prix Ernest Denis" der Böhmischen Akademie der Wissenschaften und Künste ausgezeichnet und sogleich ins Tschechische übersetzt —, sich dann in einer zeitgeschichtlichen Studie auch mit dem polnisch-tschechischen Streit um Teschen beschäftigte.

Seine enge Verbundenheit mit dem tschechischen Volk und die zahlreichen Ehrungen, die ihm von dieser Seite zuteil wurden, haben ihn aber nicht blind gemacht für die positiven Leistungen der Habsburgermonarchie. Denn wenn er auch in der großen Tradition der französischen böhmischfreundlichen politischen Historiographie stand, so begnügte er sich nicht damit, gleichsam nur auf einer Seite der Barrikade zu stehen und zu kämpfen. So hat er zwar mit besonderer Liebe und Einfühlungsverständnis die Beziehungen zwischen Frankreich und Böhmen herausgearbeitet — wofür etwa in diesem Werk das schöne Kapitel über den böhmischen König und römischen Kaiser Karl IV. aus dem Hause Luxemburg charakteristisch ist —, andererseits aber doch treffend hervorgehoben, daß es für die nichtdeutschen Nationalitäten des Donauraumes geradezu eine Beleidigung wäre, wenn man annehmen wollte, sie seien für nahezu vier Jahrhunderte — von 1526 bis 1918 — gewaltsam durch die Herrschaft einer von ihnen als fremd empfundenen Dynastie „unterjocht" worden. Er teilte keineswegs, ja er verurteilte scharf, die Kurzsichtigkeit gewisser Nachkriegspolitiker der „vom habsburgischen Joch befreiten Völker", die nach 1918 offen über den Niedergang Wiens triumphierten und die Hoffnung aussprachen, daß auf dem Stephansplatz bald das Gras wachsen werde. Ein anderer bedeutender französischer Historiker, Jacques Droz — wie Tapié ein hervorragender Kenner der österreichischen und mitteleuropäischen Geschichte —, hat in einem Diskussionsbeitrag auf dem XLI. Kongreß des „Instituto per la storia del Risorgimento Italiano" in Trient im Oktober 1963, der dem Ersten Weltkrieg und seinen Folgen gewidmet war, den Wandel in den Auffassungen der neueren französischen Historiographie seit den Tagen von Ernest Denis skizziert und dabei die verschiedenen Reformbestrebungen im sozialistischen wie im katholisch-konservativen Lager vor 1914 hervorgehoben sowie die positive Einstellung nahezu aller verantwortlichen Politiker der verschiedenen Nationalitäten zum Fortbestand der Monarchie. Abschließend bemerkte er: „Die österreichisch-ungarische Monarchie erfüllte vor 1914 eine unbestreitbare Mission, und sie war zweifellos nicht jener ‚Völkerkerker', als den man sie zu oft geschildert hat. Man kann sich fragen, ob die Nachfolgestaaten besser als sie imstande waren, die nationalen Probleme zu lösen. Der nationale Gedanke, an sich sehr anerkennenswert, ist allzuoft ein Werkzeug der Unterdrückung geworden. Vielleicht hätte es der Klugheit entsprochen, wenn die nationalen Aspirationen ihre Entwicklung im Rahmen eines Vielvölkerstaates gefunden hätten."

Man darf allerdings nicht vergessen — und gerade die französischen Historiker mit ihrer seit Jahrzehnten beispielhaften Ausrichtung auf Sozial- und Wirtschaftsgeschichte sind gewiß nicht in diesen Fehler verfallen —, daß die Problematik der Donaumonarchie sich keineswegs mit den nationalen Fragen erschöpfte, sondern daß man im Gegenteil, um die Ausbildung, den Aufstieg, die lange Lebensdauer und schließlich den Zerfall des Habsburgerreiches zu verstehen, gerade auch die ökonomischen und sozialen Probleme von Grund auf studieren muß, und zwar sowohl diese Fragen an sich wie besonders ihre komplizierte Verflechtung und Überschneidung mit eben jenen nationalen und ethnischen Problemen. Auch in dieser Hinsicht hat die genaue Kenntnis der Geschichte Böhmens Tapié eine hervorragende Grundlage für seine Studien geboten. Denn die „Länder der Wenzelskrone" (Böhmen, Mähren und Schlesien) waren in den ersten drei Jahrhunderten der Neuzeit wirtschaftlich weit bedeutender als die österreichischen Länder im engeren Sinne, die fünf Herzogtümer Österreich ober und unter der Enns, Steiermark, Kärnten und Krain, die beiden Grafschaften Tirol und Görz sowie die „österreichischen Vorlande" oder „Vorderösterreich", der habsburgische Streubesitz am Oberrhein, der oberen Donau, am Bodensee, kurz „jenseits des Arlberg", und erst recht natürlich weit bedeutender als das bis 1687 zum großen Teil noch von den Türken besetzte Ungarn.

Schon von der zweiten Hälfte des achtzehnten Jahrhunderts an und erst recht im neunzehnten und zu Beginn des zwanzigsten Jahrhunderts waren die Länder der Wenzelskrone dann Schauplatz und Zentrum der Industrialisierung und des Eindringens moderner Wirtschaftsformen nach Mitteleuropa. So liegt gerade auch auf diesem Gebiet der koordinierenden und synthetischen Behandlung der ökonomischen und sozialen Probleme einerseits und der mit ihnen verbundenen politischen und kulturellen andererseits ein besonderer Vorzug des vorliegenden Werkes.

Ein englischer Historiker, der sich ähnlich wie Tapié durch Jahrzehnte immer wieder mit der Geschichte Mitteleuropas und des alten wie des neuen Österreich beschäftigt hat, Carlile Aylmer Macartney, hat vor einigen Jahren in einem kleinen, aber inhaltsreichen Buch über Maria Theresia geschrieben, die späteren österreichischen Historiker seien durchwegs „centralist-minded middle-class ‚progressives' " gewesen und seien deshalb in der Beurteilung der Auseinandersetzungen zwischen der Zentralgewalt und den Ständen der einzelnen Länder stets für die zentralistische Auffassung eingetreten. Was die Historiker des Gesamtstaates und besonders jene der Geschichte der Zentralverwaltung betrifft, so hat Macartney mit dieser Beobachtung zweifellos recht.

Die meisten österreichischen Historiker stammten und stammen aus der Schicht der altösterreichischen, im theresianisch-josephinischen Reformzeitalter entstandenen Bürokratie, und es war daher wohl unvermeidlich, daß in ihren Urteilen der Standpunkt der Zentralgewalt und der „Gesamtstaatsidee" als des „höheren" und „fortschrittlicheren" Prinzips gegenüber der Auffassungen der böhmischen und ungarischen „feudalen" Aristokratie bevorzugt wurde. Der von „angeborenen Vorurteilen" freie französische Historiker aber, der im Laufe seines Lebens viele persönliche Freundschaftsbeziehungen nicht nur zu den Fachkollegen in Prag, Budapest und Wien, sondern auch zu vielen großen historischen Familien aus der Aristokratie der Donauländer anknüpfen konnte, war daher wohl auch besser als manch anderer geeignet, die verschiedenen, einander entgegengesetzten Auffassungen zu verstehen, darzulegen und zu einem ausgewogenen eigenen Urteil zu gelangen.

Schließlich sei noch auf einen anderen, meist zuwenig beachteten Faktor hingewiesen, der dieses Werk des französischen Historikers gerade auch für österreichische Leser so interessant und fruchtbar macht: auf die Tatsache des jahrhundertelangen Antagonismus zwischen Frankreich und Österreich, auf die Rivalität und das Ringen zwischen den Dynastien Valois-Bourbon und Habsburg-Lothringen, auf den Kampf zwischen „Wien und Versailles". Es war ein jahrhundertealter Gegensatz, der allerdings auch immer wieder unterbrochen wurde von kurzen und meist bald, oft tragisch, gescheiterten Versuchen, ein Einvernehmen zwischen den beiden führenden katholischen Mächten des Kontinents herzustellen. Dieser Antagonismus hat, wie es sehr häufig in der Geschichte geschieht, natürlich auch wiederholt zu einer Angleichung und Entsprechung der Gegner geführt, wofür nur als Beispiele etwa die Übernahme merkantilistischer Wirtschaftsprinzipien durch den Wiener Hof im Zeitalter des Absolutismus, der starke Einfluß der französischen Aufklärung auf das österreichische Geistesleben und dann etwa die kulturelle Rivalität zwischen den beiden Hauptstädten im neunzehnten Jahrhundert genannt seien. Gerade in dieser Entsprechung und Angleichung mag mit ein Teil jener Anziehungskraft begründet sein, welche die österreichische Geschichte, auch und gerade nach dem Untergang der Donaumonarchie, auf französische Historiker wie Tapié und Droz und ihre Schüler ausgeübt hat und auch weiterhin ausübt.

Victor-Lucien Tapié ist bis zu seinem am 23. September 1974 im Alter von 74 Jahren erfolgten Tod ein großer und treuer Freund Österreichs und der österreichischen Geschichte gewesen. Die 1965 erfolgte Wahl zum korrespondierenden Mitglied im Ausland der Österreichischen Akademie der Wissenschaften und die Verleihung der höchsten Auszeichnung, die dieses Land für wissenschaftliche Verdienste zu vergeben hat, des österreichischen Ehrenzeichens für Wissenschaft und Kunst, haben ihn aufrichtig gefreut. Wann immer es ihm möglich war, hat er Österreich besucht, hat an der Universität, in der Akademie der Wissenschaften und im Französischen Kulturinstitut in seinem wunderbaren, eleganten Französisch Vorträge gehalten, und sein markanter Kopf unter dem dichten schneeweißen Haar zog bei den Festsitzungen der Akademie stets die Blicke auf den Gelehrten, der auch in Erscheinung, Haltung und Gebärde wie ein idealtypischer Repräsentant des „gentilhomme" seines geliebten „grand siècle", des Jahrhunderts von „Baroque et classicisme" (dies der Titel eines anderen vielbeachteten Werkes von Tapié, das 1957 in erster, 1972 in erweiterter und umgearbeiteter Form erschien) wirkte. Sein letztes Werk aber war wiederum der österreichischen Geschichte gewidmet: „L'Europe de Marie Thérèse. Du baroque aux lumières" (Paris 1973). Ein Vortrag über dieses Thema im Französischen Kulturinstitut in Wien war sein letztes öffentliches Auftreten in Österreich.

Dem Österreichischen Kulturinstitut in Paris war er gleichfalls ein treuer und verläßlicher Freund und Berater. Österreichische junge Historiker, die als Stipendiaten in die französische Hauptstadt kamen, fanden bei ihm stets ein offenes Ohr, und kaum jemals fehlte er bei Gastvorträgen deutschsprachiger Kollegen in Paris, sei es im Österreichischen Kulturinstitut, im Deutschen Historischen Institut oder im Goethe-Institut. Zahlreiche seiner Schüler hat er auf die österreichische Geschichte verwiesen, und einer seiner Lieblingsschüler, Jean Berenger, der mehrere Jahre in Wien studierte und ein ständig gerne gesehener Benützer aller großen Archive auf dem Gebiet der ehemaligen Habsburgermonarchie ist, hat soeben sein großes zweibändiges Werk über Finanzen und Absolutismus Österreichs in der zweiten Hälfte des XVII. Jahrhunderts veröffentlicht, das „in Dankbarkeit und Ergebenheit" der Erinnerung an seinen Lehrer Tapié gewidmet ist. Daß nach einer italienischen Ausgabe nun auch eine deutsche Übersetzung seines Werkes über die Monarchie und die Völker im Donauraum bei einem österreichischen Verlag herauskommen sollte, hat Victor-Lucien Tapié noch in seinem letzten Lebensjahr eine große Freude bereitet. Die österreichische Geschichtswissenschaft hat mit ihm einen echten, aufrichtigen Freund verloren, dessen Geist in seinen Schülern und Freunden nachwirkt und weiterlebt. Die deutschsprachige Ausgabe des vorliegenden Werkes möge so auch dazu beitragen, das Andenken an diesen gütigen, vornehmen Menschen und großen Gelehrten wachzuhalten.

Wien, im Juni 1975 Adam Wandruszka

VORWORT

Von den vier Flußfiguren des Berninibrunnens auf der Piazza Navona in Rom symbolisiert die Donau den europäischen Erdteil. Obwohl sie im 17. Jahrhundert noch weite vom Islam beherrschte Gebiete durchfloß und nur von der Quelle bis Preßburg ein christlicher Strom war, wählte Bernini die Donau als Symbol für Europa, weil das Schicksal dieses Erdteils sich hier entscheiden mußte.

Tatsächlich siegte 1683 das christliche Heer entscheidend über die Türken und beendete damit nicht nur die 2. Türkenbelagerung Wiens, sondern drängte den Islam auch in den nächsten Jahrzehnten bis hinter die ungarische Tiefebene und Siebenbürgen zurück. Somit konnten die Donauländer, die bereits 1526 von den Habsburgern vereint worden waren, langsam zu einer europäischen Großmacht zusammenwachsen. Jahrhundertelang sollte diese Großmacht nun das Schicksal Europas wesentlich mitbestimmen.

Die Völker unter dem Doppeladler, dieser Titel entspricht der Überzeugung, daß die moderne Geschichtsschreibung, welche sich mit diesem Teil Europas befaßt, zwei Faktoren nicht voneinander trennen darf: die völkerverbindende Monarchie und diese Völker selbst, die zwar einerseits auf ihrer Autonomie bestanden, andererseits sich ihrer Gemeinsamkeiten in wirtschaftlicher, soziologischer und zivilisatorischer Hinsicht immer bewußter wurden und sich daher schließlich zu einer Assoziierung bereit fanden.

Im letzten Jahrhundert hat man die Geschichte der verschiedenen Nationen an der mittleren Donau immer gesondert von der Geschichte des politischen Regimes, unter dem sie lebten, betrachtet. „Aber", so formuliert es ein heutiger tschechoslowakischer Historiker, „durch eine mechanische Addition wird man der komplexen Geschichte nicht gerecht." Nur aus Gründen, die über den Rahmen der traditionellen Staaten — Königreich Böhmen, Königreich Ungarn, österreichische Erzherzogtümer etc. — weit hinausgehen, läßt sich die lange Dauer des Systems erklären.

Auch der Machtwille und die militärische Stärke der Dynastie sind nicht Grund genug. Die Wirklichkeit hat viele Gesichter. Da sie westlichen Beobachtern und Forschern allerdings sehr verwirrend erscheinen mußte, versuchte man, die Widersprüche dieser Geschichte aus dem dauernden

Machtkampf zwischen dem Haus Österreich und seinen Völkern zu erklären. Dem ideologischen Standpunkt entsprechend, ergriff man bald für diesen, bald für jenen Partner Partei. Noch vor wenigen Jahren konnte einem das Interesse für die besondere Geschichte eines der Länder als kritiklose Identifikation mit dessen nationalen Leidenschaften angekreidet werden; bemühte man sich andererseits um eine gerechtere Beurteilung der Habsburger, blieb einem der Vorwurf nicht erspart, ein restaurativer Geist zu sein. Erst durch die Erkenntnisse der neueren Geschichtswissenschaft und durch zahlreiche Konfrontationen von Historikern verschiedener Länder und verschiedener Methoden wurden ein größerer Überblick und eine tolerantere Einstellung gewonnen. Wirtschaftswissenschaftler und Soziologen fanden weitere Gründe für das zwar instabile, aber dauerhafte Gleichgewicht, in dem sich zentrifugale und zentripetale Kräfte immerhin vierhundert Jahre lang die Waage hielten.

Dieses Buch, das Ergebnis von fast fünfzigjähriger Forschungsarbeit, hat seine Anregungen aus der Geschichtsschreibung von mehreren Generationen und aus den modernsten Erkenntnissen bezogen. Dazu kommen nun die Forschungsergebnisse des Autors. Seine tiefe Sympathie für die Donauländer, wo viele Menschen vertrauensvoll und freundschaftlich auf das Interesse reagiert haben, das der Autor für ihre Vergangenheit bezeugt, mag wohl zum Begreifen der komplizierten Zusammenhänge beigetragen haben. Mein Dank gilt daher den Professoren der Universitäten Prag, Wien, Graz und Budapest, den lebenden wie den bereits verstorbenen, zahlreichen Kollegen, persönlichen Freunden und Zeugen, die auf diesen Seiten die Früchte ihrer Mitarbeit wiedererkennen werden.

I.
Die Geschichte der Donauländer bis 1526

Am 26. August 1526 wurde in der Nähe der ungarischen Stadt Mohács am Ufer der Donau die Armee des Jagellonen Ludwig II., König von Ungarn und Böhmen, von den zahlenmäßig überlegenen Truppen Süleimans II. geschlagen. Der König selbst ertrank bei der Flucht in den Sümpfen des Flußufers. Wenige Wochen später, am 23. Oktober 1526, wurde sein Schwager, Erzherzog Ferdinand (der spätere Kaiser Ferdinand I.) von Österreich, in Prag zum König von Böhmen und am 17. Dezember in Preßburg zum König von Ungarn gewählt.

So kamen nun die Alpenländer des Hauses Österreich sowie Ungarn und Böhmen (mit den Ländern Mähren, Schlesien und der Lausitz) gemeinsam unter die Herrschaft eines Habsburgers und blieben es trotz aller Wechselfälle der Geschichte bis zum Zerfall der österreichisch-ungarischen Monarchie im Jahre 1918.

Das Jahr 1526 war in jeder Hinsicht ein denkwürdiges Jahr. Sechs Jahre vorher, 1520, hatte die päpstliche Bulle „Exsurge Domine" die einundvierzig Thesen Luthers verdammt, worauf sich die Christenheit in Protestanten und Katholiken spaltete. Seit 1519 regierte Karl V. Er hatte Franz I., König von Frankreich, in Pavia geschlagen und ihm darauf im Jänner 1526 den harten Frieden von Madrid diktiert. Frankreich weigerte sich, diesen Vertrag anzuerkennen. In Amerika machten die Spanier ihre ersten Eroberungen. Nur ein Jahr später, 1527, wurde Rom geplündert (Sacco di Roma), für die Epoche der Renaissance eine gewaltige Erschütterung. Während sich also in Europa und Amerika bedeutende Veränderungen abzeichneten, etablierte sich die Habsburgerherrschaft in Mitteleuropa.

DIE WIRTSCHAFTLICHE UND SOZIALE ENTWICKLUNG DER DONAULÄNDER BIS ZUM HOCHMITTELALTER

Österreich, Böhmen und Ungarn: Die Alpenländer, das böhmische Viereck, der Bogen der Karpaten, die großen Ebenen, durch die Donau und Theiß fließen, und das Bergmassiv von Siebenbürgen bildeten zusammen einen riesigen Herrschaftsbereich, aber weder aus ihrer geographischen Lage noch aus ihrer Vorgeschichte war eine solche Zusammenfassung zwingend abzuleiten. Nur die Flüsse stellten zweifellos eine Verbindung zwischen den Ländern her, stromabwärts sicherte die Donau mit ihren Brücken den Handelsverkehr zwischen Nordeuropa und den Mittelmeerländern, und die Flüsse des Königreichs Böhmen, die Elbe und die Oder, stellten die Verbindung mit der Nordsee und der Ostsee her.

Die Völker waren sehr verschieden: In den Alpenländern saßen Deutsche und Südslawen, in Böhmen hauptsächlich Slawen, aber in den Bergen und Städten auch Deutsche, in der ungarischen Tiefebene Magyaren finnisch-ugrischer Abstammung, im ungarischen Bergland Slawen; in den Städten und in manchen Gegenden Siebenbürgens lebten Deutsche, auf dem Land hauptsächlich Rumänen. Jedes dieser Völker hatte seine eigene Geschichte, eigene Gesetze und eigene Sitten. Man darf nicht vergessen, daß die Donau sehr lange die Grenze des römischen Weltreichs gebildet hatte, bis der Einfall der Barbaren ihr den Grenzcharakter nahm. Erst das Christentum brachte diese Länder wieder unter den Einfluß des Westens, als es im 6. Jahrhundert erst durch Missionare, dann durch karolingische Stiftungen immer weiter vordrang. Im 9. Jahrhundert predigten christliche Missionare aus Saloniki, Cyrill und Method, in slawischer Sprache den böhmischen und mährischen Stämmen, die während einer kurzen Zeit ein großmährisches Reich gebildet hatten. Ein böhmischer Fürst, der hl. Wenzel, starb Anfang des 10. Jahrhunderts den Märtyrertod, und die Legende machte ihn zum Schutzheiligen des tschechischen Volkes. Später gelang es dem hl. Adalbert, einem Prager Bischof, den König von Ungarn, Géza, zum Christentum zu bekehren. Sein Sohn, der hl. Stephan, wurde im Jahre 1000 von Papst Silvester II. und dem Kaiser gemeinsam zum König gekrönt. Über alle ethnischen Verschiedenheiten hinweg zeigte also das westlich orientierte Christentum der Donauvölker die ersten Anzeichen einer gemeinsamen Zivilisation.

Ein anderer bedeutungsvoller Faktor in der historischen Entwicklung dieser Völker war die Nachbarschaft zu Deutschland. Zahlreiche Sitten, Einrichtungen und technische Errungenschaften sind nur so zu erklären. Österreich war ursprünglich die Ostmark gewesen, deren Festungen an der Donau die Awaren daran hindern sollten, den Fluß entlang ins Reich einzudringen.

Böhmen wurde zum Reichslehen erklärt. Sein Fürst, dem 1198 die Königswürde verliehen wurde, befand sich jedoch keineswegs in einem engen Abhängigkeitsverhältnis zum deutschen Kaiser, ganz im Gegenteil. Das Deutsche Reich nahm für sich in Anspruch, geistiger Erbe Roms und seines universellen Charakters zu sein. Das königliche Böhmen nahm innerhalb dieses Reichs die Rolle eines Verbündeten genausogut wie die eines Vasallen ein. Die österreichischen Herzöge aus der Dynastie der Babenberger hatten im 12. Jahrhundert durch das „Privilegium minus“ das Recht erhalten, ihre

Nachfolge selbst zu regeln, Recht zu sprechen und ihre militärischen Verpflichtungen auf ein Mindestmaß zu beschränken, alles bedeutende Etappen auf dem Weg zur Landesherrlichkeit, so daß sich im Jahre 1208 der Babenberger Leopold VI. in Wien „Herzog von Österreich und Steiermark von Gottes Gnaden“ nennen konnte. Ungarn schließlich war es dank der Unterstützung Roms gelungen, der Abhängigkeit eines Reichsvasallen ganz zu entgehen. Es mußte allerdings dafür das Patronat des Papstes in Kauf nehmen.

Die verschiedenen politischen Eigenheiten dieser Völker verwischten sich jedoch immer mehr unter dem langsam, aber stetig wachsenden deutschen Einfluß. Zwar blieben gewisse Unterschiede in der Lebensweise, auf ökonomischem und rechtlichem Gebiet bestehen, aber nach und nach setzte sich doch bei diesen Völkern, die von unsteten Nomaden abstammten, eine feste landwirtschaftliche Struktur durch. Lange hat man den slawischen Völkern eine von der Gemeinschaft ausgehende Organisationsform zugeschrieben, in der alle Familien zusammen die Felder und Wälder besaßen und nur das Haus individueller Besitz war. Sind nun diese landwirtschaftlichen Genossenschaften, die man schon in der Frühgeschichte der Slawen und Ungarn (nagyczálad) entdeckt hat, charakteristisch für die slawische Welt? Der österreichische Historiker Alfons Dopsch, der sich speziell mit dem Mittelalter befaßt hat, bezweifelt diese These; denn er hat analoge Gemeinschaftsstrukturen auch in den Alpenländern entdeckt, bei Deutschen und Slawen.

Handelt es sich hier nicht vielmehr um eine wirtschaftliche und soziale Entwicklungsstufe, die man bei allen indoeuropäischen Völkern vorfindet, in der Zeit bevor der einfache Tauschhandel dem Geldverkehr Platz machen mußte?

Die Epoche zwischen dem 11. und dem 15. Jahrhundert nennt man das Zeitalter des Feudalismus. Dieser Ausdruck hat in der Wissenschaft zu heftigen Auseinandersetzungen geführt; denn das Lehenswesen Mitteleuropas unterschied sich in manchen Punkten von dem Westeuropas. Nicht überall traf man auf die westliche Hierarchie von Lehensherren und zu militärischen Dienstleistungen verpflichteten Vasallen. Im Osten scheinen sich anders als im Westen die Gemeinschaften freier Ackerbauern gehalten zu haben, die keinen anderen Lehensherrn anerkannten als den Herrscher des mittelalterlichen Staates. Ihm allein zahlten sie Steuern. (Außerdem wurden in Ungarn bis ins 11., 12. und 13. Jahrhundert hinein, ungeachtet der christlichen Gebote, die Kriegsgefangenen zur Sklavenarbeit gezwungen.)

Dennoch bildeten sich jetzt auch hier Lehen, da der Herrscher seine Waffengefährten, die Männer der „družina“, mit Land belohnte, entweder auf Lebenszeit oder erblich. (Auch die Benediktiner- und Zisterzienserklöster konnten Lehen vergeben.) Die Mächtigsten der vom Herrscher Belehnten, die man in Böhmen und Ungarn „Barone“ nannte, was sie weit über die anderen Adeligen erhob, verteilten dann ihrerseits Lehen mit militärischen Verpflichtungen an ihre Diener und Verwalter, die nicht einmal alle freier Abstammung waren. Zur gleichen Zeit unterstützten die Grundbesitzer die Bebauung des vergebenen Landes und förderten die Gründung von Dörfern.

Ursprünglich konnten Freie weder ihrer persönlichen Unabhängigkeit noch ihrer Güter beraubt werden. Die Landarbeiter, die in den ältesten Lehensurkunden erwähnt werden, müssen daher, wie der tschechische Historiker Kamil Krofta herausgefunden hat, Sklaven gewesen sein. Aber die sogenannten Freien mußten nicht nur Abgaben leisten, sie konnten auch von ihrem Landesherrn zu Kriegsdiensten herangezogen werden. Der Wunsch, solchen Verpflichtungen zu entgehen, verband sich möglicherweise mit der Notwendigkeit, der sich die Grundbesitzer gegenübersahen, für ihre Güter Arbeitskräfte zu engagieren. Für einen freien Mann war es ein enormer Vorteil, unter den unmittelbaren Schutz eines mächtigen Herrn zu treten. Zwar war er auf Grund der zwischen ihm und seinem Herrn abgeschlossenen Verträge gezwungen, einen Zins und einen Teil der Ernte abzugeben, wodurch das Einkommen des Grundbesitzers in dem Maße stieg, in dem sich sein ursprünglich brachliegendes Land in Ackerland verwandelte, aber als unfreier Bauer war man der direkten Befehlsgewalt des Herrschers entzogen. Man war von den Steuern und vom Militärdienst befreit. Es gab in Böhmen zwei Arten von kultiviertem Boden: Das Land, welches sich der Besitzer selbst behielt und von seinen Dienern bestellen ließ und ihnen sogar später oft zum persönlichen Nießbrauch überließ, hieß „dominical". Die Ländereien, die ganz den Bauern überlassen worden waren und auf denen nach und nach Dörfer entstanden, nannte man „rustical". Freilich verwischten sich durch den oben erwähnten, vom Grundbesitzer gestatteten Nießbrauch manchmal die Unterschiede zwischen den zwei Bodenkategorien. Zur gleichen Zeit bildete sich auch persönlicher Besitz. Die Verträge wurden von beiden Seiten namentlich abgeschlossen. Der Bauer kam in den Besitz von einem Haus und Feldern auf dem Rustical-Boden und konnte seinen Besitz vererben oder verpachten, vorausgesetzt, der Großgrundbesitzer gab dazu seine Zustimmung. Nur wenn die Familie ausstarb, trat das Gesetz der „Toten Hand" in Kraft, der Besitz wurde zum unveräußerlichen Gut, über das der Herr wieder frei verfügen konnte.

In der mittelalterlichen Gesellschaft herrschte also ein ausgeprägtes Patrimonium. Und obwohl es noch freie Ackerbaugemeinschaften in Österreich gab, versteht man doch, warum die Historiker ganz allgemein von einem Zeitalter des Feudalismus sprechen, selbst wenn die Beziehung zwischen Herr und Bauer eher grundherrschaftlich als feudal war. (1)

---

(1) In: „Fünfundzwanzig Jahre tschechoslowakischer Geschichtsschreibung", S. 149, sagt F. Graus: „Während die westliche Geschichtsschreibung den Feudalismus mit Vasallentum identifiziert, betrachtet die marxistische Geschichtsschreibung den Feudalismus als ein sozial-ökonomisches Phänomen." Obwohl die Ursprünge des Feudalismus noch weitgehend

Die Abgabenpflichten des Bauern dem Grundbesitzer, seinem Herrn, gegenüber, wurden immer härter und immer genauer definiert. Grundlegend geändert haben sie sich nicht.

Um das neue Land urbar zu machen, war man bald auf die Hilfe von Ausländern angewiesen. Einerseits waren die Gebiete nur dünn besiedelt, andererseits waren die dort ansässigen Bauern unfähig zu einer Landgewinnung größeren Stils und klebten zu sehr an ihrer Scholle. Dagegen meldeten sich in Deutschland viele freiwillig zur Kolonisation. Die erste Einwandererwelle erreichte Oberungarn im 12. Jahrhundert, im 13. Jahrhundert wurden die Bergtäler am Rande Böhmens besiedelt. Die Einwanderer kamen von weit her, aus Flandern, vom Niederrhein, aus Westfalen. Die ansässigen Großgrundbesitzer wiesen ihnen Land zu und machten den Vertrag entweder mit ihnen direkt oder über einen Vermittler. Auf diese Weise erhielten in Siebenbürgen deutsche Einwanderer (Sachsen) Land und gewisse Rechte. Auch in den Städten, die sich überall durch die wachsende Bedeutung der Märkte und Werkstätten bildeten, ließen sich zahlreiche Deutsche nieder und betätigten sich bald erfolgreich als Handwerker und Kaufleute.

Die Erzvorkommen in Böhmen und Oberungarn stellten für den Staat bei sachgemäßer Förderung eine überaus wichtige Einnahmequelle dar. Von nun an spielten daher die Städte in Bergwerksgebieten eine ebenso große Rolle wie jene, in denen mit Produkten der Landwirtschaft, Getreide und Vieh, und mit handwerklichen Erzeugnissen gehandelt wurde.

Das Patriziat nahm zumindest in den Städten, in denen sich eine größere Anzahl Deutscher unter die Ureinwohnerschaft gemischt hatte, deutsches Brauchtum und deutsche Dialekte an; denn das Vokabular der Gewerbetreibenden bildete sich im Slawischen und Ungarischen häufig auf der Grundlage deutscher Worte. Trotzdem kann man hier nicht von einer Germanisierung sprechen, da es sich nicht um eine systematische und gezielte Unterwanderung handelte, sondern mehr um ein spontanes soziales Phänomen. Nichtsdestoweniger resultierten aus dieser Vermischung nicht unerhebliche Feindseligkeiten, sobald sich zu den nationalen Unterschieden noch soziale gesellten und sich die Wirtschaftslage verschlechterte.

Nicht minder bedeutsam war die Veränderung des lokalen Brauchtums durch das deutsche. In den Städten, später auch auf dem Land, wich das alte slawische Recht dem deutschen. Man hat teilweise versucht, das Landrecht vom Stadtrecht abzuheben, als hätte nur in den Städten das deutsche Recht dominiert. Auch dieses war nicht einheitlich. So galt in Böhmen im Gebiet von Leitmeritz, in Olmütz und auf der Prager Kleinseite das Magdeburger Recht, während in Eger und in der Prager Altstadt das Nürnberger

ungeklärt sind, ebenso die Art und Weise, wie westliches Recht und westliche Sitten innerhalb der slawischen und ungarischen Gesellschaft adaptiert wurden, steht wohl fest, daß der Ausdruck „feudal“ eine Gesellschaft bezeichnet, in welcher der Bauer unfrei ist und die Vorrechte des Adels und der Kirche die Autorität des Staates erheblich einschränken.

Recht herrschte. Auch das Recht in den Städten der Bergwerksgebiete war deutsch. Auf dem Lande dagegen, wo man auf den großen Gütern daranging, einen Sittenkodex anzulegen, hielten sich die slawischen Traditionen im allgemeinen länger. (2)

Wenn man auch den mittelalterlichen Staat in punkto Macht und Geschlossenheit nicht mit dem modernen vergleichen darf, so kann man ihm doch eine solide Existenz nicht absprechen. In Mitteleuropa verfolgten die fürstlichen Kriegsherren ziemlich ähnliche Ziele: durch Eroberung, Heirat und Erbforderungen ihr Territorium zu vergrößern, um, wenn sie sich stark genug fühlten, nach der Kaiserkrone zu langen, die durch ihren allumfassenden Charakter nach wie vor den höchsten Begriff der Macht darstellte.

KARL IV. UND BÖHMEN

In diesem begehrlichen Spiel der Allianzen ließen die böhmischen Herrscher ihre ungarischen und polnischen Nachbarn, deren Politik und deren Gesellschaftsordnung der böhmischen sehr ähnlich war, nicht aus den Augen. Als 1246 die Babenberger in Österreich ausstarben, regten sich beim König von Böhmen, Ottokar II. Přemysl, und dem König von Ungarn, Bela IV., dieselben ehrgeizigen Wünsche. Ottokar reizten die österreichischen Länder, mit denen er sein Reich von der Elbe bis zur Adria hätte ausdehnen können, Bela wollte die Steiermark haben. Sie handelten die Teilung untereinander aus, um sich daraufhin erbittert zu bekämpfen. Ottokar, ein vorzüglicher Feldherr, blieb Sieger. Er war aber auch ein kluger Politiker, dem die Verwaltung und der wirtschaftliche Wohlstand seiner Völker ebenso wichtig waren wie das Kriegshandwerk. Bald jedoch stieß er auf den Widerstand des Adels in Böhmen und Österreich. Er gab zwar vor, ihre Privilegien zu stützen, begünstigte aber in Wirklichkeit die Städte und die Kolonisation.

Eine Zeitlang konnte er sich der Unterstützung der Kirche und der deutschen Fürsten versichern. Als aber Ottokar nach dem Tod des deutschen Königs Richard von Cornwall nach der Kaiserwürde greifen wollte, um damit seinen Erfolgen die Krone aufzusetzen, wurden die Fürsten unruhig. An seiner Statt wählten sie 1273 einen deutschen Fürsten, der große Ländereien im Elsaß und in Schwaben besaß, Rudolf von Habsburg. Ottokar erklärte die Wahl für nicht rechtmäßig, und der neue König belegte ihn mit

(2) Über die deutsche Kolonisation in Böhmen und die Frage, ob es tatsächlich eine Kolonisation, das heißt einen Zustrom von deutschen Landarbeitern, gab oder es sich um den wirtschaftlichen Aufschwung einer ansässigen Bevölkerung handelte vlg. Bretholz, B., Geschichte Böhmens und Mährens bis zum Aussterben der Přemysliden 1306, München 1912; ders., Geschichte Böhmens, Bd. I: Das Vorwalten des Deutschtums, Reichenberg 1921; Graus. F., Dějiny venkovského lidu, II, S. 114ff; Graus stellt die Theorien von Bretholz sowie seiner Vorgänger Krofta, Pekař und Chaloupecký zur Diskussion. Er sieht tschechisches und deutsches Recht als Stufen einer wirtschaftlichen Entwicklung, weniger als verschiedener Systeme.

dem Reichsbann. Dann stellte er ein Heer gegen ihn auf mit dem Herzog von Bayern, dem Erzbischof von Salzburg, den Bischöfen von Passau und Regensburg, dem König von Ungarn und dem Grafen von Tirol. Ottokar führte ebenfalls eine starke Armee an, seine Verbündeten waren Polen, Schlesien, Meißen und Brandenburg. Hinter dem böhmischen König, dessen Kampfparole „Prag" war, stand also das nördliche Deutschland, wohingegen der Schlachtruf des Habsburgers „Roma-Christus" bereits das allumfassende Kaiserreich mit engen Bindungen zu Italien repräsentierte. Rudolfs taktischem Geschick und der Intervention der ungarischen Reiterei war es zu danken, daß die Armee des großen Přemysliden am 26. August 1278 bei Dürnkrut im Marchfeld geschlagen wurde. Ottokar fiel in der Schlacht. (3)

Sein großes Reich ging mit ihm unter. Sein Sohn, Wenzel II., versuchte, sich mit Rudolf von Habsburg zu versöhnen. Im Jahre 1300 konnte er sich sogar zum König von Polen krönen lassen: Der wachsende Reichtum Böhmens, in dem neue Silberminen entdeckt worden waren, hatte es ihm ermöglicht, sich in die Angelegenheiten Polens einzumischen. Und als dann die Arpaden in Ungarn ausstarben, versuchte er seinen Sohn, Wenzel III., auf den ungarischen Thron zu setzen. Der Papst jedoch begünstigte einen anderen Kandidaten: das Haus Anjou von Neapel. Genauso wenig wie es seinem Vorfahren gelungen war, Österreich seinem Reich anzugliedern, so wenig Erfolg hatte Wenzel III. mit seinen Bestrebungen, Böhmen, Ungarn und Polen zu einem Staatswesen zusammenzufassen. Er starb 1306 durch Meuchelmord.

In der ritterlichen Welt tritt ein seltsamer Widerspruch deutlich zutage: In dem Bestreben, ihrer Dynastie zu möglichst viel Ruhm zu verhelfen, streckten die Herrscher mittlerer oder kleinerer Staaten immer wieder die Hand nach der Krone eines mächtigen Landes aus, in dem sie ihre Politik besser verwirklichen zu können glaubten.

Die Adeligen jedoch, in deren Händen der Grundbesitz und die alte unangetastete Autorität lagen, weigerten sich, einen anderen als einen ungefährlichen Landesherrn zu akzeptieren, bei dem sie sicher sein konnten, daß er ihre alten Privilegien nicht anzurühren wagte. Aus diesem Konflikt erklären sich zu Anfang des 14. Jahrhunderts die jahrelangen Kleinkriege. Erst später stabilisierte sich die Situation: die aus Schwaben stammenden Habsburger hatten das Österreich der Babenberger fest in der Hand, die Anjous Ungarn, und nach Böhmen wurde eine westeuropäische Familie gerufen: die Luxemburger.

---

(3) Die gegenwärtigen tschechoslowakischen Historiker neigen dazu, die politische Geschichte ihres Landes der sozialen gegenüber stark abzuwerten und zum Beispiel einen so bedeutenden Herrscher wie Ottokar II. mit einigen Zeilen abzutun. Immerhin war er, wie V. Husa es ausdrückt, „einer der mächtigsten böhmischen Könige, der seinen Staat bis zur Adria ausdehnte und aus dem Königreich Böhmen die wichtigste der mitteleuropäischen Großmächte machte", in: „Dějiny Československa" (Geschichte der Tschechoslowakei), S. 68.

Tatsächlich besetzten die böhmischen Adeligen ihren Thron mit einem ganz jungen Mann, Johann, dem Sohn Heinrichs VII., verheirateten ihn mit der Schwester von Wenzel III., Elisabeth Přemysl, und ließen ihn unter ihrer Oberaufsicht regieren. Johann selbst war an Böhmen nur insofern interessiert, als es ihm genügend Mittel für seine auswärtigen Abenteuer lieferte. In dem Konflikt zwischen Frankreich und England nahm er sich der Sache des Königs von Frankreich an. Er bestand darauf, mitten ins Getümmel der Schlacht von Crécy geführt zu werden, um seinen Mut zu beweisen. Und so wurde er der legendäre König, der, wie Chateaubriand es später ausdrückte, „für uns in den Zeiten unseres Unglücks gestorben ist" (1346). Mit seinem Sohn Karl kam eine ganz andere Persönlichkeit an die Regierung. Wenn der Reisende heute über die tschechoslowakische Grenze kommt, so trifft er zu seinem Erstaunen überall in Böhmen und in Prag auf die lebendigen Spuren dieses Kaiser-Königs, Zeugen einer glücklichen Regierungszeit, die erst gestern zu Ende gegangen zu sein scheint und die in der Erinnerung der Menschen weiterlebt. Auch ihr bis heute nachweisbares Interesse an Frankreich geht auf seine Versuche zurück, die französische Zivilisation an die Ufer der Moldau zu verpflanzen. Denn er war am Hof der Valois aufgewachsen, und von seinen vier Frauen soll er die Französin, die Prinzessin Blanche, am meisten geliebt haben. Seine Freundschaft mit den Lilien war dauerhaft. Allerdings war sie durchaus nicht der Kernpunkt seiner Politik, die kaiserlich war und sich auf Böhmen stützte.

Er liebte das Land seiner Mutter, er liebte die Erde und die Landschaft Böhmens und war stolz auf seine direkte Abstammung vom hl. Wenzel, dessen Reliquien er verehrte und dessen Ansehen er hob. Der Kult des hl. Wenzel war von nun an unlösbar mit dem Königreich Böhmen und der tschechischen Nation verbunden. Er fand die böhmische Sprache „nobel und der Liebe würdig" und hatte großes Interesse an der slawischen Tradition. So holte er kroatische Mönche nach Prag, weil sie die alte Liturgie und die glagolitische Sprache pflegten. Er schenkte ihnen das Kloster Emaus (Na Slovanech) und erhielt vom Papst die Erlaubnis, überall, wo er sich aufhielt, die Messe in Slawisch feiern zu lassen.

Aber seine Hauptsorge galt dem Reich. Nur unter größten Schwierigkeiten war es ihm gelungen, sich als Kaiser durchzusetzen und sich gegen seinen Rivalen, Ludwig den Bayern, zu behaupten. Das Reich befand sich in einer Krise. Der König, den die deutschen Fürsten wählten, konnte damals nur durch die Krönung in Rom Kaiser werden. Aber der Papst befand sich in Avignon. Wer also sollte den Kaiser krönen? In Rom erwachten alte Erinnerungen. Dem römischen Volk selbst gebühre die Krone, hieß es. Karl, dem die deutschen Historiker so oft vorwarfen, er hätte sich immer mehr für Böhmen als für das Reich interessiert, tat hingegen alles, um die Macht des Reiches und das Ansehen des Kaisers zu stärken. Nach seiner Krönung 1355 in Rom, die in ihrer Schlichtheit in nichts mit dem glänzenden Reiterumzug seines Vorfahren Heinrichs VII. zu vergleichen ist, rief er den Reichstag von

Nürnberg zusammen und gab die „Goldene Bulle“ (1356) heraus, welche für mehr als vier Jahrhunderte die Verfassung des „Heiligen Römischen Reiches Deutscher Nation“ festhielt. Italien kam in der Bulle nicht vor: Das Reich, das sich zwar als Erbe Roms und immer noch weltweit in seinem Anspruch verstand, hatte sich nach Deutschland verlagert. Sieben deutsche Fürsten, drei kirchliche und vier weltliche, wählten den Kaiser. Unter den weltlichen nahm der König von Böhmen wegen seiner königlichen Würde den ersten Platz ein. Die Privilegien, die das Reich den sieben Wahlberechtigten zuerkannte, zum Beispiel das „ius non appellandi“, das ihnen die höchste richterliche Instanz in ihrem Land verlieh, bedeutete natürlich auch für den König von Böhmen einen ungeheuren Machtzuwachs. Karl IV. war deutlich bestrebt, aus seinem Königreich das Zentrum und die Achse des Reiches zu machen, indem er es gebietsmäßig erweiterte, die Macht des Königs stärkte und den allgemeinen Wohlstand förderte.

Er festigte die traditionellen Beziehungen Böhmens und Mährens und kaufte die Herzogtümer Schlesien, die obere und die untere Lausitz dazu. Gern hätte der Kaiser sein Königreich noch durch Brandenburg und Bayern vergrößert. Immerhin schuf er so aus dem Königreich Böhmen und den dazugekauften Provinzen einen soliden, lebensfähigen Staat, mit einem starken König, vor dessen Willen sich auch der widerspenstige Adel beugen mußte. Königliche Urkunden stärkten das Ansehen der königlichen Gerichtshöfe. Seine Politik war alles in allem ziemlich kostspielig: Karl IV. sah sich genötigt, bei der Kirche und beim Adel Anleihen aufzunehmen oder immer wieder Beiträge zu kassieren, die gegen Ende seiner Regierung praktisch zu jährlichen Steuerzahlungen geworden waren. Karl sorgte dafür, daß das Land reich wurde. Er aktivierte den Handel und machte Prag zum Knotenpunkt der internationalen Handelsstraßen, die den westeuropäischen Markt mit den Märkten des Mittelmeers verbanden. Man baute eine neue Brücke aus Stein über die Moldau, mit einem Wachturm auf jeder Seite. Im Osten der Stadt legte man jenseits des alten Grabens (der Befestigungswälle) ein neues Stadtviertel mit eigenem Stadtrecht an.

1348 wurde die Universität gegründet. Denn die Stadt, die zugleich Hauptstadt des mächtigsten Reichsstaats und Residenz des Kaisers war, sollte von nun an auch geistiger Mittelpunkt werden, wo die besten Professoren Europas Studenten aus allen Ländern unterrichteten. Die Gründung eines Erzbistums von Prag entzog die böhmische Geistlichkeit, nicht jedoch die der eingegliederten Provinzen, der Gerichtsbarkeit der deutschen Bischöfe. Die Gewölberippen einer neuen Kathedrale, deren Bauplan von einem französischen Architekten, Matthias d'Arras, stammte, erhoben sich innerhalb der Königsburg.

Als Karl IV. spürte, daß er alt wurde, wollte er noch einmal Frankreich und die Gefährten seiner Jugend wiedersehen. Auch das junge Frankreich kennenzulernen, reizte ihn. Also begab er sich auf die Reise und bekam in Paris einen glänzenden Empfang. Die königliche Familie zeigte offen ihre

Freude über einen so berühmten Verwandten, das Volk genoß den Anblick, den ein Kaiser ihm bot. Aber ein minutiöses Protokoll verstand es geschickt, den Eindruck zu vermeiden, daß hier ein Herrscher seinem Vasall einen gnädigen Besuch abstatte, „denn es gibt kein Recht, daß der Kaiser Herr der ganzen Welt genannt werden darf". König Karl V. von Frankreich erlaubte es daher seinem kaiserlichen Onkel auch nicht, so gerührt er sich über dessen Besuch zeigte, den Schimmel zu besteigen, auf dem die Kaiser traditionellerweise durch die Städte ihres Reiches ritten, „damit kein Zeichen von Oberherrschaft zu bemerken sei".

In den Staaten Westeuropas griff man gerne auf Symbole zurück, wenn es darum ging, die staatliche Unabhängigkeit zu demonstrieren.

DIE DONAULÄNDER IM 14. JAHRHUNDERT

Welches Bild boten die Länder an der Donau im Jahre 1378, dem Jahr, in dem Kaiser Karl IV. in Prag starb?

Jeder Staat war sich seiner besonderen Existenz, seines Territoriums, seiner Gesetze und seiner Tradition durchaus bewußt. Die Tradition drückte sich in einer christlichen Gesellschaft, deren Makel sich bei allem Erhabenen am Vorabend des großen Schismas klar abzeichneten, durch die glühende Verehrung für die Schutzheiligen des Landes aus: für den hl. Leopold in Österreich, für den hl. Stephan in Ungarn, für den hl. Wenzel in Böhmen. Das Volk akzeptierte die von den Klöstern und Geistlichen, den bis auf wenige Ausnahmen einzigen Kulturträgern der damaligen Zeit, herausgegebenen Legenden wie bewiesene Wahrheiten. Und der Kult erfuhr durch die Bischöfe eine wirksame Förderung. Wunder erzählten von zahlreichen Fällen erhörter Bitten und machten aus dem Schutzheiligen ein mächtiges, lebendiges Wesen, das im öffentlichen Leben und in den privaten Sorgen des einzelnen eine nicht mehr wegzudenkende Rolle spielte.

Die Macht des Klerus stützte sich auf seinen großen Reichtum an materiellen Gütern. Dadurch, daß sie zu den gefürchtetsten und einflußreichsten Ratgebern der Fürsten zählten, hatten die Mönche großen Grundbesitz anhäufen können und ihn mit den technischen Errungenschaften der Zeit vorzüglich zu nutzen gewußt. In Österreich, Böhmen und Ungarn zählten sie zu den wichtigsten Großgrundbesitzern: die Benediktiner, Zisterzienser, Augustiner, die Prämonstratenser, die Johanniter und die Tempelherren. Es wäre ermüdend, hier alle diese Klöster aufzuzählen, die meisten zogen sich während der Gegenreformation ein prächtiges barockes Kleid an, in dem sie sich heute noch dem Reisenden präsentieren. Es seien nur einige Namen erwähnt, wie Stams und Wilten in Tirol, Admont und Seckau in der Steiermark, Lambach, Melk, St. Florian, Klosterneuburg, Wilhering und Zwettl in Ober- und Niederösterreich, Ossiach in Kärnten, Tepl, Vyšší Brod, Ossek, Königssaal in Böhmen, St. Gotthard, Pannonhalma, Peterwardein in

Ungarn, um wenigstens einen ungefähren Eindruck der Omnipräsenz und der Macht der Klöster zu vermitteln. Jeder dieser Namen versinnbildlicht die Arbeit und Kunst von mehreren Jahrhunderten und einen reichen Erfahrungsschatz religiösen Lebens. In diesen Klöstern wurden geduldig kostbare Manuskripte und Psalter abgeschrieben, und aus diesen Klöstern kamen die Tafelmalereien des 14. und 15. Jahrhunderts, neben den mit Steinen besetzten Reliquienschreinen des hohen Mittelalters der kostbarste Kirchenschmuck der damaligen Zeit. Sanfte böhmische Madonnen auf Goldgrund und die ausdrucksstarken Werke der Donauschule wurden hier gesammelt.

Neben dem kirchlichen Großgrundbesitz bestand in gleicher Größe der Besitz des Adels. Er bildete die Grundlage für die politische Macht der großen Herren, die einerseits die Macht des Königs verkleinern wollten, andererseits darauf achten mußten, daß der untere, weniger begüterte, aber genauso selbstbewußte Adel nicht aufmuckte. Die unterste Schicht bildete die Bauernschaft, keineswegs eine einheitliche Gruppe, sondern ebenfalls hierarchisch gegliedert, vom wohlhabenden Ackersmann oder Herdenbesitzer bis hinunter zum ärmsten Landarbeiter oder Hirten. Seit dem 13. Jahrhundert hatte jedoch die expandierende europäische Wirtschaft das Handwerk und dessen Spezialisierung in gewissen Gegenden wie Flandern und Italien genauso gefördert wie den Handelsverkehr, der sich über die großen Straßen, durch die an Knotenpunkten liegenden Städte zu den jährlichen Messen bewegte. Im 14. Jahrhundert gab es schon mächtige Handelsstädte, ausgestattet mit königlichen Privilegien, die ihnen eine eigene Verwaltung und eine eigene Gesetzgebung zubilligten, wodurch sie gleiches Stadtrecht wie die Reichsstädte besaßen. In den Königreichen Böhmen und Ungarn gab es viele solcher königlicher Städte, darunter auch Bergwerksstädte wie Kuttenberg, wo Silber gefördert und Münzen hergestellt wurden, oder Neusohl und Kolozsvár in Ungarn.

Die wichtigsten Handelsartikel waren Tuch und Leinen. Wegen des allgemeinen Bedarfs wurden sie überall hergestellt, aber die beste Qualität kam aus Flandern und aus Florenz. Alle Länder waren auch Konsumenten von Gewürzen und Weinen. Selbst eigener Weinbau hinderte Länder wie Ungarn, Österreich und Böhmen nicht daran, französische und rheinische Weine einzuführen. Auch Länder mit Salz- und Erzbergwerken (Österreich und Böhmen) und Länder mit Zinn-, Gold- und Silbervorkommen waren unentbehrliche Handelspartner, die letzteren besonders für Münzprägewerkstätten.

Die Donau war von Ulm bis Buda die wichtigste Verkehrsader von Osten nach Westen. Ihre Brücken in Ulm, Donauwörth, Regensburg, Passau und Wien bildeten Knotenpunkte des Verkehrs zwischen Italien (Florenz, Mailand, Venedig) und Mitteldeutschland, zwischen dem Mittelmeer und dem Herrschaftsbereich der Hanse, der Nord- und Ostsee und dem Baltikum. Die wichtigsten Straßen führten von Köln und Mainz (Umschlagplatz für die Waren aus Frankreich) nach Frankfurt/Main, nach Würzburg, Bamberg, Nürnberg oder Leipzig, von wo aus man über Meißen, Dresden und Breslau nach Polen weiterreiste. Krakau stellte die Verbindung nach Litauen und Rußland her.

Auf Grund ihrer abseitigen und ungünstigen geographischen Lage befanden sich die Alpentäler Österreichs, das böhmische Viereck und die fruchtbare ungarische Tiefebene ein wenig außerhalb der großen Verkehrsadern. Trotzdem ging es ihnen im 14. Jahrhundert wirtschaftlich gut, weil sie viele der für die europäische Wirtschaft notwendigen Produkte liefern konnten. Sie beherrschten allerdings niemals den Handel so dominierend wie die großen Messestädte Deutschlands. Sie verdienten dennoch gut; denn zahlreiche Handelshäuser sorgten dafür, daß der wachsende Bedarf der Kundschaft gedeckt wurde. Und wenn die Produktion der Werkstätten nicht für den Export ins Ausland ausreichte, so deckte sie immerhin den Bedarf der heimischen Kundschaft, die sich aus Bauern und der Mittelschicht zusammensetzte. In Böhmen und Ungarn befanden sich die größten dieser Handelshäuser in deutschen und italienischen Händen. Viele Handelsherren erwarben aber das Bürgerrecht. Ungarn hatte schon seit dem 11. Jahrhundert ein festes Bündnis mit dem slawischen Königreich Kroatien-Slawonien-Dalmatien. Dadurch reichte Ungarn bis zur Adria. Allerdings beherrschten Venedig und Griechenland den Handel auf dem adriatischen Meer. Obwohl Ungarn eigene Küsten und Fischer hatte, wurde es dadurch allein noch nicht zur Seemacht. Es war für den Westen zwar Lieferant und Kunde, aber wegen seiner abseitigen Lage zog man den Handel mit den Nachbarländern vor. Bezeichnenderweise lockte im Jahre 1359 König Ludwig I. von Anjou Regensburger Handelsleute mit einem Privileg nach Ungarn, das ihnen zollfreien Transport von der mährischen Grenze bis Buda garantierte. Dem bewaldeten österreichischen Bergland fehlte zwar die ertragreiche Landwirtschaft seiner zwei Nachbarn, aber Wien war durch die Donau nicht nur mit Regensburg, sondern durch die Täler der Steiermark und Kärntens, in denen Graz, Judenburg und St. Veit/Glan gute Raststationen bildeten, auch mit Venedig verbunden und daher ein idealer Verteilerpunkt für den Handel aus Süd und West nach Böhmen und Ungarn. Wien bekam den Rang einer reichsunmittelbaren Stadt und war von seinen Herzögen viel unabhängiger als die anderen Hauptstädte von ihren Königen.

Böhmen war zur Zeit Karls IV. durch seine Bergwerksvorkommen und seine Landwirtschaft eines der reichsten Länder. Es importierte Salz, Heringe, Vieh und billige Tuche aus Polen und exportierte Korn, Holz, Wachs, Häute und seine eigenen Textilien nach Wien, hauptsächlich aber Zinn und Münzgeld.

Aber der Bedarf der Oberschicht an Luxusgütern, vor allem an teuren Textilien, Weinen, orientalischen Stoffen, Gewürzen und allen feiner ausgeführten Artikeln mußte aus dem Ausland bezogen werden. Dazu kam, daß die starken Währungen ins Ausland abflossen, wie zum Beispiel das Gold, das der Heilige Stuhl von den Kirchen in der Form von Jahresabgaben oder anderen Rechtsansprüchen einzog, oder das Silber, das die Kaufleute und Spekulanten mit nach Hause nahmen. Statt dessen überflutete billiges Kleingeld aus Sachsen und Österreich den heimischen Markt. An dieser Situation hatte in gewisser Weise die Politik Karls IV. schuld, die sich sonst so günstig für das Land auswirkte. Kostspielige Erwerbungen von deutschen Lehen brachten ebenfalls riesige Summen ins Ausland. Außerdem brauchte der Kaiser-König die Unterstützung der Städte und besonders der reichen Bürger Prags. Dieses wohlhabende Patriziat (meist naturalisierte Deutsche), das sein Einkommen aus dem Importhandel bezog, hatte nun keinerlei Interesse an der Entwicklung oder gar an der Perfektionierung der heimischen Produktion. Diese befand sich daher qualitätsmäßig der ausländischen, besonders der deutschen gegenüber, stark im Rückstand. Man war sich allerdings dessen nicht bewußt: Der wachsende Konsumverbrauch aller sozialer Schichten brachte den Werkstätten des Landes soviel Kundschaft, daß sich ein Gefühl von Wohlstand und Fortschritt ausbreitete. Die ausländischen Märkte aber konnte Böhmen nicht erobern. Und der vorteilhafte Handel mit der Hanse und Norddeutschland, den die Wasserstraßen von Elbe und Oder dem Land hätten einbringen können, wurde durch die sächsischen Städte flußabwärts und durch Frankfurt/Oder blockiert, die auf ihr Zwischenhandelsrecht pochten. Die böhmischen Geschäfte mußten sich also auf Grenznähe, auf Brünn und Wien, und das Donaugebiet beschränken.

In Prag hielten sich daher Erfolge und Mißerfolge die Waage. Die Stadt eignete sich der Lage nach besser zur politischen Hauptstadt des Heiligen Römischen Reiches als zu seinem wichtigsten Handelszentrum. Zu der Schönheit seiner Architektur, der schlanken Silhouette der gotischen Kirchtürme (Teynkirche, Jakobskirche, Ägidiuskirche, St. Gallus), den maßvollen Proportionen seiner Patrizierhäuser, der Dominanz der Königsburg, gesellte sich der Glanz einer kaiserlichen Residenz- und Universitätsstadt. In seinem Schloß Karlstein, das zugleich Feste und Palais war, sammelte Karl IV. kostbare Stoffe und Werke des Goldschmiedehandwerks und schmückte die Wände seiner Säle mit den einzigartigen Tafelgemälden des Meisters Theoderich. Wien, die Hauptstadt eines weit weniger reichen Gebirgslandes, hatte Prag die Schlüsselstellung an der Donau, an der Kreuzung kontinentaler Handelsstraßen mit einem bedeutenden Wasserweg, voraus. Auch Wien war eine freie Stadt, obwohl der Herzog von Österreich dort residierte, und besaß auch eine Universität, die Herzog Rudolf IV. 1365 gegründet hatte. Ungarns Hauptstadt Buda schließlich baute sich über der Donau auf, als wollte sie damit ein Zeichen ihrer Machtentfaltung setzen. Die ungarischen Könige aus dem Hause Anjou hatten das Innere der Burg prunkvoll möbliert und eine Kapelle bauen lassen, die eines eleganten Hofstaates und einer königlichen Residenz würdig war. Für Ungarn bedeutete diese Epoche Fortschritt und Glanz, die Historiker haben sie das Goldene Zeitalter genannt. Zur Zeit graben Archäologen die vorhandenen Reste wieder aus.

Die Stadt blieb aber immer ein wenig am Rande des westlichen Europa; die Reichtümer des Westens gelangten nur über die Nachbarn mit einiger Verspätung und um vieles karger nach Ungarn. Nichtsdestoweniger entwickelte sich hier, dank der Kreuzung deutscher und italienischer Einflüsse und dank der Offenheit der heimischen Tradition für alles Neue, eine westliche Zivilisation, wie sie auch der übrige Donaubereich aufweist, obwohl jedes Volk sich seine Charakteristika zu bewahren wußte.

In Ungarn herrschte im 14. Jahrhundert wirtschaftlicher Wohlstand: die Märkte, Messen und Werkstätten des Landes florierten. Königliche Städte wie Buda, Pest, Preßburg, Szeged besaßen entsprechende Privilegien, die Marktflecken hingegen, die oft zu einem adeligen oder kirchlichen Besitz gehörten, verfügten über weniger Rechte und forderten die Erhöhung zu königlichen Städten. Das Land war schon früh nach deutschem Muster in relativ autonome Komitate aufgeteilt worden. In politischer Hinsicht war Ungarn ein Adelsstaat, dessen von den Privilegierten gewählter König der Anführer der Armee, der oberste Richter und der Chef der Verwaltung war. Nach und nach hatte sich die Lehre vom Staat als einer mystischen Körperschaft herauskristallisiert, deren Spitze die Heilige Stephanskrone bildete und deren Glieder die Privilegierten waren. König konnte nur der vom Landtag gewählte Fürst sein, und erst dann, wenn er aus den Händen des Erzbischofs die Königskrone empfangen hatte. Als beim Tod König Ludwigs I. von Anjou (1382) dessen Tochter zur Königin gewählt wurde, konnten von da ab auch Frauen die Krone tragen. Der Landtag bestand aus zwei Kammern: in der einen saßen die weltlichen und kirchlichen Magnaten, in der anderen die Abgeordneten der Grafschaften. Seit der Goldenen Bulle Andreas' II. (1222) mußte der Landtag jährlich vom König einberufen werden. War der König verhindert, dann leitete sein Palatin den Landtag. Der Palatin, ursprünglich der höchste Richter, hatte sich zu einer Art Vizekönig entwickelt, zum Vermittler zwischen König und Landtag. Der Landtag bestimmte die Steuern und andere staatliche Einrichtungen, die dadurch verfassungs- und gesetzeskräftig wurden. Die „Goldene Bulle" hatte auch das „ius resistendi" anerkannt, das Recht, dem König Widerstand zu leisten, wenn jener einen Befehl erteilen wollte, der gegen die schriftlich niedergelegte Tradition verstieß. Damit sich im Landtag Leute verschiedener Sprachen verständigen konnten, wurde Latein vorgeschrieben. Latein war demnach überhaupt die gehobene offizielle Landessprache. Aber auch das Ungarische entwickelte sich bis zum Ausgang des Mittelalters zu einer Zivilisationssprache. (4)

Die ungarische Verfassung glich in vielem der des Heiligen Römischen Reiches und Polens. Trotz der engen Nachbarschaft konnte sich aber Ungarn

---

(4) Im Königreich Ungarn lebten also Völker sehr verschiedenen Ursprungs: die Magyaren finnisch-ugrischen Ursprungs und die Slawen (Slowaken und Kroaten). So reichen die Ursachen für die Nationalitätenprobleme des 19. Jahrhunderts bis ins Mittelalter zurück.

seine Eigenständigkeit dem Reich gegenüber bewahren, wenn auch nur dadurch, daß es die Schutzherrschaft des Heiligen Stuhls anerkannte, die es geschickt gegen den Machtanspruch des Kaisers auszuspielen verstand.

Man kann diesen Dualismus in der ungarischen Geschichte unmöglich verstehen, wenn man sich nicht klarmacht, daß das Königreich niemals ein Lehen des Deutschen Reiches gewesen ist und das Deutsche Reich immer als einen fremden Staat angesehen hat, dem es nichts schuldete.

JOHANN HUS UND DIE FOLGEN IN BÖHMEN

Das 15. Jahrhundert stand für die Staaten Mitteleuropas unter den Zeichen der Hussitenkriege und der Türkengefahr:

Die Hussitenbewegung war ein Zeichen für die religiöse und soziale Krise, in der sich die ganze Christenheit damals befand, die Türkengefahr konzentrierte sich vor allem auf Ungarn, welches sich im entscheidenden Moment von Europa, das viel zu sehr mit seinen eigenen Streitereien beschäftigt war, im Stich gelassen sah. Es soll hier nicht die Entwicklung der hussitischen Bewegung geschildert werden und genauso wenig ein abschließendes Urteil über die Hussiten gesprochen werden, die zur damaligen Zeit und in den anschließenden Geschichtsinterpretationen so viel Leidenschaften entfesselt haben. Fest steht, daß der Protest von Johann Hus aus tiefster religiöser Überzeugung kam und unbedingt als christlicher Anspruch gesehen werden muß.

Johann Hus, das ist die Zerrissenheit eines priesterlichen Gewissens angesichts der von Krankheiten zerfressenen Christenheit, das ist die Überzeugungskraft eines Gelehrten, der den Kreis durchbrechen wollte, in den ihn die scholastischen Methoden einsperrten. Durch seine Predigten gelang es ihm, die Masse des Volkes mit der inneren Erneuerung, auf die sich seine Hoffnung gründete, vertraut zu machen. Auf Hus mußte der Reichtum des Klerus von Prag, die Verknöcherung einer Gesellschaft, die unnachgiebige Härte, mit der die begünstigten Schichten an ihren Privilegien hingen, skandalös wirken. Da im öffentlichen Leben die wichtigsten Posten von Deutschen besetzt waren, die Bauern und der niedere Adel aber durchwegs Tschechen waren, wandte sich Hus zuerst mit seinen Predigten an die Tschechen, in dem Gedanken, daß auch Christus sich vor allem um die Armen gekümmert hatte.

Das also war das geistige und soziale Klima in einem Land, in dem sich das hussitische Abenteuer entwickelte. Hus, den man den ersten modernen Reformer nennt, war trotz seiner Empörung kein Revolutionär. Einer der jüngsten Historiker, die sich mit ihm beschäftigt haben, Pater de Vooght, hat zweifellos recht, wenn er Hus das Verdienst zuschreibt, die Probleme seiner Zeit immer im Sinne der Heiligen Schrift und der Tradition behandelt zu haben. Die Bibel und die Tradition bildeten tatsächlich die Quellen seiner

Predigten, vor allem aber Paulus und Augustinus. Ihnen billigte er eine ganz andere Autorität zu als etwa Wiclif, dessen Schriften er studiert hatte, dessen Ansichten er aber nicht teilte. Sowohl über Fragen der Eucharistie als über die wahre Natur der Kirche dachte er ganz anders.

Durch seine leidenschaftliche Liebe zur Heiligen Schrift löste er sich von der Scholastik, obwohl er weiter mit ihren Methoden argumentierte. Daher stößt man in seinen Schriften immer wieder auf Unklarheiten und Widersprüche. Daß er ein Vertreter des Realismus war, während die deutschen Professoren Prags Nominalisten waren, konnte nicht der eigentliche Grund zu seiner Verurteilung sein, besonders da weder der Realismus noch der Nominalismus eine von der Kirche anerkannte Wahrheit darstellte und keine der beiden Lehren zur Irrlehre erklärt worden war. Gefährlicher war für ihn der Krieg, der sich in Prag zwischen Tschechen und Deutschen abspielte. Er fand ein Ende durch das Dekret von Kuttenberg (1409), welches die Universität neuorganisierte und bestimmte, daß die tschechische Nation drei Stimmen, die übrigen Nationen zusammen eine einzige bekamen. Hus wurde zum Rektor gewählt; die deutschen Professoren verließen das Land und gründeten eine neue Universität in Leipzig. Hus' große Sorge galt der Reinigung der Kirche, dem Reichtum des Klerus, der Simonie und der Einmischung der Staatsgewalt in kirchliche Angelegenheiten. Er baute dagegen das Ideal der evangelischen Armut auf und unterschied in seiner Abhandlung über die Kirche die „congregatio fidelium", damit ist die gesetzmäßige Kirche gemeint, von der „universitas praedestinatorum", von der auch Wiclif gesprochen hatte, nämlich der Versammlung der Prädestinierten und Reinen, die sich der Nachfolge Jesu verschrieben hatten. Er geriet in Konflikt mit der kirchlichen Hierarchie Böhmens, wurde exkommuniziert und suspendiert.

Seine Haltung stellte kein Novum in seinem Land dar. Schon während der Regierungszeit Karls IV. hatte sich ein Konflikt zwischen der böhmischen Hierarchie und der römischen Kurie auf der einen Seite und einiger religiöser Orden auf der anderen Seite abgezeichnet, welche die reine Lehre gegen alle weltlichen Kompromisse verteidigten. Der Kaiser hatte sich damals auf die Seite der Orden gestellt. Der Streit um Hus spiegelte aber darüber hinaus auch noch den Antagonismus im Sozialen wie Nationalen zwischen Tschechen und Deutschen wider. Schließlich aber waren auch tschechische Gelehrte, ehemalige Schüler von ihm, unter seinen erbittertsten Gegnern. Sie klagten ihn so schwerer Irrtümer an, daß die Situation für ihn aussichtslos wurde. Dabei war ihm persönlich nichts vorzuwerfen; er hatte nie und unter keinen Umständen mit der Kirche oder dem Papst brechen wollen. Wenn er auch für ein Konzil eintrat, wie vor ihm schon Marsilius von Padua und Ockham, so hat er doch keinen Zweifel darüber aufkommen lassen, daß der Papst das notwendige Oberhaupt der Kirche sei.

Aber die Institutionen büßen ihre Autorität ein, wenn jene, die sie repräsentieren, keine reinen Christen sind. So bestand Hus darauf, daß die von Päpsten und Bischöfen begangenen Todsünden die Gläubigen ihres Gehorsams entbinden. Das skandalöse Treiben der rechtmäßigen Kirche war längst kein Geheimnis mehr und beunruhigte die Mehrzahl aller Christen. Seit 1378 spaltete das Große Schisma die Christenheit: Nun gab es zwei Päpste, einen in Rom, den anderen in Avignon. Und als das Konzil von Pisa versuchte, die Einheit der Kirche wiederherzustellen, indem es die Unterwerfung der Bewerber verlangte und die Wahl eines neuen Pontifex durchsetzte, da gab es nun sogar drei Päpste. Papst Johannes XXIII., der Nachfolger des in Pisa gewählten Papstes, bot Ablässe zum Verkauf an, um genügend Geld für seinen Krieg gegen die zwei Gegenpäpste zu sammeln: Hus predigte gegen den Ablaß und glaubte so fest an die Notwendigkeit von Reformen und an die Autorität der Heiligen Schrift, so wie er sie interpretierte, daß kein Gebot ihn zum Schweigen bringen konnte. Nachzugeben wäre ihm wie Sünde vorgekommen.

Der Konflikt endete tragisch. Kaiser Sigismund war bestrebt, den religiösen Frieden in Europa wiederherzustellen: eine Kirche, ein Reich, ein Herrscher. Er erreichte, daß Johannes XXIII. ein Konzil nach Konstanz einberief. Hus, dessen Exkommunikation aufgehoben worden war, ausgerüstet mit einem Paß, der ihm seine Sicherheit garantierte, kam der Aufforderung nach, sich in Konstanz zu rechtfertigen. Das Konzil begann nicht gerade vielversprechend, es verdammte gleich zu Anfang die fünfundvierzig Thesen von Wiclif. Darauf präsentierte man Hus eine Liste seiner Irrtümer und forderte ihn auf, sie zu widerrufen. Seine Thesen waren mißverstanden und falsch übersetzt worden. Aber Hus versuchte gar nicht erst, seine Feinde durch Erklärungen zu besänftigen, er erregte sie nur noch mehr durch seine Hartnäckigkeit, mit der er behauptete, er habe nie etwas gelehrt, was nicht im Evangelium stünde, und keine Macht der Welt könne ihn davon abbringen, an die Worte Jesu Christi zu glauben und sie zu verbreiten. Selbst Gerson hat Hus einen Aufsässigen genannt, dessen Aufsässigkeit eine Form von Ketzerei sei, und der somit die Wirren der Kirche nur noch vergrößerte, zu einem Zeitpunkt, wo man die Lehre und die Disziplin hätte stärken müssen. Hus wurde am 6. Juli 1415 hingerichtet. Seine Ruhe und sein Mut wurden von allen Zeugen bewundert.

Da Hus in Böhmen sehr populär war, rief die Hinrichtung eine Woge der allgemeinen Empörung hervor. Der gesamte böhmische und mährische Adel protestierte dagegen. Die Universitätsprofessoren bezeichneten seine Lehrsätze als einzig mögliches Heilmittel für eine ruinöse christliche Gesellschaft. Also forderten sie die Freiheit der Predigt, die Erlaubnis für alle Gläubigen, an der Kelch-Kommunion teilzunehmen, die bisher den Priestern vorbehalten war, die Konfiszierung der Klostergüter und die Bestrafung der Todsünde durch den Staat. König Wenzel IV., der schwach und brutal war, gelang es nicht, der Erhebung in seinem Reich Herr zu werden. Er starb 1419. Nachfolger wurde sein Bruder Sigismund. Dieser war seinerzeit dabei gewesen, als das Urteil über Hus gefällt wurde. Jetzt wollte er vor allem die Ruhe in Böhmen wiederherstellen und erreichte von Papst Martin V., daß er den Bannfluch über das Königreich aussprach und zum Kreuzzug gegen Böhmen aufrief. Darauf stellten die Tschechen eine Armee auf, deren Kommandant, Žižka von Trocnow, ein Mitglied des niederen Adels, sich als sehr fähiger Heerführer erwies. So wurde der Kreuzzug anfangs erfolgreich zurückgeschlagen. Aber obwohl alle Bevölkerungsschichten sich an der Verteidigung des Landes heldenhaft beteiligten, so daß auch die folgenden Angriffe 1426, 1427 und 1431 abgewehrt werden konnten, machten sich in Böhmen immer größere Meinungsverschiedenheiten bemerkbar. Die Gewalttätigkeiten der Anhänger Žižkas, der 1424 gefallen war, der Fanatismus, mit dem sie über die Klöster herfielen, und schließlich die sozialen Forderungen, die die Tabor-Partei erhob (Tabor hieß die Stadt, die Žižka sich für sein Heereskommando gewählt hatte), beunruhigten die Bevölkerung. Und diese Unruhe beschränkte sich keineswegs auf die Oberschicht, wie manche behaupten, die im Hussitenkrieg lediglich einen Klassenkampf sehen wollen, sondern sie erfaßte auch die besonnenen Staatsbürger, die ihr Land nicht der Anarchie und dem Terror ausliefern wollten und immer noch hofften, die Kirche im Geiste Hus' erneuern zu können.

So sammelte sich in Prag unter den maßvollen Geistern ein immer regerer Widerstand gegen die Taboriten. Treue Anhänger der katholischen Kirche gab es noch viele. Andererseits waren auch der Papst und der Kaiser durch das Scheitern ihres Kreuzzuges zu einer gewissen Einsicht gelangt und bereit, auf einen Kompromiß einzugehen. Der böhmische Landtag und die Kurie traten in Verhandlungen ein. Abgeordnete der Hussiten – Wortführer war der Priester und Utraquist Jan Rokycana – durften auf dem Konzil von Basel ihre Thesen verteidigen, ohne auf dieselbe böswillige Voreingenommenheit zu stoßen, die Hus ins Verderben geführt hatte.

1433 konnten die Verträge von Basel (die Baseler Kompaktaten) mit dem Konzil geschlossen werden: Die Tschechen wurden wieder in die Kirche aufgenommen und bekamen das Recht, ihre Riten beizubehalten und das Abendmahl unter beiderlei Gestalt zu feiern (sub utraque specie), was ihnen besonders wichtig war. Die Versöhnung wäre noch vollständiger gewesen, wenn Rom damals Rokycana das Bischofsamt übertragen und damit die Hussiten von jedem Verdacht der Ketzerei befreit hätte. Von nun an gab es in Böhmen zwei katholische Kirchen: die Rom gehorchende mit dem Erzbischof an der Spitze und die Utraquisten um Rokycana, Seelsorger der größten Pfarrgemeinde der Altstadt, der Teynkirche. Aber zwischen den beiden Kirchen und im ganzen Land herrschte nun Friede.

Die jahrelangen Kämpfe gegen äußere Macht, die Kurie und den Kaiser, und die sozialen Umwälzungen hatten das kollektive Selbstbewußtsein der Böhmen gestärkt und ein Gefühl für nationale Solidarität entstehen lassen, das von nun an des Volkes moralisches Rückgrat war. Selbst jene, die die Gewalttätigkeiten der Taborpartei verabscheut und bekämpft hatten, erinnerten sich nun mit einem gewissen Stolz an den einäugigen Krieger und seine Offiziere, an ihre lodernde Begeisterung und ihr Kriegslied „Kämpfer Gottes“. Europa war auf die tschechische Nation aufmerksam gemacht worden. Sie hatte sich dem „anderen“ gegenüber behauptet, mochte der andere nun der König sein, auch wenn er obendrein die Kaiserkrone trug, oder die Kirche, sei es in Gestalt des Papstes oder des Konzils, oder nur der feindliche Nachbar Deutschland. Sicher übertrieb die Romantik des 19. Jahrhunderts, wenn sie die nationale Seele der Tschechen mit dem Hussitentum und Tabor identifizierte. (Tabor mußte übrigens für die verschiedensten Absichten herhalten, wurde später zum Beispiel das magische Schlüsselwort in dem demokratischen Programm von Thomas G. Masaryk und in dem sozialistischen von Z. Nejedlý.) Aber eine solche Übertreibung war nur möglich, weil das Volk durch die Jahrhunderte die Erinnerung nicht aufgab an jene schweren Jahre, in denen die Tschechen sich vom übrigen Europa lossagten und für ihre Ideale die schwersten Kämpfe ganz allein durchstanden. Nach der bewältigten Krise begann eine Epoche des wirtschaftlichen Aufstiegs der Städte: Die Handwerkergilden, die bisher von den Patriziern stark behindert worden waren, konnten sich jetzt freier entwickeln und brachten den Städten neuen Wohlstand.

Die Konfiskation der Kirchengüter kam freilich nur dem Adel zugute: Riesige Ländereien kamen in den Besitz der „Barone“ und der Edelleute.

Der Friede dauerte nicht lange, denn Kaiser Sigismund starb schon 1437. Erbin war seine Tochter, die Gattin Herzog Albrechts von Österreich, den Sigismund noch zu seinen Lebzeiten zum König von Ungarn hatte krönen lassen. 1438 wurde Albrecht II. zum römischen König gewählt. Sogleich bildeten sich in Böhmen zwei verschiedene Parteien. Die Utraquisten mit Rokycana und dem einflußreichen Adeligen Ptáček von Pernštein wollten die Wahl des Landtags zugunsten des Bruders des polnischen Königs beeinflussen, die Katholiken waren für Albrecht II., da er versprach, die Verträge von Basel zu halten. Sie hielten ihn daher für den geeignetsten Kandidaten und verhalfen ihm zum Sieg: Zum ersten Mal gelang es einem Habsburger, Ungarn, Böhmen, Österreich und die Kaiserwürde zusammen in seinen Besitz zu bringen. Allerdings gestattete ihm die allgemeine Situation nicht, eine einheitliche Politik zu verfolgen. Er war und blieb der Herrscher einzelner Staaten.

Das Schicksal seines nachgeborenen Sohnes Ladislaus Posthumus, geb. 1440 in Stuhlweißenburg (Ungarn), gestorben 1457 in Prag, machte deutlich, daß die monarchische Idee noch nicht reif genug war, um als Bindeglied zwischen verschiedenen Völkern zu dienen, die immerhin denselben König hatten und diesen auch, allerdings jedes Volk für sich, als legitimen Landesherrn betrachteten. Der unglückliche Ladislaus wurde in seinen verschiedenen Ländern zum Spielball des Adels.

Gleich nach seiner Geburt ließ seine Mutter ihn zum König von Ungarn krönen, aber der ungarische Landtag bestand auf dem besonderen Charakter des Wahlkönigtums und bestimmte einen anderen Fürsten, den Jagellonen Vladislav I., zum König. Die Witwe Albrechts floh nach Österreich mitsamt dem Kind-König und der Stephanskrone, ohne die es keinen legitimen König von Ungarn geben kann. Erst vier Jahre später, als der Pole in der Schlacht bei Varna gegen die Türken gefallen war, erkannten die Ungarn Ladislaus Posthumus als ihren König an. Dieser aber und die Krone blieben in Wien. Hier regierte Friedrich III., ein Vetter Albrechts. Er kannte den Preis des Pfandes in seiner Hand. In Böhmen bekämpften sich die adeligen Utraquisten und die Katholiken, weil sie sich nicht auf den Nachfolger für Albrecht II. einigen konnten. Als es dem Utraquisten Georg von Podjebrad gelang, Prag zu erobern, setzte er Ladislaus Posthumus als König durch, aus Sympathie für den Sohn des letzten Königs, obwohl die Erbfolge keinesfalls als Regel galt. Der König mußte aber in Prag gekrönt werden und dort bleiben. Podjebrad verhandelte also mit Friedrich III. und erreichte, daß Ladislaus nach Prag gebracht wurde. So wuchs der junge König auf, hin und her gezerrt zwischen den verschiedenen Ländern, von denen er keines selbständig regierte, da er noch minderjährig war, genauso wenig wie er zwischen ihnen ein Bindeglied darstellen konnte. Podjebrad versuchte sich seiner zu bedienen, als es darum ging, Böhmens Allianzen auszuweiten und das Prestige des Königtums in Europa zu verstärken: Er verlobte ihn mit Madeleine von Frankreich, der Tochter Karls VII. Aber der junge König starb 1457 in Prag an Tuberkulose.

Nachdem der Landtag zwischen mehreren Kandidaturen ausländischer Herrscher geschwankt hatte, entschloß er sich endlich mit der Mehrheit der Stimmen für Podjebrad selbst. Damit bestieg ein Tscheche und Hussit den Thron. Aber die Umstände erlaubten es ihm nicht, den nationalen Charakter und die religiöse Schattierung seiner Regierung zu betonen. Um den wirtschaftlichen Aufschwung der Städte nicht zu gefährden und den Handel weiter zu vergrößern, brauchte er um jeden Preis Frieden mit seinen Nachbarn und ganz besonders mit Ungarn. So zwang das Wohl seines Reiches, das er so oft zitierte, ihn dazu, ausländische Bündnisse einzugehen, umso mehr, als seine tschechischen Feinde sich sonst mit fremder Hilfe gegen ihn erhoben hätten. Er bot daher Polen und Ungarn seine Freundschaft an, obwohl die hussitischen Armeen in der Slowakei standen und das Bergland Oberungarns beherrschten. Der Heerführer Ulrich von Rosenberg konnte praktisch über das Schicksal der Stephanskrone bestimmen. Aber sowohl aus politischer Notwendigkeit wie auch auf Grund seines Temperaments war Podjebrad Pazifist und betrieb Versöhnungspolitik. Er versuchte, Utraquisten und Katholiken, Tschechen und Deutsche dazu zu bringen, sich alle als Böhmen zu fühlen und gemeinsam zum Wohle des Königreichs zu arbeiten. Böhmens Verbindungen mit dem Kaiserreich waren ohnehin fest und praktisch unlösbar. Das kaiserliche Geld war in Böhmen gleichwertig neben dem einheimischen im Umlauf. Podjebrad beschloß auf den Rat eines Fachmannes, eine einheitliche Währung herzustellen und den Kaufleuten großzügige

Staatsanleihen zur Verfügung zu stellen. 1464 schickte er seine Botschafter zu König Ludwig XI. und schlug ihm ein Bündnis und eine europäische Friedensliga vor. Die europäischen Staaten sollten von nun an ihre Differenzen einem Schiedsgericht vortragen. In dem Organisationsplan war weder vom Kaiser noch vom Papst die Rede. Er war jedoch auch nicht gegen den Kaiser gerichtet, dessen Stellvertreter Podjebrad gerne geworden wäre und dem er in Österreich schon einmal Beistand gegen den Adel geleistet hatte. Den Einfluß des Papstes dagegen hoffte er tatsächlich durch diese Entente der europäischen Fürsten einzudämmen. Aber die Schwäche der Utraquisten im eigenen Land und das Anwachsen der Sekten hatten bereits die römische Kurie dazu bewogen, dem allen ein Ende zu machen. Papst Pius II., berühmter Humanist und Freund Wiens, wo er eine Zeit gelebt und von wo er auch die Donauländer bereist hatte, hielt die Verträge von Basel für einen provisorischen Notbehelf. Zudem hatte nun auch Rokycana ein Schisma der hussitischen Kirche zu befürchten. In den Predigten von Peter Chelčický zugunsten einer einfachen Kirche zeichnete sich die Gefahr eines Wiedererwachens der Bewegung Tabor ab. Der Papst kündigte also die Verträge von Basel und forderte die Fusion der beiden Kirchen in Böhmen. Dem konnte aber Podjebrad nicht zustimmen, ohne das Risiko einzugehen, die Unterstützung der meisten Tschechen zu verlieren. Er war auch ein viel zu überzeugter Hussit, um dem Papst in diesem Punkt nachzugeben. Wenn auch widerwillig, entschloß er sich doch zum Krieg. Paul II. sprach den Bann über ihn aus und rief zum Kreuzzug gegen Böhmen auf. Das Heer vertraute er der Führung des Königs von Ungarn, Matthias Corvinus, an.

Trotz seiner militärischen Erfolge mußte Podjebrad Mähren, Schlesien und die Lausitz an Matthias abtreten, der sich in Olmütz auch zum König von Böhmen krönen ließ. Podjebrads Königreich bestand nur noch aus dem eigentlichen Böhmen. Aber es bestand. Aus Sorge, seine Söhne könnten nicht die nötige Autorität besitzen, seine Mißerfolge wieder auszuwetzen, ließ er schon zu seinen Lebzeiten seinen Nachfolger wählen, den Sohn des Königs von Polen, den Jagellonen Vladislav II. Seine Beziehungen mit dem Reich hatten ihm nichts eingebracht, daher setzte er jetzt auf das Bündnis mit einem slawischen Fürsten aus dem Norden. Er starb 1471.

UNGARN UND DIE TÜRKISCHE BEDROHUNG

Die zweite Dominante in der Geschichte der Donauländer des 14. und 15. Jahrhunderts ist die türkische Bedrohung. Sie zeigte sich nicht dauernd von ihrer brutalsten Seite, wie Städtebelagerungen und Schlachten, sie kam auch schleichend daher, oftmals unbemerkt, nutzte die besonderen Schwierigkeiten Osteuropas ebenso wie die religiösen und politischen Krisen, die den Westen beschäftigten (der Hundertjährige Krieg, die Streitigkeiten zwischen Papst und Kaiser, das Große Schisma) und ihn nicht bemerken ließen, in welcher Gefahr sich die Christenheit befand. Das Haus Anjou war selbst mit seinem außenpolitischen Ehrgeiz am Vordringen der Türken nicht unbeteiligt, indem es neue Rivalitäten hervorrief und Uneinigkeit stiftete.

Karl Robert und Ludwig I. von Anjou stammten zwar aus Frankreich, waren aber längst „Italiener“ geworden. Sie hatten in Ungarn weitgesteckte Pläne. Ihre Politik war eine Einmischungspolitik auf den verschiedensten Gebieten. Unter anderem — und wirklich nur unter anderem — wollten sie eine Schutzherrschaft über die Balkanfürstentümer errichten, deren Gebiet sich zwischen Ungarn und Griechenland erstreckte. Aber hier stießen sie auf den Widerstand des serbischen Fürsten Stephan Dušan, der in der Mitte des Jahrhunderts Albanien, Mazedonien und Thessalien unter seine Herrschaft gebracht hatte und sich König der Serben und Griechen nannte. Als Ludwig I. sich Bosniens bemächtigen wollte, kam es zum Krieg mit Stephan Dušan. Ludwig blieb Sieger, aber nun verwickelte er sich in Schwierigkeiten mit Venedig, welches Ungarn die dalmatinische Küste streitig machen wollte.

In denselben Jahren versuchten die Osmanen, nachdem sie ihre Herrschaft in Asien gesichert hatten, in Europa Fuß zu fassen, nicht etwa durch bewaffneten Einfall, sondern durch geschickte Infiltration aufrührerischer Elemente und durch Verbündete unter den Christen selbst. Sie buchten ihren ersten Erfolg, als sie 1357 auf dem westlichen Ufer des Bosporus in Gallipoli Fuß faßten. Dann eroberten sie Adrianopel und machten daraus die Hauptstadt ihres europäischen Territoriums. Dieser Stützpunkt erleichterte ihnen in der Folge ihre Einfälle in Bulgarien und Serbien. Der erste Zusammenstoß mit den Ungarn fand 1366 statt, aber Ludwig I. war viel zu sehr mit seinen italienischen und polnischen Angelegenheiten beschäftigt (1370 wurde er zum König von Polen gekrönt), als daß er in den Kämpfen mit den Osmanen mehr als einen dieser bedeutungslosen Zwischenfälle sehen wollte, wie sie mit den Serben und Bulgaren gang und gäbe waren.

Die christlichen Staaten des Balkans unterschieden sich in ihrer laxeren Religionsauffassung erheblich vom Westen. Möglicherweise hätten sie dennoch den Osmanen mehr Widerstand entgegengesetzt, wenn ihnen eine fremde Armee Beistand geleistet hätte. Die osmanische Politik bot ihnen nun die Wahl zwischen einem offenen Krieg, in dem sie nur unterliegen konnten, oder einer spitzfindigen Entente, die ihnen für viele Nachteile auch große Vorteile bot. Da waren einmal die Tributzahlungen, aber dafür hatte man sich auch durch ein Bündnis die Protektion der Osmanen gegen lästige Rivalen erkauft. 1365 erhielt die kleine Republik von Ragusa gegen jährlichen Tribut die Handelsfreiheit. Selbst der Kaiser von Byzanz wurde bei dieser Gelegenheit der Verbündete der Türken, obwohl man gerade in Konstantinopel die Gefahr richtig eingeschätzt hatte. Sie schien sich allerdings zu verringern, als der Sultan wegen der Tataren nach Asien zurückgerufen wurde.

Ihr europäisches Gebiet organisierten die Sultane von Adrianopel aus. Sie schufen erbliche Lehen für ihre Reiterführer, auf deren Gütern Christen arbeiteten und ihrerseits Land erwerben und vererben durften. Jenen Christen, die sich zum Dienst in der türkischen Armee verpflichteten, wurde sogar der Tribut erlassen. Auf den wiederholten Hilferuf des byzantinischen Kaisers an den Westen antwortete der Papst 1373 mit einem Aufruf zum Kreuzzug, den König Ludwig I. erst im Jahre 1377 für nötig fand zu beantworten. Auch dann wußte er seine militärischen Erfolge so wenig zu nutzen, daß sich Ungarn nach seinem Tod 1382 wegen seiner Thronfolgeschwierigkeiten außerstande sah, die Offensive am Balkan zu übernehmen.

1389 glaubten die Fürsten Lazar von Serbien und Simeon von Bulgarien, der Moment sei gekommen, den Sultan Murad anzugreifen, aber beide wurden von den Türken vernichtend geschlagen.

Die serbische Niederlage bei Kosovo zählte umso schwerer, als Fürst Lazar sich der Hilfe Bosniens, Albaniens und der Walachei versichert hatte, sein Heer also dem Heer des Sultans zahlenmäßig weit überlegen war. Als der Schwiegersohn Ludwigs I., der 1387 zum König von Ungarn gewählt worden war, endlich wieder mehr Aktionsfreiheit hatte, versuchte er, den Vormarsch des Sultans Bajesid I., des Siegers von Kosovo, in Bulgarien zu stoppen. Er wandte sich an Papst Bonifaz VIII., an Venedig und an den König von Frankreich, Karl VI., um Hilfe. Ein großes Kreuzheer von ungefähr 60.000 Mann aus allen Ländern Europas machte sich auf den Weg zur Donau. An ihrem Ufer erlebte es bei Nikopolis eine solche Niederlage, daß ganz Europa in Panik geriet. Sigismund konnte auf einem Boot die Donau abwärts bis nach Konstantinopel entkommen, während der französische Truppenführer, Graf von Nevers, der spätere Johann ohne Furcht, in die Gefangenschaft geriet, jedoch dem Schicksal der zehntausend enthaupteten Christen entging, weil der Sultan ihn begnadigte und ihn sogar zur Falkenjagd einlud. Der Valois konnte sich bei dieser Gelegenheit davon überzeugen, daß der Luxus der europäischen Fürstenhöfe gegen den orientalischen Prunk verblaßte und daß die als barbarisch verschrienen Osmanen in Wirklichkeit die Erben einer hohen islamischen Kultur waren.

Es kam in der Folge zu den gnadenlosen Überfällen der Türken auf Ungarn und auf die Steiermark. Über kurz oder lang mußte auch Konstantinopel in ihre Hände fallen, um die türkische Herrschaft auf der Balkanhalbinsel endgültig zu etablieren. Wie schon einmal in der Geschichte wurde die Donau zum Limes zwischen zwei Welten: Die Erben Roms, die Christen, warteten auf den Ansturm ihrer Feinde. Ungarn war der letzte große freie Staat: Von dem Erfolg oder Mißerfolg seiner Verteidigung hing das Schicksal des übrigen Europa ab.

Es teilte sich diese Rolle übrigens mit Venedig; ein Bündnis zwischen diesen beiden Staaten scheiterte jedoch an Dalmatien, das beide für sich beanspruchten. Es blieb dem König von Ungarn nichts anderes übrig, als den Sultan mit Versprechungen und Geschenken hinzuhalten, um auf diese Weise Zeit zu gewinnen — ein Waffenstillstand war ja auch den Türken von Zeit zu Zeit willkommen – und die Walachei und Serbien so weit unter seiner Kontrolle zu halten, daß diese Staaten sich nicht des Sultans gegen den König von Ungarn bedienen konnten. Aber das ganze Resultat dieser vorsichtigen und listenreichen Politik war doch nur eine provisorische Ruhe vor dem Sturm. Die ständig lauernde Gefahr hatte bei den Ungarn und Kroaten Kampfgeist und Tatendurst wachgerufen; die ungarische Armee war bekannt wegen ihrer ausgezeichneten Reiterei. Trotzdem fürchtete man die Türken, und das mit Recht, denn die Organisation des türkischen Staates war in ihrer Wendigkeit und Durchschlagskraft den europäischen Staaten weit überlegen. Aber dessen war man sich damals noch gar nicht so sehr bewußt. Politische und ökonomische Erwägungen spielten überhaupt eine zweitrangige Rolle in einem Zeitalter der fanatischen Glaubenskriege. Sie führten allenfalls nach der Schlacht zu Waffenstillstand und Verhandlungen. Der Ungar hatte andere Bilder vor Augen, wenn er an die Türken dachte. Er wußte, daß die Sultane ihren Leuten vor der Schlacht aus dem Koran vorlasen; denn schon Allah hatte die Unterwerfung der Ungläubigen gefordert und gesegnet. Zum religiösen Fanatismus kam die Brutalität der Kriegsführung. Die abgeschlagenen Köpfe vieler gefangener christlicher Heerführer, die Razzias, in denen nach europäischen Frauen für die türkischen Harems gesucht wurde, die Verwüstung von Ernten und Herden, das Schleifen von Kirchen und das Besudeln der Heiligenbilder in den eroberten Dörfern, alle diese Greuel, denen der Historiker allerdings auch anderes entgegensetzen könnte, das der Zeitgenosse nicht wahrhaben wollte, hat den Türken den Ruf eingebracht, ein rücksichtsloser, brutaler Gegner zu sein, mit dem man einen Kampf auf Leben und Tod führen würde. Der ungarische Adel war bereit, die Rolle des christlichen Paladins zu spielen und die Türken zurückzuschlagen. Mit allen in seiner Macht stehenden Mitteln baute er die Armee aus, und die Früchte dieses Einsatzes zeigten sich bald in beachtlichen militärischen Erfolgen. An diesen Erfolgen war Johann Hunyády maßgeblich beteiligt. Er war 1407 in der Walachei geboren worden, wo seine Familie das Lehen Vajadahunyád erhalten hatte. Er war früh in den persönlichen Dienst von Sigismund getreten, der ihn aus Erziehungsgründen an den Hof von Mailand schickte, und besiegelte dann seine Stellung in der aristokratischen Gesellschaft Ungarns durch seine Heirat mit einer Szilágyi.

Man übertrug ihm das Kommando der Feste Belgrad und die Überwachung der benachbarten Gebiete, schließlich auch die Statthalterschaft über Siebenbürgen. Hier gelang es ihm, eine schwere türkische Offensive abzuwehren, woraufhin er den großen Feldzug von 1443 vorbereitete, dessen Ziel es war, Serbien zu befreien. Seine militärischen Erfolge wurden erst durch den Winter unterbrochen. Die Christenheit sah in Hunyádi ihren Retter, und der Papst gedachte ihm mit einem Kreuzzug zu Hilfe zu eilen. Aber kommerzielle Interessen bremsten die ritterliche Begeisterung: Die Republik Genua unterhielt Handelsbeziehungen mit den Türken, auf die sie keinesfalls verzichten wollte. Als sich die erwartete Hilfe somit in Rauch auflöste, fragten sich die Ungarn, ob sie allein den Kampf wieder aufnehmen sollten und schlossen erst einmal einen Waffenstillstand. Diesen Waffenstillstand brach Hunyádi und marschierte mit dem König Vladislav I. an der Spitze seiner Armee bis nach Varna in Bulgarien. Aber Sultan Murad stellte sich ihnen mit einer riesigen Armee in den Weg, die, mit der Mission betraut, einen Eidbruch strafen zu müssen, noch kampfbesessener als gewöhnlich war. Sie schlugen die Ungarn in die Flucht und schickten den Kopf des Königs Vladislav I., der in der Schlacht gefallen war, als Kriegstrophäe nach Bursa. Der Landtag rief daraufhin 1446 nun doch Ladislaus Posthumus auf den ungarischen Thron. Aber da das königliche Kind nach Österreich geflohen war, übernahm Hunyádi die Regentschaft. Es war keine leichte Aufgabe: In Österreich, Böhmen und Ungarn machten sich die Adeligen gegenseitig die Vormachtstellung streitig, bildeten Parteien, und jedes Land versuchte, den jungen König auf sein Territorium zu ziehen. Während also diese Rivalitäten Europa vollauf beschäftigten und es daran hinderten, sich gemeinsam gegen den Islam zu wehren, eroberte Mohammed II. 1453 Konstantinopel. Papst Kalixtus III. wandte sich in einem pathetischen Appell um Hilfe an die ganze Christenheit. Jeden Mittag läuteten in ganz Europa die Kirchenglocken und forderten die Gläubigen auf, für den Erfolg der christlichen Waffen zu beten. Wieder hatten die Ungarn die Hauptlast des Krieges zu tragen. 1456 konnte Hunyádi den Angriff der Türken auf Belgrad erfolgreich abwehren: Es war ein großer Tag in der Geschichte der Türkenkriege. Zwei Welten prallten hier aufeinander, die sich in der Kampfmoral in nichts nachstanden: Das Bewußtsein des Heiligen Krieges bei den Türken und die Beredsamkeit des Franziskanermönchs Capistrano bei den Christen riefen auf beiden Seiten Höchstleistungen hervor. Die Christen siegten. Aber Hunyádi starb einige Tage nach dem Sieg vor Erschöpfung. Mit ihm starb einer der seltenen Menschen, für den der Kampf gegen den Islam sowohl ein ritterliches Ideal als auch ein politisches Ziel gewesen war, das alle anderen Erwägungen beiseite gedrängt hatte. Im folgenden Jahr starb auch Ladislaus Posthumus in seiner Residenz in Prag. Der ungarische Landtag wählte den zweiten Sohn von Johann Hunyádi, Matthias Corvinus, zum König.

MATTHIAS CORVINUS UND DER VERSUCH EINER VEREINIGUNG DER DONAULÄNDER

Matthias Corvinus war sicher einer der größten Herrscher der ungarischen Geschichte. Schon aus Familientradition setzte er den Kampf gegen die Türken fort und befreite einen Teil Bosniens. Aber der Kampf gegen den Islam war bei ihm nicht mehr das Hauptmotiv seines Handelns. Unter ihm wandte sich die Außenpolitik Ungarns wieder mehr dem Westen zu. Im übrigen war Ungarn jetzt im Inneren so gefestigt, daß ein neuerlicher Angriff der Türken im Moment nicht zu befürchten war.

Die Wendung des Matthias nach Westen läßt sich vielleicht durch persönliche Erfahrungen erklären. Nach dem Tod seines Vaters und während sich die adeligen Familien bekriegten, wurde Matthias als Geisel Ladislaus Posthumus' nach Wien und nach Prag mitgenommen. In diesen zwei Städten lernte er eine Zivilisation kennen, die ihm viel entwickelter als die ungarische erscheinen mußte: schönere Bauwerke, reichere Bewohner, eine wirksamere Verwaltung und nicht zuletzt eine wesentlich inspiriertere Politik.

In seinen Augen war Ungarn ein rückständiges Land, in dem keineswegs alle verfügbaren Kräfte für den allgemeinen Wohlstand des Landes eingesetzt wurden. In Prag erlebte er die Feierlichkeiten für die Hochzeit des Königs und dessen baldigen Tod. Als Delegierte aus Ungarn ihm mitteilten, daß der Landtag ihn zum König gewählt habe, zögerte der junge Hunyádi nicht, Podjebrad sofort Lösegeld zu versprechen, das jener forderte, wenn er ihn gehen ließe, und die Hand seiner Tochter anzunehmen, die Podjebrad ihm als Freundschaftsbeweis, aber auch in der Hoffnung, der Schwiegersohn möge ihm ein guter Vasall sein, angeboten hatte.

Kaum zurück in Buda, machte er den ungarischen Adeligen und seinem Onkel Szilágyi klar, daß er zu regieren gedenke und Gehorsam fordere, worauf die Ungarn ihr Votum zurückziehen wollten und an seiner Stelle Kaiser Friedrich III. wählten. Dieser hatte ja noch immer die Stephanskrone in seinem Besitz, die Ladislaus ihm einst anvertraut hatte: Matthias war also noch immer ein ungekrönter König, „un roi en chapeau", „ein König mit Hut".

Dank der Vermittlung von Papst Pius II. konnte sich Matthias vier Jahre später mit dem Kaiser vergleichen. Der Preis waren sechzigtausend Goldstücke. Friedrich gab die Stephanskrone zurück. Er behielt zwar die ungarische Königswürde unter seinen Titeln, aber Matthias wurde durch die Krönung legitimer ungarischer König. Er wußte, daß die mächtigste Stütze eines Königs die Armee bildet. Nun, die ungarische adelige Kavallerie war in seinen Augen nicht stark genug. Er erließ daher 1458 die Order, daß der niedere Adel aus einer Gruppe von zwanzig Familienoberhäuptern einen Reiter zu stellen habe, später, 1465, kam ein Reiter auf zehn Familien. Diese Reiter sollten eine Dienstzeit von drei Monaten auch jenseits der Grenzen zu leisten haben. Aber da man den Adel nur im erklärten Kriegsfall bemühen durfte und Matthias ein permanentes Heer zur Verfügung haben wollte, stellte er eine Armee von zwanzigtausend Reitern und zehntausend Fußsoldaten auf: Söldner, Deutsche und Tschechen, die er aus dem kriegserfahreneren Ausland bezog. Diese bildeten nun seine schwarze Garde. Sie hat wesentlich zu seinen militärischen Erfolgen und zu seinem Ruhm beigetragen. Die Unterhaltung einer solchen Armee und eine ausgesprochen aggressive kriegerische Politik verschlangen allerdings riesige Summen. Der Landtag weigerte sich, neue Steuern festzusetzen, umso mehr, als diese den niederen Adel am härtesten trafen. Denn jene, die nicht in der Lage waren, einen Reiter zu stellen, mußten auf ihre Steuerfreiheit verzichten; die hatte bis dahin ihre Ehre und ihren materiellen Rückhalt ausgemacht. Matthias löste das Problem, indem er auf die Zustimmung des Landtags verzichtete. Eine solche Brüskierung konnte er sich nur leisten, wenn er in den Komitaten zuverlässige Beamte hatte und das Volk mit einer unparteiischen Rechtsprechung zufriedengestellt wurde. Matthias stärkte also das Ansehen des „ispány" (Gespan), seines Stellvertreters in den Komitaten, und das eines Richterkollegiums. Dies war ein Versuch der Zentralisierung. Die Beamten kamen zwar aus dem lokalen Adel, die Berufungen mußten jedoch an die „tabula regia iudicaria" gerichtet werden, und der König behielt sich das Recht vor, die schwersten Fälle mit seinen Räten selbst zu entscheiden. Daher rührte sein Ruf als gerechter Richter, der ihn bei den Ärmsten seines Volkes so beliebt gemacht und viel zu seiner Legende beigetragen hatte.

Begriffe wie Militärrecht, fürstliche Autorität und Gerechtigkeit waren nicht nur seiner empirischen Klugheit entsprungen. Sie hatten ihre Quelle im Humanismus, der zwar in Ungarn nicht unbekannt war, aber in Mitteleuropa eigentlich nur in Wien und in Prag richtig geschätzt wurde.

Schon der Erzbischof von Gran, Vitéz, dessen Vorgänger italienische Bischöfe gewesen waren, pflegte enge Beziehungen mit Enea Silvio Piccolomini (Pius II.) und hatte sich eine bedeutende Bibliothek eingerichtet. Auch Matthias besaß am Ende seiner Regierungszeit eine mühevoll zusammengetragene Bibliothek von fünfundfünfzigtausend Exemplaren, viele mit kostbaren Malereien ausgestattete Bände, Wiegendrucke und die ganze damals bekannte Literatur des griechischen und lateinischen Altertums. Nach seinem Tod wurde sie in alle Winde zerstreut, und das war vielleicht gut so, denn während der Plünderungen und Brände von Buda wäre sie wohl vollständig vernichtet worden, und die Welt wäre all jener Kostbarkeiten, von denen man jetzt noch viele bewundern kann, beraubt worden. Als seine böhmische Frau gestorben war, heiratete Matthias, der keine deutsche Prinzessin zur Frau haben wollte, 1476 eine Neapolitanerin, die kultivierte Beatrix, die den ungarischen Königshof den Künsten öffnete und aus ihm ein Zentrum der Zivilisation machte.

Viele Italiener kamen nach Buda. Einer von ihnen, Antonio Bonfini, schrieb sogar eine ungarische Geschichte. Er verfolgte die Ursprünge der Hunyádi-Familie bis ins römische Altertum zurück, als Siebenbürgen, woher die Familie stammte, noch eine Provinz des Römischen Reiches, ein Land der „romanitas" war. So stellte er eine direkte Verbindung zum Konsul Marcus Valerius Corvinus her, dessen Familienname König Matthias von nun an für sich in Anspruch nahm. Um Marcus Valerius rankte sich sogar die Legende, er stamme von Zeus ab. Der Charme der Legende verwob sich mit dem Glanz der Geschichte. Auch die Figur des Attila, die der Westen immer nur mit blutigem Gemetzel in Zusammenhang bringt, wurde in dieser Geschichtsbetrachtung zu einem großen Kriegsherrn und Organisator, mehr Römer als Barbar, und in jeder Hinsicht ein würdiges Vorbild für seinen ungarischen Nachfahr. Bald bemühten sich auch Florentiner Humanisten um

Verbindung mit dem Budaer Kreis. Marsilio Ficino widmete dem König Matthias zwei seiner Werke. Deutsche Astronomen kamen zum Erzbischof Vitéz, um bei ihm die Eklipsen und die Konstellation der Erde zu studieren. Und schließlich gründete man in Buda eine Universität. Vor dem Hintergrund eines solchen hochkultivierten Klimas führte Matthias seine westlich orientierte Eroberungspolitik. Dabei stieß er im eigenen Land auf heftigen Widerstand, und zwar beim Hochadel, dem Stand, aus dem er stammte. Die gegenwärtige ungarische Geschichtsforschung bemüht sich darauf hinzuweisen, daß Matthias seine besten Verbündeten gegen die „Barone", die Vertreter des Hochadels, innerhalb des niederen Adels fand, in den Städten und auf dem Land. Die „Barone" dachten in dieser Epoche großer wirtschaftlicher Umwälzungen nur an den eigenen Vorteil und stemmten sich mit aller Kraft gegen das Regime, indem sie die Initiativen des Königs nach Möglichkeit abwürgten. Man kann aber auch dem König den Vorwurf nicht ersparen, daß er sich aus persönlicher Ruhmsucht in zu vielen Unternehmungen verzettelte, anstatt zuerst einmal seine Macht in Ungarn zu stabilisieren. Zwei gefährliche Verschwörungen machten ihm schwer zu schaffen. Trotzdem trieben ihn seine europäischen Interessen, ohne daß er die Augen von den Türken ließ, immer mehr nach Westen. Papst Paul II. ermutigte ihn in seinen Bestrebungen, weil er in seinem Krieg gegen Podjebrad keinerlei Unterstützung bei Kaiser Friedrich III. fand, der viel zu vorsichtig und pazifistisch war. Der Papst beauftragte daher Matthias mit dem katholischen Kampf gegen das hussitische Königreich. Und dieser konnte bald darauf Mähren, die Lausitz und Schlesien in seinen Besitz bringen, wo sie dreißig Jahre lang blieben. Dies war der Anlaß, sich in Olmütz zum König von Böhmen krönen zu lassen. Aber da 1471, nach dem Tod von Podjebrad, Prag und das eigentliche Böhmen, welches Matthias nicht annektiert hatte, Vladislav IV. Jagello zufiel, gab es nun praktisch zwei Könige von Böhmen. Und da der Kaiser sich weigerte, Matthias mit dem Königreich Böhmen zu belehnen, erklärte ihm dieser den Krieg und entriß ihm die Steiermark, Kärnten und einen Teil von Niederösterreich. Er erklärte Wien zu seiner westlichen Hauptstadt, in der er auch residierte, und starb dort nach fünfjährigem Aufenthalt im Jahre 1490.

Die Vereinigung mehrerer Staaten unter einem Herrscher, was damals durchaus nicht selten vorkam, war bei Corvinus mehr als nur ein einfacher Zufall. Zwar verdankt er die Eroberung rein äußerlich den Waffen, aber eigentlich war es der Sieg einer ungewöhnlichen Persönlichkeit, die ganz von der römischen „virtus" beherrscht war. Ritterlicher Geist verband sich bei ihm mit politischem Ehrgeiz, ganz im Sinne der Renaissance. Die Basis seiner Macht lag nach wie vor in Ungarn, das er, jedenfalls äußerlich, umgeformt und konsolidiert hatte. Aber dadurch, daß er sich in Wien niederließ, dem Schnittpunkt internationaler Handelsstraßen, dem Zentrum einer alten Kultur, betonte er, wie wichtig die österreichischen Herzogtümer für die Bildung eines großen Staates waren, der den Osten des Heiligen

Römischen Reichs zu sichern hatte. So schuf er möglichst dauerhafte Bindungen zwischen Ungarn und den deutschen und slawischen Ländern, zwischen Agrargebieten und Bergwerksstädten. Es war der Augenblick, in dem die Völker Mitteleuropas dank einer ungeheuren kulturellen und wirtschaftlichen Entwicklung vor einem neuen Aufschwung standen und erste Ansätze zu dem Bewußtsein zeigten, daß zwischen ihnen ein schicksalsmäßiger Zusammenhang bestand.

Aber die Politik des Matthias Corvinus, die man wohl als ersten Versuch, im 15. Jahrhundert ein österreichisches Reich unter einem ungarischen Herrscher zu errichten, betrachten kann, war noch zu unausgereift und zerbrechlich und hing zu sehr an der Person eines einzigen Mannes, als daß sie Überlebenschancen gehabt hätte. Matthias Corvinus besaß keinen legitimen Sohn, der sein Erbe hätte sein können, und konnte seinen Völkern nur einen Bastard, den er mit einer Deutschen bekommen hatte, als Nachfolger empfehlen.

Nach seinem Tod zerfiel sein Reich. Kaiser Friedrichs III. Sohn, Maximilian I., eroberte die österreichischen Länder zurück, und der ungarische Adel wählte in der Sorge, sich nicht mit einem zu mächtigen König zu belasten, ausgerechnet jenen Vladislav IV. Jagello, König von Böhmen, den auch Podjebrad sich zum Nachfolger ausgesucht hatte. So hatte weder das nationale Königreich in Böhmen noch das ungarische Bestand gehabt. Die Landtage hatten sich für einen ausländischen Herrscher entschieden, in der Annahme, er würde in ihren Händeln ein neutraler Schiedsrichter und weniger herrschsüchtig sein als ein König aus den eigenen Reihen. Immerhin war anzunehmen, daß die Union zwischen Böhmen und Ungarn unter einem gemeinsamen König einen ähnlichen mitteleuropäischen Block darstellen würde, wie es sich Matthias Corvinus vorgestellt hatte.

Aber es kam ganz anders. Matthias Corvinus repräsentierte, mehr als ihm vielleicht bewußt war, den Typ des römischen Herrschers, der das Volk bei Laune hielt, um so die Freiheit für große politische Entscheidungen zu gewinnen. König Vladislav II. Jagello dagegen war nur noch eine rein dekorative Figur, eine Marionette. Die Zeitgenossen verspotteten seinen Hang zur Versöhnlichkeit und die Neigung, den Abgeordneten der verschiedenen Königreiche immer mit „ja" zu antworten. Dieses Wort beherrschte er in allen Sprachen. Die wahre Macht besaß in Böhmen und in Ungarn der Adel.

In politischer Hinsicht machten die Länder mehrere Schritte zurück in die Vergangenheit, indem sie sich von Adeligen regieren ließen, die zwar auch der Humanismus auf irgendeine Art gestreift hatte, die aber nur die Interessen ihres Standes im Kopf hatten. Dies wurde in dem Vierteljahrhundert zwischen Corvinus' Tod und dem Debakel von Mohács nur allzu deutlich. Zwar waren der Wunsch nach nationaler Größe und die Furcht vor Fremdherrschaft nicht gänzlich verschwunden, und daher stand ein Großteil der Nation Maximilian I. als möglichen Kandidaten ablehnend gegenüber, aber man ließ es geschehen, daß der Kern der Armee, die mächtige schwarze Garde des Königs Matthias, sich auflöste. Derselbe Landtag, der es ablehnte, einem zwischen Vladislav und Maximilian geschlossenen und für Österreich günstigen Vertrag zuzustimmen, ergriff andererseits Maßnahmen, um die Macht des Adels über seine Bauern in einer bisher unbekannten Weise zu vergrößern. Diese Maßnahmen standen im Zusammenhang mit dem wirtschaftlichen Aufschwung. Durch die Möglichkeit, Getreide, Wein und Vieh nun auch zu exportieren, erschien die Grundlage der traditionellen geschlossenen Wirtschaft, in der der Bauer nur zu seinem Unterhalt produzierte und nur geringe Abgaben zu leisten hatte und der Adelige sich nur mit bescheidenen Einkünften begnügen mußte, dem Landtag als reformbedürftig. Er beschloß eine saftige Steuererhöhung. Eine Folge davon war, daß für den Adel die Arbeitskräfte knapp wurden, da die Bauern wegen besserer Verdienstmöglichkeiten in die Stadt abwanderten oder sich auf dem Land einen anderen Herrn suchten. Nun fehlte nur noch ein Anlaß, damit in Ungarn der erste Bauernaufstand losbrach.

1514 rief Papst Leo X. auf Drängen des Erzbischofs von Gran mit einer Bulle zum Kreuzzug gegen die Türken auf. Man stellte sofort eine Armee auf, der besonders die Bauern in großer Zahl zuliefen. Das Kommando wurde einem Angehörigen des niederen Adels, Georg Dušan, übergeben. Aber plötzlich wurde der Kreuzzug vertagt. Nun weigerte sich die Armee auseinanderzugehen, wenn nicht die neuen Maßnahmen gegen die Bauern rückgängig gemacht würden und man ihnen neue Schutzbriefe ausfertigte. Während die Bürger der königlichen Städte keinen Finger rührten, unterstützten die Bauern den Aufstand. Die besten Soldaten aber waren die Hirten aus der großen ungarischen Tiefebene. Der höhere und niedere Adel, der trotz verschiedener Größen seiner Ländereien gleichermaßen auf die Arbeit der Bauern angewiesen war, mobilisierte all seine Kräfte gegen die Aufrührer. Der grausame Kampf wurde zugunsten des Adels entschieden. Dem gefangenen Anführer Dušan setzte man eine Krone aus glühendem Eisen auf den Kopf und band ihn auf einen Thron, unter dem man einen Scheiterhaufen anzündete. Seine Gefolgsleute zwang man, in sein verbranntes Fleisch zu beißen. Der Landtag erklärte die inhumane Unterdrückung zum Gesetz, schaffte endgültig das Recht ab, den Wohnsitz zu verändern, und gab dem Adel die Möglichkeit, seine Forderungen beliebig zu erweitern und die Bauern zur Fronarbeit zu zwingen.

Derselbe Landtag approbierte die Gesetzesvorlage des ungarischen Juristen Verböczy, „Opus tripartium iuris consuetudinarii incliti regni Hungariae", die sich mit dem öffentlichen und privaten Recht in Ungarn befaßte. Hier wurde der besondere Charakter der ungarischen Monarchie dergestalt sanktioniert, daß die Quelle der Macht nicht beim König lag, wie es immer mehr der Auffassung des Westens entsprach, sondern allein bei der Stephanskrone. Der König war durch nichts anderes legitimiert, als durch die Wahl der Adeligen und durch die Krönung. Überhaupt war der Träger der Nation ganz allein der Adel, nämlich jener Personenkreis, der im Genuß der adeligen Privilegien war. Daß kein Adeliger ohne richterlichen Spruch festgenommen werden durfte, daß er keinen anderen Herrn als den König über sich hatte, daß er das Recht und sogar die Pflicht besaß, dem König zu widerstehen, wenn dieser versuchte, das Gesetz zu beugen, alle diese Artikel sprachen deutlich von einem unbezähmbaren Drang nach Unabhängigkeit und Freiheit. Dieser hat die ungarische Geschichte durch die Jahrhunderte geprägt und das Volk mit tiefem Abscheu gegen jede Art von Unterjochung erfüllt. Daher ist die Zähigkeit zu verstehen, mit der die Ungarn auch in der neuesten Geschichte jedem Versuch einer Tyrannei entgegentreten. Die Zugehörigkeit zum Adel war unabhängig vom Besitz. Der Codex Verböczy repräsentierte den Sieg des niederen Adels, ja des Adelsproletariats, über die Magnaten, die sich seiner bedienen mußten, um die Bauern niederzuhalten.

Dazu kam, daß die ungarische Verfassung nur dem Adeligen das Recht gab, Grundbesitz zu erwerben. So vertiefte sich der Graben zwischen denen, die adelig waren, und denen, die es nicht waren, immer mehr. Die Mehrheit der Bewohner, die Bauern oder „Jobbagiones", sahen sich in einer Abhängigkeit ohne Ausweg.

Im Vergleich mit anderen Staaten Europas, wo sich die Lage der Bauern ebenfalls immer mehr verschlechterte, war die Situation der Bauern in Ungarn am hoffnungslosesten.

Ungarische Historiker sind überzeugt, daß die Schwierigkeiten ihres Landes zum guten Teil in seiner sozialen Struktur und in seiner zurückgeschraubten Entwicklung begründet sind. Daher nennen sie das „Opus tripartium" die Wurzel allen Übels: „Kein König, kein Diktator, kein Tyrann hätte fertiggebracht, was ein simples Buch geschafft hat: Ungarn hat noch immer nicht die üblen Folgen dieses einen Buches überwunden." Man muß aber erkennen, daß dieses dauernde Pochen auf Freiheit und persönliches Recht, wenn auch nur innerhalb der privilegierten Klasse, bei den Ungarn den Nationalstolz und die Opferbereitschaft nie hat einschlafen lassen. Merkwürdigerweise empfanden selbst die Rechtlosen einen gewissen Stolz, zu einer freien Nation zu gehören. Daher folgten sie auch dem Adel, wenn er zu einem Aufstand gegen einen König oder Eindringling aufrief. Wenn es auch dem ungarischen Landtag leider gelungen ist, Ungarn zum Opfer fremder Unterdrückung werden zu lassen, so hat sich doch das ungarische Volk durch seinen aufrechten Widerstand die Sympathien Europas verdient und sich ein Prestige geschaffen, das als Faktum der politischen Geschichte und des kollektiven Bewußtseins nicht unterschätzt werden sollte.

Zweifellos liegt hier ein Widerspruch, aber das moderne Ungarn ist ohne die wirtschaftliche Rückständigkeit der Massen und ohne die allgemeine Begeisterung für die Freiheit nicht zu verstehen.

II.
Die Habsburger

Weder Ottokar Přemysl noch Matthias Corvinus war es gelungen, ein dauerhaftes Reich aus den Donauländern zu schaffen. Das sollte erst den Habsburgern gelingen. Mit der Thronbesteigung Ferdinands I. im Jahre 1526 begann eine fast vierhundertjährige Herrschaft des Hauses Österreich. Aber diesen Ausdruck sollte man lieber vermeiden, denn im Grunde ist er eine Beleidigung für die Donaustaaten. Waren denn diese Völker so arm an nationalen Kräften, daß sie sich während einer so langen Zeit der Tyrannei einer Familie beugen mußten? Über welche außerordentlichen Kräfte verfügte denn diese Familie? Mit einigem Recht hat man auf das dauerhafte Bündnis hingewiesen, das die Habsburger mit dem Adel, der Kirche und der Wirtschaft eingegangen waren. Im 19. Jahrhundert hieß es, die Habsburger hätten sich dem Selbständigkeitsanspruch der verschiedenen Nationalitäten nur mit Hilfe der Armee und anderer konservativer Kräfte widersetzen können. Aber auch das ist, wie man sehen wird, eine zu einfache Erklärung. Sollte man also dieser Familie eine besondere politische Begabung aussprechen? Karl V., Sinnbild der universalen Monarchie, war zweifellos außerordentlich begabt. (Aber er hat weder über Böhmen noch über Ungarn geherrscht und auch nie klare Auffassungen von den Problemen an der Donau vertreten.) Andererseits haben einige Historiker im 19. Jahrhundert auf den physischen Verfall der Habsburger hingewiesen, auf ihre krankhafte Häßlichkeit, ihre fortschreitende Degeneration, die sich durch das vorspringende Kinn und die übermäßig dicke Unterlippe anzeigte.

Es wäre nicht uninteressant, die Entwicklung einer so zähen, langlebigen Dynastie vom Biologischen her zu untersuchen. In unserem Fall soll nur darauf hingewiesen werden, daß die Habsburger, kaum daß sie ihre Macht im 16. und 17. Jahrhundert solide aufgebaut hatten und ihre Herrscher zu den politischsten Köpfen der damaligen Zeit zählten, bereits durch wiederholte Heiraten zwischen Cousins und Cousinen, Onkeln und Nichten, ihren eigenen Verfall einleiteten, dessen extremstes Beispiel Karl II. von Spanien darstellte. Mit ihm erlosch der westliche Zweig der Habsburger. Aber in Österreich sorgte die dritte Heirat Leopolds I. mit der Prinzessin Eleonore Pfalz-Neuburg aus einer gesunden Familie für neue

Blutzufuhr. Kaiser Karl VI., der Sohn einer durch und durch gesunden Mutter, heiratete eine robuste deutsche Prinzessin, die ihm neben einem Sohn, der im frühesten Kindesalter starb, eine Tochter schenkte, Maria Theresia, die immerhin sechzehn Kinder in die Welt setzte. Abschließend zu diesem Thema sei noch bemerkt, daß die negativsten Urteile über die Habsburger besonders bei deutschen Historikern zu finden sind.

Franz I. von Frankreich und Karl V. haben sich damals so leidenschaftlich bekämpft, daß von nun an zwischen Frankreich und dem Haus Österreich eine erbitterte Feindschaft herrschte und jedes Land den Standpunkt vertrat, es könne nicht existieren, wenn der Gegner nicht in die Knie gezwungen werde. Das war auch die Vorstellung Ludwigs XIV. gewesen. Der Westen war lange Zeit überzeugt davon, daß die Habsburger mit aller Kraft die absolute universale Monarchie anstrebten und daß man gegen sie die Freiheit des Heiligen Römischen Reiches und Europas zu verteidigen habe. Andererseits haben viele deutsche Historiker des 19. Jahrhunderts in dem veralteten System des „Heiligen Römischen Reiches" das entscheidende Hindernis für die politische Emanzipation des deutschen Volkes gesehen, das auch den Habsburgern Gelegenheit gab, immer wieder die deutsche Einheit zu verhindern. Umgekehrt: Die Donauländer Ungarn, Böhmen und Rumänien haben immer wieder vorwurfsvoll auf die deutsche Aggressivität der Dynastie hingewiesen: deutsche Abstammung, deutsche Armee, deutscher Verwaltungsapparat, kurz die Beherrschung durch die Deutschen habe den Donauvölkern Freiheit und Charakter geraubt. Diesen divergierenden Thesen, die alle einer engen nationalistischen Geschichtsbetrachtung entstammen, stellen die österreichischen Historiker den supranationalen Charakter der Habsburgermonarchie entgegen. Sie habe sich nie mit einem der von ihr regierten Staaten und Völker identifiziert, sondern immer alle Kräfte auf eine gemeinsame Verteidigungspolitik konzentriert, im Südosten gegen die Türken, im Westen gegen die Hegemonie Frankreichs zur Zeit Ludwigs XIV. und der Revolution. Die Habsburger, sagen sie, haben eine oft mißverstandene und viel bekämpfte politische Leistung vollbracht, die sehr wohl Europa als Modell hätte dienen können in der vernünftigen und friedlichen Zusammenarbeit der Völker.

Für jede dieser Thesen lassen sich Argumente finden, aber ihre Verteidiger sehen aus ideologischen, nationalen oder sozialen Gründen jeweils nur einen Aspekt der Wirklichkeit. Zahllose innere Kämpfe, Rebellionen, blutige Unterdrückungen können natürlich als Beweis für die These einer gewalttätigen Herrschaft gelten. Aber eine ebenso lange und glückliche Zusammenarbeit der Völker, die sich in wachsenden Bevölkerungszahlen, wirtschaftlichem Fortschritt und gemeinsamer Zivilisation ausdrückt, spricht für ihre Union unter einem Herrscher und für das politische System, das er verkörperte.

War dieses System von klugen Geistern theoretisch konzipiert worden, oder hatte es sich im Laufe der Zeit durch die Verbindung geistiger und materieller Kräfte und durch ein fragiles, aber dauerhaftes Gleichgewicht langsam herausgearbeitet?

Im ganzen gesehen ist das System erfolgreich gewesen, trotz einiger katastrophaler Rückschläge, von denen aber vor 1918 keiner irreparabel war.

VON RUDOLF VON HABSBURG ZU RUDOLF DEM STIFTER

Die Habsburger werden zum ersten Mal urkundlich im 11. Jahrhundert als Herren der Habichtsburg im Kanton Aargau erwähnt. Sie hatten schon sehr früh familiäre Beziehungen mit den Herren von Elsaß, den Herzögen von Lothringen, mit den Hohenzollern und den Zähringern, den späteren Fürsten von Brandenburg und Baden. Sehr früh konnten sie durch ihre Beziehungen zu den deutschen Kaisern ihre Gebiete in der Schweiz, im Elsaß und in Schwaben vorteilhaft abrunden, so daß sie innerhalb von dreihundert Jahren zu einer der mächtigsten süddeutschen Familien aufstiegen und dem jungen Kaiser Friedrich II. als Bürgen für entliehenes Geld dienen konnten. Mit dem späteren Kaiser Rudolf I. von Habsburg, dem Patenkind Friedrichs II., trat die Familie in eine neue Epoche ihrer Geschichte. Rudolf I. war eine der großen Persönlichkeiten seiner Zeit. Er hatte ein energisches, schönes Gesicht, eine offene Intelligenz, Ehrgeiz, gepaart mit der Fähigkeit nachzugeben, einen starken Drang nach Größe, ohne dem Größenwahn zu verfallen. Er war Christ aus Überzeugung. Wegen dieser seiner Qualitäten, seiner politischen Erfolge und seiner ausgewogenen territorialen Macht (stark genug, um das Reich zu stärken, nicht so stark, daß man ihn zu fürchten hätte), wählten die deutschen Fürsten ihn zum König. Rudolf I. konnte sich allerdings nie die Weihe des Papstes holen und sich von ihm zum Kaiser krönen lassen, er hat auch vergeblich versucht, seinen Sohn als Nachfolger einzusetzen und ihn noch zu seinen Lebzeiten zum König wählen zu lassen.

Seine eigene Wahl hatte den Krieg mit einem zweiten Kandidaten ausgelöst, mit dem König von Böhmen, Ottokar II. Přemysl. Dieser war von den Kurfürsten abgelehnt worden, weil sie ihn zu mächtig fanden und vielleicht auch zu fremd. Die Schlacht wurde, wie man weiß, von Rudolf gewonnen, wodurch ihm das Babenbergerland Österreich, das Ottokar erobert hatte, zufiel. So zogen die Habsburger aus den Schweizer Bergen und dem Elsaß an die mittlere Donau und faßten in einem Staat Fuß, dem die Babenberger schon eine feste Konsistenz gegeben hatten.

Sich in Österreich festsetzen hieß, Randlagenpolitik dem Reich und Deutschland gegenüber zu machen unter der Berücksichtigung Böhmens und Ungarns. Fünfzig Jahre später zahlte sich diese Politik bereits aus: 1306 bis 1307 herrschte zum ersten Mal, wenn auch vorübergehend, ein Habsburger in Böhmen. Aber nur durch die Niederlage des großen

Přemysliden war diese vorübergehende Einflußnahme der Habsburger möglich geworden. Der Selbständigkeitsanspruch der Böhmen war schon zu stark, als daß man ihr Land ohne weiteres an Österreich hätte anschließen können.

Was den südlichen Grenznachbarn, Italien, anging, so hatte Rudolf I. dem Papst versprechen müssen, sich nicht in die Angelegenheiten der Halbinsel einzumischen. Und Wien schließlich, auf seine wachsende Bedeutung als Handelsknotenpunkt pochend, forderte von Rudolf, die Reichsunmittelbarkeit der Stadt zu erneuern.

Eine weitere, für die Zukunft der Dynastie und ihrer Länder bedeutsame Entscheidung: Die Lehen der Familienmitglieder wurden als unteilbar (zur gesamten Hand) erklärt. Eine einfache und zugleich sehr komplizierte Sache. Die habsburgischen Länder wurden Familienbesitz. Bei Erbenlosigkeit fielen sie an den überlebenden Ast der Familie zurück. Dadurch war ein starkes Element des Zusammenhalts geschaffen. Eine Teilung des Besitzes in Erst- und Zweitgeborene war durchaus möglich, unter der Bedingung, daß der Chef der Familie (der Älteste) die Leitung des Ganzen behielt. Allerdings waren nicht alle Mitglieder der Familie reif genug, die politische Tragweite dieser Entscheidung zu sehen und zu akzeptieren. Es kam zu Familienstreitereien. (Es gab häufig Bruderzwist im Hause Habsburg, bis ins 20. Jahrhundert hinein ...) Trotzdem erwies sich die Tradition der Einheit und der familiären Solidarität als stärker. Sie wurde durch Hausordnungen immer wieder neu bekräftigt und sollte später einmal ganz Europa beunruhigen. 1282 belehnte König Rudolf I. auf dem Reichstag zu Augsburg seine beiden Söhne Albrecht I. und Herzog Rudolf II. mit den Herzogtümern Österreich und Steiermark, also mit dem ehemaligen Babenbergerstaat. Die Fürsten stimmten zu. Ein Jahr später bestimmte der König in Rheinfelden durch einen Familienerlaß, daß Albrecht I. die Regierung allein übernehmen solle und eine Abfindung an seinen Bruder zu zahlen habe. Da diese Abfindung jedoch nicht gezahlt wurde, tötete 1308 Johann, der Sohn Herzog Rudolfs II., seinen Onkel König Albrecht I. und heißt seitdem Johann Parricida.

König Rudolf I. starb im Jahre 1291 und liegt im Dom zu Speyer begraben. Er hatte sich vor allem als Deutscher (Schwabe) und Kaiser gefühlt. Um „Donauländer“ zu werden, fehlte ihm die Zeit. Er zeigte aber deutlich auf, wo er die Grundlagen für die spätere Größe seiner Familie sah: in den österreichischen Herzogtümern und im Anspruch auf die Kaiserkrone, Symbol der universalen Oberhoheit unter deutschem Vorzeichen.

Nach seinem Tod kamen wieder schwierigere Zeiten. In der Schweiz, wo die Habsburger Grafen des Aar- und Zürichgaus waren, konnten sie nicht verhindern, daß mehrere Schweizer Kantone (Uri und Schwyz) unmittelbare Reichslehen wurden. Als Herzog Leopold I. versuchte, die Autorität seines Hauses wiederherzustellen, brachten ihm die Bauern bei Morgarten 1315 eine empfindliche Niederlage bei. Sieben Jahre später verlor sein

Bruder Herzog Friedrich der Schöne in einem anderen Streit, diesmal um die Kaiserkrone, die Schlacht von Mühldorf 1322 gegen Ludwig den Bayern und mußte auf alle Ansprüche auf die Krone verzichten.

Erst Herzog Albrecht II., Bruder Leopolds und Friedrichs, dem das Blutverbrechen an seinem Vater, Albrecht I., keine Ruhe ließ, konnte den Frieden in der Familie wiederherstellen. Seinen vier Söhnen, Herzog Rudolf IV., dem Stifter, Herzog Friedrich III., Herzog Albrecht III. und Herzog Leopold III., nahm er 1355 den Schwur ab, ihre Länder gemeinsam zu regieren und sich immer „tugendhaft und brüderlich" zu betragen. Die Erbschaft, die der älteste, Rudolf IV., empfing, war nicht minder zweideutig: Die Oberhoheit über das Schweizer Gebiet war mehr als umstritten, und nur mit Mühe erlangte man die Belehnung Kärntens nach dem Tode Herzog Heinrichs. Die Ansprüche auf Tirol wurden abgelehnt, ebenso die Ansprüche auf Böhmen und auf die Kaiserkrone, nachdem sich der Luxemburger Karl IV. endgültig durchgesetzt hatte.

Es wäre indessen normal gewesen, daß dem Herzog von Österreich die Kurfürstenwürde zuerkannt worden wäre, nachdem die Goldene Bulle von 1356 ein neues Reichsstatut erlassen hatte. Die Privilegien der Wahlberechtigten, wie das Erbfolgerecht des Erstgeborenen, die Hoheitsrechte und die oberste Gerichtsbarkeit in ihren Staaten, hätten die Macht der Habsburger erheblich verstärkt. Rudolf war jedoch listig genug, den Nachteil, nicht wahlberechtigt zu sein, durch einen geschickten Schachzug zu kompensieren. Er pochte auf alte Urkunden, die sein Haus mit besonderen Vorrechten auszeichneten, ihm innerhalb des Reiches eine besondere Stellung und in seinen eigenen Territorien die Quasi-Souveränität zusprachen.

Es handelte sich da um das berühmte „Privilegium maius", das sich aus Briefen der Kaiser Heinrich IV., Friedrich Barbarossa und Friedrich II. zusammensetzte. Das Ganze war in Rudolfs Kanzleien geschickt montiert worden, einige Seltsamkeiten fielen aber dennoch auf: zum Beispiel die Beschwörung der Rechte der römischen Kaiser „Julius Cäsar und Nero". Rudolf legte das Dokument Kaiser Karl IV. vor, mit der Bitte, es für rechtskräftig zu erklären. Karl IV. war jedoch selber zu gebildet, um nicht einige Unwahrscheinlichkeiten zu bemerken. Er konsultierte seinen Freund, den Humanisten Petrarca, der ihm nur seine Zweifel bestätigen konnte. Der Kaiser hütete sich daher, das seltsame Dokument zu bestätigen. Und diese Zurückhaltung blieb nicht ohne Folgen. Der Wunsch nach Anerkennung des „Privilegium maius", das ihnen den ersten Platz unter den Reichsfürsten verschafft hätte, war für die Habsburger ein Grund mehr, die Hand nach der Kaiserkrone auszustrecken. Und tatsächlich bestätigte ein Jahrhundert später der Großneffe Rudolfs IV., Kaiser Friedrich III., das umstrittene Privileg und erklärte es zum Reichsgesetz. Das Wahlrecht aber war nicht an Österreich verliehen worden. Daher suchten die österreichischen Herzöge, es mittels eines anderen Landes zu erhalten. Das benachbarte Böhmen, zu dem man zahlreiche Beziehungen unterhielt, bildete das Hauptinteresse der territorialen Erweiterungspolitik der Habsburger. Nach dem Hussitenaufstand erwarb der Schwiegersohn Kaiser Sigismunds, Herzog Albrecht V. von Österreich, als Albrecht II. die Kaiserkrone und konnte für kurze Zeit auch das Königreich Böhmen an sich bringen. Für eine dauerhafte Union war die Zeit jedoch noch nicht reif.

Herzog Rudolf IV. von Österreich war trotz seiner kurzen Regierungszeit von 1358 bis 1365 (er starb schon im Alter von sechsundzwanzig Jahren) einer der bemerkenswertesten Herrscher seiner Zeit, der Österreich und vor allem Wien die Voraussetzungen für eine bedeutende Zukunft gab. Unter ihm wurde mit dem Bau der Stephanskirche begonnen; er erhielt 1365 von Papst Urban V. die Gründungsbulle für seine Universität, die vier „Nationen" offenstand: Österreich, Sachsen, dem Rheinland und Ungarn. Offensichtlich wollte er den Werken seines Schwiegervaters, Karls IV., in Prag, der Universität und dem Veitsdom, etwas Entsprechendes an die Seite stellen. Die Art und Weise, mit der der Herzog von Österreich sich vom Kaiser behandeln ließ, war eine deutliche Forderung nach der Landeshoheit: der Herzog zeigte sich stolz zu Pferd, den Kopf bedeckt mit der Herzogsmütze. Die Habsburger übernahmen von nun an auch das Gewohnheitsrecht der Kärntner Herzöge, sich Erzherzöge zu nennen, ein Privilegium, das im Reich sonst kein Fürst genoß und dem eine große symbolische Bedeutung zukam.

Rudolf IV. hatte schließlich auch das Glück, die heikle Tiroler Frage in seinem Sinne lösen zu können. Tirol, welches einst zu Kärnten gehört hatte, wurde den Habsburgern durch Bayern streitig gemacht. 1363 überließ die letzte Gräfin von Tirol, die abenteuerlustige und streitsüchtige Margarete Maultasch, ernüchtert durch die Mißerfolge ihrer Politik, Rudolf IV. das Land Tirol. Sie zog sich in ein Schloß vor den Toren Wiens zurück, und noch immer erinnert der Name eines ganzen Wiener Stadtteils an ihre Person. Da nun auch die Wittelsbacher auf alle ihre Rechte in Tirol verzichteten, führten nun alle Straßen von Deutschland nach Italien über österreichisches Territorium. Aus Italien wurden feine Tuche, Samt und Seide über diese Straßen nach Norden transportiert, der Norden revanchierte sich mit Textilien aus Deutschland, Salz, Kupfer und Eisen. Rudolf versuchte auch die heimische Produktion anzukurbeln, indem er ein fremdenfreundliches Statut herausgab, das sich über die Privilegien der Zünfte hinwegsetzte. Vor allem aber reizte ihn Italien. Er bot dem Patriarchen von Aquileja seine Hilfe an, nur um als Dank von ihm die Oberhoheit über die Kirchengüter in der Steiermark, Kärnten und Slowenien zu erhalten. Er starb, als er 1365 in Mailand weilte, um mit dem Herzog von Mailand ein Bündnis zu schließen. Durch ein Familienstatut hatte er 1364 versucht, das Erstgeborenenerbrecht, dessen Bedeutung für die Zukunft er klar erkannt hatte, mit einer Bündnisverpflichtung und Rechtsgleichheit für alle Nachkommen zu verbinden.

FRIEDRICH III. UND DIE HEIRATSPOLITIK MAXIMILIANS I.

Aber schon kurz nach seinem Tod zerstritten sich seine Brüder, und der Adel tat das Seine dazu. Denn obwohl sich dieser seine Vorrechte innerhalb seines Territoriums zu bewahren gewußt hatte, fürchtete er mit Recht, in eine Politik hineingezogen zu werden, die nur der Dynastie Vorteile bringen konnte. Von Prag aus beobachtete Karl IV. interessiert die familiären Streitereien. Die Habsburger nähmen ihm die Mühe ab, sagte er, sich um die Schwächung ihrer Macht zu kümmern. Der Zwist führte 1379 zu einer Teilung: Albrecht III., der älteste, erhielt Österreich oberhalb und unterhalb der Enns, Leopold III. bekam die Steiermark, Kärnten, Istrien, Tirol, Vorarlberg und die elsässischen Gebiete. Trotzdem wurde die Bündnistreue innerhalb der Familie gewahrt: Alle Mitglieder trugen dieselben Wappenzeichen, auch die jener Territorien, die der eine oder andere Zweig kürzlich erworben hatte; kein Habsburger durfte ein Bündnis eingehen mit den Feinden des anderen Zweiges; die Erbfolge ging, wenn keine männlichen Nachkommen vorhanden waren, zunächst auf die männlichen Mitglieder des anderen Zweiges über, unter Ausschluß der weiblichen Nachfahren, diese kamen erst an die Reihe, wenn auch der andere Zweig auf der männlichen Seite erloschen war. Wenn die Erbschaft von einem Minderjährigen angetreten wurde, dann mußte die Vormundschaft von einem Großjährigen des anderen Zweiges übernommen werden.

Das Prinzip der Unteilbarkeit des Besitzes und die Möglichkeit der Aufteilung in Erst- und Zweitgeborene bestanden nebeneinander weiter, was in der Folge im Leopoldinischen Zweig zu einer Teilung führte, wodurch Tirol dem letzten Sohn Leopolds III. zufiel: Friedrich IV. mit der leeren Tasche. In sämtlichen Fällen von Minderjährigkeit jedoch wurde die Vormundschaft durch einen Erzherzog des anderen Zweiges übernommen. Wir haben gesehen, wie Ladislaus Posthumus, der Sohn Albrechts II. von Österreich, das Mündel von Kaiser Friedrich III. aus dem Leopoldinischen Zweig wurde.

Bevor wir aber auf Kaiser Friedrich III., den Zeitgenossen und Rivalen Podjebrads und Corvinus', kommen, müssen wir noch einmal zurückschauen und uns die verschiedenen Gebietserweiterungen der Habsburger vergegenwärtigen. Im Westen hatten sie das südliche Elsaß fest in der Hand und wurden Landgrafen vom oberen Elsaß. Auf dem anderen Rheinufer drangen sie in den Breisgau vor. Hier hatte sich Freiburg vom Grafen des Breisgaus seine Unabhängigkeit erkauft, woraufhin es, mittellos geworden, sich mit der Bitte um finanzielle Hilfe an die Habsburger wandte. Mit dem Besitz Freiburgs war aber eigentlich auch das Landgrafenrecht über den Breisgau verbunden. Kaiser Karl IV., der durchaus dem Emanzipationswillen der Stadt entgegenkommen wollte, hatte daher präzisiert, daß der Landgraf bei diesem Handel nicht auf seine Rechte über den

Breisgau zu verzichten habe. Leopold III. bestand jedoch darauf, daß diese Rechte unlösbar mit dem Besitz der Stadt verbunden seien. Er erhielt sozusagen als Deckung den Titel eines Vogts über Schwaben, den er bald als erblich erklärte, und erwarb die Grafschaften Nellenburg und Hegau dazu.

Das heutige Vorarlberg war damals, im 14. Jahrhundert, in eine Vielfalt von kleinen Reichslehen aufgeteilt. 1375 ließ sich Leopold III. von Graf Rudolf von Montfort-Feldkirch das Erbfolgerecht der Herrschaft Feldkirch übertragen, zu der der ganze Bregenzer Wald, jedoch nicht die Stadt Bregenz gehörte. Nach seinem Tod kamen seine Söhne in die Anwartschaft auf die Stadt Bludenz und das Tal von Montafon (St. Anton). Zu einer solchen territorialen Erweiterungspolitik im friedlichen Sinne gehörten Geduld und Ausdauer: 1451 erhielt Sigismund von Tirol von der Markgräfin Elisabeth von Hochberg eine Hälfte der Stadt Bregenz, aber die andere Hälfte konnte erst ein Jahrhundert später, 1523, Erzherzog Ferdinand (später Kaiser Ferdinand I.), der Bruder Karls V., erwerben.

1382 kam Triest dazu. Es war wieder Herzog Leopold III., dessen Geschick auf diesem Gebiet wir schon kennengelernt haben, der den österreichischen Ländern das Fenster zur Adria öffnete.

Die Schweiz war dagegen für immer verloren: Der Freiheitswille und die militärische Stärke der Bauern waren nicht zu brechen gewesen. Nach der verlorenen Schlacht von Sempach, 1386, in der Herzog Leopold III. fiel, mußten die Habsburger alle Territorialansprüche aufgeben. Als der unglückliche Sohn Leopolds, Friedrich IV. mit der leeren Tasche, in den Reichsbann gerät, weil er dem Gegenpapst Johannes XXIII. zur Flucht aus Konstanz verholfen hatte, gehen auch noch die Herrschaft Badenweiler und der Grafentitel im Aargau verloren. Trotzdem haben im ganzen gesehen die Habsburger damals ihr Herrschaftsgebiet wesentlich erweitert, sei es durch Eroberungen, sei es durch Verhandlungen oder Kauf. Und an dieser Aufgabe haben sich alle Erzherzöge, auch wenn sie untereinander noch so verfeindet waren, beteiligt.

Und nun stoßen wir auf eine Persönlichkeit, der wir schon im vorhergehenden Kapitel begegnet sind.

Nach dem Tod Albrechts II. wählten die deutschen Kurfürsten den Chef der steirischen Linie, Friedrich V., zum römischen König (IV.). Sein Vater war Ernst der Eiserne, der erste Habsburger, der auf ungarischen Schlachtfeldern gegen den Islam gekämpft hatte, und seine Mutter eine polnische Prinzessin, Cimburga von Masowien, von der zu Unrecht behauptet wurde, sie hätte die berühmte dicke Unterlippe in die Familie eingebracht. Erst zwölf Jahre später wurde er vom Papst in Rom gekrönt und hieß von nun an Kaiser Friedrich III. Vor ihm ist kein Habsburger in Rom gekrönt worden, und nach ihm ist überhaupt kein Kaiser mehr in Rom gekrönt worden. Im Laufe seiner fünfzigjährigen Regierung hatte er mit vielen Schwierigkeiten zu kämpfen, in Deutschland so gut wie in seinen Erbländern. Er konnte sich jedoch als Kaiser halten und für die Zukunft seines Hauses sorgen. Die ehrgeizige Devise A. E. I. O. U., über deren Sinn man lange gerätselt hat (Austria est imperare orbi universo — Alles Erdreich ist Österreich untertan), drückt, wie man sie auch auslegt, den Glauben an das große Schicksal seiner Familie aus, solange sie sich die kaiserliche Macht zu bewahren wisse. Ein derartiger Anspruch hat etwas Erstaunliches an sich, wenn man bedenkt, daß Friedrich III. in seinem eigenen Land höchst unbeliebt war, daß seine Beziehungen zum Adel in den Erbländern denkbar schlecht waren, ebenso wie seine Beziehungen zu der Wiener Bevölkerung, bei der es genügte, Steirer zu sein, um als Fremder zu gelten (was zum Teil heute noch zutreffen soll). Auch im Reich erhielt Friedrich nie die finanzielle und militärische Unterstützung, die ihm eine großzügigere Politik ermöglicht hätte.

Als Konstantinopel 1453 fiel, besaß die Christenheit nur noch einen Kaiser: Friedrich III. Wäre es nun nicht Friedrichs Aufgabe gewesen, zu einem Kreuzzug aufzurufen? Jedenfalls dachte so der Humanist und Politiker Poggio. Aber dazu fehlten die finanziellen Mittel, das wußte Friedrich selber am besten. Genauso wenig konnte man von ihm erwarten, daß er die dringenden kirchlichen Reformen unterstützen würde. Denn er zog es vor, mit den Päpsten vorsichtig zu verhandeln, um mehr Einfluß über den Klerus in seinen eigenen Ländern zu gewinnen. Er erwarb das Vorschlagsrecht in den Bistümern Brixen, Chur, Gurk und Triest und gründete später die Bistümer von Laibach, Wien und Wiener Neustadt. Schließlich erreichte er auch, daß der große Babenberger Leopold III. heiliggesprochen wurde, was zum steigenden Ansehen des Hauses Österreich und der österreichischen Herzogtümer beitrug. Aus kaiserlicher Befugnis bestätigte er 1453 das „Privilegium maius". Das Familienstatut übertrug ihm die Vormundschaft über den jungen Ladislaus, den Erben Albrechts II., der auch König von Böhmen und Ungarn gewesen war. Wir haben gesehen, wie Friedrich den Kind-König und die Stephanskrone in Gewahrsam nahm und kraft dieser Pfänder mit den Verwaltern der zwei Königreiche verhandeln konnte, mit Podjebrad in Böhmen und Hunyádi in Ungarn. Er konnte jedoch nach dem Tod des Ladislaus nicht verhindern, daß beide Länder ihre eigenen Könige wählten, und bemühte sich, einen Nutzen daraus in Form von Bündnissen zu ziehen: 1462 rettete ihn die Intervention des Königs von Böhmen, als er in der Burg von Wien von der Bevölkerung und seinem eigenen Bruder, Albrecht VI., belagert wurde. Später dann überwarf er sich mit dem Hussitenkönig, worauf ihm dieser nicht mehr zu Hilfe eilte, als Matthias Corvinus Wien einnahm und den Kaiser für fünf Jahre aus seiner Hauptstadt verjagte. Derartige Rückschläge gefährdeten Friedrichs Macht im Reich. In Deutschland bildete sich eine Partei, die ihn absetzen wollte, und auch an Nachfolgekandidaten mangelte es nicht: Podjebrad und Corvinus empfahlen sich beide als Reichsverweser, sein Bruder Albrecht VI. als neuer Kaiser, und auch der Herzog von

Burgund, Karl der Kühne, hätte in der Kaiserkrone die Krönung seiner Macht gesehen.

Der Habsburger Sigismund von Tirol hatte sich auf Grund seiner Streitereien mit der Schweiz und seiner Verpflichtungen dem Herzog von Burgund gegenüber auf ein gefährliches Intrigenspiel eingelassen, dessen Ziel die Annäherung der Häuser Habsburg-Burgund sein sollte: Karl der Kühne sollte zum Reichsregenten ernannt werden und nach Friedrich III. die Kaiserkrone erhalten. Dafür sollte er sich verpflichten, den Sohn Friedrichs III., den Erzherzog Maximilian, geboren 1459, als seinen Nachfolger anzuerkennen. Die Heirat von Maximilian und Maria von Burgund, der Erbin Karls, sollte das Bündnis untermauern. Friedrich war einverstanden und fuhr 1473 nach Trèves, um den Burgunder zu treffen. Ein anderer Aspekt wird hiermit deutlich: Bella garant alii, tu felix Austria nube.

Es kam jedoch zu keiner Einigung der beiden Partner. Der Burgunder verlangte, daß seine Nachfolge als Kaiser vor der Heirat geregelt würde, Friedrich wollte sich vor der Hochzeit auf nichts einlassen. Als Karl der Kühne 1477 starb, fand die Hochzeit trotzdem statt. Denn Friedrich wußte, wie wichtig Burgund für ihn war, auch wenn er deshalb Ärger mit Frankreich bekommen würde. Auch die Ratgeber der jungen Maria versprachen sich viel vom Beistand des Kaisers. 1486 wählten die Kurfürsten Maximilian zum römischen König. Friedrich hatte es erreicht: die Kaiserkrone blieb in der Familie. Und sollte es bleiben, von einer vierjährigen Regierungsperiode der Wittelsbacher im 18. Jahrhundert abgesehen. Bei Friedrich III. besticht sein erstaunliches politisches Geschick, mit dem er aus lauter Fetzen wieder ein Gewebe zusammenzuflicken vermochte. In dieser Geschicklichkeit glich er seinem Zeitgenossen Ludwig XI. Im Gegensatz zu diesem war Friedrich allerdings ein Freund aufwendiger Bauten, schöner Bücher, von Schmuck und Raritäten, mit denen er seine Residenz Wiener Neustadt ausschmückte; denn hier fühlte er sich wohler als im störrischen Wien.

Unter dem Einfluß eines italienischen Priesters, Enea Silvio Piccolomini, vertiefte Friedrich III. seine ohnehin schon umfassende Bildung. Er machte aus dem Priester seinen Sekretär, politischen Ratgeber und schließlich Geschichtsschreiber und bereitete unterdessen zielstrebig seine Wahl zum zukünftigen Papst Pius II. vor, nachdem er ihm die dafür notwendige Kardinalswürde verschafft hatte. Diese Freundschaft sollte für die Habsburger und das Reich nicht ohne Folgen bleiben. Enea Silvio glaubte an die Funktion des Kaisers und hielt es für vorteilhaft, diese Funktion ein und derselben Familie zu übertragen: in una domo caesari succedere caesarem et post patrem eligi filium.

Unter diesen Vorzeichen entwickelte sich Wien von einer noch schmucklosen mittelalterlichen Stadt, deren Universität aber immerhin schon Theologen wie Ebendorfer besaß, zu einem geistigen Anziehungspunkt für böhmische, polnische und ungarische Humanisten und wurde so langsam zu einem Prunkstück der Renaissance.

Für vorausdenkende Menschen war es damals klar, daß das Reich, insbesondere das Haus Österreich, sich nicht mehr an der Aufgabe vorbeidrücken konnte, einen konkreten Verteidigungsplan gegen die Türken zu entwickeln. Friedrich III. hatte nach seiner Krönung in Rom eine portugiesische Prinzessin, Eleonore, die Tochter König Eduards VI., geheiratet. Mit ihr, die aus einem Land kam, das sich dank der Erfolge seiner Seefahrt in einer wirtschaftlichen Blüte befand – Gold und Gewürze –, machte sich am Hof eine weltoffenere Betrachtungsweise bemerkbar. Sie war sofort bereit, ihren in Deutschland ungebräuchlichen Vornamen in Helena umzutauschen. Hatte nicht jene andere Helena, die Mutter des Gründers von Konstantinopel, das Heilige Kreuz in Jerusalem gefunden? Sie hätte auch gerne ihren 1459 geborenen Sohn Konstantin genannt. Friedrich zog jedoch den Namen Georg vor, der ebenso an einen christlichen Kämpfer denken ließ. Und als man sich schließlich auf Maximilian einigte, dann dachte man wohl dabei an den Kroaten Maximilian von Cilli, der gegen die Türken gefallen war. Hinter allen diesen Namen stand die gleiche Absicht.

Zu viele Schwierigkeiten stellten sich allerdings dem großen Plan in den Weg. Die Kaiserin warf dem Kaiser Kleinmütigkeit vor. Es fehlte ihm aber die politische, kirchliche und soziale Macht, die ihm in einem solchen Unternehmen den Rücken gestärkt hätte. Der Adel bekämpfte ihn, wo er nur konnte, das Volk haßte ihn wegen seiner harten Steuereintreibungen. Man nannte ihn auch den Kaiser der Juden. Vielleicht haben ihm tatsächlich jüdische Finanziers geholfen und davon profitiert?

Jedenfalls erscheint dieser Zögerer und Aufrechterhalter wie ein Mittelsmann zwischen seinen Vorgängern, den großen Luxemburgern, und seinen Nachfahren, den großen Habsburgern, Maximilian I., seinem Sohn, und Karl V., seinem Urenkel.

Er hat als erster zwischen seiner Familie, dem Reich und den Donauländern dauerhafte Bande geknüpft. Unter Maximilian I. wird die Gemeinsamkeit weiter verstärkt. Aber das geht nicht mühelos und ist nicht ungefährlich, denn durch die burgundische Hochzeit ist man in Konflikt mit Frankreich geraten.

Unter den verschiedenartigen und doch zusammenhängenden Ländern Karls des Kühnen waren ein Teil Flanderns und ganz Burgund Lehen von Frankreich, auf die Ludwig XI. Anspruch erhob. Es kam zu Kämpfen und dann zu Verhandlungen. Im Frieden von Arras (1482) mußte Maximilian auf das Artois und die Comté verzichten, behielt aber dafür Flandern. Als Witwer von Maria von Burgund und als Vormund ihrer zwei Kinder, Philipp des Schönen und Margarete, willigte er in das Angebot ein, seine Tochter am Hof von Frankreich erziehen zu lassen, um sie auf eine spätere Ehe mit Karl VIII. vorzubereiten, die aber dann nicht geschlossen wurde.

Aber der Friede war nicht ehrlich gemeint. Die von jeder Seite erhobenen Gebietsansprüche auf Burgund riefen zwischen dem Königreich Frankreich und dem Haus Österreich eine Rivalität hervor, die sich von den Herrschern auf das Volk übertrug und zu zahllosen Kriegen führen sollte. Die Gegner des einen wurden auf der Stelle zu natürlichen Verbündeten des anderen. Maximilian I. knüpfte daher Beziehungen zum Herzog der Bretagne an, einem fast gleichgestellten Vasall des Königs von Frankreich, der, obgleich weniger mächtig, eine ähnliche Rolle wie Karl der Kühne an der Westgrenze des Königreichs spielte. Als der Herzog der Bretagne starb, heiratete Maximilian durch einen Bevollmächtigten dessen Erbin, die junge Herzogin Anna, die von den Bretonen schon Kaiserin genannt wurde. Aber den französischen Hochzeiten war kein Erfolg beschieden. Maximilian konnte seiner Frau nicht rechtzeitig zu Hilfe eilen, als diese vom König von Frankreich bedroht wurde. Und um ihrem Herzogtum die Unabhängigkeit zu bewahren, blieb Anna keine andere Wahl, als Karl VIII. zu heiraten, der daraufhin Margarete zu ihrem Vater nach Hause schickte. Maximilian heiratete nach dieser Abfuhr eine italienische Prinzessin, Bianca Maria Sforza, deren Mitgift in Silber sich angesichts der kostspieligen Politik Maximilians als weitaus nützlicher erwies als die Mitregentschaft bei einer Herzogin am Atlantik. Von da an war sein Blick auf Italien gerichtet, aber auch hier stieß er wieder auf die ehrgeizige Machtpolitik der Valois. Um sich die Erbschaft auf Neapel zu sichern, gab Karl VIII. im Vertrag von Senlis Artois und Comté zurück, aber keiner dieser Verträge bedeutete mehr als einen Waffenstillstand; immer wieder kamen die alten Rivalitäten an die Oberfläche.

Heiraten geben jedoch Bündnissen, und seien sie noch so provisorisch, eine höhere Weihe. Um die Freundschaft der katholischen Könige Ferdinand von Aragonien und Isabella von Kastilien zu erringen, plante Maximilian, ihren Erben, den Infanten Johann, seiner Tochter Margarete zu verheiraten und ihre jüngere Tochter Johanna mit seinem Sohn Philipp. Unvorhergesehene Umstände (Johann starb, bevor das junge Paar noch Kinder hatte, ebenso starb seine ältere Schwester, die Königin von Portugal, auf die nach dem Tod ihres Bruders die Erbrechte gefallen wären) machten aus Johanna plötzlich die einzige Erbin der katholischen Könige. Sie sollte jedoch nie deren Nachfolge antreten. Aus Verzweiflung über den Tod Philipps im Jahr 1506 wurde sie wahnsinnig und in das Schloß Tordesillas eingesperrt. Ihre Rechte gingen auf ihre Kinder über.

Maximilian machte mit dem König von Aragonien folgende Zukunftspläne: der älteste Sohn Karl (der zukünftige Karl V.) sollte in Flandern aufwachsen, unter der Vormundschaft seiner Tante Margarete, der man die Statthalterschaft über die Niederlande anvertraut hatte, während der jüngere Ferdinand (der spätere Ferdinand I.) in Spanien aufwachsen sollte. Die Heiratspolitik Maximilians stellte sich als weit fruchtbarer heraus, als er selbst am Anfang geglaubt hatte. Sie brachten den Habsburgern außer Burgund noch Spanien und die Neue Welt ein.

Nach seiner Wahl zum römischen König wandte sich Maximilian wieder mehr der deutschen und österreichischen Politik zu. Dank seiner Überredungskünste überließ ihm sein Onkel Sigismund noch zu Lebzeiten die Statthalterschaft über die Vorlande und Tirol. So herrschte er unumschränkt über alle Habsburgerländer, als ihm durch den Tod seines Vaters 1493 die Führung des Reiches übertragen wurde. Den Kaisertitel nahm er erst nach seiner Krönung in Trient 1508 an. Nun brauchte er nur noch den Streit mit Böhmen und Ungarn beizulegen und sich mit dem König Vladislav zu einigen, wo er nun einmal nicht verhindern konnte, daß dieser König beider Königreiche wurde. In einem Vertrag versprachen sich beide Herrscher 1491 Bündnistreue und beschlossen, daß durch das Erbfolgerecht beide Länder an Habsburg zurückfallen würden, wenn Vladislav kinderlos sterben sollte. Vladislav verfügte hier über ein Recht, das ihm gar nicht zukam: Man wird später sehen, wie sich die Landtage Ungarns und Böhmens dagegen verwahrten, daß ein von ihnen gewählter König mit Kronen und Ländern handelte, als sei er der Besitzer und nicht nur der Nutznießer.

Als Vladislav gestorben war, versuchte Maximilian das Bündnis nach Kräften zu stärken und weiterzuentwickeln. Er nahm den Sohn des Vladislav, ein neunjähriges Kind, unter seinen persönlichen Schutz. 1515 wurde in Wien im Lauf eines prunkvollen Festes, an dem auch der König von Polen, das Familienoberhaupt der Jagellonen, teilnahm, eine ungewöhnliche Kinderhochzeit gefeiert. Der kleine König Ludwig heiratete die kleine Infantin Maria, eine der Töchter von Philipp dem Schönen und Johanna. Dann führte der Kaiser die kleine Prinzessin Anna Jagello, die Schwester König Ludwigs, an den Altar und verheiratete sie als Bevollmächtigter mit einem seiner beiden Enkelsöhne, ohne daß zwischen den beiden schon eindeutig entschieden wurde.

Die Vermählung hatte hier nur mehr eine symbolische Funktion, und die Beteiligten waren nicht mehr als Figuranten; denn die wahre, schon mystische Vermählung fand zwischen Österreich (in gewissem Maße dem Heiligen Römischen Reich), Böhmen und Ungarn statt. Maximilian adoptierte nämlich den kleinen König Ludwig und bestimmte ihn damit quasi zum Nachfolger für die Kaiserkrone und zum zukünftigen Herrn über Mitteleuropa. Denn Ludwig wurde hier erzogen, während die Enkel Maximilians in der Ferne aufwuchsen: Karl in Flandern, als Burgunder französisch sprechend, Ferdinand in Spanien als Kastilianer. Dieser Ferdinand wurde im Lauf des Jahres als Verlobter der kleinen Anna Jagello bekanntgegeben.

Die Heiratspolitik Maximilians verankerte in Europa das dynastische System, welches für die Völker schicksalhaft werden sollte, im Guten wie im Bösen. Ein Zweig der Habsburger regierte den Osten Frankreichs (Niederlande und Comté) und die Iberische Halbinsel mit ihren überseeischen Besitzungen, ein anderer Zweig thronte im Herzen Mitteleuropas, mit der Kaiserkrone in seinem festen Besitz.

Mit Maximilian I. war die Geschichte Europas an einen entscheidenden Wendepunkt geraten. Es ist erstaunlich, wie viele Spuren seiner Persönlichkeit man heute noch findet. Er war zugleich ein Mann der Tradition und ein Mann der Zukunft, ein Ritter des ausgehenden Mittelalters und einer der ersten und bemerkenswertesten Fürsten der Renaissance. 1959 wurde zu seinem fünfhundertsten Geburtstag in Wien eine Ausstellung eröffnet, in der auch zahlreiche Porträts des letzten Ritters gezeigt wurden. Dürer hat ihn mit halbgeschlossenen Augen unter seiner Samtkappe gemalt; schöne Finger umschließen fest den Apfel der Unsterblichkeit; der Mailänder Ambrosio de Predis hat die außergewöhnliche Intelligenz seines Profils mit der Andeutung eines Lächelns festgehalten. Zahllose Miniaturen und Medaillen geben dem Betrachter die Möglichkeit, die Spuren zu verfolgen, die das fortschreitende Alter auf seinem Gesicht hinterlassen hatte, bis zu dem letzten Porträt eines anonymen Meisters von Wels: das hagere Antlitz des Kaisers auf dem Totenbett, die Augen blicklos, die Lippen halbgeöffnet, keine Insignien außer dem Silberkreuz auf der Brust; ein erschütterndes Bild. Unter den Gegenständen, die ihm gehört hatten, erinnern Rüstungen und Damaszenerklingen an die Schlachten, an denen er persönlich teilgenommen hatte, gegen Frankreich und gegen Bayern. In dem Krieg gegen Bayern, in dem es um die Abrundung Tirols, um Kufstein und Kitzbühel ging, hätte er fast den Tod gefunden. Maximilian war ein großer Sammler und Mäzen: die kostbaren Bücher der Wiener Nationalbibliothek sind ein beredtes Zeugnis. Zum Außergewöhnlichsten gehören jedoch zweifellos jene Werke, die er den Gelehrten und Malern in Auftrag gegeben hatte und die die Geschichte seiner Familie und seiner eigenen Abenteuer bildlich darstellen. Entgegenkommende Genealogen ließen die These von der römischen Abstammung fallen und schrieben ihm Priamos und die Trojaner als Vorfahren zu. Unter seinem Einfluß entstanden Bücher wie „Freidal", „Teuerdank" und „Weißkunig". Im zeitgemäßen Glauben an die Sterne sagten ihm die Sterndeuter ein großes Schicksal voraus. In seinem Tagebuch finden sich geheime Zeichen: für einen Mann der Tat eine erstaunliche Neigung zu Dichtung und Magie. Während seiner letzten Jahre widmete er sich, nachdem er zum zweiten Mal Witwer geworden war, ganz dem Heil seiner Seele, die er durch Buße und Askese zu retten hoffte. Ja, er dachte sogar daran, die Weihen zu empfangen, Papst zu werden und später sogar einmal heiliggesprochen zu werden. Heute mag man diese Vorstellung für nicht ernst zu nehmend halten, aber gerade diese Mischung aus mystischen Bestrebungen und praktischem Verstand machten Maximilian zu einer authentischen Übergangsfigur zwischen Mittelalter und Renaissance. Die vorsichtige Politik, durch die er das Reich und seine eigenen Länder zu festigen verstand, sind die Antwort auf die Kühnheit einer ausschweifenden Fantasie.

Trotz seines Ansehens verfügte Maximilian nicht über die unumschränkte Gewalt in den verschiedenen Ländern, die er entweder höchst persönlich regierte oder durch Stellvertreter regieren ließ. Wie stark zum Beispiel die lokalen Körperschaften der Niederlande waren, hatte er beim Aufstand der flämischen Städte erlebt. Nur indem man sie respektierte und sich ihnen anpaßte, konnten sein Sohn Philipp der Schöne und später seine Tochter

Margarete (im Namen Karls V.) diese Länder regieren. Und der Kaiser konnte lediglich die Rolle eines erfahrenen Beraters und des Familienoberhauptes spielen, der die Aktionen aller seiner Kinder zu koordinieren hatte.

MAXIMILIAN I. UND DIE REFORMEN IM REICH UND IN DEN ERBLANDEN

In Deutschland waren die Dinge nicht weniger kompliziert. Der Grundbesitz lag nach wie vor in den Händen des Adels. Das bedeutete ständige Lehensstreitereien, bei den Fürsten wie bei den Edelleuten. Die großen Herren versuchten natürlich, ihre Macht über die eigenen Untertanen so weit wie möglich zu verstärken. Als Vasallen des Reiches zu militärischen und anderen Dienstleistungen gezwungen, versuchten sie, wenigstens in ihrem eigenen Land die Landeshoheit durchzusetzen, in Sachen des Rechts, der Armee und der Steuern. Der niedere Adel, der nur über begrenzte Güter verfügte, nahm durch die allgemeine wirtschaftliche Lage immer mehr den Charakter einer überholten Gesellschaftsschicht an. Denn der wahre Wohlstand blühte jetzt in den Städten. Die Städte konnten mit Recht stolz sein auf ihre Rathäuser, die Pracht ihrer Kirchen und auf ihre im Stil der Renaissance neu gebauten Patrizierhäuser. Die Wirtschaft befand sich in vollem Aufschwung. Er bildete die Grundlage für den Erfolg der großen Bankhäuser von Augsburg, Leipzig oder Nürnberg, die ihrerseits wieder für den Umlauf der Waren sorgten, die Abwicklung großer Geschäfte auf den internationalen Märkten gewährleisteten, die Aufstockung der Warenhäuser überwachten und den Kredit- und Überweisungsverkehr regelten. Das Bürgertum war damals die einzige Geldquelle für die Fürsten, deren Politik und Lebensstil gewöhnlich weit über ihren Mitteln lagen.

Zwischen den Handwerkergilden und den Kaufleuten kam es bald zu Konflikten. Die Zünfte klammerten sich an ihre Privilegien und wehrten sich gegen alles Neue, die Kaufleute dagegen plädierten aus Gründen der Umsatzsteigerung für eine Öffnung nach außen und für die Übernahme neuer Techniken, an denen sie sich zu bereichern hofften. Der einfachen Bevölkerung ging es auf dem Land und in der Stadt gleich schlecht. Alle Naturkatastrophen wie Hungersnot und Epidemien trafen sie als erste und besonders lang. Und es gab zur damaligen Zeit keine Mittel, ihnen vorzubeugen oder sie zu mildern. Daher kam es immer wieder zu Aufständen der Armen gegen die Reichen. Meistens waren neue Unterdrückungsmaßnahmen das auslösende Moment, wie bei dem Bauernaufstand in Kärnten 1478 die Einführung einer neuen Steuer. So ging in manchen Gebieten Deutschlands ein bisher nicht gekannter Wohlstand mit äußerster Armut Hand in Hand. Das feudalistische System war unzureichend geworden und verlangte Reformen. In humanistischen Kreisen des Rheinlandes und Schwabens berief man sich wieder auf das römische Recht und forderte eine Neuordnung des

Reiches. Die mittelalterliche Auffassung vom Kaiser als eines militärischen Schutzherrn der Christenheit (mit dem Papst als geistigem Hirten) wandelte sich in die eines nationalen (deutschen) Kaisers, der die Verantwortung für Ordnung und Recht in seinem Reich zu übernehmen hatte.

Maximilian war so weise, gewisse Reformen vornehmen zu lassen, und so vorsichtig, seine eigene Kraft nicht zu überschätzen. Er gliederte wie Friedrich III. den Reichstag in drei Kurien: die Kurfürsten, die Fürsten und die Städte. Die Fürsten waren wiederum aufgeteilt in drei Kammern: 1. Erzbischöfe, Bischöfe, Äbte und Äbtissinnen, 2. Herzöge und Landgrafen, 3. Grafen, Freiherren und Burggrafen. Alle Entscheidungen mußten einvernehmlich zwischen dem Kaiser und dem Reichstag beschlossen werden, nur dann wurden sie rechtskräftig. Die praktische Anwendung dieser Gesetze hing allerdings vom guten Willen der einzelnen Länder ab.

1495 wurde das „Reichskammergericht" gegründet. Es hatte in erster Instanz die Prozesse der reichsunmittelbaren Herren zu entscheiden und die Berufungsprozesse der anderen. Der Kaiser ernannte den Präsidenten, die Länder stellten sogenannte Räte. Fast zur gleichen Zeit, 1448, gründete Maximilian den „Reichshofrat", dessen Mitglieder er selbst bestimmen konnte. Es durften nur keine Ausländer sein. Der „Reichshofrat" beschäftigte sich mit Lehensangelegenheiten und Privilegien und sprach das Urteil über die reichsunmittelbaren Herren. So behielt sich der Kaiser ein letztes Einspruchsrecht in der Rechtsprechung vor. Natürlich fehlte es nicht an Konfliktstoffen zwischen den beiden Institutionen, umso mehr, als der „Reichshofrat" immer dort tagte, wo sich der Kaiser aufhielt, wohingegen die Kammer einen ständigen Sitz hatte, zuerst in Speyer ab 1527 und später in Wetzlar, denn es gab ja keine eigentliche Hauptstadt. Maximilian lebte am liebsten in Innsbruck, in der Nähe der Alpenpaßstraße und der Donau. Die „Reichskanzlei" hatte ihr erzbischöfliches Haupt in Mainz, aber die Verwaltungsbeamten folgten dem Kaiser überallhin nach. Maximilian übertrug seiner „Hofkanzlei" die administrative Korrespondenz und die Aufgabe, die Durchführung der kaiserlichen Beschlüsse zu überwachen. In Gestalt eines Vizekanzlers stellte der Kaiser der „Hofkanzlei" einen Mann an die Spitze, der die Autorität des Kanzlers, des Erzbischofs von Mainz, unangetastet ließ und doch die wahren Befugnisse besaß. Seine Wahl mußte vom Kanzler approbiert werden. Durch diese Neuorganisationen hat der Kaiser unbestreitbar seine Macht enorm vergrößern können: es ist unrichtig, daß er in Deutschland keine Macht hatte und nur das befristete Oberhaupt einer Ständeoligarchie darstellte, wie es im Westen behauptet wurde. Das kaiserliche Ansehen war noch nie so hoch gewesen, und das deutsche Nationalgefühl verband sich bereits mit dem Stolz auf seinen Herrscher als dem obersten Herrn der Christenheit. Man täuscht sich jedoch, wenn man annimmt, durch seine Reformen hätte er sich alle Organe des Reiches gefügig gemacht. Er blieb seinerseits ein Organ des Reiches und war weit entfernt von der römischen Cäsarenherrlichkeit.

Sein Reich erstreckte sich von den Vogesen bis zum Neusiedler See, und auch hier bemühte er sich, mehr Ordnung und Zusammenhang in die Verwaltung seiner Länder zu bringen. Bei den Herzögen von Burgund hatte er verwaltungstechnisch vieles gelernt. Von der Machtfülle jedoch, über die der König von Frankreich zur damaligen Zeit schon verfügte, war bei ihm nicht die Rede. Aber auch der König von Frankreich war noch keineswegs ein absoluter Herrscher.

In jedem Land durften die Stände (hoher Adel, niederer Adel, Vertreter der Städte und auch der Bauern in Tirol) ihre Zustimmung zur Übertragung der Regierungsgewalt auf den Erstgeborenen geben und dabei die Befriedigung empfinden, daß sie durch ihre Einwilligung zum Ansehen und zur Größe des neuen Kaisers beitrugen. Niemals hätten sie allerdings ihre Zustimmung dazu erteilt, daß der Herrscher nach Belieben über ihre Armee, ihre Rechte und ihr Geld hätte verfügen können. Maximilian versuchte die habsburgischen Erblande, wie sie jetzt hießen, in drei Verwaltungsbezirke aufzuteilen; jedes bekam sein eigenes „Regiment“: 1. Niederösterreich (ursprüngliches Babenbergerland, später Besitz der Albertinischen Linie und geographisch das jetzige Nieder- und Oberösterreich, Kärnten, Krain, Steiermark und die Grafschaft Görz), 2. Oberösterreich, bestehend aus Tirol und Vorarlberg, 3. Vorderösterreich, bestehend aus dem Elsaß, Schwaben und den Ländereien an der oberen Donau.

Die Hauptstädte dieser Verwaltungsbezirke waren dementsprechend Wien (zuerst Linz), Innsbruck und Ensisheim im Elsaß. Aber auch Linz und Graz hatten ihre Landtage (Ständevertretungen) und den Rang von Landeshauptstädten. Da jede dieser Städte gerne zur ständigen Residenz des Kaisers erhoben worden wäre, der Kaiser sich aber nicht überall zugleich aufhalten konnte, bestimmte er während seiner Abwesenheit einen Stellvertreter auf Abruf. Das war eine sehr wichtige Neueinführung im zentralistischen Sinn. Dazu gehörte, daß über alle Angelegenheiten in den verschiedenen Bezirksverwaltungen erst in der Hofkanzlei endgültig entschieden wurde und eine Finanzbehörde über die Gelder Buch führte, die die Länder an den Kaiser zahlten.

Da die Kaiserwürde seit Maximilian mit Ausnahme der Jahre 1742 bis 1745 beim Hause Österreich blieb, waren die Institutionen, wie „Hofkanzlei“, „Reichshofrat“ und „Hofkammer“, nicht nur für die Erblande, sondern für das ganze Reich von Bedeutung.

Durch die Neugruppierung der Erblande wurden diese zu einem festen Ensemble, wenn auch noch nicht zu einem Staat. Österreich, ursprünglich nur der Name des ehemaligen Babenbergerlandes, in das die Habsburger relativ spät gekommen waren, Österreich hießen jetzt alle Erbländer. Durch sie bekam das Haus Österreich das „Bürgerrecht“ in Europa, und durch seine Sonderstellung (der Reichstag hatte ihm immer noch nicht das Wahlrecht zugestanden) war es für Österreich leichter, sich mit großen Königreichen, wie Böhmen (trotz seiner Unabhängigkeit als Lehen des Reiches) und Ungarn, das nicht zum Reich gehörte, zu verbinden. Für einen Westeuropäer, der gewohnt ist, sich mit einem Land und einer Dynastie zu identifizieren, mag eine solche Situation verwirrend sein. Sie war aber vollkommen logisch und entsprach dem natürlichen Verlauf der Geschichte. Das wesentliche Bindeglied war die Dynastie, was man ihrer eigenen Geschicklichkeit zuschreiben mag. Aber das war nicht alles.

Ohne die Zustimmung der einzelnen Länder wäre es nicht zu einer Assoziierung gekommen. Sie mußten überzeugt sein, daß sie ihre Individualität nicht dabei verlieren würden. Viele Jahre sollten vergehen, bis der Staatenverband einen organischen Charakter annahm und man von seiner Dauerhaftigkeit reden konnte.

Die geschaffenen Institutionen zeichneten sich durch das Kollegialsystem aus, das später innerhalb der österreichischen Verwaltung zu einer viel beklagten Schwerfälligkeit führen sollte. Aber zum damaligen Zeitpunkt garantierte dieses System Regelmäßigkeit und Kompetenz. Die Kontrolle, die die Beamten untereinander ausübten, schien dem Kaiser zugute zu kommen. Ebenso bemühte man sich, die Bereiche von Verwaltung, Rechtsprechung und Finanzen gegeneinander abzugrenzen. Eine klare Trennung ist jedoch damals noch nicht erreicht worden, ebenso wenig wie in den westlichen Monarchien. Immer wieder setzten sich lokale Traditionen innerhalb des Gesamtkomplexes durch und verhinderten die Uniformität: das Patriarchalische ist nie aus der österreichischen Lebensart und seiner Verwaltung verschwunden.

Maximilian starb 1519. Laut Familienstatut fiel der ungeteilte Besitz an seine zwei natürlichen Erben, Karl V., König von Spanien, und Ferdinand I. Aber für die Kaiserkrone war der Nachfolger noch nicht bestimmt. Da es keinen deutschen Kandidaten gab, konnte sich auch ein ausländischer um die Krone bewerben, die ihrem Charakter nach nicht nur deutsch, sondern universell war. Starke Chancen hatte der junge König von Frankreich, Franz I., der nach seinem Sieg von Marignano mit Geld nur so um sich warf. Das größte Bankhaus Süddeutschlands, die Fuggerbank, setzte jedoch die Wahl ihres Kandidaten durch, Karls V., des Königs von Spanien. Gemäß dem Familienreglement behielt sich der junge Kaiser Burgund, das ihm am meisten am Herzen lag, und trat seinem Bruder die österreichischen Erblande ab, zunächst ohne Tirol und Schwaben, die er ihm erst im folgenden Jahr übergab.

Ferdinand verließ Spanien und begab sich an seinen neuen Wohnsitz Wien, wo er seine Verlobte von 1516, Anna Jagello, heiratete.

Österreich kam also nicht unter Fremdherrschaft, es hatte wieder einen Habsburger als Landesherrn. Aber dieser Habsburger war kein Deutscher. So wie sein Bruder beherrschte auch er die deutsche Sprache nicht. Unter der Vormundschaft seines Großvaters mütterlicherseits aufgewachsen, des Königs Ferdinand von Aragonien, war er noch durch und durch ein Spanier, als er in Wien in der Begleitung seines persönlichen Ratgebers Gabriel Salamanca eintraf. Es gab zur damaligen Zeit wohl kaum einen Herrscher, der seinem Land und seinen Völkern fremder gegenüberstand und weniger vorbereitet war für die Aufgaben, die ihm nacheinander zufielen, nämlich Österreich zu regieren, das Reich zu verwalten, um später Kaiser zu werden und als König von Böhmen und Ungarn das große Donaureich zu gründen.

III.
Türkengefahr, Reformation und Großgrundbesitz

FERDINAND I.

Einem Ausländer, einem Spanier, war es gelungen, von mehreren Ländern als gemeinsamer Herrscher anerkannt zu werden und das Donaureich der Habsburger zu gründen. Das war eines der wichtigsten politischen Ereignisse des modernen Europa. Betrachtet man heute damalige Regierungssysteme und die damalige Gesellschaft, so fallen einem vier voneinander unabhängige Merkmale auf: Zentralisation, Türkengefahr, Bündnis von Thron und Altar, Festigung des Agrarsystems.

Indem sich Ferdinand mit großer Ausdauer und Klugheit ganz dem Erbe seiner Vorfahren widmete, nahm er an den großen Fragen seiner Zeit bewußt und unbewußt entscheidenden Anteil: Wird Europa vom Islam geschluckt werden? Bleibt der Gehorsam gegenüber Rom für die Christenheit weiter verbindlich? Soll man sich an die Dogmen der Kirche halten, die auf dem Konzil von Trient (1545—1563) neu formuliert worden sind, oder nur noch an die Worte der Heiligen Schrift?

Die Aufgabe des Herrschers bestand vor allem darin, Unvermeidbares hinauszuzögern, Katastrophen zu verhindern und Widerstände mit Hilfe einer Autorität zu brechen, die sowohl für legitim als auch für nützlich gehalten wurde.

Die fortschreitende Zentralisierung schien, so wichtig und folgenreich sie war, im Augenblick nur von praktischen Notwendigkeiten diktiert worden zu sein. Denn als Herrscher mehrerer Staaten und als Verwalter des Reiches war der Kaiser gezwungen, die parallelen Behörden seiner verschiedenen Länder zusammenzulegen und sich dabei auf einen „Rat" zu stützen, der für eine gemeinsame Politik zu sorgen hatte. So beauftragte ein kaiserlicher Erlaß vom 1. Jänner 1527 den „Hofrat" mit der rechtlichen Regelung der Lehens- und Verwaltungsangelegenheiten, und zwar in allen Ländern des Reiches und in Österreich. Der „Geheime Rat" bestand nur aus wenigen Personen, die im allgemeinen hohe politische Ämter am Hof innehatten und das Vertrauen des Kaisers besaßen. Die „Hofkammer" schließlich mußte ab 1527 die Steuern kontrollieren, um sie für Ausgaben im allgemeinen Interesse zu verwenden, das heißt, für die Politik des Kaisers. 1527 wurde in Böhmen vom Kaiser eine eigene Kammer für Finanzen gegründet. Daß diese Kammer der „Hofkammer“ untergeordnet war, zeigt, wie weit die Zentralisation schon gediehen war. Daher mißfällt sie auch den böhmischen Ständen, die in ihrem Land ihre eigenen Herren bleiben wollen und kontrollierende Organe nicht zu schätzen wissen. Die zentralistische Verwaltung ist also noch keineswegs der unangefochtene, starke Apparat späterer Jahrhunderte. (1) In den gleichen Jahren führt Franz I., König von Frankreich, aus analogen zentralistischen Erwägungen gewisse Reformen im finanziellen Bereich durch: die Einnahmen aus den Provinzen laufen nun strahlenförmig, nachdem sie alle möglichen Kassierer und Kämmerer passiert haben, in der großen Staatskasse zusammen. Auch wenn die Resultate nicht ganz den Erwartungen entsprechen, der König von Frankreich ist der unumschränkte Herr in seinem Königreich. Sein Wille ist Gesetz für die Legislative und für die Vertreter der drei Stände, während Ferdinand, noch ohne den alles verbindenden Kaisertitel, als Landesfürst in jedem einzelnen Land auf die Macht der Landtage stößt. In Böhmen findet er die Verfügung der Konstitution von 1500 vor, die Vladislav IV. Jagello bewilligt hatte, in Ungarn die Verfügungen des „Opus tripartium“, das der Landtag von 1514 genehmigt hatte. Die Vereinbarungen zwischen seinem Großvater Maximilian I. und seinem Schwiegervater Vladislav IV. Jagello hatten nur rein persönlichen Charakter gehabt. Ferdinand I. wurde vom böhmischen Landtag nur gewählt, weil er sämtlichen Bedingungen, die man ihm gestellt hatte, in seiner Proklamation zur Thronbesteigung am 15. Dezember 1526 zustimmte: 1. Zu Lebzeiten des Königs sollte niemand, nicht einmal dessen Sohn, zum König gewählt werden dürfen, so daß die Stände bei jeder Erledigung des Thrones die Gelegenheit zur Vorschreibung neuer Bedingungen an den Nachfolger erhielten. 2. Der König sollte seinen Hof gewöhnlich in Böhmen haben, im Falle der Entfernung aus dem Lande jedoch war die Regierung nach dem Rate der Stände zu übertragen, und zwar nur an Einheimische. 3. Ferner sollte der König die Ämter in Böhmen und dessen Nebenländern nur mit Böhmen besetzen. 4. Schließlich sollte der König bestätigen, daß ihn die Stände nicht auf Grund einer Verpflichtung, sondern aus freiem Willen gewählt hätten, und 5. daß nur männliche Nachkommen oder eine unverheiratete, noch nicht ausgestattete Tochter des letzten Königs erbberechtigt seien. (2)

Im Prager Dom, in der Kapelle des hl. Wenzel – die Statue von Peter Parler stand vor einer mit Amethysten und Achaten geschmückten Wand

(1) V. Husa schreibt über die Einrichtung des Appellationsgerichts in seiner „Dějiny Československa“, S. 116, daß dadurch die Gerichtsbarkeit der Städte beschnitten wurde. Das stimmt, aber andererseits wurde die Autonomie des Königreichs gestärkt, denn bisher konnte man sich an ausländische Berufungsgerichte wenden.

(2) Hellbling, E., Österreichische Verfassungs- und Verwaltungsgeschichte. Wien 1956, S. 213.

hoch über dem Altar –, erschallte der berühmte Choral, in dem um die Schutzherrschaft des Landespatrons gefleht wird:

„Heiliger Wenzel, Herrscher Böhmens,
Unser König,
Vergiß nicht dein Volk,
Laß uns nicht untergehen, uns und unsere Kinder!"

Für die Kandidatur Ferdinands war dessen Heirat mit Anna Jagello von entscheidender Bedeutung gewesen. Nur weil sie die Tochter und Schwester der verstorbenen letzten Könige Böhmens gewesen war, gab der mährische Landtag – der Prager war nicht der einzige Landtag Böhmens und seiner Provinzen – seine Zustimmung zur Wahl Ferdinands. Die Königin Anna bewies dann auch auf verschiedenste Weise, wie sehr sie ihr Vaterland liebte. Sie glättete die Schwierigkeiten, die ihr Mann mit den böhmischen Ständen hatte, sie liebte ihre Residenzstadt Prag und beauftragte italienische Architekten (della Stella, Spazio) mit dem Bau eines entzückenden Sommerpavillons, des Belvedere. Chateaubriand, der ihn auf einer Reise 1883 bewundern konnte, bedauerte, „daß man den zierlichen Bau nicht im Winter in ein Treibhaus mit Palmen stellen konnte. Ich verfolgte die Idee, wie kalt es hier in der Nacht sein mußte." (3)

Als Königin Anna im Jänner 1547 vierzigjährig im Kindbett starb, legte sie mit ihren letzten Worten König Ferdinand sein tschechisches Volk ans Herz. Bei dem Chronisten Dačický wird sie „die wahre Mutter und Esther der tschechischen Nation" genannt, womit er wohl den Gefühlen aller Tschechen Ausdruck verlieh. Sie hatten in ihrer Königin eine Beschützerin und Patriotin gefunden. Und die brauchten sie auch bei der Verteidigung ihrer Privilegien gegen die Politik des Königs. So errichtete man ihr und Ferdinand ein Prachtgrab im Querschiff des Domes; ein Medaillonfries rund um den Sarkophag, der an alle Könige Böhmens vor ihnen, selbst an Podjebrad, erinnern sollte, wurde nach dem letzten Willen Ferdinands angebracht. Somit knüpfte der erste Habsburger deutlich an die Tradition der böhmischen Könige an und gab damit eine Antwort auf die Strenge, mit der er oft seine Untertanen in Böhmen behandelt hatte.

Das Grabmal im Prager Dom ist also durchaus als Ausdruck politischer Realität anzusehen. Denn das Königreich des hl. Wenzel war auf Grund seiner Energiequellen, seiner Bevölkerungszahl und seines Nationalbewußtseins das Herzstück des Habsburgerreiches, das man seit dem 16. Jahrhundert etwas zu Unrecht mit Österreich bezeichnete. Ferdinand trat dem böhmischen Volk auch keineswegs feindlich entgegen. Zwar brach er, ganz Herrscher seiner Zeit, unerbittlich jeden Widerstand, aber das Volk empörte sich nicht über seine harten Strafen. Viele seiner Maßnahmen haben auch zur inneren Festigung des Königreichs Böhmen beigetragen, wie die Rück-

(3) Chateaubriand, Mémoires d'Outre-Tombe, Band IV. S. 248.

kehr der Lausitz, die sich dem Kurfürsten von Sachsen angeschlossen hatte, oder die Einführung eines Berufungsgerichtes in Prag. So wurden jetzt alle Rechtsfälle, die bisher in zweiter Instanz nach Deutschland gingen, nach Leipzig und Magdeburg, von den Richtern des Landes selbst entschieden. Das galt auch für die inkorporierten Provinzen. Er hat auch verhindert, daß das unabhängige Königreich Böhmen sich dem Reich gegenüber militärisch und finanziell verpflichten mußte, wie es der Reichstag von Augsburg gefordert hatte. Und in der religiösen Frage schließlich hat er die Versprechungen seines Regierungsantritts erfüllt, indem er Prag wieder einen Erzbischof gegeben hat und beim Tridentiner Konzil und bei Papst Paul IV. die Erlaubnis zur Kommunion in beiderlei Gestalten eingeholt hat.

UNGARN UND DIE TÜRKENGEFAHR

Dagegen waren die Schwierigkeiten, mit denen er in Ungarn fertig zu werden hatte, viel größer. Und dazu kam noch die Türkengefahr.

Die Niederlage von Mohács war umso schlimmer, als damals die Türkei von einem der bemerkenswertesten Sultane ihrer Geschichte beherrscht wurde, von Süleiman II., dem Großen, dessen Politik über die reine Eroberungspolitik weit hinausging. Genau über die westliche Welt informiert, wollte er mit Hilfe ihrer Uneinigkeit sein eigenes Imperium, das er vorzüglich verwaltete, erweitern und absichern.

Die unglaubliche Verbohrtheit von Deutschen und Tschechen, die sie nicht über Ungarn hinaussehen ließ, brachte sie selbst in tödliche Gefahr. Ihre Weigerung, den eigenen Königen Kriegsmittel zur Verfügung zu stellen, ihr Leichtsinn, mit dem sie behaupteten, die Herrschaft des Sultans könne nicht schlimmer sein als das gewohnte Joch, hatten das Vorrücken und Festsetzen der Türken in Ungarn zur Folge und den völligen Ruin dieses Landes, das nur noch ein einziges Schlachtfeld war. Nach Mohács versuchte die junge Königin-Witwe aus dynastischen Gründen, ihren Bruder Ferdinand zum ungarischen König zu machen. Ein Teil des Adels jedoch wählte aus nationalideologischen Erwägungen den Wojwoden von Siebenbürgen, Johann Zápolya, zum König und krönte ihn am 10. November 1526 in Stuhlweißenburg. Diese Wahl wurde wieder von der anderen Partei bestritten, und ein neu zusammengetretener Landtag wählte einen Monat später, am 17. Dezember, mit dem gleichen Legitimitätsanspruch in Preßburg Ferdinand zum König. Auch der Landtag von Kroatien, das auf seine alten Privilegien als ehemaliges Königreich pochte, wählte Ferdinand am 1. Jänner 1527 in Cetin zum König. Obwohl sie nicht vorhatten, sich von Ungarn zu trennen, wollten sie doch ihre eigene Entscheidung treffen, und zwar zugunsten des Nichtungarn. In Ungarn gab es ab jetzt zwei rechtmäßig gewählte Könige. Einige Wochen nach Mohács nahm Süleiman II. Buda ein und ließ es plündern. Bevor er wieder in den Orient durch einen Aufstand in Seleuzien zurückgerufen wurde, empfing er in Buda ungarische Abgeordnete und versprach ihnen, den Kandidaten ihrer Wahl zu unterstützen. Da es aber nur bei Worten blieb, stellten Ferdinand und seine Parteigänger eine Armee auf und eroberten Buda im Laufe des Sommers 1527.

Im November erhielt Ferdinand die Stephanskrone aus den Händen des Erzbischofs Peter Perényi, der ein Jahr zuvor Zápolya gekrönt hatte. Zwei gekrönte Könige also in Ungarn. Zápolya floh nach Polen, von dort nach England und Frankreich. König Franz I. empfing ihn in Fontainebleau und versprach ihm als Feind eines Habsburgers und Freund des Sultans seine Hilfe.

Diese auf den ersten Blick verwirrenden Rivalitäten beruhten auf tief verwurzelten Interessen. Die Türkengefahr hatte sich in ihrer ganzen Tragweite gezeigt. Die Schlachten waren hart gewesen: Niemand unterschätzte mehr die Grausamkeit der osmanischen Armeen und die Gefahr, in der die Bevölkerung schwebte, entweder als Geiseln oder als Sklaven entführt zu werden, je nachdem ob sie als Gefangene die Möglichkeit hatten, ein Lösegeld zu zahlen oder nicht.

Das nationale Bewußtsein der Ungarn konnte wohl in keinem der beiden Lager in Zweifel gestellt werden, obwohl sie verschiedene Lösungen anstrebten. Allen wurde schmerzlich der Verfall bewußt, der dem blühenden Königreich des Matthias Corvinus drohte. Zweimal hintereinander, 1523 und 1524, hatten ungarische Delegierte den Reichstag von Speyer und Nürnberg um militärische Hilfe gebeten, beide Male waren sie von den Deutschen abgewiesen worden. Nun, Belgrad war 1521 gefallen, die ungarische Armee war bei Mohács in die Flucht geschlagen worden, und man hatte zusehen müssen, wie der Sultan Buda einnahm. War es da vernünftig, sich auf den Herrn von Österreich und Böhmen zu verlassen, der sich vielleicht schon bald ganz in seine anderen Königreiche zurückziehen würde?

So lange Europa nicht begriff, daß die Türken für die ganze Christenheit eine drohende Gefahr darstellten, der man sich mit ganzer Kraft entgegenzustemmen hatte, so lange konnten sich die Ungarn nur auf sich selbst verlassen. Also gab es nur eines, man mußte mit den Türken verhandeln. Auf der Regierungsbasis hatte man es wenigstens nicht mit Barbaren zu tun. Süleiman und seine Wesire waren Verhandlungen durchaus zugänglich. Es bestand also ohne weiteres die Möglichkeit, einen Modus vivendi zu finden. Da Ungarn nicht aus eigener Kraft existieren konnte, war es weder unvernünftig noch unehrenhaft, vom Sultan die Garantie einer friedlichen Nachbarschaft zu erhandeln. Süleiman seinerseits mußte das Gefühl haben, daß ein Staat, mit dem er verhandeln konnte, eine Kraft war, mit der er lieber zusammenarbeitete, als daß er sie zerstörte.

Und war es nicht legitim, sich nach der Abfuhr durch das Reich nach anderen europäischen Verbündeten umzusehen? Polen, England, Frankreich? Von diesen Ländern übte Frankreich die größte Anziehungskraft aus, als gefestigtes Staatswesen, als militärische Macht und nicht zuletzt als reiches

Land. Man konnte sich auch auf Gemeinsamkeiten in der Vergangenheit berufen: auf die Könige, die mit dem Zeichen der Lilie aus Neapel nach Ungarn gekommen waren und dort die Erinnerung an ein Goldenes Zeitalter hinterlassen hatten. Von Frankreich konnte man sich auch ein gewisses Verständnis und eine moralische Unterstützung der Kontakte Ungarns mit der Pforte erhoffen. Und Frankreich, das den Kampf gegen das Haus Österreich schon zur Grundlage seiner Politik gemacht hatte, sah in seiner Allianz mit den Gegnern der Habsburger ebenfalls gewisse Vorteile. Es war leicht, Frankreich zu beweisen, daß die Parteigänger von Zápolya die echte ungarische Tradition repräsentierten, daß sie ein Recht hatten, den König aus ihren Reihen zu wählen, und da Ungarn nicht Teil des Reiches war, auch das Recht beanspruchen konnten, sich nicht einem deutschen Herrscher zu unterwerfen, der Ungarn unter dem Vorwand, es zu verteidigen, in seinen Reichsverband eingliedern wollte. Aber wie weit würde die Entschlossenheit Frankreichs gehen, seinen Verbündeten auch Opfer zu bringen, und wie weit reichten Frankreichs Illusionen, daß sich die Malkontenten Ungarns nicht im Falle einer Niederlage mit ihren Feinden aussöhnten?

Das waren die konstanten Größen, die sich auch während der nächsten Jahrhunderte nur wenig ändern sollten: ein Ungarn unter türkischer Herrschaft; eine türkische Großmacht, die mit ihrem heiligen Krieg ganz Europa erobern will und sich auch in Form von Waffenstillständen und Abkommen langsam den Weg bahnt; ein Frankreich, dem für seinen Kampf gegen Kaiser und Reich das Ablenkungsmanöver im Osten gerade recht kommt, ohne daß es sein Spiel mit der Zápolya-Partei unbedingt zu Ende spielen will; ein König von Böhmen schließlich, Herzog von Österreich und Kaiser, der besser als alle anderen die türkische Gefahr einzuschätzen weiß und Ungarn als Damm gegen die Invasion betrachtet. Diese Faktoren bestimmten während Generationen das Hin und Her im Osten.

Für lange Zeit sollte die ungarische Tiefebene ein Schlachtfeld bleiben, und eines der blühendsten und mächtigsten Länder Europas, reich an Bodenschätzen, Ackerbau, Viehzucht und Weinbau, war dem wirtschaftlichen Verfall und der sozialen Stagnation preisgegeben. Solange Europa sich nicht aufraffte, um Ungarn zu befreien, war dieses darauf angewiesen, allein mit seinen Mißständen fertigzuwerden, und die Tatsache, daß es dabei überlebte, war schon ein erstaunliches Resultat.

Im Frühjahr 1529 zog Süleiman II. an der Spitze einer Armee von zweihunderttausend Kriegern in Richtung Buda. In Mohács traf er sich mit Zápolya, der ihn um seinen Schutz anflehte, ihm die Hand küßte und ihm unter anderen Geschenken einen Diamantring von Matthias Corvinus anbot. Einige Wochen später fiel Buda trotz des Widerstandes eines heldenhaften ungarischen Adeligen, Thomas Nádasdy. Zápolya übernahm die Macht in Buda, dann zog er mit der türkischen Armee weiter nach Wien. Die Stadt war mit sechzehn- bis achtzehntausend Mann unter dem Kommando des Grafen Niklas Salm nur schwach besetzt: Österreicher, Böhmen und Spanier.

Um den Feind zu behindern, opferte man die Vorstädte und zündete sie an. Die Türken belagerten die Stadt und ließen auf der Donau eine Flotte auffahren. Nach einigen Wochen erfolglosen Geplänkels ließ Süleiman II., beunruhigt durch den Regen, der einen frühen Winter voraussagte, die Zelte abbauen und zog mit seiner Armee ab. Erleichtert sahen die Wiener den exotischen Heerhaufen mit seinen Kamelen in der Ferne entschwinden. Süleiman ging bis nach Istanbul zurück, mit dem Bewußtsein, Europa eine Demonstration seiner Macht geliefert zu haben, und einige Jahre lang regierte Zápolya nun den größten Teil Ungarns. Aber das Volk machte ihn für die Demütigungen von Mohács und Buda verantwortlich und war unzufrieden mit seiner Herrschaft.

Ferdinand, der 1531 zum römischen König gewählt worden war, appellierte immer wieder an den Reichstag, um den Fürsten klarzumachen, daß die Rückeroberung Ungarns für die Sicherheit Europas absolut notwendig war. Die Habsburger waren von dieser Überzeugung tief durchdrungen. Die Statthalterin der Niederlande, Margarete von Österreich, schrieb mahnend an ihre Neffen, die Herren der Christenheit, es würde ihnen keine Ehre zuteil werden, wenn sie es versäumten, die Türken zu vertreiben. Aber Karl V. war sich ohnedies klar darüber, daß die Türkenfrage ganz Europa interessieren müßte. Als Herr Spaniens und Neapels bekam er deutlich zu spüren, daß die türkische Seemacht den Mittelmeerhandel seiner Untertanen störte.

1532 startete Süleiman II. eine neue Offensive. Aber schon die kleine Stadt Güns, die von dem Kroaten Nikolaus Juritschitsch verteidigt wurde, setzte ihm einen überraschenden Widerstand entgegen. Und Karl V., der gerade beim Reichstag den Burgfrieden zwischen Katholiken und Protestanten herstellen konnte, zog ebenfalls mit einer mächtigen Armee gegen Wien, das er bei dieser Gelegenheit zum ersten und einzigen Mal betrat. Daraufhin verzichtete der Sultan auf eine Belagerung der Stadt und zog sich nach Ungarn zurück. Hätten die Kaiserlichen ihm jetzt nicht folgen müssen, um die türkischen Armeen auf dem friedlichen Rückmarsch zu zerschlagen? Hätten sie jetzt nicht Gelegenheit gehabt, den angeblich Unbesiegbaren endlich zu besiegen, stark wie sie waren und für die kommenden Winter weit besser ausgerüstet als die Orientalen? Ferdinand hoffte es. Er hätte damit gerne, wie Hugo Hantsch es ausdrückt, die Berufung der Habsburger zu ungarischen Königen demonstriert. (4) Aber die deutschen und böhmischen Soldaten hielten ihre Aufgabe für beendet, sobald die Reichsgebiete von den Türken wieder freigegeben worden waren. „Sie sind entschlossen, Deutschland zu schützen, nicht aber den Türken nach Ungarn zu folgen“, wurde Karl V. von seinem Ratgeber Fürst Croy belehrt. Auch der Kaiser selbst, der wußte, wie wenig Mittel ihm noch zur Verfügung standen, wollte

---

(4) Hantsch, H., Die Kaiseridee Karls V. S. 60.

sich auf keine Abenteuer einlassen. Es sei unvernünftig, erklärte er, „eine so große Armee zu unterhalten". Anfang Oktober zog er sich über Graz und St. Veit/Glan nach Italien und von dort nach Spanien zurück. Der heutige Leser wird das gelassen zur Kenntnis nehmen, aber was mußten sich damals die Ungarn von ihren Verbündeten denken, von der sogenannten christlichen Solidarität?

Das Schicksal Ungarns lag also weiter in den Händen Süleimans. Aber dieser wußte auch, daß er Österreich und Deutschland sobald nicht in seine Gewalt bringen würde, und zog es vor, einen Waffenstillstand zu schließen. Beide Könige, Ferdinand und Zápolya, verhandelten erst mit ihm und dann miteinander. Im Frieden von Großwardein 1538 wurde festgesetzt, daß Zápolya weiter über einen gewissen Teil Ungarns herrschen und auch den königlichen Titel beibehalten sollte, aber daß nach seinem Tod die Einheit Ungarns zugunsten Ferdinands und seiner Nachfolger wieder hergestellt werden sollte. Zápolya heiratete Isabella von Polen und bekam mit ihr einen Sohn, Johann Siegmund. Hierauf änderte er seine Meinung und bereitete alles für die Thronfolge seines Sohnes vor, ohne zu ahnen, daß diese nahe bevorstand: er starb 1540. Süleiman II. erkannte die Rechte des kleinen Johann Siegmund an, in der berechtigten Hoffnung, ein geteiltes Ungarn würde ein schwaches Ungarn sein. Ferdinand jedoch griff erneut zu den Waffen, konnte Buda aber nicht einnehmen, das von den Parteigängern Zápolyas verteidigt und schließlich von den Türken 1541 wieder besetzt wurde. Diese schienen nun entschlossen, das ganze besetzte Gebiet, die Tiefebene von jenseits der Donau bis nach Siebenbürgen, dem türkischen Reich einzuverleiben und in von Paschas regierte Bezirke einzuteilen. Am Hof der Königin-Witwe lebte aber ein merkwürdiger Mönch, ein gewisser Bruder Georg Martinuzzi. Er war kroatischer Abstammung. Martinuzzi war der Name der Mutter. Dieser glühende Patriot glaubte fest daran, daß es den gesammelten ungarischen Kräften möglich sein müsse, die Türken zu vertreiben, und verhandelte mit Ferdinand wegen böhmischer und deutscher Hilfstruppen. Tatsächlich stand bald darauf eine mächtige Reichsarmee, angeführt vom Markgraf Joachim von Brandenburg, vor Buda. Aber anstatt zum Angriff überzugehen, löste sich die Armee wieder auf, und im folgenden Jahr konnten die Türken weitere ungarische Städte erobern. Ferdinand begann wieder, mit der Pforte zu verhandeln und erreichte 1547 einen Waffenstillstand. Er mußte sich aber dazu verpflichten, dem Sultan jährlich ein Geschenk von dreißigtausend Dukaten zu schicken: Die Türken faßten das als Tributzahlung auf, deren Verzögerung den Abbruch der Waffenruhe zur Folge haben würde.

Im Jahre 1551 wäre es fast gelungen, die Nachfolge Zápolyas zu regeln. Aber die Verhandlungen scheiterten, als spanische Offiziere im Dienst Ferdinands Martinuzzi ermordeten. Die Folge war die Zerstückelung des unteilbaren Ungarn in drei Teile: Im Westen bildeten ein Teil Kroatiens, ein Gebietsstreifen bis Preßburg und einige nördliche Komitate (Oberungarn oder Slowakei) den Herrschaftsbereich Ferdinands I. und später seiner Nachfolger. Dies war das Königliche Ungarn.

Das Königliche Ungarn bildete somit einen Schutzwall von der Adria bis zu den Karpaten für alle Straßen, die nach Wien führten. Zwei Jahre nach Ferdinands Tod im Jahre 1566 bereitete Süleiman II. einen neuen Angriff auf Wien vor. Dieses Mal jedoch wollte er sich der Stadt von Südwesten her nähern und belagerte zu diesem Zweck Sziget. Hier hatte einige Zeit vorher ein italienischer Ingenieur das Verteidigungssystem restauriert und mit Bastionen versehen. Da aber die Bauern der Umgebung die Arbeit auszuführen hatten, wurden lediglich mit Lehm gefüllte Palisaden errichtet. Dennoch konnten sich Stadt und Festung vom Frühjahr bis zum Herbst halten. Der Leiter des Widerstandes war einer der reichsten Adeligen der Gegend, ein Kroate, Niklas Zrinyi, dessen Namen auf Kroatisch Zrinsky geschrieben wird. Im festen Vertrauen auf den Entsatz durch die kaiserliche Armee hatte er sich in der Festung eingeschlossen. Aber die kaiserliche Armee, die immerhin zwanzig- bis fünfundzwanzigtausend Mann stark war, hatte sich in Raab, der letzten Festung vor der Donau, festgesetzt. Die Türken beschossen weiter Sziget und dezimierten die Besatzung, bis Niklas Zrinyi schließlich verzweifelt mit gezogenem Degen einen Ausfall wagte und mit seinen letzten Waffengefährten hingemetzelt wurde. Sziget kam unter türkische Herrschaft. Die Türken verstärkten die Festungswälle mit soliden Steinmauern und errichteten mehrere Moscheen in der Stadt. Süleiman war während der Belagerung gestorben, die direkte Gefahr einer Offensive auf Wien war also vorerst vorbei. Die Episode von Sziget dagegen und die Erinnerung an Niklas Zrinyi ist aus der ungarischen und kroatischen Geschichte nicht mehr wegzudenken. Ein Nachkomme des Helden verfaßte 1645 ein Gedicht „Szigeti Veszedelem" (Die Niederlage von Sziget), das eines der Meisterwerke der ungarischen Barockliteratur darstellt. Noch heute trägt einer der großen Plätze Agrams den Namen Niklas Zrinyis. (5) Knappe zwei Jahre nach Sziget wurde auf Grund des Friedens von Adrianopel ein Waffenstillstand von acht Jahren zu den Bedingungen der vorausgegangenen Verträge geschlossen. Dieser Waffenstillstand konnte bis zum Jahre 1593 verlängert werden.

So reduziert das Königliche Ungarn auch war, es bewahrte sich doch seinen Platz in dem System der Habsburger und in Europa. Es hatte spezifische Einrichtungen, die auch funktionierten: seine Komitatsversammlungen etwa und seinen Landtag. Die Hauptstadt war Preßburg. Der König durfte erst nach seiner Krönung regieren, und eigentlich hätte ihn in seiner Abwesenheit sein Palatin vertreten müssen, der Vermittler zwischen Landtag und König, meistens aber geschah das durch eine ratgebende Versammlung.

---

(5) 1966 fand in Sziget eine sehr interessante Vierhundertjahrfeier statt. Zu diesem Anlaß hatte man die Befestigungsanlagen teilweise restauriert und zeigte in einer Ausstellung eine reichhaltige Dokumentation über die Belagerung: Kriegsmaterial beider Armeen, deutsche Stiche und türkische Miniaturen.

Der ungarische Adel lehnte auch die zwei Sitze ab, die ihm Kaiser Ferdinand I. im „Hofrat“ zugedacht hatte. Die Ungarn wollten nicht die Angelegenheiten ihres Königreichs in einem außenstehenden Organismus behandelt sehen, der auch für andere Staaten zuständig war.

Das Nationalbewußtsein dieses Volkes war stark entwickelt, ob es sich nun in lateinischer oder in den hochentwickelten Landessprachen Kroatisch, Ungarisch oder Slowakisch ausdrückte. Zwischen den verschiedenen ethnischen Gruppen traten damals noch keine Konflikte auf. Pluralismus entsprach dem Zeitgeist.

Die östlichen Komitate des Königlichen Ungarn (die jetzige Slowakei) stießen an das Fürstentum Siebenbürgen, einen autonomen Staat unter türkischer Oberherrschaft. Nach Johann Siegmund, der den Königstitel bis zu seinem Tod 1571 getragen hatte, gab es in Siebenbürgen keinen König von Ungarn mehr. Der Herrscher war ein Fürst oder ein Wojwod, wie die rumänischen Fürsten, die ebenfalls Vasallen des Sultans waren. Er wurde regelmäßig vom siebenbürgischen Landtag gewählt. Dieser setzte sich aus dem Adel und privilegierten Gruppen der Szekler und Sachsen zusammen. Gewählt wurde immer ein ungarischer Adeliger, aber allein der Sultan konnte den Gewählten erst in sein Amt einsetzen. Ohne das Plazet seines türkischen Oberherrn durfte der Fürst keinen Krieg führen und kein Bündnis schließen, und er zahlte den Türken einen Tribut, der anfangs weniger hoch war als das „Ehrengeschenk“ Ungarns. So blieb Siebenbürgen relativ selbständig. Durch die verschiedenen Verfügungen des Fürsten in punkto Zentralisierung und Absolutismus einerseits und die Beschlüsse der Landtage andererseits, die über die Freiheiten jeder Gruppe wachten, arbeitete sich langsam ein aristokratisches System heraus, in dem die Privilegierten sich gegenseitig stützten und in dem verschiedene Religionen und Nationen nebeneinander existieren durften, ohne daß sich dieses System schon mit einem modernen Liberalismus vergleichen ließe.

Alle anderen ungarischen Gebiete waren dem Osmanischen Reich eingegliedert worden. Die in den Verträgen zwischen der Türkei und dem Kaiser künstlich festgesetzte Grenze wurde im Laufe der Jahre mehrmals korrigiert, sei es, daß die Türken an der Drau entlang vorrückten, sei es, daß sie durch Verhandlungen in den Besitz einer Festung oder eines Landstriches kommen konnten.

Im Osten Sloweniens bildete sich eine militärische Schutzzone mit neuen Festungen: Karlstadt und Warasdin. Diese Zone sollte das restliche Königreich decken und jenseits von ihm die Erblande und das Reich. Denn selbst in Zeiten, in denen mit den Türken kein offener Krieg herrschte, kam es zu dauernden Grenzverletzungen: Türkische Horden plünderten die Dörfer, schleppten die Ernte und das Vieh davon und entführten Frauen und Mädchen für ihre Sklavenmärkte. Andererseits führten sich, sobald der Krieg erklärt war, die kaiserlichen Armeen in den ungarischen Komitaten wie in einem eroberten Land auf.

Aus diesen Übergriffen resultierten viele Mißverständnisse zwischen der Regierung in Wien und dem ungarischen Volk. Der ungarische Landtag beklagte sich über die Disziplinlosigkeit der kaiserlichen Truppen, die, anstatt zu verteidigen, an ihm genauso viele Greueltaten begingen wie die Türken, was umso schlimmer sei, als sie sich doch Christen nannten. Die kaiserliche Regierung wiederum fand die Haltung der Ungarn skandalös, denn anstatt sich für die Hilfe zu bedanken, kritisierte man ständig. Genug Gründe also, um sich nicht zu verstehen, ja, um sich zu hassen, und doch kämpfte man für dieselben Ziele. Die Ungarn lernten daraus, daß sie mehr als je ganz auf sich allein gestellt waren. Das Bewußtsein dieser Sonderstellung hatte dann auch gewisse Veränderungen des Nationalcharakters zur Folge. Persönliche Tapferkeit und Wendigkeit im Gegenangriff wurden großgeschrieben. Der ungarische Soldat, und speziell der Reiter, war berühmt für seine Virtuosität im Angriff und im Ausweichen. Aber diese stolzen Krieger neigten auch zur Disziplinlosigkeit. Es fehlte ihnen immer mehr an Ausdauer bei einer groß angelegten Aktion. Und sie entmutigten ihre Partner durch plötzliche Rückzüge. Daher die zahllosen Aufstände gegen die Habsburger und die Konspirationen der Malkontenten mit Siebenbürgen. Zwischen Königlich-Ungarn und Siebenbürgen bildeten sich nun offiziell zwei Parteien: Die „Labanczen“ sympathisierten mit dem Westen und dessen zentralistischem Verwaltungssystem und standen loyal zu den katholischen Habsburgern; die „Kuruzzen“, eigentlich die Malkontenten, bereiteten sich auf den bewaffneten Aufstand vor. Diese Parteien hielten sich bis ins 17. Jahrhundert hinein.

Im türkisch besetzten Ungarn mußten den Besatzern die Statuen und Ornamente in den Bauwerken der Gotik und Renaissance wie Abgötterei und dämonischer Spuk vorkommen. Das alles wurde nun systematisch zerstört. Daher findet man in der weiten ungarischen Tiefebene nur selten Bruchstücke der alten westlichen Kultur, obwohl die Gegend vor der türkischen Eroberung so reich an Kunstschätzen gewesen ist. Jetzt wurden überall architektonisch vollkommen fremde Bauwerke errichtet: An Stelle der gotischen Turmspitzen sah man die Minarette und die Kuppeln der Moscheen und dazwischen zivile Gebäude, die man bisher überhaupt nicht gekannt hatte: die Kasernen und die türkischen Bäder. Auch die Ornamentik war eine ganz andere. Da außerdem fast alle Händler, Schneider und Schuster Mohammedaner waren, bildeten sich mehr und mehr Straßen mit rein orientalischem Charakter.

Bei den Bauern setzte Landflucht ein. Einige flüchteten mit dem Adel nach Siebenbürgen oder in die Slowakei, andere begründeten einen neuen sozialen Stand, der sehr berühmt werden sollte: die Heiducken. Das waren die Flüchtlinge der großen Ebene. Sie hatten gewisse Ähnlichkeiten mit den Kosaken vom Don und von der Wolga und eine ganz eigene militärische Organisation. Dazu waren sie durch ihre bisherige Lebensweise praktisch gezwungen worden; denn in Ungarn kehrt die Herde nicht täglich zu ihrem

Stall zurück. Also müssen die Hirten bewaffnet sein; besonders, wenn ein Besitzer Vieh verkaufen wollte und wenn er es von seinen Hirten zu den oft weit entfernten Märkten führen ließ. Während dieser manchmal monatelangen Karawanenzüge das Donautal hinauf nach Deutschland mußten sich die Heiducken an den Gebrauch von Waffen gewöhnen, weil sie häufig von Räubern überfallen wurden. In dem Chaos nach der türkischen Invasion weigerten sich nun viele dieser Hirten, seßhaft und Knechte zu werden. Sie ließen sich lieber auf den verlassenen Ländereien an der unsicheren Grenze nieder und bildeten hier kleine bewaffnete Gruppen. Im Laufe der Jahre kamen mehr und mehr Gefährten. Ihr Hauptzweck war es, immer wieder die Türken anzugreifen und deren Raubzüge mit eigenen Raubzügen zu beantworten. Der ungarische Adel versuchte zwar immer wieder, sie zu zerstreuen, und auch die Landtage ergriffen alle möglichen Maßnahmen gegen sie, aber der Kaiser nahm die Heiducken in seine Dienste. Sie verdingten sich wie Söldner und forderten dafür vom Kaiser Garantien und Privilegien für ihre Besitzungen und Marktflecken. Mittlerweile war ihre Zahl auf mehrere Zehntausend angewachsen, und der Name Heiducken wurde bald zu einem allgemeinen Begriff. Wie die Schweizer in der Garde des Papstes waren die Heiducken bei allen zeremoniellen Anlässen in Prag vertreten. Nur sehr wenige ließen sich später wieder als Knechte auf die großen Güter verdingen.

Durch die Türkenkriege war Ungarn für zweihundert Jahre zerstückelt worden, und seine soziale und politische Struktur entfernte sich immer mehr von der des übrigen Europa. Dieser Zustand dauerte bis zum Beginn des 18. Jahrhunderts, bis zu den großen Befreiungsfeldzügen des Prinzen Eugen.

DIE REFORMATION UND DIE DONAULÄNDER

Während Ungarn mit den demütigenden Folgen der türkischen Kriege zu kämpfen hatte, waren die übrigen Donauländer mit ganz anderen Problemen beschäftigt.

Da war vor allem die große Krise des Katholizismus. Sie erschütterte das Reich und trug doch wesentlich zur Bildung eines modernen Deutschland bei. Anfangs ging es den Reformern keineswegs darum, mit dem Katholizismus zu brechen, es war eine pure Reinigungsaktion und der Versuch, den Papst und die widerstrebende Kurie zu den Reformen zu nötigen, die sie zwar immer wieder zugesagt, aber nicht durchgeführt hatten. Eine verjüngte Christenheit sollte durch die Predigten Luthers wieder mit dem Geist des Evangeliums konfrontiert werden. Die Deutschen waren die ersten, die zum wahren Glauben zurückgefunden hatten: Würde es nun dem deutschen Messianismus gelingen, die ganze Christenheit zu reformieren? Hinter der deutschen Reformation standen Johann Hus und das Konzil von Konstanz. Einige Forderungen Luthers, das Abendmahl in beiderlei

Gestalt, die Rückkehr des Klerus zur Armut, die Reinigung des Kultes, um zur Einfachheit des Frühchristentums zurückzufinden, trafen sich mit dem, was Johann Hus und die Hussiten gefordert hatten. „Wir sind alle Hussiten", erklärte der Reformator. Aber so ohne weiteres konnte das Luthertum denn doch nicht die hussitische Tradition weiterführen. Es breitete sich in Böhmen zuerst im Bürgertum aus, da die Städte in engem Handelskontakt und Kulturaustausch mit Sachsen standen. (6) Nun bildeten sich bei den Hussiten zwei Parteien: Die eine war vom Haß Luthers auf den Papst beeinflußt und siegte vorläufig durch die Besetzung des Administratorpostens bei der Kirchenbehörde mit einem Lutherfreund, nämlich Havel Carera. Die andere Partei holte jedoch schon im folgenden Jahr zum Gegenschlag aus und besetzte den höchsten Posten beim Prager Stadtrat mit einem ihrer Mitglieder. Diese Partei wollte vor allem die Baseler Kompaktaten einhalten, das heißt einerseits das Abendmahl in beiderlei Gestalt, andererseits die Weihe der Priester durch den römisch-katholischen Erzbischof. Aber auf die Dauer konnte die Infiltration der Ideen Luthers doch nicht verhindert werden, zu groß war die Attraktion des Neuen.

So entwickelte sich in Böhmen unter Hussiten und Katholiken ein Luthertum im Untergrund. Die meisten warteten auf die Resultate der Reformbewegung in Deutschland. Würde das Konzil zusammentreten? Würden die Reformen im Sinne Luthers ausgeführt werden? Könnte der Kaiser nicht statt eines Konzils eine deutsche Synode einberufen, deren Beschlüsse ebenso rechtskräftig wären? Der Bruch mit Rom war bereits vollzogen, der Protestantismus seit dem Reichstag von Speyer 1529 als eigene Kirche organisiert, aber vom Kaiser sprach Luther noch von „seinem lieben Kaiser Karl".

Zwanzig Jahre der Ungewißheit sollten noch vergehen, bevor sich die böhmischen Städte im Kampf zwischen den Protestanten und dem Kaiser auf die Seite des Kurfürsten von Sachsen stellten. In der Zwischenzeit konnten sich die verschiedenen religiösen Strömungen ausbreiten, zum Beispiel die Lehre des Erasmus, die gegen den mittelalterlichen Aberglauben und Pessimismus anzukämpfen versuchte. Vom offiziellen Hussitentum hatte sich schon im 15. Jahrhundert eine reformatorische Gruppe abgespalten. Ihr Prediger Peter Chelčický, ein Mystiker, zog durch sein vorbildliches Leben und die von ihm praktizierten Ideale von Einfachkeit und Armut besonders das einfache Volk an. Aber auch die „Brüder" konnten sich nicht ganz außerhalb ihrer Zeit stellen. Sie anerkannten, daß man auch in der Verwaltung und beim Militär ein tugendhafter Mensch bleiben konnte, wohingegen ihnen das im Handel, denn dieser zielte auf Erwerb, und in der Kunst, denn diese beruhte auf der Sinnenfreude, nicht gut möglich schien. Sie selbst waren einfache Landleute, die sich mit wenigem begnügten, aber

(6) Über Fragen der Organisation und der Arbeitspraxis kam es zum ständigen Austausch zwischen Nordböhmen, der Slowakei und Sachsen. Georgius Agricola, der Autor des berühmten Traktats „De re metallica", war geborener Sachse.

lieber das Martyrium erduldet hätten, als ihrem Glauben abgeschworen. Die meisten „Brüder" gab es in der Gegend von Leitomischl, wo sie auch viele Anhänger aus den Reihen des niederen Adels gewannen, im Raum von Jungbunzlau konnten sie sogar den Schutz des Hochadels gewinnen, wie der Familie Krajk, und durften Schulen eröffnen und Bibeln drucken. Letzten Endes aber hing alles von der Haltung des Landesfürsten ab, insbesondere von Ferdinand.

1521 dachte Karl V. daran, Deutschland zu verlassen, „denn Kastilien ist nicht gewohnt, seinen König so lange zu entbehren". Er überließ Ferdinand die Erblande und trug ihm auf, das Reich in seiner Abwesenheit zu regieren. Der Kaiser hing aus tiefster Überzeugung dem römischen Glauben an und blieb seinem Schwur treu, den er nach seiner Wahl im Aachener Dom geleistet hatte, „dem Papst und seiner Kirche immer die Unterwerfung zu zeigen, die ihr zukam". Das hinderte ihn jedoch nicht daran, in seinen Rat Anhänger des Erasmus aufzunehmen. Denn er unterschied zwischen der Treue zur Kirche und der römischen Lehre und der Unterwerfung unter die Politik des Papstes. Er führte sogar Krieg gegen den Papst und ließ seine Soldaten Rom plündern. Er hielt es auch für richtig, daß die deutschen Theologen auf dem Konzil zu Wort kamen. Auch Ferdinand war kein Fanatiker, aber seine spanische Erziehung hatte ihm einen gewissen doktrinären Starrsinn mit auf den Weg gegeben. 1527 gab er ein Edikt gegen die Lehre Luthers heraus. Auf dem Reichstag von Speyer 1529 legte er im Namen des Kaisers einen Text vor, der in Wahrheit von ihm stammte und die „Protestation" der Fürsten und Reichsstädte hervorrief. Diese wollten sich nicht die Freiheit nehmen lassen, in ihren Ländern nach eigenem Gutdünken Reformen an der Kirche vornehmen zu lassen. Die Protestanten waren allerdings noch weit von einer Einheit der Lehre entfernt. Eine Hauptforderung war das Abendmahl in beiderlei Gestalt. Die Reformierten Böhmens, die Utraquisten, erklärten jetzt offen ihre Solidarität mit den deutschen Protestanten.

Besonders die Städte standen, wie schon erwähnt, unter dem Einfluß Sachsens. Als der Krieg zwischen dem Kaiser und dem vom sächsischen Kurfürsten angeführten Schmalkaldischen Bund ausbrach, stieß Ferdinand, der seinen Bruder unterstützen wollte, auf den Widerstand der böhmischen Städte. Sie hatten eine Armee aufgestellt, die dem Bund zur Hilfe eilen sollte. Sie kam jedoch zu spät: Der Schmalkaldische Bund wurde in der Schlacht bei Mühlberg 1547 vernichtend geschlagen. Die Städte hatten lediglich erreicht, daß sich der Zorn Ferdinands auf Böhmen richtete.

Aber nicht nur in Böhmen war die Ketzerei ausgebrochen. In Salzburg vertrat ein Priester die Thesen Luthers öffentlich in der Domkirche. Und nacheinander traten die österreichischen Adelsfamilien, wie die Dietrichstein, Khevenhüller, Sinzendorf, Starhemberg und Puchheim, zum reformierten Glauben über. Es ist behauptet worden, daß die Bewegung sich weniger schnell ausgebreitet hätte, wenn Ferdinand nicht ein so strenger Katholik gewesen wäre. Sicher war politische Opposition mit im Spiele, die Reformation hat aber so viele Ursachen, daß man sie unmöglich auf einen Nenner bringen kann.

Die Unterbrechung des Tridentiner Konzils und die Spaltung der protestantischen Kirche in die Augsburger Konfession und in die Lehre Melanchthons wirkten sich in allen Donauländern durch das Auftreten neuer Sekten aus: in Böhmen die „Brüder", in den österreichischen Herzogtümern und in Tirol die „Wiedertäufer" und die „Hutterischen Brüder", die mit ihrer Eschatologie den Menschen inmitten der zusammenbrechenden kirchlichen und sozialen Strukturen neue Hoffnung gaben. Auch in Ungarn breiteten sich die neuen Lehren aus. Als Karl V. nach dem Tod seiner Tante Margarete die Niederlande seiner Schwester, der Königin Maria von Ungarn, anvertrauen wollte, mußte sich diese von dem Ruf reinwaschen, sie sei eine Anhängerin des Erasmus. Sie schwor, sie sei immer eine gute Katholikin gewesen. Es entsprach aber genausogut der Wahrheit, daß sie in ihrer Umgebung Reformatoren, wenn nicht sogar Protestanten, gebilligt hatte. Auch in Ungarn also und in Siebenbürgen kam der neue Glaube zum Durchbruch. Im großen und ganzen kann man hier folgende Tendenzen feststellen: Die deutsche Bevölkerung in den Städten wandte sich der lutherischen Lehre zu, der Adel und die Bauernschaft (Ungarn und Slawen) den Lehren Zwinglis und Calvins.

Es gab also immer mehr Kirchen. Auch vorhandene Sekten wurden mit dem neuen Vokabular der reformierten Prediger wieder aufpoliert. Flüchtlinge aus Deutschland und der Schweiz brachten weitere Meinungsvielfalt in die ungarischen Komitate. In der Mitte des 16. Jahrhunderts waren die Donauländer trotz einiger katholischer Enklaven überwiegend protestantisch, während ihr oberster Herr und Kaiser katholisch war und blieb. Ferdinand blieb aber auch Herr der Situation. Die Epoche des Konzils von Trient war auch eine Epoche des Streites zwischen den Habsburgern und den Päpsten. Nach der Abdankung Karls V. weigerte sich Paul IV., den neuen Kaiser Ferdinand anzuerkennen, weil er im Ruf stand, mit der Reformation zu liebäugeln. Pius IV. war darin konzilianter. Während der letzten Sitzungen des Konzils vertraten die kaiserlichen Delegierten und die deutschen Bischöfe die Ansicht, die möglicherweise richtig war, daß die Bewilligung des Abendmahls in beiderlei Gestalt das beste Mittel wäre, die Reformation zu stoppen und viele Abtrünnige der Kirche wieder zuzuführen. Für die Vertreter des Abendmahls in beiderlei Gestalt lieferte die Bibel selbst dazu die Vorschrift: „Er nahm den Kelch in seine Hände und sagte: Trinket alle!" Vergeblich beriefen sich die Theologen auf den Kirchenbrauch und darauf, daß sich die göttliche Gnade genausogut in einer wie in beiderlei Gestalt mitteilen könne. Sophisterei, antworteten die Schmalkaldenser. Das Abendmahl ohne Kelch entsprach ihrer Meinung nach nicht dem ursprünglichen Sinn dieser christlichen Feier.

Vielen Gläubigen, denen das Verständnis für diese subtilen Streitereien ohnedies fehlte, hätte die Erlaubnis des Kelches beim Abendmahl sicher genügt, um weiter ihr Heil in der alten Kirche zu suchen. Daher drängten der Kaiser, der Herzog von Bayern, die deutschen Fürsten und die Bischöfe der Donauländer das Konzil, doch diesem Kompromiß zuzustimmen. Aber spanische, portugiesische und italienische Theologen fürchteten, daß eine leichtsinnige Konzession an die Ketzer die ganze Dogmenlehre gefährden könnte. Im September 1562 entschloß man sich, dieses Problem dem Papst zu überlassen, der für jedes Land seine Einzelentscheidung zu treffen hatte.

Obwohl der Erzbischof von Prag sich eher gegen den Kelch ausgesprochen hatte und die Italiener zu den Gemäßigten in dieser Frage gehörten, spaltete sich die Christenheit in Christen Nordeuropas und der Mittelmeerländer. Slawen und Deutsche forderten den Kelch, die Italiener wurden zu Verfechtern einer einheitlichen Liturgie, einer gemeinsamen Dogmenlehre, die keine Abweichung duldete. Gewiß gaben sie zu, daß man in Ländern mit verschiedenem Kulturniveau keine vollkommene Uniformität erreichen könne, aber ihr Ideal blieb doch die Unantastbarkeit der von allen anerkannten Kirchenpraxis.

Wie sahen nun die Folgen aus? Da der Kaiser und die Bischöfe des Reiches vom Papst nicht die Erlaubnis bekommen hatten, die Liturgie in ihrem Sinne zu ändern, blieb ihnen nichts anderes übrig, als sich den innerkatholischen Reformen anzupassen. Die Unterstützung der mächtigen Jesuiten war ihnen bei dieser Aufgabe sicher. Einer der Aktivsten in dieser Richtung war Petrus Canisius, ein neuer Bonifatius. Die Gesellschaft Jesu war wendig genug, nicht mit Zwang den Gehorsam gegenüber Rom wiederherzustellen, sondern sich geschickt der Besonderheiten jedes Landes zu bedienen. Dennoch kam es zu heftigen Zusammenstößen zwischen den beiden Reformen, der katholischen, die hart um die Bekehrung der Gläubigen kämpfen mußte, und der protestantischen, die sich in die Defensive gedrängt fühlte und ihrer eigenen Aufspaltung in mehrere Kirchen hilflos gegenüberstand. Die Landesfürsten pochten derweil auf ihr Recht, die Religion in ihrem Lande selbst bestimmen zu dürfen, als Attribut ihrer „Landeshoheit". Und ebenso nahm der Adel, der auf seinen Territorien fast unumschränkt herrschte, für sich in Anspruch, den eigenen Leuten die Religion vorzuschreiben.

So führte die große Glaubenskrise in Mitteleuropa zu einer Verstärkung der landesfürstlichen und adeligen Autorität; denn die katholischen Bekehrer waren klug genug, sich bei ihrer missionarischen Tätigkeit hauptsächlich an die höheren Stellen zu wenden. Nur ein Kompromiß konnte den Krieg zwischen den beiden Glaubensfamilien beenden, mit Gewalt konnte keine die andere zum Nachgeben zwingen.

Ferdinand I., der in seiner Eigenschaft als König von Ungarn die Türkengefahr nicht aus den Augen lassen durfte, konnte es sich nicht leisten, die Reichsfürsten gegen sich aufzubringen. Er gewährte ihnen Religionsfreiheit und verlangte dafür, daß sie ihn im Türkenkrieg unterstützten. Eine Unterwerfung der Protestanten durch Waffengewalt kam für ihn jetzt, da die türkische Gefahr die ganze Christenheit zu gemeinsamen Menschen- und Geldopfern zwang, gar nicht in Frage.

Auch unter seinem Sohn Maximilian II. blieb die Situation in Österreich und Böhmen ziemlich unverändert, ebenso in den Ländern, wo er seine zweit- und drittgeborenen Söhne in Sekundogenitur als Erben eingesetzt hatte. Alles hing von der Laune der Fürsten ab. Maximilian II. hatte, wenn man einem seiner Historiker glaubt, eine Schwäche für die Lehre Luthers oder träumte von einer ökumenischen Religion, die alle Gläubigen umfassen könnte. Weil sich dieser Traum nicht verwirklichen ließ, machte er den Deutschen und Böhmen dauernd Konzessionen. Die Böhmen nahmen daraufhin 1575 die Augsburger Konfession an. In Tirol herrschte der prachtliebende Sammler Ferdinand, der durch seine Ehe mit einer Patrizierin, Philippine Welser, bei den Habsburgern die morganatische Ehe einführte. Mit seiner Hilfe konnten sich die Jesuiten in Innsbruck etablieren. Tirol – auch hier waren die Städte vorwiegend protestantisch, der Adel und die Landbevölkerung aber katholisch – wurde zu einer Festung der Gegenreformation. Erzherzog Karl, dem Innerösterreich (Steiermark, Kärnten, Krain und Triest) gehörte, war der katholischste in der Familie. Aber da die Steiermark ständig von der Gefahr einer Türkeninvasion bedroht war, mußte Karl sich mit dem protestantischen Adel gut stellen und die Religionsedikte erneuern. Mit dem Mittel der Religionsfreiheit stärkte also der Adel wieder einmal seine Unabhängigkeit dem Landesfürsten gegenüber. Andererseits blieb die Einheit der Familie gewahrt: Maximilian II. mußte seine Söhne nach Spanien zu Philipp II. schicken, damit sie fern aller ketzerischen Unruhen erzogen werden konnten.

DIE WIRTSCHAFTLICHEN UND SOZIALEN VERHÄLTNISSE DER DONAULÄNDER IM 16. JAHRHUNDERT

Welche feinen Unterschiede auch im Mittelalter zwischen dem feudalen System des Westens und dem der Donauländer herrschen mochten, grundlegend waren sie nicht. Im 15. und dann im 16. Jahrhundert aber verstärkten sich die Unterschiede gewaltig.

Im Westen existiert zwar noch das Grundherrensystem, und man spricht von feudalen Rechten, aber der Bauer wird freier. Die Hierarchie der Besitzrechte ist zwar immer noch schwerfällig und führt zu Unzufriedenheit und Aufstand, aber sie ist nicht mehr erdrückend. Was man heute sozialen Aufstieg nennt, war damals schon möglich, ja sogar häufig. In den Donauländern dagegen verhärtet sich das alte System. Ohne daß der Bauer den erblichen Nießbrauch an seiner Hütte und Parzelle verliert, gerät er unter einen neuen Arbeitszwang: die Knechtsarbeit auf der Domäne seines Herrn. Das Phänomen läßt sich von den österreichischen Erbländern nach Ungarn, Polen und bis nach Rußland verfolgen, obwohl hier wieder besondere Umstände herrschten. Man ist sogar so weit gegangen, das agrare Europa in zwei Teile zu teilen, mit der Elbe als Trennungslinie. Westliche Freiheit, östliche Knechtschaft: das wäre allerdings allzu sehr vereinfacht. Aber wir haben es sicher westlich der Elbe mit einem Europa zu tun, in dem der Feudalismus im Niedergang begriffen ist und der Kapitalismus im Aufsteigen, und östlich der Elbe mit einem Europa, in dem der Großgrundbesitz sich weiter ausdehnt und die Abhängigkeit des Bauern von seinem Herrn sich immer mehr verstärkt. Auch im Westen bleibt „die Grundherrschaft für die Landwirtschaft das tragende Gerüst". (7) Und das Los der Bauern erschwert sich in dem Maße, in dem das früher gemeinsam bewirtschaftete Land durch Aufteilung zusammenschrumpft. Aber die Beweglichkeit des Bauern und die Besitzverteilung sind hier eine ganz andere als im Osten, wo die großen Güter kleine Fürstentümer für sich sind. „Die Grundherrschaft trug alle Charakterzüge eines kleinen Staates", schreibt Jan Pekař, „mit einem bestimmten Verwaltungs- und Wirtschaftssystem. Hätte der Untertan die Grenzen dieses Staates überschritten, wäre er auf fremden Boden gelangt und hätte unter gänzlich anderen Bedingungen leben müssen. Jenseits der Grenzen lag eine andere Welt, ein anderes Imperium." (8)

Diese Gegensätze in der Wirtschafts- und Sozialstruktur entsprechen den verschiedenen politischen Systemen, die man für verwandt halten könnte, weil beide Monarchien sind. Aber im Westen, besonders in Frankreich, wird die Monarchie vom König und seinen Beamten bestimmt: der königliche Wille ist Gesetz. Das kann zum Despotismus führen, aber der Despotismus bleibt eine Abart der Monarchie.

In Mitteleuropa war der gewählte König nur ein Organ des Staates. Die legislative Macht gehörte den Ständen, eigentlich den Grundherren. Selbst der Herrscher, der den Kaisertitel trug und dem man im Krieg mit Frankreich Hegemonie-Absichten nachsagte, dem es gelang, riesige Armeen aufzustellen und wenigstens zeitweise eine Politik der Stärke zu demonstrieren, ist weder als Herzog von Österreich noch als König von Böhmen oder Ungarn absolut. In jedem dieser Länder muß er sich nach dem Landtag richten, das heißt nach den Grundherren. Die Politik des Königs von Frankreich ist unlösbar an den französischen Staat gebunden, an das französische Territorium und an das französische Volk. Die Politik der Habsburger bleibt immer eine dynastische Politik, die der Zustimmung der verschiedenen Königreiche und Landtage bedarf. Daß der Adel in den verschiedenen Königreichen dem Kaiser auch als Instrument seiner dynastischen Politik dient, indem er ihm Räte und Feldherren stellt, daran besteht kein Zweifel. Noch weniger Zweifel besteht indessen an der Tatsache, daß derselbe Adel sich

---

(7) Saint-Jacob, P. de, Les Paysans de la Bourgogne du Nord au dernier siècle de l'ancien régime. Dijon 1960, S. 50.

(8) Pekař, J., Kniha o Kosti. Band II. S. 3.

wie eine Trennwand zwischen den Herrscher und sein Volk schiebt, jedem Versuch einer Zusammenfassung und Zentralisation erfolgreich entgegenarbeitet und dadurch den Ständestaat aufrechterhält, was wiederum nur dem Adel zum Vorteil gereicht. Das sind die Tatsachen. Wir werden später auf die Folgen zu sprechen kommen. Jetzt stellt sich die Frage: Wie hat sich die Grundlage der adeligen Macht, der Grundbesitz, bilden können?

Dank der Arbeiten polnischer, tschechischer und ungarischer Historiker ist es möglich, die Entwicklung der Bodenstrukturen zu verfolgen, aber wir müssen weit zurückgreifen.

Im 13. und 14. Jahrhundert erachteten die Grundherren es für günstiger, von ihren Untertanen nicht mehr Naturalien und Arbeitsleistung zu fordern, sondern Zinsen in Bargeld. Es war dies das System der Erbpacht, das für alle Beteiligten seine Vorteile hatte: der Grundherr verfügte über mehr Geld, und der Bauer verschaffte es sich, indem er seine Produkte auf dem Markt verkaufte. Die Zahl der Konsumenten in den Städten war zweifellos gewachsen, und auch der Ackerbau war ertragreicher geworden. Das Geld unterlag allerdings bald einer Entwertung, an der gewisse finanzielle Manipulationen der Regierung schuld waren. Da sich nun die Kaufkraft des Pachtzinses erheblich verringerte, ging der Grundherr dazu über, auf seinem eigenen Boden Produkte anzubauen, die er selber verkaufte. Dazu benötigte er wieder die Arbeitskraft des Bauern, das heißt, statt Zins Arbeit. Die Fronarbeit, auf die er eine Zeitlang verzichtet hatte, wurde wieder aktuell. František Graus hat diesen Prozeß für Böhmen analysiert und die Gründe beschrieben, die zu dieser Rückentwicklung geführt haben.

Ob groß oder klein, alle Grundherren forderten in neuen Verträgen mehr und mehr Fronarbeit von ihren Bauern. Und selbst die kleinen Edelleute, die höchstens einige Dörfer oder Pachthöfe besaßen, preßten rücksichtslos ihre Untertanen aus, so daß es zu großer Unzufriedenheit und Aufständen kam. Und die Landtage waren weit davon entfernt, eine Entwicklung zu stoppen, die dem Adel nur Vorteile brachte. Viele Grundherren vergrößerten noch ihren Landbesitz durch den Einzug bäuerlicher Parzellen und setzten ihre Produkte sogar auf ausländischen Märkten ab.

Diese landwirtschaftlichen Großbetriebe breiten sich seit dem 15. Jahrhundert über ganz Mitteleuropa aus. Polnische Historiker sprechen von Roggen- und Weizenfeldern an den Ufern von Bug und Weichsel. (9) Das Getreide wurde nach Danzig transportiert und auf die Schiffe der Hanse verladen, die es weiter nach Deutschland oder Holland brachten. Die landwirtschaftlichen Großbetriebe wurden immer größer und schluckten häufig die kleinen Güter. Die Zahl der Ackerbauern nahm zu, weil viele verarmte

(9) Ruthkowski, J., Le grand domain en Pologne. Ein grundlegendes Werk. In einem Artikel über die Krise des Feudalismus im 16. und 17. Jahrhundert (erschienen in der tschechoslowakischen Zeitschrift ČSČH, 1964, S. 347–364) stellen M. Hoch und J. Petráň die These der polnischen Historiker Malowist und Maczak zur Diskussion.

Landleute zum Stand der niedrigsten Pächter stießen. So verhielt es sich nicht nur in Polen, sondern auch in Böhmen und in Ungarn.

Im Süden Böhmens begann man auf den großen Domänen zu Ende des 16. Jahrhunderts eine Fischzucht aufzubauen, indem man in feuchten und sumpfigen Gebieten Teiche anlegte. Als die Städte nach den Hussitenkriegen einen neuen Aufschwung nahmen, stieg der Absatz rapide an.

Der Fischfang aus den böhmischen Teichen konkurrierte jetzt mit den Salzheringen der Hanse, und mehrere Jahrhunderte lang blieb der Karpfen eines der beliebtesten tschechischen Nationalgerichte. Der frischgefangene Fisch wurde in Holzeimern mit einer Fassungskraft von dreißig Litern abgewogen und in Weidenkörben, die man hinten an die Flöße hing, die Moldau abwärts bis Prag gezogen oder über die Donau nach Wien. Auf dem Gut Böhmisch-Krumau am Ufer der Moldau brachte der Fischfang 1524 934 Eimer zu einem Wert von 2302 Meißner Silbermünzen. Die Meißner Silbermünzen standen etwas niedriger als der Reichstaler. Zwanzig Jahre später konnte ein anderes Gut, Wittingau, 4771 Silbermünzen buchen.

Immer mehr Teiche entstanden, und der Erlös aus dem Verkauf der Fische trug wesentlich zur Konsolidierung und Begründung der grundherrschaftlichen Besitze im Süden bei: die Hradec, die Rosenberg. Sie prägten auch das Gesicht der Landschaft.

Als sehr rentabel erwies sich auch die Bierbrauerei auf den Gütern. Im 16. Jahrhundert beschränkte sich die Ernährung der Bevölkerung auf sehr wenige Artikel. Die gebräuchlichste Speise war der Haferbrei. Dazu trank man Met und Wein, aber viele begnügten sich auch mit saurem Most aus wildwachsenden Früchten. Dazu kam nun das Bier. Es gab zwar schon einige Brauereien in den Städten, aber jetzt gründeten die Gutsbesitzer eigene Brauereien und verkauften das Bier in die Nachbarstädte und in die Dörfer, wo sie auch sofort Monopole errichteten. Fischzucht und Bierbrauerei brachten also ein Drittel der Einnahmen für den Gutsherrn. In den Jahren 1559/60 machten die alten Einkünfte des Gutsherrn auf Neuhaus noch 38 Prozent aus, die aus den Fischteichen und Brauereien dagegen 29 Prozent. Im folgenden Jahrhundert brachten sie den Gutsherren mehr als 60 Prozent, 55 Prozent oder 44 Prozent ihrer Gesamteinnahmen.

Das Besitztum dieser reichen Adelsschicht beruhte aber auf der Fronarbeit der Bauern, und das mußte zu großen wirtschaftlichen und sozialen Umwälzungen führen. Wenn man nicht bezahlte Arbeitskräfte engagieren wollte, mußte man die Bauern zu verstärkter unbezahlter Arbeit zwingen, um für die Fischweiher, den Fischfang, den Transport und die Arbeit in den Brauereien genügend Hilfskräfte zu haben. Die Bierproduktion erforderte zudem einen erweiterten Anbau von Hopfen und Gerste.

Auch in Ungarn dehnten sich die großen Güter im 16. Jahrhundert weiter aus. Bei den Nádasdy, den Dobó, den Forgásch und den Drugeth wurde mehr und mehr Getreide angebaut. Auf anderen Gütern florierte die Viehzucht, mit Wien und Venedig als Absatzmärkten. Einige Grundbesitzer gründeten eine Gesellschaft für den Viehhandel, andere rissen den Weinhandel an sich, in dem sie ihr Privileg des „educillatio", das ihnen den Weinabsatz garantierte, auf Kosten der Bauern erweiterten. (10)

Die Fronarbeit nahm im ganzen Donaubereich weiter zu. Von einem Wochentag stieg sie auf zwei bis drei Tage in der Woche. Die Vorstellung, daß die bäuerliche Arbeitskraft dem Grundherrn, wann immer er sie brauchte, zur Verfügung stand, setzte sich immer mehr durch. Auf einigen Gütern Ungarns, wie zum Beispiel im Kloster Tapolca, wurde verfügt, daß der Bauer zu allen Dienstleistungen nach Belieben des Grundherrn herangezogen werden durfte: „ad omnia servitia pro libitu domini compellantur" (1570). (11) In Österreich, wo es den Bauern noch am besten ging, mußten sie wie Möbelpacker bis in die Steiermark laufen, um das für ein Schloß bestimmte Mobiliar heranzuschleppen. (12) Das alles sind keine Einzelfakten, sondern die Ausübung eines Grundgesetzes. Parallel dazu trafen die Landtage immer einschränkendere Maßnahmen: Sie erneuerten das Verbot, die Domäne zu verlassen, und der Bauer durfte von nun an auch nicht mehr Klage gegen seinen Herrn beim königlichen Gerichtshof einreichen. Über alle Angelegenheiten seines Gutes hatte der Gutsherr allein zu entscheiden.

So festigte sich im Lauf des 16. Jahrhunderts die Macht des adeligen Grundherrn durch wachsende Verfügungsgewalt über Land und Leute.

Der Adel konnte also seinem Leben einen prunkvolleren Rahmen geben. Die hochgelegenen strengen Festungen wurden durch Umbauten wohnlicher und schöner. Um Innenhöfe liefen jetzt italienische Arkadengänge, fingen die seltenen Sonnenstrahlen auf und brachten einen Abglanz italienischer Anmut in das nördliche Land. Möbel, Tapeten und Spiegel kamen aus Italien und Deutschland oder wurden im Land selbst von ausländischen Künstlern und deren Schülern angefertigt. Man fing an, schöne Bücher und Gegenstände mit Seltenheitswert zu sammeln. Man benutzte für Reisen besser gefederte und elegantere Wagen. Auch die Waffen und Rüstungen wurden luxuriöser und die Pferde rassiger. Bildung stand hoch im Kurs. Bibellektüre und Psalmengesang bei den Protestanten, bei den Katholiken ein neues Interesse für die Liturgie und die Dekorierung der Kirchen, gemäß dem Tridentiner Konzil; ein allgemeines Interesse für die klassischen lateinischen und griechischen Werke führten bei der Oberschicht zu einem verfeinerten Lebensstil.

Dies galt allerdings wirklich nur für eine Minderheit. Zwischen der Aristokratie auf dem Großgrundbesitz und den Bauern befand sich nach wie vor ein unüberschreitbarer Graben.

Die großen Domänen, die für einen großen Absatzmarkt produzierten,

(10) Pach, P., Die ungarische Agrarentwicklung im 16. und 17. Jahrhundert. Budapest 1964, S. 18f.

(11) Pach, a.a.O., S. 57.

(12) Grüll, G., Die Robot in Österreich. Linz 1952, S. 67f.

konnten nur in besonders fruchtbaren Gebieten und in solchen mit guten Verkehrsverbindungen entstehen. Nicht in ärmlichen Gegenden, in denen kaum der tägliche Bedarf der Anwohner gedeckt werden konnte. Die kleinen Güter mußten sich mit ihren Nahrungsmitteln an eine kleine Stammkundschaft wenden und die Arbeitskräfte bezahlen, die sie zur Bebauung ihres Landes brauchten.

Meist handelte es sich dabei um weniger gut gestellte Nachbarn. Gleichzeitig wurde aber die Fronarbeit auf den großen Domänen immer mehr ausgebaut, und immer mehr Kleinbetriebe wurden von den großen geschluckt. Wer allerdings hier die Oberhand behalten würde, war noch nicht entschieden. (13)

Bei der Fronarbeit gab es ebenfalls zwei verschiedene Arten: Die Spanndienste und die Handdienste. Die Fron mit einem Gespann war nur den reichsten Bauern möglich. Bauern, die kein Gespann und nur wenig Land besaßen, leisteten Handdienste. Die erstere war aber im Grunde die anspruchsvollere, denn sie bedeutete, daß Wagen, Zugtiere und Arbeitsgeräte dem Grundherrn ständig zur Verfügung gestellt werden mußten. Damit aber diese Bauern ihrem Herrn Gespanne und Geräte zur Verfügung stellen konnten, mußten sie auch die Mittel haben, diese zu erwerben und zu unterhalten. Es gab also Bauern, die zwar auch ihre Fron leisten mußten, aber einen Teil ihrer Zeit zu eigenem Gewinn nutzen konnten, sei es auf ihrem eigenen Land, sei es auf gepachtetem.

Die Grundherren duldeten also durchaus kleinbürgerliche Betriebe neben sich, die sich allerdings dem Wirtschaftssystem des Grundherrn unterordnen mußten. Sie mußten sich auch seiner Rechtsprechung beugen, durften sich nicht ohne seine Zustimmung verheiraten und nur innerhalb der Domäne. Auch über die Erziehung ihrer Kinder durften sie nicht frei bestimmen. Auf Grund dieser Vorschriften hat man von einer zweiten Sklaverei oder von einem neuen Feudalismus gesprochen.

Die drei Faktoren: Türkengefahr, Reformation und Ausweitung der Grundherrschaft (die im 16. Jahrhundert noch nicht abgeschlossen war), haben den Niedergang der Städte vorbereitet, besonders der königlichen. Zur Stunde allerdings, da die Donauländer im Begriff waren, sich zusammenzuschließen, war die Wirtschaftslage nicht ungünstig.

Denn bevor die Portugiesen und Spanier das amerikanische Edelmetall auf den europäischen Markt warfen, versorgte Mitteleuropa durch eine fieberhafte Ausbeutung seiner Minen den europäischen Markt mit wenig Gold, aber umsomehr Silber. Das Silber wurde zu Münzen umgeprägt und ermöglichte so den Geldhandel.

In Böhmen, Ungarn, Steiermark und Krain traf man überall auf Metallvorkommen: auf Silber, Gold, Eisen, Kupfer, Zinn, Blei, Quecksilber, für die westliche Wirtschaft unerläßliche Produkte. Hinzuzufügen sind die

---

(13) Pach, a.a.O., S. 33.

reichen Vorkommnisse von Steinsalz in den österreichischen Bergen, womit man sich ersparte, Meersalz oder Salz aus Polen einzuführen. Zwei Städte in Böhmen liefern das Beispiel, wie man an einer Silbermine reich werden konnte. Die erste ist St. Joachimsthal. Hier entdeckte man Silberminen auf dem Besitz der Familie Šlik. Die Münzen, welche die Familie prägen ließ, die Taler (abgeleitet von Joachimstaler), wurden 1566 zur offiziellen Reichsmünze erklärt, und der Name wurde auch von anderen Währungen übernommen, zum Beispiel vom Dollar.

Die andere Stadt ist Kuttenberg. Wie St. Joachimsthal aus der Ausbeutung einer Silbermine entstanden, steht die Stadt schon im 14. und 15. Jahrhundert in voller Blüte und wird die zweitwichtigste Stadt des Königreiches. Seine Bürger — königliche Beamte, italienische Techniker, das Patriziat und die Bergwerksleute — schmückten die Stadt mit zivilen Bauwerken und Kirchen. Die schönste, St. Barbara, Schutzherrin der Bergleute, ist ein Meisterwerk der Gotik. Wandmalereien stellen Gestalten der Bibel im Kostüm des 15. Jahrhunderts dar, aber auch Porträts der Bürger und der Bergarbeiter in ihren weißen Kutten, Leinenmützen und Lederschürzen. Während die Linienführung von florentinischer Zartheit ist, gibt der Reichtum der Farben von einer überschäumenden Lebensfreude Ausdruck. Über dieser Vollkommenheit möchte man fast vergessen, daß die Stadt oft von sozialen Kämpfen stark erschüttert wurde. Die Arbeit der Bergwerksleute war so ungesund, daß die meisten schon in jungen Jahren starben. Elend und Angst führten zu mehreren Aufständen, die aber niedergeschlagen wurden.

Die Städte — Handwerker- und Marktstädte — lebten in ständiger Konkurrenz mit dem Adel. Die Adeligen wurden durch die Betriebe und Werkstätten auf ihren Gütern zu Unternehmern und Kaufleuten, die reichen Bürger kauften rund um die Städte Land auf. Die Adeligen erwarben Häuser in der Stadt, ohne allerdings die Steuerlast der Bürger teilen zu wollen.

Die Gilden in der Stadt schlossen sich indes immer mehr gegen Neuankömmlinge ab. Es gab nur eine limitierte Anzahl von Meistern in der Stadt, und man durfte eine Werkstätte nur dann übernehmen, wenn man die Witwe oder die Tochter des Meisters heiratete. Um übertriebenem Wettbewerb vorzubeugen, hielt man sich an althergebrachte Regeln und setzte allem Neuen eisernen Widerstand entgegen. Einige Berufe erloschen von selbst, wie der des Pergamentmachers, andere erlebten unerhörten Aufschwung, nämlich Waffenschmiede, Drucker und Uhrmacher. Und obwohl man Scheu vor Fremden hatte, war man doch wegen neuer Herstellungsmethoden oft gezwungen, Ausländer in die Stadt zu holen.

Die gegenwärtige Geschichtsschreibung geht mit den Handwerksgilden sehr streng um. Man wirft ihnen vor, die Produktion gebremst und damit die Versorgung eines größeren Marktes verhindert zu haben, und das alles auf Kosten der kleinen Angestellten, die sehr schlecht bezahlt wurden. Um diesen Vorwurf aufrechtzuerhalten, muß man freilich davon überzeugt sein, daß sich in erreichbarer Nähe eine kaufwillige Kundschaft befunden habe.

Jedenfalls waren die Städte mit ihrer beweglicheren Gesellschaft nicht nur Auffangtrichter für alle neuen religiösen Ideen, sondern auch Zentren des neuen Reichtums und der Kapitalsanhäufung. Daher erklärt sich auch das Interesse, das Kaiser Ferdinand I. an den verschiedenen Städten seines Königreiches hatte. Da sie sich seiner Politik gegenüber oft widerspenstig zeigten, setzte er an die obersten Stellen der Verwaltung und der Gerichtsbarkeit königliche Beamte und versuchte, die Macht der Patrizier zu brechen, indem er versuchte, die Gilden zu zerstören.

Als dann die Städte auch noch ablehnten, ihn mit Geld für seinen Krieg gegen die deutschen Protestanten und gegen die Türken zu unterstützen, bestrafte er sie mit der Einschränkung ihrer königlichen Privilegien.

Und dann verordnete die Regierung, beunruhigt durch die steigenden Lebenskosten, deren tiefere Ursachen nicht erkannt wurden, einen allgemeinen Lohn- und Preisstopp, der einen Rückgang der Produktion zur Folge hatte.

Dazu kamen andere mißliche Umstände, die alle zur wirtschaftlichen Stagnation der Städte Mitteleuropas beitrugen: der Import wertvoller Metalle aus Amerika, der alles überflügelnde Wohlstand Westeuropas, das einen Teil seines Handels jetzt über den Atlantik abwickelte, und schließlich Naturkatastrophen wie die Überschwemmung der größten Mine von Kuttenberg. Kurz und gut, die Städte verloren langsam die Hauptrolle, die sie im Wirtschaftsleben der Donauländer gespielt hatten. Sie waren weder die treibende Kraft noch die Nutznießer des Agrarkapitalismus, der sich immer stärker entwickelte.

Linz konnte noch am besten seine Stellung als internationaler Markt wahren. Zwei andere Städte, die als Opfer königlicher Strenge den zeitweiligen Verlust ihrer Privilegien und erhöhte Steuern hinnehmen mußten, nämlich Wien und Prag, konnten sich erst als Residenzstädte der Kaiser wieder erholen. Maximilian II. residierte von 1564 bis 1576 in Wien, sein Sohn und Nachfolger Rudolf II. zog dagegen das königliche Schloß von Prag, den Hradschin, vor. Die längere Anwesenheit eines Kaisers samt seinem Hofstaat wirkte sich auf eine Stadt höchst belebend aus: die Einwohnerzahl stieg und mit ihr die Zahl der Konsumenten. Für Prag wurde die Regierungszeit Rudolfs II. zu einer Epoche des Wohlstandes. Der Kaiser war zur Wiedereinsetzung des Fronleichnamszugs 1578 nach Wien zurückgekehrt, aber die Feierlichkeit artete am Graben zu einem wüsten Tumult aus. Der Hradschin, hoch über Prag, erwies sich als der geeignetere Zufluchtsort als die Hofburg im Zentrum der Stadt Wien. Rudolf liebte die befestigte kleine Königsstadt auf ihrem Hügel mit ihren Kirchen und Palästen. Seine Spaziergänge führten ihn zu dem Pavillon seiner Schwester Anna, zur Menagerie, zu den Pferdeställen und den Reitsälen. An der Mauer der Königsburg installierte er in kleinen Häusern seine Alchimisten und Astronomen. Den herrlichen gotischen Vladislav-Saal, erbaut vom letzten Jagellonen, öffnete er, wenn der Landtag nicht tagte, den Kaufleuten, und der böhmische Adel und zugereiste Kauflustige konnten hier alle möglichen Luxusgüter besichtigen: schöne Stoffe, Schmuck, Bücher und Stiche. Prag produzierte nur wenig für den Export, aber es war zu einem Versorgungszentrum für das ganze Königreich geworden und befriedigte die Wünsche eines zahlungsfähigen und anspruchsvollen Publikums. Daher ließen sich in seinen Mauern auch viele ausländische Kaufleute nieder, Sachsen, Nürnberger, Italiener, die ihrerseits kleine Kolonien bildeten und das Recht erhielten, Gilden aufzustellen und Tempel und Kirchen zu bauen. Sie erhielten sogar Bürgerrecht für die drei Stadtteile Prags: Altstadt, Neustadt und Kleinseite. Auch mächtige jüdische Familien ließen sich in einem Getto nieder: zum Beispiel die Bassewi, Lieferanten und Bankiers aus Verona, und die Meyzl, die sich sogar ein komfortables Palais bauen durften.

Diese kosmopolitische Gesellschaft fügte sich dem tschechischen Proletariat und Patriziat an und verlieh der Stadt zu beiden Seiten der Moldau, über die eine mit Türmen besetzte Brücke führte, ein malerisches Leben. Was kümmerte es Prag, daß man dem Kaiser vorwarf, er vernachlässige die Angelegenheiten des Reiches über seiner Bildersammlung, die auch das berühmte „Fest der Rosen“ von Dürer enthielt, welches man gemäß der Legende auf den Händen von Venedig bis Prag transportiert haben soll. In dem Kreis der Gelehrten und Magier, die er um sich versammelte, soll sich auch der Rabbi Löw befunden haben, der den ersten Automaten, den Golem, konstruierte, oder Wissenschaftler wie der Däne Tycho de Brahe und Kepler, den man als Protestanten aus der Steiermark vertrieben hatte. Sie alle fanden bei Rudolf die Freiheit wieder, die sie zur Forschung brauchten. Prag durchlebte eine glückliche Epoche der Stille vor dem Sturm.

IV.
Der Dreißigjährige Krieg

DIE VORGESCHICHTE DES DREISSIGJÄHRIGEN KRIEGES IN DEN DONAULÄNDERN

Wie soll man die Hintergründe des Dreißigjährigen Krieges definieren, der von den Donauländern, genauer gesagt, von Böhmen auf Deutschland übergriff, um schließlich in ganz Europa das politische und soziale Gleichgewicht zu stören? Wie jedes große Unglück ist auch dieses verschieden gedeutet worden. Denn jeder Historiker hat seinen besonderen Blickwinkel, jede Epoche ihre Vorurteile. Unsere Zeitgenossen neigen dazu, alles aus wirtschaftlicher und sozialer Sicht zu erklären und sehen im Dreißigjährigen Krieg den Ausbruch einer wirtschaftlichen Krise, die durch die Umwandlung einer reinen Agrarwirtschaft in einen kommerziellen Kapitalismus und durch die Zerrüttung des feudalen Systems, das sich in Mitteleuropa nur noch mit Hilfe der katholischen Kirche und der Landesfürsten halten konnte, herangereift war.

Es war aber so, daß alle Faktoren, die wir schon definiert haben: die Machtpolitik der Habsburger, der Kampf gegen die Türken, der unerbittliche Krieg zwischen Katholiken und Protestanten, der wachsende Einfluß der Grundherren, daß alle diese Faktoren zu einer derartigen Unsicherheit und Beunruhigung geführt hatten, daß sekundäre Zwischenfälle schließlich ausreichten, um eine Krise und einen großen Krieg zu provozieren.

Das Reich sehnte sich nach einer Regelung der religiösen Frage und hoffte auf einen dauerhaften Frieden, der einerseits die fortschreitende Säkularisation beenden, andererseits den Protestanten eine Garantie auf das, was sie erreicht hatten, geben würde. Rom aber verlegte sich nicht aufs Warten, sondern ging mit der Unterstützung der spanischen Könige daran, Deutschland für den Katholizismus zurückzuerobern, indem es die wichtigsten Verwaltungsposten mit erprobten Katholiken besetzte, so auch in Böhmen.

Der päpstliche Hof fragte sich manchmal, ob nicht gewählte Kaiser den unsicheren Habsburgern vorzuziehen wären, da zum Beispiel Polen, wo der Landtag den König wählte, das Bild katholischer Treue bot. 1588 äußerte der päpstliche Gesandte Aldobrandini, der spätere Clemens VIII., einem Lobkowitz gegenüber folgenden merkwürdigen Tischspruch: „Es lebe der zukünftige Pontifex! Es lebe der König von Böhmen!“ (1) Aber diese Lösung war denn doch wohl zu riskant. Viel wirksamer war es, die Protestanten von ihren hohen Posten zu verdrängen und entschlossene Katholiken an ihre Stelle zu setzen, die möglichst viel persönliche Macht im Rücken hatten. War es nicht auch den katholischen Landesfürsten von Tirol und Steiermark gelungen, den Adel und das Volk zurück in den Schoß der Kirche zu führen? Allerdings wanderten viele wertvolle Arbeitskräfte ins Exil, und das wirtschaftliche Gleichgewicht war zerstört. Auch Bayern galt als Festung des Katholizismus und verdankte das der Festigkeit seiner Nachbarn, der Bischöfe von Salzburg, der Aktivität der Ingolstädter Jesuiten und nicht zuletzt seinen willensstarken Landesherren, den Wittelsbachern: Albrecht V. und Maximilian I.

So sah sich allmählich der zahlenmäßig stärkere protestantische Adel des Reiches und der Donauländer in seinem Glauben und in seinen Interessen von einer Minorität katholischer Fürsten bedroht.

Bei der Landbevölkerung kam es zu dieser Zeit wegen der Fron und der erhöhten Abgaben für die Türkenkriege häufig zu bewaffneten Aufständen, die alle beunruhigten. Und jede Partei machte dafür das Verhalten des Gegners verantwortlich: die Protestanten warfen den Katholiken vor, einen zu heftigen Bekehrungszwang angewandt zu haben, die Katholiken erhoben den Vorwurf, die Protestanten hätten das Beispiel für Ungehorsam gegen die Reichsgesetze gegeben und allzu viele gefährliche Neuerungen eingeführt. (2)

1593 begannen die Türken, nachdem sie endlich ihren langen Krieg mit Persien beendet hatten, eine neue Offensive, zuerst von Bosnien aus, dann von Belgrad. Es wurde viel vom Gegenschlag des Westens geredet und von einer großen christlichen Koalition, die das Reich, Venedig, Polen und Rußland umfassen sollte. Aber in Wirklichkeit war der Westen durch seine Rivalitäten völlig gelähmt. Auch Rußland war nach der harten, aber starken Regierungspolitik Iwans des Schrecklichen von Hunger, Kriegen und Erbfolgestreitereien zerrissen. Der Krieg spielte sich also wieder einmal in Ungarn ab, einige Städte wurden zurückerobert, andere gingen verloren.

---

(1) Aldobrandini reiste über Prag nach Polen, wo er den Frieden zwischen dem neuen König Siegmund, dem Neffen Stephan Báthoris, und seinem Konkurrenten, Erzherzog Maximilian, dem Bruder des Kaisers, wiederherstellen mußte.

(2) Der Bauernaufstand brach anläßlich einer Aushebung für den Krieg mit Ungarn aus, bei der ein Mann auf 30, später einer auf 10 und schließlich auf 5 kam. Der eigentliche Grund aber war die immer härtere Fron. Die Rebellion versuchte eine Liga zu bilden, ihre Extremisten forderten die Befreiung der Bauern. Es kam zu Gewalttätigkeiten dem Adel gegenüber. Trotzdem verlangte der niederösterreichische Landtag die Bestrafung und Hinrichtung der Rädelsführer. Obwohl sich unter den Bauernführern kein Pastor und kein katholischer Priester befand, schrieb der Kardinal Melchior Khlesl der Reformation die Verantwortlichkeit an den sozialen Unruhen zu.

Die Türken errangen eigentlich nur einen einzigen entscheidenden Sieg: in Keresztes, 1596. 1598 wurde die Stadt Raab von einem deutschen General, Adolf von Schwarzenberg, zurückerobert. Der Kaiser überreichte ihm persönlich den Orden des Goldenen Vlieses. In Siebenbürgen gelang es einem ungarischen Fürsten, Siegmund Báthori, einem Neffen des polnischen Königs Stephan Báthori, und einem Adeligen aus der Walachei, Michael dem Tapferen, für kurze Zeit autonome Staaten zu bilden. Dann wurde mit dem Beistand der Heiducken und des protestantischen Adels von Königlich-Ungarn Stephan Bocskai, ein ungarischer Adeliger, Herr von Siebenbürgen. Darauf reagierte die kaiserliche Armee unter General Basta mit brutalen Gegenmaßnahmen. Es kam zu erbitterten Kämpfen, die 1606 nur durch Konzessionen an Bocskai beendet werden konnten, indem den ungarischen Protestanten die Religionsfreiheit zugestanden wurde. Einige Monate später wurde im selben Jahr in Zsitva Torok der Friede mit dem Sultan ausgehandelt. Dieser behielt die Städte Erlau, Kanizsa und Gran. Er verzichtete dafür gegen eine Summe von 20.000 Gulden auf den jährlichen Tribut. Zum ersten Mal verhandelte er mit dem Kaiser als einem gleichwertigen Partner. Aber Rudolf II. zögerte aus unerfindlichen Gründen die Unterzeichnung der Vereinbarungen hinaus. Zu guter Letzt entschlossen sich seine Brüder und seine Vettern in der Steiermark auf Drängen des Papstes und des Königs von Spanien, die Leitung der Dynastie dem Erzherzog Matthias, dem ältesten der Brüder des Kaisers, anzuvertrauen. Dieser war ein ehrgeiziger Mensch, der in den Niederlanden und in Polen schon einiges riskiert hatte. So gab es wieder einen Bruderzwist im Hause Habsburg. 1608 ließ sich Matthias in Preßburg zum König von Ungarn wählen, nachdem er die bestehenden Privilegien des Königreichs bestätigt hatte, und billigte den österreichischen Protestanten volle Religionsfreiheit zu. Dann marschierte er an der Spitze seiner Truppen nach Mähren und weiter nach Prag. So gedachte er – sein Ratgeber war der Kardinal Khlesl von Wien – einem allgemeinen Aufstand der Provinzen gegen die Dynastie zuvorzukommen. Zu ihrer großen Überraschung blieb Böhmen aber dem Kaiser Rudolf treu. Rudolf behielt daher das Königreich Böhmen, überließ aber Matthias Ungarn und Österreich (Frieden von Liban 1608). Zum Dank für ihre Anhänglichkeit belohnte Rudolf die Böhmen mit einem Religionsgesetz, dem Majestätsbrief. Elf Jahre nach dem Edikt von Nantes wurde in Böhmen zwischen den Konfessionen endlich jener Kompromiß geschlossen, der zur Einstellung der Feindseligkeiten nötig war. Aber das Edikt von Nantes war von einem starken König beschlossen worden, der sein Land fest in der Hand hatte. Der Majestätsbrief gestand den Utraquisten von Böhmen eine Reihe wichtiger Vorrechte zu: Religionsfreiheit, selbst für die Bauern, das Recht, Gotteshäuser zu errichten, das Verfügungsrecht über die Universität von Prag, das Recht, einen eigenen Landtag für die Protestanten der drei Stände einzuberufen, die Wahl von Kommissaren, die über die Wahrung des Statuts zu wachen hatten.

Diese Zugeständnisse bedeuteten, mehr als in allen anderen Verträgen, die Matthias mit den Protestanten anderer Länder geschlossen hatte, einen Sieg des Adels über den Herrscher. Der katholischen Minderheit waren damit alle Wege versperrt. Daher verweigerte der böhmische Kanzler Zdeněk von Lobkowitz, ein eifriger Katholik und Kämpfer für die Autorität des Königs, dem Landtag seine Gegenzeichnung unter den Majestätsbrief. Er trat allerdings auch nicht zurück. (3)

Nach einem mißlungenen Versuch Erzherzog Leopolds, Bischof von Passau, Rudolf mit Waffen zu Hilfe zu kommen, mußte Rudolf zugunsten von Matthias auf Böhmen verzichten. Er starb 1612. Matthias empfing die Kaiserkrone und bezog die Prager Residenz. Er verfügte jedoch über wenig Macht, so daß der Krieg zwischen Protestanten und Katholiken wieder ausbrach, ohne daß er es verhindern konnte. Da er aus der Ehe mit seiner Cousine Anna, Tochter aus zweiter Ehe Ferdinands von Tirol, keinen Sohn bekommen hatte, bot das Nachfolgerproblem beiden Parteien wieder genügend Gelegenheit, ihre Kräfte zu messen.

Die Katholiken stellten Ferdinand von Steiermark (später Ferdinand II.) als Kandidaten auf: siebenunddreißig Jahre alt, Sohn einer Prinzessin von Bayern (Maria von Bayern), Schüler der Jesuiten, intelligent, mutig, fromm und überzeugt von seiner missionarischen Aufgabe. Die Besteigung des böhmischen Thrones betrachtete er nur als eine Stufe zur Kaiserwürde, um gegebenenfalls mit Gewalt Deutschland zum römisch-katholischen Glauben zurückzuführen.

Im Reich organisierten sich Protestanten und Katholiken bereits in zwei feindliche Fronten, was die Schwächung der kaiserlichen Macht verdeutlichte. Die Protestanten machten zum Führer ihrer Union 1608 den Kurfürsten Friedrich V. von der Pfalz, die Katholiken 1609 Maximilian I., Herzog von Bayern: protestantische Union gegen katholische Liga.

DER AUFSTAND IN BÖHMEN UND SEINE NIEDERWERFUNG

Erstaunlicherweise ließen sich 1617 die böhmischen Protestanten durch die Katholiken so einschüchtern, daß sie im Landtag trotz ihrer Mehrheit für den Erzherzog Ferdinand stimmten. Ebenso erstaunlich ist, daß man auch im übrigen Europa, besonders in Frankreich, wo man allerdings nicht von den Geheimverträgen Ferdinands mit dem spanischen König wußte, mit Beifall den Erfolg dieses unbeugsamen Fürsten aufnahm; erstaunlich, da man sich doch einen friedliebenden und mäßigenden Kaiser wünschte.

Nur die deutschen Protestanten schätzten die Gefahr richtig ein. Sie

(3) Über die Rolle von Lobkowitz in der Frage der Zentralisation vgl. Stloukal, K., Česká Kancelář dvorská (Die böhmische Hofkanzlei). 1931.

versuchten, die böhmischen Protestanten, wenn sie schon ihre Wahl nicht rückgängig machen wollten, wenigstens dazu zu bringen, daß sie einen Aufstand machten und eine Neubestätigung ihrer Privilegien forderten. Ein diesbezüglicher Streit schwelte hier schon seit einigen Jahren. Es ging um die Gotteshäuser, welche die Protestanten auf kirchlichem Boden, den sie als königlich und deshalb öffentlich betrachteten, errichtet hatten. Die kirchlichen Behörden hatten diese Gotteshäuser abreißen lassen, worauf die Protestanten ihre Wiederherstellung forderten. Diese Affäre lieferte nun den Vorwand für eine neue Konfrontation mit der Regierung: der Kaiser war auf dem Wege nach Wien und Preßburg, wo er die Wahl Ferdinands zum König von Ungarn durchsetzen wollte. Ohne auf Lobkowitz zu warten, beschloß im Mai 1618 eine kleine Gruppe von Verschwörern in Prag die zwei mächtigen katholischen Beamten, welche das Königreich in Abwesenheit des Königs verwalteten, einem fingierten Gericht auszuliefern: Slavata und Martinitz wurden von den protestantischen Ständen als Verräter verurteilt und durch ein Fenster der Kanzlei auf dem Hradschin gestürzt, „entsprechend den alten Gebräuchen unseres Königreichs, der Bibel und der römischen Geschichte". Dies war der Fenstersturz vom 23. Mai 1618. Man hat ihn im Lauf des 19. Jahrhunderts immer wieder als ein Signal zum Aufstand eines freien Volkes gegen einen fremden Herrscher interpretiert. Diese Unwahrheit hat sich auch bei vielen Gebildeten bis heute fest eingeprägt. Richtig ist, daß zwar der Gegensatz zwischen Deutschen und Tschechen in Böhmen nie ganz beigelegt werden konnte, daß er aber keinesfalls die erste Rolle in diesem Konflikt spielte, wenn nicht gar keine. Denn unter den Verschwörern befanden sich deutschsprachige Adelige, und die beiden Opfer waren zwei Tschechen. Die Regierung der Aufständischen, die sich nach dem Attentat in Prag etablierte, blieb Matthias gegenüber immer loyal, der immerhin genauso deutsch war wie Ferdinand. Und die ganze Angelegenheit war fast schon durch einen Schiedsspruch der Reichsfürsten zu den Akten gelegt worden, als der Tod von Matthias ihr im Frühjahr 1619 neuen Aufwind gab.

Die aufständische Prager Regierung, der dreißig Böhmen angehörten (Tschechen und Deutsche), hatte kaum militärischen Rückhalt. Aber der Herzog von Savoyen stellte ihr ein Kontingent von deutschen Söldnern unter dem Kommando von Mannsfeld zur Verfügung, die seit seinem letzten Krieg gegen Mailand in seinem Sold standen. Ferdinand, inzwischen rechtmäßiger König von Böhmen, hatte seine Truppen im Süden des Landes stehen und konnte Mannsfeld bei Zablat in die Flucht schlagen. Aber diese Plänkeleien hatten nicht viel Bedeutung, Matthias' Tod machte aus der böhmischen Frage eine internationale.

Auch andere Habsburgerländer wollten sich nun emanzipieren. Im Mai brach in Mähren, das bisher unter dem Einfluß eines der mächtigsten Adeligen der Markgrafenschaft, des Protestanten Karl von Zierotin, dem Kaiser treu geblieben war, der Aufstand los. Es verjagte nun seinerseits die Jesuiten und verband sich mit Böhmen. In Oberösterreich (Österreich oberhalb der Enns) wiegelte ein Adeliger, der Calvinist Georg Erasmus Tschernembl, Autor des Traktats „Vom Widerstand der Untertanen gegen ihren Fürsten", seine Landsleute so weit auf, daß sie Ferdinand I. nicht huldigten, weil die oberösterreichischen Stände nicht aufgefordert worden waren, die Nachfolgerechte Ferdinands anzuerkennen. Ohne die Zustimmung des Landtages blieb Ferdinand ein österreichischer Herzog, nicht mehr. Selbst die Wiener griffen ihn wie einst Friedrich III. in der Hofburg an, und nur durch ein anrückendes Dragonerregiment konnte er befreit werden.

Ganz Böhmen ging den Habsburgern verloren. Mähren, Schlesien und die Lausitz schlossen mit Böhmen eine „Confoederatio bohemica". Von nun an traten, wenn der Thron unbesetzt war, die lokalen Landtage zu einem allgemeinen Landtag zusammen; dieser allein durfte den neuen König wählen, und nie mehr sollte zu Lebzeiten eines Königs dessen eventueller Nachfolger bestimmt werden. Die Konföderation verpflichtete sich, jede der angeschlossenen Provinzen zu verteidigen, wenn die königliche Regierung sie in der Ausübung ihrer religiösen und politischen Privilegien behindern sollte. Der Majestätsbrief wurde für die Böhmen das Grundgesetz des Königreiches.

Die Gesellschaft Jesu war für immer vom Territorium der Konföderation verbannt. Das Verbot betraf jedoch nicht die anderen Orden und nicht die Ausübung der katholischen Religion. Der König verlor die alleinige Verfügungsgewalt über die Armee, da er ohne die Erlaubnis der Stände die Festungen nicht mehr mit Soldaten besetzen durfte. Und wenn er auch noch immer seine Beamten ernannte, so mußte er sich in seiner Wahl auf eine Liste beschränken, die ihm von den Ständen vorgelegt wurde.

So setzte sich also der Adel, der überwiegend protestantisch war, erfolgreich über die Autorität des Königs hinweg und wußte mit seinen feudalistischen Prinzipien und seiner oppositionellen Einstellung zu den Städten genügend Nutzen aus dem System zu ziehen. Die Verfassung förderte diese Entwicklung auch in der Zukunft, indem sie den Bürgern in den Städten wenig Zugeständnisse machte. (4) Auch in den anderen Habsburgerländern triumphierte der Adel. Und die „Confoederatio bohemica" wurde durch kein nationales Prinzip daran gehindert, mit dem Adel Österreichs und Ungarns Bündnisse einzugehen. Stieß man nicht überall auf das gleiche aristokratische Ideal? Man konnte durchaus ins Auge fassen, daß diese Länder einmal einen gemeinsamen Herrscher wählen würden. Es wäre dann ein Donaureich ohne die Habsburger. Hans Sturmberger, ein österreichischer Historiker unserer Zeit, hat folgende berechtigte Frage gestellt: „Konnte der ‚Staat', der später durch das Fürstentum geschaffen wurde, nicht auch von dem Bund der Stände her entstehen, zu einem ‚totum', einem Ganzen werden, wie dies später Eugen von Savoyen

(4) Kavka, F., in „Historica" VIII., S. 35–64.

sagte?" (5) Aber die Dinge waren noch nicht so weit. Jeder Staat pochte noch zu sehr auf seine Unabhängigkeit. Die „Confoederatio bohemica" mußte sich begnügen, mit ihren Nachbarn Bündnisse wie mit Fremden zu schließen: Nur die Bindung mit Österreich ob der Enns fiel enger aus.

In Ungarn fochten die Nachfolger der alten Zápolya-Partei die Wahl Ferdinands an und einigten sich auf den Großfürsten von Siebenbürgen, Bethlen Gábor, einen ehrgeizigen und geschickten Calvinisten, als ihren Anführer.

Aber man suchte auch nach Verbündeten im fernen Ausland. In Deutschland war der Kurfürst von Sachsen für viele böhmische Lutheraner und für die vielen Deutschen des Königreichs der natürliche Beschützer. Die Utraquisten hielten es dagegen mit der evangelischen Union und waren in ständigem Kontakt mit den Gesandten ihres Führers, des Kurfürsten von der Pfalz. Sie konnten auch mit den Sympathien Gleichgesinnter in Frankreich rechnen. Schließlich mischte auch der Herzog von Savoyen mit seinen Ambitionen auf den Kaiserthron nur zu gerne in den böhmischen Wirren mit. Das erfolgversprechendste Bündnis aber war das mit den Vereinigten Niederlanden. Dieser Staat – dessen Unabhängigkeit von seinen Nachbarn und provisorisch auch von Spanien 1609 anerkannt worden war – lag im Welthandel unbestreitbar an der Spitze. Die niederländische Flotte lieferte in alle Welt Waren aus, wodurch die verschiedensten Währungen ins Land kamen. Durch die Gründung der Amsterdamer Bank 1609, die ursprünglich eine reine Clearing-Bank war, wurde ein perfektes Wechselsystem geschaffen. Obwohl auch hier die Armee vom Adel aufgestellt wurde, war die dominierende Klasse das handeltreibende Bürgertum; die staatlichen Einrichtungen wiesen republikanische Charakterzüge auf, und die Tradition des Landes kam der Religionsfreiheit zugute. Zweifellos brach aber auch in den Niederlanden hier und da der Fanatismus durch; er gehörte nun einmal zum Geist der Zeit und haftete nicht nur einer Kirche als Makel an.

Ohne Zweifel hatte die Verfassung der Vereinigten Niederlande ihren Einfluß auf die Gründer der „Confoederatio bohemica" ausgeübt, so sehr, daß einer ihrer führenden Köpfe, der gebildete tschechische Edelmann Peter Müllner-Mühlhausen, vorschlug, auf die Wahl eines böhmischen Königs zu verzichten und statt dessen einen Rat zu wählen, der die Funktionen des Königs übernehmen könnte. Tschechoslowakische Historiker haben in den letzten Jahren zugegeben, daß die größte Schwäche der böhmischen Revolution in dem Fehlen eines organisierten Bürgertums bestand, welches das Bündnis mit den Vereinigten Niederlanden intensiviert hätte. Die Niederlande lieferten zwar Geld und Soldaten, aber die Interessengemeinschaft war nicht stark genug, um aus Böhmen einen wirtschaftlichen und militärischen Gegenpol im Kampf gegen Spanien und den Katholizismus zu machen.

Auf der Gegenseite konnte Ferdinand auf die Hilfe Spaniens und des

(5) Sturmberger, H., Aufstand in Böhmen. München 1959, S. 48.

Papstes rechnen, aber die finanzielle Unterstützung Spaniens war an die glückliche Rückkehr seiner Schiffe aus Amerika gebunden. Verspäteten sich diese mit ihren Lieferungen, kam man mit der Besoldung der Truppen ins Gedränge. In Frankreich war der junge König Ludwig XIII. zur Macht gekommen. Seine alten Minister rieten ihm zur Vorsicht in der Außenpolitik, denn in der Innenpolitik gab es schon genug Scherereien mit dem Adel und den Protestanten. Der anglikanische König von England, Jakob I., der zur Untermauerung seiner königlichen Macht eine solide kirchliche Hierarchie zu schätzen wußte, neigte zu einer politischen Allianz mit Spanien. Kurz, keine Seite verfügte über genügend Hilfsmittel für einen schnellen Sieg. Nur so erklären sich die merkwürdigen Widersprüche des Sommers 1619.

Ferdinand wurde in Frankfurt zum Kaiser gewählt, aber der böhmische Landtag focht die Wahl an. Sicherlich repräsentierte die kleine Kurfürstenrunde, die den Kaiser wählte, nicht das ganze Deutschland. Andererseits fürchtete sich das Bürgertum der Städte vor jeder Unruhe, die die Wirtschaft in Gefahr bringen und Deutschland womöglich einen neuen Bürgerkrieg bescheren könnte. So betrachtete der konservative Bürgersinn mit gewissem Wohlwollen die schon zur Tradition gewordene Wahl eines Habsburgers, unter der Bedingung, daß er weder König von Spanien noch ein fanatischer Katholik sei. Entweder täuschte man sich über den wahren Charakter Ferdinands, oder man machte sich bewußt Illusionen. Andere Kandidaturen von katholischen Fürsten, wie die des Herzogs von Bayern oder des Herzogs von Savoyen, wurden nicht wirklich ernst genommen.

Trotz der Proteste der böhmischen Landtagsabgeordneten erklärte der Reichskanzler und Erzbischof von Mainz, daß der 1617 durch den Landtag zum König gewählte Ferdinand mit der Stimme Böhmens an der Wahl teilnehmen würde. Einstimmig wählten alle sieben Ferdinand zum Kaiser. Auch der Stellvertreter des Kurfürsten von der Pfalz, der den Auftrag hatte, sich der Mehrheit anzuschließen, sei es auch zugunsten Ferdinands.

Aber in Böhmen wurde mit Hilfe der neuen Verfassung die Wahl von 1617 für null und nichtig erklärt. Ein allgemeiner Landtag wurde einberufen, um einen neuen König zu wählen. Die Wahl fiel auf den Kurfürsten von der Pfalz, Friedrich V. Von ihm erhoffte man sich am meisten Vorteile, da er sowohl Haupt der evangelischen Union als auch Schwiegersohn des Königs von England war. In Prag allerdings hätte man den Kurfürsten von Sachsen vorgezogen, den traditionellen Schutzherrn aller Deutschböhmen und Lutheraner. Friedrich V. hätte die gefährliche Ehre abweisen können. Dieser Rat wurde ihm jedenfalls allgemein erteilt. Puysieulx, der französische Minister, der schon Heinrich IV. gedient hatte, erklärte, daß Seine verstorbene Majestät ebenfalls dieser Meinung gewesen wäre. Aber in dem auf Ehre und Ansehen erpichten Fürstenmilieu war die Verlockung der Krone größer als alle vernünftigen Erwägungen. Friedrich nahm die Wahl an und reiste nach Prag. Auch für die böhmischen Interessen war die Wahl Friedrichs nicht sehr günstig: ein junger Mann ohne Erfahrung, dem sein neues Königreich vollkommen unbekannt war, der weder die tschechische Sprache beherrschte noch sich im Land auskannte. Mit den ersten Untertanen, die sich ihm näherten, kam es sogleich zu Mißverständnissen und gegenseitigen Kränkungen.

Es war ziemlich wahrscheinlich, daß Ferdinand nun von Wien aus versuchen würde, das Königreich zurückzuerobern. Er konnte jetzt als Kaiser gegen den Kurfürsten von der Pfalz wie gegen einen aufrührerischen Vasallen losgehen. Der Krieg war unvermeidlich. Friedrich mußte seinen Untertanen neue Steuern auferlegen, um Söldner zu werben. Die Bürger und Juden Prags zahlten nur widerwillig. Die allgemeine Unzufriedenheit führte auf den königlichen Gütern zu Aufständen der Bauern.

Was scherte es die Armen am Land und in den Städten, ob der König nun protestantisch und gewählt oder katholisch und durch Erbfolge an sein Amt gekommen war, wenn Steuern und wachsendes Elend sie immer mehr belasteten? Die Parteigänger Friedrichs versuchten, diese Zwischenfälle zu vertuschen und beschworen die Verteidigung von Privilegien und Freiheiten, während die kaiserlich-katholische Partei sich auf den Respekt vor der Krone berief und auf die Gefahr, welche die Gegenreformation in Mitteleuropa laufen würde, wenn in Böhmen weiter die Protestanten an der Macht blieben.

Die Deutschen schlossen daraus, daß der Krieg bald auf das Reich übergreifen würde: Die Liga und die Union verstärkten ihre Aktivität. Da Spanien mit seiner Hilfe zögerte, wandte sich Ferdinand Ende 1619 an Ludwig XIII., im Namen der königlichen Solidarität gegen aufrührerische Untertanen und im Namen gemeinsamer katholischer Interessen. Frankreich wurde dadurch Gelegenheit zu einem seiner größten außenpolitischen Irrtümer gegeben. Denn weder der Sieg des protestantischen Königs und des protestantischen Adels noch der Triumph des Kaisers waren für Frankreich unter den damaligen europäischen Umständen gänzlich gefahrlos. Der König von Frankreich hätte nun wenigstens die beiden Parteien, die ihn bedrängten, gegeneinander ausspielen können, aber statt dessen folgte er seiner persönlichen Vorliebe und versprach Ferdinand seine militärische Unterstützung. Erst als er erfuhr, daß aus Gründen der Entfernung seine Truppen nicht in Böhmen gegen die Rebellen eingesetzt werden würden, sondern gegen die mit Frankreich verbündeten Fürsten der evangelischen Union, erkannte er seine Unvorsichtigkeit. Statt der versprochenen Truppen schickte er eine feierliche Gesandtschaft nach Deutschland, die die Aufgabe hatte zu informieren und zu vermitteln. Der enttäuschte Ferdinand erhielt inzwischen die lang erwartete Hilfe Spaniens und des Papstes. Als die französische Gesandtschaft Anfang Juli 1620 in Ulm eintraf, standen sich hier schon die Truppen der Union und der katholischen Liga gegenüber. Die Gesandtschaft rechnete es sich als Erfolg an, daß sie die Anführer der beiden Armeen dazu brachte, sich nicht auf der Stelle zu schlagen. Die protestantische Armee zog nach Norden ab, in Richtung Pfalz, wo die spanischen Truppen Spinolas eingefallen waren; die katholische Armee marschierte die

Donau abwärts, bis nach Böhmen, wo sie sich mit der kaiserlichen Armee Buquoys verband. Die so vereinigten katholischen Armeen errangen auf dem Weißen Berg bei Prag einen großen Sieg, der ganz Böhmen in die Gewalt des Kaisers brachte (5. November 1620).

Verglichen mit anderen Schlachten des Dreißigjährigen Krieges ist die Schlacht am Weißen Berg, wo kaum mehr als vierzigtausend Menschen ohne eine bemerkenswerte Strategie aufeinander losschlugen, ohne jede militärische Bedeutung. Umso bedeutender waren die politischen und moralischen Folgen.

Entscheidend für den Sieg war die Kreuzfahrerbesessenheit, mit der das Liga-Heer unter dem Kommando Tillys, angeheizt durch die Predigten des Karmelitermönchs Dominicus de Jesus Maria, in die Schlacht ging. Dagegen machten die Söldner Friedrichs V. schlechte Figur, und nur die mährischen Regimenter setzten den Kaiserlichen verzweifelten Widerstand entgegen. Die damalige öffentliche Meinung verklärte die Schlacht auf dem Weißen Berg zu einem der vielen großen Siege über die Häresie, vergleichbar dem Sieg über die Türken in der Levante. In Rom weihte man die von Soria erbaute Karmeliterkirche der Santa Maria della Victoria. In Prag wurde mit dem gleichen Namen eine neue, ursprünglich für die Lutheraner vorgesehene Kirche bedacht, in der der Kaiser auf Grund eines Gelübdes eine Statue des Kindes Jesu aufstellen ließ, welche eine der kaiserlichen nachgebildete Krone schmückte.

Der böhmische Protestantismus war damit erledigt. Man begann die Geschlagenen mit der ganzen tschechischen Nation zu identifizieren, der Weiße Berg wurde das traditionelle Symbol für die Erniedrigung eines ganzen Volkes, das den Kaiser und seine Dynastie als fremde Eroberer ansah. Die nationalen Leidenschaften des 19. Jahrhunderts sollten sich später an diesen Erinnerungen nähren.

Eine weitere Folge war das Mißtrauen, mit dem die deutschen Protestanten von nun an allen französischen Interventionen gegenüberstanden, denn die Kampfunterbrechung von Ulm, welche auf die französischen Gesandten zurückging, hatte nur der Liga Vorteile gebracht. Aber auch der Kaiser empfand Ludwig XIII. gegenüber keinerlei Dankbarkeit: im Gegenteil, er nahm ihm sehr übel, daß er die versprochene militärische Unterstützung wieder rückgängig gemacht hatte. Er blieb bis zum Ende seines Lebens ein offener oder heimlicher Feind Frankreichs, je nachdem, wie es die Umstände erforderten. Die Feindschaft zwischen Habsburgern und Bourbonen wuchs.

Es kam wie vorausgesagt:

Ferdinand, König von Böhmen, bestrafte auf exemplarische Weise seine rebellischen Untertanen. Seinen rebellischen Vasall, den Kurfürsten von der Pfalz, entkleidete der Kaiser seiner Kurfürstenwürde und nahm ihm seine Länder weg. Die protestantischen Fürsten verhielten sich ruhig, um den Krieg nicht ins Reich zu tragen.

Da aber im Jahre 1621 auch der zwölfjährige Waffenstillstand zwischen Spanien und den Niederlanden zu Ende ging, breitete sich der Religionskrieg doch über ganz Europa aus.

Der Kurfürst von Sachsen, der durch die Wahl Friedrichs V. von der Pfalz in Prag schwer enttäuscht worden war, hatte mit dem Kaiser eine Allianz geschlossen. Seine Truppen beteiligten sich nicht an der Schlacht, aber er bekam das Recht, vorübergehend die Lausitz zu besetzen. Der Herzog von Bayern wurde mit der Verwaltung von Oberösterreich belohnt. So bezahlte Ferdinand gezwungenermaßen seine Verbündeten mit der Verpfändung seiner Provinzen. In Prag wurde der mährische Adelige Fürst Gundakar Liechtenstein mit der Aufgabe betraut, die königliche Autorität wiederherzustellen. Dieser konvertierte Protestant ging gegen seine ehemaligen Glaubensbrüder mit unvorstellbarer Härte vor und errichtete ein Terrorregime. Ein Sondergericht verurteilte zunächst die Anführer. Im Juni 1621 wurden siebenundzwanzig Personen, von denen nur drei zum hohen Adel, die anderen zum niederen Adel und zum Bürgertum gehörten, in der Altstadt hingerichtet, ihre Körper verstümmelt, ihre Köpfe und Glieder zehn Jahre lang vor den Toren der Stadt ausgestellt.

Der Legende genügte diese Hinrichtung nicht, sie machte daraus ein Schlachtfest, bei dem der ganze böhmische Adel dem Beil zum Opfer fiel und durch deutsche und italienische Edelleute ersetzt wurde.

Tatsächlich verloren alle, ob Protestanten oder Katholiken, die sich in irgendeiner Weise mit der Regierung Friedrichs V. kompromittiert hatten, sei es, daß sie politische Ämter bekleidet hatten, sei es, daß sie ihm lediglich Steuern gezahlt hatten, ihr Erbe und ihr Eigentum teilweise oder ganz. Auch bei einer teilweisen Enteignung fielen die Güter zur Gänze an die königliche Kammer, die sie zum Verkauf anbot und dem Besitzer den Wert des nicht konfiszierten Gutes ersetzte. Das Resultat war ein riesiger Ausverkauf der böhmischen Erde.

Der König konnte jedoch als oberste Instanz die Strafe mildern oder Gnade walten lassen. So behielten wichtige Persönlichkeiten ihren ganzen Besitz, weil man sie durch schonende Behandlung zur Mitarbeit mit der Regierung zu bringen hoffte. So konnte Jan Rudolf Trčka, einer der mächtigsten Großgrundbesitzer, seine immensen Domänen behalten und seine Frau, eine geborene Magdalena von Lobkowitz, deren Vater wegen Rebellion zu lebenslänglichem Kerker verurteilt worden war, erhielt die Erlaubnis, Protestantin zu bleiben. Sie war bald eine der finanzkräftigsten Käuferinnen der enteigneten Güter. Sie kaufte Land im Wert von 539.664 Gulden und zahlte die Summe in Silbertalern. Vor dem Schlimmsten konnte sich manch einer nur durch mächtige Protektion bewahren: Eine alte Dame des niederen Adels, Isolde Pětipeská, war durch den Verlust ihres Hauses von Byseň mitsamt acht Bauernhöfen in bettelarme Verhältnisse geraten und war gezwungen, wie sie sich ausdrückte, „im Schmutz des Dorfes und unter dem Dienerpack zu leben“. Sie richtete ihr demütiges Bittgesuch an die Frau des Kanzlers Polyxène von Lobkowitz. Daraufhin bekam sie eine Rente auf Lebenszeit bewilligt, die es ihr ermöglichte, ihrem bisherigen Stand entsprechend zu leben und sich eine Dienerin zu halten. (6)

Wer waren nun die Nutznießer der Enteignungsaktionen? Entgegen der Legende nur wenig Ausländer. Einer von ihnen war Eggenberg, der österreichische Ratgeber des Kaisers, der in Südböhmen einen Teil der Rosenbergschen Güter erhielt, ein anderer Buquoy, dem man die Herrschaft Gratzen überschrieb, welche er mit Waffengewalt im Lauf des Krieges erobert hatte. Den Hauptgewinn strichen einige katholische böhmische Großgrundbesitzer ein, die durch ihr großes Einkommen oder die Möglichkeit, Kredite aufzunehmen, allein in der Lage waren, die günstige Gelegenheit zu ergreifen. So vergrößerten sich die Güter der Lobkowitz, der Slavata, der Liechtenstein und der Czernin. Letztere stiegen vom Stand des niederen Adels in den Hochadel auf. Viele Familien des niederen Adels waren dagegen ruiniert, weil auch die nur teilweise Enteignung sie ihres finanziellen Rückhalts beraubte.

Bald schon verschlechterte sich die wirtschaftliche Situation des Landes durch eine gigantische, höchst zweideutige finanzielle Transaktion. 1621 benötigte Ferdinand, um seine Soldaten und seine Schulden zu bezahlen, dringend sechs Millionen Gulden. Am 18. Jänner 1622 wurde zwischen dem Kaiser und einem Konsortium von etwa zwanzig Adeligen und Kaufleuten ein Vertrag geschlossen. An der Spitze dieses Konsortiums standen der Fürst Gundakar Liechtenstein, der niederländische Kaufmann Hans de Witte, der junge mährische Offizier Albrecht Wallenstein und ein reicher Jude veronesischer Abstammung, Jakob Bassewi, der sich schon vor dem Krieg in Prag angesiedelt hatte. Das Konsortium verpflichtete sich, dem Kaiser die benötigte Summe zu beschaffen, und bekam dafür das ausschließliche Recht zur Münzprägung in Böhmen, Mähren und in Österreich ob der Enns.

In seinem nur wenige Jahre später erschienenen Buch über den böhmischen Staat (Republica bohemica, 1634) macht der tschechische Schriftsteller Paul Stranský die Beobachtung, daß die Verschlechterung der Münzen schon in Deutschland und in Böhmen zur Zeit Matthias' durch einen höheren Kupfergehalt (7/16) eingesetzt hatte und daß man in Böhmen seit der Revolution schon mehr mit den Kreuzern des Reichs als mit den alten böhmischen Silbermünzen zahlte. Für die Zahlung der sechs Millionen Gulden legte der Vertrag folgende Werte fest: ein Doppelgulden gleich 150 Kreuzer, der Gulden gleich 75, der halbe Gulden gleich 37,5 Kreuzer. Eine böhmische Silbermark von 16 Karat kam 79 Gulden gleich. Die Kurse änderten sich jedoch laufend durch neue Verordnungen. Das Konsortium

(6) Der Brief wurde in Husa, V., Naše minuslost v dokumentech (Unsere Geschichte in Dokumenten). Prag 1954, S. 287, publiziert. In den königlichen Instruktionen an die Kommission waren Witwen und weibliche Vormunde, die sich den Ständen und dem böhmischen König nicht widersetzten, von den Verfolgungen ausgenommen.

bezahlte für eine Silbermark der böhmischen Bergwerke nur 32 Gulden, Bassewi kaufte für 25 Gulden ein Pfund Silber, während die Privatleute, wenn sie es zum Münzamt brachten, nur 22 Gulden erhielten. Die Differenz wurde den Mitgliedern des Konsortiums zugeschoben. Das im Umlauf befindliche Geld, das „dünne Geld“, rief eine Inflation hervor; aber sie machte es dem Konsortium möglich, den Vertrag mit dem Kaiser zu erfüllen, und sorgte bei den Wohlhabenden für günstige Zahlungsbedingungen. Außerdem bot der Wertunterschied zwischen dem Wiener Pfund und dem weniger gediegenen Prager Pfund einigen gerissenen Leuten Gelegenheit zu vorteilhaften Spekulationen. Das alte Geld wurde aus dem Verkehr gezogen, die Besitzer waren gezwungen, es gegen einen sehr niedrigen Kurs umzutauschen. All das führte zu einer sofortigen Verteuerung aller Lebensmittel und bei der Masse der kleinen Leute zu großer Not. Nach Ablauf eines Jahres wurde der Vertrag nicht mehr erneuert: er hatte seine Wirkung getan, im Guten und Schlechten. Das Konsortium hatte sich gewaltig bereichert. Der Kaiser nahm am 21. März 1623 die Münzprägung wieder selbst in die Hand. Nach einigen Monaten erklärte er den Bankrott und gab eine neue Währung bekannt, den Taler zu neunzig Kreuzern, was der alten Währung wieder näherkam. Nun war die Reihe an dem „dünnen Geld“, aus dem Verkehr gezogen zu werden. Es wurde weder von der Steuerbehörde noch in geschäftlichen Transaktionen mehr akzeptiert. Es zirkulierte jedoch heimlich noch im ganzen Land. Der festgesetzte Wechselkurs war schwach, und man mußte den endgültigen Termin zum Umwechseln bis ins Jahr 1625 verschieben.

1627 gab Ferdinand II. zwei Verfügungen heraus. Die eine erneuerte die Verfassung des Erbkönigreiches Böhmen und stützte sich dabei auf die Verfassung des Königs Vladislav. Sie stellte ausdrücklich fest, daß die böhmische Krone für das regierende Haus erblich sei. Nur wenn die jetzige Dynastie in der männlichen und weiblichen Linie ausstürbe, könnten die Böhmen einen neuen König wählen. Der König hatte das Recht, Gesetze zu machen (ius legis ferendae), er mußte sie jedoch dem Landtag zur Sanktion vorlegen, erst dann waren sie rechtskräftig. Gleichermaßen behielt der Landtag das Recht, die Steuern festzusetzen. Zu den drei Ständen kam ein vierter: der Klerus. Die böhmische Hofkanzlei bestand weiter. Lobkowitz hatte ihren Aktionsbereich erweitert. Aber da sie nur in der Nähe des Königs arbeiten konnte, mußte sie nach Wien umziehen. Zu Anfang des 18. Jahrhunderts wurde für sie einer der schönsten Barockpaläste Wiens erbaut: die böhmische Hofkanzlei in der Wipplingerstraße.

Aber auch Prag behielt seine Würde als Hauptstadt: Der Landtag konnte nicht außerhalb der Grenzen des Königreichs abgehalten werden, und der Königspalast auf dem Hradschin blieb die Residenz des Königs. Aber zur Strafe für seine Rebellion wurde das Königreich einer Reihe seiner Vorrechte beraubt: Der Majestätsbrief galt nicht mehr, symbolisch zerfetzten zwei Dolchstöße das authentische Pergament. Der erste Text der kaiserlichen Verfügung wurde in Deutsch herausgegeben, was zu der Folgerung führte, die tschechische Sprache habe ausgedient und die deutsche sei zur offiziellen Sprache des Königreichs aufgestiegen. Unbestreitbar war das Deutsche in den Vordergrund gerückt. Ein Gesetz von 1615 hatte noch verordnet, daß jeder, der nicht die tschechische Sprache beherrschte, von einem öffentlichen Amt auszuschließen sei. Diese Bedingung mußte jetzt nicht mehr erfüllt werden. Im Gegenteil, die Mitglieder des Appellationsgerichtes mußten das Deutsche beherrschen und auch die Gerichtsverhandlungen in erster Instanz durften in Deutsch geführt werden. Handelte es sich bei dem Angeklagten um einen deutschsprachigen Böhmen, war die deutsche Sprache Vorschrift. Der Imperialismus der Sprache, der sich im 19. Jahrhundert voll entwickeln sollte, um sich in unserem wieder abzuschwächen, wurde im 17. Jahrhundert noch nicht erkannt. Das Schriftdeutsch — schwerfällig und mittelalterlich — hatte wenig Gemeinsames mit den gebräuchlichen Dialekten der verschiedenen Landstriche oder auch der Hauptstadt Wien. Im aristokratischen Milieu, wo als elegante Sprachen das Italienische, mit etwas Abstand auch das Spanische und Französische gesprochen wurden, galt die tschechische Sprache als eine ziemlich unverständliche Mundart. In weiteren Mißkredit brachte sie der Umstand, zahlreichen ketzerischen Werken gedient zu haben. Dies war aber ein soziologisches und kein politisches Phänomen. (7)

In Sachen Religion berief sich dagegen die zweite kaiserliche Verfügung ausdrücklich auf die böhmische Tradition. Arglistig erinnerte sie daran, daß Böhmen zu keiner anderen Zeit so reich und angesehen war wie unter der Regierung Karls IV., des Kämpfers für die Einheit der Kirche und für den „heiligen und apostolischen römischen Glauben", der Böhmen seit seiner Christianisierung ununterbrochen wie einen Schutzmantel umgeben habe. Man beschwor also bewußt die großen Zeiten der katholischen Vergangenheit, um damit zugleich die Ausübung einer jeden anderen Religion als der katholischen in Böhmen zu untersagen. Eigens dafür bestimmte Kommissare unterwiesen die Protestanten aus dem höheren und niederen Adel im römisch-katholischen Glauben. Wer sich innerhalb eines halben Jahres nicht bekehren ließ, mußte das Königreich verlassen. (8)

Damit aber nicht der Eindruck entstände, die Regierung wolle sich an den zurückgelassenen Gütern der Auswanderer bereichern, präzisierte die Verfügung, daß die Auswanderer ihre Güter katholischen Verwandten verkaufen und diese auch mit entsprechenden Vollmachten ausstatten dürften, welche sie zur Eintreibung der laufenden Einkünfte und sonstiger Außenstände berechtigen. Es handelte sich damals also nicht um eine Enteignung

---

(7) Kavka, a.a.O., S. 59. Die grundherrschaftliche Verwaltung verwendete die tschechische Sprache bis zu Ende des 18. Jahrhunderts und später auch auf den Besitzungen ausländischer Grundherren.

(8) Die kaiserliche Verfügung über die Bekehrung zum katholischen Glauben, 1627, ist bei Husa, Naš . . ., a.a.O., S. 293, abgedruckt.

in der brutalen Art und Weise, wie sie unsere Epoche häufig angewandt hat. Die Agrargesellschaft jener Tage respektierte noch den erblichen Besitz. Die Konfiszierung war als eine königliche Strafe für die Rebellen gedacht. Und wenn sie sich nicht auf das ganze Gut erstreckte, dann wurde der nicht konfiszierte Teil ersetzt. Daß trotzdem in der Folge so viele Grundbesitzer in den materiellen Ruin getrieben wurden, lag auch an der allgemeinen wirtschaftlichen Lage; die Verstopfung des Marktes und die mehrfache Geldentwertung hatten ebenfalls die Erhaltung des familiären Besitzes mit allen daran gebundenen verwandtschaftlichen Erbrechten schwer gefährdet.

Das Jahr 1628 verzeichnete eine massive Emigration des höheren Adels, des Ritterstandes und selbst des Bürgertums. Einige Adelige konnten bedeutsame Geldsummen mitnehmen, die ihnen bald gestatteten, im Ausland ihren alten Lebensstil wieder aufzunehmen und ihren Einfluß im politischen und gesellschaftlichen Leben des Gastlandes geltend zu machen. So zum Beispiel Graf Wilhelm Kinsky in Dresden. Er war einer der Verschwörer von 1618 und der Schwiegersohn des bereits erwähnten Trčka. Aber die meisten hatten wenig zu beißen. Ihr letzter Ausweg bestand darin, sich als Offiziere in den Söldnerheeren in Deutschland zu verdingen, in den Regimentern von Mannsfeld, Christian von Braunschweig-Wolfenbüttel, des Markgrafen von Baden-Durlach, oder auch in den Heeren ausländischer Fürsten, die nacheinander den Kaiser angriffen: des Königs von Dänemark und einige Jahre später Gustav Adolfs von Schweden. Alle hatten die Hoffnung, nach Böhmen zurückzukehren, weniger um den Kurfürsten von der Pfalz wieder einzusetzen oder die „Confoederatio bohemica" wieder ins Leben zu rufen, als nach einem königlichen Gnadenakt ihre alten Güter wieder in Besitz zu nehmen und ihren angestammten Platz im Vaterland. Zwischen den im Ausland tätigen und aktiven Emigranten und den resignierten und unglücklichen Daheimgebliebenen waren die Verbindungen in keiner Weise abgerissen. Erst die moderne Polizei kann Grenzen schließen, den Briefverkehr überwachen und abschneiden und die ständige Jagd auf das Individuum aufnehmen. Das 17. Jahrhundert war zwar keineswegs humaner als das unsere, aber technisch weniger gut ausgerüstet, um in dieser Weise inhuman zu sein. Daher die dauernden Intrigen, von denen wir nur einen kleinen Teil kennen und fälschlicherweise oft ins Reich der Anekdote verweisen, wo sie doch die Mentalität der Zeit hervorragend verdeutlichen. Vielleicht war der Druck der Emigranten nicht unschuldig an den zahlreichen militärischen Invasionen in Böhmen, und vielen Böhmen erschienen die einfallenden Truppen wie Befreiungsarmeen.

Jedenfalls konnte sich die Herrschaft der Habsburger in Böhmen, solange der Krieg im Reich tobte, nur durch die Angst der Untertanen halten. Der Katholizismus konnte nur mühsam seine alten Positionen wiedergewinnen. Die bäuerliche Bevölkerung war stets zum Aufstand bereit.

DIE SITUATION IN DEN ANDEREN DONAULÄNDERN

Ähnliche Verhältnisse herrschten in Österreich ob der Enns. Das Land war provisorisch dem Herzog von Bayern überantwortet worden. Sein Statthalter Adam Herberstorff ging mit großer Strenge gegen die Bevölkerung vor. Der Kaiser hatte zwar eine Amnestie verordnet, aber erst, wenn der Adel für seine Rebellion gebüßt hätte und die Städte alle Pastoren und protestantischen Schulmeister verjagt hätten und in ihren Mauern nur noch die katholische Religion ausgeübt würde. Heimlich jedoch wurde in Schlössern und Dörfern die Bibel weiter gelesen, Psalmen wurden gesungen und protestantische Gottesdienste abgehalten. 1626 formierte sich ein Bauernheer: es kam zu einem großen Aufstand im Mühlviertel und im Traunviertel.

Der Aufstand war für den Sonntag vor Pfingsten, den 31. Mai, geplant, aber wegen einer Zänkerei zwischen Österreichern und Bayern in der kleinen Stadt Lambach brach er schon früher aus. Die Bauernarmee hißte ihre Fahnen und sang selbstgedichtete Lieder:

„Von Bayerns Joch und Tyrannei
Und seiner großen Schinderei
Mach uns, o lieber Herrgott, frei.
Weils gilt die Seel und auch das Gut,
So solls auch gelten Leib und Blut!
O Herr, verleih uns Heldenmut.
Es muß sein!"

Die Bauern wurden in Frankenburg geschlagen. Um sie zu bestrafen, erfand man ein grausames Spiel. Die angesehensten Bauern und die Anführer der Aufständischen mußten sich auf dem Hauptplatz versammeln, wo man sie zum Würfelspiel zwang. Die Verlierer wurden gehenkt (Frankenburger Würfelspiel).

Aber die Regierung mußte auch einige Konzessionen machen. Sie versprach den Aufständischen, falls sie nachgaben, die Religionsfreiheit und eine Verminderung der Kriegsabgaben. Als aber 1628 die Bayern das Land verließen, wurde die Rückkehr der Habsburger als eine Erleichterung empfunden. In Niederösterreich mußte ein Teil des protestantischen Adels emigrieren, und in den Städten wurde nur der katholische Glaube gestattet. In Wien wurden sogar die protestantischen Ärzte aus der Stadt getrieben und die Universität den Jesuiten anvertraut, die als Zeichen ihrer Macht eine prächtige Kirche bauten. Der Protestantismus überlebte im Untergrund.

In Ungarn lagen die Verhältnisse freilich anders. Bethlen Gábor hatte sich während seiner kurzen Regierungszeit als gewählter König gehütet, sich krönen zu lassen, was ihm jetzt für eine Versöhnung mit Ferdinand zugute kam. Er nahm erst die Waffen wieder auf, als er glaubte, mit den protestantischen Armeen gemeinsam Wien angreifen zu können. Als er aber sah, daß weitere Kampfhandlungen seine Lage nur verschlechtern würden, war er zum Frieden bereit. Das mit dem Kaiser verbündete Polen hatte nämlich in seinem Rücken Siebenbürgen angegriffen. Im Frieden von Nikolsburg (1624) und Preßburg (1626) begnügte sich Bethlen mit Siebenbürgen und der Übertragung auf Lebenszeit von zwei schlesischen Fürstentümern: Oppeln und Ratibor. Königlich-Ungarn blieb also weiter unter der Herrschaft der Habsburger. Im Gegensatz zu Böhmen ging Ferdinand in Ungarn milder vor. Er überließ das Bekehrungswerk ganz den Jesuiten und dem ortsansässigen Klerus. So wurde Peter Pázmány, ein ehemaliger Protestant und ein Prälat von großer Bildung und festem Charakter, zum Organisator einer geduldigen und erfolgreichen Bekehrung Königlich-Ungarns zum Katholizismus. Er wurde Kardinal und Erzbischof von Gran, residierte aber nach der Einnahme der Stadt in Tyrnau, wo er eine Universität gründete. So sah es zur Zeit in den Habsburgerländern aus. Im Reich hatte der Kaiser, ohne einen Reichstag einzuberufen, den Kurfürsten von der Pfalz für abgesetzt erklärt. Seine Länder wurden konfisziert. Das war durch eine einfache Kommission von Kurfürsten und Fürsten auf dem Deputationstag in Regensburg geschehen. Die Kurfürstenwürde bekam provisorisch der Herzog von Bayern, welcher die untere Pfalz besetzt hielt, während die Spanier Frankenthal in der oberen Pfalz als Pfand erhielten. Aber auch das Vorgehen gegen Friedrich, der sich nicht einmal vor dem Deputationstag verteidigen durfte, erschien den Protestanten des Reiches als unerhörter Verstoß gegen die Gerechtigkeit, und nun griffen sie zu den Waffen. Im westlichen Deutschland kam es zu einem fanatischen Kampf zwischen Katholiken und Protestanten, in dessen Verlauf zahllose Klöster, Kirchen und Städte geplündert wurden und jede Partei die Meinung vertrat, ihre Sache sei gerecht, ihr Verhalten loyal und alle Ungerechtigkeiten seien dem Gegner zuzuschreiben. Ein anderer Krieg tobte zwischen Spanien und den Vereinigten Niederlanden. Manche wollten die beiden Kriege zu einem machen, aber weder das Reich noch die Niederlande hatten daran Interesse.

DER DREISSIGJÄHRIGE KRIEG UND WALLENSTEIN

Anstatt den chronologischen Ablauf des Dreißigjährigen Krieges zu schildern, wollen wir an dieser Stelle einige Probleme näher unter die Lupe nehmen.

Bis zum Kriegseintritt Gustav Adolfs, der neue Taktiken und neue Waffen mitbrachte, gingen die Aushebung der Regimenter und die militärischen Operationen in gewohnter Weise vor sich. Die Armeekommandanten suchten sich ihre Söldner unter den beschäftigungslosen Leuten. Das waren meist Abenteurer, die zu einer gewissen Disziplin bereit waren, solange sie ihres Soldes sicher sein konnten und einer gewissen Straflosigkeit bei ihren Vergehen gegenüber der Zivilbevölkerung. Eine Armee von zwanzigtausend mit Piken und Büchsen bewaffneten Männern galt als eine starke Armee. Die Kavallerie deckte den Angriff und versuchte durch ihre Ausfälle die Reihen der gegnerischen Regimenter zu durchbrechen. Man verfügte nur über wenig Artillerie, aber es genügten schon wenige Kanonen, um die schlecht befestigten Städte zu attackieren, deren Bürgerschaft es meistens eilig hatte, ihre Stadt in allen Ehren zu übergeben. Manchmal kam es dann zu Plünderungen, wenn die Truppen nicht auf ihre Führer hörten oder deren Nachgiebigkeit ausnutzten. So kam es zur Plünderung Paderborns durch die Armee Christian von Halberstadts und des Elsaß durch die Truppen Mannsfelds. Eine Schmähschrift eines ehemaligen Offiziers, der zu den Katholiken übertrat, die „Acta Mannsfeldica", zählte alle begangenen Greueltaten auf: „In der Kirche blieb kein Chorstuhl unversehrt: die Altäre, die Meßbücher, die Bilder, alles wurde heruntergerissen, zerbrochen, zerfetzt. Die Taufkapellen wurden derartig besudelt, daß es kein Wunder gewesen wäre, wenn sich die Erde aufgetan hätte, um dergleichen Teufel lebend zu verschlucken. Wie könnte der allmächtige Gott solchen Monstren seinen Segen erteilen? Das sind keine Soldaten, sondern Mörder und Türkenhunde."

Friedrich V. von der Pfalz, dem sehr viel daran lag, seine Ehrenhaftigkeit zu beteuern, schrieb an den um Neutralität bemühten Senat von Straßburg: „Für die begangenen Schändlichkeiten tragen wir nicht die Verantwortung, schuld an allen Greueln sind unsere Gegner." Er selbst, sagte er, führe eine „freie Armee, die für die Freiheit Deutschlands kämpfen wolle, gegen den Papst, Spanien und das Haus Österreich". (9)

Als die kaiserliche Armee unter Tilly einen protestantischen General nach dem anderen geschlagen hatte, vertraute der niedersächsische Kreis 1625 seine Truppen dem Kommando des Königs von Dänemark an, welcher sich bereits mit den Königen von England und Holland verbündet hatte, die ihrerseits zu jenem Zeitpunkt Alliierte Frankreichs waren. So bildete sich eine starke Koalition, um in Deutschland den Vormarsch des Hauses Österreich zu stoppen. Aber der Kriegsbrand griff auf den ganzen Norden über. Der protestantische König von Dänemark, Christian IV., hätte gerne das Bistum Bremen, zwischen Elbe und Weser gelegen, in seinen Besitz gebracht. Denn je mehr sein Einfluß im Ostseebereich bedroht war, umso emsiger versuchte er, seine Macht über seine westlichen Nachbarländer zu vergrößern. Bisher hatte er im Sund, der Meerenge zwischen Nord- und Ostsee, deren Ufer er beherrschte, den durchfahrenden Schiffen unangefochten eine Gebühr abfordern können. Die meist holländischen Schiffe waren mit polnischem Getreide, schwedischem Kupfer, russischem Holz, Leinen, Salpeter und Pelzen schwer beladen. Nun erhob Schweden Ansprüche auf die führende Rolle im Ostseehandel. Schweden war ein bevölkerungsarmes Land, aber reich an Erzen. Sein ehrgeiziger König, Gustav II. Adolf, führte zwar

---

(9) Le roi de Bohême au Sénat de Strasbourg. Archives Strasbourg.

noch Krieg mit Polen, aber der Friede mit Rußland schenkte ihm genügend Handelsfreiheit, um sich in Dänemarks Geschäfte einzumischen.

König Christian, der fürchtete, er könne ihm auch im Reich zuvorkommen, übernahm daher rasch die Führerrolle unter den nordischen Protestanten gegen die kaiserliche Armee Tillys, die bereits Mannsfeld und Halberstadt geschlagen hatte. Durch die Intervention Dänemarks, das von England und Holland finanziell unterstützt wurde, flammte der Krieg wieder auf, den Ferdinand schon für fast beendet gehalten hatte. Sogar das Großfürstentum Moskau vergrößerte in diesen Jahren seine Getreidelieferungen nach Dänemark, weil es einen Verbündeten gegen seinen eigenen Gegner, Polen, brauchte.

Der Krieg schien sich nach Norden verlagert zu haben. Aber der Ausweitung des Konflikts, der in Prag seinen Anfang genommen hatte, konnte sich kein Land Europas mehr entziehen. Es war kein Zufall, daß die Unterstützung, die Ferdinand gegen Dänemark brauchte, ihm gerade aus Böhmen zukam.

Wallenstein, dem wir schon in den Geschäften des Konsortiums 1622 begegneten, bot dem Kaiser an, fünfzehntausend Infanteristen und sechstausend Reiter in seinen Dienst zu stellen. Er würde das Kommando übernehmen, die kaiserliche Kasse Sold und Verpflegung. Ferdinand II. nahm das Angebot an. Warum hat man Wallenstein so oft einen Abenteurer und Kondottiere genannt?

Man sollte nicht vergessen, wie sehr sich gerade in dieser Persönlichkeit die allgemeinen Verhältnisse seiner Zeit und die besonderen Verhältnisse seines Vaterlandes spiegeln.

Am bekanntesten ist die deutsche Form seines Namens: Wallenstein (Waldstein). Wallenstein, 1583 in Mähren geboren, stammte aus einer altadeligen Familie. Seine Mutter, eine Smiřická, war Protestantin. Er erhielt eine protestantische Schulausbildung in Böhmen und im Reich. Dann unternahm er die bei den jungen Edelleuten übliche Bildungs- und Informationsreise durch Deutschland, Frankreich und Italien. Danach diente er in der kaiserlichen Armee unter Basta gegen die Türken und wurde 1606 mit dreiundzwanzig Jahren Oberst. Jetzt empfahl ihn sein Schwager Karl von Zierotin den Beratern des Erzherzogs Matthias. Dieser Zierotin gehörte noch zu einer anderen Generation. Er repräsentierte den humanistisch geformten Aristokraten, hoch gebildet und tief religiös, mit einem gewissen Stoizismus. In unerschütterlicher Treue hielt er an seiner Kirche, der Brudergemeinde, und an seinem Kaiser Ferdinand fest. Albrecht von Wallenstein dagegen, der rechtzeitig zum Katholizismus konvertiert war, unterstellte alles seinem Ehrgeiz, machte sich reale wie okkulte Mächte zunutze, erweckte niemals den Eindruck, ein frommer Christ zu sein oder ein besonderer Anhänger der Habsburger.

„Mein Schwager, der Baron Albrecht von Waldstein“, schreibt am 5. Februar 1607 Karl von Zierotin an einen Edelmann aus der Gefolgschaft des Erzherzogs Matthias, „ein junger Edelmann mit vielen guten und lobenswerten Eigenschaften, die er schon mehr als einmal unter Beweis gestellt hat, würde gerne in den Dienst Seiner Hoheit des Erzherzogs Matthias eintreten, einmal, weil er den speziellen Ehrgeiz hat, gerade diesem Herren zu dienen, zum anderen, weil er hofft, daß die Macht und das Ansehen des Erzherzogs ihm eine wertvolle Stütze in seiner beruflichen Karriere sein könnten." Ob der weise Humanist sich bei diesen Worten ein Lächeln verbeißen konnte? „Außerdem stammt er, wie Sie wissen, aus guter Familie und ist mit den besten Häusern Böhmens verwandt, gesund, gebildet und für sein Alter relativ vernünftig. Und wiewohl es mir bekannt ist, daß Seine Hoheit keinen Unterschied zwischen den Religionen macht, teile ich Ihnen auch noch mit, daß er zur Messe geht." (10) Bald war der junge Karrieremacher im Gefolge des Erzherzogs Matthias, wechselte bald zu Ferdinand von Steiermark und nahm erfolgreich am Krieg gegen Venedig teil.

Mit sechsundzwanzig Jahren heiratete er 1609 keineswegs eine reiche alte Witwe, wie böse Zungen behaupteten, sondern eine reiche Witwe in den besten Jahren, schön und tugendhaft, „forma, moribus et maxime divitiis egregia". Als sie 1614 starb, vermachte sie alle ihre Güter Wallenstein. Dieser war nun, als die Revolution 1619 auf Mähren übergriff, sehr reich. Wie Zierotin, aber wahrscheinlich aus weniger lauteren Motiven, ergriff er die Partei Ferdinands, dem er als Kriegsbeute nach Wien die Kasse der mährischen Stände mitbrachte, immerhin hunderttausend Taler. Der strenge, sehr moralische Ferdinand war darüber allerdings recht aufgebracht. Nach der Schlacht am Weißen Berge ließ sich Wallenstein plötzlich in Böhmen, in Jitschin, nieder. Um sie der drohenden Enteignung zu entziehen, erhob er sofort Anspruch auf die Güter seiner Onkel mütterlicherseits und erwarb mit dem Geld, das er seinerzeit bei dem Konsortium verdient hatte, rund um Jitschin eine Anzahl bedeutender Güter. Der Kaiser machte aus dem ganzen Besitz gnädigerweise das Herzogtum Friedland, mit Jitschin als Hauptstadt. Wallenstein erhielt die Würde eines Reichsfürsten. Seine territoriale Macht in Böhmen war beträchtlich. Er kümmerte sich um die Verwaltung, die Rechtsprechung und das Steuersystem und steigerte seine Einnahmen, indem er Webereien, Lederwerkstätten und Schmieden gründete und dafür Handwerker ins Land holte: Tuchweber, Waffenschmiede und italienische Seidenweber. Er versuchte sogar eine eigene Maulbeerbaumzucht an dazu geeigneten Hängen. Mit Recht konnte man ihn als einen Gründer der Industriewirtschaft Nordböhmens bezeichnen.

Seine zweite Ehe mit Isabella von Harrach, der Tochter eines Vertrauten Ferdinands und Schwester des Erzbischofs von Prag, verstärkte seine Stellung innerhalb der böhmischen Aristokratie und in Regierungskreisen. Es war nun ganz natürlich, daß man ihn zum Kommandanten der neuen Armee

---

(10) Dvorský, F., Dopisy Karla st. z. Žerotína, 1591–1610. In: „Archiv Českey, Band XXVII (1904), S. 302–304.

machte. Er rekrutierte zwar seine Truppen nicht nur aus Böhmen, dennoch kamen die Verpflegung und der Nachschub hauptsächlich aus dem von ihm zurückeroberten Königreich, dessen wirtschaftliche und soziale Ordnung durch seine Politik stark erschüttert worden war.

Ohne auf alle Ereignisse der Jahre 1626 und 1627 einzugehen, wollen wir nur das Wichtigste erwähnen: den siegreich beendeten Krieg gegen Dänemark. Wallenstein besetzt das Herzogtum Mecklenburg, dessen Herzog in den Reichsbann kommt. Anfang 1628 belehnt der Kaiser Wallenstein, bei dem er bereits tief in der Kreide stand (Wallenstein hatte den Sold bezahlt und Kriegsmaterial beschafft), auch mit dem Herzogtum Mecklenburg. Die deutschen Fürsten weigerten sich allerdings, diese Beförderung anzuerkennen. Es gelang ihm zwar nicht, Stralsund einzunehmen, obwohl er geschworen hatte, er würde es stürmen, auch wenn es „mit einer Mauer aus Eisen umgürtet und mit einer Kette aus Diamanten am Himmel befestigt sei", aber seine Truppen besetzten die Insel Rügen. Seine Armee hatte jetzt die Stärke von hunderttausend Mann. Der Kaiser verlieh ihm die Titel Feldhauptmann und „General der baltischen und ozeanischen Meere". Der Wiener Hof verhandelte mit dem Madrider Hof und bot ihm die Abtretung eines Teils der von Dänemark eroberten Gebiete an. Ging jetzt dasselbe Haus Österreich, das vor einigen Jahren fast zusammengebrochen war, daran, die Küsten der Nord- und Ostsee zu beherrschen? So weit hatte selbst die Macht Karls V. nicht gereicht. Wallenstein wurden unglaubliche Worte in den Mund gelegt: Die Kaiserwürde ginge mit Recht auf den Sohn des Kaisers über, und es sei eigentlich überflüssig, dafür noch die Kurfürsten zusammenzurufen. Er soll auch davon gesprochen haben, daß er, sobald sich die Herrschaft des Kaisers im Reich gefestigt habe, gegen den Sultan in den Krieg ziehen würde, um für seinen Herrn Konstantinopel zu erobern. Vorläufig fehlte aber seinen triumphalen Siegen der dauerhafte Erfolg. Aus politischer Klugheit oder aus Berechnung milderte Wallenstein für den König von Dänemark die drakonischen Bedingungen, welche die kaiserlichen Minister ihm stellen wollten, und der Friede von Lübeck gibt Christian IV. seine besetzten Gebiete zurück, gegen das Versprechen, sich nicht mehr in die Reichsangelegenheiten einzumischen.

Im März 1629 erließ Ferdinand II. sein Restitutionsedikt, in dem die Rückgabe aller seit dem Passauer Vertrag von den Protestanten annektierten Klöster verfügt wurde und die Rückgabe aller Reichsgüter, deren sich die Protestanten nach dem Augsburger Frieden bemächtigt hatten. Obgleich die katholischen Fürsten diese Maßnahmen gerechtfertigt fanden, rieten sie doch aus Gründen der Opportunität davon ab. Wie wollte man bei den Lehen die Verhältnisse, wie sie vor siebzig Jahren waren, wiederherstellen, wo inzwischen Abtretungen und Verkäufe stattgefunden hatten? Und konnte man denn den gegenwärtigen Besitzern, unter denen auch Katholiken waren, die Verantwortung für die damaligen Ereignisse anlasten?

Die protestantischen und katholischen Fürsten hatten genügend Mittel,

Ferdinand Widerstand entgegenzusetzen, besonders da sie sich von außerhalb des Reiches gestärkt fühlten. Mit Recht nahmen sie an, daß Frankreich niemals einer derartigen Demonstration der Macht bei den Habsburgern zustimmen würde. Beim Kurfürstentag zu Regensburg 1630 ermutigten denn auch die als Beobachter zugelassenen Gesandten Richelieus die Kurfürsten in ihrer Opposition. Ferdinand hatte gehofft, bei ihnen die Wahl seines Sohnes zum römischen König durchzusetzen. Die Kurfürsten stellten aber als erste Bedingung die Auflösung von Wallensteins Armee und vertagten, nachdem ihnen in dieser Hinsicht Genugtuung geleistet worden war, die Wahl des Königs auf ungenannte Zeit.

Im Gegensatz zum Kreuzfahrergeist des Kaisers — niemand konnte ihm persönliche Machtgelüste nachsagen — überwog bei den meisten deutschen Fürsten der Wunsch nach Frieden und einer allgemein gültigen Regelung, die jedem seine Rechte bestätigte. Auch das Volk sehnte sich nach Frieden und Ordnung. Aber das Restitutionsedikt wurde vom Kaiser nicht zurückgezogen.

Das war auch der Grund, warum Gustav II. Adolf von Schweden in Pommern einfiel. Den Rücken gestärkt durch einen Subventionsvertrag mit Frankreich, dem er seinerseits versprechen mußte, die katholischen Länder und Bayern zu schonen, führte der schwedische König im Laufe des Jahres 1631 einen breiten Offensivkrieg, der erst mit dem Sieg über Tilly am 17. September ein Ende fand. Gustav II. Adolf verfügte über eine disziplinierte, von strengen Offizieren geleitete Nationalarmee. Seine Artillerie war hervorragend, seine Pferde waren exzellent. Er zwang die Kurfürsten von Brandenburg und Sachsen, seine Verbündeten zu werden. Sie wären dem Kaiser treu geblieben, wenn Ferdinand das Restitutionsedikt zurückgezogen hätte.

Wie soll man die Verschwörung Wallensteins erklären? Hat Wallenstein einen zusammenhängenden Plan gehabt? Glaubte er, den man kurz zuvor noch den mächtigsten Mann Europas genannt hatte, im König von Schweden endlich einen Partner gleichen Ranges getroffen zu haben, mit dem er sich über den Frieden in Europa und eine dauerhafte Ordnung einigen würde können? Lag ihm wirklich das Wohl des Reichs am Herzen, oder fühlte er sich nur durch die Ungnade des Kaisers gekränkt? Wollte er sich an ihm rächen? Wollte er alles dahin dirigieren, daß der „Kaiser mit seinem gesamten Haus schmerzlich sehen und empfinden soll, daß er einen Kavalier affrontiert habe"? Oder glaubte er in seinem Sternenwahn wirklich an ein ihm bestimmtes höheres Schicksal? Oder war seine Gesundheit schon so zerrüttet, daß er nicht mehr die geistige Konzentration aufbrachte, die aus ihm einst einen so guten Taktiker auf dem Schlachtfeld gemacht hatte? Die Fragen bleiben offen, das Rätsel Wallenstein bleibt ungelöst. Was auch immer sich dahinter verbergen mag, sicher ist, daß man gerade in der Widersprüchlichkeit seiner Unternehmungen den Konflikt zwischen dem Herrschaftsanspruch des Kaisers und der Machtgier der Fürsten deutlich erkennen kann. Hier zeigt sich die Schwäche der zentralen Macht, die anders als in Frankreich nicht in der Lage ist, sich alle Kräfte des Volkes zunutze zu machen. (11)

Bezeichnenderweise suchten böhmische Adelige als erste im Namen Wallensteins mit Gustav II. Adolf Kontakt aufzunehmen, und zwar durch emigrierte tschechische Offiziere, die in der schwedischen Armee dienten. Zum Beispiel hatten Mitglieder der Familie Trčka die Verbindungen mit ihren ausgewanderten Verwandten, den Kinsky, nie aufgegeben. Während der ganzen Verschwörung wurde immer wieder ein unabhängiges Königreich Böhmen als Voraussetzung für den Sturz des Hauses Österreich genannt, und sicherlich hätte die Loslösung Böhmens aus dem Reichsverband das Imperium Ferdinands zum Wanken gebracht.

Die Idee einer Lostrennung geisterte schon lange durch die böhmischen Kanzleien. Jedoch hat man bisher kein Dokument gefunden, welches Wallensteins persönliche Absichten in dieser Frage klärt. Seine Gesandten wiederholten bei allen Gelegenheiten, auch vor dem König von Frankreich, daß er König werden wolle. Möglicherweise ist er erst durch ihre Äußerungen dazu verlockt worden, auch ließ die innere Lage Böhmens einen solchen Gedanken gar nicht so absurd erscheinen.

In Göllersdorf kam es zu einer Einigung zwischen dem Kaiser und Wallenstein. Dieser verpflichtete sich, eine Armee aufzustellen und zu unerhörten Bedingungen das Kommando zu übernehmen: Er allein war für alle militärischen Operationen verantwortlich und konnte über den Kriegsrat hinweg entscheiden. Er allein bekam die Vollmacht, den Frieden mit Sachsen auszuhandeln. Damit lag praktisch das Schicksal des Kaisers und seiner Staaten in den Händen Wallensteins. Zu jenem Zeitpunkt waren seine Geheimverhandlungen mit Sachsen schon ziemlich weit gediehen, so daß er gezwungen war, sich bei seinen Partnern dafür zu entschuldigen, das Kommando gezwungenermaßen übernommen zu haben, ohne daß sich seine Absichten geändert hätten. In diesem Zusammenhang ist auch interessant, daß er seine Armee, die seine Stärke ausmachte, hauptsächlich von ausländischen Offizieren befehligen ließ. Denn diese Männer, vor allem Italiener, wollten bei ihm ihr Glück machen, sonst nichts. Böhmen und das Reich waren ihnen egal.

Durch den Tod Gustavs II. Adolf, der in der für Schweden siegreichen Schlacht bei Lützen gefallen war, wurde Wallenstein von einem Gegner oder Partner befreit, dessen er sich nie sicher fühlen konnte. Nach diesem Winter begann er entscheidenden Schlachten auszuweichen. Dafür schloß er

---

(11) Für den österreichischen Historiker von Srbik ging es Wallenstein um den Frieden im Reich. Er löste sich nur deshalb vom Kaiser, weil dieser und seine hispanophile Umgebung sich in ein zu enges Bündnis mit Madrid eingelassen hatten und eine zu starre Haltung in der religiösen Frage einnahmen.

Waffenstillstand mit Sachsen und knüpfte geheime Beziehungen mit Schweden und Frankreich an.

Es steht fest, daß sowohl Oxenstierna als auch Richelieu Wallenstein ihre Hilfe versprochen haben für den Fall, daß er die Verantwortung für „das öffentliche Wohl" übernehmen würde. (12) Für Böhmen kam der erschütternde Tag, an dem sich die protestantischen Armeen mit ihren von Heimweh geplagten Emigranten den Grenzen des Königreichs näherten, während die Armee Wallensteins, der durch seinen Schwur von Pilsen seine Treue zum Kaiser aufs neue bestätigt hatte, auf den Befehl wartete, die Protestanten zu bekämpfen oder sich mit ihnen zu vereinen. Vereint hätten die beiden Armeen im Jänner 1634 eine gewaltige Stärke erreicht.

Aber zu diesem Zeitpunkt war der Kaiser schon vom Verrat seines Generalissimus überzeugt. Erstens war Wallenstein von Feldmarschall-Leutnant Piccolomini denunziert worden. Zweitens intrigierte die spanische Partei ständig gegen ihn, und drittens konnte sich der Kaiser die erstaunliche Weigerung Wallensteins, sich nicht auf neue Schlachten einzulassen und sich nicht mit der Armee des herannahenden Infanten zu vereinen, nur als Verrat erklären. Der Kaiser hielt es jetzt für nötig, einer Katastrophe zuvorzukommen. Er übertrug den Oberbefehl dem General Gallas und gab ihm Befehl, den Herzog von Friedland lebend oder tot in seine Macht zu bringen. Zum zweiten Mal wurde dem allmächtigen General seine Armee entzogen. Sein Hochmut verließ ihn von einem Moment auf den anderen. Gefolgt von nur einigen treuen tschechischen Offizieren, schlug er sich zu der schwedischen Armee Bernhards von Sachsen-Weimar durch, die vor Regensburg stand. Wie konnte er annehmen, seinen einstigen Gegnern ohne jede militärische Macht noch so imponieren zu können, daß sie ihn immer noch an ihre Spitze stellen wollten? In Eger erwartete ihn ein ruhmloser Tod. Nachdem man seine Offiziere in einem Hinterhalt abgeschlachtet hatte, wurde er von einigen Haudegen der Garnison meuchlings ermordet.

Das tschechische Volk wurde durch dieses trübe Abenteuer in weiteres Unglück gestürzt. Die Güter Wallensteins und Trčkas wurden konfisziert, verkauft und an ausländische Familien verteilt, die durch ihren Zustrom wiederum den böhmischen Adel stark veränderten. In Wien wuchs das Mißtrauen gegen eine Nation, in der zu jedem Zeitpunkt Rebellionen stattfinden konnten. Von diesem tragischen Konflikt zwischen einem Herrscher und seinem Volk schreibt der tschechische Jesuit Bohuslav Balbín: „Es scheint ihnen (den Feinden der tschechischen Nation), daß alles bei uns, die Wälder und Täler, ja die Blätter an den Bäumen ‚Rebellion! Rebellion!' flüstern, und sie glauben daher, dem Rate Machiavellis folgen zu müssen, auf diesem

(12) Die Beziehungen Wallensteins zu Frankreich sind noch unerforscht. Sie beruhten hauptsächlich auf beiderseitigen Mißverständnissen, ungenauer Information über die Wünsche und Möglichkeiten des Gegners und einem gegenseitigen Mißtrauen.

Boden alles zu zerstören, die Festungen zu schleifen, die Stadtmauern verfallen zu lassen, kurz, dieser Nation wie dem Feinde von morgen zu begegnen." (13)

DAS ENDE DES KRIEGES

Nach Wallensteins Tod übernahm der Sohn des Kaisers, der König von Ungarn, das Armeekommando. Das Kriegsglück kehrte zum Haus Österreich zurück. Nach dem Sieg bei Nördlingen über die Schweden traten Sachsen und Brandenburg aus dem erzwungenen Bündnis aus und versuchten, Frieden mit dem Kaiser zu machen. Dieser verzichtete, nachdem eine theologische Kommission sein Gewissen beruhigt hatte, auf die Durchführung des Restitutionsedikts von 1629 und suchte nach einem vernünftigen Kompromiß zwischen Protestanten und Katholiken. Man entschloß sich für den Status quo von 1629. Ferdinand mußte erlauben, daß die Reichskammer von katholischen und protestantischen Richtern besetzt wurde und daß die Armee, von nun an die Armee des Kaisers und des Reichs, nur noch gemeinsamen Interessen dienen durfte. Am 31. Mai 1635 wurde unter diesen Bedingungen zwischen dem Kaiser und dem Kurfürsten von Sachsen in Prag der Friede unterzeichnet, welcher auch allen noch nicht versöhnten Fürsten angeboten wurde. Bald darauf folgte der Kurfürst von Brandenburg der Einladung, andere norddeutsche Fürsten schlossen sich ihm an. Es scheint, als ob damals ein gemeinsames Nationalgefühl die konfessionelle Streitsucht besiegt hätte, als ob die deutschen Völker sich nichts so sehr wünschten wie das Ende des Krieges, den Abzug der fremden Truppen und die Rückkehr zum Frieden. Wie viele Städte waren verbrannt und verwüstet worden, wie viele Güter verlassen! Wo man hinsah, Hungersnot und Epidemie!

Wie oft waren Bauern sadistisch gefoltert worden, mit derselben bösartigen Rücksichtslosigkeit, mit der man damals Tiere quälte! Das Buch von Grimmelshausen „Die Abenteuer des Simplicius Simplicissimus" liefert ein wahrheitsgetreues Bild all jener Schrecken. Doch blieben auch manche Gegenden vom Krieg verschont, und manch ein Kaufmann und Spekulant konnte sich durch Waffenlieferungen, durch Hamstern und Verkauf von Korn und durch den Handel mit Pferden ein Vermögen schaffen.

Die Möglichkeit eines allgemeinen Friedens im Reich alarmierte die Mächte, die sich mit Spanien im Krieg befanden. Frankreich hatte diesen Krieg gerade in den Tagen des Prager Friedensschlusses begonnen, in der Meinung, die jedenfalls von Richelieu und Ludwig XIII. vertreten wurde, einem drohenden spanischen Angriff gegen Frankreich zuvorgekommen zu sein. Trotz innerer Schwierigkeiten, ungenügender Einkünfte, einer ver-

(13) Der lateinische Text ist übersetzt in Pražák, A., Národ se branil (Die Nation hat sich verteidigt). Prag 1945, S. 71.

schuldeten Schatzkammer und der Empörung des Adels und des Volkes hielt es Richelieu für unerläßlich, daß Schweden den Kampf weiter fortsetzte. Er schloß mit Schweden neue Subventionsverträge, auch auf die Gefahr hin, sie nicht erfüllen zu können. Wegen der am Rhein durchziehenden spanischen Truppen versuchte Frankreich, das bereits Garnisonen in Lothringen und im Elsaß hatte, seinen Einfluß auf die deutschen Fürsten der schwedenfreundlichen Union von Heilbronn weiter zu verstärken. So schleppte sich der unglückselige Krieg noch dreizehn Jahre weiter durch das Reich. Der Kaiser (Ferdinand III. war seinem Vater Ferdinand II. gefolgt) konnte jetzt auf den Beistand von Sachsen, Brandenburg und Bayern rechnen. Auf dem Reichstag in Regensburg wurde eine allgemeine Amnestie diskutiert und festgelegt, daß die Fürsten das Recht bekamen, an den Friedensverhandlungen teilzunehmen.

Das Buch des Deutschen Hippolyt a Lapide, „Dissertatio de ratione status in imperio romano“ vertrat die These, der Kaiser sei nur ein Organ des Reiches und hätte sich ihm unterzuordnen: Imperator minor imperio. Offen äußert der Autor seine Feindseligkeit dem Haus Habsburg gegenüber (haec certe familia Germaniae nostrae fatalis est). Er warf den Habsburgern vor, die Kaiserkrone zu einer Art dynastischen Apanage erniedrigt zu haben und empfahl, in Zukunft nur mehr zwei Kaiser aus derselben Familie zu wählen. Schließlich schlug er vor, ein „Reichsregiment“ zu bilden, das zwischen den Sitzungen des Reichstags den Kaiser zu kontrollieren und die Kommandanten der Festungen zu benennen hätte.

Während der dreizehn schlimmen Jahre, die zwischen dem Frieden von Prag und dem Westfälischen Frieden lagen, mußte sich das Haus Österreich vieler Gefahren erwehren. Von der Errichtung einer absoluten Macht im Reich war nicht mehr die Rede, und für die anderen europäischen Völker war die Gefahr einer österreichischen Vormachtstellung in Europa endgültig gebannt.

Frankreich kämpfte gegen Spanien, hielt aber weiterhin seine Schlüsselstellungen im Rheinland besetzt: außer den elsässischen Städten, das rechtsrheinische Breisach und einige Städte am Oberrhein.

Auch schwedische Garnisonen lagen verstreut in vielen Städten des Reiches, von der Ostsee bis zum Bodensee, in Augsburg und in Olmütz, und hielten das ganze Deutschland in ständiger Unruhe. Ab 1645 brachte dann die Eröffnung der Verhandlungen mit den Katholiken in Münster und mit den Protestanten in Osnabrück für Westfalen und Hamburg eine Art von Neutralität.

Die deutschen Fürsten hatten also erreicht, an den Friedensverhandlungen teilnehmen zu dürfen. Auf ihren Einfluß ist zurückzuführen, daß das Reich den österreichischen Besitz und sämtliche Rechte in Elsaß an Frankreich abtrat. Ferdinand III. verzichtete damit zur rechten Zeit auf diese viel zu entlegenen Provinzen, um sich ganz auf seine Macht im Donauraum zu konzentrieren. Alle Vertragspartner verbürgten sich für das politische und religiöse Statut des Reiches, das im Vertrag von Osnabrück festgelegt worden war und die freie Religionsausübung der Lutheraner und Calvinisten anerkannte.

Vor allem im 19. Jahrhundert haben die französischen Historiker den Westfälischen Frieden als den größten Erfolg der königlichen Diplomatie hingestellt: Das Reich sei zerstückelt worden, die Unabhängigkeit der Fürsten sanktioniert und die Macht des Kaisers in Europa auf lange Zeit gebrochen. Im wesentlichen stimmt das. Nur sollte man die Schwächung der Habsburger nicht übertreiben. Gewiß war ihre Macht im Reich stark eingeschränkt worden, dafür entwickelte sie sich umso unabhängiger in den Erblanden. Denn die Klausel, die den Besitzstand der mittelbaren und unmittelbaren Lehen von 1624 wiederherstellte, galt nicht für Österreich und nicht für Böhmen. Zwar wurde den ehemaligen Untertanen des Königreichs Böhmen ebenfalls Amnestie zugebilligt, aber nur unter der Bedingung, sich bei ihrer Rückkehr dem geltenden Recht zu beugen, das hieß mit anderen Worten, zur katholischen Religion überzutreten. Die sofort nach der Schlacht am Weißen Berg konfiszierten Güter wurden nicht zurückerstattet. Die Schweden versuchten vergeblich, für die Emigranten eine bedingungslose Rückkehr durchzusetzen. Dazu sei ein Artikel des Osnabrücker Vertrages zitiert: „Obgleich die schwedischen Bevollmächtigten stark und lange insistierten, konnte in diesem Punkt Seiner Kaiserlichen Majestät nichts vorgeschrieben werden. Darüber waren sich alle einig, daß es nicht im Sinne des Reiches war, allein für die Emigrantenfrage den Krieg weiter fortzusetzen.“ (14)

Die Lausitz blieb, wie es schon der Vertrag von Prag bestimmte, im Besitz Sachsens. Die schlesischen Herzogtümer erhielten spezielle Privilegien für ihre protestantische Bevölkerung, aber der Rest (Böhmen und Mähren) kam zu Österreich, um zusammen mit den alpenländischen Herzogtümern ein von der Habsburgerdynastie beherrschtes Reich zu bilden, in dem der Herrscher eine einheitliche Religion festsetzte. Zu dem auf seine alten Privilegien pochenden ansässigen Adel kam nun ein neuer Adel, der noch zu neu war, um zu vergessen, daß er seinen Wohlstand der Dynastie verdankte und ihr dafür und in Erwartung neuer Reichtümer seine absolute Loyalität bezeugte.

Nationale Leidenschaften verfälschen die Wahrheit, wenn behauptet

---

(14) Comenius hatte am 11. Oktober 1648 einen beschwörenden Brief an den Kanzler Oxenstierna gerichtet, in dem er die traurige Lage der tschechischen Emigranten schildert, die von ihren Verbündeten bei den Osnabrücker Verhandlungen im Stich gelassen worden waren. Text in Husa, Naše ..., a.a.O., S. 309.

Die deutschen protestantischen Fürsten, die so schnell wie möglich ihre gefährlichen Verbündeten, die Schweden, loswerden wollten, waren wohl noch weniger als die Katholiken bereit, die Verhandlungen wegen der Emigranten zu verlängern. Im April 1648 erklärte der Kurfürst Johann Georg von Sachsen, nachdem er ein Stück des Königreichs Böhmen sicher in der Tasche hatte, daß die tschechischen Rebellen ja nie auf seinen Rat gehört hätten und nun nicht verlangen könnten, daß ihretwegen der Krieg in Deutschland fortdauere.

wird, daß 1648 das Königreich Böhmen aufgehört habe zu existieren und daß das böhmische Volk unter fremde Gewaltherrschaft gekommen sei. Man muß aber feststellen, daß sich an den böhmischen Verhältnissen tatsächlich vieles verändert hatte: der lange Krieg, der in Prag mit dem Fenstersturz begonnen hatte und in Prag an den Wachtürmen der Karlsbrücke endete, hatte eigentlich den Habsburgern zum Sieg verholfen. Sie benutzten ihn, um sich ein solides Donaureich zu schaffen, dessen Hauptstadt nicht mehr Prag war, sondern Wien.

Das Königliche Ungarn bildete den Schutzwall dieses Reiches gegen den Osten. Die Vorgänge in Böhmen waren jedoch ein warnendes Beispiel für ein Land, das immer besonders wild auf seine traditionelle Freiheit gepocht hatte.

V.
Licht und Schatten des Barock

DIE POLITISCHEN VERHÄLTNISSE NACH DEM DREISSIGJÄHRIGEN KRIEG

Der Westfälische Friede hatte nicht nur die Habsburger geschwächt und das Reich zur Ohnmacht verdammt, er hatte andererseits das Haus Habsburg auch geschützt und seine Doppelfunktion als Haupt des Reiches, wenn auch ohne entscheidende Macht, und als Herrscher über verschiedene Länder bestätigt, von denen einige zum Reich gehörten und andere nicht. Das Reich bestand weiter in seiner mittelalterlichen Ordnung. Durch die Verschiedenheit seiner Konfessionen aber, durch seine ständige wirtschaftliche Weiterentwicklung und durch die wachsende Macht Sachsens, Brandenburgs und Bayerns machte es zugleich einen starken Änderungsprozeß durch. Die Garantieklausel erlaubte Frankreich und Schweden, nicht aber Spanien, sich in die inneren Angelegenheiten des Reiches einzumischen und sein Schicksal mitzubestimmen.

Diese komplizierte politische Situation muß richtig verstanden werden; nur von ihr aus ist die weitere Entwicklung zu begreifen. Die Habsburger mußten vor allem darauf achten, daß die Kaiserkrone ihnen nicht aus den Händen glitt. Schon zu Lebzeiten Ferdinands III. wurde sein Sohn Ferdinand IV. zum römischen König gewählt, aber er starb, bevor sein Thron frei wurde. Als dann Ferdinand III. seinerseits 1657 starb, bekam sein zweiter Sohn Leopold I. die Kaiserwürde. Mazarin hatte nicht gewagt, die Kandidatur des jungen Ludwig XIV. durchzusetzen. Er mußte sich sagen, daß die Verhältnisse doch noch nicht so weit gediehen waren, um aus dem König von Frankreich einen Kaiser zu machen, ungeachtet des französischen Einflusses in Deutschland. Die Stunde war auch noch nicht reif für einen Wettstreit zwischen den Habsburgern und den Hohenzollern, obwohl der Kurfürst von Brandenburg, Friedrich-Wilhelm, in der Geschichte als Großer Kurfürst bekannt, der Großvater Friedrichs II., schon sehr darauf bedacht war, sein Territorium und das Ansehen seines Hauses zu vergrößern. Der Main war jetzt die Trennungslinie zwischen einem vorwiegend protestantischen Norddeutschland und einem katholischen Süddeutschland. Betrachtet man die Karte, so hat das Haus Österreich zwar das Elsaß und seine linksrheinischen Besitzungen geopfert, behielt aber dafür den Breisgau auf dem rechten Rheinufer und seine Besitzungen im oberen Donautal quasi als Vorposten. Die Donau blieb, sobald sie Bayern und das Bistum Passau hinter sich gelassen hat, bis Ungarn der Fluß der Habsburger. An seinen Ufern hielten sich zwei mächtige Ländergruppen das Gleichgewicht: das Königreich Böhmen und seine Provinzen einerseits, die alpenländischen Herzogtümer und Innerösterreich auf der anderen Seite, mit dem Fenster zur Adria: Triest. Dieses geschlossene Ensemble, dem sich Königlich-Ungarn anfügt, ist das Reich der Habsburger.

In der damaligen Sprache der Politik waren es die Erbländer. Was aber nicht stimmte, wenn man an Ungarn denkt. Dagegen kann man den Anachronismus unserer Zeitgenossen, welche aus Bequemlichkeit schon für damals den Begriff Österreich verwenden, eher entschuldigen. Diese Länder lieferten dem Kaiser die Ressourcen für seine Politik, die vorwiegend dynastisch ausgerichtet war, für das kaiserliche Ansehen im Reich, für die Kriege, die er wegen des Reiches mit Frankreich zu führen hatte, und schließlich für die noch immer aktuelle und notwendige Verteidigung gegen die Türken.

Kann man die Herrschaft des Kaisers hier, wo er praktisch zu Hause ist, absolut nennen? Der Absolutismus ist nach der Tradition des römischen Rechtes die Fusion aller Machtbereiche in der Person des Fürsten: Rechtsprechung, Finanz, Verwaltung. Der Wille des Fürsten ist Gesetz, er trägt die unbestrittene Verantwortung, dafür bringen ihm die Untertanen unbedingten Gehorsam entgegen. Nichts davon, jedenfalls nicht in dieser ausgeprägten Form, in den Ländern, in denen die Habsburger regieren.

Ferdinand II. vereinigte bei seiner Thronbesteigung Österreich, Böhmen, Steiermark, Kärnten und Krain in seiner Hand, aber Tirol, Vorarlberg und die Vorlande (Elsaß) überließ er 1625 zur erblichen Verwaltung seinem Bruder Erzherzog Leopold V. Mit diesem geschickten, echt habsburgischen Schachzug befriedigte er den Selbständigkeitsdrang Tirols, das nun ein eigenes Herrscherhaus besaß, ohne sich deshalb vom übrigen Reich zu trennen.

Tirol lag geographisch immer ein wenig am Rande der habsburgischen Staaten. Mehr Alpenland als Donauland, weit außerhalb des Radius von Wien (obwohl seine Pässe den Durchgangsverkehr zwischen Italien und dem Reich sicherten), war es stolz auf seine eigene Hauptstadt Innsbruck und sein eigenes Herrscherhaus. Als mit Sigismund die Tiroler Linie der Habsburger ausstarb, war daher die Trauer groß. Dreißig Jahre sollten vergehen, bis der Thron wieder mit einem fürstlichen Statthalter besetzt wurde, dem Herzog Leopold von Lothringen, dem Gemahl einer Erzherzogin. Begeistert wurde er begrüßt, als garantiere er die Rückkehr zu Ehre und Reichtum.

Der Zusammenhalt der Dynastie blieb eine konstante Sorge der Habsburger: durch Heiraten zwischen Vettern und Cousinen, zwischen Onkeln und Nichten, glaubten sie, ihre Macht in Europa festigen zu können. Ferdinand III. heiratete nacheinander seine Cousinen Maria Anna von Spanien, die Schwester der Anna von Österreich und König Philipps IV., und Maria Leopoldine von Tirol. Auch sein Sohn, Kaiser Leopold I., heiratete zwei Cousinen ersten Grades, die Spanierin Margaretha Theresia und die Tirolerin Claudia Felizitas, während seine Schwester, die Erzherzogin Maria Anna, mit ihrem Onkel Philipp IV. verheiratet wurde. Der spanische Zweig erlosch aus Kraftlosigkeit, aber der deutsche regenerierte sich durch kräftige schöne Ausländerinnen, der dritten Frau Leopolds I., Eleonore Magdalena von Pfalz-Neuburg, und den Frauen Josephs I. und Karls VI.

Diese mittelalterliche Methode, die erworbenen Länder derselben Dynastie zu bewahren, war trotz aller Ungeschicklichkeiten und der damit verbundenen gesundheitlichen Gefahren realistisch und erfolgreich.

Es handelte sich also um Macht und Autorität, aber nicht um einen wirklichen Absolutismus. Selbstverständlich versuchte der Herrscher seine Macht in seinem Lande zu vergrößern. Aber es blieb bei dem ständigen Wettstreit zwischen den Rechten des Landesfürsten und den Rechten der Stände. Ein heißumstrittenes Recht war das der Steuereintreibung, welches der Landesfürst für sich in Anspruch nahm, und zwar samt dem Recht, die Höhe seinen Bedürfnissen (Hof und Armee) entsprechend festzusetzen.

Aber in allen Staaten machten die Stände hier Schwierigkeiten; selbst in Böhmen, das angeblich am Boden zerstört war, unterschieden die ständischen Verwaltungsstellen genau zwischen den Einnahmen, über die der König persönlich verfügen durfte, wozu die konfiszierten Güter gehörten, den Einnahmen, die aus dem Land selbst kamen und die der König nur im Königreich selbst wieder investieren durfte, und schließlich den Geldern, die der Landtag für militärische Ausgaben bewilligte.

Die religiöse Frage wurde dagegen allein vom Landesfürsten entschieden, vom Kaiser also nur in den Ländern, in denen er als Landesfürst regierte. Denn nach der „Constitutio Westphalica" war das Religionsproblem ein Attribut der Landeshoheit. Dadurch war es dem Herrscher möglich, seine Beamtenschaft entsprechend zu sieben und die katholische Kirche nach Kräften zu fördern. Das traf sogar für Ungarn zu, wo die Stände sich ein starkes Bewußtsein ihrer Unabhängigkeit bewahrt hatten und auch die Mittel, sie zu verteidigen. In Böhmen hatten das Verschwinden des Utraquismus und die Infiltration eines neuen Adels, der nicht fremd blieb, sondern sich naturalisierte und viel mehr als der alte Adel von der Gunst des Kaisers abhängig war, zweifellos eine Schwächung der Opposition zur Folge. Es waren ihr die wesentlichsten Stützen entzogen worden. So verfügte jetzt der Kaiser durch einen parallelen Machtzuwachs in allen seinen Staaten über Ressourcen, die seinen Vorgängern noch gefehlt hatten. Vom „Reichshofrat", dem Verwaltungs- und Justizorgan, das von den Reichsfürsten argwöhnisch beobachtet wurde, damit es sich nicht zu einem Instrument des Kaisers entwickeln konnte, hatten sich nach und nach ein „Geheimer Rat" und unter Leopold I. die „Geheime Konferenz" abgelöst, die großen Einfluß auf die Außenpolitik nahm. Über den einzelnen Kammern, die die Einnahmen jedes

Staates verwalteten, thronte die „Hofkammer". Sie sammelte die von den Landtagen festgesetzten Steuergelder und die sonstigen auf den Hoheitsrechten beruhenden Einkünfte. Der „Hofkriegsrat", der lange seinen Sitz in Graz hatte, um während der Türkenkriege näher an der Front zu sein, verwaltete das Kriegsbudget, besetzte die Kommandostellen in den Festungen und entschied über alle militärischen Operationen. Wir haben gesehen, wie dieser „Hofkriegsrat" einmal zugunsten Wallensteins entmachtet wurde. Es fehlt also nicht an allgemeinen Instanzen, man kann durchaus von einer gewissen Zentralisation sprechen. Aber um aus der Zentralisation einen wirksamen und leicht zu handhabenden Regierungsapparat zu machen, hätte der Herrscher wie der König von Frankreich entweder einen kleinen Ministerrat gebraucht, mit einigen erfahrenen und ihm vollkommen ergebenen Männern, oder einen von ihm selbst gewählten Ministerpräsidenten (in Frankreich Richelieu, später Mazarin), oder aber der Kaiser hätte sich wie Ludwig XIV. entschließen müssen, ganz allein zu regieren. Statt dessen bewahrten sich alle seine Räte einen kollegialen Charakter, und abgesehen von ein paar Rechtsgelehrten und Bürgerlichen gehörten alle Mitglieder dem Hochadel an. Sie alle hatten hohe Würden und Ehrenämter, die Ludwig XIV. gerade wieder abzuschaffen versuchte.

Der Kaiser hatte offiziell keinen Ministerpräsidenten. Seine Stelle nahm praktisch der Kanzler ein, und bis 1665 fielen die Funktionen des ersten Ministers auf den Obersthofmeister Portia. Als er starb, empfahl die Kaiserin-Mutter Eleonore ihrem Schwiegersohn, dem Kaiser Leopold, der viel von ihren Ratschlägen hielt, öffentlich zu erklären, er wolle keinen ersten Minister mehr. Das hätte ihn eigentlich dazu führen müssen, selbst diese Rolle zu übernehmen. Aber der Kaiser fuhr fort, innerhalb des bestehenden Systems mit seinem „Placet" die Entscheidungen der diversen kollegialen Instanzen zu bestätigen. In seinem Namen wurde die zentrale Regierung durch das Nebeneinander von Räten geführt, in der gleichen Weise, wie das dynastische Reichsgebiet aus gleichwertigen Königreichen und selbständigen Fürstentümern bestand. Wir haben es mit einem unfertigen System zu tun, welches die Unvollkommenheit des Staates verdeutlicht. (1)

Ja, unfertig! Im 17. Jahrhundert blieb der Versuch, die Kräfte der verschiedenen Staaten der Politik ihres gemeinsamen Herrschers unterzuordnen, eben nur ein Versuch. Man täuscht sich, wenn man die Organisationslosigkeit als den Entwurf eines übernationalen Staatengebildes preist, dessen Liberalismus für Europa Modell stehen könnte.

Die Herrscherpersönlichkeit versinnbildlichte immerhin so sehr den Staat, daß die Hauptstadt dort sein mußte, wo der Kaiser sich gerade mit

---

(1) Nach Portia kam Wenzel von Lobkowitz zu großem Einfluß. Als Folge der Wiederaufnahme der antifranzösischen Politik mußte er 1674 abtreten. Nach ihm war der österreichische Kanzler Hocher, obwohl er nur den Titel Geheimer Rat trug, von 1674 bis 1683 der mächtigste Minister.

seinen Kanzleien aufhielt. Später wird sich zeigen, wie Wien davon profitierte. Vorläufig konnten sich jedoch auch Prag, Innsbruck und Graz den kaiserlichen Glanz bewahren, und Ferdinand III. fragte sich nach dem Dreißigjährigen Krieg ernsthaft, ob nicht Prag mit seiner günstigen Moldau-Elbe-Verkehrsader die bessere Hauptstadt für ihn sei, in seiner Doppelfunktion als Kaiser des Heiligen Reiches und Verwalter seiner Erbländer.

DIE WIRTSCHAFTLICHEN UND SOZIALEN VERHÄLTNISSE NACH DEM DREISSIGJÄHRIGEN KRIEG

Diese Länder waren um die Mitte des 17. Jahrhunderts vom Krieg schwer gezeichnet. Hin und her waren die Armeen gezogen und hatten immer wieder von neuem alles vernichtet, was man während den Ruhepausen repariert hatte.

Während die Alpenländer und das Donautal relativ geschont worden waren, hatten sich fast über ganz Böhmen, Schlesien und Mähren ständig Lawinen von schwedischen und kaiserlichen Armeen gewälzt, die, ob Freund oder Feind, nur Unannehmlichkeiten und Epidemien mit sich brachten. Wenn man bedenkt, daß vor der Schlacht am Weißen Berge das Königreich Böhmen etwa 1,700.000 Einwohner zählte, Mähren 800.000, Schlesien fast 1,500.000, was für ein Territorium von 112.000 qkm eine Einwohnerdichte von 35,7 Bewohnern pro Quadratkilometer bedeutete, dann kann man sich vorstellen, was es heißt, daß Böhmen 1650 nur noch 930.000 Einwohner besaß und Mähren 600.000. Über Schlesien liegen keine genauen Zahlen vor. Aber man schätzt, daß Schlesien, welches zu den leidgeprüftesten Ländern gehörte, zwischen 33 und 66 Prozent seiner Bevölkerung verloren habe. Man darf auch nicht vergessen, daß Schlesien die Obere und die Untere Lausitz an Sachsen abtreten mußte. Auch die vielen Emigranten hatten zu dem erschreckenden Absinken der Bevölkerungszahlen beigetragen.

Auch die Landschaft hatte sich verändert, die Felder waren mit Unkraut überwuchert, die Wälder verwüstet oder verwildert. Dazu kam die Verminderung des Viehbestands; darüber existieren zwar keine genauen Unterlagen, aber sicher war der Viehbestand beträchtlich zusammengeschrumpft. Damit standen die reichsten, fruchtbarsten und industrialisiertesten Länder praktisch vor dem Ruin. Abgesehen davon, daß mancher verlassene Acker vom Nachbarn in Pflege genommen worden war und sich dadurch mancher Bauer bereichert hatte, lag der Wiederaufbau des Landes hauptsächlich in den Händen der Lehensherren. Nicht daß sie bewußt nach ökonomischen Grundsätzen vorgegangen wären, aber kraft ihrer Mittel konnten sie schon relativ früh ihre eigenen Güter wieder in Betrieb nehmen und ihre Aktivität als Unternehmer wiederaufnehmen. Eine Änderung des Feudalsystems fand nach dem Krieg nicht mehr statt. Im Gegenteil, es wurde durch die Restauration noch gestärkt, und der wichtigste Nutznießer im materiellen und moralischen Sinn war und blieb vorläufig der Adel.

Der Ritterstand ging sehr reduziert aus dem Krieg hervor, sei es durch die Auswanderungen, sei es durch sozialen Aufstieg. Die Tüchtigeren waren in den höheren Adelsstand aufgenommen worden. Mittlere Güter wurden häufig von großen aufgekauft, denn ein neues Härtegesetz verlangte von den Besitzern, daß sie ihre Güter im Verkaufsfall zuerst Nachbarn anbieten mußten. So bot eine Witwe 1659 ihren Hof mit etwa zwanzig Hektar zum Verkauf an, weil sie ihn nicht mehr halten konnte, „wegen der hohen Steuern und anderer Mängel". Die Summe von 1600 Meißner Gulden sollte in Jahresraten ausgezahlt werden: 600 Gulden in den ersten vier Jahren, der Rest zu 50 Gulden jährlich. 1667, nach acht Jahren, bat die Verkäuferin um weitere 400 Gulden und verzichtete auf den Rest der Schuld. Mehr als 1200 Gulden hatte sie auf diese Weise nicht erhalten. Dann waren da noch die Ländereien, die bei den Enteignungen der Güter Wallensteins in Houska herrenlos geworden waren und die der Kaiser dazu benutzte, um seinen Offizieren den Unterhalt ihrer Truppen und Soldrückstände zu bezahlen, indem die neuen Besitzer für die Differenzen aufzukommen hatten. Von den durchziehenden Armeen war allerdings das Land so verwüstet worden, daß die neuen Besitzer es so schnell wie möglich wieder loswerden wollten, und sei es zu einem Spottpreis. So erweiterten die Großgrundbesitzer ständig ihren Besitz und schufen mächtige Wirtschaftsbereiche.

Das alte Recht hatte zwischen dem adeligen und dem bäuerlichen Boden unterschieden, der erstere, auch „dominical" genannt, war steuerfrei, der „Rustical"-Boden dagegen nicht. Wenn nun der adelige Lehensherr bäuerlichen Boden erwarb, so hatte er bisher das neuerworbene Land zum „Dominical"-Boden erklärt. Dieser Mißbrauch wurde ab 1654 untersagt. Die adeligen Lehensherren durften weiter bäuerliches Land kaufen, aber nur, wenn sie dafür Steuern zahlten. Das bäuerliche Land war seinerseits in zwei Kategorien unterteilt: in das zurückgekaufte und das nicht zurückgekaufte Land. Über den Ursprung und die rechtliche Natur dieser zwei Gruppen ist viel diskutiert worden; im ersten Fall waren die Bauern Besitzer ihres Landes, im zweiten Fall waren sie nur Pächter auf Zeit. In der Nachkriegsepoche war die zweite Gruppe in der Überzahl.

Mehr denn je war die Fronarbeit für die adeligen Lehensherren der wesentlichste Faktor, um ihre Wirtschaft in Gang zu halten. Der Freiheitsraum der Untertanen verringerte sich immer mehr. Das ius emigrandi galt zum Beispiel nicht für die Bauern. Die Landtage von Böhmen, Mähren und Schlesien (es handelte sich hier wohlgemerkt um die lokalen Landtage, nicht um die des Kaiser-Königs) versprachen sich die gegenseitige Auslieferung der geflüchteten Leibeigenen. Höchstens, so entschied das protestantische Schlesien, das seinen enormen Zufluß von Reformierten wohl zu schätzen wußte, trat nach einer zehnjährigen Niederlassung Verjährung ein. Die Fronarbeit wurde immer drückender, bis es zu einem großen Aufstand der

Bauern im Norden und Westen Böhmens in den Jahren 1679/80 kam. Das Prinzip der Fronarbeit wurde allerdings nicht in Frage gestellt, lediglich der Mißbrauch derselben. Aus Taktik oder aus Überzeugung beschwor man die gute alte Vergangenheit, worauf Leopold I., den die bewaffnete Revolte und die Arbeitsverweigerung sehr beunruhigte, 1680 einen Erlaß zur Fronarbeit herausgab, um die Exzesse der Lehensherren und ihrer Verwalter einzuschränken. Auch er sah also keine andere Möglichkeit, zur Ordnung zurückzufinden, als durch die strenge Einhaltung der alten Regeln.

Die Lehensherrschaft bildete ein Reich für sich, in dem der Lehensherr volle Verfügungsgewalt über den Besitz und die Freiheit seiner Untertanen hatte. Der Lehensherr war auch der natürliche Vormund aller bäuerlichen Waisen und verlangte sozusagen als Entschädigung für seine Vormundschaft eine Art von Arbeitsdienst von ihnen, die sogenannten Waisenjahre, die sich später zu einer allgemeinen Forderung an alle Jugendlichen, auch Nichtwaisen, auswuchs. Im 19. Jahrhundert war daraus der Militärdienst für alle jungen Männer geworden.

Außerdem mußten sich die Bauern an die Monopole ihrer Lehensherren halten, durften nur gewisse Produkte verzehren und mußten das Bier ihres Herrn trinken. Sie beklagten sich oft, daß man sie zwang, Tiere zu kaufen, die von ihnen selbst gezüchtet, dann auf dem Gut des Lehensherrn fast zu Tode geschunden worden waren und ihnen nur in diesem schlechten Zustand wieder zugeführt wurden. Gemüse, das sie frisch geliefert hatten, mußten sie, nachdem es verdorben war, für teures Geld zurückkaufen. Alle diese Einzelheiten ergeben das skandalöse Bild einer grausamen Sklavenhalterei in Böhmen. (2)

Nichtsdestoweniger nahm die Bevölkerung Böhmens im Laufe des 17. und Anfang des 18. Jahrhunderts zahlenmäßig zu. Nicht überall also konnte äußerstes Elend herrschen. Allein in Böhmen zählte man 1672 schon 1,267.241 Einwohner, im Jahre 1682 waren es schon 1,408.531, 1692 1,560.423. In fünfzig Jahren war also die Einwohnerzahl um 936.021 gestiegen, und im Jahr 1722 war die Bevölkerungsdichte vom Anfang des 17. Jahrhunderts wieder erreicht und sogar überflügelt. Am Vorabend des österreichischen Erbfolgekriegs, der eine neue Verstümmelung zur Folge haben sollte, zählte Mähren 900.000 Einwohner und Schlesien, auf welches Preußen deshalb ein begehrliches Auge warf, 1,109.000 Einwohner. Es stellt sich nun die Frage nach dem damaligen Zahlenverhältnis von Tschechen und Deutschen. Schlesien war vorwiegend deutsch, auch Mähren, das die Verbindung zwischen Schlesien und Österreich herstellte, muß viele deutsche

(2) Es ist sehr schwer, die Herrschaft der Grundherren gerecht zu beurteilen. Der Härtegrad variierte von einer Domäne zur anderen und hing oft weit mehr von den Charakteren der Verwalter als von den Verordnungen des Grundherrn selber ab.

Zur allgemeinen wirtschaftlichen Lage haben M. Hoch und J. Petráň in einem Artikel der ČSČH 12 (1964), S. 267—364, den Einfluß der europäischen Wirtschaft und der Weltwirtschaft auf die Entwicklung der neofeudalistischen Strukturen dargelegt.

Einwohner gehabt haben. In Böhmen dagegen lagen zwischen 1672 und 1722 die höchsten Zuwachsraten in den Distrikten mit tschechischer Majorität: 188 Prozent im Kreis Schlan, 156 Prozent im Kreis Rakonitz, 131 Prozent im Kreis Kouřim, 157 Prozent im Kreis Moldau. So erweist sich die Beobachtung eines zeitgenössischen Statistikers als durchaus richtig: Die Wiederbevölkerung Böhmens war das Werk der tschechischen Distrikte, weniger der deutschen. (3)

Wir haben schon erwähnt, daß es in dieser Epoche mit den Städten vielfach bergab ging. Besonders die königlichen hatten ihre wirtschaftliche und geistige Vormachtstellung eingebüßt. Im 17. Jahrhundert gab es fast überall, wenn auch nicht zur selben Zeit, eine Deflation des Geldes, deren Hauptursache die nachlassende Zufuhr aus den amerikanischen Minen war. In Mitteleuropa wurde die Krise durch den Krieg verschärft und auch, wie es Zeitgenossen richtig beobachteten, durch die mächtige Konkurrenz der reicher ausgerüsteten westlichen Länder. Der steigende Bedarf an nicht agrarischen Gütern, worunter man sich Luxusartikel vorzustellen hat, die der Staat mit Steuern belegte, konnte nicht durch die Produktion im Lande selbst gedeckt werden. (4) Aber die Städte, die die Lehensherren auf ihren Domänen anlegen durften, wurden zu schnell wachsenden Absatzmärkten für die ganze Umgebung. Kaufleute konnten hier zu Wohlstand kommen, Bauernsöhne in die Lehre gehen, Möglichkeiten zu sozialem Aufstieg waren durchaus gegeben. Es handelte sich um die Städte Neuhaus auf dem Landbesitz der Czernin, Böhmisch Krumau auf dem Besitz der Eggenberger, der durch Erbschaft an die Schwarzenberg kam, Turnau in Nordböhmen, Nachod, welches zuerst im Besitz der Trčka, dann der Piccolomini war, Prachatitz und Pardubitz.

Man sollte über dem ausbeuterischen Charakter der Grundherrschaft nicht übersehen, daß sie für das tschechische Volk auch einen nicht zu unterschätzenden Schutzfaktor bedeutete. Durch das Verbot des Ortswechsels und der Heirat außerhalb des Gutes, durch die Seßhaftigkeit und die Bewahrung alter Sitten ist sicher das Bewußtsein des Tschechischen gefördert worden und hat sich eine traditionsreiche Sprache entwickeln können. Der Charakter der Menschen hat sich ihren Lebensbedingungen gemäß entwickelt. Die bäuerlichen Tugenden (und natürlich auch deren Kehrseite), die erstaunliche Anhänglichkeit und Treue, die später sprichwörtlich wurde (věrnost za věrnost, Treue für Treue), die ausgeprägte Herzensgüte, auch wenn sie sich unter einer rauhen Schale versteckt hielt, alle diese Qualitäten waren sicher durch die seßhaften Generationen auf den Grundherrschaften ausgebildet worden.

(3) Plach, O., Lidnatost a spolecenska skladba ceskeho statu. Prag 1957, S. 371.

(4) Die ungarischen Historiker haben die interessante These aufgestellt, nach der die schwierige Wirtschaftslage Westeuropas sich stark auf Mitteleuropa ausgewirkt hat, indem dessen Absatzmärkte blockiert wurden. Zu diesem Umstand kam die lokale wirtschaftliche Rezession.

Auf das Donaureich bezogen, glaubt man ebenfalls die Einflüsse der alten Grundherrschaft zu erkennen. Auffallend ist auch hier der Nachdruck, mit dem die Länder ihre Eigenarten betonen und ihre Abneigung, sich zu vermischen. Das gegenseitige Mißtrauen wurde den Untertanen anerzogen. Das feudalistische Regime zerlegte die Gesellschaft in Mikrokosmen.

Österreich eignete sich auf Grund seiner Bodenbeschaffenheit, seiner Berge, Wälder und Weiden, nicht sehr für die Entstehung großer Gutsbetriebe. Deshalb verwandelte sich hier die Grundherrschaft nicht in eine Gutsherrschaft. Der österreichische Historiker Feigl hat sicher recht, wenn er die erste Hälfte des 18. Jahrhunderts in Österreich als das goldene Zeitalter der Grundherren bezeichnet. (5) Viele dieser Grundherrschaften gehörten der Kirche, was die Verwaltung noch patriarchalischer machte: die Äbte stammten meist selbst aus Bauernfamilien und brachten eine generationenalte Landerfahrung in den Betrieb. Dabei waren sie, obwohl sie gerne gut lebten, vor der extremen Verschwendungssucht weltlicher Grundherren durch ihr Gelübde gefeit: Weder der Hof noch das Spiel noch die Frauen noch die Söhne und Schwiegersöhne konnten ihnen etwas aus der Tasche ziehen. Die österreichischen Grundherren lebten von Benutzungsgebühren, Zöllen, Marktrechtsgebühren, Zinsen und zahlreichen Steuern. Sie wachten über das Forstrecht und die Ausbeutung der Minen, sprachen Recht und beschäftigten ein großes Personal von fachkundigen Verwaltungsbeamten. Auch hier herrschte noch Fronarbeit, aber sie war weniger hart und weniger lang. Die österreichische Fron hatte den Ruf, sich in vernünftigen Grenzen zu halten. Als Maria Theresia als Maximum einhundertundvier Tage pro Jahr festsetzte (also zwei Tage in der Woche), bedeutete dies nur mehr für eine kleine Anzahl Bauern eine Erleichterung. (6)

In Ungarn waren die Verhältnisse von Komitat zu Komitat verschieden. Wir haben gesehen, daß sich auch hier im 16. Jahrhundert und sogar früher die Gutsherrschaft etabliert hatte und die freie Beweglichkeit der Bauern seit langem abgeschafft war. Das Los der Bauern auf den Gutsherrschaften war genauso elend wie das der Leibeigenen in Böhmen und Polen. Der sehr zahlreiche niedere Adel hatte hier jedoch das Recht, bei den Komitatsversammlungen den Abgeordneten für den Landtag zu wählen, und stellte daher für den hohen Adel die politische Wählerschaft dar. In der ungarischen Tiefebene und an den Gebirgsrändern gab es für die Bevölkerung, war sie nun adelig oder bäuerlich, einen anderen Grund zu ständiger Beunruhigung: die Raubüberfälle der Türken, die, ohne daß zwischen dem Sultan und dem König Krieg herrschte, die Dörfer plünderten und Gefangene machten: schöne Frauen für den Harem, Grundherren, für die sie saftige Lösegelder forderten, und sogar Bauern, für deren Rückkauf der Grundherr

---

(5) Feigl, H., Die niederösterreichische Grundherrschaft vom ausgehenden Mittelalter bis zu den theresianisch-josephinischen Reformen. 1964, S. 320.

(6) Feigl, a.a.O., S. 93.

einiges zu opfern bereit war. So bestanden in jedem Land gewisse Differenzen im juristischen Statut der arbeitenden Bevölkerung und in ihren Lebensgewohnheiten; die zentrale Regierung hätte ein Wunder vollbringen müssen, wenn es ihr gelungen wäre, die Differenzen auszugleichen. Sie konnte nur von allen gemeinsam Beiträge für die Außenpolitik kassieren; denn nur über diese konnte sie allein bestimmen.

DIE AUSSENPOLITIK DER HABSBURGER

Durch das Fehlen eines schlagkräftigen Heeres war es dieser Außenpolitik verwehrt, aggressiv zu sein. Der Westfälische Friede hatte dem Kaiser Neutralität im Französisch-Spanischen Erbfolgekrieg, der sich bis 1659 hinzog, auferlegt. Im Osten waren die Feindseligkeiten zwischen Polen und Rußland wieder aufgeflammt. Die Kosaken-Republik Ukraine hatte sich unter ihrem Anführer Bogdan Chmielnicki trotz ihrer polnischen Kulturtradition unter den Schutz des russischen Zaren begeben. Der Kaiser trat als Vermittler zwischen Polen und Rußland auf, Frankreich konnte im Frieden von Oliva 1660 die Ostseemächte an den Verhandlungstisch bringen: Dänemark, Schweden, Brandenburg, Polen. Trotz der Bildung einer rheinischen Liga, die ein Bündnis zwischen den rheinischen Fürsten und Ludwig XIV. herstellte, hatte der Kaiser im Reich bis zum holländischen Krieg von den Franzosen wenig zu befürchten. Eine echte Gefahr stellten hingegen wieder einmal die Türken dar. Während des Dreißigjährigen Krieges hatten sie sich verhältnismäßig ruhig verhalten; die kleinen Grenzverletzungen auf ungarischem Gebiet hatten den Waffenstillstand nicht gebrochen. Aber 1660 fielen die Türken in Siebenbürgen ein, und der Fürst Georg II. Rákóczy richtete einen Hilfsappell an den Kaiser.

Österreich mußte sich jetzt seine Bundesgenossen unter den Mächten suchen, die sich ebenfalls vom Osmanischen Reich bedroht fühlten oder von Türken besetzte Gebiete wieder zurückerobern wollten. Das war Polen, das durch seine Struktur und Religion schon immer ein Österreich verwandtes Land gewesen war, Venedig, welches sich seit Jahren mit den Türken um Kreta stritt, und das im Westen nur mangelhaft bekannte Rußland, das unter der Regierung der Romanow seine Armee und seine Verwaltung ausgebaut hatte und sich langsam auf die große Rolle vorbereitete, die es in Zukunft im Osten spielen sollte. Der türkische Krieg von 1660 bis 1664 bestimmte die österreichische Außenpolitik, Bündnisse mußten geschlossen und verstärkt werden, die Armee bekam eine neue Organisation und dadurch entscheidenden Einfluß auf die Innenpolitik. Wenn die staatlichen Steuerforderungen stärker wurden und, wie es der tschechische Historiker Pekař nachgewiesen hat, bei den bäuerlichen Abgaben eine überragende Rolle spielten, dann waren das die Folgen des Krieges mit dem Sultan, der bis 1683 keine klaren Resultate brachte, danach aber vom Prinzen Eugen von

Savoyen siegreich beendet wurde. Zweifellos verschlangen auch die Ausgaben der Hofhaltung einen Gutteil der Einnahmen, aber es läßt sich nicht wegleugnen, daß Österreich mit dem Blut, Schweiß und Geld seiner Bauern die christliche Welt vor dem Islam beschützt hat. Um Mißverständnissen vorzubeugen: es kämpfte nicht nur mit den eigenen Truppen; auch das Reich schickte seine Kontingente, wodurch sich die Beziehung zwischen dem Kaiser und Deutschland wieder enger gestaltete.

Auch die politischen Beziehungen mit Frankreich standen mit den türkischen Händeln in engem Zusammenhang. Als der Sultan 1664 in Ungarn eine Offensive startete, stießen die Truppen des Königs von Frankreich, in seiner Eigenschaft als Mitglied der rheinischen Liga (sechstausend Mann, die der Prinz von Coligny kommandierte), zur kaiserlichen Armee von Montecuccoli. (7) Sie trugen entscheidend zum christlichen Sieg bei St. Gotthard bei, so benannt nach dem Zisterzienserkloster in der Nähe des burgenländischen Dorfes Mogersdorf, wo sich der Hauptkampf abspielte. Nach diesem Sieg folgte eine Periode der Entente mit Frankreich, die bis zum 1. Eroberungskrieg Ludwigs XIV., 1668, andauerte. Weit davon entfernt, seine Schwester, die regierende Königin von Spanien, zu unterstützen, bereitete der Kaiser mit Ludwig XIV. eine Teilung Spaniens vor. Aber von dem Augenblick an, wo der Kaiser zwischen 1673 und 1679 vom Reich in den Krieg gegen Frankreich und dann nach dem Frieden von Nijmwegen in den Widerstand gegen die Beschlüsse der Reunionskammern gezogen wurde, versuchte die französische Politik, die türkische Gefahr gegen den Kaiser einzusetzen. Sie versuchte, die Türken von dem verbündeten Polen abzulenken, um ihren Angriff auf die Länder des Kaisers zu konzentrieren. Sie beging schließlich den Fehler, nicht die wahre Gefahr des großen türkischen Angriffs von 1683 zu erkennen. Und anstatt daß Frankreich die Spitze der vereinigten Freiheitsarmeen bildete, überließ es dem König von Polen, Johann III. Sobieski, und den Armeen des Reiches das Verdienst, die Belagerung Wiens beendet und den christlichen Westen vor dem Islam gerettet zu haben. (8)

---

(7) Der Italiener Montecuccoli war einer der besten Generale Leopolds I. Montecuccoli erkannte klar die Schwäche des westlichen Verteidigungssystems, welches nur aus kleinen Garnisonen bestand, und die mangelnde Koordination zwischen der kaiserlichen Armee und dem Aufgebot des ungarischen Adels. Die Memoiren Montecuccolis sind 1704 in Italienisch in Köln erschienen und 1725 ins Französische übersetzt worden.

(8) Wenn man den Weg Österreichs zur internationalen Großmacht verfolgt, darf man die Entwicklung der beiden Nachbarländer nicht außer Auge lassen: Rußland, das sich mehr und mehr seiner Rolle in der europäischen Politik bewußt wurde, und Polen, der Verbündete Österreichs und Frankreichs. Diese beiden Staaten waren wie Österreich alte Feinde der Türken, aber sie waren auch untereinander verfeindet und traditionelle Rivalen in der Frage der Herrschaft über die Steppen des Südens.

In den Beziehungen Österreichs und Frankreichs war 1668 eine vorübergehende Annäherung zu verzeichnen.

BAROCK UND GEGENREFORMATION

Nach dem Dreißigjährigen Krieg folgten fünfunddreißig schwierige und widersprüchliche Jahre. Immer wieder kam es in Ungarn zum Kriegszustand. Die eigenen Kräfte reichten zur militärischen Verteidigung nicht aus, die kaiserliche Armee mußte einspringen. Deutsche Soldaten besetzten die Festungen, was viele Gefahren des Mißverständnisses zwischen den fremden Soldaten und den Einwohnern mit sich brachte. Die Beschwerden der Landtage, die „Gravamina", häuften sich.

In Böhmen empörte sich der alteingesessene Adel über die Veränderungen in der Gesellschaft; denn der Kreis der Privilegierten ist entschieden eingeschränkt worden. Überall, selbst in Österreich, rufen die neuen Belastungen, denen sich die Landbevölkerung ausgesetzt sieht, die wachsenden Steuerforderungen des Staates, der klaffende Gegensatz zwischen dem Luxus der Oberklasse und der Armut und Armseligkeit der unteren Schichten, großes soziales Unbehagen hervor.

Man hat, besonders im Hinblick auf Böhmen, von einer dunklen Zeit gesprochen: vom „Temno". Dieser Ausdruck erinnert an die Zeit der Plagen, an die „Smutnoie Vremia", wie die Russen die harten Jahre der Hungersnot und der Bürgerkriege zwischen der Regierung Iwans des Schrecklichen und des ersten Romanow genannt haben. Man sollte aber auch das Kontrastbild nicht unterschlagen, den Bau von Kirchen und Palästen, die Verwandlung des Stadtbildes, die Pestsäulen und Statuen auf den Marktplätzen, die Aktivität der Künstler und Handwerker, die prunkvollen Theateraufführungen, die Triumphbogen und technischen Spielereien für religiöse und weltliche Feste, den Glanz und die Qualität der kirchlichen und profanen Musik. Dem „Temno" entspricht auf der Gegenseite der barocke Glanz. Dieser Widerspruch zeichnet die Epoche aus. Wo ist der Ausdruck, der diese Epoche exakt bezeichnet?

Der Name Barock, zur damaligen Zeit ungebräuchlich, bezeichnet heute eine Zivilisation, in der Gefühlswerte über den Verstand und eine rationale Ethik triumphieren, in der die Suche nach dem Wunderbaren und Überirdischen die Gemüter so erregt, daß sie sich nicht mehr nur mit der Darstellung von Harmonie und Gleichgewicht, nicht mehr nur mit der Beobachtung und Repräsentation von Wirklichem zufriedengeben wollen.

In dem Kreuzungsbereich des Donaubeckens, dem man noch Krakau anfügen möchte, erlebt man eine Vermischung nördlicher und südlicher Einflüsse. Die Renaissance und der von ihr abgeleitete Manierismus, wo sich mathematischer Verstand mit dem Okkultismus und einer höheren Magie verbindet, die Beobachtung der Sterne und die Erforschung der Transmutation von Metallen, diese gegensätzlichen Tendenzen sorgen dafür, daß sich eine allgemeine Unruhe ausbreitet.

Dieser Unruhe wollte nun die Kirche entgegentreten. Der Papst protestierte gegen gewisse Klauseln des Westfälischen Friedens, die den reformierten Kirchen ein gesetzliches Statut zubilligten, und gegen die Einführung des Normaljahrs, nach welchem der Besitz- und Bekenntnisstand von 1624 galt. Alle diese Maßnahmen schienen den Vormarsch des Katholizismus aufzuhalten. Aber in Wirklichkeit wirkte sich der Friede nur günstig auf die Ausbreitung der Gegenreformation aus. In allen Ländern, in denen der Kaiser direkte Autorität hatte, ging die Gegenreformation schnell und intensiv vor sich.

1650 gab Ferdinand III. die Verfügung heraus, daß im ganzen Reich innerhalb von zwei Monaten „alle Kreuze und Votivsäulen wieder hergestellt werden sollten, die von verstorbenen Christen an Kreuzungen, Straßen, an Prozessionswegen und aus Dankbarkeit errichtet und im Lauf des Krieges zerstört worden sein". Zwei deutsche Staaten, Bayern und Salzburg, entwickelten sich zu Zentren der Gegenreformation. In Bayern waren von Ingolstadt aus die Jesuiten am Werk, in Salzburg wurde die 1620 gegründete Universität zur Schule der Benediktiner, die ihren Einfluß bis nach Bayern und Schwaben ausdehnen konnten. Die Erzbischöfe Wolf Dietrich, Marcus Sitticus und Paris Lodron hatten sich von dem italienischen Architekten Santino Solari einen prachtvollen Dom mit Kuppel und Türmen, das erste große Barockgebäude nördlich der Alpen, errichten lassen.

In Österreich erwachten die großen Klöster wieder zu neuem Leben: Benediktiner in Melk, Kremsmünster, Lambach, Altenburg, Göttweig; Zisterzienser in Wilhering, Prämonstratenser in Geras, Augustiner in St. Florian, St. Pölten, Herzogenburg. In Böhmen belebten sich die alten Klöster in Ossek, Goldenkron, Königsaal, und in Prag, Kuttenberg, Jitschin und Olmütz blühten die Jesuitenkollegien. Pilgerfahrten zu mittelalterlichen Heiligtümern kamen wieder in Mode, zum Beispiel nach Maria Taferl an der Donau, in der Landschaft der Nibelungen, als hätten alte religiöse Atavismen mitgewirkt, den mittelalterlichen Glauben wiederherzustellen. Auch Jungbunzlau in Böhmen und Svatá Hora, dessen Silberaltar schon Balbín beschrieben hatte, verzeichneten neuen Zustrom. Um den Kirchenbesuch zu steigern, unternahm die Regierung entsprechende Maßnahmen, die genauso wichtig genommen wurden wie die Maßnahmen für die Volkszählung und die Landvermessung. Aus Vertretern des Landtags, des Klerus und der Orden wurden Reformkommissionen zusammengesetzt. Sie schickten ihre Missionare in alle protestantischen Gebiete und stellten die Bewohner nach einer kurzen Belehrung vor die Wahl, entweder zu konvertieren oder auszuwandern. Aber die Formalitäten für eine Auswanderung (Erlaubnis, das Gut zu verlassen, Zurückzahlung von Schulden und Krediten, Beschaffung eines Ersatzmannes) waren so kompliziert, daß es für viele einfacher war zu konvertieren. Trotzdem nimmt der österreichische Historiker Hugo Hantsch an, daß zwischen 1647 und 1652 vierzigtausend Menschen von Österreich nach Deutschland ausgewandert sind. (9)

---

(9) Hantsch, H., Geschichte Österreichs. II. Band, Graz, 2. Auflage 1968, S. 15.

In Böhmen wurden zwei Bistümer gegründet: in Leitmeritz 1655 und in Königgrätz 1660. Die Pfarrer erhielten den Auftrag, Listen der Protestanten aufzustellen. Die eigentliche Bekehrerrolle fiel jedoch wieder den Orden und hier besonders den Jesuiten zu, von denen viele wie der Pater Bridel (1619–1680) auf Befehl ihrer Vorgesetzten vom Unterricht in den Kollegien dispensiert wurden, um sich ganz der Mission zu widmen. Auch in Königlich-Ungarn hielt der Erzbischof von Gran, Kardinal Pázmány, die Jesuiten für die geschicktesten Missionare.

Der Katholizismus führte bei breiten Bevölkerungsschichten, die gestern noch dem Protestantismus anhingen, zu einer Steigerung der Sensibilität und einer Änderung der Lebensgewohnheiten bis in den Alltag hinein. Von nun an gab eine rituelle und figurative Religion den Ton an, religiöse Gefühle äußerten sich im Kollektiv, die Ausschmückung der Kirchen hob sich wirkungsvoll von der Kargheit des Luthertums, der Strenge des Calvinismus und von den hussitischen Traditionen ab. Die Bahn für die Ausbreitung der barocken Kunst war frei. Ein kleines, aber bedeutsames Detail: Die Leute nahmen die Gewohnheit an, welche sich bis zum heutigen Tag in Mitteleuropa gehalten hat, ein Kreuz zu schlagen, wenn sie an einer Kirche oder einem Kreuz vorbeikamen, und den täglichen Gruß mit einer frommen Anspielung zu versehen: Grüß Gott! Pochvalen bud Pan Ježiš Christus!

Die Bauern nahmen die Konfession ihrer Grundherren und Verwalter an. Blieben diese der protestantischen Religion treu, indem sie die Verfügungen umgingen, dann verhielten sich auch die Bauern entsprechend. Da wo sie zu eifrigen Konvertiten wurden, festigte sich meist der Katholizismus von einer Generation zur anderen und wurde zu einer wichtigen Komponente des Barock.

Vor 1650 hatte die italienische Architektur den Bau und die Ausstattung lutherischer ebenso wie katholischer Kirchen beeinflußt. Wir denken da an die Kirchen in der Tradition Vignolas, an die zweietagige Fassade von Maria vom Siege (von den Protestanten begonnener Bau) oder an die Salvatorkirche, die mit einem eleganten Portal und einer Terrasse ausgeschmückt wurde. Der italienische Architekt Lurago erbaute in der Nähe der Karlsbrücke ein Jesuitenkolleg, das Clementinum, dessen massive und ein wenig monotone Fassade durch eine Reihe von korinthischen Pilastern gegliedert wird. Erst nach 1670 führte ein französischer Architekt, ein geborener Burgunder, J. B. Mathey, der im Dienst des Erzbischofs Wallenstein nach Prag gekommen war, einen neuen architektonischen Stil in Prag ein, der mit dem norditalienischen Stilgeschmack brach und sich an die noblen Formen Berninis hielt. In der Nähe der Salvatorkirche und des Clementinums am Ufer der Moldau gelegen, bereichert die St.-Franziskus-Kirche durch ihre geschwungene, ausgebauchte Fassade, ihre eleganten Säulen, ihre ovale, mit Rippen geschmückte Kuppel die Stadt Prag um eine bisher unbekannte heitere Würde und barocke Fülle.

Wenn man die Zeichnung betrachtet, die Václav Hollar während seiner

Reise 1636 anfertigte und die drei Jahre später in Antwerpen in Kupfer gestochen wurde, so kann man die Entwicklung der profanen Architektur besser verstehen. Den Hradschinhügel hinunter ziehen sich die alten befestigten Residenzen. Am Hauptplatz der Prager Kleinseite das Haus der Smiřický. In der U Montagu sieht man deutlich eine architektonische Lösung des 16. Jahrhunderts: Adelsfamilien erwarben hier mehrere Bürgerhäuser und bauten sie zu einem großen Renaissancepalast um. Aber nur wenig weiter erhebt sich der mächtige Bau des Wallenstein-Palais. (10) Zu seiner Errichtung mußte man ein ganzes Häuserviertel abreißen. Dieser erste profane Barockbau Prags legt beredtes Zeugnis von dem außerordentlichen Aufstieg eines Mannes ab, der sich den glänzenden Lebensrahmen eines regierenden Fürsten leisten konnte. Vielleicht der erste Untertan, der besser wohnte als sein Herr. Ohne Zweifel weist dieses Bauwerk der italienischen Architekten Peroni und Spezza noch den hohen, mit Luken besetzten Dachstuhl und die regelmäßige Fassade der schweren deutschen Adelspaläste auf. Aber an der Gartenseite überwiegt der italienische Charme der Salla terrena, einer grazilen Arkadenloggia. Und dann die Gärten! Die langen, mit Bronzestatuen des flämischen Bildhauers Adrien de Vries geschmückten Alleen! Im Inneren nehmen der Prunksaal und die Kapelle zwei Stockwerke ein. Die Deckenfresken des Saales, ein Werk des italienischen Malers Bacco Bianchi, zeigen den Hausherrn als Gott Mars auf einem antiken Kriegswagen.

Eine Generation später wird das Stadtbild Prags durch einen weiteren Prunkbau bereichert: Graf Humprecht Czernin, ein Jugendfreund Kaiser Leopolds, beauftragt den italienischen Architekten Francesco Caratti mit dem Bau eines gewaltigen Palastes. Der Stil Palladios erfährt hier eine gigantische Ausweitung. Von einem mächtigen ausgebauten Unterbau erheben sich riesige Säulen und rhythmisieren eine immense Fassade. Das erst 1692 vollendete Palais, das wesentlich aufwendiger als das Wallenstein-Palais war und das ganze Familienvermögen zu verschlingen drohte, ist zugleich Ausdruck für das Selbstbewußtsein einer etablierten aristokratischen Gesellschaft als auch für das allgemeine barocke Lebensgefühl: es ist der triumphale Stil. Mehr Maß und Harmonie verkörpert das von Mathey erbaute Bischofspalais auf dem Hradschinplatz vor der Burg und das Toscana-Palais auf der linken Seite des Platzes, welches eine Attika und zwei kleine Aussichtstürme schmücken. Dieses Palais erinnert an eines der Spätwerke Berninis in Rom, an das Palais Odescalchi auf dem Platz zu den

---

(10) Die Zeichnung von V. Hollar, einem tschechischen Maler, der als Emigrant in England dem Grafen von Arundel diente, stammt aus dem Jahr 1636, in dem der Maler seinen Herrn auf eine Reise nach Böhmen begleitete. Der Stich ist 1639 in Antwerpen hergestellt worden.

Das Wallenstein-Palais entging der Konfiszierung, weil der Herzog von Friedland es rechtzeitig an seine Familie verpfändet hatte. Erst 1945 wurde es verstaatlicht, und eine alte Gräfin Wallenstein erhielt wegen ihres hohen Alters die Erlaubnis, in dem Palais ein kleines Appartement zu bewohnen, wo sie, über hundert Jahre alt, 1955 starb.

Heiligen Aposteln. Ein Jahrhundert lang dominierte die barocke Bauweise in der böhmischen Hauptstadt, bis zur Regierung Maria Theresias, die nach dem österreichischen Erbfolgekrieg die Burg erneuern ließ.

Doch nun zu den Malern und Bildhauern. In den dreißiger Jahren des 17. Jahrhunderts kam der Auswanderer Karel Škréta als Katholik in seine Stadt zurück. Sein Kunstgeschmack war durch die italienische Renaissance geprägt worden: durch die Bologneser und durch Caravaggio. Er hinterließ ein reichhaltiges Werk, vor allem Porträts und religiöse Motive. Mit zu den schönsten Bildern gehört ohne Zweifel der Zyklus des hl. Wenzel, den er in Prag für das Kloster St. Augustin von Zdéra gemalt hat. Neben der vollendeten Komposition, der Schönheit der Zeichnung, den maßvollen Farben, erfreut hier besonders die liebevoll gemalte tschechische Landschaft im Hintergrund, der wohl kein fremder Künstler soviel Poesie entlockt haben könnte. Die italienische Kunst im Dienst böhmischer Inspiration: das ist der Reiz des Prager Barock.

1650 errichtete man auf dem Rathausplatz der Prager Altstadt eine Säule der Unbefleckten Empfängnis. Einem dummen Irrtum zufolge hat man sie 1919 zerstört, weil man glaubte, sie feiere den Sieg am Weißen Berg, womit sie absolut nichts zu tun hatte. Ihr Schöpfer war der Bildhauer Bendl, der auch die Reiterstatue des hl. Wenzel geschaffen hatte. Die Gruppe der hl. Anna und die Jungfrau von Jäckl waren die ersten barocken Heiligenfiguren, durch die dann die Karlsbrücke so berühmt geworden ist.

Die Behauptung, daß das Barock der Stadt Prag von Ausländern und Jesuiten aufgezwungen worden sei, um die Tradition des Landes zu verdrängen, ist ein kaum zu entschuldigender Unsinn, den einige Historiker im 19. Jahrhundert vorgebracht haben. Die Vorgänge in Böhmen entsprachen genau den Vorgängen in Frankreich. Die Wegbereiter der neuen Kunst waren auch dorthin aus Italien gekommen. Die Tradition, nach Italien zu pilgern, um sich selbst vor den Meisterwerken zu bilden und in berühmten Werkstätten zu arbeiten, entstand erst später.

Wien war zur selben Zeit noch eine mittelalterliche, in ihre Mauern eingezwängte Stadt. Vom Krieg fast gänzlich verschont, begann sich der neue Baustil zunächst bei einigen Ordenskirchen bemerkbar zu machen, parallel zur Konversion der Stadt zum Katholizismus.

Auch hier dominiert der italienische, nach-tridentinische Geschmack: zwei- oder dreistöckige Fassaden mit Giebeln und Voluten. Die Unterschiede liegen im Reichtum der Dekoration: die Paulanerkirche streng und einfach, die Dominikanerkirche mit großer Pilasterordnung, die Jesuitenkirche steil aufsteigend zwischen zwei Türmen mit folgender Inschrift: „Deo Victori Triumphatori, optimo, maximo, trophaeum hoc in memoria B. V. Mariae, Ignatii et Francisci Xavierii Ferdinandus imperator statuit.“ Die Jahreszahl 1627 ist das Datum der erneuerten Verfassung in Böhmen. Wo man nicht neu baut, baut man um. Das Schiff des Stephansdoms und andere alte Kirchen in der inneren Stadt verändern ihr strenges Aussehen durch prunkvolle italienische Altäre mit Aufsätzen, Reliquienschreinen, Statuen und gedrehten Säulen. Italienische Architekten, Marco Spazio und C. Antonio Carlone, gestalten die Schottenkirche um, und italienische Stukkateure statten das Innere aus. Dann bauen dieselben Architekten der Jesuitenkirche am Hof eine schwerelose Fassade mit einer Terrasse zwischen zwei vorspringenden Gebäudetrakten.

In der bürgerlichen Architektur verändert sich dagegen noch wenig. Portia wohnte in der Nähe der Hofburg in einem bescheidenen kleinen Renaissance-Palast. Dem Kaiser wurde es aber in der alten Burg zu eng. Er ließ den Leopoldinischen Trakt in einem regelmäßigen und ernsten Stil errichten, der im Westen bis an die Amalienburg reichte, ein Palais, das im 16. Jahrhundert für Rudolf II. erbaut worden war. Dem Bautenensemble fehlte aber durch die Befestigungsanlagen jener Freiraum, der in Prag die prächtigen Gartenanlagen rund um den Hradschin ermöglicht hatte. Wenn sich auch die Wiener Festivitäten an den Festen von Paris und Versailles (des ersten Versailles) inspirierten, so blieben sie doch immer um vieles bescheidener als die der Bourbonen.

Die Musik hat vielleicht genauso viel wie die Politik dazu beigetragen, den Charakter Wiens, der nunmehr ständigen Residenz des Kaisers und der Hauptstadt des Donaureichs, zu bestimmen. Leopold, der für sich persönlich keine großen Ansprüche stellte (er ist der kleine, schwarz gekleidete Mann, den ein ausländischer Botschafter für einen Sekretär hielt), war wie seine Schwiegermutter Eleonora ein begeisterter Musikliebhaber. Durch die Korrespondenz mit Humprecht Czernin informiert er sich über die Theateraufführungen und Konzerte in Venedig. Seit seiner Eheschließung 1668 mit der Infantin Margaretha Theresia, seiner Nichte, belebten sich die strengen Säle und engen Höfe der Hofburg mit Hofkonzerten, Balletten und Karussells. An der Stelle der heutigen Nationalbibliothek ließ der Kaiser sich ein Theater errichten, wo unter anderem die Oper von Cesti „Il Pomo d'Oro" mit den Verwandlungsdekorationen von Burnacini aufgeführt wurde. Letztere waren für Wien eine Sensation, aber Neues bot auch der musikalische Teil durch seine großen Arien, von denen einige Leopold selbst komponiert hatte. Das Publikum genoß die Opern aus Venedig und die Oratorien aus Rom. Der Komponist Giacomo Carissimi (1605—1674) und seine Schüler feierten in Italien Triumphe. Da man aber in Italien nicht über genügend qualitätsvolle Sänger und Instrumentalisten verfügte, kamen viele italienische Komponisten nach Österreich, Böhmen und Ungarn, um hier ihre Werke zu dirigieren. Gesang und Instrumentenspiel sind ja eine besondere Begabung der Slawen und Magyaren. Die großen Herren des vorhergehenden Jahrhunderts waren vor allem Humanisten gewesen, Sammler von kostbaren Gegenständen und Büchern, die Mäzene der zweiten Hälfte des 17. Jahrhunderts wandten sich viel mehr der Musik zu. Neuhaus auf dem Besitz der Slavata wurde die tonangebende kleine Musikhauptstadt. Adam Michna z Otradovic (1600—1676) vertonte zuerst tschechische Poesie zu religiösen Gesängen, dann nach dem Studium italienischer Partituren in der Bibliothek der Jesuiten komponierte er die berühmte Messe des hl. Wenzel. Die Theater-, Kirchen- und Kammermusik benützte immer mehr Instrumente: Orgeln, Lauten, Regale, Klavichorde und Klaviere, Spinette und Violen, Klarinetten, Flöten und Trompeten.

Der Gebrauch der deutschen Sprache, einer schwerfälligen und schwierigen deutschen Sprache, breitete sich im ganzen Donaubereich auf Kosten der slawischen Sprachen aus, besonders im aristokratischen Milieu, schon wegen seiner Beziehungen zum Hof und seiner vielen deutschen Mitglieder. In der Literaturgeschichte ist häufig der Fall Friedrich Ulrich Kinskys, des Kanzlers von Böhmen, zitiert worden, der 1670 zugab, sich mit seiner deutschen Frau gestritten und sie geschlagen zu haben, weil sie sich über sein Tschechisch lustig gemacht hatte. (11) Die Jesuitenkollegien dagegen benutzten die tschechische Sprache, um die katholische Lehre den Leuten verständlich zu machen. Sie versuchten sie auch den Schülern richtig beizubringen. Und es entstanden Grammatiken wie die „Grammatica boemicae in V libros divisa", von Pater Drachovský (1577—1644), die allerdings erst 1660 gedruckt wurde. Zwischen 1704 und 1753 kamen sechs Auflagen der „Grammatica linguae boemicae" heraus, die Václav Jandit (der kein Jesuit war) seinem Schüler, dem Großherzog von Toskana, gewidmet hatte, der in Prag ein Palais besaß. Im Vorwort zu diesem Buch wird nachgewiesen, wie praktisch es sei, das Tschechische zu verwenden. Man spare sich so den lästigen Dolmetscher, wenn man sich „mit Leuten unterhalten wolle, die man dauernd trifft und mit denen man Luft und Brot teilt". Der Herr von Neuhaus, Slavata, verlangte, daß auf seinem Besitz die Predigten in tschechisch gehalten wurden. All das sind Gegenbeweise gegen eine allgemeine Verfolgung des nationalen Idioms. Allerdings bezeugen sie auch, wie sehr dieses tatsächlich bedroht war. Daher schrieb der Jesuit Bohuslav Balbín (1621—1687) eine „Verteidigung der tschechischen Sprache", deren späte Veröffentlichung im 18. Jahrhundert, im Augenblick der höchsten Gefahr für das Tschechische, zu einem großen Erfolg wurde und zu einer wohl übertriebenen Berühmtheit Balbíns führte. Bohuslav Balbín wurde als großer und mutiger Patriot verehrt. Aber das ist weit überschätzt. Seine Vorgesetzten fürchteten zwar, daß gewisse Behauptungen seiner historischen Schriften in Regierungskreisen unangenehm auffallen könnten, aber vorsorglich hatte er eines seiner Werke Ferdinand III. gewidmet und nicht vergessen, auf die Marienfrömmigkeit des Kaisers hinzuweisen. Seine „Miscellanea" (gemischte Geschichtsbetrachtungen) sind aus der Begeisterung für die böhmische Geschichte geschrieben, aber es mangelt ihnen an Kritik und Zuverlässigkeit. Arne Novák, der zu Anfang unseres Jahrhunderts eine Art Inventur des böhmischen Barock aufgestellt hat, schreibt, daß Balbín den

(11) Muk, J., Po stopách národního vědomí české šlechty pobělohorské (Das Nationalbewußtsein des tschechischen Adels nach der Schlacht am Weißen Berge). 1931, S. 119.

Chroniken Hájeks (16. Jahrhundert) viel näher stand als der hochgebildeten Benediktinerschule oder Dobner. Gedanklich und stilistisch war er seinem Kompatrioten Pavel Stranský, einem protestantischen Emigranten, weit unterlegen. Balbín hatte auch nicht den Charme und die poetische Kraft eines anderen tschechischen Jesuiten, des Pater Bridel, dessen Gedichte und Gesänge sich an der deutschen Lyrik inspirierten, an Angelus Silesius und Opitz und an französischen Dichtern. In seinem religiösen Eifer war er Boudon ebenbürtig, dem Archidiakon von Evreux, der damals in Frankreich große Popularität erreichte und dessen Buch „Dieu seul" von einem anderen Jesuiten, Karl Rosenmüller, ins Tschechische übersetzt worden war.

Aber der bekannteste tschechische Autor jener Zeit ist ein Pastor der mährischen Brüdergemeinde: Jan Amos Komenský oder Comenius (1592 bis 1670). (12)

Er war Protestant. Gehört er deshalb weniger zur barocken Welt? Sein Werk ist reich an genialen Ideen und neuen Methoden für den Sprachunterricht, für die allgemeine Pädagogik, und angesichts der furchtbaren Ereignisse, die sein Vaterland erschütterten, zeugt es von einer großen Frömmigkeit. Von Geburt Mähre, hat er die schweren Prüfungen der Reformation miterlebt. Dann wurde er der Schützling großer Herren: von Karl Zierotin, dem Protestanten und treuen Anhänger des Kaisers, von Sigismund Rákóczy, von Leszczyński in Polen und schließlich von reichen Kaufleuten in Amsterdam, den de Geerts, die ihm die Veröffentlichung seiner Werke finanzierten. Er führte ein unstetes Leben, das ihn durch viele Länder und die verschiedensten sozialen Kreise führte, immer jedoch war er der Schützling eines mächtigen und berühmten Herrn. 1650 ließ er sich für vier Jahre am Fuß der Karpaten auf dem Besitz von Sigismund Rákóczy, in Sárospatak, nieder.

Hier lebte er in einem mittelalterlichen Schloß, dessen Unwirtlichkeit auch durch einige Renaissancesäle kaum gemildert wurde. Die Rákóczy waren an allen geistigen Dingen sehr interessiert und hatten in ihrer Stadt eine Druckerei eingerichtet. Man kann auch noch das einfache Arkadengebäude besichtigen, in dem Comenius als Lehrer unterrichtete. Er schrieb hier mehrere Bücher, die „Schola pansophica" und „Orbis pictus". So wurde das finstere Schloß Sárospatak zum Ort einer fruchtbaren Zusammenarbeit zwischen dem weisen Dichter und dem abenteuerlustigen Magnaten, die beide den Kopf hatten, Kaiser und Papst zu trotzen. Sie boten ihre Dienste sogar den protestantischen Mächten des Nordens und des Westens an: Schweden, den Niederlanden und dem England Cromwells.

Die barocke Literatur der österreichischen Länder weist überall eine ähnliche Eloquenz und Rhetorik auf. Es ging immer mehr darum, die Herzen zu bewegen, als den Verstand durch intellektuelle Argumente zu überzeu-

(12) Die Werke von Komenský, J. A., Opera didactica omnia, sind 1957 anläßlich ihres dreihundertjährigen Erscheinens in Prag neu verlegt worden. Über Komenský ist viel geschrieben worden. Außerdem existiert eine Komenský-Gesellschaft.

gen. Bildhaftigkeit und Wortreichtum fangen den Leser und Zuhörer ein. Da ist einmal der oratorische Stil des Kardinals Pázmány, des Erzbischofs von Gran (1570—1639), und eine Generation später die ausschweifende Fantasie des Augustinermönchs Abraham a Sancta Clara, des Predigers am Wiener Hof. Der große Herr und der Mann aus dem Volke arbeiten beide mit den Methoden der Dichter und Propheten. Aber Sancta Clara zeichnet sich noch durch eine besondere Begabung aus, von der Wirklichkeit ins Erhabene vorzustoßen, von dem tatsächlichen Ereignis große Lehren abzuleiten und das Natürliche mit dem Übernatürlichen zu verbinden. Bei der dritten Heirat Leopolds I., als es darum ging, die Zukunft der Dynastie endlich durch einen männlichen Erben zu sichern, wird der Himmel pathetisch bestürmt, dem Kaiser „so viel Glück, als es Bäume im Wald, Gras auf den Wiesen, Wasser in der Quelle, Sand am Meer, Sterne am Himmel gibt..." zu schenken. Als in Wien die Pest wütete, steigerten sich die Predigten zu biblischer Wucht. Und bei der türkischen Belagerung äußerte er sein „Auf! Auf! Ihr Christen!", als müßte er allein das Reich, Italien und Frankreich auf die Beine bringen, um die Christenheit zu retten. Wien entwickelte sich jedenfalls immer mehr zur Hauptstadt, und die Zeit, da die Wiener ihre Grazer und Innsbrucker Nachbarn für Ausländer hielten, gehörte der Vergangenheit an. Obgleich die Donau bei Wien für die Schiffahrt viele Gefahren bot, bildete der Fluß die natürliche Straße zwischen Ungarn und dem Reich.

Die Pest kam 1679 über die Stadt wie eine Sintflut, plötzlich und mit ungeahnter Stärke. Die Medizin und Hygiene der damaligen Zeit boten kaum Schutz. Ob man starb oder überlebte, blieb dem Zufall überlassen. Abraham a Sancta Clara wies die verzweifelten Menschen auf den Sinn der Seuche als eine Mahnung der Vorsehung hin. Der Rektor der Universität, Sorbait, ein fähiger und kluger Mediziner, war wohl schon in der Lage, das Krankheitsbild der Seuche zu analysieren, aber die Ursachen blieben auch ihm unbekannt. Immerhin ergriff er praktische Maßnahmen, indem er zur Bekämpfung der Ansteckungsgefahr die betroffenen Häuser absperren ließ. Während dieser furchtbaren Prüfung war der Fürst von Schwarzenberg ein Vorbild an Kaltblütigkeit. Er blieb in der Stadt, um den Kranken beizustehen und die Toten beerdigen zu lassen.

Auch die Belagerung von Wien 1683 wurde zu einer nationalen Geißel. Die ausgehungerten Bewohner konnten sich nur noch an dem Heroismus des Kommandanten, des Grafen Starhemberg, und seines Leutnants Graf Kaplíř z Sulevic, eines Tschechen und Neffen eines der Verurteilten von 1621, aufrichten, besonders aber an der Zuversichtlichkeit ihres Bürgermeisters Liebenberg, dem das traurige Schicksal zuteil wurde, vor der Befreiung zu sterben. Jeden Morgen hoffte man auf die Ankunft des Entsatzheeres, aber die Wochen verstrichen, ohne daß Hilfe kam. Was hatte man zu erwarten! Niemand machte sich mehr Illusionen nach dem, was sich in den eroberten Vororten abgespielt hatte. Wenn es den Türken gelänge, die Stadt zu erobern, hieß das Plünderung, Massaker und Sklaverei. Ich habe das Testament einer alten Frau aus Großenzersdorf zu lesen bekommen, namens Maria Pöckhin. (13) Es trägt das Datum 1694, also elf Jahre nach der Belagerung. Die Erblasserin verfügt, obgleich sie Untertanin auf einem Liechtenstein-Besitz war, über ein Haus, Weingärten, zinnernes Geschirr, ein bißchen Bargeld und eine Reserve für ihre Beerdigung und eine Messe dreimal wöchentlich während dreiundzwanzig Jahren bei den Franziskanern von Großenzersdorf. Sie vertraut nun diese Erbschaft einem Verwandten und Nachbarn an, mit der Auflage, sie noch zehn Jahre ihren fünf Töchtern zu bewahren: Maria-Barbara, Maria-Elisabeth, Anna-Maria, Maria-Catherina und Maria-Regina, die alle fünf von den Türken entführt worden waren und niemals wieder etwas von sich hatten hören lassen. Dieses Dokument schildert nicht nur das Leiden einer Mutter und die fromme Ergebenheit einer Christin in ihr Schicksal, es ist auch ein erschütterndes Zeitdokument.

Eines der ausdrucksstärksten Denkmäler des Donaubarock ist die Pestsäule am Graben im Zentrum Wiens. Heute wird vielleicht die Lehre, die diese Säule dem 18. Jahrhundert erteilen sollte, nicht mehr so ohne weiteres verstanden. Damals aber begriff jeder den Sinn und wurde an seine soeben ausgestandenen Leiden und an seine Hoffnungen erinnert.

Der Kaiser ließ die Säule auf Grund eines Gelübdes errichten und hatte mit Hilfe des Jesuitenpaters Menegatti auch das Thema festgesetzt: Gott ist die Dreifaltigkeit. Die Macht des Kaisers ruht ebenfalls auf drei Königreichen: Österreich, Böhmen und Ungarn. Auf dreifache Weise betet man zum Himmel: Man lobt Gott in seiner Allmacht, man bittet ihn um Hilfe in leidvollen Tagen und man dankt ihm für sein Erbarmen. Die drei mal drei Chöre der Engel sind die Überbringer des Gebetes. Gott hat eine glückliche Welt geschaffen, aber er hat auch die Sünde und das Leid zugelassen. Die Sintflut der Heiligen Schrift war die schlimmste Katastrophe, aber immer wieder wird die Menschheit von ähnlichen Katastrophen heimgesucht. Durch das Wort wurde der Mensch erlöst. Er hat das Böse überwinden können. So wurde der furchtbaren Pest in der Ordnung der Welt ihr Platz zugewiesen. Sie wurde auch als ein Zeichen des unerschöpflichen göttlichen Erbarmens hingestellt; denn sie war schließlich doch zum Stillstand gekommen.

Der Architekt Fischer von Erlach, der Ausstatter Burnacini, die Bildhauer Frühwirt, Kracker, Gunst, Rauchmüller, Strudel, alle Meister ihrer Kunst, wurden vom Kaiser aufgefordert, dieses umfassende Glaubensbekenntnis in ein Denkmal umzusetzen. Sie schufen einen dreiseitigen Obelisk, eingehüllt von Wolken und Engeln, die bis zu der Dreifaltigkeitsgruppe hinaufsteigen und zum ewigen Strahlenkranz. Die Szenerie und Gestaltung entsprach dem Zeitgeschmack, den kurzfristigen Gerüsten, die man für kirchliche und weltliche Feste auf Plätzen und in Kirchen errichtete: Zur Ausstellung des Aller-

(13) Diesen Text verdanke ich meinem Schüler J. Bérenger, der ihn im Lauf seiner geduldigen Nachforschungen in den Wiener Archiven gefunden hat.

heiligsten, für Leichenzüge, Triumphzüge, fürstliche Geburtstage oder Heiraten. Man nannte dergleichen Theater. Auch die Pestsäule am Graben war so ein „Theater", aber nicht eines, in dem die Illusion, die Fantasie und das Wunder dominierten. Die dramatische und lyrische Gestaltung will auf konkrete Wahrheiten hinweisen: auf die furchtbaren Prüfungen des Diesseits, die erlösende Rolle der Religion und die Kraft der Monarchie, welche sich in dem knienden Kaiser Leopold symbolisiert: „Ich, Leopold, dein demütiger Diener", sagt das Dankgebet, „Ego, Leopoldus humilis servus tuus."

Im Detail und in der Gesamtwirkung ist die Pestsäule ein überaus gelungenes Werk. Die lockere Linienführung der Wolken und Engel vom Postament aufwärts zum Strahlenkranz ist ein mitreißender Wirbel zum Licht. Die ganz in Weiß gehaltene Säule strahlt genau die Frische und die Hoffnung aus, welche die gebeugten Menschen jener Zeit so bitter nötig hatten. (14)

An der Symbolik ist nichts Kompliziertes oder Raffiniertes: Sie vermittelt einfache Erkenntnisse für einfache Gemüter. Keine Fabelgestalten, kaum Allegorisches (bis auf die Pest und den Glauben). Die Figur des knienden Kaisers gab dem Volk ein eindringliches Beispiel von christlicher Demut. Sie besagte, daß auch die kaiserliche Macht nicht an die göttliche heranreichte, zweitrangig blieb, ein Reflex nur der göttlichen.

Das Donaubarock unterscheidet sich sehr wesentlich vom Barock der romanischen Länder. Die Verwandtschaft mit der Renaissance und der Antike tritt hier weniger deutlich hervor als die patriarchalischen und ländlichen Gebräuche der damaligen Gesellschaft. Nur in der Technik beweisen die Künstler, daß sie Erben der Renaissance sind, die Inhalte sind ganz neu.

„Die Renaissance führte zum Bruch zwischen Volk und Kunst", sagt ein heutiger tschechischer Schriftsteller, „das lag an ihrer Wissenschaftlichkeit, an ihrer antiken Bildung und an ihrer rationalistischen Exklusivität, welche die Kunst den privilegierten Schichten reservieren wollte. Allerdings war das eine Epoche von kurzer Dauer; denn bald fand das Barock den Weg zurück zum Herzen des Volkes. Es holte sich aus ihm seine Anregungen und schenkte ihm sein gefühlvolles Pathos." Pathos und Volksnähe waren die wesentlichen Charakterzüge des Donaubarock, und die Pestsäule ist dafür ein markantes Beispiel. Das Donaubarock hatte mehr Intensität als das italienische Barock, es war durchgeistigter und lebendiger. Wenn der Verstand zur Überwindung eines unglücklichen Schicksals nicht mehr weiterhilft, dann kann die Ergriffenheit den Menschen doch Hoffnung und durch die Hoffnung Freude schenken.

---

(14) Ein anonymes lateinisches Werk „Vienna Gloriosa" beschreibt die Pestsäule und die Einweihung des Denkmals durch den Kaiser am Dreifaltigkeitssonntag 1692, mitten im Krieg mit Ludwig XIV. Der Bischof von Wien weihte mit seinem dreifachen Segen die Säule vor einem staunenden Publikum. „Brennende Fackeln und eine ständige Ehrenwache trugen nicht wenig zur Würde des Monuments bei." (Ardentes circum lampades et constantes alternatium militum custodia operis non modice augent majestatem.)

Über die Prachtentfaltung sollte man die Tragik des Barock nicht übersehen: das Elend der niederen Volksschichten, die Grausamkeiten der Soldaten, die geringe Lebenserwartung, die unheilbaren Krankheiten, die Seuchen, die Bauernaufstände und die sozialen Ungerechtigkeiten. Die Ursachen für diese Mißstände lagen in der allgemeinen Wirtschaftslage und in der Ideologie der Zeit. Sie erstreckten sich über ganz Europa, nicht nur über den Donauraum, hier aber traten sie besonders stark hervor. An diesen Aufständen gemessen, sind die Kompensationen der lichten Seite des Barock besonders bemerkenswert. Die Pest ist seitdem noch häufig aufgetreten. Andere Säulen sind auf anderen Plätzen großer und kleiner Städte aufgerichtet worden, in Österreich, Böhmen und Ungarn, bekrönt mit der Heiligen Dreifaltigkeit oder der Jungfrau Maria, geschmückt mit den Figuren der jeweiligen Schutzpatrone, dem hl. Florian, dem hl. Johannes von Pomuk, dem hl. Leopold oder mit den hl. Königen Wenzel und Stephan.

Die Verehrung des hl. Johannes von Pomuk, die ursprünglich nur in den aristokratischen und bäuerlichen Kreisen Böhmens gepflegt wurde, aber sich dann auf die ganze Monarchie ausdehnte, ist für das religiöse Bewußtsein der barocken Zeit besonders bezeichnend.

Eine üppige Legende hat sich hier um eine ziemlich dünne überlieferte Realität gerankt. Der Heilige wurde als Märtyrer des Beichtgeheimnisses und als Schutzpatron vor den Gefahren des Wassers verehrt: vor Überschwemmungen und anderen Überfällen. Deshalb findet man sein Bild nicht nur an Brücken und an Flüssen, sondern auch in den Klöstern und Pfarreien, hier als Symbol für die Heiligkeit der Beichte. Rom gab sogar die Erlaubnis zu einer besonderen Liturgie. Als er 1729 heiliggesprochen wurde, veranstaltete man in Prag zu seinen Ehren Freudenfeste: Die Liebe des Volkes zu seinem Schutzpatron hatte eine höhere Weihe empfangen.

Auch wenn die Türken nach 1683 nicht mehr zur Offensive übergingen, so sollten doch noch viele Jahre vergehen und viele Tränen und viel Blut vergossen werden, bis die Osmanen endlich aus der Donauebene verdrängt werden konnten. Dazu kamen die Kriege gegen Frankreich im Westen des Reiches und in Italien, in denen eigentlich nur um das dynastische Prestige gekämpft wurde, und die dennoch für die Völker überaus grausam waren. Das Jahr 1683 blieb dennoch ein Wendepunkt der Geschichte, weniger wegen der noch kaum spürbaren wirtschaftlichen Veränderungen, als wegen der Konsolidierung des politischen Systems, der militärischen Erfolge und des verstärkten kaiserlichen Ansehens. Das alles spiegelt das Donaubarock wider. Alle Künstler wurden aufgefordert, die neuen Werte zu zelebrieren: die Macht und den Ruhm. Durch sechzig Jahre hindurch schmückte sich die Kunst mit triumphalen Zügen.

VI.
Das Werden der Monarchie zu einer Ganzheit

DIE RÜCKGEWINNUNG UNGARNS

Wie kam es bei einem so unfertigen Staatengebilde dennoch zu einer so imponierenden Machtentfaltung? Das Jahr 1684 — die Hauptstadt ist von der schwersten Gefahr seit der Regierungszeit Ferdinands I. befreit, das Ansehen des Kaisers ist im Reich erheblich gestiegen — scheint ein gutes Datum zu sein, um kurz Bilanz zu ziehen. Was ist überhaupt der Staat? Das historische Territorium eines Landes mit spezifischen Gesetzen. Aber wenn schon Österreich unter der Enns (das heutige Niederösterreich) auf seiner Autonomie bestand, um wieviel stärker mußte das Selbständigkeitsgefühl in den anderen Ländern ausgeprägt sein, die über eine eigene Verfassung verfügten, wie zum Beispiel in Böhmen oder in Ungarn, wo die Stände die Rechte des Königs, wo sie nur konnten, beschränkten. Diese Länder hatten denselben König. Aber praktisch unterstanden ihm nur die Armee und die Außenpolitik. Diese aber war zwangsläufig an die des Reiches gebunden. Und das Reich hatte den Kaiser zum Beispiel in den holländischen Krieg gegen Frankreich gezogen. Ludwig XIV. und seine Minister versuchten von nun an, dem Kaiser Schwierigkeiten in seinen eigenen Ländern zu machen. Damit wollten sie ihn zu größerer Nachgiebigkeit in Reichsangelegenheiten zwingen, worunter der König von Frankreich seine Ansprüche verstand, die er gemäß seiner eigenartigen Auffassung der Verträge von Nijmwegen auf Reichsgebiet erhob. Deshalb verfolgte der König von Frankreich interessiert die Verschwörung in Ungarn und sah die Verschwörer als seine Verbündeten an. (1)

Die ungarische Verschwörung läßt sich bis in die Jahre nach dem Frieden

---

(1) J. Bérenger zitiert in seinem Artikel „Les relations francohongroises pendant la conjuration de Palatin Wesselenyi 1664—1668“, in der „Revue de l'Académie des sciences de Hongrie“ Ludwig XIV. im Jahre 1664: „Ich stand in geheimer Verbindung mit dem Grafen Serin, um in Ungarn Unruhe zu stiften, für den Fall, daß ich einen Krieg mit dem Kaiser begänne.“ Hier haben wir den unverhüllten Beweis für die Störungspolitik Frankreichs, welche die ungarische Frage der Freundschaft oder Feindschaft zum Hause Österreich unterordnete.

von Eisenburg zurückverfolgen: Ungarische und kroatische Aristokraten, die sich damals durch die türkische Besatzung der ungarischen Festungen tief gedemütigt fühlten, machten sich trügerische Illusionen über eine eventuelle Unterstützung durch Frankreich und hatten einige Intrigen mit dem französischen Gesandten in Venedig angezettelt. Zwar wurden sie enttäuscht, aber die Verschwörung hatte nichtsdestoweniger präzisere Formen angenommen; der Tod ihrer wichtigsten Anführer, des Palatins Wesselenyi und des Erzbischofs von Gran, Lippay, bereitete ihr allerdings ein Ende. Bald darauf entstand jedoch eine neue Verschwörung unter dem Präsidenten des Hofrats, Franz Graf Nádasdy, und dem kroatischen Adeligen Peter Zrinyi. Sogar den steirischen Grafen Tattenbach konnten die Verschwörer gewinnen. Aber wie die vorangegangene blieb auch diese Verschwörung der Magnaten glücklos. Sie wurde dem Kaiser durch Spione oder durch die Denunziation der Pforte aufgedeckt. Den Verschwörern blieb nichts anderes übrig, als den Kaiser in Wien um Gnade anzuflehen. Sie wurden aber in ein Gefängnis geworfen, vor ein Sondergericht gestellt und von diesem, also nicht nach ungarischen Gesetzen, verurteilt. Am 30. April 1671 wurden Nádasdy im Wiener Rathaus, seine Freunde in Wiener Neustadt hingerichtet, und ihre Güter wurden konfisziert.

Die ungarische Verfassung wurde aufgehoben: der Posten des Palatins blieb unbesetzt. Ein Militärregime unter dem Deutschen Amspringen regierte Ungarn. Kaiserliche Regimenter hielten die Festungen besetzt. Gegen aufständische Kuruzzen in Oberungarn ging man mit unbarmherziger Härte vor. Aber der junge, mutige Emmerich Thököly sammelte in der Gegend um Munkács ungarische und slowakische Aufständische um sich und setzte den Kampf fort.

Leopold war ein viel zu väterlicher Monarch, um Haß gegen seine Untertanen zu hegen. Er konnte jedoch keinen Ungehorsam gestatten und die Rebellen straflos ausgehen lassen, besonders wenn es sich um hochgestellte Persönlichkeiten handelte, die Vorbild hätten sein müssen: „Obwohl ich sonsten nit gar bös bin, so muß ich es diesmal per forza sein.“ Da er dazu neigte, wichtige Entscheidungen nicht allein treffen zu wollen, gewann seine Umgebung Einfluß auf ihn, die zwar aus den verschiedensten Beweggründen, aber einheitlich zur Strenge mahnte. Auf der ungarischen Rebellion lag zudem der Schatten des böhmischen Aufstandes von 1621. Johann Georg Fürst Lobkowitz und Kanzler Hocher waren zwar nicht für den Zentralismus, aber desto mehr für die Autorität. Sie rieten daher ab, die Rebellen zu begnadigen. Ebenso dachten fast alle konvertierten ungarischen Aristokraten. Das bedeutete keineswegs, daß sie auf ihre Privilegien zu verzichten gedachten: im Gegenteil, sie hofften, nach der Rückkehr zu einer normalen Regierung die höchsten Posten des Königreichs wieder einnehmen und entsprechend ausnützen zu können. Umso ungelegener kam ihnen jetzt die Rebellion. Einige hofften allerdings, die katholische Kirche endlich wieder zur Staatsreligion machen zu können. Nur mit Hilfe der Jesuiten konnte

Ungarn bekehrt werden. Das führte zu unerhört harten Maßnahmen gegen die protestantischen Praedikanten. Man kompromittierte sie, wo man nur konnte, mit den Aufständischen. Man legte ihnen nahe, ihre Pfarreien zu verlassen, und zwang diejenigen, die sich weigerten, zu einem langen Todesmarsch bis nach Neapel, wo die Überlebenden auf Galeeren kamen. Auch in Frankreich schickte man in denselben Jahren Protestanten auf Galeeren.

So wuchs bei den Untertanen des Königreichs Ungarn, waren sie nun Ungarn oder Slawen, „ein unglaublicher Haß auf die deutsche Regierung". (2)

Auch auf die Tschechen, könnte man hinzufügen; denn unter den Offizieren der kaiserlichen Armee waren viele Tschechen. Zahlreiche Historiker, denen es an Überblick und profunderen Kenntnissen mangelte, haben von dem nationalen Haß der Donauländer gesprochen, als ob sich dieser allein gegen den Kaiser und gegen das Haus Habsburg gerichtet habe. Wenn das wahr wäre, hätten sich doch die Völker in einem gemeinsamen Freiheitskampf der verhaßten Herrschaft entledigen können.

1681 kam es zu einem offiziellen Waffenstillstand in Ödenburg. Kaiser Leopold I. folgte damit sowohl seinen eigenen tiefsten Wünschen als auch den Ratschlägen seiner Umgebung. Sie kamen diesmal von dem böhmischen, sehr friedliebenden Kanzler Nostiz und dem General Kapliř, der den ungarischen Adel liebte und die Jesuiten haßte. In Gegenwart des „Königs" beschloß der Landtag die Wiedereinsetzung eines Palatins. Die königlichen Städte erhielten das Recht, reformierte Gotteshäuser zu unterhalten, der Adel, diesen Glauben in seinen Schlössern zu praktizieren. (3)

Paul Esterházy von Galánta wurde einstimmig zum Palatin gewählt. Er war ein glühender Katholik und Herr eines großen Vermögens. Seine Familie baute im heutigen Burgenland das erste ungarische Barockschloß.

Der Friede betraf jedoch nur einen Teil von Königlich-Ungarn; in den nördlichen Komitaten (der heutigen Slowakei) ging der Aufstand weiter. Anstatt sich mit dem Kaiser-König auszusöhnen, nahm Thököly Beziehungen mit dem Fürsten von Siebenbürgen und der Pforte auf. Die Türken erkannten ihn als Fürsten von Ungarn an, nicht aber als König, was eine Vierteilung des Königreiches zur Folge hatte: das Ungarn der Habsburger, das Gebiet des Kuruzzenführers, Siebenbürgen und die türkischen Paschaliks. (4) Die Allianz Thökölys mit der Pforte gab der großen türkischen Offensive von 1683 den Vorwand. Nach all dem, was die Wiener bei der Belagerung

---

(2) Ein französischer Reisender berichtet 1671: „Diese ... sonderbare und überspannte Nation hat einen unglaublichen Haß auf die deutsche Regierung und wünscht sich, einen eigenen König zu wählen. Angeblich sollen ihre Privilegien sie dazu berechtigen."

(3) Eine weitere Komplikation mit schwerwiegenden Folgen: Während der Abwesenheit des Palatins war der Fürsterzbischof von Gran die oberste Instanz im Königreich. Der französische Gesandte in Wien, Grémonville, glaubte daher, daß der Erzbischof nur ungern der Wahl eines Palatins zustimmen würde, der ihn auf den zweiten Platz verweisen würde.

(4) Sinor, D., History of Hungary. S. 205.

mitzumachen hatten, ist es verständlich, daß sie von den ungarischen Aufständischen als „gens dura et perdica“ sprachen.

Ab 1684 änderten sich die Verhältnisse des Donauraums und ganz Osteuropas grundlegend. Die kaiserlichen Armeen taten jetzt das, was weder Ferdinand I. noch Karl V. gewagt hatte, als man Süleiman vor den Toren Wiens abgewehrt hatte: Sie verfolgten die osmanische Armee auf dem Rückzug und vertrieben sie aus Ungarn.

Eine Heilige Liga wurde unter der Patronanz des Papstes zwischen dem Kaiser, dem König von Polen, der Republik Venedig und dem russischen Zaren geschlossen. Alle Staaten, die das türkische Joch auf einem Teil ihres Territoriums hatten erdulden müssen, traten solidarisch in den großen Befreiungskrieg ein. Die Armee des Kaisers hatte zwar noch immer einen internationalen Charakter durch die brandenburgischen, bayrischen, schwedischen, italienischen und katalanischen Kontingente, aber der kommandierende General war nur noch dem Kaiser und seinem Hofkriegsrat verantwortlich, der seinen Sitz in Graz hatte, um dem Kriegsschauplatz näher zu sein. Leopold berief seinen Schwager, den Herzog Karl von Lothringen, auf den obersten Posten. Dieser hatte sich bei der Belagerung von Wien an der Spitze des Entsatzheeres ausgezeichnet. Später berief er seinen Schwiegersohn, den Kurfürsten Max Emanuel von Bayern.

Der Hofkriegsrat, dessen Präsident eine Zeitlang der Markgraf von Baden war, bestand aus guten Strategen und Taktikern, die aus der Schule Montecuccolis hervorgegangen waren und die Lektion ihres Meisters gut gelernt hatten: „Wem die Donau gehört, dem gehört Ungarn.“ Aber es dauerte noch Jahre, und zuerst mußte eine Festung nach der andern mühsam zurückerobert werden, bis die Kaiserlichen wieder Herren an der Donau waren. Die neue Armee war besser rekrutiert, besser ernährt, besser ausgerüstet und besser geführt. Nacheinander fielen die heiß verteidigten Zitadellen Gran und Neuhäusel, die Stützpunkte der osmanischen Macht in Ungarn, und schließlich, nach einer mehrmonatigen Belagerung, am 2. September 1686 Buda. Eine noch immer leserliche Inschrift an der Mauer der alten Zitadelle „Buda e servitude in libertatem restituta“ erinnert daran, wie wichtig damals dieses Ereignis für ganz Europa war und welches Ansehen sich die Stadt der Arpaden, der Anjou und die Stadt Matthias Corvinus' bewahrt hatte. Bald darauf wurden auch Fünfkirchen, Szegedin und Mohács befreit. (In Mohács war 1526 Ungarn vernichtend geschlagen worden.) Und 1688 konnte Max Emanuel von Bayern, den man wegen seiner Wappenfarbe den „blauen König“ nannte, Belgrad wiedererobern. Jetzt erschien es sogar möglich, mit der Hilfe der christlichen Bevölkerung des Balkans die Halbinsel zu befreien, aber der 3. Eroberungskrieg Ludwigs XIV. verwickelte den Kaiser in einen Zweifrontenkrieg. Er konnte nur noch seine halbe Kraft auf den Krieg gegen die Türken konzentrieren.

Das Epos von der Befreiung hatte auch seine dunklen Seiten. Die Offiziere und Soldaten gingen mit unvorstellbarer Grausamkeit gegen die Zivilbevölkerung vor, die sie befreit hatten. Sie erpreßten und plünderten und gaben ihnen so manche Gelegenheit, die Rückkehr der Türken herbeizusehnen. Der Kuruzzenaufstand wurde mit den härtesten Vergeltungsmaßnahmen niedergeschlagen, obwohl sich auf die Amnestie von 1684 hin schon viele unterworfen hatten. General Caraffa richtete in Eperjes eine Sonderkommission ein, die bald den Ruf eines Blutgerichts bekam. Mehr denn je verfluchten die Ungarn ihre deutschen Herren.

Die Befreiung des Königreichs konfrontierte die Eroberer mit großen Problemen. Das befreite Land war praktisch unbevölkert und teilweise verwildert. Ganze Landstriche waren versumpft und mit Unkraut überwuchert. Man mußte wieder ganz von vorn mit Ackerbau und Viehzucht beginnen und neue Besitzverhältnisse herstellen. Alle diese Probleme wurden von der Regierung des Kaisers ebenso heftig debattiert wie von der ungarischen Bevölkerung. Es gab in Wien in den verschiedenen Räten („Geheimer Rat", „Hofrat", „Hofkammer") genügend erfahrene Verwalter und aufgeschlossene Politiker, um diese Aufgabe zu bewältigen. Aber auch der ungarische Hochadel verfügte über fähige Leute. Sie beschlossen, mit dem jetzt so mächtigen Kaiser neue Bande zu knüpfen und sich seine Macht zunutze zu machen.

Der Landtag von 1687 wurde einer der wichtigsten in der ungarischen Geschichte. Er erkannte die Erblichkeit der ungarischen Krone für die Habsburger-Dynastie an. Das hieß: Die Ungarn verpflichteten sich, von nun an nur noch den ältesten Sohn des vorausgegangenen Königs zu ihrem König zu machen. Nur im Falle des Aussterbens der Dynastie würde die Nation wieder neu über die Krone verfügen dürfen. Für die Aufständischen wurde eine Amnestie erlassen. Die religiösen und steuerlichen Privilegien blieben als Grundlagen des Königreichs erhalten. Dafür verzichtete die ungarische Nation auf den Artikel 31 des Gesetzes von 1222 und opferte damit das Recht, dem König Widerstand leisten zu dürfen.

Die Erblichkeit und die dauernde Assoziierung der Habsburger-Staaten bedeuteten einen enormen Erfolg für die Dynastie, eine wichtige Stufe in der Konstruktion des Donaureiches. Alles mußte jedoch vertraglich abgesichert werden. Der fünfjährige Erzherzog Joseph, dem der alte Primas Széchényi die Stephanskrone aufs Haupt setzte, mußte den traditionellen Schwur leisten, die Gesetze des Königreichs zu respektieren und das Land zu verteidigen. Der Landtag legte dem König die „Gravamina", die Beschwerden der Komitate, vor. Sie kreisten wie gewöhnlich um folgende Themen: Religion, Wirtschaft, Rechtsprechung, persönliche Angelegenheiten. Da sie aber kein Programm anboten, wurden sie zwar aufmerksam entgegengenommen, aber für seine Reformen bediente sich der „König" anderer Informationsquellen.

Er bildete eine Untersuchungskommission unter der Präsidentschaft des Oberhofmeisters Ferdinand von Dietrichstein. Ihr gehörten ferner seine österreichischen und tschechischen Mitarbeiter (Philipp Graf Kinsky, Hofkanzler von Böhmen) und einige hohe ungarische Beamte an. Einen von diesen, den Kardinal Kollonitsch, Bischof von Raab und später, 1689, Erzbischof von Kalocsa, betraute er mit der Bildung einer Untersuchungskommission, die ihm ein Programm vorlegen sollte. Der Kardinal stammte aus einer vornehmen kroatischen Familie und war ein charaktervoller und kultivierter Mann. Seine Vaterlandsliebe steht trotz der ungerechten Beurteilung seiner Zeitgenossen außer Zweifel. Er hegte eine tiefe Abscheu vor Caraffa und den Brutalitäten seiner Soldaten. Aber er war acht Jahre Präsident der ungarischen Kammer gewesen: Er machte sich keinerlei Illusionen über den wirtschaftlichen Zustand seines Landes, auch in jenen Gebieten, wo die Türken nicht gehaust hatten. Ihm war wohl bewußt, wie unwirksam, ja gefährlich alte Sitten sein konnten und daß die aristokratischen Freiheiten in Wahrheit egoistische Vorrechte zum Schaden aller anderen darstellten. Er war überzeugter Katholik und Verfechter einer starken königlichen Macht, die er für unerläßlich für den Wohlstand seines Landes hielt. Die fleißige Unterkommission konnte unter seinem Vorsitz nach einigen Monaten ein Sanierungsprogramm vorlegen, das erst die Kommission und dann der Kaiser akzeptierten.

Dieses „Einrichtungswerk" spiegelte in vielen Punkten den Einfluß deutscher Rechtsgelehrter (Grotius und Pufendorf) und moderner Volkswirtschaftler wider. (5) Es hielt sich an die Praxis und versuchte vor allem die Arbeitsbedingungen zu verbessern und die Steuern gerechter zu verteilen. Das ungarische Kanzleramt sollte ein zentral geleitetes Ministerium werden. Die Armee, die soviel Böses angerichtet hatte, sollte nicht mehr auf Kosten der Einwohner untergebracht werden: sie bekam ihre Quartiere von den Heeresbeamten und den Beamten der Komitate gemeinsam zugewiesen. Auch der kirchliche Bereich hatte Reformen bitter nötig. Den Einwohnerzahlen entsprechend mußten Pfarrgemeinden eingerichtet, die Diözesansynoden und bischöflichen Besuche wieder aufgenommen werden, wie es das Konzil von Trient vorgeschrieben hatte. Ein königlicher Beobachter hatte an allen kirchlichen Versammlungen teilzunehmen. Die Glaubensfreiheit der Grundherren blieb unangetastet. Das große Problem blieb die Wiederbevölkerung des Landes. Es fehlte nicht an Leuten in der Umgebung des Kaisers, die absolutistischen Ideen zufolge behaupteten, das rückeroberte Land gehöre dem König, sozusagen als Beute, über die er frei verfügen könne, ohne sich um die Ansprüche der ehemaligen Besitzer zu kümmern.

Das „Einrichtungswerk" erlaubte den alten Besitzern zwar, ihre Rechte geltend zu machen, aber viel wichtiger war es, neue Siedler nach Ungarn zu locken, indem man ihnen die volle Freiheit zusicherte, ohne Einschränkung durch die Grundherren. Während einer bestimmten Anzahl von Jahren würden sie von Fron und Steuern befreit sein. (6) Die Fron der Bauern auf den

(5) Das Memorandum trug den Titel: „Einrichtungswerk des Königreiches Hungarn in Sachen des status politici-cameralis et bellici unter Leitung von Bischof Kollonitsch".

(6) Die Siedler, die ein Haus wiederaufbauten und das Land wieder urbar machten, brauchten 5 Jahre keine Steuern zahlen, wenn sie Deutsche, 3 Jahre, wenn sie Ungarn

Gütern sollte drei Tage in der Woche nicht übersteigen. Die Bodensteuer sollte von nun an von allen Gütern eingezogen werden, außer von den kirchlichen und denen des niederen Adels. Die Steuerveranlagung sollte von Abgeordneten der Komitate und der Städte ausgearbeitet werden. Die Kammer hatte über die Einhaltung der königlichen Rechte und der Staatsmonopole zu wachen. Mit den verschiedenen Vorschlägen für die Rechtsprechung, die öffentliche Bildung und die Krankenhäuser stellte die Arbeit des Unterausschusses ein beachtliches Programm dar, welches sehr wohl geeignet gewesen wäre, Ungarn zu erneuern und zu restaurieren. Aber die Verhältnisse waren noch nicht reif dafür. Die Kommission überschritt ihre Befugnisse, indem sie mehrere Erlässe herausgab, die von den lokalen Autoritäten nur teilweise befolgt oder sogar verhindert wurden.

Was immer auch aus Wien kam, war dem ungarischen Adel im allgemeinen schon suspekt. Eine unglückliche Formulierung sprach von den deutschen Siedlern, die gekommen seien, „um die ungarische Nation zu germanisieren, das revolutionäre Blut Ungarns mit dem deutschen zu verwässern und Ungarn die Liebe und Treue zu seinem König zu lehren".

Ein königliches Patent vom 11. August 1690 berechtigte Personen, die Ansprüche auf befreites Gebiet zu stellen hatten, dazu, diese Ansprüche auf Grund von Urkunden bis zum 1. Februar 1691 geltend zu machen. Die Besitzer, deren Rechte anerkannt würden, könnten gegen eine angemessene Gebühr ihre erblichen Güter wieder in Besitz nehmen. Die Frist war jedoch zu kurz, die Gebühr zu hoch. Das Resultat glich dem, was in Böhmen nach den Enteignungen passiert war: Familien mit großem Grundbesitz, deren Archive unzerstört geblieben waren, konnten ihren Landbesitz in der ungarischen Tiefebene ungeheuer erweitern. Schwerer tat sich da schon der kleine Adel, besonders der, welcher in die slowakischen Berge geflohen war. Viele ausländische Militärs, denen der Kaiser verschuldet war, erhielten oder erwarben großen Grundbesitz: die einen ließen sich daraufhin in Ungarn nieder, die anderen verkauften das Land an den ungarischen Hochadel, der dadurch noch reicher und mächtiger wurde.

Der ungarische Historiker Szekfü schreibt: „Diese Tatsache wurde für die Zukunft des Landes sehr wichtig; denn wenn auf den großen Domänen fremde Herren fremde Leibeigene beschäftigt hätten, wären die Ungarn ganz aus diesen Gebieten verdrängt worden; die politischen Konsequenzen übersteigen unsere Fantasie. Hier hat der Adel, allein durch seine Existenz und seine materielle Macht, der Nation große Dienste erwiesen." (7)

Tatsächlich gelang es aber der Kommission Kollonitschs, auch viele ausländische Siedler ins Land zu holen. Die Fremden kamen aus den deutschsprachigen Teilen Böhmens (Nordmähren und Schlesien) oder aus Schwaben. Sie bewahrten sich ihre Religion, ihre Sitten und ihre Sprache, und es

---

waren. Über diese Regelung empörten sich natürlich die Ungarn, aber die Kommission war der Meinung, daß die Deutschen am Anfang mehr zu investieren hatten.

(7) Szekfü, J., État et Nation, franz. Ausg., Presses Universitaires de France. 1945, S. 179.

kamen nicht nur Deutsche. Die neu eroberte fruchtbare Erde lockte auch die slowakischen Bergbauern an. Rumänische Bauern wanderten nach Siebenbürgen und Tausende Serben, die sich freudig von den kaiserlichen Armeen hatten befreien lassen, aber nun nach deren Rückzug Racheakte der Türken befürchteten, nach Südungarn. Neunundreißigtausend serbische Familien führte der Patriarch Černojević in die neue Heimat. Der Kaiser sicherte ihnen Religionsfreiheit und Befreiung von den kirchlichen Abgaben zu.

Es war damals unmöglich, die Konsequenzen dieser Vorgänge vorauszusehen. Das Königreich Ungarn nahm in seiner feudalistischen Zersplitterung der Komitate unter einem mehr und mehr zentralistischen Regime mit seinen territorialen und juristischen Gesetzen keine Rücksichten auf die ethnische und sprachliche Zugehörigkeit seiner Bewohner. Es wurden den einen keine Privilegien auf Kosten der anderen zugebilligt, die Privilegien stellten die Sicherheiten jeder Gruppe in der politischen Einheit des Königreiches dar. Die sozialen Gegensätze entsprachen nicht den nationalen Gegensätzen. Es ist schon erwähnt worden, daß in Siebenbürgen nur die reichen Deutschen politische Rechte besaßen und daß der eingesessene Adel der slowakischen Komitate bald die tschechische, bald die ungarische Sprache benutzte.

Die Unterschiedlichkeit der Gruppen und das Sprachenbabel in Ungarn, an welchem sich die Geister des 19. und 20. Jahrhunderts so entflammten, wurden durch die Rückeroberung und die Besiedlung verstärkt. Und der relative Mißerfolg des Programms der Kommission Kollonitschs, die verstärkte grundherrschaftliche Macht, manche Ungeschicklichkeiten der Beamten, die wegen der Kriege im Westen unvollendete Reform des Heeres, förderten die Anarchie im Lande und die traditionelle Neigung zur Revolte. Nur so läßt sich der Aufstand von Franz II. Rákóczy einige Jahre später erklären.

Trotzdem hat sich die königliche Macht, selbst wenn es ihr auch nicht gelungen war, Ungarn durch Reformen fester an sich zu binden, über den Umweg der Erblichkeit innerhalb der ungarischen Verfassung erheblich gefestigt. Bald erlaubten die Wiedereroberung Siebenbürgens durch die Schlacht von Slankamen 1691 und den Rücktritt des Fürsten Michael II. Apáfi die Regelung der Siebenbürgen-Frage. Während Caraffa auch in Siebenbürgen ein autoritäres Regime einführen wollte, gab das Leopoldinische Diplom vom 4. Dezember 1691 Siebenbürgen die Autonomie als integrierter Teil des Königreiches Ungarn. Siebenbürgen bekam also seinen eigenen Landtag, sein eigenes Kanzleramt und die Religionsfreiheit. Am Ende des 17. Jahrhunderts hatte das Haus Habsburg auf weiten Territorien seine Souveränität wieder festigen können. Der Herrschaftsbereich war kompakter geworden und enger assoziiert, besonders die Länder von Triest bis zum Riesengebirge.

DIE WIRTSCHAFTLICHE ENTWICKLUNG DER DONAULÄNDER

Die Agrarwirtschaft war noch immer die wichtigste Existenzgrundlage der damaligen Gesellschaft. In den Städten, selbst in denen, die zu einer Grundherrschaft gehörten, wachten die Zünfte eifersüchtig über ihrem Monopol der handwerklichen Produktion. Wenn sich auch der Lebensstandard etwas hob, was sich an dem stärkeren Lebensmittelkonsum feststellen läßt und an einer Belebung des Bauwesens, wenn der Handel mit Getreide und Vieh auch über die Grenzen der einzelnen Staaten hinausging, so blieb die Wirtschaft doch weitgehend patriarchalisch und ein unverbundenes Nebeneinander von verschiedenen Wirtschaftszweigen.

Aufmerksam beobachtete man auch die französischen Anstrengungen, Fabriken zu gründen, um unabhängig von Importen zu werden und statt dessen den eigenen Export zu intensivieren. Es wurde langsam unhaltbar, daß ein ehrgeiziger europäischer Staat sich mit veralteten Produktionsmethoden zufriedengab und daß er den Unterhalt seines Hofes, seiner Armee und seiner Beamten aus den Steuergaben der Bauern bestritt, die er damit dem äußersten Elend auslieferte, oder aus Zöllen, deren erdrückende Zahl den Handelsverkehr lähmte und die Preise in die Höhe drückte.

Nach Ansicht der damaligen Nationalökonomen sollte sich die Regierung vorwiegend damit beschäftigen, den Staat reich zu machen, indem sie die Landwirtschaft und die Bodenschätze besser zu nutzen versuchte. Das jedenfalls war die Tendenz einer Arbeit, die 1668 Johann Joachim Becher in Frankfurt unter dem Titel veröffentlichte: „Politischer Diskurs von den eigentlichen Ursachen des Auf- und Abnehmens der Städte, Länder und Republiken; in specie, wie ein Land volkreich und nahrhaft zu machen und in recte societatem civilem zu bringen.“ Unter der bürgerlichen Gesellschaft verstand Becher eine Produktionsgesellschaft. Dieser Mann, den man den genialen Begründer des Merkantilismus in Österreich nannte, war Reichsdeutscher, geboren in Speyer, und er dachte natürlich zunächst ans Reich, weniger an die Habsburgerländer. Aber er wandte sich mit seinen Überlegungen an den kaiserlichen Hof als die treibende Kraft für eine allgemeine Wirtschaftsreform, die nach Becher zunächst einmal in der Befreiung vom französischen Einfluß bestehen mußte. Denn dieser Einfluß beruhte auf einer paradoxen Einstellung der Deutschen, die Becher mit Temperament und Witz denunzierte: „daß die Französische Schermesser uns Teutschen den Bart besser scheren als andere, die Französische Scheren und Zangen schneiden besser die Nägel und reißen die Haar aus als unsere, ihre Uhren gehen besser, wann sie die Teutsche zu Paris gemacht haben als wann eben selbige Meister solche zu Augsburg gemacht hätten, dann die Lufft allda ist besser darzu.“ (8)

(8) Politischer Discurs, Kap. IX.

Becher hoffte, bei der zentralen Regierung in Wien Mittel und Möglichkeiten für eine modernere Wirtschaftspolitik zu finden. Wirtschaftliche Fragen hingen von der „Hofkammer" ab. Sie sammelte die Einnahmen, die der Kaiser für allgemeine Ausgaben auch außerhalb seiner Erblande benötigte. Da sich in diesen Jahren vom „Geheimen Rat" eine „Geheime Konferenz" für wichtigere Angelegenheiten abgespaltet hatte, wurde nach diesem Beispiel neben der „Hofkammer" ein Rat gebildet, der sich nur mit Handelsfragen auseinanderzusetzen hatte. Dieser Handelsrat unterstand dem Präsidenten der „Hofkammer" Georg Ludwig von Sinzendorf (1616—1680) und war der erste gemeinsame Organismus für die wirtschaftlichen Interessen der Erbländer. Becher war Mitglied. Seine Ideen inspirierten sich am holländischen Beispiel. Aber die holländische Gesellschaft hatte eine ganz andere Struktur als die Gesellschaft in den Habsburgerländern. Es gab auch in Wien an internationalen Geschäften interessierte Kaufleute, aber es waren fast nur Italiener und Juden, die Mitglieder des Handelsrates gehörten dem hohen Adel und dem Beamtenstand an. Sie benutzten den Handelsrat für ihre persönliche Geldgier, ohne das allgemeine Wohl zu bedenken. Gründliche Untersuchungen wären nötig gewesen, um mit Sachverstand an die Neuorganisierung der Industrie und des Handels gehen zu können. Die Arbeitssitzungen sollten ursprünglich jede Woche stattfinden: sie fanden von Mal zu Mal in weiteren Abständen statt. Ein Fehler war auch, daß die Räte für diese Tätigkeit nichts bezahlt bekamen. Becher bezog ein Gehalt von 1000 Gulden von der ungarischen Kammer. Als der Sekretär Prückner um eine Erhöhung bei der „Hofkammer" ansuchte, versah Leopold zwar das Gesuch mit seinem „Placet", aber auch mit folgender Randbemerkung: „Ich sehe nicht, daß der Rat so oft in corpore zusammentritt, wie er sollte, und daher scheint mir seine Arbeit nicht sehr wichtig zu sein." Der Kaiser war nun einmal kein Volkswirtschaftler, und niemand in seiner Umgebung informierte ihn über diese Probleme. Und leider reizten Becher zu viele verschiedene Dinge. Da er medizinische und wissenschaftliche Studien betrieben hatte, beschäftigte er sich auch mit Alchemie, suchte das Land nach goldhaltigem Sand ab, träumte von mechanischen Raumflügen und Unterseebooten. Während des holländischen Krieges setzte er sich dafür ein, daß die Einfuhrverbote für französische Waren ins Reich eingehalten wurden. Es handelte sich dabei um die kaiserlichen Edikte vom 20. Juni 1674 und vom 7. Mai 1676. Aber diese Verbote wären nur durchzuführen gewesen, wenn man im Reich über Fabriken verfügt hätte, welche die Produkte der eigenen Länder, Italiens und der Schweiz hätten verarbeiten können. Die Städte dachten aber nur daran, im Rahmen des bisher üblichen Handels die Ansprüche ihrer unmittelbaren Kundschaft zu befriedigen. Die Kaufleute hielten es für unmöglich, die französischen Waren in absehbarer Zeit, in genügender Menge und zu niedrigen Preisen durch heimische Produkte ersetzen zu können. Und in höfischen Kreisen dachte man nicht daran, den gewohnten Komfort irgendwelchen patriotischen Gefühlen zu opfern: In Wien zahlten die Damen der Aristokratie jeden verlangten Preis für in Frankreich produzierte Schuhe. Umsonst hatte Becher in seinem „Politischen Diskurs" gepredigt, daß nichts einem Staat und seinem Volk so schaden könne wie die unnötigen Ausgaben des Hofes. Becher hatte in vielen Punkten recht, aber er war seiner Zeit zu weit voraus. So riet er zum Beispiel zu der Gründung von Manufakturen mit königlichen Privilegien. Der Ratschlag wurde befolgt, aber sogleich kam es auch zu Komplikationen. Zum Beispiel erlangte Sinzendorf die Erlaubnis, eine Seidenmanufaktur auf seinem Besitz in Walpersdorf gründen zu dürfen, damit man keine italienische Seide mehr einzukaufen brauche und statt dessen das italienische Rohmaterial von italienischen Arbeitern in Walpersdorf verarbeiten könne. Für Sinzendorf hatte von nun an der Handelsrat keine andere Funktion mehr, als ihm seine Manufaktur vor der Konkurrenz zu schützen. 1672 erwarb der Linzer Kaufmann Christian Sind das Privileg für eine Leinenmanufaktur. Aber die mit dem Privileg verbundenen Bedingungen lähmten von vornherein den Aufschwung seines Unternehmens: Er durfte lediglich Material aus Österreich „ober und unter der Enns" verwenden, und er durfte die kleinen Weber und Färber des Landes in ihren Verdienstmöglichkeiten nicht stören. Zum Ausgleich ließ sich Sind die Garantie geben, daß in Oberösterreich keine Konkurrenzfirma neben seiner gegründet werden durfte.

Die Habsburgerländer besaßen in Triest und Fiume zwei wertvolle Fenster zur Adria. Becher hielt eine mögliche Ausweitung des Osthandels für möglich. Aber dafür hätte man über mehr Kapital verfügen und die Interessen der verschiedenen Länder erst koordinieren müssen. Leider hatten die Landtage Kroatiens und Ungarns, die man für die Probleme der westlichen Provinzen hätte interessieren müssen, nur wenig Verständnis für allgemeine Fragen, und man darf ihnen das noch nicht einmal zum Vorwurf machen. Sie hatten schon genug Schwierigkeiten, ihre landwirtschaftlichen Produkte anzubringen. Häufig protestierten die ungarischen Landtage gegen die ständige Erhöhung der Zölle jenseits ihrer Grenzen, womit besonders die Zölle auf der Donau gemeint waren. Andererseits nahm man es in Österreich als gegeben hin, daß Ungarn seine Produkte nur an Österreich lieferte, und hinderte Ungarn nach Kräften daran, mit dem Rest Europas freien Handel zu führen. Hier taucht schon eine spätere Konstante in der Geschichte des Donauraums auf.

1667 gründete ein Unternehmer aus St. Veit/Glan, Lelio de Luca, eine Osthandelsgesellschaft, die neun Schiffe auf der Donau fahren lassen wollte, um einerseits deutsche Waren nach Osten zu transportieren (Metallartikel aus Nürnberg und aus dem Reich, Eisen aus der Steiermark, Tuche aus Schlesien) und um andererseits in die Habsburgerländer Baumwolle, Rohseide, Kamelhäute und Straußenfedern einzuführen.

Das war ganz im Sinne Bechers, der eine Zirkulation von Waren auf den Flüssen Donau, Rhein und Main geplant hatte. Aber der „Hofkriegsrat" hatte gegen einen Handel mit der Türkei seine Bedenken. Seiner Ansicht nach riskierte man mit den Eisen- und Stahllieferungen an das Osmanische Reich, einen potenten Gegner mit Kriegsmaterial auszurüsten.

Man sieht, wie unmöglich es für die kaiserliche Regierung war, die gegensätzlichen Interessen der verschiedenen Staaten zu koordinieren und ein allgemeingültiges Wirtschaftsprogramm auszuarbeiten und anzuwenden: Alles verlor sich in wenig dauerhaften Einzelinitiativen. Die Historikerin Erna Patzelt schreibt, die Wirtschaftspolitik sei weniger vom Kaiser als von den Ständen gemacht worden. Von einzelnen Mitgliedern der Stände, möchte man hinzufügen. Ein anderer Wirtschaftsberater am Wiener Hof war der Finanzbeamte Wilhelm von Schröder, ein Thüringer, der 1686 in Leipzig die „Fürstliche Satz- und Rentkammer" publizierte, in welcher er darlegte, daß sich der Reichtum eines Fürsten auf die Wohlhabenheit seines Volkes gründen müsse und daß das Steuerwesen eng mit der Wirtschaft zusammenzuarbeiten habe. Nun, das Steuerwesen blieb der schwache Punkt des Systems. Außerhalb dessen, was der Kaiser durch die Landtage bezog, hätte er auch noch über wichtige Einnahmsquellen auf anderen Sektoren verfügen können, wenn er sie nur richtig genutzt hätte: die Einnahme aus seinen ererbten und konfiszierten Gütern, die Zölle auf der Donau, die Produkte der Eisenminen, das Salz des Salzkammergutes, das Quecksilber von Idria in Krain und das Kupfer von Neusohl in Ungarn. Aber zu viele Güter waren verschenkt worden, an geistliche Orden oder an Personen, die dem Kaiser irgendwelche Dienste geleistet hatten. Diese Freigebigkeit war umso trauriger, als der Staat in der Folge gezwungen war, von eben diesen Personen, die sich auf seine Kosten bereichert hatten, große Summen auszuborgen.

Ein Prinzip übertriebener Steuerpolitik war es, von jeder zirkulierenden Ware einen Zoll einzuziehen, wodurch man aus dem Zollwesen eine sehr kurzsichtige geographische Angelegenheit machte. Ganz im Gegenteil dazu schlug Becher eine allgemeine Verbrauchersteuer vor, das heißt eine Steuer, die sich nach der Qualität der Waren richtete und von der er mit Recht annehmen konnte, daß der Käufer bereit sein würde, sie zu zahlen, um in den Genuß des begehrten Objekts zu kommen. Becher nahm an, daß diese Verbrauchersteuer dem Staat das Doppelte seiner bisherigen Einnahmen einbringen würde.

Es fehlte aber der Durchführung das konsequente System. Die staatlichen Zölle und Monopole waren die meiste Zeit verpachtet, wie es auch in Westeuropa üblich war. An der Verwaltung der Monopole verdienten nun dieselben Leute, die auch an Pachten, Fabriken und Gesellschaften beteiligt waren. Sie schafften es, in kurzer Zeit ein beträchtliches Vermögen anzuhäufen. Nicht alle gingen allerdings dabei so unehrenhaft vor wie Präsident Sinzendorf, bei dem man sich wunderte, daß der Kaiser ihm weiter die Leitung der „Hofkammer" überließ. Nur wenige stellten die Interessen des Staates vor die eigenen. Ein gewisser Mittermayer zum Beispiel gab dem Staat die Quecksilberminen zurück, die dann im Laufe des Krieges der Augsburger Liga und des Spanischen Erbfolgekrieges den niederländischen Staaten als Pfand angeboten wurden. Ohne das Geld der Holländer hätte der Kaiser seine Armeen nicht mehr unterhalten können.

Auf Grund der schlechten wirtschaftlichen Organisation und der ständigen Geldnot mußte die „Hofkammer" sich immer wieder Geld bei Privatleuten ausleihen. In besonders eiligen Fällen dienten die jüdischen Geschäftsleute als Bankiers. Diejenigen, die das Austreibungsedikt von 1669, das dem Kaiser von der Eifersucht der Zünfte entrissen worden war, umgehen hatten können, liehen jetzt der Schatzkammer Geld mit bis zu 20 Prozent Zinsen. Der wichtigste dieser Männer war Hans Samuel Oppenheimer, „Kaiserlicher Kriegsoberfaktor und Jud", dessen Zusammenbruch fast zu einem Staatsbankrott führte.

Während Becher vor allem als Deutscher dachte, war das Programm seines Verwandten und Schülers, Philipp Wilhelm von Hörnigk, des geheimen Rats des Bischofs von Passau, ganz auf den Donauraum zugeschnitten. Ein Jahr nach der Belagerung von Wien betrachtete er sich als den Geburtshelfer eines neuen Österreich und publizierte ein Werk, das im Laufe des 18. Jahrhunderts mehrmals neuaufgelegt wurde. In wirtschaftlicher Hinsicht erreichte die Abhandlung aber bei weitem nicht die Originalität der Becherschen Ideen, obwohl der Titel seines Buches ein ausgezeichneter Einfall war: „Österreich über alles, wenn es nur will."

Damals war es noch nötig, daß Hörnigk den Begriff Österreich erklärte, den er auf diese Weise zum ersten Mal sanktionierte. Unter Österreich verstehe er alle Erbländer und erblichen Königreiche des erzherzoglichen deutschen Hauses Österreich, sagte er, gleichgültig ob sie zum Römischen Reich gehörten oder nicht. Um allein zu bestehen, fehlen dem einzelnen Land die Mittel. Zusammen könnten sie eine Macht bilden. Was dem einen fehle, könne durch das, was der andere besäße, ausgeglichen werden: eine Welt für sich, deren Eigenmittel nicht nur das Existenzminimum decken, sondern auch einen gewissen Komfort garantieren könnten.

Aus dieser Sicht ergeben sich weitere wirtschaftliche Folgerungen: Möglichst wenig außerhalb der Grenzen einkaufen, die heimische Produktion steigern, um die ausländische Kundschaft anlocken zu können, Gold und Münzwerte zurückhalten. Diese Vision war frühreif, umso mehr als das zurückeroberte ungarische Territorium ganz besondere Probleme stellte. Aber bald erwies sich die wirtschaftliche Solidarität zwischen den westlichen Donauländern und dem Königreich des heiligen Stephan als absolut notwendig. Die Vorstellungen änderten sich. Auch die böhmische Kammer forderte 1699 die Bildung eines Handelsrates, wie er schon in allen Ländern des Kaisers bestand, und 1705 erweiterte der Landtag den Antrag um den Vorschlag, der Rat sollte eine für alle Erbländer verbindliche Körperschaft darstellen.

Damit sollten nicht das Eigenrecht eines Staates, seine Privilegien und besonderen Freiheiten aufgegeben werden, aber es regte sich zum ersten

Mal das Bewußtsein eines gemeinsamen wirtschaftlichen Interesses und einer Solidarität, die allen Ländern wirtschaftlich zugute käme.

DAS ZEITALTER PRINZ EUGENS

Steigende Bevölkerungszahlen und eine günstige Konjunktur wären für eine wirtschaftliche Solidarität, welche den Zement für ein Donaureich hätte hergeben können, sehr günstig gewesen. Aber die allgemeine Unkenntnis und der Geist der Zeit erlaubten nicht, die Politik den wirtschaftlichen Notwendigkeiten anzupassen. Die Macht eines Staates wurde doch immer an der Größe seines Territoriums gemessen, an seiner militärischen Stärke und seiner Geschicklichkeit, den konkurrierenden oder gegnerischen Staat durch Teilung und Zerstückelung unschädlich zu machen.

Es war verhängnisvoll, daß der Kaiser durch seine Erfolge im Osten so sehr an Prestige gewann, daß Ludwig XIV. und seine Minister glaubten, Argwohn schöpfen zu müssen. Die Regensburger Verträge von 1684, in denen die Beschlüsse französischer Gerichtshöfe für zwanzig Jahre anerkannt wurden, sicherten Frankreich die politische Vorherrschaft in Westeuropa. Mit der Annexion Straßburgs und mit der „Clausa Germanis Gallia“ (Einwanderungsverbot für Deutsche) schien Frankreich an seinem Ziel angekommen zu sein. Aber man gab sich in Versailles nicht der Illusion hin, dieses sei bereits vom Reich akzeptiert worden. Man wußte, daß Wien die französische Politik in Frage stellen würde, sobald die kaiserlichen Armeen nicht mehr im Osten gebunden sein würden. Der Kampf gegen die Osmanen, deren Macht endgültig gebrochen werden sollte, band alle Kräfte der Österreicher, Polen und Russen und machte es ihnen unmöglich, ihre Truppen in anderen Regionen einzusetzen. Dabei konnte sich Rußland viel intensiver dem Kampf gegen das Osmanische Reich widmen als der Kaiser, der immer auch seinen Verpflichtungen dem Reich gegenüber nachkommen mußte. Auch das dynastische Prestige stand für ihn ständig auf dem Spiel. Ließ die Führung der Reichsangelegenheiten zu wünschen übrig, war es nicht mehr sicher, daß die Krone in Zukunft der Dynastie erhalten blieb. Er hatte seinen ältesten Sohn Joseph 1687 zum König von Ungarn krönen lassen, drei Jahre später wurde der König von Ungarn 1690 in Augsburg zum römischen König gewählt. Von Deutschland hing das Schicksal seines Hauses ab. Er war verpflichtet, sich an die Allianzen der Reichsfürsten zu halten, für die Einhaltung der Verträge und für die Opposition gegen Frankreich zu sorgen. Die französische und die kaiserliche Diplomatie stritten sich um den Einfluß an den deutschen Fürstenhöfen, wobei auf beiden Seiten viel Geld, Zeit, Talent und List verschwendet wurden. Resultat: Der König von Frankreich und der Kaiser wurden zu unversöhnlichen Feinden: Versailles gegen Wien.

Aber die Situation in Europa änderte sich aus ganz anderen Gründen. Zur Zeit der Stuarts hatte sich die englische Politik in französischen Bahnen bewegt. Aus religiösen, wirtschaftlichen und politischen Gründen änderte sich das jedoch grundlegend nach der englischen Revolution von 1688. Das Bündnis zwischen England und den Vereinigten Niederlanden, ein Werk König Wilhelms III. von Oranien, wurde zum bestimmenden Faktor in den internationalen Beziehungen. Um Frankreich auf dem Kontinent niederzuhalten, brauchten die Seemächte die Armeen des Kaisers. So hatte im 3. Eroberungskrieg Ludwigs XIV. Frankreich das Haus Österreich mit mächtigen Verbündeten gegen sich. Welche Auswirkungen dieser Krieg auf den Bewußtseinszustand der Völker in den Donauländern gehabt hat, ist nie untersucht worden. Aber wenn man sich allein an die Erscheinungsformen des religiösen Lebens hält, an die zahllosen Prozessionen und Bittgebete, in denen die Jungfrau Maria angefleht wird, den Kaiser und das Reich in den gegenwärtigen Gefahren zu beschützen, dann ist man geneigt, an eine verstärkte „österreichische" Solidarität zu glauben. Dagegen verstärkten sich die Unterschiede zwischen dem protestantischen Norddeutschland (Sachsen, Brandenburg, Hannover) und dem vorwiegend katholischen Süddeutschland (Baden und Bayern). Ohne Krieg hätten sich die Völker Europas intensiv ihren Handelsbeziehungen und ihrem kulturellen Austausch widmen können. Eine lange kriegerische Epoche dagegen begünstigte das Wachsen von Mythen, wie zum Beispiel die Legende von dem Despoten und Feind der Christenheit auf dem französischen Königsthron.

Man kann also annehmen, daß der 3. Eroberungskrieg Ludwigs XIV. und der Spanische Erbfolgekrieg die Loyalität im westlichen Teil der österreichischen Erbländer verstärkt und nicht geschwächt hatten. Die kaiserlichen Armeen unterhielten zahlreiche deutsche Kontingente, sie wurden von deutschen Generalen kommandiert, kurz gesagt, das Deutschtum herrschte in der militärischen Gesellschaft, und das war sicherlich wirksamer als alle möglichen Regierungserlässe, die man so und so wenden konnte.

Nach der Einnahme von Belgrad hätte Leopold gerne seinen Frieden mit dem Sultan gemacht. Aber die Zähigkeit seiner Alliierten und die Hoffnungen, die sie sich auf neue Siege machten, ließen es nicht dazu kommen. Den Krieg jedoch an zwei Fronten zu führen, war für den Kaiser wenn nicht jenseits der menschlichen Möglichkeit, so doch jenseits seiner finanziellen. Die Seemächte liehen ihm Geld und banden ihn damit an ihre Unternehmungen. Der Einsatz des Reiches in diesem Spiel war die Wiederherstellung des Westfälischen Friedens, das Haus Österreich hoffte jedoch darüber hinaus auf den Wiedergewinn des Elsaß. Außerdem sollte auf allgemeinen Wunsch der Herzog Karl von Lothringen sein Herzogtum zurückbekommen. Ein Zweifrontenkrieg also: aber die westliche Front bildete keine feste Linie. Man kämpfte in Flandern, am Rhein, in Italien, selbst in Katalonien, wo die Franzosen eingedrungen waren. Dank seiner exzellenten Armee konnte der König von Frankreich der mächtigen Koalition lange standhalten. Der Friede wurde erst 1697 in Rijswijk geschlossen. Er war einer der vernünftigsten Friedensschlüsse, die wir kennen: Der König verzichtete auf die Beschlüsse der Reunionskammern, gab Lothringen zurück, behielt aber Straßburg, und damit hatte sein Königreich von nun an seine solide Grenze. Es bestand für ihn kein Grund mehr, Eroberungskriege zu führen.

In der kaiserlichen Armee hatte sich ein junger Offizier bemerkbar gemacht, der später ein Nationalheld werden sollte: Prinz Eugen, der edle Ritter. Sohn eines Prinzen von Savoyen-Carignan und der Olympia Mancini, einer Nichte des Kardinals Mazarin, hatte der in Paris geborene und in Frankreich aufgewachsene Eugen von Savoyen schon im Alter von zwanzig Jahren unter ziemlich wirren Umständen dem Hof Ludwigs XIV. den Rücken gekehrt und an der Schlacht um Wien teilgenommen. Seine militärische Ausbildung erhielt er bei seinem Verwandten, dem Markgrafen von Baden, während der Wiedereroberung Ungarns. Und während des 3. Eroberungskrieges Ludwigs XIV. wurde er zum Feldmarschall befördert. Mit großem Geschick leitete er die Operationen in Savoyen, wo er mit seinem Vetter, dem Herzog Viktor Amadeus II., in der Koalition gegen Ludwig kämpfte. Man kann wohl nicht daran zweifeln, daß Prinz Eugen sich persönlich am König von Frankreich rächen und jenes Frankreich demütigen wollte, welches versäumt hatte, ihm den entsprechenden Platz zuzuweisen. Diese Empfindlichkeit in punkto Ehre und fürstlichem Stolz drängt die Parallele zu Wallenstein auf. Aber dessen politische Visionen gingen über das Königreich Böhmen und über das Reich nicht hinaus. Und seine politischen Aktionen blieben im Rahmen der religiösen Konflikte zwischen Protestanten und Katholiken und der Konflikte zwischen dem Kaiser und den Ständen.

Prinz Eugen bevorzugte es, mit „Eugenio von Savoyen" zu unterschreiben. Die Unterschrift beschwor drei Länder, die ihm besonders nahestanden: Savoyen, das Land seines Ursprungs und ersten militärischen Ruhms, Österreich, das Land seiner Wahl und seiner treuen Dienste, und schließlich Frankreich, das Land seiner Geburt und seiner Erziehung. Einmal im Dienst des Kaisers, verließ er ihn nie wieder und identifizierte seinen eigenen Ruhm vollständig mit dem des Hauses Österreich. Diesen Ruhm hat er wesentlich steigern können, so daß eines Tages Ludwig XIV. zu Villars gesagt hat: „Schon lange Zeit betrachte ich den Prinzen Eugen als Untertan des Kaisers; als solcher tut er seine Pflicht." Er brauchte dem Kaiser, seinem Herrn, nicht besonders zugetan zu sein, um ihm unerschütterlich zu dienen, und er sparte dem Kaiser gegenüber nicht an herber Kritik an Generalen, Ministern und Alliierten, aber bewahrte sich immer eine untadelige Höflichkeit. Er war die perfekte Inkarnation eines großen europäischen Herrn des 18. Jahrhunderts. Obwohl von kleiner Statur und häßlich, wirkte er dennoch imponierend. Wenige Persönlichkeiten seiner Zeit waren so vielseitig begabt: Wissenschaftler, Stratege, Soldat, Politiker, Mäzen und Kunstsammler. Er korrespondierte mit Rousseau, war der Freund von Leibniz und versetzte Montesquieu durch seine geistvolle Konversation in Begeisterung.

Er hätte dem Frankreich Ludwigs XIV. viel geben können. Er hätte hier vielleicht mehr Konkurrenten vorgefunden und seine Karriere wäre weniger großartig verlaufen, während er neben dem alternden Leopold der einzige Mann zu sein schien, der in der Lage war, aus einem zufälligen Konglomerat den mächtigen Staat Österreich zu schaffen.

Durch den Frieden von Rijswijk war der Krieg im Westen beendet worden, alle Kräfte konnten sich jetzt auf Ungarn und den Vormarsch entlang der Flüsse konzentrieren. Bei Zenta schlug Prinz Eugen die türkische Armee vernichtend. Der Friede wurde 1699 in Karlowitz unterzeichnet: die Polen erhielten Podolien zurück, Venedig die Morea (Peloponnes). Nur Rußland führte weiter Krieg, da sich seine Hoffnungen nicht erfüllt hatten. Der Kaiser nahm Siebenbürgen wieder in Besitz und die ungarische Ebene bis zum Maros, das heißt: nur das Temescher Banat blieb unter türkischer Herrschaft.

Fast ganz Ungarn war nun befreit: Das bedeutete für das Haus Österreich eine im Donauraum noch nie dagewesene Ausdehnung. Einige Vertragsklauseln enthalten genaue und für die Zeit sehr bezeichnende Bestimmungen über die Schiffahrt auf der Donau.

Die Handelsschiffe aller Staaten Seiner Kaiserlichen Majestät konnten von Ulm ab ungehindert die Donau benutzen, vom Maros auf die Theiß umsteigen, von der Theiß auf die Donau flußabwärts und flußaufwärts, wie es ihnen paßte. Dieselbe Freiheit wurde umgekehrt auch den Osmanen gestattet und auf Fischerboote und Fähren ausgedehnt. Weder Mühlen noch Bewässerungsarbeiten, wie zum Beispiel am Maros, durften den Verkehr der kaiserlichen Handelsschiffe behindern. Von nun an sollten die Probleme des Osthandels und der internationalen Schiffahrt auf der Donau immer mehr Platz in der Politik und im Leben der Monarchie einnehmen. (9)

Nun schien in Europa wieder Friede zu herrschen. Aber ein Problem war ungelöst geblieben: die Regelung der Spanischen Erbfolge. Hier trennten sich die dynastischen Interessen von den Interessen der Völker, und überkommene Ideen von Macht und Ruhm trugen den Sieg davon über die modernen Forderungen nach inneren Reformen und allgemeinem Wohlstand. Es galt nun vorzusorgen, daß Spaniens Thron in Zukunft nicht leerstand. Die beste Lösung für alle wäre gewesen, wenn sich in Madrid weiterhin die spanischen Habsburger an der Macht gehalten hätten. Aber König Karl II. hatte keine Nachkommen. Seine nächsten Verwandten, Leopold I. und Ludwig XIV., die sich 1668 auf eine gerechte Teilung der Nachfolge geeinigt hatten, pochten jetzt beide auf ihre Rechte. Leopold konnte eine

(9) Der Text des Friedens von Karlowitz, der lateinisch abgefaßt war, ist abgedruckt in Du Mont: „Navigatio navium germanicarum aut aliorum subditorum caesareorum nullo possit in cursu suo ultra citroque incommodari, sed libere atque commodiccime fiat ubique in praedictis duobus fluviis" (diese beiden Flüsse bilden die Grenze) ... „ne diversione aquarum in Marusio cursus caesarearum navium incommodum aliquod petiatur; nullatenus permittetur ut sive molendinorum, sive alia occasione ex Marusio aquae alio deriventur, seu deduantur."

Zeitlang hoffen, daß sein zweiter Sohn, der 1685 geborene Erzherzog Karl (der spätere Karl VI.), von Karl II., seinem Patenonkel, adoptiert werden würde. Als aber der spanische König 1700 starb, bestimmte er einen Enkel Ludwigs XIV., den Herzog von Anjou, zu seinem Erben.

Ludwig XIV. hatte wohl nicht damit gerechnet, daß er den Frieden Europas stören würde, als er das Testament annahm. Er war guten Glaubens, den Willen der spanischen Nation zu erfüllen, indem Spanien ungeteilt blieb und Frankreich keine Annexionen vornahm. So schien es, aber in Wirklichkeit war nun ganz Spanien unter sein Protektorat geraten. Die Seemächte empörten sich, weil sie selbst am Handel mit Spanien interessiert waren. Sie knüpften mit dem Kaiser und dem Reich die große Allianz vom September 1701, welche zu einem neuen, dreizehnjährigen europäischen Krieg führen sollte.

Frankreich sollte in diesem Krieg fast Schiffbruch erleiden, aber auch das Haus Österreich hatte schwere Stunden durchzustehen; denn es mußte in Ungarn den schwersten aller Kuruzzenaufstände abwehren: Franz II. Rákóczi, ein junger Adeliger, Sohn, Schwiegersohn und Enkel von lauter Rebellen, hatte geschickt die Unzufriedenheit der Bauern mit dem feudalen System und den Lasten, die ihnen durch die kaiserliche Armee erwuchsen, und die allgemeine Unzufriedenheit des Adels genutzt. Seine Mutter war Helene Zrinyi, in zweiter Ehe verheiratete Thököly, die bis 1688 in Munkács, einer Festung in den Karpaten, Widerstand geleistet hatte. Franz Rákóczi war in Österreich erzogen worden, war zum Katholizismus übergetreten und sehr gut über die westliche Lebens- und Denkweise unterrichtet. Er hoffte also, daß Ludwig XIV. ihm helfen würde. Eine geschickte Propaganda versuchte, in der französischen Öffentlichkeit Sympathien für Ungarn zu erwecken. Das ging so weit, daß Frankreich Ungarn Soldaten schicken sollte, entweder über Polen, welches ebenfalls mit Ungarn verbündet war, oder über die adriatische Küste. Aber all das waren trügerische Hoffnungen. Trotzdem hatte es manchmal den Anschein, als würde Franz Rákóczi den Sieg davontragen. 1704 wurde er vom Landtag zum Fürsten von Siebenbürgen gewählt. Im Widerspruch zu dem Leopoldinischen Diplom von 1691 wurde die Unabhängigkeit des Fürstentums erklärt, und sein neuer Regierungschef nahm den Rang eines europäischen Herrschers an, jedenfalls für die Fürsten, die ihn anerkannten. Das waren der König von Schweden, der Zar und der König von Spanien, Philipp V., der ihm sogar 1708 das Goldene Vlies verlieh. Sein Erfolg erklärt sich durch die besonderen Verhältnisse der ungarischen Gesellschaft. Rákóczi war der Besitzer riesiger Domänen, die zwar weit verstreut lagen, aber insgesamt eine Fläche von 500.000 Hektar ausmachten. Er sammelte die vom alten Ideal der Unabhängigkeit entflammten Adeligen um sich und die Bauern, denen er die Freiheit und ein neues Bodennutzungsrecht versprach, wenn sie in seine Armee eintraten. In seinem Schloß Sárospatak tagten die Delegierten der Komitate, und er gab seinem Staat das Statut einer Konföderation. 1705 befanden sich der größte Teil der 1683 wiedergewonnenen Gebiete, die Komitate von Oberungarn, die jetzige Slowakei, in die die Türken niemals eingedrungen waren, und schließlich Siebenbürgen unter der Herrschaft Rákóczis. Dem Kaiser blieb nur ein schmales Band entlang der österreichischen Grenze und einige Städte. Nur wenige ungarische Adelige waren dem Kaiser treu geblieben, unter ihnen General Johann Graf Pállfy, ein Befehlshaber der Kaiserlichen Armee. Vergebens hoffte man in Wien, daß er durch sein Beispiel und seine Überredungskünste einige seiner Kompatrioten zurückgewinnen würde. 1707 erklärten die Konföderationen in Onod das Haus Habsburg für abgesetzt. Ganz Ungarn schien einig, sich dem Führungsanspruch des Kuruzzenführers zu beugen. (10)

Dem Prinzen Eugen war zu jener Zeit die Leitung des „Hofkriegsrates" anvertraut worden. Außerdem war er Mitglied der „Geheimen Konferenz", was ihn zu einem mächtigen Minister machte. Er empfahl dem Kaiser, die ungarische Revolte mit Waffengewalt niederzuschlagen und keinesfalls mit den Rebellen zu verhandeln. Zur gleichen Zeit war er selbst allerdings noch mit dem Kampf gegen Frankreich beschäftigt. In London konnte er, unterstützt von einem Freund, dem böhmischen Kanzler Graf Wratislaw, den Alliierten notwendige militärische und finanzielle Unterstützung abhandeln. Zusammen mit John Churchill, Herzog von Marlborough, siegte er 1704 in Blindheim über die Franzosen und ihre bayrischen Verbündeten. 1707 gelang es ihm, das von den Franzosen belagerte Turin zu befreien und bis in die Provence vorzudringen. Er eroberte nacheinander Flandern, Oudenaarde und Lille: der Weg nach Paris lag offen vor ihm.

Auf einem englischen Schiff war der Erzherzog Karl (Karl VI.) nach Spanien gelangt und versuchte in Madrid Fuß zu fassen. Aber aus nationalem Stolz und aus wirtschaftlichen Erwägungen (Handel mit Frankreich) zogen die Kastilianer ihm Philipp V. vor. Nur Katalonien wählte „Karl III." zum König. In Barcelona, seiner Hauptstadt, residierte er einige Jahre als König von Katalonien. Im Frühling 1709 stand es so schlecht um Frankreich, daß Ludwig XIV. um Frieden nachsuchen mußte. Es kam zum Kongreß in Den Haag. Aber Prinz Eugen stellte Bedingungen, die Frankreich aller seiner Erfolge seit 1648 beraubt hätte. Das erschien den französischen Verhandlungspartnern so beleidigend und ungerecht, daß sie die Konferenz verließen und Ludwig den Kampf wieder aufnahm. Prinz Eugen war ein politischer Fehler unterlaufen: Er hatte die Gelegenheit versäumt, Straßburg dem Reich zurückzugewinnen und Frankreich an seiner Westgrenze wieder verletzbar zu machen.

In den ungarischen Angelegenheiten zeigte er dagegen wesentlich mehr politisches Geschick: Entgegen seinen früheren Ansichten widersetzte er sich nicht mehr den Verhandlungen Pállfys mit den Rebellen. Die Kuruzzen

(10) Eine vor kurzem hergestellte Karte wird im Schloßmuseum Sárospatak (Ungarn) ausgestellt. Sie verdeutlicht hervorragend die Ausbreitung der Rebellion und läßt die Gefahr erkennen, in der sich damals der östliche Teil der Monarchie befand.

hatten 1708 eine schwere Niederlage in Trentschin erlitten, die sie zwar noch nicht in die Knie zwang, aber es ihnen ohne fremde Hilfe unmöglich machte, auf österreichischem Gebiet von der Defensive zur Offensive überzugehen. Auf diese Hilfe allerdings warteten sie vergebens. Es war Frankreich ganz unmöglich, Truppen zu schicken oder im Rücken der Kaiserlichen eine Gegenfront aufzustellen. Schweden, das schon Polen besetzt hielt, hatte sich in ein sinnloses Abenteuer mit Peter dem Großen eingelassen und alles verloren.

Während der Abwesenheit von Rákóczi handelte Alexander Graf Károlyi, einer seiner Offiziere, 1711 in Szatmár mit Generalen des Kaisers den Frieden aus, der vom ungarischen Landtag anschließend ratifiziert wurde. Von einer vollständigen Unterwerfung der Rebellen war bei diesem Friedensschluß nicht die Rede. Es handelte sich vielmehr um einen Versöhnungspakt zweier gleichwertiger Partner, der Dynastie und der ungarischen Nation. Der „König“ erließ eine Amnestie für alle Magnaten, Adeligen, Bürger, Milizsoldaten und Bauern in Ungarn und Siebenbürgen. Der Adel bekam zudem alle seine Vorrechte bestätigt, sogar das Recht zum Waffengebrauch (sofern sich dieser nicht gegen den Kaiser richtete). Soldaten niederen Ranges erhielten die Garantie, nicht mehr mit Gewalt zur kaiserlichen Armee eingezogen zu werden, und durften nach Leistung des Treueides nach Hause gehen, um ihre Arbeit aufzunehmen und in Frieden zu leben (ut ad suas aedes discedant ibique oeconomiam colant ac quiete sese continuant). Der Landtag behielt das Recht, seine Beschwerden (Gravamina) vorzubringen, und sein Wahlrecht, damit niemand zweifle „an dem Willen Seiner Kaiserlichen Majestät, sich an die Gesetze des Königsreichs Ungarn und Siebenbürgen zu halten, und an der Entschlossenheit der Ungarn und Siebenbürger, in ihrer Treue zum König keiner anderen Nation nachzustehen“.

So stand das ungarische Heer dem Kaiser zur Verfügung, als er den Kampf gegen die Türken wieder aufnahm. Joseph I. war während der Verhandlungen von Szatmár gestorben. Der Erbe seiner Staaten, sein Bruder Karl III. von Spanien, wurde ohne Schwierigkeiten als Karl VI. zum Kaiser gewählt. Aber er war nun so mächtig in Europa, daß England und Holland kein Interesse mehr hatten, um seinetwillen Krieg zu führen. Wenn also Ludwig XIV. und Philipp sich zu einem Kompromiß bereit fänden, dachten sie, wäre es das beste, sich zu einigen. 1713 verzichtete Philipp V. im Frieden von Utrecht auf die von Karl III. gemachten Eroberungen belgischer und italienischer Gebiete. Dafür bekam er Spanien samt dem widerspenstigen Katalonien und allen Kolonien, unter der Bedingung, daß England hier die Handelspriorität zuerkannt wird. Frankreich hatte nun keinen anderen Gegner mehr als den Kaiser, und bald war das Kriegsglück wieder auf Frankreichs Seite (Sieg von Villars in Denain und Wiedereinnahme Landaus). Daraufhin kam es zu Verhandlungen in Rastatt zwischen Villars und Prinz Eugen. Sie hatten auch im erbittertsten Kampf niemals aufgehört, sich gegenseitig zu achten und sich ihre frühere Freundschaft zu bewahren. Trotz des Widerstandes ihrer Regierungen gelang es ihnen daher, die großen Linien einer zukünftigen Politik zu entwerfen. Der Grundgedanke war die Versöhnung der beiden Monarchien. Frankreich behielt Landau, der Kaiser Belgien, Mailand und Neapel. Da Kontinentaleuropa nun seinen Frieden hatte, konnte Frankreich seinen Seehandel ausweiten und der Kaiser seine östlichen Grenzen auf Kosten des türkischen Reiches ausdehnen. Die Vorzeichen für ein neues Europa standen günstig, für ein Europa, in dessen Politik dynastische Rivalitäten und Gebietseroberungen hinter wirtschaftlichen Erwägungen zurücktreten müßten und den Nationen eine friedliche Entwicklung möglich sein würde. Der Plan war schön, und Ludwig XIV. hielt ihn, bevor er starb, für realisierbar. Aber zu viele traditionelle Kräfte trieben Europa wieder in seine alten Bahnen zurück. Obwohl die alten Streitereien in Deutschland scheinbar beigelegt waren, hörte das Reich nicht auf, ein ständiger Zankapfel zwischen den beiden Monarchien zu sein. Wegen der damit verbundenen Kaiserkrone war es dem Haus Österreich und speziell Karl VI. unmöglich, sich nicht mit Nachdruck für alle Reichsangelegenheiten einzusetzen.

Inzwischen hatten sich im Reich neue Großmächte gebildet, die als mögliche Rivalen in den Vordergrund traten: Preußen (der Kurfürst Friedrich III. von Brandenburg wird König Friedrich I. in Preußen); Hannover (sein Kurfürst wird König von England); Sachsen (sein Kurfürst war zum Katholizismus übergetreten, um König von Polen zu werden). Österreich konnte also unmöglich die Reichsangelegenheiten vernachlässigen und wurde dadurch in alle möglichen Intrigen und Bündnisse hineingezogen, welche ihrerseits wieder die Franzosen beunruhigten.

KARL VI. UND DIE PRAGMATISCHE SANKTION

Der Friede von Rastatt machte es möglich, alle Kräfte auf den türkischen Krieg zu konzentrieren. In einem glänzenden Feldzug, der nicht einmal zwei Jahre dauerte, eroberte Prinz Eugen Peterwardein und Belgrad. Im Frieden von Passarowitz am 21. Juli 1718 bekam der Kaiser das Banat, einen Teil Serbiens mit Belgrad und im Süden Siebenbürgens die Kleine Walachei bis zum Olt (Alt).

Diese Territorien deckten das Königreich Ungarn wie Schutzwälle ab. Die wirtschaftlichen Klauseln des Vertrages waren nicht weniger wichtig: Das Schwarze Meer, von türkischen Ländern umschlossen, blieb den Schiffen des Sultans vorbehalten, aber die kaiserlichen Schiffe durften die Donau bis zum Delta befahren, auch an türkisch besetzten Ufern vorbei. In den Häfen des Deltas wurden die Waren auf türkische Barken und Schwarzmeerschiffe verladen und gelangten ungehindert nach Konstantinopel, auf die Krim, nach Trapezunt oder Sinope.

Nach Osten waren dem österreichischen Handel keine Grenzen gesetzt. Ebenso verhielt es sich im Westen und im Mittelmeer. Karl VI. hatte in Katalonien Seehandelserfahrungen sammeln und internationale Beziehungen aufnehmen können. Niemals zuvor hatte das Haus Österreich so wichtige Kreuzungspunkte beherrscht: Mailand, Neapel, Belgien. Jetzt brauchte man nur noch Kapital und Schiffe, um im Mittelmeer und im Atlantik in den Wettbewerb mit den Seemächten Frankreich und Spanien treten zu können.

In Oostende wurde eine Kompagnie für den Handel mit Ostindien gegründet, eine andere für den Handel mit Portugal, das durch die Entdeckung von Goldminen in Brasilien seine alte Bedeutung wiedererlangt hatte. An der adriatischen Küste wurden Triest und Fiume zu Freihäfen erklärt, das heißt, hier konnten Waren ausgetauscht werden, ohne daß dafür Zoll bezahlt werden mußte. Die Einwohnerzahl von Triest stieg in wenigen Jahren von fünftausend auf dreißigtausend an, und der Kaiser ließ, um Triest mit Wien zu verbinden, die Straße über den Semmering bauen, was allerdings nicht im Interesse Tirols und der Brennerstraße lag. Die Paßstraße wurde von den Zeitgenossen als Kunstwerk bewundert und erregte ähnliches Aufsehen wie ein Jahrhundert später der Semmeringbahnbau. Österreich legte bewußt die Grundlagen, um auch wirtschaftlich eine Weltmacht zu werden. Da aber die Dynastie das einzige Band war, das die verstreuten Territorien zusammenhalten konnte, war es wichtig, daß sich das Ganze unzerteilt an einen einzigen Erben weitervererbte. Das machte keine allzu großen Schwierigkeiten, wenn ein männlicher Nachkomme da war. Kaiser Karl VI., der keinen Sohn hatte, verkündete daher 1713 in Wien die Pragmatische Sanktion, die seinen Kindern, auch den Töchtern, den Vorrang vor den Töchtern seines Bruders Joseph sichern sollte. (11) Joseph war vor ihm Kaiser gewesen. Damit aber diese rein familiäre Regelung auch in den Ländern des Hauses Österreich zur Anwendung kommen konnte, mußte die Sanktion der regionalen Landtage eingeholt werden und, um auch europäische Anerkennung zu finden, die Zustimmung der ausländischen Mächte. Die Landtage stimmten alle der Pragmatischen Sanktion zu, auch Ungarn im Jahre 1723. Als Gegenleistung verlangten sie allerdings eine Erneuerung ihrer Privilegien. So war der Kaiser gezwungen, sich aus dynastischen Gründen seine Autorität beschneiden zu lassen, die er zu einer entschiedeneren Politik bitter notwendig gehabt hätte. Auch die europäischen Mächte gaben ihm nichts umsonst. Um ihre Zustimmung zu erringen, mußte er einige in Rastatt und Passarowitz erlangte Vorteile opfern. Die zwanzigjährigen Verhandlungen in dieser Frage machen deutlich, wie fragil die Struktur der Donaumonarchie noch war.

Von einem Jahrzehnt zum anderen wurden der Pragmatischen Sanktion die Hoffnungen auf wirtschaftliche Macht und territoriale Ausdehnung geopfert. Auf die Kompagnie von Oostende verzichtete Österreich mit Rücksicht

(11) Der Text der Pragmatischen Sanktion liegt im Staatsarchiv in Wien und ist abgedruckt in: Frass, O., Quellenbuch zur Österreichischen Geschichte, Band II., S. 226.

auf England, welches in ihr eine eventuelle Konkurrenz für die eigenen Kompagnien sah. London hatte diesen Preis für die Anerkennung der Pragmatischen Sanktion gesetzt. Nach dem Polnischen Erbfolgekrieg, in den sich Österreich unglückseligerweise eingelassen hatte, mußte es das Königreich Neapel an einen jüngeren Sohn des Königs von Spanien, Don Carlos, abtreten und erhielt dafür die unbedeutenden Herzogtümer Parma und Piacenza. Auch Mailand ging durch eine Gebietsabtretung an den König von Sardinien teilweise verloren. Schließlich hatte die Allianz mit Rußland zur Folge, daß der Krieg gegen die Türkei viel zu früh wiederaufgenommen wurde. Eine neue Gefahr tauchte am Horizont auf: Russische Truppen waren in der Moldau bis Jassy vorgedrungen. Es wurde immer klarer, daß Rußland, das durch Peter den Großen eine europäische Großmacht geworden war und bereits Schweden die Vormachtstellung im Ostseeraum streitig machte, sich nicht mehr mit einem Fenster zum Asowschen Meer begnügen würde und nicht mehr nur mit dem nördlichen Ufer des Schwarzen Meeres. Es würde Österreich bald den Balkan streitig machen und ihm nicht allein das Erbe eines sich auflösenden Osmanischen Reiches überlassen. Das Ende des Osmanischen Reiches war allerdings noch nicht so bald zu erwarten. Die Regierung der Pforte hatte mit Hilfe französischer Fachleute ihre Armee auf den modernsten Stand gebracht, während die österreichische Armee in den letzten Lebensjahren des Prinzen Eugen Anzeichen von Schwäche zeigte. Der Krieg nahm für Österreich ein katastrophales Ende. Im Friedensvertrag von Belgrad 1739 verlor Österreich den größten Teil seiner Eroberungen von 1718. Belgrad, Serbien und die Kleine Walachei wurden wieder türkisch. Ende 1739 schrieb der Statthalter der Niederlande, Graf Friedrich Harrach, an einen Wiener Freund: „Nachdem wir nun einen Teil des Staates Mailand, das Königreich Neapel und Sizilien, Lothringen und Bar (Anm. d. Autors: Eigentlich hatten Lothringen und Bar nie den Habsburgern gehört, aber jetzt waren sie Frankreich zugesprochen worden), Serbien, die Walachei, einen Teil des Banats und einen zwei Meilen langen Streifen an der Save verloren haben, stehen wir ohne Generale, Truppen, Geld und Verbündete ziemlich ratlos da.“ (12)

Prinz Eugen hatte kurz vor seinem Tod zugegeben, daß er wenig Vertrauen in die internationalen Vereinbarungen über die Pragmatische Sanktion setzte. Er empfahl, aus der großen und reichen Monarchie Seiner Kaiserlichen und Katholischen Majestät ein Ganzes (totum) zu machen, alles Unnötige aus dem zivilen und militärischen Bereich zu entfernen und alle Kräfte auf die Bewältigung der Krise zu konzentrieren. Eine gute Armee von einhundertvierzigtausend Mann wäre dafür die beste Garantie und würde die Streitsüchtigen einschüchtern. Ohne Geld gäbe es keine Armee, und ohne Armee würden sich die Erbländer auf die Dauer nicht halten können.

(12) Tapié, L., Contribution à l'étude des relations entre la France et l'Autriche avant la guerre de Succession d'Autriche. In: „Österreich und Europa“. Festgabe für Hugo Hantsch zum 70. Geburtstag, S. 142.

Prinz Eugen lebte als großer Herr auf seinen prunkvollen Besitzungen in Österreich und Ungarn, genoß als Mitglied des Adelsstandes alle wirtschaftlichen Vorteile desselben, war sich aber der Gefahr, die diese Vorteile für die Monarchie als Ganzes darstellten, vollkommen bewußt. „Eine Regierung mit demokratischen und aristokratischen Einschlägen, in der jeder Einzelne seine Sonderrechte und Gewohnheiten hat, bereitet der Ausübung der Herrschermacht die größten Schwierigkeiten. Die Untertanen suchen diese durch Entgegenhalten ihrer Privilegien und Freiheiten zu beschränken, deren Name und Vorstellung ihnen so kostbar ist, daß sie für etwas eine Grundlage zu schaffen und zu erhalten bemüht sind, was sie in Wirklichkeit gar nicht besitzen. Werden Subsidien von ihnen erfordert, so erheben sie ein lautes Geschrei, und doch könnte ihnen das, was sie am meisten lieben, ihre Freiheiten und Privilegien, ohne die Hilfe der Truppen, die deren einzige Verteidigung darstellen, nicht erhalten bleiben." (13)

Das ist die Rede eines überzeugten Monarchisten, der immer, auch beim Gegner, die fürstliche Autorität respektiert hatte und eine starke, zentral gelenkte Macht als Voraussetzung jeder großen Monarchie ansah. Daher hatte auch die Armee bei ihm die Rolle einer Hüterin des inneren Friedens und des Wohlstandes. Leider gelang es ihm nicht, seiner Armee die gleiche Schlagkraft zu bewahren, die sie zur Zeit der Türkenkriege und der Kriege im Westen bis 1718 ausgezeichnet hatte. Bevor er 1736 starb, mußte er erkennen, daß das Werkzeug stark abgenutzt war.

DIE HOCHBLÜTE DES BAROCK IN DER KUNST

Immerhin herrschte wenigstens in Böhmen und in den Erbländern vorläufig Friede. Das Schlachtengetümmel war weit weg. Die barocke Kultur konnte sich frei entfalten.

Die Prager Barockausstellung im Jahre 1938, welche den erschütternden Versuch machte, am Vorabend von weit grauenvolleren Ereignissen als die von 1620, die Werte der Vergangenheit ins Bewußtsein zu rufen, umfaßte die Zeit von 1600 bis 1800.

In diese Epoche aber reicht noch der Manierismus und beginnt schon das Rokoko, ja sogar der Klassizismus. Uns erscheint die Eingrenzung 1684 bis 1740 richtiger; von der Befreiung Wiens bis zum Österreichischen Erbfolgekrieg, welcher von neuem den wirtschaftlichen Aufschwung unterbrach und viele Unternehmen stillegte. Erstaunlich reich und vielfältig ist die Produktion dieser sechzig Jahre: J. B. Mathey baute im letzten Drittel des 17. Jahrhunderts mehrere Paläste und eine Kuppelkirche für die Kreuzritter in Prag, Fischer von Erlach und Hildebrandt gestalteten das Wien Leopolds I. und Karls VI., nicht zuletzt das Wien des Prinzen Eugen, Prandtauer errich-

(13) Frass, a.a.O., S. 248.

tete auf einem Felsenvorsprung über der Donau die unvergleichliche Abtei Melk, der Bildhauer Matthias Braun schuf mit Brokoff und Jäckl die berühmten Figuren auf der Karlsbrücke, die Brüder Dientzenhofer bauten mehrere Kirchen in Prag, die Maler Gran, Rottmayr, Troger und die Altomonte malten für zahlreiche Klöster in Österreich, Krackers lichte Malerei verklärte das Gewölbe von St. Nikolaus in der Prager Kleinseite wie auch den großen Saal des Jesuitenkollegs von Erlau in Ungarn, die suggestive Malerei von Maulbertsch mit ihren leuchtenden Farben finden wir im ganzen Donauraum.

Jeder dieser Namen bezeichnet einen Fürsten im Reich der Kunst. Und dabei ist diese Aufzählung unvollständig, ja ungerecht in ihrer Kürze. Obwohl man diese Künstler unmöglich zu ein und derselben Schule rechnen kann, haben sie doch zweierlei gemeinsam. Sie alle haben sich von barocken italienischen Architekten und Malern inspirieren lassen: von Bernini, Borromini, Caravaggio, Pozzo und Tiepolo. In den Hauptstädten Wien, Prag und Preßburg gab es zahlreiche Ateliers und in der kaiserlichen Hauptstadt ab 1705 eine Akademie.

Eine weitere Gemeinsamkeit war der Abnehmerkreis. In dieser vorwiegend aristokratischen und geistlichen Gesellschaft waren Hochadel und geistliche Herren dank der Einkünfte aus Grundbesitz und riesigen Vermögen die Auftraggeber. Man baute und dekorierte aus Lust an Prunk und Größe riesige Schlösser und Kirchen, in denen der Raum raffiniert unterteilt und vervielfacht wird, in denen die Bewegung dominiert, eine Bewegung, die nie zur Raserei ausartet, die, schwer zu definieren, eher so etwas wie eine dauernde Veränderung, ein ewiger Wandel der sichtbaren Welt ist.

Unmöglich hiervon die Musik zu trennen. Kirchen und Prunksäle, deren akustische Bedingungen sorgfältig studiert werden, geben den Rahmen zu feierlichen Messen, Kantaten und Konzerten und verstärken durch ihre Schönheit den musikalischen Überschwang der Gefühle. Dauerhaftigkeit wird weniger geschätzt als der genußvolle Augenblick.

Selbstverständlich benutzte auch Kaiser Leopold I., dessen persönliche Anspruchslosigkeit wir bereits erwähnt haben, die barocke Baukunst, um die Größe und Würde seiner Regierung darstellen zu lassen. Er ließ sich von Fischer von Erlach Entwürfe zur Erneuerung der Hofburg anfertigen und wollte in Schönbrunn ein Schloß bauen lassen, welches Versailles die Schau stehlen sollte. An seiner Stelle wurde zu Maria Theresiens Zeiten das jetzige viel einfachere und harmonische Schönbrunner Schloß von Pacassi gebaut. Leopold interessierte sich aber vor allem für seine Musikkapelle, Karl VI. dagegen war entschieden ein Bauherr. Von seinen spanischen Erfahrungen ausgehend wollte er in Klosterneuburg einen Escorial bauen.

In seiner Hauptstadt beauftragte er Fischer von Erlach mit dem Bau einer Kirche, die dem Schutzpatron Karl Borromäus geweiht wurde, zum Dank für das Ende der Pest von 1713 und den wiederhergestellten Frieden von 1714. Die Karlskirche ist eine der gelungensten Schöpfungen des europäischen Barock, eine Art Synthese aus St. Peter in Rom und Maria della Salute in Venedig. Über einem zentralen Baukern erhebt sich eine steile Riesenkuppel mit Laterne.

Rottmayr malte das Innere mit Fresken aus, die die erfolgreiche Fürbitte des hl. Karl Borromäus schildern. Die hohen Säulen der Fassade erinnern an ihre römischen Modelle: die Antonius- und die Trajanssäule. Sie symbolisieren zugleich die kaiserlichen Tugenden: constantia et fortitudo.

Trotz dieses kaiserlichen Barockbaus, der vereinzelt bleibt, beruht das Donaubarock hauptsächlich auf adeligem Mäzenatentum, auf dem Wettstreit zwischen den großen Familien, die neben ihren Stadtpalästen in Wien, Prag, Preßburg, Buda und Agram ihre Landschlösser besitzen mußten, um die sich die abgabepflichtigen Städte und Dörfer scharten. Der Adel, der das Fundament des sozialen und politischen Systems bildete, erfüllte weit mehr als der Staat die Bedingungen für eine derartig reiche Entfaltung der Künste.

So überwogen in einer kaiserlichen Hauptstadt die Aufträge der Adelsfamilien. Schon in den neunziger Jahren des 17. Jahrhunderts bestellte ein Liechtenstein bei Domenico Martinelli ein Palais, das auch Rom zur Zierde gereicht hätte, und bei Pozzo ein Deckenfresko für seine Sommerresidenz in der Roßau. Ein Daun ließ sich von Hildebrandt auf der Freyung eine der schönsten Fassaden der Stadt entwerfen. Wie unvergleichlich aber erst die Schlösser des Prinzen Eugen! Sein Stadtpalais in der Himmelpfortgasse von Hildebrandt und Fischer von Erlach und sein unbeschreiblich schönes Gartenpalais, das Untere und das Obere Belvedere, nach Entwürfen von Lukas von Hildebrandt in den Jahren 1712 bis 1722 erbaut und durch terrassierte Gartenanlagen miteinander verbunden. Montesquieu sagte einmal, daß in Wien die Untertanen schöner wohnten als der Kaiser.

In Prag entstanden damals die Fassaden der Kleinseite mit ihren ovalen Risaliten (Palais Lobkowitz von Alliprandi) und dekorativen Skulpturen, wie den Adlern am Thunpalast, welche Braun schuf, oder den Büsten von Tag und Nacht am Palais Morzin von Brokoff. Auch hier spürt man den Wettstreit der adeligen Familien in der Ausgestaltung ihrer Paläste. Die Künstler schöpfen ihre Anregungen aus dem allegorischen Repertoire (Ikonologie des Cäsare Ripa), aber jedes Haus zeugt von dem speziellen Geschmack seines Erbauers und der jeweiligen Geschichte seiner Bewohner. Zur gleichen Zeit gaben religiöse Orden die Statuen in Auftrag, die aus der Karlsbrücke die königliche Straße der Barockskulptur machten. Die Bildhauer Jäckl, die Brüder Brokoff aus der Slowakei und Matthias Braun, ein Tiroler, schufen die bewegten Einzelfiguren und Figurengruppen, deren wertvollste wohl die St. Luitgard von Matthias Braun ist. Die innere Ausschmückung der Kirchen und Paläste übernahmen die Freskenmaler und Tafelbildmaler. Halwax versuchte, eine Akademie zu gründen, aber der Einfluß aus Italien überwog direkt oder indirekt bei allen Künstlern. Mit einigen seiner Bilder erreichte allein Peter Brandl die meisterliche Kraft der böhmischen Skulptur. Von den Kirchen der Kleinseite fällt einem von der anderen Seite des Flusses aus besonders die Jesuitenkirche St. Nikolaus zwischen dem Schloß und den Brückentürmen auf. Der Bau wurde vor 1710 begonnen und erst gegen 1770 fertiggestellt. Kilian Ignaz Dientzenhofer hat den Bau maßgeblich mitgeprägt: eine ausgebauchte, geschwungene Fassade, überhöht von einer prachtvollen Kuppel mit Kupferdach und einem schlanken Glockenturm. Innen war das Gewölbe des Langhauses bis zum Querschiff von Johann Ludwig Kracker ausgemalt worden. In der Mitte glorifiziert er den hl. Nikolaus in einem Himmel von Licht, am Rande sehen wir eine Küstenstadt, mit Türmen und Hafenmauern, Reisenden und Händlern. St. Nikolaus mit seinen riesigen Ausmaßen (Länge 62 Meter, Breite 26 Meter, Kuppel 79 Meter) ist eines der schönsten und charakteristischsten Bauwerke des adeligen und religiösen Prager Barock.

Prag ist zwar die Hauptstadt des Königreichs, aber der politische Impetus ist Prag abhanden gekommen, teilweise durch den Willen des Kaisers, teilweise durch die Nachlässigkeit derer, die den böhmischen Staat repräsentieren und an den wenig besuchten Landtagssitzungen teilnehmen. Dagegen wird Prag nun zur Hauptstadt des adeligen Gesellschaftslebens. Die Großgrundbesitzer kommen eher nach Prag als nach Wien, um die Annehmlichkeiten des gesellschaftlichen Lebens zu genießen. Da auch die wirtschaftliche Blüte vergangenen Zeiten angehört, besteht die Haupteinnahmequelle der Bevölkerung in der Dienstleistung für die adeligen Familien und die Klöster. Es gibt kaum ein wohlhabendes, geschäftetreibendes Bürgertum, wohl aber Werkstätten, Angestellte und Handwerker. Jaromir Neumann hat den Berufsweg und die Namen all jener Künstler erforscht, die als Prager oder Zugezogene die Stadt verschönerten und umgebaut haben. Prag war also keine Zweigniederlassung von Wien. Es hatte seine eigenen Werkstätten. Jeder Landbesitz brauchte unbedingt sein Lustschloß. Je nach Vermögenslage und Geschmack des Bauherrn wurde entweder ein altes Gebäude umgebaut oder ein neues, meist prunkvolles und komfortables Gebäude errichtet. Wie bei den Kinskys in Chlumetz ist der zentrale Grundriß manchmal ein runder oder ovaler Pavillon mit angebauten Flügeln, oder die Seitenflügel schließen sich nach französischem Geschmack an einen Ehrenhof an, wie in Austerlitz/Mähren bei den Kaunitz oder in Raudnitz/Elbe bei den Lobkowitz. In Kukus läßt ein seltsamer Mäzen, Graf Franz Anton Sporck, mitten in der Landschaft ein Spital errichten. Der Architekt Alliprandi baut dafür eine elegante Kapelle, und auf der Terrasse vor dem Gebäude stellen Matthias Braun und seine Mitarbeiter eine lange Reihe von Statuen auf, bewegende Figuren der Glückseligkeiten, der Tugenden und der Laster.

In den Wäldern um Kukus schlagen sie Szenen des Evangeliums aus den Felsen. (14)

---

(14) Der eigenartige Fall des Grafen Franz Anton Sporck, Jansenist und Freimaurer, dem die Jesuiten einen Prozeß wegen Ketzerei anhängten, ist von Heinrich Benedikt erforscht worden: Franz Anton Graf Sporck (1662–1738). Wien 1923.

Kostbares Mobiliar, Bilder heimischer Maler und Tapisserien aus Flandern, Italien und Frankreich verschönern die Säle, welche sich zur Jagdsaison, bei Bällen und Konzerten mit Gästen füllen.

In Ungarn, wo der Kuruzzenaufstand den beginnenden wirtschaftlichen Aufschwung wieder unterbrochen hatte, ging der barocke Umbau der Städte ungleich langsamer vor sich. In Preßburg blieb das Schloß über der Donau eine Festung, aber in der Stadt wurden Kirchen in dem neuen Stil erbaut, und ein kroatischer Adeliger, Grassalkovich, ließ sich ein Palais mit einer majestätischen Säulenordnung errichten. Erst aber als das Land befreit und der Friede wiederhergestellt wurde, begann der neue Stil sich allgemein durchzusetzen. In Eisenstadt bauten die Esterházys ihr schönes Schloß mit der büstengeschmückten Fassade jeweils für die neue Generation um. Im Süden von Budapest, in Ráckeve, beauftragte Prinz Eugen, der das Land vom Kaiser geschenkt bekommen hatte, Hildebrandt, ihm 1702 ein neues Palais zu bauen. Nach dem Aufstand 1708 mußten viele Schäden ausgebessert werden. In dem zentralen Pavillon nimmt der Festsaal zwei Etagen ein. An der Vorderfassade ein geschwungener großzügiger Portikus, anmutige Arkaden und eine Terrasse mit einer statuenbesetzten Balustrade. An der Hinterseite füllen mächtige Wappen den Giebel aus. Eine achteckige Kuppel krönt den Mittelbau, während die rückwärtigen Seitenflügel mit Eckpavillons den Hof bis zu einem herrlichen Gittertor am Ufer des Flusses einfassen. (15)

Die profane Architektur des Barock hat das Aussehen zahlloser kleiner Städte in Österreich, Böhmen und Ungarn geprägt. Bis zur heutigen Zeit haben sich die barocken Fassaden auf den Hauptplätzen vielfach erhalten, die seinerzeit für den Magistrat, für adelige Beamte und Kaufleute erbaut worden waren. Die bemalten Fassaden sind meist mit religiösen Statuen geschmückt.

Raab, die ungarische Stadt nicht weit von der österreichischen Grenze, liefert eines der besten Beispiele für die Umwandlung einer Befestigungsstadt in eine barocke Bezirkshauptstadt, nun, da die türkische Gefahr überstanden war: Schöne Kirchen, schöne Wohnhäuser des Adels und des Bürgertums wurden gebaut; ebenso sind Wesprim und Stuhlweißenburg in Königlich-Ungarn mit ihren prächtigen Palästen ein Beispiel dafür.

Auch Agram hat rund um St. Markus am Abhang des Hügels Grič ähnliches in den Adelspalästen der Zrinyi und in den einstöckigen Palästen der Dvory aufzuweisen. Die beschränkten Mittel des kroatischen Adels verboten es, berühmte Baumeister ins Land zu rufen, dennoch verstand man es, den Stolz auf die eigene Hauptstadt architektonisch zu manifestieren.

(15) Schon bei der ersten schüchternen Agrarreform von 1919 in der Tschechoslowakei polemisierte der Historiker Pekař energisch gegen die Reform; eines seiner Argumente war das Risiko einer Vergeudung des künstlerischen Erbes. Aus mehreren Gründen stand die bürgerliche Republik hilflos vor den Folgen ihrer Reform. Die Radikallösungen der sozialistischen Republik boten dagegen weitaus mehr Möglichkeiten zur Restauration und Rettung, zum Beispiel in Form von Museen, der vielen Kunstwerke, welche der Adel im 18. Jahrhundert gesammelt oder überhaupt erst ermöglicht hatte.

Schließlich hatte auch die Bauernschaft, trotz der Fron, gegen die sie sich in den härtesten Jahren auch empörte, einigen Wohlstand gewonnen. Daher macht sich ein bescheidener Abglanz der Pracht in Kirchen und Schlössern auch in den Bauernhöfen bemerkbar: Fayence-Geschirr und Töpfe aus Zinn, mit Blumen bemalte Betten und Truhen, und schließlich die Kleider der Frauen und die Anzüge der Männer, mit gestärkter weißer Wäsche, mit Leibchen und Blusen, bestickten Röcken und dem Kopfputz mit Bändern und Perlen, das alles gab ein farbenfrohes Bild ländlichen Barocks bei Prozessionen und dörflichen Festen.

VII.
Reform und Aufklärung

DIE WIRTSCHAFTLICHEN UND SOZIALEN VERHÄLTNISSE AM ENDE DER REGIERUNGSPERIODE KARLS VI.

Als am 20. Oktober 1740 Kaiser Karl VI. im besten Mannesalter von 55 Jahren nach kurzer Krankheit in seinem Schloß Favoriten in Wien starb (1), war der Gegensatz zwischen den Rückschlägen in der Innen- und Außenpolitik seiner Regierung und gewissen Fortschritten auf dem wirtschaftlichen Sektor unübersehbar.

Dadurch, daß der Hof nun endgültig in Wien residierte, was die Anwesenheit von Kanzleien und Verwaltungsstellen nach sich zog, war Wien mit seinen hunderttausend Einwohnern eine aktive Stadt geworden. Sie spielte die Rolle der gemeinsamen Hauptstadt, ohne daß dieses offiziell bestätigt worden war. Durch den Überfluß ihrer Märkte, den regen Handel innerhalb ihrer Mauern, die vielen Durchreisenden, durch Botschaftsempfänge und kirchliche Umzüge erlebte die Stadt einen noch nie gekannten Glanz. Dauernd veränderte sich ihr Aussehen durch neue Kirchen und neue Paläste. Überall in den viel zu engen Gassen der mittelalterlichen Stadt behinderten Baustellen den Durchgangsverkehr. Der Befestigungsgürtel war beibehalten, das Glacis erneuert und konsolidiert worden, aber jenseits dieser Zone erhoben sich in den Gärten der Vorstädte die Sommerpaläste des Adels und ein wenig weiter Textil- und Porzellanfabriken mit kaiserlichen Privilegien. Die Donau war eine der wichtigsten Handelsadern geworden: vor dem Roten Turm luden die Schiffe aus Deutschland und Ungarn ihre Waren ab. In der ländlichen Umgebung Wiens baute man Wein an, und an Sonn- und Feiertagen ließen es sich die Städter in den malerischen Winzerdörfern wohl sein. In den Wäldern rund um das Weinbaugebiet gingen Hof und Adel der Lieblingsbeschäftigung nach, der Jagd.

(1) Das Schloß Favoriten im Bezirk Wieden, Residenz der Kaiserin Eleonore, Witwe Ferdinands III., war während der Belagerung von 1683 zerstört worden. Leopold hatte es von Ludovico Burnacini wieder aufbauen lassen, und Karl VI. ließ es verschönern und vergrößern.

Die Bewohner Wiens mußten sich nun auch nicht mehr vor der nur wenige Meilen entfernten Grenze des türkischen Reiches fürchten. Hinter der Grenze lag der Nachbarstaat Ungarn, der sich langsam von der Fremdherrschaft erholte. Die Gefahr nationaler Aufstände schien fürs erste gebannt. Karl VI. hatte die religiösen, politischen und steuerlichen Privilegien der ungarischen Nation respektiert, so daß in diesem Punkt die reichen Großgrundbesitzer ebenso zufriedengestellt waren wie der niedere Adel in den Komitaten und die Bürger in den Städten. Ebenso hatte Siebenbürgen seine Sonderstellung behalten. Es blieb im Prinzip Teil des ungarischen Königreichs, hatte seine Staatskanzlei in Wien und verwaltete sich völlig autonom.

An den sozialen Verhältnissen hatte sich in Ungarn nichts geändert: Wohlstand auf der einen, Leibeigenschaft auf der anderen Seite. Die Mehrzahl der Bewohner arbeitete in der Landwirtschaft. Aber auch in den Bergwerkstädten der heutigen Slowakei, in Neusohl und in Zips, regte sich wieder Leben. Erstaunlich war die Abhängigkeit der ungarischen Wirtschaft vom Wiener Markt: Wiener Kaufleute bestimmten über den ungarischen Im- und Export. Die Erzeuger brachten ihr Getreide und ihr Vieh nicht selbst auf die weiter entfernten Märkte, sie bedienten sich der Wiener Kaufleute als Zwischenhändler. Allerdings produzierte die ungarische Industrie nicht sehr viel. Die bäuerlichen Familien deckten ihren Bedarf bei den lokalen Werkstätten oder den eigenen Dienstboten: die Festgewänder mit Lederschmuck und Stickereien schneiderte man zu Hause, Keramiktöpfe und -krüge kaufte man auf den Märkten der kleinen Städte. Und die Oberschicht versorgte sich mit allem, was sie brauchte und in Ungarn nicht bekam, in den Wiener Geschäften und Firmen. Die Abhängigkeit Ungarns von der österreichischen Wirtschaft war also sehr groß, sie kam fast an das Verhältnis Mutterland und Kolonie heran, in dem Bodenprodukte gegen Marktartikel getauscht werden.

In allen Erbländern dominierten Ackerbau und Viehzucht über alle anderen Erwerbsmöglichkeiten, und die Landwirtschaft auf dem Großgrundbesitz stand an erster Stelle. Aber so, wie die Lehensherren des 16. Jahrhunderts sich an Fischzucht und Brauereien bereichert hatten (welche übrigens weiterhin ihren Besitzern ein bedeutendes Einkommen verschafften) (2), so versuchten manche jetzt in Böhmen auf ihren Besitzungen Fabriken für den internationalen Markt zu gründen: So errichtete das Kloster Ossek 1697 eine Strumpf- und Leinenfabrik; noch erfolgreicher war die Leinenfabrik, die Graf Jan Joseph Waldstein (Wallenstein) 1751 eröffnete und die dreizehn Jahre später schon vierhundert Arbeiter beschäftigte. Sie hatte schon durchaus etwas von einer modernen Fabrik mit Webstühlen und Maschinen. Für die Vorbereitungsarbeit beschäftigte man Frauen und

(2) Die Brauereien von Frauenburg brachten 1709 19.716 Gulden ein, die Brauereien von Wittingau 13.037 Gulden (1677 waren es nur 9030). (Nach der Tabelle von Placht, a.a.O., S. 238f.)

Kinder und ließ sich von den Bauern der Umgebung halbfertige Produkte liefern (Garn).

Der französische Tourist Freschot (3) erzählt 1704 auch schon von den böhmischen Kristallgläsern, von „Glashütten, die so einträglich sein sollen, daß ein Fürst Auersperg von der seinen jährlich hunderttausend Gulden Einkommen beziehen soll". Aber es handelte sich hier noch um vereinzelte Fälle, erste Anzeichen einer Entwicklung zum Kapitalismus. Der Adel bezog sein Einkommen immer noch aus seinem Grundbesitz und der Fronarbeit. Von der Bauernschaft waren 50 Prozent Pächter, von denen wieder 63 Prozent zwischen 5 und 20 Hektar zu bebauen hatten und 22 Prozent mehr als 20 Hektar. Wer kein Land besaß, war meist bezahlte Arbeitskraft eines wohlhabenderen Bauern. Aber da zur Last der Fron auch noch die Steuerlast für den Staat kam, welche trotz der widerwilligen Haltung der Landtage ständig erhöht wurde, wuchs die Unzufriedenheit bei den Bauern. Sie empörten sich 1711 in der Gegend von Chrudim, 1713 bei Kolin in Rot-Petschkau (ihr Herr, Graf Breda, hatte hier für seine Grausamkeit den Beinamen Breda-Běda, etwa: Breda-Elend, erhalten), schließlich 1716 in der Gegend von Tschiaschel. Die Anführer der Aufständischen wurden zum Tode verurteilt. (4) Die königliche Regierung versuchte durch ihre Patente von 1717 und 1738 die Ordnung wiederherzustellen.

Wenn auch Zusammenrottungen der Bauern, die dazu dienen sollten, sich selbst Recht zu verschaffen, verboten waren, so waren die Bauern doch berechtigt, ihre Beschwerden den Kreisvorständen und sogar dem Kaiser vorzutragen. Das Maximum der Fron blieb auf drei Tage pro Woche beschränkt, vom Aufgang bis zum Untergang der Sonne mit einer zweistündigen Mittagspause. An den langen Sommertagen durfte die Arbeit zehn Stunden nicht überschreiten, obgleich zugestanden wurde, daß sich die Arbeitszeit nach den Anforderungen der Erntezeit zu richten habe. Das Patent von 1738 empfahl den Lehensherren, die Fron im Einvernehmen mit den Fronarbeitern zu regeln und weniger die Zeit als die zu leistende Arbeit festzusetzen. Die Bauern haßten die Fron als erdrückende, demütigende Zwangsarbeit, bei der alles der Willkür des Verwalters überlassen war, und forderten immer wieder die Aufhebung. Darauf mußten die nächsten Generationen aber noch bis 1848 warten. Böhmen kam im Ausland in den Ruf, daß seine Bauern Sklaven seien und nicht einmal Herren ihres eigenen Körpers, was nicht stimmte, aber aus dem Verbot des Ortswechsels und der freien Berufswahl zu verstehen war. Dennoch machten die Bauernhöfe fast überall einen wohlhabenderen Eindruck als im vergangenen Jahrhundert. Nicht überall herrschte Misere, schon gar nicht in den fruchtbaren Gebieten. So war zum Beispiel der Hopfen von Saaz und Leitmeritz bei bayrischen

---

(3) Sincère, J. le, Remarques historiques et critiques d'un voyage de l'Italie en Hollande dans l'année 1700. 2 Bände. Köln 1705, Band 1, S. 132.

(4) Kočí, J., Československá Vlastivěda. 1963, S. 521f.

Brauereien sehr begehrt. Beim Adel gab es andererseits kaum einen Lehensherrn, der wie der Fürst Ferdinand Schwarzenberg seinen Kindern seine paterna monita, nämlich väterliche Ermahnungen, wie sie das Landgut zu verwalten hätten, gleichzeitig mit einem erweiterten und gepflegten Erbteil vererben konnte. (5) Viele Adelige hatten nur vage Vorstellungen über ihr Vermögen, sie ließen sich auf Ausgaben ein, ohne sie decken zu können, wirklich in den Händen hatten sie das Geld nur am Spieltisch; ihr Nachlaß war oft mit schweren Steuerschulden belastet, weil ihre Beamten die Steuern der Bauern, für die sie verantwortlich waren, nicht an die zuständige Kammer überwiesen hatten. Gerichtliche Konfiskationen waren nicht selten. Wie ein Filter schob sich in den verschiedenen Staaten der Adel zwischen den Herrscher und seine Untertanen, bereitete dadurch der monarchischen Verwaltung die größten Schwierigkeiten und verhinderte den Konsens zwischen der großen Politik und den finanziellen Mitteln. Selbst mit den von den Landtagen geforderten Steuererhöhungen für den Krieg und selbst mit einer zusätzlichen Konsumentensteuer war die Staatskasse nie in der Lage, die Aufgaben und die Schulden des Staates zu decken, diese Schulden bei ausländischen Banken und bei Privatleuten, die von Jahr zu Jahr höher wurden. Unter Leopold I. hatte man versucht, der „Hofkammer" eine Bank der Stadt Wien zur Seite zu stellen, die, abgesichert durch die Einziehung der indirekten Steuern, die Staatsschulden übernehmen sollte. Sie wurde durch eine Regierungskommission kontrolliert, durch die „Ministerial-Banco-Deputation". Karl VI. wollte nun noch mehr: eine Staatsbank, welche 1714 an die Regierung angegliedert wurde und die „Hofkammer" unterstützen sollte. Niemand bezweifelte, daß die kaiserliche Regierung über ein solides Einkommen verfügen könnte, wenn es nur besser verwaltet wäre. Man versuchte also, die Bevölkerung dazu zu bringen, ihre Geschäfte durch die Vermittlung der Bank abwickeln zu lassen. Aber das System wollte nicht recht funktionieren. Auch die allem übergeordnete Finanzkonferenz konnte daran nichts ändern. Das wirksamste Instrument blieb noch die Wiener Stadtbank, die durch fünfunddreißig Jahre von Graf Gundacker von Starhemberg vorzüglich verwaltet wurde und einen Teil der Schuld abtragen konnte.

Die Regierung verfiel nach dem Tod des Prinzen Eugen, der seinerseits niemals den Rang und die Macht eines Ministerpräsidenten erlangen konnte, in lauter kollegiale Instanzen, von denen jede jeden Fußbreit ihres Machtbereiches hartnäckig verteidigte. So hingen alle militärischen Angelegenheiten weiterhin zugleich von drei Instanzen ab, von der „Hofkammer", die die Einnahmen des Kaisers verteilte, vom „Hofkriegsrat", der über die militärischen Operationen entschied, und vom „Allgemeinen Kriegskommissariat", das für Verwaltung und Disziplin geschaffen worden war. Die

(5) Fürst Ferdinand Schwarzenberg, dem wir schon bei der Belagerung von Wien begegnet sind, war ein ausgezeichneter Verwalter seiner Güter. Er prägte sogar Geld in seinem Fürstentum. Sein Sohn Adam Franz (1683–1732) erbte die Eggenbergischen Güter und den Titel Herzog von Krumau und setzte die Politik seines Vaters fort.

1697 zur Koordinierung der drei eben genannten Ausschüsse gegründete Deputation wurde ebenfalls schnell zu einem vierten, den anderen ebenbürtigen Ausschuß.

Die Leitung der allgemeinen Politik und der Außenpolitik lag immer noch bei der „Geheimen Konferenz". Während seiner sechsjährigen Regierung glaubte Joseph I., ein kluger und reformfreudiger Fürst, diese Konferenz wirksamer zu gestalten, wenn er sie in zwei Sektionen aufteilte, von denen eine für die Außenpolitik zuständig war. Aber auch diese Spezialisierungsversuche hatten nur wenig Erfolg, weil die vier Kanzleien sich an ihre Vorrechte klammerten: die österreichische (mit zwei Kanzlern), die böhmische, die ungarische und die Kanzlei Siebenbürgens. Dazu kamen noch zwei Zentralstellen für italienische und niederländische Angelegenheiten, und jede dieser Stellen behauptete, für ihr Land die alleinige Kompetenz zu besitzen. Dabei war gar nicht die Rede davon, die Autonomie dieser Länder zu unterdrücken, man war weit entfernt von jenem Despotismus, der dem Haus Österreich immer wieder angedichtet wird. Aber für eine koordinierte Politik, die das Wohl des Ganzen im Auge hatte, wäre eine obere Instanz vonnöten gewesen, die den Herrscher zu schnellen Entschlüssen befähigt hätte. Die Außenpolitik blieb ein Spezialgebiet der Dynastie, für das die Volksmassen sich nicht interessierten. Man sah nur die Lasten, die sie für jedermann zur Folge hatte, ohne den Sinn dieser Lasten zu verstehen. Zu Anfang des Jahres 1740 schrieb der französische Gesandte in Wien, Mirepoix, der ein sehr guter Beobachter war, an Amelot: „In den Erbländern gibt es kaum noch Männer, am wenigsten in Böhmen, das den besten Nachwuchs für die kaiserlichen Truppen hergeben mußte."

Aber auch in Wien, wo man hätte annehmen können, daß der allgemeine Wohlstand eine gewisse Zufriedenheit verursacht hätte, beobachtete Mirepoix: „Die Feindseligkeit und Anmaßung gegenüber der Regierung wächst von Tag zu Tag. Überall hört man die beleidigendsten und frechsten Reden gegen den Kaiser und seine Minister." (6)

Unter Minister sind die hohen Beamten zu verstehen, mit denen der Kaiser am meisten Kontakt hielt. Das war der erste Kanzler von Österreich, Ludwig Philipp Graf Sinzendorf, Gundacker Graf Starhemberg, der Kanzler von Böhmen, Philipp Graf Kinsky, und ein Bürgerlicher, Hofrat Bartenstein, der „das ganze Vertrauen des Kaisers besaß". Dieser Kredit beim Kaiser machte ihn „furchtlos gegen jedes einzelne Mitglied des Adels, gegen den Adel als Ganzes jedoch wagte er nichts zu unternehmen". So war durch die Schwäche der Regierung der Adel nicht nur in den verschiedenen Erbländern durch seine Unabhängigkeit zu einer Gefahr geworden, sondern auch in Wien, wo er die hohen Ämter innehatte und sich den Reformen durch seine Skepsis, Gleichgültigkeit und Beschränktheit

(6) Diese beiden Zitate stammen aus Telegrammen von Mirepoix an Amelot, Paris, Aff. étrangères, C. P. Autriche, Bd. 213, 1. Jan. 1740, und ebd. Bd. 222, 16. Juli 1739.

erfolgreich widersetzte. Die Beamten des französischen Außenministeriums waren entweder unaufrichtig oder blind, als sie erklärten, das Haus Österreich sei eine Bedrohung für Frankreich und das Reich, während man sich im Reich schon auf die Machtpolitik ganz anderer Staaten gefaßt machen mußte, wie zum Beispiel Preußens, wo der Soldatenkönig eine ausgezeichnete Armee aufgestellt und seinem Nachfolger Friedrich II. ein solides Finanzsystem hinterlassen hatte.

DIE REGIERUNG MARIA THERESIAS, IHRE ANFANGSSCHWIERIGKEITEN UND DIE ERSTEN REFORMEN

Der Tod des Kaisers stellte zwei Probleme auf, die nicht ohne Zusammenhang waren. Seine einzige Erbin war die ältere seiner beiden Töchter, die 1717 geborene Erzherzogin Maria Theresia, verheiratet mit Herzog Franz von Lothringen, der aber Lothringen gegen die Toskana getauscht hatte und in Florenz regierte. Würde die Pragmatische Sanktion respektiert werden und die Erzherzogin die Regierung in ihren Königreichen antreten können? Da andererseits Maria Theresia nicht Kaiserin werden konnte, würde man den Großherzog von Toskana zum Kaiser wählen? Würde die Kaiserkrone dadurch der Dynastie erhalten bleiben?

In Österreich, Böhmen und Ungarn stieß die Pragmatische Sanktion auf keine Schwierigkeiten; die Einwände kamen von außen. Friedrich II., den viele bisher für einen frivolen jungen Fürsten gehalten hatten, der nicht in der Lage sein würde, das väterliche Erbe zusammenzuhalten, meldete sogleich seine Ansprüche auf die schlesischen Herzogtümer an, die seine Familie in der Vergangenheit besessen hatte, allerdings als Lehen des Königreichs Böhmen. Man dachte anfangs an den europäischen Fürstenhöfen, daß es sich hier um ein Geschäft handle, in dem die junge Königin von Böhmen und Ungarn für die Stimme Brandenburgs zugunsten der Wahl ihres Mannes zu einem territorialen Verzicht durchaus bereit sein würde. Aber weit entfernt davon. Auch als die österreichische Armee in Mollwitz geschlagen und Schlesien von Preußen besetzt wurde, gab Maria Theresia nicht nach. Sie kannte genau den wirtschaftlichen Wert dieser Provinz Böhmens, die die stattliche Einwohnerzahl von einer Million aufzuweisen hatte und eine in der ganzen Welt berühmte Tuchindustrie. Eben wegen dieses Wohlstandes wollte der König von Preußen ja diese Provinz haben. „Nimmer, nimmermehr wird die Königin einen Zollbreit Land von ihren Erbländern abtreten, und müßte sie mit allem, was ihr bliebe, zugrunde gehen ... Lieber die Türken vor Wien, lieber Abtretung der Niederlande an Frankreich, lieber jedes Zugeständnis an Bayern und Sachsen, als der Verzicht auf Schlesien." (7)

(7) Hantsch, Geschichte II., a.a.O., S. 148.

Ausgerechnet Bayern und Sachsen stellten nun ihrerseits ihre Bedingungen. Der Kurfürst von Bayern (der spätere Kaiser Karl VII.) und der Kurfürst von Sachsen, Friedrich August II. (der auch König von Polen war), hatten die zwei Töchter Josephs I. geheiratet. Ein etwas rätselhafter Satz des Erbfolgepaktes, den 1705 Leopold I. und seine beiden Söhne, der römische König und der König von Spanien, miteinander geschlossen hatten, konnte notfalls so ausgelegt werden, daß im Fall des Erlöschens der männlichen Linie die beiden „josephinischen" Erzherzoginnen Vorrechte vor den Töchtern Karls VI. besäßen. Aber die beiden Prinzessinnen hatten bei ihrer Heirat ausdrücklich auf jedes Erbfolgerecht verzichtet. Daher bezog sich der Kurfürst von Bayern auch nicht auf die Rechte seiner Frau, sondern auf die der ältesten Tochter Ferdinands I. (Anna). Er bezog sich damit auf das Vorrecht der Nachkommen des ersten Inhabers (primi acquirentis) gegenüber den Nachkommen des letzten Inhabers (ultimi possidentis). Kurfürst Karl Albert I. war anscheinend von seinem Recht überzeugt, welches auch in dem damaligen europäischen Klima, wo in den Kanzleien vorwiegend mit juristischen Winkelzügen gearbeitet wurde, durchaus seine Chance hatte. Sein Anspruch auf die böhmische Krone war aber nur ein Vorwand. Durch die mit der böhmischen Krone verbundene Wahlstimme hoffte er, an die kaiserliche Krone zu kommen, die seiner Familie schon so häufig angeboten worden war, ohne daß einer seiner Vorgänger gewagt hätte, sie anzunehmen. Der Kurfürst von Sachsen wollte dagegen vor allem die nördlichen Distrikte Böhmens in seinen Besitz bringen, welche hervorragende Textilien erzeugten und mit Sachsen über den Elbfluß schon in ständiger Handelsverbindung waren. Kurz, drei deutsche Fürsten betrachteten das Königreich Böhmen als ihre Jagdbeute, welche jeder zu seinem Nutzen zu zerlegen gedachte, weil er wußte, Maria Theresia war zu schwach, um sie zu verteidigen. Ihr Vorgehen entsprach dem allgemeinen europäischen Usus. Zwar träumten die Schriftsteller in der Tradition von Leibniz von einem Europa, welches nicht mehr durch unnötige Kriege zwischen den Staaten immer wieder zerrissen wurde, und auch der Papst ermahnte zum Frieden und zu einer vernünftigen Regelung der Konflikte, aber die Staaten waren schon in das Zeitalter des kapitalistischen Wettbewerbs eingetreten. Es handelte sich dabei noch um einen Handelskapitalismus, der industrielle Kapitalismus mußte erst noch geboren werden. Die Technik war noch nicht soweit. Die beliebtesten Handelsstraßen waren die Meere: der Atlantik, die südlichen Meere und der Pazifik, der die Verbindung mit China und Japan herstellte. Die Macht der Londoner Bankiers und Kaufleute entfaltete sich auf Kosten des spanischen Reiches und im Wettstreit mit Frankreich in Indien und Kanada. Zu Beginn des Jahrhunderts waren die Gold- und Diamantminen in Brasilien entdeckt worden. Brasilien war portugiesische Kolonie, und Portugal war seit dem Vertrag von 1703 eng an England gebunden. England sah befriedigt zu, wie die Konflikte auf dem Kontinent Frankreich und Spanien von den Überseekolonien ablenkten. Europa mit seiner dichten Bevölkerung von etwa hundertdreißig Millionen Einwohnern, seiner politischen Vergangenheit und hochentwickelten Kultur, seinen unbestreitbaren wirtschaftlichen Fortschritten der letzten dreißig Jahre und dem allgemein angestiegenen Lebensstandard glaubte sich stark genug, sich nur um seine eigenen Probleme kümmern zu dürfen.

Die Ära der Hegemonieansprüche war vorläufig vorbei, kein Staat war in der Lage, dem anderen seine Gesetze vorzuschreiben. Aber jeder arbeitete auf die Sicherung seiner Unabhängigkeit und seiner Fortschritte hin, indem er nicht erlaubte, daß der Nachbar zu stark wurde, und indem er Bündnisse mit Interessenpartnern schloß.

Diese Politik verfolgte nicht das Wohl des Volkes als oberstes Ziel. Aber es ist nicht wegzuleugnen, daß in dem Maße, in dem die militärische Potenz eines Staates andere Staaten von kriegerischen Aktionen abhielt, die Bevölkerung ein glücklicheres Leben zu erwarten hatte.

Abgesehen von einem gewissen Prestige bedeutete die kaiserliche Würde praktisch nicht mehr sehr viel für die deutschen Völker, und ein Realist wie der König von Preußen, der sonst sehr gut lügen konnte, meinte es möglicherweise ehrlich, als er dem französischen Botschafter Valery sagte, es sei ihm gleichgültig, wer Kaiser würde, in diesem Fall verhalte er sich seinem Vorteil entsprechend. Und im Augenblick war es für ihn eben vorteilhaft, eine Provinz Böhmens zu erobern. Man sagte, daß es ihm ein leichtes gewesen wäre, in Schlesien Truppen in der Stärke von dreißigtausend Mann aufzustellen und seine Armee in einigen Monaten auf einhundertsechzigtausend zu bringen. Damals hegte er sicherlich keinen Haß gegen die Habsburger und hatte auch keinen Grund, gegen die Wahl des Großherzogs der Toskana zu intervenieren. Vielleicht stellte er sich damals die Habsburger sogar entgegenkommender vor, als sie es dann waren.

Frankreich spielte damals auf dem europäischen Kontinent noch die Rolle eines Schiedsrichters. Es hatte gerade den späteren Besitz Lothringens zugesprochen erhalten. Im Außenministerium in Paris fürchtete man daher, daß der Großherzog, wenn er erst einmal Kaiser wäre, womöglich die Deutschen mobilisieren würde, um sein altes Herzogtum Lothringen zurückzuerobern.

Vielleicht hatte er diese Möglichkeit auch erwogen, aber zu verwirklichen wäre sie nur durch einen großen Krieg gewesen. Was aber den Chef der französischen Regierung, den Kardinal Fleury, am meisten störte, war die Tatsache, daß in dem begonnenen Seekrieg zwischen England, dem latenten Gegner Frankreichs, und Spanien, dem Verbündeten Frankreichs, Karl VI. Sympathien für England zeigte. Prinz Eugen war in seinen letzten Jahren der Ansicht gewesen, daß Österreich nichts Gutes von Frankreich zu erwarten habe und daß man daher gezwungen sei, die Freundschaft mit den Seemächten England und den Niederlanden zu pflegen. Von daher sind die Einwände Kardinal Fleurys Maria Theresia gegenüber zu verstehen. Indem er ihr höflich sein Bedauern ausspricht, entgegengesetzte Interessen zu vertreten, gibt er zu bedenken, daß „gewisse Partnerschaften die Fürsten oft zwängen weiter zu gehen, als sie wollten, wenn sie ungebunden wären". Das hieß, daß Frankreich kein Interesse daran hatte, die Rechte Maria Theresias zu respektieren, geschweige denn zu unterstützen, aus dem einen Grunde, weil sie die Verbündete Englands war.

Demzufolge konnte die habsburgfeindliche französische Gruppe unter dem Marschall de Belle-Isle erreichen, daß Frankreich die Kandidatur des Kurfürsten Karl Albert von Bayern unterstützte und ihn von seinen Anhängern 1741 in Nymphenburg zum Kaiser wählen ließ. Ohne daraufhin Maria Theresia sogleich den Krieg zu erklären, hielt Frankreich die Fiktion aufrecht, den gerechten dynastischen Fall zu vertreten. Französische Truppen nahmen an einer Expedition teil, die den Kurfürsten über die Donau zuerst nach Linz und dann nach Böhmen bis nach Prag führte. Prag jedoch verteidigte sich.

Wie später, 1848, griffen die Studenten auch jetzt schon zu den Waffen. Trotzdem wurde die Stadt in einem überraschenden Sturmangriff eingenommen, am 26. November 1741.

Angesichts dieser Ereignisse spaltete sich die öffentliche Meinung in Böhmen.

Beeinflußt von einer geschickten Propaganda, nahmen die Bauern den Kurfürsten mit offenen Armen auf. Sie bildeten sich ein, er würde sofort die Leibeigenschaft und Fronarbeit aufheben. Die Bürgerschaft Prags verhielt sich dagegen abwartend. Aus handelstechnischen Erwägungen und wegen der engen Beziehung mit Sachsen wünschten sich viele, daß der Kurfürst, welcher bereits König von Polen war, nun auch böhmischer König würde. Unter der Schirmherrschaft Frankreichs wurde ein Teilungsvertrag zwischen Bayern und Sachsen geschlossen. Sachsen erhielt einen zollfreien Durchgang durch das nördliche Böhmen zugesichert, damit es weiter mit Mähren ungehindert Handel treiben konnte. Sächsische Kontingente beteiligten sich an der Einnahme Prags und bezogen dann ihre Quartiere in den Provinzen.

Der böhmische Adel verhielt sich noch unentschlossener: In der österreichischen Armee, welche unter dem Kommando des Großherzogs den Vormarsch der Franzosen und Bayern nicht hatte aufhalten können, waren die Generale Johann Georg Lobkowitz und Ludwig Andreas Graf Khevenhüller. Der Kanzler von Böhmen, Graf Kinsky, war in Wien geblieben. Er war ein treuer Anhänger der Dynastie. Am 7. Dezember gab Karl Albert, nachdem er sich zwei Wochen in Prag aufgehalten hatte, eine Proklamation heraus, in der er seine Ansprüche auf die Krone stellte und die Stände aufforderte, ihm den Huldigungsschwur zu leisten. Der Eid war in drei Etappen abzulegen, für die Prager am 19. Dezember, für die übrigen Tschechen am 8. Jänner, für die im Ausland lebenden Mitglieder der Stände am 8. Februar. Wer sich dieser Verpflichtung entzog, wurde mit der Konfiszierung seiner Güter bedroht. Der Erzbischof von Prag, Manderscheid, ein Rheinländer und Feind der Habsburger, rühmte sich, die Mehrzahl der Abgeordneten für Karl Albert gewonnen zu haben. Die Zeremonie vom 19. Dezember war dementsprechend gut besucht: vierhundert Abgeordnete, also fast die Hälfte, waren erschienen. Die Zeremonie ging in gewohnter Feierlichkeit vor sich: Glockengeläut von St. Veit, Versammlung im Vladislav-Saal, in dem traditionsgemäß die königlichen Wahlen stattfanden. Was folgte, war dann weniger brillant: Der König begab sich eilends nach Frankfurt, um seine dortige Wahl zum Kaiser vorzubereiten, die im Januar 1742 sein sollte. Die Regierung des Königreichs Böhmen überließ er einer Abordnung von sieben Mitgliedern. Präsident war Graf Friedrich Kolowrat. Die Stände hatten dem Kurfürsten viel Geld bewilligt. Aber als es ans Zahlen ging, wurde die Sache schwierig. Alle Welt schien Böhmen ausnehmen zu wollen: Franzosen, Sachsen, Preußen und Österreicher.

Zum Huldigungseid vom 8. Januar erschienen nur mehr vierundzwanzig Herren vom Hochadel und sechsundvierzig Ritter. Es kam zu seltsamen Rückversicherungen: Manche Adelige ließen sich vertreten und entschuldigten sich bei Maria Theresia mit der Gefahr der Konfiszierung ihrer Güter. Die regierenden Kreise zeigten für das neue Regime offensichtlich nicht mehr Begeisterung als Treue für das alte. Der Hochadel hatte aufgehört, das Bewußtsein und den Stolz der Nation zu repräsentieren, die Zeit der Verschwörungen war vorbei, es gab niemanden mehr, der fähig war, einen nationalen König allen Erbansprüchen zum Trotz aufzustellen. Jetzt ging es darum, den persönlichen Besitz zu schützen, und Opportunismus regierte die Stunde. Nur beim niederen Adel traf man noch auf Beweise persönlichen Mutes, zum Beispiel bei dem Hauptmann Mladota, der als treuer Anhänger Maria Theresias von den Franzosen festgenommen und gezwungen wurde, die tschechischen Worte zu übersetzen, die er mit seiner Frau gewechselt hatte. Die von den Jesuiten geformte Schuljugend bezeugte ebenfalls, daß sie dem „bayrischen“ Kaiser „schlecht gesinnt“ war.

Während des ganzen Jahres 1742 mußte das tschechische Volk, welches sich nichts sehnlicher wünschte, als in Frieden arbeiten zu können, fremde Besatzung auf seinem Gebiet dulden, und zwar wegen der Rivalität zwischen den Großmächten, von denen sich keine für Böhmen wirklich interessierte. Immerhin war die Rede davon, die Lage der Bauern zu bessern. Die Regierungen Karls und Maria Theresias fingen an, sich in dieser Frage gegenseitig an Reformwillen zu überbieten, weil jeder glaubte, er könne die Bauernunruhen für sich ausschlachten. In Wien hatten der Präsident der „Hofkammer“ und hohe Beamte schon seit längerem mit dem böhmischen Kanzler, Philipp Kinsky, über die Abschaffung der Leibeigenschaft diskutiert. Kinsky hatte die Ansicht vertreten, daß die Leibeigenschaft nichts mit der Bestrafung der böhmischen Nation nach der Schlacht am Weißen Berge zu tun hatte, sondern eine alte slawische „conditio rusticorum“ sei, aber er gab zu, daß die Grundherren oft zu hart vorgingen und daß man, ohne am Prinzip zu rütteln, denjenigen Bauern die Freiheit zugestehen könne, welche drei Jahre in der österreichischen Armee dienen wollten. Die Patente von Maria Theresia am 29. April und 28. Mai 1742 versprachen die Freiheit für eine dreijährige Dienstzeit in der österreichischen Armee. Als Antwort veröffentlichte der Marschall de Belle-Isle, Kommandant der französischen Truppen, trotz des Widerstands der Deputation im Namen Karl Alberts am 13. Juli ein Patent, welches all jenen die Freiheit versprach, die gegen Österreich zu den Waffen greifen wollten. Das war der Aufruf zur Volksempörung. Der Tscheche Karel David, Verbündeter des „bayrischen" Kaisers und der Franzosen, versuchte eine Bauernarmee zu bilden. Es wurde aber nichts Rechtes daraus. Karel David, der von Karl VII. zum Reichsgrafen erhoben wurde, nahm selbst Kontakte mit den Gesandten des österreichischen Generals Königsegg auf.

Seit dem 24. Juni hatte die österreichische Armee mit der Belagerung Prags begonnen. Die in der Stadt eingeschlossene französische Armee mußte zu den schärfsten Maßnahmen greifen, um die Stadt zu verteidigen. Innerhalb von sechs Monaten hatte sich General Séchelles den Ruf eines strengen Verwalters erworben. Man sagte von den Franzosen allgemein, sie seien eine „eitle, ehrgeizige und glaubenslose Nation, welche ihre Herrschaft auf die ganze Welt ausdehnen wollte". Belle-Isle versuchte mehrmals, sich mit den österreichischen Generalen auf einen ehrenhaften Abzug seiner Truppen zu einigen. Aber dann konnte er hoffen, durch die Armee von Maillebois entsetzt zu werden, die über Eger nach Böhmen eingedrungen war, ohne allerdings nach Prag vorstoßen zu können. Im Dezember faßte Belle-Isle einen heroischen Entschluß: Es gelang ihm, die Mehrzahl seiner Truppen, ungefähr vierzehntausend Mann, durch die Blockade bis nach Eger zu bringen. Dieser Rückzug aus Böhmen ging in die Kriegsgeschichte als militärische Glanztat ein. Belle-Isle hatte in Prag eine kleine Garnison zurückgelassen. Ihr Kommandant, der Oberst Chevert, handelte die Kapitulation aus und konnte in allen Ehren abziehen. In die Stadt zogen wieder die österreichischen Truppen ein, und der Erzbischof Manderscheid, ohne sich im mindesten dafür zu schämen, einer der glühendsten Kollaborateure des französisch-bayrischen Regimes gewesen zu sein, lud alle Getreuen zu einem Tedeum ein. Als er jedoch das „Salvam fac, Domine, reginam nostram" anstimmte, erhob sich unter den Leuten ein solches Gemurmel, daß die Krönung der Königin Maria Theresia am 18. Mai vom Erzbischof von Olmütz vorgenommen wurde.

Daß die Königin Böhmen wiedererobern konnte, hatte zwei Ursachen. Die erste bestand darin, daß es Maria Theresia gelang, Ungarn für sich zu gewinnen, indem sie in ihrer Not an das Ehrgefühl und an die Ritterlichkeit der ungarischen Nation appellierte.

Mit dem Respekt ihres Vaters für die Tradition und für die Verfassung kam sie schon im Juni 1741 nach Preßburg, um sich krönen zu lassen: eine junge Mutter, deren Jugend noch von ihrem Unglück unterstrichen wurde. Sie trug den neugeborenen Joseph auf dem Arm.

Zwischen dem ungarischen Adel und Maria Theresia wurde eine ritterliche Vereinbarung getroffen. Der Landtag bewilligte der Königin gegen die Aufrechterhaltung aller religiösen und steuerlichen Privilegien sechs Regimenter, die sie außerhalb des Königreichs einsetzen konnte. Noch nie hatten ungarische Truppen etwas anderes als das eigene Territorium verteidigt. Zwar hatten ungarische Soldaten in den kaiserlichen Armeen mitgekämpft, aber jetzt stand eine kleine ungarische Armee ganz zur Verfügung des Herrschers. Ungarn, der Schutzwall der Erbländer gegen die Türken, half nun entscheidend mit, die Erbländer und die ganze Monarchie gegen die Mächte des Westens zu schützen.

So konnten 1742/43 Bayern besetzt und Böhmen befreit werden. Ungarn hatte das Haus Österreich gerettet. Daran schmälert auch die Länge der Verhandlungen nichts, die vor diesem Entschluß geführt werden mußten. (8)

Hier stand wirklich Ritterlichkeit gegen Ritterlichkeit. Maria Theresia rührte niemals an den ungarischen Privilegien. Durch ihren Schwur waren die inneren Reformen, deren Notwendigkeit sie klar erkannte, natürlich sehr erschwert, wenn nicht unmöglich gemacht. Ungarn blieb unter ihrer Regierung ein armes Land, aber unabhängig und der Kaiserin treu ergeben. Der unbeugsame Partikularismus Ungarns verhinderte somit nicht die Assoziierung zweier gänzlich verschiedener Staaten und bereitete schon die dualistische Lösung des nächsten Jahrhunderts mit allen Vorteilen und Gefahren vor.

Die andere Ursache für die Rückgewinnung Böhmens ist weniger brillant: Maria Theresia mußte mit Preußen Frieden schließen, um welchen Preis auch immer. Es blieb ihr nichts anderes übrig, als den größten Teil Schlesiens und die Grafschaft Glatz an Preußen abzutreten (Verträge von Breslau und Berlin). Nur noch Teschen und Troppau blieben bei Österreich. Es bestand jedoch keine Veranlassung, diesen Verzicht für absolut aufrichtig zu halten. Jedermann wußte, daß Maria Theresia nur auf die Gelegenheit wartete, um diese wichtige Provinz Böhmens wieder zurückzugewinnen.

Um eine internationale Regelung in dieser Frage herbeizuführen, ließ sich Maria Theresia durch England 1743 in den Krieg mit Frankreich treiben. Ihre Truppen bedrohten Metz, Lothringen und das Elsaß. Die unterschwellige Feindseligkeit zwischen den Bourbonen und den Habsburgern erhielt dadurch wieder unnötigen Auftrieb. Da Preußen mit Frankreich verbündet war, fiel König Friedrich in Böhmen ein und besetzte Prag. Kaiser Karl VII. starb. Sein Sohn verzichtete auf die Kaiserkrone. Maria Theresia

(8) Vgl.: Hantsch, Geschichte II., a.a.O., S. 152, und Sinor, a.a.O., S. 236: „In fact, Hungary saved the Habsburg dynasty, a gesture she had every reason to regret in later years, but which ensured Maria Theresia's goodwill to the nation." Zu Josephs II. Zeit beschwört ein junger Adeliger voller Stolz das Jahr 1741: „Ein Zug in dem Charakter unserer Nation, der ob ihn gleich kein Monument vergöttert in der ganzen Geschichte nicht seinesgleichen hat." (Zitat aus: Balázs, H., Berzeviczy Gergely a Reformpolitikis 1763–1795. Budapest 1967, S. 320.)

söhnte sich in Füssen mit ihm aus. Sie räumte Bayern. Neuer Kaiser wurde der Großherzog der Toskana, Franz I. Durch ihren Mann war Maria Theresia nun Kaiserin geworden. Die wichtigste Aufgabe sah sie jetzt darin, Böhmen zurückzuerobern. Die österreichische Armee war wieder schlagkräftig geworden, sie schlug sich gut, aber ohne englische Hilfe hätte sie sich nicht halten können. Die englische Politik sollte weiter Europa beherrschen. England fühlte sich vor allem durch die französischen Erfolge in den Niederlanden beunruhigt (französischer Sieg bei Fontenoy 1745), durch die französische Unterstützung der Stuarts und durch das preußische Vordringen nach Hannover, das ein persönlicher Besitz des Königs von England war. Aus der englischen Sicht war der schlesische Konflikt zwischen Österreich und Preußen nur sekundären Ranges. England und Preußen tauschten Garantien aus. Maria Theresia sah sich gezwungen, mit Friedrich II. den Frieden von Dresden zu schließen, der ihr Böhmen, allerdings ohne Schlesien, zurückgab. Drei Jahre später erhielt Maria Theresia im Frieden von Aachen Belgien zurück, welches die Franzosen fast zur Gänze besetzt hielten, was wiederum den Engländern nicht recht war. Schlesien blieb bei Preußen.

Der Friede von Aachen war für die Franzosen eine tiefe Enttäuschung. Der Sieger von Fontenoy, der Marschall von Sachsen, protestierte gegen das Resultat, das nach soviel vergossenem Blut freilich als das Produkt einer krummen Politik von Ministern und Bürokraten erscheinen mußte. Auch in Wien konstatierte man unfroh, daß das Bündnis mit England den Tod von vielen österreichischen, tschechischen und ungarischen Soldaten auf deutschen und italienischen Schlachtfeldern verschuldet hatte, ohne daß Schlesien für das Königreich Böhmen zurückgewonnen werden konnte. Unter diesen Umständen gewann die Vision des alternden Ludwig XIV. von der Annäherung der zwei Kontinentalmächte, durch welche der Friede in ganz Europa gesichert wäre, wieder neue Suggestivkraft. Frankreich und Österreich hatten sich in diesem Krieg ohne einen direkten Konflikt sinnlos bekämpft. Nur indirekte Motive, wie die Rivalität zwischen den Seemächten, konnte man dafür verantwortlich machen. Aber seit Ludwig XIV. waren zwei andere Staaten in Europa groß geworden: Preußen und Rußland. Österreich konnte unmöglich zulassen, daß sich diese mächtigen Nachbarn immer mehr nach Osten ausdehnten, ohne daß es selbst irgendeinen territorialen Zuwachs zu verzeichnen hatte. In weiterer Zukunft begann sich jetzt schon abzuzeichnen, daß das geschwächte und schlecht regierte Polen eines Tages gewisse Provinzen an Rußland und Preußen abtreten würde, und wenn in diesem Fall Preußen nicht Schlesien zurückgäbe, müßte sich auch Österreich aus Gründen des Gleichgewichts einen Teil der unehrenhaften Beute sichern. Ein Handel, der keine andere Rechtfertigung hatte als die rein politische Konzeption eines Gleichgewichts zwischen den Mächten. Für die Dynastie war es in diesem Augenblick wichtiger denn je, sich aus den Donaustaaten Österreich, Böhmen und Ungarn einen Machtblock zu schaffen. Und das war nur durch eine bessere Verwaltung, eine bessere

Kräfteausnutzung und mehr Wohlstand möglich. Diese Aufgabe stellte sich Maria Theresia in der Atempause nach dem Frieden von Aachen.

Zwei Königskronen, ein Erzherzogshut und eine Kaiserkrone gaben der Ehe zwischen Maria Theresia und Franz I. Glanz und Würde. In ihren Erbländern nahm Maria Theresia den ersten Platz ein, Franz I. den eines Mitregenten. Hinterließ sie einen minderjährigen Erben, würde Franz I. die Regierungsgeschäfte „mit der linken Hand" zu führen haben. Durch die Kaiserwürde war er weit mehr als ein Prinzgemahl. Außer der Kanzlei des Reiches unterstand ihm noch eine besondere Kanzlei, die in der Nähe der Hofburg, in einem Haus der Wallnerstraße, dem Kaiserhaus, untergebracht war. Von hier aus regierte er die Toskana und die rheinische Grafschaft Falkenstein und verwaltete sein Einkommen aus Lothringen, das man ihm als Kompensation für das Herzogtum zugestanden hatte. Da er diese Geschäfte ausgezeichnet verstand, gründete er auf diese Weise das bedeutende Privatvermögen der Familie, welches von den Staatseinnahmen deutlich getrennt war. So war er in der Lage, dem Staat mit günstigen Krediten oftmals aus finanzieller Bedrängnis helfen zu können.

Die Ehe war aus persönlicher Zuneigung geschlossen worden, besonders von seiten Maria Theresias, die sich in den jungen Prinzen aus Lothringen verliebt hatte. Er war nach Wien gekommen, um hier seine Ausbildung abzuschließen. Obwohl Franz I. nicht immer ein vollkommener Ehemann war, führten sie eine gute Ehe, was durch die Geburt von sechzehn Kindern zwischen 1737 und 1756 dokumentiert wird.

Beide waren gesund und gutaussehend. – Maria Theresia glich ihrer Mutter, Elisabeth von Braunschweig-Wolfenbüttel, aber beide erreichten kein hohes Alter, weil sie sich ihre Gesundheit nicht zu erhalten gewußt hatten. Ihre Intelligenz war überdurchschnittlich, der Charakter bei beiden stark ausgeprägt, keiner war jedoch fähig, eine Sprache korrekt zu schreiben oder zu sprechen. Maria Theresia sprach Wiener Dialekt und versah die ihr vorgelegten deutschen Rapporte mit Randbemerkungen in einem sehr eigenartigen Französisch. Der Kaiser machte auf seine Gesprächspartner den Eindruck, Franzose zu sein, wenn er deutsch sprach, und Deutscher, wenn er französisch sprach. (9) Diese Unzulänglichkeiten aber hatten gar nichts Seltsames an sich. Die Fürsten der damaligen Zeit waren häufig ebenso ungebildet wie kultiviert, was wohl an ihrer Erziehung gelegen haben mag, wo der

---

(9) Als Beispiele mögen u. a. gelten: 1. ein anonymes Memorandum, das ich im Staatsarchiv in Wien fand (Frankreich, Varia, Karton 17), mit folgenden Anmerkungen von Maria Theresia: „Je l'ais ordonné et si ca n'est finis, je le veux qu'on le fasse d'abord et me rend conte pour quoi on ne la fait plutôt – a ca il y a a pourvoir parlez à Nesselrode. Je le veux absolument ca et Bartenstein m'en a at déjàck parlée . . ."; 2. In: Hennings, F., Und sitzet zur linken Hand. S. 304, ein Billett mit der Handschrift Franz von Lothringens: „Ma vivasité fig mir Kryl an et je vous dret (ausgebessert von Maria Theresia: vondroit) ne la voyre (ausgebessert von Maria Theresia: l'avoyre) pas fay pour bocoup (ausgebessert von Maria Theresia: fait et boucoup) das will nitt sagen et surtout visa vis de sa femme."

Unterricht täglich durch Repräsentationspflichten und Jagden unterbrochen wurde und es dadurch an Konzentration mangelte, während durch Gespräche mit Literaten und Wissenschaftlern andererseits die Neugierde und das Interesse an Bibliotheken und Sammlungen geweckt wurde. Franz I. liebte es, sich mit religiösen Problemen zu beschäftigen. Verbunden mit seiner Unwissenheit auf dogmatischem und theologischem Gebiet, führte ihn diese Meinung geradewegs zur Freimaurerei. (10) Maria Theresia dagegen war eine fromme, praktizierende Katholikin, mildtätig und freigebig, besonders wenn es um Heiligtümer ging, die das Ziel von Wallfahrten bildeten. Als Mensch ihrer Zeit verfügte sie zwar über eine gehörige Portion Intoleranz, aber sie meinte es gut und konnte nicht anders: „Kein Geist der Verfolgung, aber noch weniger der Gleichgültigkeit und der Toleranz, soll mich leiten, solange ich lebe, und ich möchte nur solange leben, bis ich mit diesem Trost zu meinen Vorfahren in die Gruft steigen kann, daß mein Sohn ebenso groß, ebenso religiös sein wird wie seine Vorgänger.“ (11) Aber alle Anhänglichkeit an die Tradition und die glühende Verehrung für den Vater, der ihr als Vorbild eines Herrschers galt, hinderten sie nicht daran, gewisse Reformen vorzunehmen. Zu klug, um nicht die Unordnung zu bemerken, die in der Regierung bei ihrer Thronbesteigung herrschte, entsetzt über den überall praktizierten Mißbrauch, den die von ihr eingesetzte Untersuchungskommission dauernd entdecken mußte, zutiefst überzeugt, als Herrscherin für den Letzten ihrer Untertanen verantwortlich zu sein, konnte sie doch nicht oder gerade deshalb nicht an den Erfolg der spektakulären Reformen eines Peter des Großen, Friedrich II. oder einer Katharina II. glauben. In ihrer Mischung von bäuerlicher Einfachheit und angestammter Würde gehörte sie viel mehr ins Barockzeitalter als in das Jahrhundert der Aufklärung, dessen wirtschaftliche Erkenntnisse ihren Horizont überstiegen, wie sie freimütig zugab. Sie blieb die Landesmutter, die keinen ihrer Untertanen dem anderen vorzog, aber dafür von allen und jedem Gehorsam forderte. „Wer nicht gehorsam sein kann, der lasse es bleiben, allein hier und vor meinen Augen soll kein solcher mehr erscheinen.“ Sie liebte die Ergebenheit und Opferbereitschaft ihrer Soldaten. 1757 schickte sie an Marschall Daun, der am 18. Juni 1757 die Preußen bei Kolin besiegt hatte, die mittelalterliche romantische Botschaft einer Dame, für deren Ehre sich der Ritter geschlagen hatte: „Dem 18. Geburtstag der Monarchie ... Die Monarchie ist ihm seine Erhaltung schuldig und ich meine Exitence meiner schönen und lieben Armee. Dies wird mir gewiß, so lang als ich lebe, niemals aus meinem Herzen und Gedächtnis kommen; au contraire, mir scheint, daß es jährlich nur frischer und sensibler ist ... Gott erhalte ihn mir noch lange Jahre zum Nutzen des Staates, des militaire und meiner Person, meinen besten, wahrsten, guten

(10) Anfangs stand die Freimaurerei der Kirche nicht feindlich gegenüber. Der Kaiser sah in der Freimaurerei einen Verein am Wohl der Öffentlichkeit interessierter Männer.

(11) Hantsch, Geschichte II., a.a.O., S. 171.

Freund, ich bin gewiß, so lang ich lebe, seine gnädigste Frau. Maria Theresia.“ (12)

Dies war die Frau, die zur Ehre der Kronen, die sie trug, und zum Wohl ihrer Untertanen aus ihren Erbländern einen modernen Staat schaffen wollte. Sie wurde dazu vor allem von einem ihrer Beamten, einem Schlesier, dem Grafen Friedrich Wilhelm Haugwitz, ermutigt, einem Mann, der bar jeden persönlichen Ehrgeizes nur das Wohl der Allgemeinheit im Kopf hatte, seiner Kaiserin treu ergeben war und sich nicht vor dem Haß jener fürchtete, deren Ziele er durchkreuzte. Die Methode, die während der zwei schlesischen Kriege darin bestanden hatte, durch Gelegenheitsreformen die Pleiten der Verwaltung auszugleichen, hatte keinen wirklichen Wandel geschaffen.

Selbst wenn sie die Steuerforderungen der Regierung bewilligt hatten, übernahmen die Landtage noch keine Gewähr dafür, daß die Beamten die Steuern auch wirklich einzogen. Und da die regionalen Verwaltungsstellen meist selbst schwer verschuldet waren, herrschte schon hier ein allgemeines Chaos. Erst recht aber bei den höchsten Verwaltungsstellen in Wien, wo zwischen „Hofkanzlei“, „Hofkammer“, „Hofkriegsrat“ ein ständiger Kompetenzstreit für Verwirrung sorgte. Für Haugwitz kam eine partielle Reform nicht in Betracht. Die Macht des Herrschers, der die Verantwortung für das Ganze zu tragen hatte, mußte im Sinne des Absolutismus verstärkt werden, und die verschiedenen Staaten mußten einheitlich geführt werden. Haugwitz inspirierte sich an dem Beispiel Preußens und an dem, was er von Frankreich wußte. Er hatte zudem die Publizistik auf seiner Seite, vor allem Wilhelm von Schröder. Betonte dieser Theoretiker des Merkantilismus nicht die Pflicht und die Aufgabe des Herrschers, das wirtschaftliche System seines Landes nach Kräften zu verbessern, damit die Steuern erhöht werden konnten und sich die Armeekasse füllte? Haugwitz hatte seine ersten Erfahrungen in Troppau gesammelt, in dem Österreich verbliebenen Teil Schlesiens, dann hatte man ihn in die Krain geschickt, schließlich nach Kärnten. Überall war er auf dasselbe administrative und finanzielle Chaos gestoßen: Verschuldete Staaten, Pensionszahlungen ohne eigentliche Berechtigung für hochgestellte Personen, eine ungerechte Aufteilung der Lasten. Der Adel und die Geistlichkeit waren überhaupt steuerfrei, die Untertanen hatten umso mehr zu zahlen und sahen ihr einziges Heil im Betrug und in der Steuerhinterziehung. Durch die Einsetzung neuer Beamter, die allein dem Kaiser verantwortlich waren, gelang es, Ordnung zu schaffen und die Einnahmen schnell zu verbessern. Maria Theresia entschloß sich daraufhin, die Verwaltung in diesem Sinn in allen ihren Erbländern zu reformieren. Nur Ungarn, den Niederlanden und Mailand erlaubte sie die bisherigen Methoden.

Zu Anfang des Jahres 1748 erklärte Haugwitz, für den Unterhalt einer Armee von einhundertachttausend Männern seien die alten Praktiken der

---

(12) Text in: Frass, a.a.O., S. 309.

Steuereintreibung absolut unzulässig. In einem Fall wie Böhmen würde man zwar nicht an die Gesetze der Verfassung von 1627 rühren, sie müßten jedoch anders durchgeführt werden. Er schlug vor, im Verwaltungs- und Steuerwesen einen Absolutismus einzuführen, wie er in dieser Form bisher noch nicht existiert hatte. Die Bezirkshauptmänner des Königreichs waren zwar seit 1627 vom König ernannt worden und nannten sich „königliche Hauptmänner“, sie hatten auch im Bedarfsfalle die Patente über die Fronarbeit von 1680, 1717 und 1738 gegen den Widerstand der Lehensherren durchgesetzt, aber da sie selbst aus dem Adelsstand kamen (es gab pro Bezirk zwei Hauptmänner, einer aus dem hohen Adel, der andere aus dem Ritterstand), vom Landtag besoldet und zwangsläufig in die verworrenen Schwierigkeiten eines Verwaltungsapparates hineingezogen wurden, standen sie ohne direkten Bezug zum Herrscher, der sie nominierte und den sie repräsentierten. Der Absolutismus von Ferdinand II. war religiöser Art gewesen, er diente dazu, das Land zum Katholizismus zurückzuführen und den Protestantismus zu verdrängen. Dieses Ziel war seit langem erreicht worden. Jetzt ging es darum, die von der Verfassung anerkannte Autorität des Königs auch im Verwaltungs- und Steuerwesen einzusetzen. Den Ständen würde ihr Recht der Steuerfestsetzung erhalten bleiben, und sie würden auch weiterhin die Einnahmen aus den königlichen Gütern (Cameralia) verwalten dürfen, aber die Verteilung und die Eintreibung der Steuer sollte jetzt Beamten des Königs anvertraut werden. Hier standen sich zwei Regierungsformen gegenüber: die alte aristokratische und die neue absolutistische. Am 29. Jänner 1748 beschäftigte sich ein außerordentlicher Kronrat in Wien mit dem Problem: Teilnehmer waren die Kaiserin, ihr Mann und ihr Schwager, Prinz Karl von Lothringen in seiner Eigenschaft als Kanzler (seit 1742 Außenminister), der Kanzler von Böhmen, Repräsentanten der Reichskanzlei, der Ministerial-Banco-Deputation, des Allgemeinen Kriegsrats, außerdem Haugwitz und Bartenstein. Alle, selbst der böhmische Kanzler, Graf Friedrich Harrach, gaben zu, daß das Finanzsystem dringend reformbedürftig sei. Die Traditionalisten traten dafür ein, diese Reform von den Ständen bewilligen und durchführen zu lassen. Haugwitz hatte den Mut zu bemerken, „daß, wenn man ein Land in Gefahr bringen wollte, man nur den Ständen freie Hand lassen dürfte“. Jedermann äußerte dazu seine Ansicht, die Mehrheit entschied gegen Haugwitz. Die Kaiserin aber stellte sich sehr ruhig auf die Seite von Haugwitz. Da die Kaiserin klar und deutlich ihre Meinung geäußert habe, sagte der Kaiser, sollte sich nun jedermann daran halten und weder heimlich noch öffentlich ihrem Willen zuwiderhandeln. So zwang ihre Loyalität dem Herrscher gegenüber die Aristokraten, für eine Reform zu stimmen, die ihre Macht empfindlich einschränkte, besonders in Böhmen. Das bedeutete für die Stände einen Rückzug von der Autorität des Fürsten. (13)

(13) Walter, F., Die österreichische Verwaltung, II/1. Wien 1938, S. 15.

Der Weg für die großen Staatsreformen des Jahres 1749 war frei: Zuerst wurde die Böhmische Kanzlei abgeschafft (nicht jedoch das Amt des Kanzlers), alle Verwaltungs- und Finanzstellen wurden in einer Stelle zusammengefaßt: das „Directorium in Publicis et Cameralibus". Die königlichen Statthalterschaften in den Ländern wurden durch die „Repräsentation und Kammer" ersetzt, die von einer Kommission des Wiener Hofes abhing. In den böhmischen Bezirken gab es von nun an nur noch einen Bezirkshauptmann, den die Königin ernannte und besoldete. Er war der „Repräsentation und Kammer" verantwortlich und amtierte in einem öffentlichen Gebäude, während die ehemaligen Bezirkshauptmänner ihren Geschäften in ihren Privathäusern nachgegangen waren. In gewissem Sinn war damit das zisleithane Österreich geboren, welches bis 1918 bestehen sollte. Die Erbländer waren mehr oder weniger zu Provinzen degradiert worden. Die friedliche Revolution wurde ohne größere Schwierigkeiten durchgeführt. Erst später erklärten tschechische Historiker, die Aktion von 1749 sei eine grausame Vergewaltigung der historischen Rechte ihres Landes gewesen und eine schlimmere Niederlage als die vom Weißen Berg. Von nun an entschied Wien und nicht mehr Prag über das Schicksal der Tschechen und Deutschen in Böhmen.

Ein österreichischer Historiker, ein ausgezeichneter Kenner des Verfassungsrechtes, hat dazu folgendes bemerkt: „Vielleicht dokumentiert nichts die große Bedeutung dieser Maßnahmen für die Verfassung der Monarchie eindrucksvoller als die Tatsache, daß das staatsrechtliche Programm der Tschechen im 19. Jahrhundert in der Reform von 1749 den eigentlichen Bruch mit ihrer Eigenstaatlichkeit erblickte." (14) Das Geschehen war also noch von größerer Tragweite, als es den Zeitgenossen bewußt war. Bisher hatte die Habsburgermonarchie den Charakter einer Staatenassoziierung gehabt. Jetzt erst wurde die Monarchie ein zentralistischer Staat. „Die Böhmische Kanzlei war Ausdruck einer rechtlichen und verwaltungstechnischen Autonomie, kurz, der Unabhängigkeit des tschechischen Staates", schreibt Pekař. Damit war es nun zu Ende.

Ohne Zweifel hatte die Reform von Haugwitz einen aggressiven Charakterzug. Aber richtete sich diese Aggressivität gegen die Länder und gegen die Völker? Ganz sicher nicht, sondern gegen das Ständesystem, gegen eine Verwaltung, die allein in den Händen des Adels lag. Man kann die Geschichte nicht durch Vermutungen neu schaffen. Aber vielleicht wäre alles anders verlaufen, wenn an der Stelle eines schlesischen Beamten ein Kanzler von Böhmen oder Österreich, ein hoher Beamter Mährens, Kärntens oder Tirols ein Reformprogramm ausgearbeitet und den Beweis geliefert hätte, daß jeder einzelne Staat bereit war, aus eigener Kraft zur Ordnung des Gesamtstaates beizutragen. Dann wären die Aktionszentren in den Staaten geblieben und nicht zu einem einzigen in Wien zusammengezogen worden. Die Donaustadt, die so lange eine unter vielen Städten war, bevor sie Resi-

(14) Walter, a.a.O., II/1, S. 60.

denzstadt wurde, erhielt jetzt den Rang einer politischen Hauptstadt, das heißt, sie wurde Zentrum und Antriebskraft für die ganze Monarchie.

Haugwitz dachte ans Ganze: das Einzelrecht der Staaten interessierte ihn nicht, er empfand für sie weder Liebe noch Haß. Er zog lediglich seine Folgerungen aus der Unordnung, die er in Schlesien, Krain und Kärnten vorgefunden hatte und der Verwaltung der Staaten und ihrer Beamten zuschrieb. Mit diesem Schlendrian wollte er Schluß machen. Und wenn die Stände an ihrem Ehrenrecht festhalten wollten, die Steuern festzusetzen, dann sollten sie das ruhig tun, unter der Bedingung, daß sie „freiwillig" die von der zentralen Regierung festgesetzte Höhe akzeptierten und daß eigens dafür eingesetzte Regierungsbeamte die Steuern eintrieben.

Da die Steuereinziehung die Grundlage der Reformen bildete, mußte man ihr eine solide Basis schaffen. Zunächst einmal erreichte Haugwitz, daß die Steuern von den einzelnen Staaten für einen Zeitraum von mehreren Jahren bewilligt wurden (zehn Jahre in Böhmen) und daß die Basis neu definiert wurde. Wir haben gesehen, wie nach dem Dreißigjährigen Krieg der Erlaß von 1654 die Vermischung von Rustikal- und Dominikalboden innerhalb der Lehensherrschaft, welche steuerfrei war, verbot und ebenso, wie man daranging, eine erste Aufstellung des Rustikallandes zu machen. Allerdings bezog sich diese Aufstellung lediglich auf das bebaute Land. Jetzt wollte man eine vollständigere Liste aller steuerverdächtigen Ländereien anlegen. 1749 erschien der erste theresianische Kataster, der sich allerdings nur auf den Rustikalboden bezog. Der zweite erschien 1755 und umfaßte nun auch den Dominikalboden. Der letztere war steuerlich schwächer veranlagt als der erstere. Die steuerpflichtigen Grundstücke, die jeweils zu einer Einheit zusammengefaßt wurden, konnten einem oder mehreren Besitzern gehören. Der Kataster von 1749 hatte die Anzahl der steuerpflichtigen Einheiten herabgesetzt, aber die Steuer erhöht; sie lag zwischen 54 und 60 Gulden. Wichtig war jedoch, daß die Steuern regelmäßig bezahlt wurden. An dem Großgrundbesitz aber wurde wieder einmal nicht getastet. Nur konnten jetzt die königlichen Beamten mit mehr Autorität die Konflikte zwischen den Bauern und der grundherrschaftlichen Verwaltung regeln.

In Wien war die Justiz durch die Gründung einer „Obersten Justizstelle" von den übrigen Instanzen getrennt worden. In den einzelnen Ländern richtete man nun ebenfalls „Justizstellen" ein, wo den Untertanen kostenlos Advokaten zur Verfügung standen, welche von der „Repräsentation und Kammer" ernannt worden waren. Die Intention war gut, die Durchführung weniger. Sie scheiterte häufig an der Ängstlichkeit der Bauern, welche sich nicht der Rache der Verwalter aussetzen wollten.

Wenn auch der Schwerpunkt des staatlichen Interesses bei der Landwirtschaft lag, so wurde jetzt auch die Industrie stark gefördert. Man gründete eine zentrale Organisation, eine Art allgemeines Handelsministerium, das „Kommerzdirektorium". Aufmerksam wurden die Empfehlungen gewisser Wirtschaftstheoretiker geprüft, und geistliche und weltliche Großgrundbesitzer wurden aufgefordert, auf ihrem Besitz Fabriken zu eröffnen. Böhmen mit seinem niedrigen Lohnniveau und die Umgebung von Wien waren sozusagen Vorreiter in der industriellen Entwicklung. Textilien standen an erster Stelle, man wollte den Verlust der schlesischen Tuche wieder ausmerzen. Franz I., ein genialer Geldanleger, unterstützte mit seinem Kapital einen schlesischen Unternehmer, den Grafen Habural de Chamaré. Dieser gründete in Pottenstein, Böhmen, eine große Tuchfabrik samt Werkstätten zum Färben und Bleichen. Um eine weitere Kundschaft im Inland und Ausland anzusprechen, stellte man gleich alle Qualitäten her, vom einfachsten Tuch bis zum eleganten und feinen Stoff. Neben den Tuchfabriken entstanden überall auch Leinenfabriken und Spinnereien. Ein Wiener Kaufmann, J. M. Schmidt, gründete in Neugedein eine sehr lukrative Leinenfabrik. So wurde der industrielle Kapitalismus geboren. Viele Bauern wurden Fabriksarbeiter, indem sie zu Hause Garn spannen oder in der Fabrik selbst arbeiteten, vom frühen Morgen bis zum Abend, solange das Tageslicht ausreichte. War nun die Fabriksarbeit besser als die Fron? Wer in die Fabrik ging, besaß meistens kein oder sehr wenig Land; es waren die Unsteten, Deklassierten, Besitzlosen. Somit kam es zu einer Spaltung in der Arbeitswelt: Die einen holten sich ihren Lebensunterhalt aus dem Boden und bewahrten sich ihre Unabhängigkeit, wenn diese auch stark eingeschränkt durch die Leibeigenschaft und die Fron war; die anderen verkauften ihre Unabhängigkeit für ein Gehalt, für das sie mehr und mehr arbeiten mußten. In die Gehaltsfragen der Textilindustrie mischte sich die Regierung nicht ein; wohl aber in der Glasbläserei, deren Ruf und Produktion schon mit Venedig konkurrierten. Da die Glasbläsereien in den Randgebieten Böhmens angesiedelt waren, mußte man den Abzug der Arbeiter befürchten, wenn ihnen im Ausland bessere Gehälter angeboten wurden. Daher mußte man durch feste Tarife dem österreichischen Handel die Glasbläsereien zu erhalten versuchen. (15)

Eine vernünftige Zollgesetzgebung (1753) schützte die Erbländer und sorgte für einen Abbau der Zölle. Handel und Industrie trugen ebenfalls zu einer Vermischung der Interessen bei und zum zögernden Entstehen eines gemeinsamen Steuerwesens. Wien hatte mit den südlichen Teilen Böhmens und mit Mähren mehr Gemeinsamkeiten als mit Tirol oder Vorarlberg, und die Hauptstadt wurde die große Nutznießerin der tschechischen Leistungen und Tugenden.

Maria Theresia soll allerdings einem Gerücht zufolge entschieden mehr Liebe für Ungarn als für das Königreich Böhmen empfunden haben. Denkt man an das Jahr 1741, so ist das nicht weiter verwunderlich. Allerdings wird oft vergessen, daß sie zur selben Zeit, in der sie das Schloß von Buda restaurieren ließ, auch die Prager Burg restaurieren und erweitern ließ. Auf dem Hradschin gründete sie ein Stift für junge Mädchen des böhmischen

(15) Československà Vlastivěda (Ausg. 1963), S. 562—565; Klima, A., Die Textilmanufaktur in Böhmen. „Historica" 15 (1968).

Adels und bestimmte als Äbtissin eine ihrer Töchter. Das Damenstift bestand bis 1918, die letzte Äbtissin starb erst 1961. Außerdem wußte die Königin sehr wohl, was ihr das Königreich an Geld, Soldaten und Waren einbrachte. Sie hatte deshalb gewiß kein Interesse, es in irgendeiner Weise zu demütigen. Ihr Eifer, Schlesien zurückzugewinnen, betraf schließlich eine Provinz Böhmens. Andererseits traf sie auch eine Vorkehrung, das Ansehen Böhmens, welches sich auf die glanzvolle Vergangenheit gründete, wiederherzustellen. In dem Fresko von Altomonte in St. Florian wird die Monarchie nur durch zwei Figuren repräsentiert: Österreich und Ungarn. Auch in den Freskenallegorien Schönbrunns ist der Platz Böhmens klein. Unmerklich war das Königreich Böhmen Österreich unterstellt worden, so wie das Königreich Kroatien Ungarn.

DER SIEBENJÄHRIGE KRIEG

Als feststand, daß Friedrich II. nicht auf Schlesien verzichten wollte, war die Feindschaft zwischen ihm und Maria Theresia trotz des wiederhergestellten Friedens besiegelt.

Das wußte Friedrich genau und hielt sich daher an die französische Allianz. Listig meinte er, Schlesien und Lothringen seien zwei Schwestern, deren eine den König von Preußen, die andere den König von Frankreich geheiratet hätte. Damit deutete er an, daß die beiden Besitzer Grund genug hätten, Freunde zu bleiben.

Im Falle eines Krieges konnte Preußen Frankreich gute Hilfe leisten, indem es Hannover angriff, das dem König von England gehörte, einem Verbündeten Österreichs. Andererseits brauchte Preußen die Garantie, daß ein anderer Verbündeter Österreichs, nämlich Rußland, es nicht an seiner Ostflanke angriff, die über Polen leicht zu erreichen war. Die Annäherung zwischen England und Rußland, bei der England erwartete, daß Rußland Preußen angriff, wenn Hannover bedroht sei, beunruhigte mit Recht Friedrich II. Er hielt es für besser, sich mit London gut zu stellen, und versprach, die Neutralität Hannovers zu respektieren, wenn England dagegen versprach, nichts zugunsten Österreichs zu unternehmen (Vertrag von Westminster 1756).

Aus Sorge vor einer Isolierung der Monarchie und ihrer Gefährdung durch Preußen empfahl einer der besten Mitarbeiter Maria Theresias, Fürst Kaunitz, einst Verhandlungspartner in Aachen und Botschafter in Paris, seit 1753 Kanzler, sich mit Frankreich zu verständigen. Aber das war von beiden Seiten schwierig zu bewerkstelligen: Es gab zu viele Vorurteile auf französischer Seite, wo Österreich als Erbfeind galt, zu viele Vorurteile auch in der Umgebung Maria Theresias, wo der französische Hof als der ärgste aller Feinde angesehen wurde und man immer noch sehnsüchtig nach Lothringen und aufs Elsaß schielte.

Aber das Interesse auf der einen und die Macht auf der anderen Seite bildeten die Grundlagen für eine Versöhnung. Die beschriebenen Reformen hatten aus der österreichischen Armee wieder ein schlagkräftiges Heer gemacht. In Wiener Neustadt war 1752 eine Militärakademie gegründet worden, die für eine bessere Ausbildung des Offizierskorps sorgte. Zusammen konnten die französische und die jetzige österreichische Armee der ausgezeichneten preußischen Armee ganz anders gegenübertreten. Friedrichs Annäherung an England hatte daher den sogenannten „Umsturz der Allianzen" zur Folge. Zwischen Maria Theresia und Ludwig XV. wurden zwei Verträge unterzeichnet: Ziele waren für Österreich die Rückgewinnung Schlesiens, für Frankreich die Annexion der österreichischen Niederlande, die an den Infanten von Parma, den Schwiegersohn des französischen Königs, abgetreten werden sollten.

Aber auf den Meeren, in Kanada und in Indien führte Frankreich weiter seinen Konkurrenzkampf mit England, und England hätte niemals zugelassen, daß in Belgien ein Verwandter des Königs von Frankreich herrschte. Wir können hier nicht das Hin und Her des Siebenjährigen Krieges verfolgen (1756—1763). Der König von Preußen löste ihn durch seinen Präventivkrieg gegen Sachsen aus, aber er rannte sich den Kopf an der Koalition Rußlands, Frankreichs und Österreichs ein und bekam in Böhmen sehr bald die neue Stärke der österreichischen Armee zu spüren. Aus familiären Gründen eingesetzt, führte ein unfähiger Kommandant, Prinz Karl von Lothringen, die österreichische Armee von Niederlage zu Niederlage, aber andere Generale zeigten sich als hervorragende Strategen: Daun, welcher Prag durch seinen brillanten Sieg bei Kolin befreite, Laudon und Lacy. Die Truppen schlugen sich tapfer und milderten Niederlagen durch ihre Ausdauer und Disziplin. Friedrich II. verteidigte sich verbissen, errang Siege (1757 in Roßbach über die Franzosen) und erlitt Niederlagen. Österreichische Truppen besetzten Berlin, Schlesien und die Grafschaft Glatz. Allgemeine Kriegsmüdigkeit, diplomatische Komplikationen, besonders der Tod der Zarin Elisabeth, einer treuen Verbündeten Frankreichs und Österreichs, und die Annäherung ihres Nachfolgers Peter III. an Preußen machten beide Seiten friedensbereit.

England erbte dadurch, daß Frankreich auf seinen Einfluß in Indien und auf seine kanadischen Territorien verzichtete, praktisch das französische Kolonialreich und erreichte außerdem, daß die Niederlande bei Österreich blieben. Dafür behielt Preußen allerdings Schlesien. Maria Theresia konnte nur hoffen, daß ihre Nachfolger eines Tages Schlesien zurückgewinnen würden. Sie behielt aber die Augen offen für jede Möglichkeit, diesem Ziel um einen Schritt näherzukommen. Daher blieb sie auch dem französischen Bündnis treu. Sieben Jahre später verheiratete sie sogar ihre jüngste Tochter mit dem französischen Thronerben.

Den Frieden von Hubertusburg schloß sie am 15. Februar 1763 mit Preußen auch aus dynastischer Vorsorge. Friedrich II. war nämlich bereit, dem Erzherzog Joseph seine Stimme zur Wahl zum römischen König zu geben. Zwar war der Kaiser Franz noch jung und gesund, aber man mußte an die Zukunft denken. Dem Praktiker Friedrich war der Besitz Schlesiens es wert, die Lothringer die Wahl gewinnen zu lassen. Die Stunde schien ihm noch nicht reif genug, „das Reich mit dem Kaiser zu teilen, wie einst Antonius und Octavian".

Aber allein durch Preußens Präsenz und Macht hatte die Kaiserkrone schon keine echte Realität mehr. Der Kaiser war längst nicht mehr der alleinige Schiedsrichter und Regulator in Reichsangelegenheiten; der Vasall hatte sich zum Konkurrenten entwickelt.

Der Besitzstand der Hohenzollern war genauso geduldig wie der der Habsburger durch Gebietsannexionen und militärische Erfolge erweitert worden. Unter preußischem Einfluß stand das protestantische, schon stark industrialisierte Norddeutschland. Hinter den Habsburgern standen die katholischen Länder Süddeutschlands und ein großes Land außerhalb des Reiches, Ungarn.

Die Härten des Siebenjährigen Krieges hatten Kritik am Haugwitzschen System hervorgerufen. Sich auf Erfahrungen in Brüssel, Turin und Paris berufend, hielt zum Beispiel der Kosmopolit Graf Kaunitz die Konstruktion von Haugwitz für viel zu schwerfällig. Er hielt es auch nicht für sehr opportun, daß der Adel auf eine so demütigende Weise von Bürokraten aus den Amtsgeschäften verdrängt wurde. Eine Union von Verwaltung und Finanzen erachtete er gleichfalls für nicht notwendig. 1760 wurde der österreichische „Staatsrat" gegründet, der die ehemaligen Aufgaben der „Geheimen Konferenz" übernahm, aber in der Funktion eines obersten Ministeriums. Dieser „Staatsrat" hatte nur wenige Mitglieder, aber drei aus dem Hochadel, was diesem Stand neue Möglichkeiten erschloß, sich an der Regierung des Reiches zu beteiligen. Sie allein trugen den Titel Minister, ihre drei Kollegen, Gelehrte oder Ritter, waren Staatsräte.

Die Teilung von Verwaltung und Finanzen hatte die Abschaffung des „Direktoriums in Publicis et Cameralibus" zur Folge. An seiner Stelle fungierte jetzt eine Kanzlei für Böhmen und Österreich gemeinsam. Die „Repräsentation und Kammer" mußte zugunsten einer Provinzialregierung mit erweiterter Autorität auch verschwinden. Ihre Benennung variierte von Land zu Land: Sie hieß „Gubernium" in Böhmen, Mähren, Steiermark und Tirol, „Regierung" in Niederösterreich, „Landeshauptmannschaft" in Oberösterreich, Kärnten und Krain. Das Mitglied der Regierung bekam in Böhmen wieder den traditionellen Titel „Burggraf", der ihm bis 1848 blieb. Die von der Verwaltung nunmehr getrennten Finanzen wurden auf drei Instanzen verteilt: Die „Hofkammer" für die allgemeine Finanzverwaltung, die „Generalkasse", die sich mit dem Rechnungswesen befaßte, und die „Hofrechenkammer", ein Rechnungshof, dem auch die „Ministerial-Banco-Deputation" unterstellt war.

Währungstechnische Neuheiten versuchten den Geldverkehr der Monarchie flüssiger zu gestalten. 1750 wurde neues Silbergeld in Umlauf gesetzt, 20 Gulden oder 10 Taler für eine Kölner Mark von 233,81 Gramm. Nachdem es von einer Konvention mehrerer Staaten des Reiches akzeptiert worden war, hieß es das Konventionsgeld und war bis 1858 in Gebrauch. Der weiße Theresianische Taler mit dem Bild der Kaiserin war bis in den Orient ein begehrtes Zahlungsmittel. Ab 1762 gab die Bank von Wien Zettel heraus, die von den Staatskassen als Zahlungsscheine akzeptiert wurden. Sie zirkulierten auch bald im Privathandel. Dies alles waren Zeichen eines bedeutenden wirtschaftlichen Aufschwunges.

AUFKLÄRUNG UND GEISTIGE ENTWICKLUNG IN DER DONAUMONARCHIE

Die deutschen Universitäten, besonders Leipzig und Halle, hatten sich mehr und mehr von der alten scholastischen Methode gelöst und sich einer neuen Philosophie zugewandt. Ihre Lehrmeister waren Christian Thomasius (1655—1728) und Christian Wolff (1679—1754). Sie waren beide Schüler von Leibniz und gingen von den Erkenntnissen des 17. Jahrhunderts aus: von Descartes über Hobbes zu Bayle.

Ihrer Überzeugung nach mußte die Philosophie von der Theologie getrennt werden. War sie erst einmal von den Zwängen der Autorität befreit, mußte die Vernunft die Menschheit dazu führen, glücklicher zu leben. Für Thomasius waren das Licht der Offenbarung und das Licht der Vernunft zwei verschiedene Quellen der Erkenntnis, die eine erleuchtete die Welt der Religion, die andere das irdische Leben. Der Fortschritt der Wissenschaften auf allen Gebieten und der rege Gedankenaustausch der Gelehrten in den von Leibniz gegründeten „Acta eruditorum" wirkten sich sehr fruchtbar auf die damalige Geisteshaltung aus.

Nicht alles wurde kritiklos aufgenommen; man fürchtete und verdammte den Atheismus ebenso wie einen vagen Deismus.

Der Protestant Wolff tendierte zu einem christlichen Rationalismus. Vernunft und Glauben sollten sich nicht sinnlos bekämpfen, sondern im Gegenteil versöhnlich zusammenarbeiten. So schloß die Philosophie Wolffs gewisse katholische Glaubenselemente nicht aus. Die Wolffsche Philosophie wurde an mehreren Universitäten gelehrt, wie zum Beispiel in Salzburg, wo man sie für eine Ermutigung für ein wertfreies Studium der Religion hielt.

1740 nahm der Jesuit Stepling, ein Mathematiker, der in Verbindung mit Wolff stand, einen Lehrstuhl an der Universität Prag unter der Bedingung an, daß er dort lehren dürfe, was er denke: daß nämlich die aristotelische Physik überholt und angesichts der Fortschritte auf mathematischem Gebiet nicht mehr in der Lage sei, gültige Erklärungen zu liefern.

Die einzelnen Jesuiten standen neuen Erkenntnissen sehr aufgeschlossen gegenüber, aber der Gesellschaft als Ganzes konnte man formalistische Methoden und mangelnde Selbstkritik vorwerfen; vor allem aber eine zu große Betonung des Rituellen, wodurch Routine erzeugt und Charaktere abgetötet wurden. Der Einfluß der Jesuiten auf die Donauländer, seit etwa einem Jahrhundert, war nicht zu unterschätzen. Auch andere religiöse Orden hatten die Ideen und die Gefühlswerte des Barock aufgenommen und weitergegeben, aber die eigentliche Initiative schrieb man den Jesuiten zu. Zwischen ihnen und den Benediktinern zeichnete sich sogar eine Art von Rivalität ab. Unter dem Einfluß der französischen Mönche von Sankt Maurus (Saint-Maur) erneuerten die Gelehrten der Benediktiner die Methoden der geschichtlichen Forschung und reisten von einer Abtei zur anderen. Mehr denn je wurden Beziehungen zwischen den Abteien von Schwaben, Salzburg und den Donauländern unterhalten. Ein Mönch von Zwiefalten, einer Benediktinerabtei in Schwaben, kam 1753 nach Wien und arbeitete in Melk, Göttweig und in Břevnov in der Nähe Prags. Die geistige Aktivität bei den Benediktinern ging Hand in Hand mit der barocken Umgestaltung der Klöster. Zwischen dieser überschwenglichen, alle Grenzen sprengenden Kunst und den geistigen Bestrebungen der Zeit bestand durchaus keine Unvereinbarkeit. Als am kaiserlichen Hof die Absicht entstand, die Erziehung der Jugend zu reformieren, das heißt, ihr einen anderen Charakter als den der Jesuitischen Kollegien zu geben, wandte man sich wegen Reformvorschlägen an die Benediktiner.

Die Benediktiner neigten wie die Kartäuser zu den Lehren des Augustinus, einer mehr verinnerlichten Religion, die zwar auch dem Marienkult und dem Trienter Konzil anhing, aber doch mehr Distanz zu den südländischen Übertreibungen und zu manchen Kindlichkeiten der barocken Frömmigkeit hatte. Dieses war jedenfalls die Meinung des Leibarztes von Maria Theresia, Gerhard van Swieten. Er kam aus den Niederlanden, wo eine den Jesuiten besonders feindliche Stimmung herrschte. Er sah eine Gefahr in der zu rhetorischen Erziehung, besonders in religiöser Hinsicht. Van Swieten war ein am Hof sehr einflußreicher Mann, denn die zahlreichen kaiserlichen Geburten gaben ihm häufig genug Gelegenheit, seine ärztliche Kunst unter Beweis zu stellen und dabei allgemeine Ansichten zum besten zu geben. Das Problem der Erziehung war sicherlich eng mit der Reform des Staates verbunden. Im Jänner 1749 legte van Swieten der Kaiserin einen Reformplan vor, der von nun an die Ernennung der Professoren an der medizinischen Fakultät und des Dekans allein der Kaiserin vorbehielt. Drei Jahre später galt das auch für die anderen Fakultäten. Außerdem wurde ein Lehrstuhl für deutsche Sprache gegründet und dem Professor Popović (man beachte: ein Slowene!) anvertraut. 1749 kam auch Gottsched nach Wien. Gottsched, ein Schüler von Thomasius, Autor des „Versuches einer kritischen Dichtkunst“ und einer deutschen Grammatik, bemühte sich, nach französischem Vorbild die deutsche Sprache zu reinigen und zu verbessern. In Wien empfing man ihn mit Sympathie und Neugier. Die Kaiserin entschuldigte sich, als sie ihn begrüßte, charmant wegen ihres schlechten Deutsch.

Wenn man auch noch nicht dazukam, in Wien eine Akademie der deutschen Sprache zu gründen, was sich Gottsched und später Klopstock sehr gewünscht hätten, so war die Sorge um das Geistesleben bei den Staatsmännern und der österreichischen Gesellschaft doch nicht zu übersehen, einerseits aus Neigung, andererseits aus politischer Berechnung, weil man dem Prestige des Königs von Preußen und seines Hofes innerhalb des Reiches etwas Gleichwertiges entgegensetzen wollte.

Unter Maria Theresia wurden aus praktischen Erwägungen mehrere fortbildende Schulen gegründet, zum Beispiel eine Akademie für orientalische Sprachen (später Konsularakademie); ferner eine Akademie für junge, weniger begüterte Adelige, in welcher der Schwerpunkt der Ausbildung auf Volkswirtschaft, Mathematik und Geometrie lag. Diese 1746 gegründete Staatsstiftung nannte man „Theresianum" und brachte sie im Schloß Favoriten unter. An der juridischen Wiener Fakultät wurden die Lehrstühle Naturrecht und Volkswirtschaft mit Professoren wie Riegger, Martini und Justi besetzt, die den Ruf der Universität erheblich verbesserten.

Den Jesuiten wurde das Dekanat entzogen. Nur ausnahmsweise wurde das Amt dem Pater Stepling in Prag übertragen. Nach der Aufhebung des Ordens im Jahre 1773 stellten sich einige Nachfolgeprobleme. Was sollte zum Beispiel aus den Kollegien werden? Ein anderer Orden, die Piaristen, waren bereit, die Erbschaft zu übernehmen. Ihr Unterricht war nach praktischeren Gesichtspunkten ausgerichtet als die Ausbildung der Jesuiten. Sie wollten ihre Schüler nicht zu Hofleuten erziehen, sondern zu guten, soliden Christen, die ihre Pflichten innerhalb der Gesellschaft erfüllen würden. Eine 1775 herausgegebene Vorschrift für den öffentlichen Unterricht war das Werk eines Piaristen, des Paters Gratian Marx. Er bemühte sich darin sehr, ein gerechtes Gleichgewicht zwischen den bisher zu sehr vernachlässigten praktischen Disziplinen und der humanistischen Bildung herzustellen, welche man weniger formell gestalten mußte: drei Klassen Grammatik, zwei Klassen Rhetorik und Poesie. Die Unterrichtssprache war Deutsch.

Nun ging man an die Neuordnung der Grundschulausbildung, um die sich bisher ebenfalls nur die Geistlichkeit ohne staatliche Kontrolle gekümmert hatte. Die untersten Volksschichten hatten bisher, wenn überhaupt, eine nur sehr kurze, rudimentäre Ausbildung erhalten. Das war besser für die Seelenruhe des einzelnen und die Ordnung der Gesellschaft. Diese Ansicht galt jetzt als überholt. Eine eigens gegründete Studienhofkommission führte eine neue, von dem Abt Johann Ignaz Felbiger von Sagan vorgelegte Schulordnung durch. Die Basis bildeten die Volksschulen in den Dörfern, wo die Kinder zwischen sechs und zwölf Jahren im Lesen, Schreiben und Rechnen unterrichtet wurden. In Böhmen wurde in tschechischen Distrikten in tschechischer Sprache unterrichtet. Diesen übergeordnet waren die Hauptschulen in den Bezirkshauptstädten. Hier wurden Latein unterrichtet, Geschichte, Geographie, Naturgeschichte und Zeichnen. Von der Gegend hing es ab, ob die Unterrichtssprache Deutsch oder Tschechisch war. Schließlich wurden in Prag, Brünn und Wien zusätzlich drei Normalschulen eingerichtet, in denen in deutscher Sprache unterrichtet wurde.

Zwei Beweggründe führten zu dieser Reform auf intellektuellem und pädagogischem Gebiet: der Bedarf des Staates an besser ausgebildeten Untertanen und der Respekt vor dem Menschen, der ein natürliches Anrecht auf Bildung hatte.

Der Bildungswille und soziales Denken führten bei manchen Aristokraten zu großherzigen Stiftungen: Graf Kinsky, Direktor der Militärakademie von Wiener Neustadt, schenkte dem Clementinum seine Familienbibliothek „ad usum publicum". Dabei war er als Nutznießer eines Fideikommisses dazu gesetzlich eigentlich gar nicht berechtigt. Ein Beweis dafür, wie geistiger Elan soziale Schranken niederreißen kann; auch die Freimaurerei breitete sich in den verschiedensten Gesellschaftsschichten aus.

Während auf dem Lande das Regime der Grundherren weiter dominierte, änderte sich das geistige Klima in den Städten Böhmens merklich. In Brünn und in Prag, wo die Bevölkerung in dreißig Jahren von 38.500 Einwohnern auf 77.500 Einwohner anstieg (1754—1781), wurden ökonomische Gesellschaften gegründet, um die neuen agrarpolitischen Erkenntnisse unter das Volk zu bringen und um neue Techniken in der Landbestellung und Viehzucht auszuprobieren. Über die Ergebnisse informierten verschiedene kleine Traktate in deutscher und tschechischer Sprache. In Olmütz gründete 1747 ein Bürger, Petrasch mit Namen, einen literarischen und wissenschaftlichen Kreis, die „societas incognitorum", welche einem aufklärenden Katholizismus huldigte und sich um das Allgemeinwohl kümmerte. Etwas später wurde in Prag die „Prager Privatgesellschaft" gegründet, eine Vorform der „Königlichen Gesellschaft für Wissenschaft und Kunst in Böhmen", die bis 1948 existiert hat.

Über Leipzig und das Piaristenkolleg von Kosmanos in Nordböhmen fand die deutsche Sprache und Literatur in Prag wieder ein stärkeres Interesse. Seibt studierte zuerst bei den Piaristen in Kosmanos, dann in Leipzig und wurde 1764 der erste nichtjesuitische Professor an der Universität in Prag. Zu seinen Vorlesungen in gepflegtem Deutsch kamen Mitglieder des Adels wie des gehobenen Bürgertums: der Burggraf Egon von Fürstenberg und der Kaufmann Bolzano. Es gehörte zum guten Ton, in den Salons „seibtisch" zu reden.

Das hieß nicht, daß man sich nicht nach wie vor intensiv mit dem böhmischen Kulturgut beschäftigte: der Piarist Gelasius Dobner (1719—1790) gab eine kritische Edition Hájeks heraus und widmete sich zwanzig Jahre lang den „Monumenta historica usquam ante hac edita", während der Archivar von Nostiz, Pelcl, auf Tschechisch eine Verteidigungsschrift der Sprache Balbins herausgab und an der philosophischen Fakultät ab 1783 die ersten Vorlesungen in nationaler Geschichte hielt. Aber von dem Moment an, da die

Autonomie des Königreichs in einem zentralistischen österreichischen Staat praktisch aufgehoben wurde, gewann die deutsche Sprache, die bisher den gebildeten Kreisen vorbehalten war, überall die Oberhand. Das Bürgertum, das innerhalb der wirtschaftlichen Aufwärtsentwicklung einen ungeheuren Aufstieg durchmachte, fühlte sich mit der gesamten Monarchie solidarisch und begriff sich als österreichisches Bürgertum. Deutsch wurde für diese neuen Bürger zur Umgangssprache, für den sozialen Aufstieg war es sogar unerläßlich. Die tschechische Sprache geriet in einen Engpaß, sie blieb die Sprache der Bauern und der Leibeigenen. Auch in der Bauernschaft existierte eine Elite, deren Söhne, um zum Bürgertum aufzusteigen, Deutsch lernten. Der Bauernstand drohte sich nun aufzuspalten. Durch die Vorschriften von 1775 wurde das Tschechische aus den höheren Schulen verdrängt, durchaus nicht aus Feindseligkeit als vielmehr aus Gleichgültigkeit. Für die Zukunft der tschechischen Sprache hatte es nie gefährlicher ausgesehen als jetzt; denn wer nur Tschechisch sprach, dem blieben gewisse Türen verschlossen, und wer durch diese Türen durchgegangen war, der verstand bald seine Muttersprache nicht mehr.

Prag, eine Stadt, in der noch der Adel und schon das Bürgertum regierten, war um 1780 auf dem besten Weg, eine große deutsche Provinzstadt zu werden. Die Landbevölkerung hingegen blieb vorwiegend dem nationalen Idiom treu.

In Ungarn lagen die Dinge anders. Die Stände wurden weiterhin von der Königin respektiert. Als ihr slowakischer Bibliothekar, Jan Kollár, ein Werk veröffentlichte, das die Tendenz vertrat, in Ungarn gehöre die Legislative in die Hände des Königs, und der König habe auch über die Steuern und Truppenbehausungen zu bestimmen, rief die These helle Empörung hervor, und das Buch mußte eingezogen werden. Es war also nicht die Rede davon, an die steuerlichen und rechtlichen Privilegien des Adels zu rühren, genauso wenig wie an die Verwaltung der Komitate, wo ein lokaler Präfekt auf Geheiß der Stände schaltete und waltete und vom Statthalter der Königin ziemlich unabhängig war. Das Temescher Banat und die Zone der Militärgrenze zwischen Donau, Save und Drau wurden in das Königreich reintegriert und wie ehemals in Komitate eingeteilt. Unter Kaunitz versuchte der „Staatsrat" mehrmals, sich in ungarische Angelegenheiten einzumischen, konnte aber nicht mehr als einige diskrete Ratschläge anbringen. Die Königin war zwischen zwei widersprüchlichen Gefühlen hin und her gerissen. Einerseits empfand sie echte Sympathie für den ungarischen Adel, der ihr ausgezeichnete Offiziere schenkte, wie den Feldmarschall Andreas Reichsgraf Hadik (seine Truppen hatten während des Siebenjährigen Krieges sogar Berlin besetzen können), oder persönliche Freunde, wie den Grafen Grassalkovich, von dem sie sich gerne auf sein Schloß Gödöllö einladen ließ. Andererseits erschütterte sie das Los der Bauernschaft. Als der Widerstand des Adels in dieser Frage offenkundig war, ärgerte sie sich: „Ich muß meinem Gewissen folgen, ich will nicht wegen ein paar Magnaten und Adeligen verdammt werden.“ Das „Urbarium“ von 1767 schrieb eine Erneuerung der Lehensverträge vor, eine Festsetzung der Fron auf ein Maximum (eine zweideutige Maßnahme, denn wenn man überall nach denselben Gesetzen vorging, bedeutete das hier eine Erleichterung und dort eine Mehrbelastung für den Bauern), eine Limitierung des bäuerlichen Lehensbezirks und eine Erleichterung des Umsiedlungsverbots. Aber nur der Erzbischof von Kalocsa und der Bischof von Erlau hielten sich an die Forderungen der Königin; sie teilten mit ihr dieselben christlichen Grundsätze. Es schien einfacher zu sein, das Los der Bauern durch detaillierte Vorschriften zu bessern: durch das Verbot, schwangere Frauen zu schlagen, durch kostenlose Hebammendienste, durch die Behandlung der von tollwütigen Hunden Gebissenen, durch Waisenhäuser (die Ursulinen in Preßburg), durch Begrenzung der Bettelei und durch Bemühungen, die Zigeuner seßhaft zu machen. Daß diese Maßnahmen eine Erleichterung für die Bauern bedeuteten, zeigt, in welch elenden Verhältnissen die meisten von ihnen lebten. Obwohl die Verordnungen in den Komitaten unterschiedlich befolgt wurden, trugen sie wesentlich zur Popularität Maria Theresias in Ungarn bei.

Die Königin zeigte sich auch bemüht, das Ansehen des Königreichs auch äußerlich zu heben. Sie ließ sich für Ungarn vom Papst den Titel „apostolische Majestät“ verleihen, wie es schon den „Sehr Christlichen“ König von Frankreich, die „Katholische Majestät“ von Spanien und die „Treue Majestät“ von Portugal gab. Sie förderte den Marienkult in einem Land, das einst der Jungfrau geweiht worden war, und ließ die wichtigste Reliquie von Ragusa zurück nach Buda bringen: die Hand des heiligen Stephan. „Nichts davon war die Frucht der aufklärerischen Philosophie“, bemerkte dazu ein ungarischer Historiker, „sondern kam aus dem Geist des Barock und erfüllte das ungarische Barock mit einem sozialen Sinn, der ihm bisher gefehlt hatte.“ Zur gleichen Zeit kräftigte sich der Katholizismus in den Komitaten der westlichen und mittleren Slowakei, stand aber den anderen Religionen ziemlich tolerant gegenüber. In einigen Städten der ungarischen Tiefebene, wie zum Beispiel in Kecskemét, symbolisierten zu beiden Seiten des Hauptplatzes die katholische Kirche und das protestantische Gotteshaus die traditionelle religiöse Freiheit.

Auch in Ungarn folgte auf die Aufhebung des Jesuitenordens eine neue Schulordnung. Maria Theresia entschied sich für die „Ratio educationis“, die ihr von einem ehemaligen Mitglied des Ordens, Urményi, vorgelegt worden war. Das Land sollte neun Akademien bekommen, und die höheren Schulen sollten nach österreichischem Vorbild Geschichte, hier die ungarische Geschichte, Naturgeschichte, hier vorwiegend die Mineralogie und die Flora des Landes, und Mathematik unterrichten. In den Dorfschulen sollte in der jeweiligen Lokalsprache unterrichtet werden: Ungarisch, Deutsch, Slowakisch, Kroatisch, Ruthenisch, Rumänisch. Für die Elementarbildung genügten also die Landessprachen, aber in den Gymnasien wurde Deutsch gelehrt. Dagegen erhoben sich zwar sofort die Protestanten, denn das Ungarische, die Nationalsprache, konnte dieselben Rechte beanspruchen, aber an der Tatsache, daß in den meisten Städten Deutsch gesprochen wurde, daß Deutsch die allgemein übliche Handelssprache auch in den Städten der Ebene und der Berge geworden war, ließ sich nicht mehr herumdeuteln.

Die „Ratio educationis" wurde nur zögernd oder gar nicht durchgeführt; einige hundert Schulen öffneten in einem Land, das ungefähr neun Millionen Einwohner zählte, ihre Tore. Den Schulinspektoren, unter denen nur wenige Geistliche waren, gelang es nicht, den öffentlichen Unterricht auf dem Lande zu organisieren. Einer von ihnen erklärte, die Reform würde im Sande verlaufen, wenn die Komitate sich weiter so widerspenstig verhielten. Dagegen waren die höheren Schulen in den Städten gut besucht, die katholischen ebenso wie die reformierten.

So unterschied sich Ungarn durch seine Institutionen, Sitten und durch seine Wirtschaft erheblich von den Erbländern. Von dem österreichisch-böhmischen Block, wie er jetzt nach den theresianischen Reformen dastand, war Ungarn, mehr als seine geographische Lage rechtfertigte, weit entfernt. Schon an den ausgedehnten dörflichen Siedlungen mit den niedrigen Häusern und an der unendlichen Ebene erkannte der Reisende, daß er sich in einer anderen Welt befand. Auch die Städte waren überraschend anders, mit zu Kirchen umgewandelten Moscheen und den spitzen Minaretts neben den barocken Zwiebeltürmen.

Der Adel baute seine neuen Schlösser im neuen Stil des Barock und Rokoko und war der westlichen Architektur in manchen Punkten sogar voraus; zum Beispiel Ráckeve, ein Schloß des Prinzen Eugen, Eszterháza und Gödöllö. Dort fanden prunkvolle Feste, Jagden und Konzerte statt, bei denen Haydn selbst seine Kompositionen zum ersten Mal dirigierte. Die kleinen Städte behielten trotz der gestiegenen Einwohnerzahl ihr dörfliches Aussehen: die Kirche, ein paar Verwaltungsgebäude, niedrige kleine Häuser. Gegen die Landstraßen, die eher wie Trampelpfade wirkten, nahmen sich die großen Flüsse Donau, Theiß und Maros königlich aus. Allerdings waren sie wenig befahren.

Der Gegensatz zwischen Reichen und Armen, ein Mosaik von Völkerschaften und verschiedenen Sprachen, erstarrte Gesellschaftsformen inmitten eines reformbewegten Europa, charakterisierten das von den Türken befreite Ungarn, welches sich noch nicht an das westliche Leben angepaßt hatte und stolz auf seine Sonderstellung war: Extra Hungariam non est vita. Si vita est, non est ita. (Außerhalb Ungarns gibt es kein Leben. Und gibt es eines, so ist es doch keines.)

Ebenso wie die Wirtschaft bedurfte auch die Jurisprudenz dringend einer Reform und Vereinheitlichung. Kommissionen wurden beauftragt, die verschiedenen Einrichtungen zu studieren und entsprechende Gesetze aufzustellen. Ein einheitliches Recht schien Juristen wie Martini unentbehrlich. Anders dachten darüber Verwaltungsjuristen, wie der Präsident der „Obersten Justizstelle", Graf Seilern, welcher um die Komplexität der verschiedenen Sitten und Gebräuche wußte und sich davor scheute, auch die Verwaltungsstellen der Gerichtsbarkeit zu unterstellen.

Kurz, man wartete mit der Veröffentlichung des „Codex theresianus". Statt dessen erschien 1768 die „Constitutio criminalis Theresiana". Dieses Strafgesetzbuch bemühte sich zwar um eine gewisse Humanisierung, verfocht aber noch eine große Anzahl von traditionellen Strafen wie die Folter, den Scheiterhaufen für Brandstifter, Homosexuelle und Sodomiten. Auch die Blasphemie, Entheiligung, Ehebruch, Entführung, Heirat unchristlicher Partner und der Austritt aus der katholischen Kirche wurden schwer bestraft. Die Leichen von Selbstmördern durften nicht ordentlich begraben werden. Dagegen milderte der Codex die Strafe für Hexerei und hob durch eine gewisse aufklärerische Note auch das königliche Ansehen innerhalb der Rechtsprechung. 1777 wurde die Folter abgeschafft. Die deutsche Übersetzung des Traktats von Beccaria „Von Delikten und Strafen" trug dazu bei, daß sich die Ansicht durchzusetzen begann, die Strafe dürfe nicht als Rache der Gesellschaft am Schuldigen aufgefaßt werden, sondern als ein Mittel, das begangene Unrecht wiedergutzumachen und zur öffentlichen Moral beizutragen. (16)

In Fachkreisen war man sich klar darüber, daß die Erträgnisse der Landwirtschaft immer noch mittelmäßig waren und daß sich dieser Mißstand auf die gesamte Wirtschaftslage nachteilig auswirkte. Um dem Staat angemessene Steuereinnahmen zu garantieren, durfte die Landwirtschaft mit Abgaben nicht zu sehr belastet werden, und wenn man der Industrie einen Binnenmarkt erhalten wollte, mußte sich bei der bäuerlichen Kundschaft ein gewisser Wohlstand bemerkbar machen.

Eine Kommission untersuchte daraufhin drei böhmische Distrikte und kam zu erschreckenden Resultaten. In 137 schlesischen Dörfern war es zu Bauernunruhen gekommen. Graf Trautmansdorff wurde auf Inspektionsreise geschickt, die Kaiserin war entsetzt, als sie seinen Rapport las. Um einiges stand es in Schlesien noch schlimmer als in Ungarn. Um diese schlimmsten Mißstände abzuschaffen, wurde speziell für Schlesien ein Patent über die Fronarbeit herausgegeben. (17)

Aber wenige Jahre später brach 1775 in Böhmen der schwerste Aufstand seit 1680, also seit fast einem Jahrhundert, aus. Diesmal hatte er jedoch einen anderen Charakter. Mißernten und Epidemien hatten 1769 und 1770 die Regierung der Königin bewogen, die Grundherren zu bitten, den Bezirksbeamten ihre Grundbücher vorzulegen. Nur wenige kamen der Aufforderung nach. Nun verbreitete sich das Gerücht, die Königin habe die Fron abgeschafft und die Grundherren weigerten sich, das Gesetz zu veröffentlichen. Der Aufstand von 1775 war also nicht nur ein Aufschrei der Armut. Er

---

(16) Über die Rechtsreform vgl. Hellbling, a.a.O., S. 301.

(17) Krofta, K., Přehled dějin selského stavu (Historischer Überblick über die bäuerlichen Verhältnisse). 1919, S. 173f.

wurde in der Gegend um Nachod vorbereitet, im Nordosten Böhmens. Hier formierte sich sogar eine Revolutionsregierung unter dem Vogt des Dorfes Hertin, Anton Nydlt. Man behauptete, das Ganze sei durch Agenten aus dem nahen, preußischen Schlesien angezettelt worden, allerdings ohne dafür Beweise erbringen zu können. Die Aufständischen hatten die Weisung, bewaffnet nach Prag zu ziehen, zu dem Zeitpunkt, wo sich jedes Jahr in der Stadt eine riesige Bauernmenge versammelte, um zum hl. Johannes von Pomuk zu pilgern. Ohne das Signal abzuwarten, setzten sich die Rebellen in Bewegung, plünderten und brandschatzten die Schlösser am Weg und zwangen die Verwalter, die Abschaffung der Fron zu unterzeichnen. Die schlechten Jagdgewehre waren inzwischen durch gute Schußwaffen ersetzt worden, die Dörfer wurden gezwungen, pro Haus und Hof einen Mann zu stellen. Im März griff ein Bauernheer unter dem Kommando eines gewissen Matthias Chvojka, den man den Kaiser der Bauern nannte, die Herrschaft von Chlumetz an. Ein reguläres Heer trieb die Bauern vor der Stadt auseinander. Zur gleichen Zeit näherte sich ein aufrührerisches Heer von fünfzehntausend Mann der Stadt Prag. Nachdem der Burggraf, der humanistisch gesinnte Fürst Egon Karl von Fürstenberg, vergeblich versucht hatte, die Anführer zu bewegen, sich zurückzuziehen, griffen seine Soldaten zu den Waffen, verjagten die Bauern und nahmen einen Teil von ihnen fest. Drei wurden zum Tode verurteilt, sonst kam es zu keinen harten Bestrafungen. Marxistische Historiker sehen die Ursache der Niederlage in der Haltung der wohlhabenden Bauern, die an dem Aufstand nur gezwungen teilgenommen und die Interessen ihrer Klasse verraten hatten. Aber das Klassenbewußtsein war eben damals noch schwach ausgeprägt, denn neben den ärmsten Taglöhnern, die nichts zu verlieren hatten, gab es auch Bauern (sedláci), die die neue Freiheit nicht mit einem ausgebrannten Haus oder geplünderten Vorratskammern bezahlen wollten. Dieselbe soziale Gruppe stellte also einerseits die Anführer eines organisierten Aufstands, wie Nydlt und Chvojka, andererseits Vertreter einer Verständigung mit den Autoritäten.

Maria Theresia, die den Aufstand aufmerksam verfolgt hatte, fragte sich, ob es nicht das Einfachste sei, die Leibeigenschaft mit einem Schlag aufzuheben. „Die Bedrückung dieser armen Leute ist bekannt und konstatiert", schrieb sie, und: „Leute ohne Hoffnung haben nichts zu verlieren." (18)

Aber man gab ihr zu bedenken, daß eine solche Maßnahme die sofortige

(18) Frass, a.a.O., 2, S. 346, zitiert den Brief von 1775 an Erzherzog Ferdinand, in dem die Kaiserin schreibt, daß „Wenn der Kaiser (Joseph II.) ich sage nicht mich unterstützen, aber neutral bleiben wollte, ich noch an das Ziel kommen könnte, die Leibeigenschaft und die Fron abzuschaffen." Maria Theresia beklagt sich über das Verhalten der Grundherren, zu deren Stand fast alle ihre Minister gehörten. Dabei waren es durchaus nicht mehr, man denke nur an Kaunitz, eigensinnige Greise, die zu Anfang ihre Regierung bildeten. Nur standen diese Männer der Aufklärung und Vernunft den Maßnahmen der Kaiserin, die diese meist aus christlichen Beweggründen traf, kritisch gegenüber.

Einstellung aller Landarbeiten und ein wirtschaftliches Chaos zur Folge hätte.

Es schien vernünftiger, der Arbeitsverweigerung angesichts der kommenden Ernte vorzubeugen, indem man ein großes Patent veröffentlichte, welches der Fronarbeit gerechtere Grenzen zog.

Man bot den Bauern mit „Dominical-Land" die Möglichkeit an, sich aus dem grundherrschaftlichen System zu befreien, indem sie dem Grundherrn ihr Land verkauften und ihnen die Summe in vier Jahresraten ausgezahlt wurde.

Für die Bauern auf dem „Rustical-Land" stellte man elf verschiedene Kategorien von Fronarbeit auf, die sich nach der Höhe ihrer Steuerpflichten richteten. Den Bauern stand es frei, falls sie die neuen Bedingungen nicht günstiger fanden, bei den alten zu bleiben, unter allen Umständen aber mußten sie jetzt streng befolgt werden. Um Mißbräuchen und Ungerechtigkeiten vorzubeugen, legte das Patent auch sämtliche Einzelheiten fest, wie den Stundenplan, die Strafen im Falle einer Verspätung, den Tarif für Überstunden, die Arbeitsruhe an Sonn- und Feiertagen. Die Verbesserung war unübersehbar, das Prinzip der Fron jedoch, die von der ganzen Bauernschaft gehaßt wurde, wurde beibehalten.

In denselben Jahren gab die Verstaatlichung der Jesuitengüter Gelegenheit, neue Wege einzuschlagen. Franz Anton Raab, der mit der Verwaltung dieser Güter beauftragt war, bot den Bauern an, sich von der Leibeigenschaft freizukaufen und Ländereien der Jesuiten zu erwerben. Eine solche Maßnahme war sicher im Sinne einer bäuerlichen Emanzipation, aber sie kam wiederum nur den wohlhabenden Bauern zugute, den Kleinkapitalisten der Landwirtschaft. Raab formulierte seine Ideen im folgenden Traktat: „Unterricht über die Verwandlung der Königlichen-Kaiserlichen böhmischen Domänen in Bauerngüter." Ein Patent von 1777 autorisierte die Grundherren, dieses System auch auf ihren Gütern anzuwenden. Der Versuch glückte auf hundertfünf Gütern der Krone, der Kirche, der Städte und auf einer kleinen Anzahl weltlicher Grundherrschaften. (19)

Man ist wohl dazu berechtigt, von einer fruchtbaren und bedeutenden Regierungsepoche zu sprechen, wenn man bedenkt, wie attackiert von allen Seiten die Monarchie noch kurz zuvor war, die jetzt wieder eine große Macht in Europa darstellte, wenn man an die wiederhergestellte Stärke der Armee denkt, an die vielen geduldig durchgeführten Reformen, welche zumindest aus den mittleren Staaten ein einheitlich verwaltetes Staatsgebilde gemacht hatten, und vor allem, wenn man den neuerwachten Respekt für die Herrscherin und ihre Dynastie bedenkt, der sogar das rebellische Ungarn wieder enger an das Donaureich band. Betrachtet man jedes dieser Resultate für sich, so wird freilich klar, daß die ideologischen und organisatorischen Aspekte über den Horizont dieser sehr klugen und tatkräftigen Frau hinaus-

(19) Krofta, a.a.O., S. 189f.

gingen, der die Imagination, die Kultur und der Wagemut einer wirklich schöpferischen Natur fehlten. Aber war das so wichtig? Ihre Ideologie war der Schutzcharakter der patriarchalischen, wenn man will, barocken Monarchie und der christlichen Demut, in der das Werk der Vorfahren fortgesetzt und weitervererbt wird. Ihre Organisation war der Dienst an der Monarchie und die Hoffnung, das Los der Völker zu verbessern. Der Rest wurde ihr durch ausgezeichnete Mitarbeiter geschenkt, durch einen Haugwitz, van Swieten, einen Kaunitz und die Schar der ihr ergebenen Offiziere und Beamten. Natürlich gab es auch Schatten: Der Verlust Schlesiens, die Annexion der polnischen Provinzen, die man unter den Namen Galizien und Lodomerien mehr schlecht als recht an das österreichisch-böhmische Staatengebilde anschloß, und schließlich der überflüssige Erwerb der Bukowina, der Lohn für eine Vermittlung zwischen Rußland und der Pforte beim Frieden von Kütschük-Kainardsche 1774. 1765 verlor die Kaiserin plötzlich ihren Gefährten und Berater, Franz I. Sie dachte daran, sich in ein Kloster zurückzuziehen, und ging dann doch noch fünfzehn Jahre ihren Regierungsgeschäften nach. Sie ließ nun ihren Sohn, Kaiser Joseph II., mitregieren, in der Hoffnung, auf diese Weise am besten die Ungeduld und den Starrsinn dieses jungen Menschen unter Kontrolle halten zu können. Resignierend billigte sie die schwungvollen Neuerungen, die Kaunitz und der Kaiser in der Zeit von 1765 bis 1780 einführten. Nichts geschah ohne ihr Wissen. Sie blieb, wenn nicht die Seele, so doch die Leiterin des Reichs. Man hat später von der theresianischen Epoche gesprochen, wie noch später von der viktorianischen, womit zwei Frauen ausgezeichnet wurden, welche das königliche Amt mit vorbildlicher Würde ausgeübt hatten. Unter ihrer Regierung kündigte sich zudem ein neues Zeitalter an. Vom Barock trat man über in die Epoche der Aufklärung. Die Kaiserin-Königin verkörperte allerdings mit keinem Zug die Merkmale der neuen Zeit.

Wir haben gesehen, daß sich die barocke Kunst unter Leopold I. bis hin zu Maria Theresia reich entfalten konnte und daß die harten Jahre des österreichischen Erbfolgekrieges und die erhöhten Steuerlasten die Aufträge zurückgehen ließen. Sobald jedoch Frieden geschlossen war, wurde der Bau der Schlösser und Klöster wiederaufgenommen. Maria Theresia selbst war eine eifrige Bauherrin: in Wien, Schönbrunn, Prag und Budapest vollendete sie die Bauvorhaben ihres Vaters, und die restaurierten Residenzen verdankten ihr das veränderte Aussehen. Kann man von einem neuen Stilgefühl sprechen? Vielleicht zeigte das theresianische Barock weniger pompöse Feierlichkeiten als die vorangegangene Epoche, mehr Sinn für Regelmäßigkeit, für Maß und Harmonie der Proportionen. Die majestätische Beredsamkeit eines Fischer von Erlach wurde von der diskreten Eleganz und dem feinen Charme eines Nikolaus von Pacassi in Schönbrunn und im Prager Schloß abgelöst. Jean Nicolas Jadot, der lothringische Architekt des Kaisers, vertrat die französische Geschmacksrichtung beim Bau der Universität, der heutigen Akademie der Wissenschaften. Die Innenausgestaltung Schönbrunns verrät ein neues Vergnügen an orientalischem Exotismus, an Lack, Rosenholz, chinesischem Porzellan, persischen und indischen Miniaturen; eine Geschmacksrichtung, keine Stilerneuerung.

Die vielbeschäftigten Freskenmaler jener Zeit malten unter dem Einfluß der Italiener weicher und mit zarteren Farben. Die nicht sehr doktrinäre Wiener Akademie bildet zahlreiche Talente aus. In diese Zeit fallen die reichen Schaffensjahre eines Paul Troger, Direktor der Akademie von 1753 bis 1759. Die Bronzestatuen eines Raphael Donner erinnern an die Reinheit der florentinischen Renaissance.

Der Porträtist Kupecky, ein Slowake, Meytens, ein Schwede, und Jean Etienne Liotard, ein Schweizer, werden von der kaiserlichen Familie und dem Adel mit Aufträgen bedacht. Die Kurve der Aufträge steigt und fällt mit der Wirtschaftslage und dem sozialen Aufstieg der Städte, denn immer mehr tritt auch der Bürger als Kunstmäzen auf den Plan.

Die kaiserliche Familie führte ein sehr patriarchalisch-bürgerliches Privatleben. Es gibt zahlreiche Darstellungen der Familie um den Ofen gruppiert, der Vater im Hausrock, die Mutter ihren Kindern Tee und Schokolade einschenkend. Bei Empfängen und fürstlichen Hochzeiten entfaltete jedoch der Hof seinen ganzen Prunk mit Umzügen, Feuerwerken, Banketten, Konzerten und Theateraufführungen.

Die Musik blieb die bevorzugteste Kunstgattung, die Begeisterung des Publikums trieb die Komponisten zu immer neuen Schöpfungen, so daß sich von Saison zu Saison die Partituren stapelten und das Gesamtwerk manches großen Meisters erst viele Generationen später bekannt wurde.

Der italienische Dichter Pietro Metastasio, der von 1730 bis zu seinem Tod im Jahre 1782 in Wien lebte, lieferte für unzählige Opern eine verwirrende Fülle von Themen und Libretti. Die Kompositionstechnik wird immer vielfältiger. Geige, Cembalo, Piano sind in den Symphonien, Kantaten und Konzerten die beliebtesten Instrumente. Dieselben Komponisten schreiben Kirchenmusik und weltliche Musik. Für die Musik existieren keine Grenzen, weder zeitliche noch räumliche. Weder Haydn, den Beethoven „unser aller Meister" nannte, noch Mozart noch Beethoven selbst sind aus dem Nichts oder zufällig entstanden. Alle haben sie ihre unmittelbaren Vorgänger, einen Fux, einen Dussek. Vielleicht ist die Musik zu Maria Theresias Zeit der höchste Beitrag der Donauländer zur europäischen Kultur, ein übernationales Produkt, das nur aus der Synthese der völkischen Verschiedenheiten entstehen konnte und mit der gleichen Begeisterung von allen Gesellschaftsschichten und Sprachengruppen aufgenommen wurde. Es gibt kein Land der Monarchie, das nicht seine Komponisten, Virtuosen und Künstler zu dieser Symbiose beigesteuert hätte.

Die österreichische Musik ist, wie Friedrich Heer schreibt, vielleicht nichts anderes als der verbindende Ausdruck aller dieser Gegensätze, die kein philosophisches und politisches System je ganz auszugleichen vermochte. (20)

(20) Heer, F., Europäische Geistesgeschichte, S. 590.

VIII.
Joseph II.

DIE WIRTSCHAFTLICHEN UND SOZIALEN REFORMEN JOSEPHS II.

Seine Regierungszeit war eine kurze, aber fruchtbare Epoche, während der die Donaumonarchie einen durch die allgemeine europäische Situation bedingten stürmischen Entwicklungsprozeß durchmachte.

Nach F. Valjavec (1) ist der „Josephinismus" weder von Joseph II. noch von einer anderen Persönlichkeit des theresianischen oder josephinischen Österreich geschaffen worden, sondern das Resultat mehrerer geistiger Strömungen und Versuche, einen Kompromiß zwischen überholten politischen und kulturellen Konzeptionen einerseits und der Aufklärung mit ihren Säkularisierungstendenzen andererseits herzustellen.

Valjavec hatte hierbei nur die religiösen Probleme im Auge, man könnte aber seine Überlegung ohne weiteres auf das gesamte Werk Josephs II. anwenden, indem man die Betonung auf „Kompromiß" legt. Um was ging es 1780? Angesichts der europäischen Wirtschaftslage, einer allgemeinen Aufwärtsentwicklung der industriellen Produktion und einer Neuordnung der Landwirtschaft, angesichts einer veränderten politischen Lage durch den rapiden Aufstieg zweier Mächte, die sich zu Rivalen des Hauses Österreich entwickelten, nämlich Preußen und Rußland, wäre für die Donaumonarchie nichts unheilvoller gewesen, als wenn sie den Veränderungen der Zeit ablehnend gegenübergestanden wäre. Maria Theresia hatte sich als erste für Reformen eingesetzt. Man mußte ihr Werk nur fortsetzen. Aber es ging um das Wie. Joseph II. bevorzugte durchgreifende Veränderungen und den Bruch mit der Vergangenheit. Aber in einem so komplizierten politischen, wirtschaftlichen und sozialen Organismus, wie es die Donaumonarchie war, stellte der Kompromiß meist die wirksamere Lösung als der Bruch dar. In einem Staatswesen, in dem sich alles gegen Uniformität sträubt und man im besten Fall das Gleichgewicht der Gegensätze anstreben kann, läßt sich nicht nur mit Logik und Vernunft arbeiten.

---

(1) Valjavec, F., Der Josephinismus, S. 6f.

In diesem Fall ist es klüger, die Kräfte der Vergangenheit zu zähmen, anstatt sie verächtlich zu negieren. Der Kompromiß ist möglicherweise die eigentliche Existenzgrundlage der Donauländer. Das bedeutet für die Regierenden, mehr Ausgleichspolitik als Grundsatzpolitik zu betreiben. Joseph II. jedoch dachte vor allem an seine Grundsätze.

1764 erschien dem frischgebackenen römischen König die Kaiserkrönung seines Vaters als eine lächerliche, veraltete Zeremonie, die ihm ein negatives Bild des Reiches vermittelte. Ein Jahr später jedoch, als er durch den plötzlichen Tod seines Vaters selbst Kaiser geworden war, kam ihm diese Würde nicht mehr so sinnlos vor. Obwohl der Schwerpunkt seines Reiches im Osten lag, war er an allen deutschen Angelegenheiten lebhaft interessiert. Immerhin übte er ja auch hier die Funktion des obersten Richters aus und hatte noch Erbbesitz zu verwalten, wie den Breisgau. Seine Erbländer und die außerhalb des Reichsverbandes liegenden Besitztümer Lombardei und Niederlande waren für Joseph II. die Experimentierfelder, in denen er die neue Ordnung an Stelle der alten Institutionen einzuführen versuchte. An diesen sah er nur das überholte Mittelalterliche, ohne zu erwägen, wie sehr die Bevölkerung noch an ihnen hing.

Während seiner neunjährigen Regierung, die vom 29. November 1780 bis zum 20. Februar 1790 währte, standen sich Absolutismus und Tradition unversöhnlich gegenüber, man kann auch sagen, Aufklärung und Barock, und es wäre allzu vereinfachend zu sagen, die Aufklärung wäre unterlegen. Es ist vielmehr so, daß gewisse Kräfte, die dem scharfen Verstand des Monarchen entgangen waren, von selbst das Gleichgewicht wiederherzustellen vermochten, so daß die Monarchie unbeschadet das Revolutionszeitalter überstand und in das Zeitalter der industriellen Zivilisation eintreten konnte.

Nichtsdestoweniger war es das überkommene Ansehen der königlichen Funktion, seine patriarchalische und fast religiöse Autorität, die ihm zu Anfang seiner Reformen den Gehorsam seiner Untertanen sicherten. Seine Idee, daß der Herrscher der erste Diener des Staates sei, war nicht neu — nicht ich spreche hier, sondern mein Staat, hatte schon Ludwig XIII. gesagt —, aber er formulierte seine Staatsidee so hart und weltlich, daß sie wohl von einer aufgeklärten Elite, einigen Adeligen, Intellektuellen, Bankiers und Geschäftsleuten, aber nicht von der Masse der vorwiegend ländlichen Bevölkerung verstanden wurde. Diese berief sich noch immer auf die väterliche Gerechtigkeit ihres Fürsten, aber wehe, wenn sich diese über all das hinwegsetzte, was das Volk nun einmal liebte. Welche Unvorsichtigkeit, das Gefühl der Leute zu verletzen, welche man doch durch staatliche Reformen glücklich zu machen gedachte. Und welch ein seltsamer Widerspruch liegt in dieser Verachtung der menschlichen Natur und den Anstrengungen eines Fürsten, welcher unter dem Namen eines Grafen Falkenstein die Schweiz, Rußland und Frankreich bereiste, um das Leben der ausländischen Städte, Häfen und Bürger zu studieren und eine größere Menschenkenntnis zu erwerben. Hier drängt sich der Vergleich zu Peter dem Großen auf. Zwar hat man die Rückständigkeit der russischen Zivilisation zu dem Zeitpunkt, in dem Peter der Große dem russischen Adel und den russischen Städten westliche Mode und Gesetze auferlegte, weit übertrieben, fest steht aber, daß der Zar auf dem Lande mit seinen Verwaltungsreformen in einem Vakuum beginnen konnte. In den Ländern der Habsburger jedoch hatten sich die alten Gesetze und Traditionen zu viel Kraft und Wirksamkeit bewahrt, als daß man sie hätte einfach mit einem Dekret verschwinden lassen können.

Zum Beispiel hatte die ungarische Nation ein klares Bewußtsein ihres historischen Rechtes und ihrer Autonomie, und die Zeremonie der Krönung war für die Ungarn weder eine Formalität noch eine symbolische Handlung, sondern ein für das organische Leben des Königreichs existentieller Akt.

Indem Joseph II. die Stephanskrone wie ein Museumsstück nach Wien bringen ließ und es ihm nichts ausmachte, in Ungarn ein ungekrönter König zu sein, beging er einen großen Irrtum und beschwor selbst den dauernden Konflikt mit einem Lande herauf, das er am nötigsten hatte.

Trotz dieses hohen Grades an Verständnislosigkeit kam es zu vielen fruchtbaren Reformen. Die gegenwärtigen tschechischen Historiker haben recht, wenn sie das Jahr 1781 zu einem Wendepunkt ihrer Geschichte erheben. Am 1. November 1781 erschütterte ein Patent in Böhmen, Mähren und Schlesien die alte grundherrschaftliche Ordnung, indem es die Aufhebung der Leibeigenschaft verkündete. Bisher war in den Kanzleien der „Hofkammer“ und des Landtags vergeblich darüber diskutiert worden, ob es sich um eine wirkliche Leibeigenschaft oder vielmehr um eine vertraglich festgelegte Unterordnung des Pächters seinem Herrn gegenüber handelte. Wie auch immer, jetzt war es nicht mehr nötig, für Handlungen, welche die Freiheit und Würde des Individuums betrafen, die Erlaubnis des Grundherrn einzuholen: Die grundherrschaftlichen Befugnisse beschränkten sich von nun an auf die Ausstellung einer Heiratsurkunde und auf den automatischen Beurlaubungsbrief für Bauern, die den grundherrschaftlichen Besitz verlassen wollten. Eltern durften ihre Kinder lernen lassen, was ihnen richtig schien. Ebenso wurde der Waisendienst abgeschafft, außer in Fällen, wo der Grundherr die Vormundschaft unentgeltlich ausübte und dafür einen Dienst von maximal drei Jahren fordern durfte. Ein Komplementärpatent erlaubte den freigekauften Bauern, auf ihrem Besitz zu bauen, die Art seiner Nutzbarkeit selbst zu bestimmen, ihn zu verkaufen und ihn bis zu einem Drittel seines Wertes mit Hypotheken zu belasten. Die noch nicht freigekauften Untertanen konnten sich freikaufen, wenn sie es wollten und für günstiger hielten. Alle diese Maßnahmen waren für die Bauern äußerst wichtig. Die Erlaubnis zur Freizügigkeit hatte zur Folge, daß viele Bauern ihre Wohnsitze in Landstriche verlegten, wo sich Fabriken entwickelten. Der Bevölkerungszuwachs der Städte war in den folgenden Jahren beträchtlich: eine Folge der vermehrten Arbeitskräfte in den Werkstätten, Fabriken und Geschäften.

Die Abhängigkeit des Bauern von seinem Grundherrn war aber deshalb noch nicht aufgehoben. Die erklärte Absicht des Kaisers bestand darin, die

Abhängigkeit zu mildern, nach dem Vorbild Österreichs, wo die Fron nicht als allzu hart empfunden wurde.

Die Patente von 1781 wurden bald durch neue Patente ergänzt und erweitert. 1783 wurde der Zwang abgeschafft, das Getreide in der grundherrschaftlichen Mühle mahlen zu lassen, ein späteres Patent legte das Erbfolgerecht auf bäuerlichen Gütern fest, um eine Zerstückelung zu verhindern, das Patent von 1785 forderte von den Bauern, die sich in Ungarn niederlassen wollten, eine Steuer von 5 Prozent des Wertes ihres zurückgelassenen Gutes. Damit wollte man der Gefahr einer Massenwanderung nach Ungarn zuvorkommen, wo großer Mangel an Arbeitskräften bestand.

Dem Staat größere Steuereinnahmen zu verschaffen und die Steuerlasten gerechter zu verteilen, blieb die vordringliche Sorge der Verwaltung.

1785 wurde eine neue und vollständigere Bodenbestandsaufnahme innerhalb der Monarchie beschlossen. Der neue Kataster sollte in einem Zeitraum von vier Jahren angelegt werden. Diesmal sollte das gesamte bebaubare Land und nicht nur das bereits bebaute registriert werden. Jede Parzelle erhielt eine Nummer, die Bodenerträgnisse wurden geschätzt. Mit dieser Arbeit wurden auch Bauern betraut, woran man sieht, wie sehr man ihre Fähigkeiten, jedenfalls die der bäuerlichen Oberschicht, zu schätzen wußte. Die Kreisämter übermittelten die Resultate den Statthaltereien, die sie ihrerseits an eine Kommission des Hofes weiterreichten. Allein in Böhmen registrierte der josephinische Kataster 15,568.000 Morgen, während der theresianische nur auf 10,305.000 Morgen gekommen war.

Von diesem Kataster ausgehend, wurde das gesamte Steuersystem umgestaltet. Das Patent vom 10. Februar 1789, die „Steuer und Urbarialregulierung“, war das revolutionärste Patent der Regierung. Die neue Steuerveranlagung brach mit alten Grundsätzen und rührte selbst an die Grundherrschaft. Von nun an wurde von allen Ländereien eine Grundsteuer erhoben, die sich nach ihrer Ausdehnung und Produktivität richtete, ohne dabei wie bisher zwischen dem „Dominical-Land“ und dem „Rustical-Land“ zu unterscheiden. Der Bauer behielt 70 Prozent seines Einkommens für Lebensunterhalt und Neuinvestition; dem Staat flossen 12 Prozent zu und 18 Prozent blieben dem Grundherrn. Die Fron wurde nicht vollständig aufgehoben, aber sie sollte mit dem Datum des 1. November 1790 ihren obligatorischen Charakter verlieren. Sie existierte von diesem Datum an nur noch durch einen zwischen Untertanen und Grundherren wechselseitig geschlossenen Vertrag, welcher auf drei Jahre befristet war.

„Ich glaube, mich nicht zu täuschen“, schrieb damals ein tschechischer Dorfnotabler, „wenn ich behaupte, daß mit derselben Freude, mit der unsere Truppen unter General Laudon auf den Fall Belgrads warteten, wir auf den Allerheiligentag von 1790 gewartet haben. Oh, welche Aufregung beim Landvolk, als ihnen verkündet wurde, daß niemand mehr zur Fron mit Pflug, Ochsen oder zu Fuß gezwungen werden könnte.“ (2)

(2) Krofta, a.a.O., S. 207.

Allgemeine Umstände jedoch erlaubten es nicht, die Maßnahme zum angekündigten Datum durchzusetzen. Nach dem Tod Josephs II. erschien eine solch gravierende Erneuerung im Sozialgefüge zu gefährlich. Daher bestand die Fron in den Donauländern weiter bis 1848, und noch heute gibt es Menschen in den Volksrepubliken, denen in ihrer Kindheit die Großeltern von der ihren Eltern auferlegten Fron erzählt hatten. Die Fron bestand also weiter, gemäß den Vorschriften von 1775, welche milde waren, wenn man an die Vergangenheit dachte, und die man dennoch haßte, besonders jetzt, da man auf die Befreiung gehofft hatte. Aber trotz des Weiterbestehens der Fron hatte sich die Lage der Bauern erheblich verbessert, und viele konnten sich einen Groschen zurücklegen.

DIE KIRCHLICHEN REFORMEN JOSEPHS II.

Nicht weniger wichtig für Gegenwart und Zukunft sollten sich die kirchlichen Reformen des Kaisers auswirken. Gegen die kirchlichen Praktiken, die sich in Deutschland und Österreich seit der Mitte des 17. Jahrhunderts ausgebreitet hatten, regte sich auch bei manchen Bischöfen und in zahlreichen Benediktinerklöstern herbe Kritik, verbunden mit dem Wunsch nach einer verinnerlichten und weniger formalistischen Religion. Gebildete Kreise — wie in Nordböhmen der Kreis um den Kunstförderer Franz Anton Graf Sporck — lasen mit Interesse die Bücher der französischen Jansenisten. Es wäre jedoch wieder einmal zu einfach, diese Gegensätze auf einen Kampf zwischen Jesuiten und Jansenisten zu reduzieren, oder etwa die Gesellschaft Jesu mit der barocken Frömmigkeit und den Jansenismus mit der Aufklärung zu identifizieren.

Die Atmosphäre des Kirchenkampfes und die nur scheinbare Beruhigung, die nach der „Constitutio Westphalica" eingetreten war, hatten einen Ritualismus begünstigt, dessen Gefahren den kirchlichen Autoritäten keineswegs entgingen. Aber es war schwierig, eine gute Absicht zu verdammen, nur weil man den Mißbrauch klar erkannte, der mit ihr getrieben wurde. Wallfahrten riefen sicher eine echte kollektive Frömmigkeit hervor, aber bei derselben Gelegenheit kam es auch zu allerlei Exzessen. Trunkenheit war noch einer der geringsten. Mit den Hunderten flackernden Kerzen, dem Gewimmel prunkvoller und mit Schmuck überladener Marienfiguren geriet man in gefährliche Nähe des Götzendienstes, und um Bäume, Quellen und Feuer tummelte sich christlich verbrämtes Heidentum. (3) Auch mit dem eucharistischen Kult wurde ein gefährlicher Unfug getrieben; so entstand zum Beispiel der Brauch, mit einer Monstranz vor einer Feuerstelle den Teufel zu vertreiben, endlose Tischgebete zu murmeln, und manche vertraten die An-

(3) Veit, L. A. – Lenhart, L., Kirche und Volksfrömmigkeit im Zeitalter des Barocks. 1956, S. 209.

sicht, der Anblick der Hostie allein hätte dieselbe Wirkung wie die Kommunion.

Jede Kritik aber an diesen Exzessen rief bei einem Teil des Klerus und bei den meisten Jesuiten den Verdacht der Ketzerei hervor. Die Fronten versteiften sich. Wo die einen beim leisesten Maßhalteappell das Gespenst des Jansenismus auftauchen sahen, sahen die anderen bei jeder Art von Frömmlertum das jesuitische Gespenst. Die Männer der Aufklärung, van Swieten, Kaunitz und die Hofräte Kressel oder Heinke aus der Umgebung Kaiser Josephs II. – Heinke war der Beauftragte für kirchliche Angelegenheiten –, waren erklärte Gegner der Jesuiten und sahen in der frömmelnden Inbrunst nur gröbsten Aberglauben oder Dummheit. Die Aufhebung der Gesellschaft Jesu, die Papst Clemens XIV. beschloß und zu der Maria Theresia, wenn auch widerstrebend, ihre Einwilligung gab, erschien den Gegnern der Jesuiten als ein heilsamer Schritt auf dem Weg zu einem gereinigten Glauben. Durch die Bedeutung, die dem Datum verliehen wurde, sahen viele in ihm den lange erwarteten Wendepunkt im kirchlichen Leben.

Aber das Problem hatte auch eine politische Seite. Die Gegenreformation hatte nach Kräften daran gearbeitet, die alten Verhältnisse wiederherzustellen. So hatte man die Kirchenkreise, so wie sie früher bestanden hatten, wieder errichtet, wobei auch die Bestimmungen des Westfälischen Friedens betreffend einer Rückkehr zum „Normaljahr" wesentlich beigetragen hatten. Diese alten Einrichtungen entsprachen aber keineswegs mehr der reellen Situation und der tatsächlichen Bevölkerungsdichte. Manche Bistümer waren jetzt viel zu groß, ihre Kirchenkreise griffen über die Staatsgrenzen hinaus. In manchen Gegenden häuften sich Pfarren und Klöster, in anderen war weit und breit keine Kirche zu sehen. Dazu kam, daß die religiösen Orden, die so viel zur katholischen Restauration beigetragen und Österreich, Böhmen und Bayern dem alten Glauben wiedergewonnen hatten, der Kontrolle des Lokalbischofs und des Staates vollkommen entglitten. Geschickt hatten sie sich das grundherrschaftliche System zunutze gemacht, indem sie Großgrundbesitz erwarben, sehr gut verwalteten und an die Rekonstruktion von Klöstern und Abteien gingen. Und die Klöster übten auf die Bevölkerung einen sehr großen Einfluß aus. Denn die Klöster gaben vielen Brot und Unterkunft: Künstlern, Handwerkern, Ackerbauern, Förstern. Und es war sehr schmeichelhaft für einen Bauern, einen Mönch zum Sohn zu haben, der die Aussicht hatte, später einmal Prior oder Abt zu werden, was häufig vorkam. Der Reichtum der Klöster erregte aber das Mißtrauen der aufgeklärten Menschen. Nichts könnte in dieser Hinsicht bezeichnender sein als ein Memorandum, das Kaunitz dem Staatsrat 1770 vorlegte und in dem die klösterlichen Einrichtungen einer strengen Kritik unterzogen wurden: Niemand könne zum Beispiel behaupten, daß sie das wahre Christentum repräsentierten, da sie in den ersten christlichen Jahrhunderten gar nicht existiert hätten. Aus der Lebensart vieler Mönche sei durchaus nicht abzulesen, daß ihr Leben wirklich dem Gebet, der Mildtätigkeit und der Meditation geweiht war. Eine beschränkte Zahl von Pfarrern könne die Aufgaben der viel zu vielen Mönche mühelos übernehmen. Dem Staat käme also die Aufgabe zu, hier eine sinnvolle Neuordnung zu schaffen.

Die religiösen Orden hatten aber auch mit der traditionellen Feindschaft der Bischöfe zu rechnen, deren Autorität in den eigenen Diözesen durch die Klöster eingeschränkt wurde. Sie beklagten auch, daß die religiöse Erziehung und die Lenkung der Seelen dem Klerus von den Klöstern teilweise entzogen worden war.

In ganz Europa hatten die Bischöfe im 17. Jahrhundert nur mit Mühe die Einschränkung ihrer Rechte durch die römische Kurie ertragen, umso mehr als sie meistens den jeweiligen Papst dafür verantwortlich machen mußten. Aber die Furcht vor einem Schisma hielt sie im allgemeinen davon zurück, gegen den Pontifex Maximus aufzubegehren. Maria Theresia hatte sich als erste, trotz ihrer Frömmigkeit, in einen Konflikt mit dem Heiligen Stuhl eingelassen. Es ging um die Immunität der Kirche in der Lombardei, die praktisch jede Steuerreform unmöglich machte. Gleich nach der Umformung der „Giunta Economale“ in Mailand definierte das Ministerium rigoros die Kontrolle, die dieser Verwaltungszweig im Interesse des Staates über die kirchlichen Angelegenheiten ausüben sollte. Natürlich ist die Behauptung übertrieben, Maria Theresia habe unwissentlich mit der Unterzeichnung einer geheimen Instruktion an die „Giunta Economale“ vom 15. Juni 1768 zu einer ketzerischen Einstellung des Staates der Kirche gegenüber ermuntert. Aber sicher hatte sie damit gewisse Weichen gestellt, auf denen der Josephinismus nun weiterfuhr. Man hat auch immer wieder auf die Verbreitung des Jansenismus hingewiesen und auf den Einfluß eines Werkes, das der Weihbischof von Trier, Nikolaus von Hontheim, unter dem Pseudonym Febronius herausgegeben hatte: „De statu praesenti Ecclesiae.“

Viele solcher Bücher, die allerdings mehr augustinisch als wirklich jansenistisch waren, wie zum Beispiel „Les Heures du cardinal des Noailles“, sind in den privaten Bibliotheken von Wien und Prag aufgetaucht. Ebenso suchte man in den Freimaurerlogen, denen sich auch geistliche Herren angeschlossen hatten, nach einer persönlicheren, kirchenunabhängigeren Religion, in der die alten Formen der Mildtätigkeit zu einer humanitären Sorge umfunktioniert wurden. Rom und die Mönche waren die Hauptfeinde und darüber hinaus die ganze Volksfrömmigkeit, in der man nichts als Unwahrhaftigkeit erblickte.

In diesen Fragen kam es bald zum Konflikt zwischen Mutter und Sohn, obwohl Maria Theresia gewisse Maßnahmen durchaus billigte. Schon zu ihrer Zeit kontrollierte der Staat die Beziehungen der Klöster mit dem Heiligen Stuhl, es war untersagt, einen Ausländer mit der Leitung eines Klosters zu betrauen, und man legte eine gesetzliche Altersgrenze für den Eintritt in den religiösen Stand fest, nämlich 24 Jahre. Aber alle diese Vorsichtsmaßnahmen rührten nicht an die Allianz zwischen Staat und Kirche, die Maria Theresia für unbedingt notwendig hielt. Auch Joseph II. empfand für den

Katholizismus keine tiefere Feindschaft. Er war katholisch erzogen und hielt die Religion für einen wesentlichen Pfeiler der Ordnung und des moralischen Gleichgewichts innerhalb der Gesellschaft.

Aber er wollte die Kirche in seinen Ländern rationeller organisieren, um leichter seine Vorstellung von einem aufgeklärten Despotismus durchsetzen zu können. Eine spezielle Abteilung des Kanzleramtes, der „Geistliche Rat in publico-politicis oeconomicis“, mit dem Präsidenten Kressel wurde vom Kaiser mit dem Reformwerk beauftragt. Es widersetzten sich dem auch durchaus nicht alle Bischöfe. Aber der Kardinal-Erzbischof von Wien, Migazzi, geriet in Unruhe und bestärkte die Kaiserin in ihrem Widerstand. Maria Theresia war entschlossen, zweierlei niemals durchzulassen: ein Toleranzedikt, welches alle Religionen für gleichwertig erklären wollte, und die Säkularisierung der Klöster. Ein Jahr nach ihrem Tod wurde beides durchgeführt.

Für Joseph II. war das Toleranzpatent die selbstverständliche Ergänzung zu seiner Proklamierung der Freiheitsrechte jedes einzelnen. Es wurde am 13. Oktober 1781 für die Erbländer, am 26. für Ungarn, am 12. November für die Niederlande, am 30. November für die Lombardei verkündet. Bevor wir uns dem Patent selbst zuwenden, sei noch eine kurze Beobachtung vorweggenommen. Eine schwerwiegende Maßnahme war getroffen worden, die so verschiedene Völkergruppen wie die Österreicher, Böhmen (Tschechen und Deutsche), Ungarn, Kroaten, Niederländer und Italiener betraf. Sie wollte den Menschen und Untertanen des Kaisers ihre Freiheit zurückgeben, gleichgültig, zu welchem Staat sie gehörten. Aber das Gesetz verlangte, daß man für jedes Land eine spezielle Erklärung anfertigte. Von nun an wurde die Arbeit der Ämter immer umfangreicher, die Bürokratie nahm bisher unbekannte Ausmaße an.

Man hat errechnet, daß Joseph II. während seiner zehnjährigen Regierung sechstausend Dekrete veröffentlicht und elftausend neue Gesetze erlassen hat. Um sie unters Volk zu bringen, brauchte man immer mehr Beamte. Beamte, deren Wichtigkeit wuchs, je mehr sie sich dem Dienst am Staat und nicht mehr nur dem Dienst am eigenen Lande widmeten. Das Vaterland, das war jetzt die Gesamtheit aller Länder, in denen der Herrscher seine Autorität ausübte. Alle Untertanen des Kaisers hatten sich von nun an solidarisch zu fühlen. Das Ideal des Beamten wird in einem Memorandum von 1783, welches sich an die Statthalter und deren Beamte richtete, folgendermaßen definiert: „Der nicht liebe zum dienst des vaterlandes und seiner mitbürger hat, der für die Erhaltung des guten nicht von einem besonderen eifer sich entflammt findet, der ist für geschäfte nicht gemacht und nicht werth, ehrentiteln zu besitzen und besoldungen zu ziehen.“ (4) Vaterland und Mitbürger, das waren keine unbekannten Worte, aber die Sinngebung

(4) Fellner-Kretschmayr, Die österreichische Zentralverwaltung, II, Band IV, Aktenstücke, S. 123, Nr. 94. (Text der großen Patente.)

war neu. Der Beamte erfüllt seine Pflicht nicht mehr nur aus Anhänglichkeit an den Herrscher, aus persönlicher Ergebenheit und legitimem Gehorsam dem Kaiser gegenüber, sondern aus der Verantwortung dem Staat gegenüber. Dadurch bekommt das öffentliche Amt die Würde einer Berufung. Schon formt sich jenes solide, staatstreue Beamtentum, das von der Regierungszeit Josephs II. an bis 1918 immer mehr angewachsen ist. Routiniert, unterwürfig, beschränkt, wenn man so will, aber erfüllt von dem Prinzip der Berufsehre, kompetent und fleißig, hat es den Staat während aller Erschütterungen und Gebietsamputationen und durch alle konstitutionellen Veränderungen hindurch treu gestützt. Die Arbeit dieser Beamten war für die Bürger dieses Staates eine Garantie ihrer Sicherheit.

Was brachte nun das Toleranzedikt? Sicher nicht eine allgemeine Gewissensfreiheit. Es forderte lediglich die Untertanen der verschiedenen Länder auf, den grundherrschaftlichen oder kommunalen Autoritäten ihre Zugehörigkeit zu einer der anerkannten Religionen anzugeben. Diese Religionen konnten in ihren eigenen Gotteshäusern ausgeübt werden, die Gebäude waren allerdings mit den katholischen Kirchen nicht völlig gleichgestellt. Sie durften weder Türme noch ein Eingangstor zur Straße haben. Dennoch entschieden sich etwa achtzigtausend Menschen für den reformierten Glauben; in den Städten Böhmens, Mährens und Österreichs für den lutherischen Glauben, auf dem Land für den Calvinismus. (5) Deutsche Pastoren nahmen sich der Lutherischen an. Sie kamen aus Sachsen und Preußen; schwieriger war es, für die calvinistischen Kirchen Pastoren zu finden, die des Tschechischen mächtig waren. Man mußte sich an die Slowaken Oberungarns wenden. Zahlreiche Sekten, die bis vor kurzem von der katholischen Kirche noch verfolgt worden waren und sich immer wieder neu gebildet hatten, wurden von dem Patent nicht anerkannt: Abrahamiten, Adamiten, Sionisten und ehemalige Utraquisten. Für ihre diffuse Religiosität brachten der Kaiser und seine Kommission wenig Sympathie auf. Nur die konstituierten Kirchen lieferten die Garantie einer vernünftigen Religion, deren Pastoren auf der Grundlage des Christentums ihren Gläubigen moralische Lehren und die praktische Anwendung beibrachten. Das Volk lernte, Gott zu fürchten und zu ehren, Gebote zu befolgen, vernünftig zu leben und dem Kaiser zu dienen.

Mehr verlangte der Staat nicht. Und die katholischen und protestantischen Kirchen arbeiteten mit ihm Hand in Hand. Aber in Ungarn, Polen und in der Bukowina existierte noch eine andere Konfession: die orientalische Orthodoxie. Maria Theresia hatte versucht, die Anhänger dieses Glaubens für den römisch-katholischen zu gewinnen. Die Lehren hatten ja zahlreiche Berührungspunkte in der Eucharistie und im Marienkult und wichen nur in der Liturgie und in der Frage des Primats voneinander ab. Die Erinnerung an die heftigen Fehden zwischen Rom und Byzanz war allerdings

---

(5) Winter, E., Tausend Jahre. S. 310.

auch noch immer stark. Durch das Toleranzpatent bekamen nun auch die unierten Orientalen, die Katholiken mit griechischem Ritus, ihre Rechte in der Monarchie.

Joseph II. und sein Kreis standen der Ökumene ganz und gar gleichgültig gegenüber, ebenso der Vereinigung der katholischen Welt. Für sie gab es absolut keinen Grund, die Annäherung an Rom zu fördern, da ja die orthodoxe Kirche traditionsbedingt die Autorität des Herrschers anerkannte und sich unter seinen Schutz zu stellen wünschte.

Ähnlich war es bei den Juden. Besonders zahlreich waren sie in den Städten, zum Beispiel in Prag, wo sie in eigenen Vierteln, den Ghettos, lebten und mit der Vergangenheit des Landes und der Stadt tief verwachsen waren. In Wien hatten die Bankiers Oppenheimer wieder ein Vermögen aufbauen können und spielten eine bedeutende Rolle im Wirtschaftsleben des Landes. Durch das Toleranzpatent wurden einige Verbote aufgehoben, die auf den Juden lasteten: Sie bekamen das Recht, Grundbesitz zu erwerben, dieselben Berufe wie die Christen auszuüben, brauchten auf ihren Gewändern nicht mehr die demütigenden Judenzeichen zu tragen und durften, wenn ihnen keine eigenen Schulen zur Verfügung standen, ihre Kinder in christliche Schulen schicken.

Am 29. November 1781 begann die große Offensive gegen die Klöster mit der Aufhebung aller religiösen Gemeinschaften, welche sich nicht dem Unterricht und der Krankenpflege oder der Verbesserung des geistigen und materiellen Lebens der Bürger und Bauern widmeten. Den Mönchen und Nonnen solcherart betroffener Häuser wurde es aber freigestellt, in Orden einzutreten, welche verschont geblieben waren.

Die Güter der aufgehobenen Klöster wurden Eigentum des Staates. Dieser bot sie zum Verkauf an, um einen Religionsfonds anzulegen, der für die Neuorganisation der Kirche benutzt werden sollte. Während der folgenden Jahre verkündeten zahlreiche Erlässe die Auflösung von Orden und Bruderschaften: Kartäuser, Zisterzienser, Karmeliter, Clarissen, Franziskanereremiten und Kamaldulenser. In Böhmen fiel die Zahl der Mönche und Nonnen von sechzigtausend auf siebenundzwanzigtausend, mehr als siebenhundert Klöster wurden geschlossen. Nicht alle waren reich: Das 18. Jahrhundert hatte in ganz Europa wenig Sinn für die Mystik, das Ordensleben hatte seine Anziehungskraft verloren. Zu große und verwahrloste Klostergebäude wurden in Fabriken verwandelt, klösterlicher Landbesitz wurde intensiver genutzt. Die alte Anordnung von Bistümern und Pfarreien entsprach nicht mehr den Erfordernissen der Gegenwart. Daher kam am 4. Februar 1782 ein Erlaß heraus, der sich mit der Einrichtung und Organisation neuer Pfarren beschäftigte. Aus dem Religionsfonds konnten nun die Pfarrer, Kapläne und Vikare angemessen bezahlt werden, nämlich mit 450, 300 und 150 Gulden jährlich. Von Pfründeninhabern wurde der Klerus über Nacht zu Gehaltsempfängern des Staates. Im Prinzip hatte die Reform vieles für sich, das Pfarrleben wurde intensiviert, denn unter Maria Theresia kam ein Pfarrer auf elfhundert Seelen, nach der josephinischen Reform einer auf sechshundert. Zugleich wurden auch die Diözesen neuorganisiert, die österreichischen wurden von der Passauer Vormundschaft befreit, in Linz, St. Pölten, Laibach, Budweis usw. wurden neue Bistümer gegründet. Für die Ausbildung des Klerus richtete man in den großen Städten zwölf Seminare ein: in Wien, Prag, Graz, Innsbruck, Olmütz, Pavia und Löwen. Diese Schulen traten an die Stelle des „Collegium germanicum" und des Diözesankollegs. Man unterrichtete nach einem gemeinsamen Programm, wodurch die Gefahr römischer Einflüsse ausgeschaltet wurde.

Es lag durchaus nicht in der Absicht ihrer Erfinder, daß die Bürokratisierung des Klerus zu einem Versiegen der geistigen Quellen führen sollte, was auch nicht geschehen ist, denn diese Verfassung bestand teilweise bis ins 19. Jahrhundert. Andererseits hat sie aber eine zu enge institutionelle Bindung des Klerus an die zivile Macht geschaffen. Sie machte aus den Bischöfen und Pfarrern wenn auch nicht reine Verwalter, so doch Menschen, für die die religiöse Funktion mit dem Verwaltungscharakter untrennbar verbunden war. Sie hat den Grundstock zu einer allzu großen Selbstzufriedenheit gelegt und die Neigung zur Unbeweglichkeit unterstützt. (6)

Nun jagten sich die Dekrete, welche die Details der Liturgie betrafen: Sie legten die Einzelheiten für Beerdigungen fest und verboten aus Gründen der Hygiene das Bestatten der Toten in Särgen und innerhalb der Kirchen. Die Toten mußten in Säcke gelegt und in Kalkgruben auf dem Friedhof begraben werden. Überflüssige Altäre mußten aus den Kirchen entfernt werden, Wallfahrten sowie sämtliche Prozessionen mit Ausnahme der Fronleichnamsprozession wurden verboten, ebenso goldene und silberne Weihegeschenke, Kleider und Schmuck auf den Statuen und das Glockenläuten während des Gewitters. Der fromme Dekor des Barock wurde aus den Kirchen verbannt. In Rom zeigte Papst Pius VI. mehr Entschlossenheit als sein Vorgänger, die katholische Tradition gegen die aufklärerische Initiative mancher Regierungen zu verteidigen. Im guten Glauben, viel zu retten, wenn er die strittigen Punkte im persönlichen Gespräch mit Joseph II. und seinen Ministern klärte, begab er sich auf die Reise nach Wien. Sein Aufenthalt fiel in die Monate März und April 1782. Beide, der Kaiser und Kaunitz, waren zu dieser Zeit kränkelnd und konnten damit ihre beinahe unverschämte Zurückhaltung dem Papst gegenüber entschuldigen. Das Volk dagegen war begeistert. Während der ganzen Reise jubelten ihm Dörfer und Städte zu, in Wien strömte das Volk vor der Hofburg zusammen, wo Pius VI.

---

(6) Ein Beispiel von vielen für das lange Überleben des Josephinismus. In seinen Erinnerungen „Kaiserhaus, Staatsmänner und Politiker", Wien 1966, S. 154, erzählt der ehemalige Minister Kielmansegg, wie ihm Erzherzog Franz Ferdinand seinen Wunsch anvertraut habe, den Jesuiten die Kirche am Hof zurückzugeben. Seitdem sie 1773 Pfarrkirche geworden war, mußte der Religionsfonds von Niederösterreich für sie aufkommen, denn da die Pfarre nur 5000 Seelen hatte, forderte sie jährlich vom Fonds größere Summen für ihren Unterhalt. Vgl. auch: Rieser, H., Der Geist des Josephinismus. Wien 1963.

von seinem Fenster aus die knienden Gläubigen segnete. Während der Karwoche beteiligte sich der Papst persönlich an den Prozessionen. Am Ostersonntag hielt er das Pontifikalamt in St. Stephan, dann erteilte er von der Terrasse der Kirche am Hof den apostolischen Segen. Er ging nicht so weit, die Abschaffung der Reform zu verlangen, seine Hauptsorge war, daß die Verwaltung des Klerus nicht allein vom Urteil des Kaisers abhänge und daß in der Seminarerziehung der Jansenismus weiterhin verboten blieb, was die Bulle „Unigenitus" vorgeschrieben hatte. Darauf bestand er, wie Joseph sehr wohl verstand, weniger wegen dieser Dinge an sich als aus Prinzip: Gehorsam dem Heiligen Stuhl gegenüber in allen doktrinären Fragen. Vielleicht schätzte er sogar die Maßnahmen Josephs II. und wußte, was die Neuordnung der Diözesen und Pfarreien für Vorteile mit sich brachte. Jedenfalls machte später der Kaiser seinen Gegenbesuch in Rom.

Pius VI. und Joseph II. schlossen miteinander eine „conventio amicabilis" ab, welche die Rechte der Kirche anerkannte, sich aber auch nicht ausdrücklich gegen die Kontrolle des Kaisers bei der Bischofswahl in der Lombardei und in den Donauländern verwahrte.

Die beiden obersten kirchlichen Würdenträger der Monarchie, der Kardinal Migazzi in Wien und der Kardinal Batthyány in Gran, waren dagegen erklärte Gegner des Josephinismus. Mit allen ihnen zu Gebote stehenden Mitteln versuchten sie, die alten Traditionen zu retten und die Kirche vor dem Zugriff des Staates zu schützen. Am besten gelang ihnen das, indem sie die Gläubigen dazu brachten, sich selbst den Regulierungen zu widersetzen. So machten die Bauern in Eisenkappel, Kärnten, einen Aufstand, als man ihnen die prunkvollen Kleider ihrer Jungfrau Maria wegnehmen wollte. Einen morschen Ast abzuschlagen, ist etwas anderes, als einen gesunden abzusägen. Erst vor fünfzehn Jahren hatten Franz I. und Maria Theresia die Wallfahrtskirche Mariazell in der Steiermark mit einem großen silbernen Gittertor geschmückt. Die Altäre des Querschiffes von Maria Taferl an der Donau stammten auch erst aus 1775.

Es gelang also nicht, die barocken Devotionalien gänzlich abzuschaffen. In Prag durfte die Statue des Jesuskindes weiter die kaiserliche Krone tragen und ihr Gewand nach dem liturgischen Kalender wechseln. Die Marienstatuen behielten ihre Brokatmäntel und Diademe, die Heiligenaltäre und -statuen ihren Goldschmuck und ihre Symbole, und nicht nur die Hauptaltäre, sondern auch die, die man für überflüssig erklärt hatte.

So wie sich zwischen Pius VI., der um die doktrinäre Unabhängigkeit der Kirche besorgt war, und Joseph II., der von der berechtigten Autorität des Staates auch in kirchlichen Angelegenheiten überzeugt war, ein Kompromiß finden ließ, war auch schließlich ein Kompromiß und ein Nebeneinander der josephinischen Reform und der traditionellen Formen barocker Frömmigkeit möglich.

Und doch veränderte sich vieles. Wie häufig steht man in den Donauländern vor einer Kaserne, einer Fabrik oder einem Spital und wird belehrt, daß es sich hier um ein von Joseph II. säkularisiertes Kloster handle. Das Dorotheum in Wien: ein ehemaliges Kloster. In Prag wurden die Georgskirche, die Bethlehemskapelle, in der Johann Hus gepredigt hatte, und die kleine Kirche St. Johann (Svaty Jan na Pradle) zur gleichen Zeit säkularisiert. Letztere war noch vor dreißig Jahren eine Schmiede. Auch das Zisterzienserkloster in Königsaal mit den lichten Fresken von Reiner und Palko wurde zu Industriezwecken verwendet, ebenso wie das Kloster Goldenkron, ein Meisterwerk der Gotik. In Österreich, wo Wilhering mit knapper Not gerettet werden konnte, wurde die Benediktinerabtei von Mondsee zur Pfarrkirche erklärt und ist es heute noch. Die Lilienfelder Abtei wurde für zwei Jahre säkularisiert, die von Ossiach in Kärnten für immer. Dies sind nur einige Namen einer langen Liste. Sie geben nur einen schwachen Eindruck von der Bedeutung der Säkularisation. Auf der anderen Seite sorgte der Religionsfonds, der durch Verkäufe immer wieder aufgefüllt wurde, für den Unterhalt der Pfarrer und finanzierte auch den Bau neuer Pfarrkirchen. Obwohl man diese neuen Kirchen vielfach mit dem Mobiliar und den Kultgegenständen der aufgelassenen Klöster ausstattete, gingen doch viele Kunstschätze verloren: Bilder, Statuen, Gefäße, Chorbücher, mittelalterliche und barocke Reliquien.

Umso erstaunlicher ist die Zahl der verbliebenen barocken Kunstschätze. Sie vermitteln einen Eindruck von dem Widerstand, den diese gefühlsbetonten und schwärmerischen Formen der Religion der josephinischen Aufklärung entgegengesetzt haben.

Joseph II. hat versucht, die archaischen Züge aus dem religiösen Leben der Donauvölker auszumerzen. Er riskierte mit dieser Großreinigung, daß viele Quellen des Gefühls und der Sensibilität versiegten. Aber die donauländische Religion hat sich ihren rituellen Charakter bewahren können, ihren Reichtum an Bildern, ihren Glanz und ihre dekorative Intensität. Daraus zog sie wohl die Kräfte, um sich im 19. und 20. Jahrhundert erneuten Angriffen zu widersetzen, dem Liberalismus und dem Naturalismus. Die Musik eines Haydn, Mozart, Beethoven, Schubert und später Bruckner hat sich zweifellos an ihr und nicht am Rationalismus inspirieren können. Dieses gewisse Fluidum der österreichischen Kultur, das oberflächlich als Produkt slawischer Einflüsse und als Symbiose des Genies mehrerer Rassen erklärt wird, rührt vielmehr daher, daß sich die Donauvölker mehr oder weniger ihren barocken Lebensstil zu erhalten gewußt haben. Der Kunst standen auch im Alltag die Türen stets weit offen. Zu Unrecht sind viele Künstler in Vergessenheit geraten, die auch während der Regierungszeit Josephs II. intensiv tätig waren. Heute erst entdeckt man sie wieder und stellt fest, daß sie genauso fruchtbar wie ihre Vorgänger waren. Einer von ihnen ist Maulbertsch, dem eine ungarische Historikerin, Klara Garas, ein großes, schönes Buch gewidmet hat. (7) 1724 in Schwaben geboren, ausgebildet an der Aka-

(7) Garas, K., Franz Anton Maulbertsch 1724–1796. Budapest 1960.

demie in Wien, hat er fünfzig Jahre lang in allen Ländern der Donaumonarchie gearbeitet, bis zu seinem Tod im Jahre 1796. Seine Malerei entwickelte sich vom barocken Illusionismus zu einer ausbalancierten, lichten Komposition. Erst am Ende wurde er wieder bombastischer. Er folgte damit der allgemeinen Tendenz, die vom Barock zum Rokoko und zum Neoklassizismus verlief. Seine Virtuosität und Anpassungsgabe erlaubten ihm, die verschiedensten Aufträge zu erfüllen: er malte in Pfarr- und Klosterkirchen und schmückte die Residenzen und Dome der Bischöfe aus. Er malte die Geschichte der ungarischen Könige und feierte Maria Theresia. Später malte er in Pápa, Steinamanger und Kalocsa, danach rief man ihn nach Strahof bei Prag in das Kloster der Prämonstratenser, die von der josephinischen Reform verschont geblieben waren. Hier malte er auf die Bitte des Abtes Mayr, der freimütig zugab, ihm nicht allzu viel bezahlen zu können, Fresken für die Bibliothek.

DIE VERWALTUNGSREFORM JOSEPHS II.

Bauernbefreiung und Neuorganisation der Kirche waren jedoch nur die Basiselemente in dem umfassenden humanitären und politischen Programm, mit dem der Kaiser die alte Monarchie zu einem modernen, wohlhabenden Staat umgestalten wollte. Vor allem versuchte er das Verwaltungssystem zu verjüngen. Die „Vereinigte Hofstelle“ von Böhmen und Österreich bekam wieder das Finanzressort zugewiesen, die „Hofrechenkammer“ kontrollierte unabhängig davon die Buchhaltungen der Erbländer, Ungarns, der Niederlande und der Lombardei.

Neuordnung und Vereinfachung: die Hofkanzlei Siebenbürgens wurde mit der ungarischen zusammengelegt, die Angelegenheiten Galiziens wurden von der böhmisch-österreichischen „Hofkanzlei“ miterledigt.

Budapest wurde wegen seiner zentralen Lage der Verwaltungssitz des ungarischen Königreiches und bekam den Rang einer Hauptstadt. Aber was war eine Hauptstadt ohne König und ohne Palatin? Noch gewagter war es, unter dem Vorwand, die Komitate widersetzten sich den Dekreten, eine neue Verwaltungseinteilung von zehn Bezirken zu schaffen und an deren Spitze königliche Kommissare zu stellen. Bisher hatte der „Obergespan“ die Autorität des Königs repräsentiert, aber seine Aktivität war beschränkt, denn er war auch dem Komitat verantwortlich, deren Adelige für die Exekutive ihren eigenen Mann wählten. Der ungekrönte König zwang also dem Land seine Verwalter auf und mißachtete die bestehenden Gesetze. Ferner entschied er per Dekret vom 18. Juni 1784, daß die Beamten des Königreichs sich von nun an nicht mehr in archaischem Latein, sondern in Deutsch auszudrücken hätten, und gab ihnen, wenn sie es nicht konnten, ein Jahr Zeit, um es zu lernen. 1785 kam dieselbe Anordnung für Böhmen heraus. Germanischer Missionsdrang? Keineswegs. Joseph II. kannte sowohl die tschechische als auch die ungarische Sprache und hielt diese Sprachen in einem modernen Staat für ungeeignet. Im übrigen war es ihm gleichgültig, welche Sprache die Ungarn, Slowaken und Rumänen für ihren Privatgebrauch benutzten.

Die Neuordnung der Justiz ging von ähnlichen Voraussetzungen aus. Die grundherrschaftliche Justiz wurde nicht aufgehoben, aber die vom Grundherrn eingesetzten Richter mußten unabhängig von diesem sein und ungehindert ihrer Aufgabe nachgehen können. 1783 wurde überall eine zweite Instanz, das Appellationsgericht, eingerichtet.

Die „Oberste Justizstelle" in Wien blieb die oberste Instanz, an die man sich wenden konnte, wenn die zwei untersten Instanzen das gleiche Urteil gesprochen hatten.

Die Abschaffung vieler örtlicher, meist grundherrschaftlicher Gerichte erschütterte die alte feudale Struktur, und trotz des Weiterbestehens separater Stellen für militärische und kaufmännische Angelegenheiten, für Bergwerksangelegenheiten, für Wechselfragen und kirchlichen Gehorsam drang ein moderner Staatsgeist in die juristische Verwaltung ein. Die Hierarchie der drei Instanzen wurde auch in der Lombardei eingeführt.

Auch hier erschütterte das Wiener Dekret alte Gewohnheitsrechte. Denn Mailand wie übrigens auch die Niederlande waren 1713 unter Beibehaltung ihrer Autonomie der Donaumonarchie lediglich angegliedert worden: aus einem spanischen Untertanen war ein österreichischer geworden, ohne daß er etwas von dem Wechsel merkte. Lediglich der Statthalter wurde ausgetauscht. Aber ob der Herzog von Mailand nun ein spanischer Habsburger oder ein österreichischer Habsburger war, wen störte das?

Karl VI. und Maria Theresia hatten alte Einrichtungen saniert, das Steuersystem erneuert und die Provinzverwaltung verbessert. Auch sie hatten damit Unzufriedenheit hervorgerufen, aber sie hatten nicht an die Grundlagen getastet. Nun riefen bereits die Dekrete über kirchliche Angelegenheiten und der Streit Kaiser Josephs II. mit Pius VI. über die Ernennung des Erzbischofs von Mailand Empörung hervor. Dem Kaiser und seinem Staatsrat aber ging das noch alles viel zu langsam. Erst 1786 holte er richtig aus: Er schaffte mit einem Schlag den Senat ab, der zweieinhalb Jahrhunderte mit dem Anspruch regiert hatte, die italienische Freiheit zu repräsentieren. An seine Stelle setzte der Kaiser einen Regierungsrat mit speziellen Dienststellen und Ressorts. Eine neue rationelle Ordnung bemächtigte sich der alten chaotischen Zustände. Die Trennung der Machtbefugnisse erwies sich als fruchtbar. Das Herzogtum Mailand war bis dato ein Konglomerat von Patrizierstädten gewesen, welche das umgebende Land beherrschten. Jetzt wurde das Herzogtum in gleichwertige Distrikte eingeteilt, die jeweilige Verwaltung wurde von Wien aus dirigiert. Die Gemeindeverwaltungen bekamen finanziell und wirtschaftlich größere Befugnisse, verloren jedoch die Gerichtsbarkeit. Der Adel und das reiche Bürgertum, welches sich durch den wirtschaftlichen Aufschwung des 18.

Jahrhunderts gebildet hatte, verloren ihre Vorrechte und mußten von nun an die aus Wien kommenden Anweisungen befolgen.

Der italienische Historiker Francesco Valsecchi beschreibt in seinem Buch über den aufgeklärten Absolutismus in der Lombardei, wie hier plötzlich durch einen starken Geist ein neues Gebäude errichtet wurde. Weder der Architekt noch die Maurer stammten jedoch aus Italien, und zum erstenmal lernte die lombardische Bevölkerung den Zwang der Fremdherrschaft kennen, ausgeübt von Fremden, die noch Barbaren waren, als die Italiener schon die ganze Welt beherrschten. (8)

DIE WIRTSCHAFTLICHE ENTWICKLUNG UNTER JOSEPH II.

Die Modernisierung und Zentralisierung der Monarchie brachte ihren Völkern erheblich mehr Wohlstand und Komfort. Die Folgen des Dreißigjährigen Krieges waren allgemein überwunden, in Böhmen war die Bevölkerungszahl trotz der Epidemien von 1679 und 1713 auf den Vorkriegsstand gestiegen; auch in Ungarn hatte sich nach dem Ende der Kämpfe vor allem durch Einwandererströme die Wiederbevölkerung befriedigend entwickelt. Im 18. Jahrhundert wurde der Aufschwung allerdings durch zwei Katastrophen aufs neue bedroht: in Böhmen durch den Siebenjährigen Krieg (weniger durch die Schlachten als durch ihre Folgen wie Verteuerung, erhöhte Steuern, Unterernährung, Seuchen und durch die Hungersnot von 1771). Nach 1773 stieg die Bevölkerungszahl wieder an, und als Joseph II. die Regierung übernahm, lag die Einwohnerquote um ein Drittel höher als bei der Volkszählung 1754. (9)

Während seiner Reisen durch seine verschiedenen Länder fiel dem Kaiser auf, welche enormen Unterschiede im Lebensstandard zwischen dem westlichen Teil, wo die Landwirtschaft intakt schien und überall Fabriken gebaut wurden, und dem östlichen Teil bestanden, wo sich zweifellos um Marktstädte und Bergwerke einiger Wohlstand entwickelt hatte, dagegen aber in isolierten oder unfruchtbaren Landstrichen schlimmstes Elend herrschte. Und dabei verfügten die verschiedenen Länder der Monarchie über so reiche Schätze!

Man mußte sie nur zu nutzen wissen, die Produktion ankurbeln und bessere Verkehrsmöglichkeiten bis zur Adria schaffen, wo es genügend Häfen gab. (Theoretisch war das alles ja sehr einfach. Praktisch handelte es sich aber um eine Herkulesarbeit, denn nicht nur die Routine mußte besiegt werden, auch alle möglichen privaten und öffentlichen Interessen, die sich

(8) Valsecchi, F., L'assolutismo illuminato in Austria e in Lombardia. 1931, II. S. 223f.

(9) Vgl. Kárníková, L., Bevölkerungszuwachs in den tschechischen Ländern von 1754 bis 1914. (Vyvoj obyvatesltva v Českých zemich.) S. 19f.

der Autorität der Ämter und allen Überredungskünsten zum Trotz behaupten konnten.)

Bald verband die „Via Josephina“, eine gepflasterte Straße, Karlstadt in Kroatien mit Zengg an der adriatischen Küste, um dem ungarischen Handel einen weiteren Absatzmarkt zu sichern. Eine andere Straße schaffte die Verbindung zwischen Wien und Prag, und zwar über Brünn, wodurch diese Stadt sich mehr und mehr zu einem Industriezentrum entwickeln konnte.

Ebenso mußten die Wasserläufe reguliert werden, die Elbe, Save und Moldau: Hier transportierte man auf Holzflößen Brennmaterial für die nordböhmischen Fabriken. 1783 fielen für die Erbländer die Binnenzölle und Mauten weg, mit Ausnahme jener, die im öffentlichen Interesse lagen. Wenn zum Beispiel Flüsse oder Straßen durch eine Grundherrschaft führten und dadurch praktisch zu Privateigentum wurden, durfte der Grundherr einen Zoll erheben unter der Bedingung, daß er die Einnahmen zur Reparatur der Straße und der jeweiligen Brücke benutzte. 1784 wurde das ganze Zollsystem erneuert: Die Einfuhr ausländischer Waren wurde mit höheren Einfuhrzöllen belastet, vor allem die Textilien. So zwang man die heimische Industrie, mehr und besser zu produzieren.

Zu Ende des 18. Jahrhunderts ersetzte die Bauernwolle immer mehr das schwerere und teurere Leinen und das Tuch. Es lag nahe, daß sich die Leinen- und Tuchfabriken auf die Baumwollweberei umstellten. Die Rohstoffe konnten leicht aus Triest, Fiume und Ragusa eingeführt werden. Man konnte nicht nur mit der heimischen Kundschaft rechnen, sondern auch mit der englischen Ware in den Nachbarländern konkurrenzieren, wie zum Beispiel im südlichen Rußland, wo Katharina II. die Kolonisation gefördert und neue Städte gegründet hatte. Eine der besten Baumwollfabriken der Monarchie war die Firma „Koffiler und Zweickhardt“ in Brünn, die sogar Feze nach Konstantinopel lieferte.

1785 wurde der Verkauf ausländischer Textilien auf den heimischen Märkten ganz verboten. Die Folgen dieser Maßnahmen waren ganz verschieden: Englische Firmen ließen sich nun in Österreich nieder, um hier zu produzieren, wie „Stock and Palm“ mit ihrer Baumwollfabrik in Warnsdorff. Die nordböhmischen Fabrikanten verbesserten hingegen derartig ihre Qualität, daß eine Inspektion glaubte, englische Waren auf dem Prager Markt entdeckt zu haben und sie konfiszieren wollte, bis man ihre wahre Herkunft aufklären konnte. Der größte Widerstand kam von den Händlern, die ihre Warenlager loswerden wollten: Man mußte daher das Einfuhrverbot bis zum Jahre 1790 aufschieben.

Immer wieder gab es Ärger mit der Händlerinnung, die den Herstellern nicht erlauben wollte, direkt mit der Kundschaft in Verbindung zu treten. Sie beschwerten sich über die Hausierer, meistens Juden, Griechen oder Serben, welche die Ware, weil sie steuerlich geringer belastet waren, zu niedrigeren Preisen anboten. Die Kundschaft war es zwar zufrieden, aber die Regierung mußte sich mit der Innung einigen und erließ daher das Verbot, mit ausländischen Waren, womit auch die aus der Lombardei und den Niederlanden gemeint waren, hausieren zu gehen. Den Hausierern war lediglich der Handel mit Waren aus den Erbländern gestattet.

Es war nicht leicht, allein mit der Autorität der zentralistischen Macht das gesamte Wirtschaftssystem der Monarchie zu reformieren. Die Grundstruktur der verschiedenen Länder war agrarisch: Der Großgrundbesitz lag noch immer in den Händen des Adels. Wenn auch gewisse Familien sich in Fabriksgründungen versuchten und sich auf neuartige Spekulationen einließen, in der Regel hielt man sich doch an die herkömmlichen wirtschaftlichen Formen.

In der Textilindustrie bot das angehäufte Vermögen nun Gelegenheit, Maschinen anzukaufen, die zwar teuer waren, aber den Ertrag erheblich verbesserten. Der Fortschritt war schnell zu spüren. Die drei Branchen der Textilindustrie: Tuch, Leinen und Baumwolle entwickelten sich besonders in Nordböhmen, welches sich bemühte, in der zweiten Hälfte des 18. Jahrhunderts den Verlust der schlesischen Provinzen auszumerzen. Daher erklärt sich der Reichtum Reichenbergs und anderer Städte an der Neiße. Nun stellte sich aber auch schon das Problem der Energiequellen: Der Holzverbrauch stieg derartig an, daß man um den Bestand der Wälder fürchten mußte. Ein Edikt vom 21. März 1782, von dem mit einiger Übertreibung behauptet wurde, es sei die Gründungsakte der Industrie, stellte einige Gesetze für die Forstwirtschaft auf. Zur selben Zeit begann man mit der Kohleförderung. Tatsächlich war man in nicht allzu großer Entfernung von den Textilzentren auf Kohle gestoßen. Der Industriecharakter Nordböhmens verstärkte sich immer mehr.

Und damit tauchte auch schon das Arbeiterproblem auf. Nach den Verfügungen von 1784 durfte man beliebig viele Arbeiter anstellen. Der böhmische Arbeiter, der deutsche wie der tschechische, wurde ein unentbehrliches Rädchen im Räderwerk der Industriewirtschaft, wie der Bauer es für die Landwirtschaft gewesen war und noch lange sein sollte. Aber die Arbeitsbedingungen der Arbeitnehmerschaft wurden immer schlechter. Das eherne Gesetz der Konkurrenz lastete auf dem Arbeiterrücken, die Grundlagen für den späteren Klassenkampf waren bereits gelegt. Auch an Krisen fehlte es nicht. Im Jahre 1787 machten wegen des amerikanischen Krieges und seiner Folgen auf dem Textilmarkt viele Firmen bankrott. Die Regierung verhielt sich in solchen Fällen zurückhaltend. Zu Zeiten Maria Theresias hatte es häufig Subventionen und Vorschüsse für Unternehmen gegeben, die sich in Schwierigkeiten befanden. Joseph II. zeigte sich weniger großzügig: er glaubte, es sei der Allgemeinheit zweckdienlicher, wenn sich der Stärkere von selbst durchsetze, und war überzeugt, solide und gutgeführte Firmen würden sich durchsetzen. Weil aber das Kreditwesen nur schlecht funktionierte, blieb die Wirtschaft durchaus fragil. Durch die unterschiedlichen Bodenverhältnisse und durch ein oft starres Traditionsgefüge waren auch nicht alle Regionen der Monarchie am wirtschaftlichen Aufschwung beteiligt.

Tirol blieb ein reines Durchgangsland für den Handel zwischen Italien und Deutschland. Ungarn war durch eine Zollbarriere von Österreich getrennt und verfügte nur über wenige Ausfuhrartikel: Getreide, Wein, Vieh, Tabak, Kali und Antimon. Es war das ideale Absatzgebiet für die Hersteller und Händler der florierenden Erbländer. Aus diesem Umstand erklärt sich die Ansicht vieler Ungarn, daß Joseph II. systematisch Ungarn wie eine Kolonie des österreichisch-böhmischen Blocks behandelte, und zwar aus persönlicher Aversion einem Land gegenüber, dessen Adel sich in politischen und wirtschaftlichen Fragen immer widerspenstig gezeigt hatte. Tatsächlich wurde wenig oder nichts getan, um das Entstehen einer ungarischen Industrie zu begünstigen, und die ungarischen Händler waren in der Mehrzahl Angestellte oder Kompagnons von Wiener Häusern in Preßburg und Budapest. Die Wiener Regierung scheute sich sogar nicht, durch Kaunitz offen erklären zu lassen, „daß, so lange der ungarische Adel nicht bereit war, die gemeinsamen Lasten mitzutragen, die Interessen Österreichs und Ungarns nicht gleich behandelt werden können".

Der Präsident der „Hofrechenkammer" stellte fest, daß durch die Einkäufe, zu denen Ungarn durch seine geringe Eigenproduktion gezwungen war, dieses Land, mehr als irgendein anderes, Geld in die Monarchie gebracht hatte. Diese Einkäufe waren aber nur dem Adel und dem gehobenen Bürgertum möglich, denn auf dem Land war flüssiges Geld knapp. Wenn Ungarn mehr ein- als ausführte, so war das keineswegs ein Zeichen von Gesundheit und Fortschritt. Im Gegenteil: Es fehlte selbst für die Nahrungsmittel, die Ungarn herstellte, genügend heimische Kaufkraft, so daß exportiert werden mußte.

Der wirtschaftliche Rückstand Ungarns, den die Österreicher zu ihrem Vorteil zu nutzen verstanden, war jedoch nicht allein der Politik Wiens zuzuschreiben. Die Gründe lagen viel tiefer. In Mittelungarn konnten die Folgen einer hundertfünfzigjährigen Türkenbesetzung nicht in fünfundsiebzig Jahren ausgetilgt werden. Die spektakuläre Wiederbevölkerung hatte große Gebiete nicht erfaßt, und auch der natürliche Bevölkerungszuwachs konnte diese nur allmählich füllen. (10)

So entsprach die landwirtschaftliche Produktion nicht dem, was das Land hätte tatsächlich abwerfen können. Die politische und wirtschaftliche Struktur des Landes begünstigte immer noch den Adel, der das Privileg der Steuerfreiheit genoß und zum Teil aus altmodischen Ehrbegriffen nicht auf industriellen und kaufmännischen Profit bedacht war.

In den Städten und besonders in den Bergwerksstädten bestanden die

(10) Die Gesamtbevölkerung Ungarns betrug zu Anfang des 18. Jahrhunderts 2,500.000 Einwohner, davon waren nur 1,160.000 Ungarn, einschließlich Siebenbürgen, also knapp 45 Prozent. Um 1790 hatte Ungarn 8,5 Millionen Einwohner, davon waren 3 bis 3,5 Millionen Ungarn und 4 bis 4,5 Millionen Einwanderer oder deren Nachkommen. Die Zuwachsrate einer Nationalität ist selten das Resultat einer natürlichen Bevölkerungszunahme, sondern meist ein Phänomen der Wahl und der höheren Kulturstufe.

Innungen engstirnig auf ihren Rechten und behinderten die Gründung von neuen Unternehmungen. Die Großgrundbesitzer Ungarns hatten anders als ihre Standesgenossen in Österreich und Böhmen wenig Neigung zu Fabriksgründungen. Nicht, daß nicht eine kleine Anzahl existiert hätte und nicht auch Erfolg gehabt hätte, aber im Ganzen gesehen lag Ungarn ähnlich wie Polen und Rußland weit hinter den Erbländern, die ihrerseits weniger entwickelt waren als die westlichen Staaten. Der ungarische Volkscharakter nahm indessen diese Lage gelassen hin. Hatte man nicht den jüdischen Wucherer, um mit allen Finanzkrisen in allen Gesellschaftsschichten fertig zu werden? Die Sorglosigkeit vor dem Morgen paarte sich mit dem Sinn für Theater und Musik: immer dieselbe Verbindung von Armut und Stolz.

Zu den wichtigsten Produktionszweigen der Donaumonarchie, der Textilindustrie und der Metallgewinnung, kamen neue, aufblühende Industrien, wie zum Beispiel die Papierindustrie im Raum Tschiaschel in Böhmen: Hier wurde Papier für die Kanzleien, Druckereien und sogar Löschpapier hergestellt, welches den Sand ersetzen sollte. Die Erhöhung der Einfuhrzölle auf ausländische Luxuswaren begünstigte die Entwicklung der Porzellanfabriken in Österreich, Böhmen und Ungarn, die Kristallfabrikation in Böhmen, die sich sogar auf dem ausländischen Markt mit der venetianischen messen konnte, den Schliff von Halbedelsteinen und die Erzeugung von Glasschmuck in Böhmen. Die Einfuhrsperre von Rohrzucker, die den bereits kaffeetrinkenden Wiener sehr verdroß, führte zu ersten Versuchen, Zuckerrüben anzubauen. Der Pionier auf diesem Gebiet war Franz Joseph von Sauvaigne, der in dem ehemaligen Kloster Königsaal eine Zuckerfabrik gründete. Als Joseph II. erfuhr, daß nach der Statistik von 1787 der Import nur noch einen Mehrbetrag von 7,250.000 Gulden gegenüber dem Export aufwies, feierte er dies als Sieg seiner Wirtschaftspolitik. Man gab ihm zu bedenken, daß Ungarn mehr exportierte als importierte und dennoch kein reiches Land war. Nichtsdestoweniger war der allgemeine wirtschaftliche Fortschritt nicht zu bezweifeln.

BILDUNG UND WISSENSCHAFT

Nachdem man nun Beamte und Bürger von alten Traditionen befreit hatte, mußte man darangehen, ihnen den Geist der neuen Ordnung einzuimpfen, indem man sie unablässig unterrichtete und die Quellen ihrer Informationen überwachte und filterte. Eine gründlichere Erziehung und eine neue Zensur waren die Resultate. Wir haben gesehen, daß sich schon Maria Theresia mit dem Unterricht beschäftigt hatte. Sie hatte auch eine Keuschheitskommission ins Leben gerufen, um eine gewisse Sittenlosigkeit zu bekämpfen, die sich in Wien, der wachsenden Großstadt, breitgemacht hatte. Schließlich hatte sie eine besondere Kommission mit der Zensur von Büchern und sonstigen Publikationen beauftragt und eine Liste verbotener Bücher anfertigen lassen.

Auf dieser Liste standen die Werke Voltaires und anderer französischer Philosophen. Schon in den ersten Wochen nach seinem Regierungsantritt im Februar 1781 bildete Joseph die Zensurkommission, trennte sie schließlich von der Kanzlei und betraute sie zugleich mit den Problemen des Unterrichts und der Zensur der Bücher: Das war die „Studien- und Bücherzensurhofkommission". Im Grunde hatte er damit, wenn nicht ein Ministerium, so doch eine Art höheren Kulturrat geschaffen.

Allein aus sprachlichen Gründen konnte nicht die Rede davon sein, alle in der Monarchie erscheinenden Bücher der Wiener Zensur vorzulegen. Die einzelnen Länderregierungen bekamen daher ihre eigenen Zensurstellen, wodurch die zentralistische Verwaltungsmethode verstärkt und der traditionsbedingte Einfluß des Klerus abgeschafft wurde. Die Länderzensoren mußten in ständigem Meinungsaustausch mit der Wiener Stelle stehen und deren Anordnungen befolgen. Dieselbe Aufforderung richtete man an die ungarische Kanzlei. Diese hatte sich ihre Selbständigkeit bewahren können, indem sie geltend machte, ungarische Bücher könnten nur von Ungarn richtig beurteilt werden: Es gab also eine selbständige Zensur in Preßburg. Die Kanzlei Siebenbürgens bemühte sich ebenfalls um eine eigene Zensur, indem sie vorbrachte, die Verschiedenheit der Religionen mache eine Zensur von außen unmöglich: Auch Siebenbürgen erhielt daher eine eigene Zensurstelle, die sich aber an die Direktiven aus Wien zu halten hatte.

Die Wiener Zensur hatte also wirklich die Macht, die Bildung in der ganzen Monarchie entscheidend zu beeinflussen. Die Männer, aus welchen sie sich zusammensetzte, waren alle Anhänger der Aufklärung, hochgebildete und aufgeschlossene Geister. Einige waren Freimaurer, was sie nicht zu Feinden der katholischen Religion, aber zu erklärten Gegnern der Mönche machte. In der Person des Kardinals Migazzi hatten sie es mit einem kleinlichen, auf seine Autorität pochenden Menschen zu tun, der dieser Zensurkommission mit umso weniger Wohlwollen gegenüberstand, als er sich von ihr nur schwach verteidigt fühlte, wenn er von Zeitungen und Pamphleten heftig attackiert wurde. Zwei Zensoren taten sich durch ihren Eifer hervor: Gottfried van Swieten, der Sohn von Maria Theresias Ratgeber, ein guter Musiker, Schirmherr von Haydn, Mozart und später Beethoven, ein überzeugter Voltairianer und Bewunderer der Enzyklopädisten; der zweite war Joseph von Sonnenfels. Er hatte Literatur am Theresianum unterrichtet, war ein genauer Kenner Deutschlands und ebenfalls ein Mann der Aufklärung. Wie standen diese Leute zur Pressefreiheit? Gaben sie freie Bahn für alle Publikationen, die zu einer vernünftigen Kritik und Grundsatzdiskussion beitrugen, zur Erweiterung der Kenntnisse und zur Bildung eines gesunden Urteilsvermögens? Ihre Absicht war, einen Nationalgeist zu formen, worunter alles fiel, was mit den Interessen der Monarchie und den Vorstellungen des Kaisers in Einklang stand. Daher duldeten sie nicht nur Kritik am mönchischen Leben (Die „Monacologia" von Ignaz von Born), sondern auch die Ironisierung hochgestellter Persönlichkeiten. Zur Überraschung und

Entrüstung vieler konnten anfangs ungestraft Broschüren zirkulieren, welche sogar den Kaiser angriffen. Neben einer Menge schlechter Literatur konnten nun aber auch wirklich wertvolle Werke erscheinen, wie der Werther von Goethe, über die sich die kleinen Geister und prüden Gemüter ebenfalls erregten. Der Werther verdankt sein gnädiges Schicksal dem Bericht des Zensors Athanasius Szekeres, einem Weltpriester und Spezialisten für orientalische Sprachen, der bis zuletzt das besondere Vertrauen Josephs II. besaß.

Auch Werke wie die „Histoire philosophique des deux Indes" des Abbé Raynal wurden gedruckt, an dem die einen den Reichtum der Beobachtungen schätzten und dem die anderen Leichtsinn vorwarfen. Auch das Theater unterstand der Zensur. Der Kaiser schätzte es sehr und sah in ihm ein Instrument der Meinungsbildung, geeignet, die Predigt zu ersetzen. Aber was für die Elite paßt, paßt noch lange nicht fürs Volk, und am Ende seiner Regierung verdammte die Zensur nun, so liberal sie sonst vorging, die Stücke, welche für die Dynastie ungünstige Erinnerungen wachriefen (Johann Parricida) oder die dem Ansehen der Monarchie schadeten, indem sie königliche Personen in tragischen oder demütigenden Situationen zeigten.

Von seiten der Kirche, der „Hofkanzlei", des „Staatsrates" und zahlreicher Gesellschaftskreise wurde die Zensurkommission heftig kritisiert.

Man warf ihr vor, zu parteiisch zu sein und alles zu fördern, was den Glauben und die Dogmen aushöhlte und die legitimen Mächte untergrub. In Wirklichkeit hatte sie die ultramontanen Einflüsse und jene Formen des religiösen Lebens bekämpft, wo übertriebene Gläubigkeit in Aberglauben überging. Ebenso erschien der Zensur jede Art von Fanatismus gefährlich. Einer der Aufklärer, der Abt von Braunau, Rautenstrauch, warnte deshalb vor den Lutherischen Kirchenliedern, weil sie den Haß auf die Katholiken schürten und die Leute intolerant machten. Mit ihrer ganzen Überzeugung hatten sich die Zensoren für eine menschenfreundliche Religion eingesetzt, die mehr auf Innerlichkeit und Reflexion als auf äußere Formen bedacht ist, und hatten versucht, Vertrauen für die Entscheidungen des Kaisers zu erwecken. Hatten sie Erfolg gehabt? Am Ende war ihnen angesichts der Konsequenzen ihrer Methode selbst nicht ganz geheuer, angesichts des erwachenden revolutionären Geistes, der morgen schon die Monarchie bedrohen konnte. Aber ganz im Sinne von Sonnenfels hatte die Regierung viel für die Universitäten, die höheren Schulen und die Grundschulen geleistet. Die Lehrstühle für Medizin, Recht und Philosophie waren vermehrt und neue Lehrstühle für neue Zweige der Wissenschaft und Philologie eingerichtet worden. Joseph II. sorgte auch für eine Belebung der kleineren Universitäten. Diese dienten vor allem zur Ausbildung von Technikern, die ihm besonders am Herzen lag. Die Volksschulen brachten für das Volk einige Verpflichtungen mit sich, und die ersten, die sich darüber beklagten, waren gerade die, denen der Bildungszwang zugute kommen sollte. So hatten die wohlhabenderen Bauern sich daran gewöhnt, den Schulmeister mit Naturalien zu bezahlen, aber sie wehrten sich gegen die Verpflichtung, ihm eine fixe Summe zu geben. Die Überwachung der Schulen lag nun nicht mehr beim Klerus, sondern bei den Landesregierungen und Bezirksämtern, und die Beamten wurden als lästig empfunden. Dabei waren es für die übergroße Aufgabenlast viel zu wenige. Und anscheinend ließ auch ihr Eifer zu wünschen übrig, denn nun wurden sie ihrerseits von Beamten überwacht. Die Wiener Polizeidirektion, die dem überaus energischen Pergen unterstand, hatte ihre Vertrauensleute in allen Provinzen. Bespitzelung und Denunzierung waren an der Tagesordnung.

Die Monarchie nahm langsam einen ausgesprochenen Polizeistaatcharakter an, der den Beobachtern jenseits der Grenzen noch unangenehmer auffiel als den Bewohnern selbst, deren Mehrzahl die Zustände ertrug, in dem Glauben, ein moderner Staat könnte nicht anders regiert werden. So haben wir hier eine seltsame Mischung aus humanitärem Freiheitsideal und Kasernenhofgeist. Wir erleben den Versuch, die individuelle Würde des Menschen mit Mitteln zu stützen, die dazu angetan waren, ihn noch heuchlerischer und serviler zu machen.

DIE ARMEE JOSEPHS II.

Der Einfluß des Staates war auf allen Gebieten gewachsen. Eine seiner mächtigsten Stützen war zweifellos eine schlagkräftige Armee. Joseph II. übernahm von seiner Mutter eine Armee, die während der letzten vierzig Jahre die Monarchie vor Invasion geschützt und verlorene Gebiete teilweise zurückerobert hatte. Das war aber nicht mehr die Armee des Prinzen Eugen, obwohl sie jetzt die Stärke von hunderttausend Mann aufwies, die der Prinz empfohlen hatte. Sie war inzwischen von Feldmarschall Daun reorganisiert worden, später von Feldmarschall Lacy, in seiner Eigenschaft als Generalinspektor der Armee und Präsident des „Hofkriegsrates“. Die Rekruten hob man nach folgendem System aus: Jede Häuser- oder Hofgruppe hatte einen Soldaten zu stellen. Wen das Los traf, der konnte einen Ersatzmann bestimmen, wenn er ihn bezahlen konnte. Beamte, Mediziner, Bürger königlicher Städte, höhergestellte Kaufleute wurden häufig vom Wehrdienst befreit, so daß die Last wieder auf die Bauern fiel, und zwar auf die ärmeren, die Taglöhner und Arbeiter. Wie in der Vergangenheit bildete der Haß auf den ungerecht verteilten Militärdienst die Ursache für zahlreiche Bauernaufstände. Aber wenigstens wurden jetzt die Soldaten von ausgebildeten Offizieren geführt, von denen die besten Akademieabsolventen waren. Die Truppen wohnten jetzt in Kasernen, Kriegsverletzte kamen ins Invalidenheim. Joseph II. gründete auch eine Schule für Militärchirurgie.

Zu diesem regulären Heer kam die Armee der „Militärgrenzen“ im Süden Kroatiens und Ungarns mit dem Charakter einer Miliz.

Wir haben also eine Berufsarmee vor uns, deren Mitglieder aus allen Ländern der Monarchie kamen, auch aus Ungarn, denn Ungarn stellte seit 1741 sechs Regimenter und die ungarische Garde, deren prächtige Paradeuniform den Wienerinnen besonders gut gefiel. Die Sprache der Armee war Deutsch, ihr Auftrag der Dienst für den Kaiser, der über allen privaten und lokalen Interessen stand. Die Armee wurde so zu einer wesentlichen Stütze des Systems, einmal durch das Ansehen, das sie im Ausland genoß, zum zweiten durch das Zusammengehörigkeitsgefühl der Soldaten. Hier entwickelte sich langsam eine Vaterlandstreue, die über die Liebe zur Heimat und zu den traditionellen Institutionen weit hinausging.

DIE AUSSENPOLITIK JOSEPHS II.

Große Geister des 18. Jahrhunderts hatten sich ihre Gedanken gemacht über einen ständigen Frieden zwischen den Staaten Europas. Die Vernunft mußte über die Gewalt siegen und über anfechtbare juristische Klauseln, die jede Regierung benutzte, um ihre Gebietsansprüche zu rechtfertigen. Aber genausowenig wie sein so bewunderter Rivale, der König von Preußen, konnte sich Joseph II. aus den ausgefahrenen Bahnen befreien.

Umso mehr als er sich intensiv mit den Reichsangelegenheiten beschäftigte und sich oft fragte, ob es nicht seine eigentliche Berufung sei, Deutschland statt der Donaumonarchie zu reformieren. Aber die erste Teilung Polens, in der die Habsburger nur ein Mittel sahen, den Verlust Schlesiens zu kompensieren, hatte zwischen den Teilungspartnern Preußen, Österreich und Rußland eine dauerhafte Verbindung geschaffen. Die Teilung hatte auch einen Grundsatz des europäischen Gleichgewichts wieder neu gestärkt, dem zufolge die Vergrößerung eines Staates nur durch einen Gebietsgewinn seiner Nachbarn ausbalanciert werden könne. Als nach einem Krieg mit der Pforte Rußland im Vertrag von Kütschük-Kainardsche neue Gebiete zugesprochen bekam, erhielt Österreich 1774 zum Ausgleich ein kleines Territorium im Osten, die Bukowina, ein armes, aber strategisch wichtiges Ländchen, um die Ebene des Pruth und der Moldau zu beherrschen und eine Brücke zwischen Galizien und Siebenbürgen zu bilden. Durch die Wiedereroberung Ungarns war Österreich zu einer starken Macht am Rande des geschwächten Osmanischen Reichs geworden und fühlte sich als Wächter über alle Vorgänge auf der Balkanhalbinsel. 1780 traf Joseph II. mit Katharina II. in Mohilev zusammen, um gemeinsame Pläne zu schmieden. Im Falle eines Krieges und eines gemeinsamen Sieges über die Osmanen könnte man mit den Provinzen Moldau und Walachei ein neues unabhängiges Königreich Dacien gründen oder an Stelle des Osmanischen Reiches ein christliches Reich. Der Kaiser dieses Reiches könnte der zweite Enkel der Zarin werden, den sie nicht zufällig Konstantin genannt hatte. Damit wäre im Vorderen Orient eine Sekundogenitur der Romanow geschaffen worden. Zur Entschädigung würde Österreich Serbien, Bosnien und die Herzegowina erhalten. Alle drei waren von orthodoxen und islamisierten Slawen bewohnte Gebiete. Der nüchternere Joseph ließ sich jedoch von diesen Perspektiven nicht beeindrucken. Aber so absurd waren diese Vorschläge gar nicht und ziemlich aufschlußreich für den, der sich mit Zukunftsfragen auseinandersetzte. Denn wenn die Balkanhalbinsel eines Tages nicht mehr von den Osmanen beherrscht sein würde, würde sie zwangsläufig in den Machtbereich einer der beiden christlichen Supermächte fallen, worauf sich deren Allianz sogleich in Rivalität umdrehen müßte. Sosehr die Aneignung polnischer Gebiete sie beide in den Augen der europäischen Staaten zu Partnern stempelte, sosehr bereitete sich im Orient bereits ihre Gegnerschaft vor. In den Projekten von 1780 waren ansatzweise schon alle Feindseligkeiten enthalten, die schließlich zum Krieg von 1914 führten. Joseph II. bedachte immerhin, daß die Teilung des Osmanischen Reiches auch Frankreich und England interessieren könnte, daher ließ er zunächst Katharina allein auf der Krim vorrücken. Im Februar 1788 aber glaubte er, ihr seine Beteiligung an einem neuen Krieg gegen die Türken nicht länger versagen zu können, und begann einen komplizierten Feldzug, in dessen Verlauf zwar die österreichischen Truppen Belgrad zurückeroberten, aber Joseph II. wegen innerer Schwierigkeiten zu Friedensverhandlungen gezwungen wurde, deren Ende er nicht mehr erlebte.

Im Osten wie im Westen war die Monarchie zugleich gezwungen, in der Defensive wie auch in der Offensive zu sein. Der Besitz Belgiens war durchaus nicht nur ein Vorteil. Joseph II., der das Land persönlich besichtigt hatte, dachte ursprünglich daran, seinen Wohlstand zu fördern und es von einer schweren Hypothek zu befreien, die seit dem Frieden von Utrecht auf dem Land lastete: die Schließung der Scheldemündung und die Blockierung des Hafens von Antwerpen. Aber als er einem Schiff von Antwerpen den Befehl erteilte, die Schelde zu verlassen und auf das freie Meer hinaus zu fahren, brach in Holland ein Sturm der Empörung aus, der fast zu einem Krieg geführt hätte. Joseph II. zog es vor, durch Frankreich, seinen Verbündeten, in Verhandlungen einzutreten, aber er konnte im Frieden von Fontainebleau 1785 nur einen Teilerfolg für sich buchen. Diese Schwierigkeiten mit Belgien bestärkten den Kaiser wieder einmal mehr in seiner Meinung, daß es für die Monarchie günstiger sei, Bayern zu besitzen. Dieser Gedanke war ihm schon während seiner Mitregentschaft gekommen, als der Kurfürst ohne direkten Erben gestorben war. Sogleich hatte er seine Truppen in Bayern einmarschieren lassen und das Erbrecht für sein Haus in Anspruch genommen. Als Antwort schickte Friedrich II. seine Truppen nach Böhmen. In diesem vierten Krieg zwischen Preußen und Österreich kam es zu keiner wirklichen Schlacht. Aber die preußischen Soldaten plünderten die Ernteschober Nordböhmens, und daher bezeichnete man den Krieg als den „Kartoffelkrieg". Resignierend fügte sich Österreich in den Frieden von Teschen,

1779, wo ihm lediglich das Innviertel zugesprochen wurde. Der Inn bildete jetzt die westliche Grenze Oberösterreichs.

Aber schon nach wenigen Jahren stand der bayrische Thron wieder leer. Joseph II., der gerade mit der Scheldeangelegenheit beschäftigt war, schlug dem Wittelsbacher Erben, Maximilian Joseph von Zweibrücken-Birkenfeld, erneut vor, Belgien gegen Bayern zu tauschen. Aber der Plan stieß auf keine Gegenliebe. Selbst Frankreich, der Verbündete Österreichs, wollte ihm keinesfalls erlauben, in Deutschland zu stark zu werden. Auch Friedrich II. erklärte, Bayern bilde den einzigen Schutzwall gegen eine drohende Übermacht (!) der Habsburger im Reich. Er brachte gegen Österreich den Fürstenbund zusammen und ließ wiederum seine Truppen in Böhmen einmarschieren. Joseph II. mußte endgültig auf den Besitz Bayerns verzichten. Seine Außenpolitik blieb, da er den militärischen Ruhm nicht suchte, farblos im Vergleich zu seinen großen innenpolitischen Reformen. Es waren jedenfalls nicht die Kriegslasten, die ihm wie so vielen anderen Herrschern die Liebe seiner Untertanen abspenstig machten und seine Regierung zum Scheitern brachten, sondern seine unpopulären Reformen.

SPRACHEN UND VÖLKER

Dieselbe Philosophie der Aufklärung, die Joseph II. zu seinen Versuchen einer Vereinheitlichung inspirierte, erweckte bei den Völkern der Monarchie ein neues Nationalbewußtsein. Nicht daß die Gelehrten Opposition zur Politik des Kaisers trieben. Das besorgten die um ihre Privilegien kämpfenden Stände zur Genüge. Ganz im Gegenteil, die Wissenschaftler freuten sich über die Ermutigungen, die der Kaiser ihnen zuteil werden ließ, und versicherten ihn ihrer Treue und Bewunderung, was sie wohl aufrichtig meinten.

Durch die Entwicklung der Geschichtswissenschaft war das Interesse für die Vergangenheit des eigenen Landes wieder erwacht: Man begann überall mit der Erforschung, kritischen Untersuchung und Publikation von Dokumenten. In Prag wurde das Werk des Piaristen Dobner von seinem Schüler Voigt fortgesetzt, einem Spezialisten der Numismatik, der in seinem in Deutsch geschriebenen Buch über die Gesetze des Königreichs in Böhmen an Montesquieu anknüpfte und die alten Konstitutionen rühmte.

In Wien gab ein anderer Piarist namens Rauch mittelalterliche Chroniken heraus: „Rerum austriacarum scriptores", und in Graz der Mönch Aquilinus Julius Caesar die „Annales ducatus Styriae". Inwiefern konnten diese Veröffentlichungen dem Zusammenhalt des übernationalen Staates schaden?

Es war nicht vorauszusehen, daß das Interesse der Philologen für archaische Sprachen, welche in den verschiedenen Provinzen noch im Gebrauch waren, eine Gefahr für die Einheit der Monarchie bilden könnte. Man interessierte sich für diese Sprachen aus wissenschaftlicher Neugier, man analysierte sie und entdeckte erst später, daß sie darüber hinaus noch eine aktuelle Bedeutung hatten.

In der Mitte des Jahrhunderts hatte der ungarische Historiker slowakischer Herkunft, Matthias Bél, auf die antike Herkunft des slawischen Idioms hingewiesen, welches sich seiner Ansicht nach mit geringfügigen Dialektfärbungen von der Adria bis zum Eismeer erhalten hatte und weiter im Gebrauch war. „Wenn", meinte er, „die Größe einer Sprache an ihrer Anwendbarkeit und ihrer Verbreitung gemessen wird, dann könnte die slawische Sprache jeden Vergleich mit der lateinischen bestehen." Dieses Pauschalurteil ist natürlich recht anfechtbar. Man könnte ihm entgegenhalten, was der deutsche Rechtsgelehrte Moser 1774 in seiner Studie über die Rechte und Pflichten des Reiches geäußert hat: „Jeder vernünftige Mensch weiß sehr wohl, daß die Sprache nicht die nationale Zugehörigkeit eines Volkes bestimmt, denn der Bewohner von Montbéliard spricht Französisch und ist deshalb noch kein Franzose: Er bleibt ein Deutscher." (11) Einmal ins Rollen gebracht, riß die sprachliche Bewegung Emotionen auf, die niemand vorausgesehen hatte.

In Ungarn konnte sich die ungarische Sprache, eine finnisch-ugrische Sprache, welche verwandte Züge mit türkischen und russischen Sprachformen aufwies, nicht auf die Verwandtschaft mit den unmittelbaren Nachbarn berufen. Aber man verteidigte seine nationalen Rechte mit anderen Argumenten. Der Schriftsteller György Bessenyei schrieb 1778 in der Zeitschrift „Magyarsag": „Kein Volk der Welt hat sich in einer fremden Sprache Wissen und Bildung aneignen können. Nur in seiner eigenen Sprache kann sich ein Volk weiterbilden."

So kam der kaiserliche Erlaß von 1784, der im öffentlichen Dienst der Monarchie allgemein das Deutsche vorschrieb, ausgerechnet in dem Moment, als gewisse Kreise sich in Ungarn gerade um die Wiederbelebung der ungarischen Sprache bemühten und versuchten, aus ihr die ausdrucksstarke Sprache des modernen Ungarn zu machen. Alexander Bároczy wies auf das Beispiel der Tschechen hin, die lieber in die Moldau sprangen, als die Sprache des hl. Johannes von Pomuk zu verleugnen.

Als die Kroaten hörten, daß man auf die Gemeinsamkeiten der slawischen Rasse und Sprache hinzuweisen begann, erinnerten sie energisch daran, daß sie innerhalb der ungarischen Monarchie als eine von der Geschichte und Kultur her autonome Gruppe anzusehen seien. Sie waren keineswegs Magyaren und hatten also auch keinen Grund, die Sprache eines Teils ihrer Mitbürger zu sprechen. Dazu kam noch, daß in den slowakischen Tälern die religiöse Sprache der protestantischen Gemeinden und

---

(11) Moser, J. J., Von den Kayserlichen Regierungsrechten und -pflichten 1774, S. 5.

die Bildungssprache vieler Einwohner das Tschechische war. Das Volk benutzte slowakische Dialekte. Diese Dialekte zu einer Literatursprache zu machen versuchte der katholische Priester Bernolák in der Gegend von Tyrnau. Er gab Gebetbücher und Zeitschriften heraus, erste Manifestationen eines erwachenden Sprachbewußtseins.

Ähnliche Vorgänge waren in Siebenbürgen zu beobachten. Hier war das Rumänische eine reine Bauernsprache, die weder von den ungarischen Grundbesitzern noch von den deutschen Bürgern in den Städten gesprochen wurde. Die Sprache der Vorfahren wurde von nun an immer mit der Komponente eines Nationalgefühls benutzt, das sich bisher lediglich durch die Verteidigung juridischer Privilegien oder durch die Anhänglichkeit an ein bestimmtes Territorium ausgedrückt hatte. Die Spracherneuerer beklagten die Tatsache, daß die oberen Klassen sich schon seit langem einer fremden Sprache bedienten, ohne sich der Gefahr bewußt zu sein, daß sie damit die nationale Kraft ihrer Gruppe schwächten.

In jenen Teilen der Monarchie also, wo die Bauern nicht Deutsch sprachen, war die bäuerliche Klasse die Bewahrerin der alten Sprachen geblieben. Wir haben in Böhmen erlebt, wie der soziale Aufstieg mit dem Risiko verbunden war, die Kenntnisse der alten Sprache nach und nach zu verlieren. In derselben Gefahr befand sich auch die ungarische Sprache. Die der Germanisierung widerstrebenden Elemente fanden aber jetzt eine gewisse Stütze bei den Ständen. Diese waren durch die Bedrohung ihrer politischen Privilegien aus ihrer Gleichgültigkeit aufgeschreckt worden.

Im Laufe seiner Reise durch Siebenbürgen im Jahre 1783 empörte sich der Kaiser über die elende Lage der rumänischen Leibeigenen und erinnerte den unbelehrbaren Adel daran, daß er in allen seinen Staaten durch ein Dekret die Leibeigenschaft aufgehoben hatte. Zugleich erließ er ein Dekret, daß alle Bauern der Grenzdörfer, welche sich zum Militärdienst meldeten, von der Leibeigenschaft befreit sein würden. So stürmten 1784 im Komitat von Hunyad die Bauern massenhaft zusammen, um sich einschreiben zu lassen, und plünderten die Häuser der Adeligen, als man ihnen dieses Recht verweigern wollte. Die erschrockenen Grundbesitzer flohen nach Deva. Aber drei starke Bauernheere setzten sich nach Klausenburg, Arad und Temeschburg in Bewegung. Ihr Führer war Horia-Hora. Er war schon einmal in Wien gewesen und rühmte sich der Protektion des Kaisers. Die Aufständischen versuchten nun, die Bergarbeiter für sich zu gewinnen. Der Aufstand der Geknechteten nahm bald nationale Züge an: das rumänische Volk Siebenbürgens gegen die ungarischen Herren. Die Rumänen machten immerhin 63 Prozent der Bevölkerung aus, im Banat 30 Prozent. Der orthodoxe Klerus unterstützte ihre Forderungen.

Joseph II. zögerte. Aber es war ihm unmöglich, mit dem ungarischen Adel zu brechen. Mit Hilfe der Armee konnte der Aufstand in wenigen Wochen unterdrückt werden, Horia-Hora und seine Anführer, auf deren Köpfe Preise ausgesetzt waren, wurden ausgeliefert und im Februar 1785 in

Alba Julia hingerichtet. (12) Die Affäre hatte die schwelende Mißstimmung zwischen Ungarn und dem Kaiser aufs neue angeheizt. Die höheren Gesellschaftsschichten wurden sich der Nichtexistenz ihrer Autonomie immer bewußter. Was sollte dieser ungekrönte König, dessen Kontrollmaßnahmen überall Unordnung und soziale Unruhen stifteten? Es gab keinen richtigen König, keinen Palatin, keinen Landtag. Einige wollten den Thron für vakant erklären und ihn Friedrich II. anbieten. Dieser war immer bereit, die Völker der Habsburger gegen die Ungerechtigkeiten ihrer Herrscher zu verteidigen: allerdings nur zu seinem eigenen Nutzen. Die Unruhe wuchs: Man forderte die Einberufung des Landtags, denn nur dieser konnte den Anordnungen des Königs die Sanktion erteilen, durch welche sie einen legalen Charakter bekamen.

Was die österreichischen Niederlande anging, so fand Joseph II. es falsch, daß die dortigen Gouverneure, nämlich seine Schwester Marie-Christine und sein Schwager, der Herzog Albert von Sachsen-Teschen, einer traditionellen Politik huldigten und sich um die Anerkennung ihrer Untertanen bemühten, indem sie die alte Verfassung respektierten. Dieser ganze mittelalterliche Ballast schadete seiner Ansicht nach dem Fortschritt und den Bedürfnissen einer modernen Gesellschaft. Der Kaiser wollte einen Verwaltungsrat gründen, dessen Präsidenten er in Wien benannt hätte. Währenddessen griff die Unzufriedenheit in der bürgerlichen Elite und im Volk gleichermaßen um sich. Im April 1787 wiesen die Stände von Brabant die Steuerforderungen des Kaisers ab. Am 20. Mai brach ein Aufstand in Brüssel los. Der Kommandant der städtischen Truppen versuchte erst gar nicht, mit seinen Soldaten gegen die Aufständischen vorzurücken, denn die Belgier hätten niemals auf ihre Landsleute gefeuert.

Zwei Jahre später erhitzten sich die Gemüter an den Neuigkeiten aus Frankreich. Das Schicksal der Völker sollte von den Völkern wieder selbst bestimmt werden: Es gingen Gerüchte, den Kaiser zu entthronen und eine belgische Republik zu gründen. Es handelte sich nicht mehr darum, die Maßnahmen Josephs II. auf ihre Rechtlichkeit und ihren Nutzwert hin zu überprüfen. Nützlich waren sie sicher, denn später wurden einige in die Gesetzgebung des Königreichs Belgien übernommen. Um sie zu verdammen, genügte es, daß sie ein Fremder erdacht hatte. So hatte man auch in der Lombardei räsoniert.

In Böhmen waren die Dinge noch nicht so weit gediehen. Die Stände beklagten sich allerdings, daß der Landtag nicht einberufen wurde und ihre Vorrechte immer mehr schwanden. Durch die vielen Umbildungen der Gesetzgebung hatte sich die alte Ordnung aufgelöst. Die neuen Kataster und die Grundsteuer beraubten die Stände ihrer steuerlichen Immunität. Auch die Krönung wurde problematisch, denn der königliche Eid hätte

(12) Über den Aufstand von Hora vgl.: Daicoviciu-Constantinescu, C., Kurze Geschichte Siebenbürgens, Bukarest 1915, S. 156f.

unter diesen Umständen den Staat und seine Verfassung aufs neue sanktioniert. Die Verfassung von 1627 war zweifellos dem Volk aufgezwungen worden, aber unverändert hatte sie bis jetzt bestanden und war nie außer Kraft gesetzt worden, da Ferdinand II., als er sie genehmigte, auch seine Nachfolger verpflichtet hatte. Das Urbarium von 1789 wurde (von den Ständen) als unanwendbar und die Abschaffung der Robot wurde für nicht realisierbar erklärt.

Zwei Jahre vorher war in Wien ein Pamphlet erschienen: „Warum wird Kaiser Joseph von seinem Volk nicht geliebt?" Der Autor beschrieb den Kontrast zwischen den vielen guten Taten des Kaisers, welche ihm die Liebe seiner Untertanen hätten sichern müssen, und der Unpopularität, die ihm diese eingebracht hatten. Wie ein Refrain kehren immer dieselben grausamen Worte wieder: „Und doch liebt ihn sein Volk nicht."

„Denk- und Schreibfreiheit", sagte das Pamphlet, „sind nicht Begnadigungen der Fürsten – sind Vorrechte der Natur. Lange wurden sie durch übelverstandene Staatsmaxime seinen Untertanen vorenthalten. Joseph gab sie, kaum war das Regierungsruder in seinen Händen, seinem Volke zurück – und doch liebte ihn sein Volk nicht."

Er hob die Leibeigenschaft auf, richtete Pfarren ein, gründete Seminare, half dem Handel und der Industrie, „und doch liebte ihn sein Volk nicht. Allein warum liebte es ihn nicht?" Zu viele Leute fühlten sich durch seine Reformen geschädigt: der Klerus, die Beamten, die mehr und mehr arbeiten mußten, der Adel und die Angestellten auf den großen Gütern, „die oft mehr als der Adel selbst die Untertanen quälten und tyrannisierten", die Kaufleute, die für ausländische Waren als Zwischenhändler dienten und sich um ihren Gewinn geprellt sahen. Das Pamphlet empfahl als Heilmittel, den „Wünschen der Edlen" entsprechend den Beamten mehr Sicherheit in ihrer Stellung zu bieten, die Zivilmacht von der militärischen zu trennen, die Polizei und die Bespitzelung zu lockern und das kulturelle Leben auf allen Gebieten zu fördern: „Ein Volk braucht nach unserer Staatsauffassung nicht bloß Trivialkenntnisse, es braucht höhere, es braucht schöne Wissenschaften." (13)

Es waren bürgerliche Forderungen, die hier gestellt wurden, Forderungen einer aufsteigenden sozialen Gruppe, die sich zur gleichen Zeit ihrer selbst als auch der Anforderungen des Staates bewußt wurde. Unglücklicherweise fand Joseph II. in keiner sozialen Klasse die Unterstützung, die er für seine Reformen gebraucht hätte, und traf überall wenn nicht gerade auf Haß, so doch auf Widerstand.

Nach der mit Jubel aufgenommenen Wiedereinnahme Belgrads im Herbst 1789 umhüllte ihn für einige Tage eine Wolke von Popularität. Aber die Ereignisse in Frankreich wirkten sich auf Belgien aus. Die aufstän-

(13) Die Broschüre wurde 1787 in Wien publiziert (Nationalbibliothek Wien 726.435 A), S. 10–60.

dischen Armeen, welche die Belgier auf holländischem Boden aufgestellt hatten, überschritten resolut die Grenze, besetzten Gent und Brüssel, und die Österreicher räumten das Feld. Die Aufständischen riefen die Unabhängigkeit Belgiens aus und erklärten den Kaiser für abgesetzt. War es noch Zeit, wenigstens Ungarn zu retten? Joseph II. verkündete, daß er in der Verwaltung des Königreichs den Zustand von 1780 wiederherstellen würde, mit Ausnahme des Toleranzedikts, des Statuts für die Pfarreien und der Aufhebung der Leibeigenschaft. Außerdem befahl er, die ungarische Krone zurück nach Buda bringen zu lassen. Aber da er schon krank war, konnte er sich nicht mehr auf die Reise zur Krönung begeben, die allein seine Autorität wiederhergestellt hätte. Seine Regierung endete mit einem allgemeinen Mißerfolg. Seine Regierungsmethoden, welche als willkürlich, unausgeglichen und maßlos empfunden wurden, so daß selbst hartnäckige Anhänger der Reformen ihre Resultate mißbilligten, machten die Untertanen „unglücklich unter der Regierung eines Fürsten, der nach nichts so sehr wie nach ihrem Glück getrachtet hatte“. Der Fehler lag wohl darin, daß er sich zuviel vorgenommen und oft Kleinigkeiten überbetont hatte. Seine Untertanen vergaßen bald, daß große Erleichterungen ihres Loses auf Joseph II. zurückgingen, vor allem die Befreiung des Menschen aus der Knechtschaft, eine unentbehrliche Voraussetzung für eine fortschrittliche Zukunft.

IX.
Zwischen den Revolutionen

DIE FRANZÖSISCHE REVOLUTION UND DIE NAPOLEONISCHEN KRIEGE

Joseph II. hinterließ seinem Nachfolger nicht nur eine Reihe tiefgreifender Reformen, die als „josephinisch“ in die Geschichte eingegangen sind und ihn zum Teil überlebt hatten, er hinterließ ihm auch eine vorrevolutionäre Situation. Aber Leopold II. gelang es schnell, den Frieden innerhalb der Monarchie wiederherzustellen: Einmal mehr erneuerte er die Allianz zwischen der Dynastie und Ungarn. Sein Sohn, der Erzherzog Alexander Leopold (1772—1795), übernahm den Posten eines Palatins und begriff sofort, daß er nicht als Gouverneur, sondern als Vermittler zwischen dem Land und dem Herrscher zu agieren hatte. In seiner Korrespondenz mit seinem Vater ist nachzulesen, wie verständnisvoll er die ungarische Verfassung zu erklären wußte. (1) Nach dem viel zu frühen Tod des jungen Erzherzogs übernahm einer seiner Brüder, der Erzherzog Joseph, geboren 1776, den Posten. Er sollte ihn ein halbes Jahrhundert lang ausfüllen und erreichte dabei eine Popularität, von der bis heute eine Statue auf einem Platz von Pest Zeugnis ablegt. Sie trägt die Inschrift, er habe sein ganzes Leben dem Volk gewidmet und Pest wiederaufgebaut. Aber in denselben Jahren wird die Französische Revolution zu einem internationalen Problem. Die europäischen Königsthrone fangen an zu wanken, und der vorsichtige Leopold bildet mit dem König von Preußen und der russischen Zarin eine Front gegen das neue politische System, in dem sämtliche Privilegien abgeschafft wurden, alle Bürger gleiche Rechte haben und sich selbst regieren. Einige Wochen nach dem Tod Leopolds und der Thronbesteigung seines Sohnes Franz II. brach der Krieg gegen die Revolution aus. Nach fünfzig Jahren austro-französischer Allianz schloß sich für die nächsten 25 Jahre ganz Europa gegen Frankreich zusammen.

Die Philosophie der Aufklärung hatte in den intellektuellen Kreisen

(1) Mályusz, E., Sándor Lipót föherceg nádor iratai (Briefwechsel des Palatins Alexander Leopold). Budapest 1926.

Österreichs, Böhmens und Ungarns viel Sympathie für die Französische Revolution wachsen lassen. Das französische Beispiel ließ neue Ideale reifen. Überall kam es zu Freiheitsbestrebungen; das Komplott der ungarischen Jakobiner unter dem Abt Martinowitsch endete besonders tragisch. Die Verurteilten wurden zu Nationalheiligen. Aber der blutige Charakter der Französischen Revolution erweckte auch Sorge und Abscheu. Gergely Berzeviczy, ein überzeugter Aufklärer, verurteilte die Hinrichtung Ludwigs XVI.

Zugleich sah er jedoch auch den Krieg der Koalition als einen gefährlichen Irrtum an. Ein revolutionäres Volk würde niemals den Kampf aufgeben. Weitere Morde, Ungerechtigkeiten und Exzesse würden geschehen. (2)

Im Volk selbst, für das die Monarchie den sakralen Charakter behalten hatte, riefen der Tod des Königs und der Königin von Frankreich Entsetzen und Empörung hervor. „Hier thuet, hier, wo eure Erzherzogin gefallen ist, den letzten Franzosen ab!“ hieß es in einem patriotisch-monarchistischen Gedicht. Ohne Zweifel brachte die Presse die vielen antirevolutionären Propagandaartikel auf Druck der Regierung. Aber auch Anhänger der Reformen, wie der Bischof Kindermann in Böhmen, der Exjesuit Cornova und der Volksschriftsteller Vavak, übten heftig Kritik an den französischen Vorgängen. Am Schluß ihrer Ausführungen wiesen sie auf die Wohltaten der Monarchie hin und deckten die Gefahren einer viel verhängnisvolleren Tyrannei auf, der Tyrannei der Parteien und Sekten. Angesichts dieser Gefahr flehten sie die Regierung an, Mißbräuche und Fehler zu beseitigen, damit in ihrem Lande nicht ähnliches Unglück wie in Frankreich geschehe, entweder Reformen oder Revolution. Der Krieg ließ allerdings keine Zeit für Reformen. Die Völker mußten den Armeen Menschen und Geld opfern. Jede Land- und Stadtgemeinde mußte ihr Kontingent stellen. Da immer noch dieselben Ausnahmen vom Wehrdienst galten für Adelige, wenn sie nicht Berufsoffiziere waren, Priester, Beamte, Gutsangestellte, Ärzte, Bürger königlicher Städte samt ihren Söhnen, Landbesitzer und Pächter, waren wieder einmal die jüngeren Bauernsöhne und Bauern ohne Land die Betroffenen. Viele Rekruten flohen in die Wälder oder wurden Landstreicher. 1802 verkürzte man wenigstens den bis dahin lebenslangen Wehrdienst auf zehn Jahre für Infanterie, zwölf für Kavallerie, vierzehn für Artillerie. Die Pioniere hatten nun die Möglichkeit, anschließend an diese Zeit einen neuen Vertrag zu besseren Bedingungen abzuschließen. Die österreichische Armee wurde zu einem Berufsheer, das die unteren Bevölkerungsschichten aller Länder gemeinsam stellten und das häufig Beweise seiner Ausdauer und Treue lieferte.

Das Geld mußte von den Ständen bewilligt werden. Aber die Steuereintreibungen genügten nicht mehr für die steigenden Kriegskosten, ohne

(2) Balász, a.a.O., S. 353f.

die Hilfe der Bankiers hätte man den Krieg einstellen müssen. Die finanzielle Situation des Staates verschlechterte sich von Jahr zu Jahr. Die „Bancozettel" waren 1807 nur noch die Hälfte ihres Nominalwertes wert, 1810 ein Viertel, 1811 ein Zehntel, worauf der Bankrott erklärt werden mußte. Während dieser Zeit, die von den Folgen der Kontinentalsperre gekennzeichnet ist, stieg der Preis der landwirtschaftlichen Produkte, was wiederum den Bauern zugute kam. Wie auch später, während der Weltwirtschaftskrise, verfügten die Bauern jetzt über ungewohnte Geldsummen und konnten Dinge einkaufen, an die ihre Väter niemals gedacht hätten: Möbel und Schmuck. Da sich auch die grundherrschaftlichen Abgaben verringert hatten, konnten viele Bauern auch Land dazu erwerben. Dann beendete auch für sie der Staatsbankrott die günstige Wirtschaftslage, denn das alte Papiergeld wurde ungültig. Man mußte es zu niedrigerem Preis gegen Einlösungsscheine (von den Tschechen sajny genannt) umtauschen, die als alleiniges Zahlungsmittel für Steuern und Abgaben an die Grundherrschaft anerkannt wurden.

In den Landtagen diskutierte man eifrig über den Freikauf von der Fronarbeit. Auf manchen Gütern hatte man das System in aller Gütlichkeit ausprobiert. Aber die Meinungen gingen auseinander. Die Gegner beriefen sich auf die finanzielle Unsicherheit der Epoche, auf die Gefahr der Unordnung in der Landwirtschaft, wenn der Bauer über Aussaat und Viehzucht selber zu bestimmen haben würde. Es würde zum Beispiel an Pferden fehlen, wenn der Bauer sie nicht mehr für die Spannarbeit nötig hätte. Ohne das Band der Fronarbeit, welches den Bauern an den Grundherrn kettete, würden die Güter auch erheblich an Wert verlieren, könnten keine Garantie mehr für die vielen Hypotheken bieten und keine Sicherheit mehr für die Schulden, die der Grundherr seinen Lieferanten gegenüber hatte. Also blieb die Fron weiter bestehen, und der Bauer hatte, da die guten Zeiten der Inflation für ihn beendet waren, neuerliche Lasten zu tragen, was seine Unzufriedenheit erhöhte. Aber gewisse Industriezweige erfuhren durch den Krieg einen gewaltigen Aufschwung: das Hüttenwesen, die Textilindustrie mit angeschlossener Färberei und Bleiche, die Nahrungsmittelindustrie und die Bierbrauerei. Zu Ende des 18. Jahrhunderts wurde in Schwechat die Brauerei Dreher gegründet.

Der erste Koalitionskrieg fand weit außerhalb der österreichischen Territorien, in Deutschland und in Belgien, statt. Als nach drei Jahren Preußen und Spanien ihren Separatfrieden schlossen, kam der Krieg, nach dem siegreichen Feldzug Bonapartes in Italien, in Leoben – so weit waren die Truppen Bonapartes vorgedrungen – zu einem vorläufigen Ende. In dieser friedlichen steirischen Stadt, deren neue Häuser vom Wohlstand der letzten Jahre zeugten, wurde der Waffenstillstand geschlossen. Der folgende Friede von Campo Formio bedeutete für Österreich den Verlust Belgiens und die Abtretung des linken Rheinufers an die französische Republik sowie Mailands an die neugeschaffene zisalpine Republik. Zum Ausgleich erhielt

Österreich das, was von Venetien übergeblieben war, und damit die Chance einer Herrschaft über die Adria, wenn der Friede anhalten sollte.

Der Gewaltakt ungarischer Soldaten (französische Bevollmächtigte wurden in Rastatt ermordet) zog die Bildung einer neuen Koalition nach sich, die England seit langem vorbereitet hatte.

Diesmal schloß sich Rußland den Mächten der Konterrevolution an: Die Armeen Suworows schoben sich von Deutschland in die Schweiz und bis nach Italien vor. Welch ein Zeichen der bedeutsamen Kräfteverschiebung im alten Europa! Die Präsenz der Soldaten des Zaren im Westen beraubten zwar Österreich des Privilegs, als einzige Macht die Verteidigung der alten Ordnung gegenüber der Revolution übernommen zu haben, aber ohne die russische Hilfe wäre es Österreich ganz und gar unmöglich gewesen, Italien zurückzuerobern und die neuen Republiken wieder aufzuheben. Solche Allianzen sind allerdings Brutstätten für Rivalitäten. Die Uneinigkeit zwischen Österreichern und Russen erlaubte den französischen Generalen, wieder zur Offensive überzugehen und zu siegen (Masséna bei Zürich). Im Frühling 1800 siegte der Erste Konsul Bonaparte über die Österreicher. Im Frieden von Lunéville (1801) fielen das linke Rheinufer und ein Teil Italiens wieder an Frankreich. In welchem Maße haben nun diese Kriege, in welchen die jüngeren Brüder des Kaisers Franz brillante Erfolge für sich buchen oder zumindest Katastrophen verhindern konnten, die allgemeine Solidarität der Völker untereinander und mit der Dynastie gefördert? Eine schwierig zu beantwortende Frage, aber im Ganzen siegte doch die Treue über die verschiedenen Widerstände. Die einschneidendste Veränderung machte das alte Reich durch. Während der wenigen Monate, in denen Europa den Frieden wiederfand (England hatte sich endlich mit Frankreich ausgesöhnt), billigte der Reichsdeputationshauptschluß die Neuorganisation Deutschlands. Einhundertzwölf deutsche Kleinstaaten wurden aufgehoben und zahlreiche Fürsten mediatisiert; das hieß, daß sie ihre territoriale Unabhängigkeit verloren hatten und sich anderen Staaten anschließen mußten. Als Kompensation für ihre Abtretungen an Frankreich auf dem linken Rheinufer durften sich Preußen und andere Staaten an weltlichen und kirchlichen Herrschaften bereichern.

Als bekannt wurde, daß der Erste Konsul sich von der französischen Nation die kaiserliche Würde verleihen lassen wollte, ohne dabei vorerst auf die republikanische Fiktion zu verzichten, beschloß der Wiener Hof, daß Franz II. von nun an den Titel „Kaiser von Österreich" tragen würde, um damit die Union seiner unabhängigen Erbländer stärker zu betonen. Für kurze Zeit vereinte er somit in seiner Person zwei kaiserliche Funktionen. Die österreichischen Historiker haben zu Recht dieses Ereignis mit der Pragmatischen Sanktion verglichen. In beiden Fällen handelte es sich um eine Loslösung von Deutschland und eine festere Zusammenfassung der Donaumonarchie. Natürlich wurde auch über die Legitimität einer solchen Maßnahme diskutiert. Abgesehen von der protokollarischen Eitelkeit, einen gleichwertigen Titel wie der Zar von Rußland und der Chef der französischen Republik zu tragen, überwog sicherlich die Überlegung, den Donauländern eine gemeinsame Bezeichnung zu geben, ohne daß dabei der Charakter des Nebeneinanders verlorenging. Damit war das moderne Österreich geboren.

Im Prinzip wurden die traditionellen Verfassungen der Staaten nicht verändert, wie auch die Privilegien Ungarns bestehen blieben und die Zugehörigkeit der Erbländer zum römisch-deutschen Reich, soweit dieses noch bestand. Aber Österreich war nun eine besondere Realität innerhalb der anderen europäischen Staaten. Eine Zeitlang konnte es so scheinen, als ob der supranationale Charakter des alten Reiches auf das neue Österreich übergegangen sei und daß dieses nur seiner Berufung folgte, wenn es versuchte, Staaten und Nationen unter einem Herrscher zu vereinen. Daß die kaiserliche Funktion in Österreich darin bestand, auf die Verschiedenheiten ausgleichend zu wirken, ohne sie zu unterdrücken, erkannte man aus dynastischen Erwägungen.

Deutschland war praktisch zweigeteilt. Westdeutschland folgte zehn Jahre lang dem Geschick Frankreichs, entweder als französische Departments oder als verbündete und unterworfene Staaten, deren Herrscher zum Anhängerkreis Frankreichs oder durch Familienbande mit seinem Kaiser verknüpft waren. Das andere Deutschland versuchte Napoleon Widerstand zu leisten, und zwar mit Österreich als Motor. Mehr noch: Das deutsche Volk schaute mit seinem erwachenden Nationalbewußtsein immer hoffnungsvoller auf Österreich, auf das Land, das am Schicksal Deutschlands das größte Interesse haben mußte und prädestiniert dazu war, es zu verteidigen. Schriftsteller wie Fichte oder Hegel wirkten in dieser Beziehung ebenfalls unterstützend.

Aber die dritte Koalition, die auf Betreiben Österreichs zusammenkam, war weit davon entfernt, siegreich zu sein. General Mack mußte in Ulm kapitulieren, und die Franzosen marschierten im Donautal weiter bis Wien.

Nachdem er die Hauptstadt am 14. November 1805 eingenommen hatte, verfolgte Napoleon die Armeen des Zaren und des Kaisers Franz bis nach Mähren, wo er bei Austerlitz am 2. Dezember 1805 den größten Sieg seiner Laufbahn errang. Preußen, das den verbündeten Kaisern zu Hilfe eilen wollte, mußte in Schönbrunn einen Neutralitätsvertrag unterzeichnen, während Österreich in Preßburg Venetien und Dalmatien verlor, Tirol und Vorarlberg an Bayern und seine deutschen Besitzungen an Württemberg und Baden abtreten mußte.

Am 6. August 1806 wurde von der Terrasse der Kirche am Hof die Auflösung des Heiligen Römischen Reiches Deutscher Nation verkündet. Der Rheinbund stellte sich daraufhin unter den Schutz Napoleons. Preußen nahm die Herausforderung im Namen der deutschen Nation an. Aber der vierte Koalitionskrieg brachte dem Kaiser der Franzosen neue Erfolge: die Niederwerfung Preußens, die Verfügung der Kontinentalsperre gegen England, den Sieg über die russische Armee im Frühjahr 1807, die spektakuläre Versöhnung und die Allianz mit dem Zaren in Tilsit: „Ich hasse England, genauso wie Sie", versicherte ihm Alexander I. Wien wurde das Zentrum, wo sich alle die versammelten, die auf den Tag der befreienden Offensive warteten. Der Publizist Gentz traf nach Aufenthalten in den böhmischen Badestädten illustre Emigranten: Madame de Staël, Friedrich August Schlegel, Stein. Es brodelte und gärte in den Wiener Zirkeln und Salons. Im Salon der Caroline Pichler, in den staatlichen Dienststellen, in der von Graf Philipp Stadion geleiteten Staatskanzlei wie auch unter den Schriftstellern (der Tiroler Publizist Hormayr gründete das biographische Sammelwerk „Der österreichische Plutarch") wuchs die Überzeugung, daß Österreich die deutsche Nation und Europa retten würde. Und es würde ihm gelingen, glaubte man, wenn es die traditionellen Kräfte der Vergangenheit stärkte: die Bindung an den Herrscher und an die Religion, und wenn es gegen den Rationalismus der Französischen Revolution die alten Gefühlswerte wieder aufbaute. Hier deutete sich schon die Beziehung zwischen barockem Lebensgefühl und der Romantik von morgen an. Aber auch im revolutionären Frankreich selbst konnte man sich seine Vorbilder suchen: Volk und Adel der Vendée gaben ein Beispiel vorbildlichen Widerstands. Aber über dieser moralischen Rückenstärkung vergaß man nicht die notwendigen praktischen Reformen. Erzherzog Johann erreichte, daß man ihn mit der Organisation einer Landwehr beauftragte, wobei einige Widerstände zu überwinden waren, denn die Bewaffnung des Volkes schien eine mehr als revolutionäre Idee zu sein. Der Erzherzog versuchte die Leute nun davon zu überzeugen, wie gut es dem österreichischen Volk doch ginge, wie mild die Regierung sei, wie sicher jeder seines Eigentums und seiner Arbeit sein könne. (3) Das Unterrichtswesen wird erneut reformiert. Man will vor allem mehr Techniker ausbilden. In Prag wird 1806 das erste Polytechnische Institut gegründet. Man beeilt sich mit der Publikation eines neuen Zivilrechtes, das dennoch erst 1812 erscheint; es soll die Rechtsprechung verbessern und für alle Staaten vereinheitlichen, Ungarn ausgenommen. Auf diese Weise hofft man, einen über das Lokale hinausgehenden Patriotismus größeren Formats zu erwekken, der die Politik des Kaisers wirksam unterstützen könnte. Weder Kaiser Franz noch Erzherzog Karl glauben, daß sie für eine Offensive bereits genügend gerüstet sind. Aber ihre Umgebung ist kriegerisch eingestellt, besonders Erzherzog Johann und die Kaiserin Maria Ludovica, die sogar Goethe begeisterte und genauso widerstandsfreudig war wie 1806 die preußische Königin Luise. Auch England war für Krieg, und schließlich zeigte Spanien, daß ein kleines, von seinen Rechten überzeugtes Land allein durch seinen Widerstand den unbesiegbaren Koloß ins Wanken bringen konnte: Napoleon mußte hier seine ersten Niederlagen einstecken.

Man entschloß sich also zum Krieg, und zwar wollte man den mit

(3) Hantsch, Geschichte II., a.a.O., S. 283.

Napoleon verbündeten Nachbarn angreifen: Bayern. Im Frühling 1809 begab sich Kaiser Franz, zur Offensive bereit, nach Schärding. Hier erreichte ihn die Nachricht vom Tiroler Volksaufstand unter Andreas Hofer. Aber die französischen Armeen siegten in Eckmühl, rückten erneut im Donautal vor und nahmen Wien ein. Erst im Mai konnte die österreichische Armee unter dem Kommando von Erzherzog Karl Napoleon bei Aspern eine schwere Niederlage zufügen. Napoleon konnte sich jedoch zurückziehen und siegte bei Wagram. Der zu früh begonnene Krieg endete für Österreich wieder einmal mit einer Katastrophe. Friedrich Staps, ein Naumburger, versuchte Napoleon bei einer Parade im Park von Schönbrunn zu töten, um Europa von seinem Tyrannen zu befreien. Unter harten Bedingungen wurde der Friede in Wien unterzeichnet. Die alte Monarchie wurde weiter zerstückelt. Sie verlor den Süden Kroatiens, Istrien, Kärnten und Krain. Aus diesen Ländern bildete Napoleon mit Dalmatien die illyrischen Provinzen. Galizien wurde zwischen dem Zaren und dem Großherzogtum Warschau aufgeteilt. Zudem bekam Österreich eine Kriegsbuße von 85 Millionen auferlegt und mußte der Kontinentalsperre beitreten. Und trotz des Versprechens von Kaiser Franz, keinen Frieden ohne die Rückkehr Tirols an Österreich zu unterzeichnen, mußte Andreas Hofer aufgegeben werden. Er wurde am 20. Februar 1810 füsiliert. Nicht genug der patriotischen Opfer: Metternich, der neue Kanzler, und der Botschafter in Paris, Fürst Karl Schwarzenberg, gaben noch einem dynastischen Opfer ihre Zustimmung; die Erzherzogin Marie Luise, die älteste Tochter des Kaisers, wurde an Napoleon verkuppelt. Metternich hielt damals das napoleonische Reich für so stark, daß es ihm günstig schien, sich mit diesem zu verbinden, um vor Rußland geschützt zu sein. Niemals wieder, bis zum Zusammenbruch von 1918, sah sich die Donaumonarchie einer so starken politischen Demütigung ausgesetzt wie jetzt.

Als Napoleon den Krieg mit dem Zaren begann, mußte Österreich ihm für seinen Rußlandfeldzug Truppen stellen. Nach dem Rückzug der Großen Armee befand sich Österreich allerdings in einer relativ günstigen Situation, daß die Politik Metternichs gerechtfertigt schien. Denn die Familienbande erlaubten es Kaiser Franz, mehr als jedem anderen kontinentalen Herrscher, Napoleon zur Mäßigung und Vernunft zuzureden. Es lag damals durchaus im Bereich der Möglichkeit, den Frieden in Europa wiederherzustellen und den Befreiungskrieg Europas gegen Frankreich zu vermeiden, der nur neue Ruinen schuf und den Haß zwischen den Völkern vertiefte. Aber da Napoleon die gestellten Bedingungen verächtlich zurückwies, trat Österreich der gegnerischen Koalition bei und nahm an der riesigen Völkerschlacht bei Leipzig teil, wo die Franzosen von der Übermacht ihrer einstigen Verbündeten geschlagen wurden. Das verhängnisvolle Erbe dieser Schlacht bestand in einem untilgbaren, ein Jahrhundert währenden Rachedurst auf beiden Seiten. Und die Tatsache, daß die Solidarität der Deutschen ein Produkt des Krieges und nicht des Friedens war, sollte nicht ohne Folgen bleiben. Im folgenden

Winter drangen die Verbündeten nach Frankreich ein, besetzten Paris und zwangen Napoleon zur Abdankung. Nach dem Wort eines Historikers legte die Revolution durch Napoleon ihren Degen ab.

DER WIENER KONGRESS UND DIE NEUORDNUNG EUROPAS

Der Wiener Kongreß bekräftigte den Sieg des monarchischen Prinzips und die Werte der alten Ordnung, sofern sie nicht durch die dauernden Erdbeben von zwanzig Jahren Krieg und Revolution erschüttert worden waren. Der Friede sollte durch das Gleichgewicht zwischen den Großmächten England, Rußland, Österreich, Preußen und Frankreich erhalten werden. Daher konnte Österreich nicht gestatten, daß sich Rußland an der Westküste des Schwarzen Meeres am Donaudelta weiter ausdehnte, ebensowenig wie es eine Ausdehnung Englands im östlichen Mittelmeer dulden konnte. Tatsächlich ermöglichte jetzt der neuerliche Besitz des Königreichs Lombardei-Venetien und der illyrischen Provinzen (dalmatinische Küste) Österreich, das Adriatische Meer zu beherrschen, wie es schon Karl VI. angestrebt hatte.

Konsequenterweise mußte man dafür sorgen, daß das Osmanische Reich weiter bestand. Das bedeutete eine merkwürdige Umdrehung der Situation, denn der Kampf gegen die Türken hatte die Außenpolitik Österreichs durch mehrere Jahrhunderte bestimmt. Jetzt konnte das türkische Reich zu einer wertvollen Hilfe werden. Die christlichen Bevölkerungsgruppen des Balkans betrachteten den orthodoxen Zaren als ihren natürlichen Herrn. Die ersten serbischen Aufstände wurden denn auch von Rußland unterstützt. Für Österreich, dessen ungarisches Territorium einen starken serbischen Bevölkerungszuwachs erfahren hatte, wurde die Situation bedenklich. Noch bedrohlicher war jedoch im Moment ein eventueller Aufstand der griechischen Handelsaristokratie, an deren wirtschaftlicher Zusammenarbeit England, das Malta besaß, höchst interessiert war. Unter einer neuen Form tauchte die Orientfrage wieder auf. Die beste Lösung schien Metternich der Status quo zu sein. Es stellte sich heraus, daß man sich mit dem Rivalen im Orient, Rußland, und mit dem Rivalen in Deutschland, Preußen, assoziieren mußte, da alle drei Mächte polnische Provinzen in ihrem Besitz hatten. Die Teilung Polens stellte eine Art von Solidarität zwischen den Teilhabern her.

Der Deutsche Bund unter Österreichs Leitung diente dem Ansehen der Habsburger, ohne ihnen eine besondere Anstrengung abzuverlangen, die weder die eigenen Kraftreserven noch die Macht der anderen erlaubt hätten. Die schwelende Rivalität mit Preußen trat dadurch in den Hintergrund. Preußen war aber durch seinen ausgesprochen deutschen Charakter prädestiniert, die Hoffnungen der im Freiheitskampf gestählten deutschen Nation auf sich zu ziehen.

Die Situation in Italien war noch komplizierter. Das freiheitslustige Volk – immerhin bildete es noch vor kurzem das italienische Königreich Napoleons – ertrug nur widerwillig die Rückkehr der österreichischen Verwalter und Militärs. Da sie deutsch sprachen, hielt man sie für Deutsche, obwohl viele von ihnen Böhmen und Slawen waren. Nach der Ansicht Metternichs gehörte Venetien unbedingt zu Österreich, während die Lombardei allenfalls nur als militärische Schutzzone zu betrachten sei. Wahrscheinlich hätte die Etsch als Verteidigungslinie des Donaureiches nach Südwesten ausgereicht. Aber nun hatte man Mailand dazugewonnen, und der Besitz schmeichelte der dynastischen Eitelkeit des Kaisers. Sie war jedoch hoch bezahlt mit der Verpflichtung, eine Stadt zu regieren, in der das Nationalbewußtsein stark entwickelt und die Gesellschaft hoch gebildet war. Mailand war eine ideale Brutstätte für Empörungen. Seitenäste der Habsburger besetzten die Throne von Modena und Florenz, die Kaiserin Marie-Luise erhielt das Fürstentum Parma auf Lebenszeit. Nach Neapel kehrten die Bourbonen zurück, die alten Feinde der Revolution. So bewahrheitete sich das Wort Chateaubriands: Österreich hatte Italien verpachtet.

Ignaz Seipel hat einmal geschrieben, jetzt hätte sich die Möglichkeit geboten, zwei Staatenföderationen zu bilden, eine in Deutschland, eine in Italien, deren Präsident der Kaiser von Österreich hätte sein können. Die supranationale Berufung der Habsburger wäre damit am besten zum Ausdruck gekommen. Auch hätte man das System auf die Erbländer anwenden können, und die drei Föderationen hätten ein Modellbeispiel für ein versöhntes Europa bieten können. Eine noble Vorstellung, aber war sie nicht eine bloße Wunschvorstellung a posteriori? Nichts war reif dafür, und der Kaiser von Österreich hatte gar nicht die Mittel, solche Neuerungen durchzuführen, die man eine konservative Revolution hätte nennen können.

Metternich konnte sich solche Assoziationen wohl auch vorstellen, aber er zog in Deutschland eine Konföderation von Fürsten einem Staatenbund vor, der wiederum das Problem der Führung gestellt hätte, mit dem Dilemma, zwischen Preußen und Österreich entscheiden zu müssen. Und für Italien sah er keine andere Möglichkeit der Einheit als eine Republik Zur Aufrechterhaltung der Ordnung genügte nach Metternich eine Allianz der Herrscher (einschließlich des Papstes), wenn sich die Politik Europas in Zukunft von einem ebenso übernationalen Prinzip, wie es die Revolution darstellte, leiten ließe: von der historisch begründeten Gemeinschaft der christlichen Staaten. Die Herrscher müßten sich gegenseitig für die Ordnung in ihren Staaten verantwortlich fühlen, so wie sie ihre Verbündeten im Falle einer revolutionären Bedrohung zu Hilfe rufen dürften. Das war die Politik der Heiligen Allianz und des Kongresses, ein Geschicklichkeitsspiel Metternichs, der sich dabei oft in latenter Opposition zu Rußland und England befand. Denn diese Mächte waren, obwohl durch und durch konservativ eingestellt, noch durchaus zu territorialen Veränderungen und Gleichgewichtsverschiebungen bereit.

Die endgültige Kongreßakte enthielt aber auch Klauseln, die sich auf die allgemeine menschliche Entwicklung fruchtbar auswirken konnten. Sie verdammte die Sklaverei, wie sie in Nord- und Südamerika noch praktiziert wurde. Sie verbot den Handel mit Negern, der Afrika seiner biologischen Substanz beraubte. Sie beschloß die Internationalisierung der großen Flüsse und wies der Donau die Aufgabe zu, die Industrieprodukte Westeuropas zur Balkanhalbinsel und in den Mittleren Orient zu befördern.

Der Wiener Kongreß hat Europa einen dreiunddreißigjährigen Frieden geschenkt. Das sollte den Menschen des 20. Jahrhunderts zu denken geben, die zwei Vernichtungskriege nacheinander geführt haben. Dreiunddreißig Jahre, in denen sich Technik und Wissenschaft frei entwickeln konnten und der Lebensstandard der Europäer allgemein verbessert wurde.

Aber das System verbündeter europäischer Herrscher, das die Unterdrückung der Jungen und der Idealisten beinhaltete, hatte sich in der Öffentlichkeit, besonders in Westeuropa, bald in Mißkredit gebracht. Das, was man das Europa Metternichs nannte, ist schon zur damaligen Zeit ein Gegenstand des Abscheus für alle Freiheitskämpfer und für die junge Generation geworden.

Am meisten schadete Österreich das Duell zwischen Metternich und Italien. Italien hatte durch seine Kunst und Kultur vielerlei Sympathien in Frankreich, England und Deutschland. „Kennst du das Land, wo die Zitronen blühn?“ Nun sah es so aus, als sei die strahlende, stolze Halbinsel einer barbarischen Soldateska ausgeliefert worden. Die österreichischen Truppen begingen keine besonders skandalösen Übergriffe, aber Offiziere und Soldaten kontrastierten in ihrer Schwerfälligkeit und Grobheit unangenehm mit der Eleganz und Lässigkeit der Italiener. Kurz, die tägliche Reibung zwischen den Donauländischen und den Mittelmeermenschen entwickelte sich zu einer Art Rassenproblem, obwohl man diesen Namen noch nicht kannte. Europa beurteilte Österreich nach dem, was man vom Unglück Italiens hörte, und interessierte sich kaum für die Vorgänge im Innern der Monarchie.

DER ERWACHENDE NATIONALISMUS

Die langsamen, aber nicht zu leugnenden sozialen Veränderungen des 18. Jahrhunderts, die verbesserte Schulbildung durch Maria Theresia und Joseph II. und vor allem die Verbreitung der aufklärerischen Ideen hatten bei den Bewohnern der Monarchie ein neues Ideal reifen lassen. Es war das „Erwachen“. Man beobachtete ein Wiederaufleben des Nationalbewußtseins. (4) Die geistige Bewußtseinswerdung vollzog sich jedoch bei diesen Völkern, die mehr der Sinnenhaftigkeit der Kunst als dem abstrakten Denken zugeneigt waren, in einer romantischen Atmosphäre.

(4) Kann, R. A., Das Nationalitätenproblem, I., S. 40f.

In Ungarn und etwas später in Kroatien und Böhmen fanden die Beschwörungen der Vergangenheit ihre Entsprechungen in der rechtlich untermauerten Realität. Die alten Verfassungen bestanden ja noch, die Königskrönungen hatten sie immer wieder neu bestätigt. Die ununterbrochene Tradition jedes Staates setzte sich in dem neuen österreichischen Reichsganzen fort.

Anders verhielt es sich mit den polnischen Provinzen. Der Staat, dem sie ursprünglich angehörten, hatte aufgehört zu existieren, aber unter so skandalösen Umständen, daß niemand in Europa die Teilung für gerechtfertigt und endgültig hielt. Ebensowenig stellte man die Weiterexistenz des polnischen Volkes und der polnischen Nation in Frage.

Wieder anders verhielt es sich mit den nationalen Gruppen, die nun ebenfalls ihr Existenzrecht forderten, aber niemals einen Staat gebildet hatten (oder nur ausnahmsweise wie die Rumänen unter Michael dem Tapfern). Es war hier lediglich ein Gefühl für die gemeinsame Sprache und das gemeinsam bewohnte Land, verbunden mit dem Wunsch, das Ansehen dieses Landes zu heben und die sozialen Verhältnisse zu verbessern. Denn man war sich nun der eigenen Situation klarer bewußt und empfand Armut und Unterdrückung stärker als je zuvor. Das Sprachrohr dieser Bewußtseinswerdung bei den Serben, Slowenen, Rumänen in Siebenbürgen und Slowaken in den Tälern Oberungarns waren oft Priester, Pastoren und Notabeln. Die Religion konnte eine nicht unwesentliche Rolle in der nationalen Solidarität spielen. (5)

Man sollte den Fehler vermeiden, diese Gruppen schon Nationalitäten zu nennen. Marx unterschied sehr richtig zwischen den Völkern mit und ohne historische Vergangenheit. In jener Zeit waren das Recht des Staates und das Recht der Nationalität noch zweierlei. Erst später haben sich die Grenzen verwischt. Was war der Unterschied? Die Rechtmäßigkeit eines Staates ist seine geschichtliche Kontinuität innerhalb seiner durch internationale Verträge anerkannten territorialen Grenzen, wo weder die ethnische Herkunft noch die Sprache der Einwohner entscheidend ist. Das galt für alle großen europäischen Länder. Das Wort Mirabeaus, Frankreich sei vor 1789 ein verfassungsloses Aggregat gesonderter Völker gewesen, ist eine offensichtliche Übertreibung. Aber in jeder Übertreibung steckt ein Körnchen Wahrheit. Bei den juristischen, wirtschaftlichen und sozialen Verhältnissen, die in Europa zu Ende des 18. Jahrhunderts vorherrschten, gab es keinen Staat, der nicht Untertanen verschiedener Sprachen und Sitten beherrschte. Wenn es also normal war, daß auch Frankreich noch nicht einheitlich und unteilbar war, daß in seinem Königreich Flamen, Bretonen, Provençalen und Elsässer zusammenlebten, so ist es nicht weiter erstaunlich, daß auch das Königreich Böhmen Deutsche und Tschechen umfaßte, das Königreich Ungarn Magyaren, Slowaken, Kroaten, Deutsche, Rumänen und Serben.

---

(5) Mousset, J., La Serbie et son église. Paris 1938.

Der allgemeine Begriff „Franzosen“ oder „Spanier“ bezeichnete also nichts weiter als die Zugehörigkeit verschiedener Volksgruppen zu demselben Staat. Alle Untertanen des Königreichs Böhmen waren Böhmen, die Deutschen so gut wie die Tschechen. Alle Untertanen des Königreichs Ungarn waren Ungarn, die Slawen wie die Magyaren. Aber der Staat forderte auch, um seine volle Macht entfalten zu können, die Zustimmung aller Bewohner seines Königreiches. Ich habe einst von meinen Prager Lehrern eine so klare Vorstellung von der Staatsidee des österreichischen Staates vermittelt bekommen, daß ich lange an die Richtigkeit und Aktualität geglaubt habe. Und ich bin noch immer überzeugt, daß der österreichische Staat auch nach 1848 seine Existenzberechtigung hatte, sonst wäre es nicht möglich gewesen, daß der „Ausgleich“ von 1867 fünfzig Jahre lang dauern konnte. Dennoch hatte die damalige Staatsauffassung etwas Widersprüchliches an sich und verlor von dem Augenblick an erheblich an Kraft, da jede Nationalität für sich anerkannt werden wollte. Dabei war es keineswegs unmöglich, die beiden Ideale miteinander zu versöhnen. Hätten sich die damaligen Menschen von ihrem Kastengeist und starren Nationalismus befreit, dann hätten sie mit einigem politischen Verstand zu befriedigenden Lösungen kommen müssen. Aber sie versteiften sich immer mehr auf ihre Zugehörigkeit zu einer bestimmten Nationalität und beriefen sich auf den Staat nur noch zugunsten ihrer eigenen Gruppe. Die Tschechen wollten im Königreich des hl. Wenzel den Gebrauch der tschechischen Sprache durchsetzen und hielten ihre deutschsprachigen Mitbürger für die Söhne von Eindringlingen, Eroberern und Feinden. Die magyarischen Ungarn setzten alles daran, Ungarn zu magyarisieren. Das Nationalbewußtsein drückte sich also als Zugehörigkeitsbewußtsein zu einer Sprachengruppe oder einer Rasse aus, in jedem Fall zu einer ethnischen Gemeinschaft. Der Tradition in historischer und rechtlicher Hinsicht wurde weniger Gewicht gegeben.

In dieser noch immer in der Mehrzahl bäuerlichen Gesellschaft hatte die Liebe zum Boden geradezu Elementarkraft, und man konnte sich eine Nation nicht ohne das dazugehörende Territorium vorstellen. Das Territorium spielte also eine große Rolle in dem Werden und Wiederaufleben des Nationalbewußtseins. Nur waren die Verhältnisse oft unklar. Dort, wo der Staat sich auf eine alte und traditionsreiche Struktur berufen konnte und auf vertraglich fixierte Grenzen, war eine Nation leichter zu identifizieren als da, wo niemals ein Staat existiert hatte. Auch hier jedoch sprachen Menschen dieselbe Sprache, die ihnen ihre Eltern vererbt hatten, Eltern, die schon seit Generationen in dieser Gegend lebten und arbeiteten. Daraus ergab sich eine neue Sicht: Das Territorium gehörte mit mehr moralischem als legalem Recht der Sprachengruppe, die in ihm lebte. So konnte es zum Entstehen eines Vaterlandes, ganz unabhängig von der staatlichen Oberherrschaft, kommen. Die Slowaken hatten immer in der Begrenzung der oberungarischen Komitate gelebt, diese aber waren für sie slowakisches Land, eine territorial begrenzte Slowakei. Ebenso war Siebenbürgen dort, wo die bäuerliche Bevölkerung rumänisch sprach und Gemeinschaftssinn entwickelt hatte, rumänisches Land, obwohl es ein altes Fürstentum unter ungarischer Oberherrschaft war. Und auch in den annektierten Distrikten des alten Königreichs Polen fühlte sich die ukrainische und ruthenische Bevölkerung als Besitzer ihres Territoriums. In manchen Fällen wurde der nationale Anspruch dieser Art auch ganz konkret gestellt: Der Grundbesitzer war, besonders wenn er nicht auf seinem Grund lebte, der Eindringling, und der legitime Besitzer war der, der den Boden beackerte und pflügte.

Zwischen 1819 und 1843 stieg die Bevölkerung der österreichischen Länder um 24 Prozent. 1846 erreichte sie die Zahl von 35 Millionen. Besonders spürbar war der Zuwachs der Städte: Wien zählte am Anfang der Revolution 235.098 Einwohner und stieg trotz eines Rückgangs während der Napoleonischen Kriege (224.548 im Jahre 1810) zu Mitte des Jahrhunderts auf 400.000, Prag auf 100.000, Triest auf 80.000 Einwohner. Obwohl sie unter derselben Dynastie vereinigt waren, hatten die Länder des Hauses Österreich nie einen Staat und nie eine Nation gebildet. Aus einem Nebeneinander von Ländern sollte sich ein Nebeneinander von Völkern bilden: Nationen und Nationalitäten wurden von den verschiedensten Triebkräften zusammengehalten, einmal von zentraler Regierungsgewalt, zum andern aus gemeinsamen wirtschaftlichen Interessen und, unbewußt, aus dem Gespür einer gemeinsamen Kultur. Aber jedes dieser Völker sah von nun an sein größtes Ideal in der Verteidigung seines besonderen Charakters. Das Problem, das bis zum Zusammenbruch nicht gelöst wurde, möglicherweise, weil es nicht zu lösen war, bestand darin, eine Assoziierung zu organisieren. Welche gesetzmäßigen Formen sollte man dieser Gruppierung geben? Auf welche Weise wären sie am ehesten bereit, einen Teil ihrer Unabhängigkeit zu opfern und auf allgemeine Verpflichtungen einzugehen, ohne die das System nicht existieren konnte?

Als was sollte sich Österreich verstehen?

Es war ein leichtes für einen Herrscher, „meine Völker" zu sagen und sich dabei eine väterliche Berufung einzubilden. Ludwig XIV. hatte diesen Ausdruck zu Recht gebraucht, der nicht nur der Ideologie eines Monarchen entsprach, sondern auch der Zustimmung der Untertanen sicher war. Auch der Französischen Revolution war es möglich gewesen, aus der fast einhelligen Zustimmung des Volkes die Idee einer unteilbaren Nation abzuleiten, die auch die nachfolgenden Regierungen niemals in Frage stellten.

Aber einen zentralen Machtanspruch mit den Autonomiebestrebungen der verschiedenen Völker zu vereinen, welche meistens so weit gingen, daß sie einen eigenen Staat bilden wollten, auch wenn es sich nur um eine nationale Gruppe mit einem eben erst erwachten Nationalbewußtsein handelte, das war die schwer lösbare Aufgabe, vor die sich die Regierungen Österreichs gestellt sahen.

Die Komplexität dieser Aufgabe wurde noch verstärkt durch die Zugehörigkeit der Deutschen zu einer anderen großen nationalen Gemeinschaft außerhalb Österreichs, welche sich ebenfalls erst als moderner Staat konstituieren und zu einer nationalen Einheit finden mußte. Ihre fortgeschrittenere Zivilisation war außerdem für die österreichischen Länder ein Modell und ein Stimulans. Die Tradition des Heiligen Römischen Reiches war dauerhafter als das Reich selbst und lastete noch lange auf den Ideen und Lebensgewohnheiten. Die österreichischen Staaten hatten Territorialbesitz im inneren Deutschland besessen. Selbst mit den zusammenhängenderen Grenzen des 19. Jahrhunderts, selbst mit einer größeren Konzentrierung Österreichs auf seinen Osten, partizipierten einige Staaten Österreichs am Deutschen Bund von 1815. Wenn sich Österreich auch immer mehr zu einer Realität entwickelte, es blieb zu einem Teil deutsch, und das deutsche Element fuhr fort, besonders in Wien, sich solidarisch mit den anderen Deutschen zu fühlen. Weiters vermehrte der wirtschaftliche Fortschritt die Probleme, anstatt sie zu vereinfachen. Mit Deutschland durch die Handelsstraßen Elbe und Donau verbunden, welche die österreichischen Waren nach Hamburg und die deutschen in die östlichen Länder schafften, war eine Trennung nur schwer denkbar.

Neue Perspektiven tauchten am Horizont auf, die für das ganze 19. Jahrhundert bestimmend blieben: ein großes deutsches Reich, das auch die Territorien des Hauses Österreich inklusive Ungarns integrieren würde, oder ein festes Bündnis der beiden mit einer liberalen Verfassung versehenen Staaten, ein deutsches neben einem österreichischen Reich, die Lösung von 1871. Bei allen diesen Überlegungen ging es um den Versuch, auf europäisch-internationaler Basis das Problem Mitteleuropa zu lösen, das nie so aktuell war wie jetzt, obwohl es auch in der mittelalterlichen Feudalordnung, in der ambivalenten Verfassung des Heiligen Römischen Reiches Deutscher Nation und in dem dynastischen System der Donauländer immer bestanden hatte.

Das 19. Jahrhundert war für die Donauländer eine Epoche neuer politischer Erfahrungen. Parallel dazu brach das grundherrschaftliche System zusammen, erhob sich das Bürgertum, entwickelten sich der Kapitalismus und die industrielle Zivilisation, wuchs allenthalben das Selbstbewußtsein des Untertanen und wurde die frühere Treue zum Herrscher bedrängt. Alles dies war Ursache und Folge zugleich. Die Versuchung ist oft groß gewesen, alle Veränderungen im Donaubereich auf regionale Eigenheiten zurückzuführen. Ohne den Druck der allgemeinen Veränderungen sind aber die auf regionaler Basis nicht zu verstehen. Man hätte sonst den Eindruck einer Schlacht zwischen den unterdrückten Völkern und einer despotischen Zentralisierung, als hätte es auf der einen Seite nur herrschaftlichen Hochmut und auf der anderen nur revoltierendes Nationalbewußtsein gegeben.

FRANZ I.

Nur die bestehende Ordnung nicht verändern, war, kurz gesagt, das politische Programm von Kaiser Franz. Das überrascht immerhin bei einem Mann, welcher der Adoptivsohn und der Sohn und Schüler zweier aufgeklärter Monarchen war: Josephs II. und Leopolds II. Aber das Erlebnis der revolutionären Erschütterungen hatte ihn zu einem Anhänger des patriarchalischen Prinzips gemacht. Sicher war er, der aus der Ehe Leopolds mit einer Prinzessin von Neapel, also aus einer neuerlichen Verbindung der Habsburger mit den Bourbonen, hervorgegangen war, nicht die stärkste Persönlichkeit seiner zahlreichen Familie. Unter seinen Brüdern stach ihn Erzherzog Karl durch seinen militärischen Verstand, seinen Charakter und seine Kultur aus, Erzherzog Johann durch seine wache Intelligenz, Persönlichkeit und Progressivität. Auch die Erzherzöge Joseph, Rainer und Rudolf, der Bischof der Familie und Mäzen Beethovens, waren überdurchschnittlich begabte Menschen. Mehr im Hintergrund blieben die Erzherzöge Ludwig und Ferdinand, der Großherzog von Toskana.

Kaiser Franz besaß genügend geistige Beweglichkeit, um die Menschen richtig zu beurteilen und um sich für sein schwieriges Regierungsamt die notwendige Vorsicht und Klugheit anzueignen, die aus ihm den besten politischen Taktiker seines Hauses und seiner Zeit machten. Er war das Bindeglied zwischen seiner Großmutter Maria Theresia und Franz Joseph, seinem Enkel. Seiner persönlichen Popularität ist die Harmonie zwischen ihm und den von ihm regierten Völkern zu verdanken. Viele seiner Untertanen erkannten in der Einfachheit seines Lebensstils und in seiner patriarchalischen Art, die im Westen mehr als in Ungarn geschätzt wurde, ihre eigenen Ideale und Charaktere wieder. Wien verehrte ihn; eine reichhaltige zeitgenössische Ikonographie legt der Nachwelt Zeugnis ab von dieser Anhänglichkeit. Von dieser Basis aus konsolidierte er mit fester Hand, ohne spektakulären Glanz, die Zukunft seines Hauses. Gutmütig, voll Zuneigung für seine Familie, besonders für seinen Enkel, den Herzog von Reichstadt, mit einem offenen Ohr für das Unglück anderer, wußte er mit den berühmten kleinen Gesten sein manchmal angeschlagenes Prestige immer aufrechtzuerhalten. Denn eine ganze Reihe von Widersprüchlichkeiten, zahlreiche nicht eingehaltene Versprechen, eine Art, alles hinzuziehen, forderten die Umwelt auch zu heftigen Vorwürfen heraus.

Von einem aufgeklärten Despotismus glitt man bereits in einen fürstlichen Absolutismus hinein, der durch die Persönlichkeit des Monarchen davor bewahrt blieb, ein starrer Despotismus zu werden.

Die Besonderheiten der Länder blieben zwar bestehen, aber sie verloren mehr und mehr an Wirksamkeit: Die Initiativen gingen vom Kaiser aus und kehrten zu ihm zurück. Franz gewöhnte sich in seiner Vaterrolle immer mehr daran, sein Reich als ein Ganzes nach der Konzeption des Prinzen Eugen anzusehen, aber in der Art eines Fideikommisses, das er von seinen

Vorfahren erhalten und an seine Nachfahren weiterzugeben hatte. Sein fundamentales Wohlwollen seinen Untertanen gegenüber führte nicht so weit, daß er ihr Los etwa durch vernünftige Reformen verbessert hätte. Es genügte ihm vollauf, ihnen „Ruhe und Ordnung" garantieren zu können. So stützte sich sein Patriarchalismus auf ein immer kleinlicheres Polizeisystem, und die Freiheit, welche man nach dem Mißbrauch, den die Französische Revolution mit ihr getrieben hatte, für kompromittiert hielt, wurde als eine gefährliche Versuchung zur Revolte verstanden.

Zur selben Zeit nahm auch der bürokratische Apparat in Österreich gewaltige Formen an. Das lag an den zahlreichen Verwaltungs- und finanztechnischen Maßnahmen, die durchgeführt wurden: eine Zivilrechtsordnung nach dem Kodex von 1812, ein neues Steuersystem, für das man nochmals einen Kataster aufstellte, die Einführung von neuem Geld nach dem Staatsbankrott und der Geldentwertung von 1811, die Bildung eines Finanzministeriums, 1816, durch die Zusammenlegung der „Hofkammer" und der „Ministerial-Banco-Deputation" in der „Allgemeinen Hofkammer".

Diese ständigen Detailverbesserungen, die sich jahrelang hinzogen, geben ein Bild von der Unentschlossenheit des Kaisers, der es nicht verstand, wie Napoleon ein System rasch und endgültig durchzusetzen. Alle Fäden liefen dennoch in einer „Staatskonferenz" zusammen, in der die letzten Entscheidungen vom Kaiser selbst getroffen werden mußten, nachdem die entsprechenden Akten in den verschiedenen Sektionen des „Staatsrates" ausgearbeitet worden waren. Die auswärtigen Angelegenheiten waren eine Domäne für sich, die Kanzlei, in der Metternich herrschte. Der einflußreiche Minister des Inneren, wenn auch keineswegs Ministerpräsident, war nach dem Abgang Fürst Colloredos ein anderer böhmischer Adeliger, Franz Anton Graf Kolowrat, ein Symbol dafür, daß nunmehr auch der lokale Adel im unmittelbaren Dienst des Kaisers stand. Die Position mindestens eines Teils des Adels hatte sich sehr geändert. Mit ihrem immensen Grundbesitz im Rücken bewarben sie sich jetzt um die hohen Posten der Armee, der diplomatischen Vertretung und des Klerus. In Wien verwischten sich durch die Heiraten quer durch die Nationalitäten ein wenig die starren Grenzen, wenn auch der Stolz auf die nationale Abstammung keineswegs gelöscht wurde. Aus den Repräsentanten der Städte bildete sich eine neue Gesellschaft, welche dieselben Interessen, ein ähnlicher Lebensstil und der gleiche Loyalismus dem Kaiser und Reich gegenüber verbanden.

KULTUR UND WIRTSCHAFT DER DONAUMONARCHIE IN BIEDERMEIER UND VORMÄRZ

Genaugenommen wurde mehr verwaltet als regiert. Immer mehr Beamte kamen aus dem aufsteigenden Bürgertum und bildeten langsam, aber sicher das neue Rückgrat des Regierungssystems: die öffentliche Verwaltung. Der

Staatsdienst, darunter war von nun an der Dienst für das Kaisertum Österreich zu verstehen, lag also, ganz wie es sich Joseph II. vorgestellt hatte, in den Händen eines gewissenhaften und rechtschaffenen Personals.

Soll man diese Zeit als Vormärz oder Biedermeier bezeichnen? Die damalige Regierungskonzeption, die darin bestand, nichts ändern zu wollen, erscheint uns heute aus historischem Blickwinkel als vollkommen ineffektiv. Denn im Windschatten des Metternichschen Friedens war die Zeit von 1815 bis 1848 eine Epoche der ständigen, nicht mehr aufzuhaltenden Veränderungen. Bilden diese Jahre also die Reifezeit einer Krise, die unter den Erschütterungen des Jahres 1848 zum Ausbruch kommen sollte, oder die Blütezeit einer romantischen Kultur, für die Anmut und Behaglichkeit die wesentlichen Merkmale sind? Zweifellos handelt es sich hier um zwei Aspekte derselben Wirklichkeit:

Der wirtschaftliche Fortschritt macht es notwendig, die konservativen Agrarländer zu industrialisieren, sie mit dem Gebrauch von Dampfkraft und Stahl und einem moderneren Bergbau vertraut zu machen. Denn die Eisen- und Stahlindustrie verdrängen nun das Textilhandwerk von seinem ersten Platz, die neuzeitliche Fabrik tritt neben oder auch an die Stelle der alten Manufaktur. – Der Kapitalismus ist geboren und mit ihm das Proletariat.

Gleichzeitig machen sich auch in der Kunst, im Theater, im allgemeinen Lebensstil neue Formen bemerkbar. Barock und Rokoko geraten in Vergessenheit: Die bürgerliche Architektur beruft sich auf antike Vorbilder und schafft einen Neoklassizismus von korrekter Eleganz, aber mäßigem Einfallsreichtum. Beispielhaft für diesen Stil sind das äußere Burgtor in Wien, das Zollamt in Prag und die Säulen des Schlosses Esterházy in Eisenstadt.

In krassem Gegensatz zu dieser Stilrichtung, die vom Rationalismus der Aufklärung abzuleiten ist, entwickelt sich die Romantik. Sie erweist sich als wesentlich stärker. Und in einer Welt, die starken barocken Einflüssen ausgesetzt war und in welcher die Musik nie aufhörte, die Sensibilität und Fantasie der Menschen anzuregen, ist es nur natürlich, daß das romantische Lebensgefühl sich mit großer Leichtigkeit durchzusetzen vermag. Beethoven und Schubert verbringen Jahre genialer Produktivität und großer Erfolge in Wien.

Zahlreiche Züge des Barocktheaters finden sich im Wiener Volkstheater wieder, in den abwechslungsreichen und farbenprächtigen Aufführungen von Raimund und Nestroy. Im Prager Theater erfreut sich das Publikum an den Stücken von Tyl und Klicpera. Witz und bäuerliche Bosheit dominieren am Marionettentheater, und Kopecký schafft mit der Figur des Kašparek den Anfang einer volksnahen Theatertradition, die bis zum heutigen Tag besteht.

Mit dem Aufstieg neuer sozialer Schichten verändert sich das Publikum, in der Stadt und auf dem Land wächst der Wohlstand. Während der Bauer seine Truhen und Schränke mit stilisierten Pflanzenmotiven des

Barock in bunten Farben bemalen läßt, bevorzugt der Städter die sanften hellen Töne des Ahorns und des Zitronenbaums, reich verziert mit Intarsien aus Ebenholz. Porzellanfabriken versorgen in Österreich, Böhmen und Ungarn die Tische und Glasschränke der Bürger mit Gebrauchsstücken und Zierat, die volkstümliche Form des alten adeligen Silberservice, ein Sieg des Fortschritts und Komforts über die groben Zinnteller auf dem Lande. Auf einer Welle der Genremalerei, die in verschwenderischer Fülle die Natur zitiert mit Wäldern, Felsen, Wasserfällen, Blumen und ein wenig künstlichen ländlichen Szenen, wird Ferdinand Waldmüller emporgetragen, der erfolgreichste österreichische Maler der damaligen Zeit. So folgte auf die Großartigkeit des Barock und auf die erlesene Anmut des Rokoko eine gefährliche Gefälligkeit, eine gefühlvolle Weichheit, der es aber nicht an Geschicklichkeit und Virtuosität mangelt. Der neugotische Stil zeigt ein gewisses Fluchtbedürfnis ins ferne Mittelalter. Kaiser Franz läßt sich im Park von Laxenburg auf einer Insel des Sees ein neugotisches Schloß bauen. Ein wichtigeres Resultat dieser Geisteshaltung aber ist die Wiederentdekkung der alten Sprachen und der nationalen Vergangenheit. Hier verwischen sich allerdings manchmal die Grenzen zwischen wissenschaftlicher Forschung und den Wunschbildern der Fantasie. Als Beispiel diene die Zusammenarbeit zwischen Dobrowský und Hanka. Der erstere, ehemaliger Jesuit, aber als Kind seiner Zeit überzeugter Anhänger des Rationalismus und der Aufklärung, erforschte die slawischen Sprachen nach streng wissenschaftlichen Maßstäben und publizierte eine deutschsprachige Grammatik und Geschichte der tschechischen Sprache: „Ausführliches Lehrgebäude der böhmischen Sprache", 1809, und „Geschichte der böhmischen Sprache und älteren Literatur", 1819. Hanka, sein Mitarbeiter, war Herausgeber einer Sammlung linguistischer Studien, „Slavin", die das Solidaritätsbewußtsein der slawischen Völker fördern sollte. 1817 verkündete Hanka lautstark seine Entdeckung mittelalterlicher Dichtungen, es handelte sich um die „Königshofer und Grünberger Handschrift". Damit schien der Beweis für eine sehr alte tschechische Literatur erbracht. Der Archivar und Historiker Palacký ging daran, aus diesen Manuskripten bedeutsame Folgerungen zu ziehen, nur Dobrowský äußerte Zweifel, die aber niemand zur Kenntnis nahm. Erst nach fünfzig Jahren kam die Wahrheit an den Tag, ein Sturm der Entrüstung teilte das durch ein neues Nationalbewußtsein gestärkte tschechische Volk in zwei Lager. Die Manuskripte waren gefälscht, man möchte fast sagen: genial erfunden und geschickt von Hanka hergestellt, in dem Glauben, mit diesem Betrug dem Ansehen seines Volkes nutzen zu können. (6)

In Österreich faszinierte die Vergangenheit seines Volkes die noble Fantasie eines Grillparzer. Seine Dramen und Gedichte waren eine wichtige

(6) Zu dem Streit über die Echtheit der Manuskripte vgl. das wissenschaftliche Werk von Bartoš, F. M., Rukopisy Kralovédvorský a Zelenehorský (Die Manuskripte von Kralové Dvůr und Zelená Hora). Prag 1946. Masaryk druckte in der ersten Nummer seiner Zeit-

Bereicherung der deutschsprachigen Literatur, seine Genialität trägt jedoch typisch österreichische Züge. In der Figur des Ottokar und im „Bruderzwist in Habsburg“ ist es ihm gelungen, den wahren Sinn der österreichischen Geschichte zu erfassen, in der die verschiedensten Völkerschaften miteinander konfrontiert sind und dennoch fortfahren, miteinander zu leben, in dem untergründigen Bewußtsein, daß dieses Zusammenstehen notwendig und zu ihrem Besten ist.

Aus der Liebe zur Heimaterde und zur Geschichte entstanden mit der Unterstützung der Landtage und einiger großer Mäzene zahlreiche Nationalmuseen: in Budapest, in Prag und das Joanneum in Graz, das der Erzherzog Johann gegründet hatte. In diesen Stätten der Wissenschaft wurde alles gesammelt und bewahrt, was auf irgendeine Weise zum Kennenlernen des Landes beitrug: Mineralien, Fossilien, Kräuter, Kunstwerke, Folkloristisches und alte Musikinstrumente. Archive wurden angelegt. Das Prager Nationalmuseum war daher folgerichtig die Hauptarbeitsstätte des schon erwähnten tschechischen Historikers Palacký. Er hatte keinen Lehrstuhl an der Universität und erhielt erst viel später, als er schon berühmt war, den Titel honoris causa. Aber schon ab 1820 gab er eine wissenschaftliche Zeitschrift „Časopis Českého Musea“ heraus, welche in ihren ersten Nummern Lobeshymnen auf Kaiser Franz enthielt. Das ist gar nicht so erstaunlich, denn die Regierung in Wien war weit davon entfernt, eine systematische Germanisierung organisieren zu wollen, und begünstigte durchaus den Unterricht in der Landessprache. Im Jahr 1803 bekam das Gymnasium in Preßburg die Genehmigung zum Unterricht in slowakischer Sprache: Hier handelte es sich aber eigentlich mehr um ein kirchliches als um ein nationales Privileg, denn das Slowakische war die Sprache der Bibel und des Gottesdienstes in den Gemeinden der Reformierten in Oberungarn. 1816 und 1818 kamen Verfügungen heraus, die das Studium der tschechischen Sprache auf den höheren Schulen vorschrieben, und von nun an galt die Beherrschung des Tschechischen als Voraussetzung für die Ausübung des Arzt- oder Advokatenberufs und für den Dienst in den Pfarrgemeinden.

Ohne Zweifel bestand dennoch eine Zensur, und Palacký durfte einen Text aus dem 15. Jahrhundert nur gekürzt veröffentlichen, weil er angeblich zu gewagte, für unsere Begriffe völlig harmlose Ausdrücke enthielt. Die Ängstlichkeit gewisser konservativer Kreise verstand es immer wieder, die Freiheit an die Zügel zu nehmen, ohne daß aber auf die Dauer die Revolution der Intellektuellen verhindert werden konnte.

Diese hatten ihren Ursprung in Deutschland. Gewisse Ideen deutscher Philosophen fielen nicht nur im eigenen Land auf fruchtbaren Boden, sondern wurden ebenso begierig in den österreichischen Ländern aufgegriffen;

---

schrift „Athenaeum“ die Artikel des Philologen Gebauer ab, welcher die Echtheit der Dokumente bestritt. Der Streit flammte aus politischen Gründen noch mehrmals auf: 1911, 1918, 1937. Aber die Fälschung ist einwandfrei bewiesen worden.

denn sie verliehen den eigenen Vorstellungen neuer Ideale die intellektuelle Begründung. Hegel zum Beispiel vertrat die Idee, daß die Existenz einer Nation ohne die adäquate sprachliche Ausdrucksform undenkbar sei. Herder hatte das Interesse für die slawische Welt neubelebt, für alte slawische Sprachformen, die verschiedenen Dialekte, den Charme der Volkslieder und der volksnahen, ländlichen Dichtung. Herder stärkte damit sowohl das Bewußtsein der Verschiedenheit innerhalb der slawischen Sprachen als auch das einer ins Reich der Sage zurückreichenden Brüderlichkeit aller Slawen. So erwachte langsam ein literarischer Panslawismus und, bewußt oder unbewußt, auch der politische. Deutsche, Slawen und Ungarn, die sich später bis 1914 die erbittertsten Kämpfe liefern sollten, bedienten sich anfangs noch wechselseitig der nationalen Glut, um ihre patriotischen Ideale zu entzünden. Es ist bezeichnend, daß Franz Palacký mit deutschen Patrioten, zum Beispiel mit Professor Luden von der Universität Jena, und mit zahlreichen ungarischen Patrioten in regem Gedankenaustausch stand, bevor er sich seinen historischen Forschungen und seinen Theorien über die tschechische Geschichte widmete.

In Ungarn beschrieb der Dichter Vörösmarty in melodiösem und reinem Ungarisch die Zeit des Königs Matthias. Der Slowake Kollár verfaßte ein tschechisches Gedicht zum Ruhm der Slawen, „Slavy Dcera". Es enthielt keinerlei politische Forderungen, sondern lieferte im Gegenteil ein idealisiertes Bild eines sanften, gerechtigkeitsliebenden slawischen Volkes, das eben wegen seiner Tugenden vom kriegerischen deutschen Nachbarn erobert worden ist. Čelakovský vertrat die These, daß die slawischen Gesänge aus der gleichen Völkerfamilie stammten: Er führte dafür sowohl die russische Dichtung wie die der österreichischen Slawen an. Šafařik, ein Mähre, erforschte vom philosophischen Standpunkt her das slawische Altertum.

So wurden die Dialekte des Donaugebietes von ein paar Entschlossenen zu Literatursprachen erklärt, die sehr wohl zur Übertragung der fremdsprachigen Literatur dienen könnten, wie selbstverständlich auch zur Publikation eigener Bücher und Zeitschriften. Die slowakische Sprache forderte also ihre Unabhängigkeit vom Tschechischen, obwohl viele Slowaken auch weiterhin der Ansicht waren, daß die tschechische Sprache besser geeignet sei, den Slowaken geistig zu bilden, und daß man überhaupt die enge Bindung zwischen den beiden slawischen Nachbarn unbedingt aufrechterhalten müsse. Diese Ansicht, die zeitweise auch Palacký, der einstige Schüler des Preßburger Gymnasiums, vertrat, wurde im Laufe der Zeit mehrmals totgeschwiegen, um dann wieder umso hitziger verfochten zu werden. Jedenfalls steht sie am Anfang der tschechoslowakischen Geschichte. Auch Präsident Masaryk war ein Anhänger dieser Idee. (7)

(7) Masaryk, welcher väterlicherseits slowakischer Abstammung war, hatte schon vor 1914 eine Verbindung der Tschechen und Slowaken für sinnvoll gehalten. In der von ihm gegründeten Republik erhielten die Slowaken das Recht zu einer eigenen Nationalsprache, das Slowakische war die zweite Staatssprache.

Auf der anderen Seite erschienen auch die Anstrengungen der tschechischen Sprachforscher, ihre Sprache zu modernisieren, nicht immer glücklich. Das neue Tschechisch bekam durch die vielen deutschen Wendungen und Neologismen etwas Schwerfälliges, während sich die slowakischen Dialekte in den abgelegenen Tälern ihre Reinheit bewahrt hatten. Von ihnen also mußte man eine für die slowakische Gruppe verbindliche Sprache ableiten. Einige Persönlichkeiten, wie Ludevít Štúr, Schriftsteller und Lehrer für tschechische Sprache am Gymnasium von Preßburg (1815—1856), der junge Pastor Sládkovič, einer der besten Dichter des Landes, und der Sprachgelehrte Milan Miroslav Hodža (1811—1870) setzten sich für eine unabhängige slowakische Sprache in der Presse und in der Literatur ein. Pfarrer Bernolák, der im 18. Jahrhundert den Tyrnau-Dialekt erforscht hatte, untersuchte jetzt am Fuß der Tatra den Dialekt von St. Martin. Nad Tatru sa Blyska! Ein Blitz erleuchtet die Tatra! Joseph Matuškas Gedicht sollte zur Nationalhymne der Slowaken werden. Inzwischen entwickelte sich auch die tschechische Sprache weiter. Viele Jahre lang arbeitete der Wissenschaftler Jungmann an ihrer Modernisierung und verfaßte das erste tschechisch-deutsche Wörterbuch. Die Werke Byrons und Chateaubriands beflügelten die Fantasie von Karel Hyněk Macha, sein Schäfergedicht „Maj“ war die erste romantische Dichtung der Tschechen von europäischem Rang.

Aus wissenschaftlichem Interesse und besonderer Liebe für die Eigenart der Südslawen erforschte ein Wiener Bibliothekar, der Slowene Kopitar, die Mundarten von Krain, Kärnten und Steiermark. Zur selben Zeit erwachte bei den von Napoleon zusammengefaßten illyrischen Provinzen das Bewußtsein von der Brüderlichkeit zwischen den Kroaten und Serben Ungarns und den Dalmatinern. Über die trennenden Dialekte hinweg wünschte man sich eine gemeinsame Schriftsprache. Der Kroate Ludevít Gaj gab in Agram eine Nationalzeitung Illyriens heraus: „Ilirske narodne novine.“ Als Schriftsteller und Sprachgelehrter befaßte er sich damit, das Kroatische wieder literaturfähig zu machen. Später erst sollte man die Identität von Kroatischem und Serbischem erkennen und gemeinsame Sprachregeln aufstellen, allerdings mit zwei Alphabeten: das cyrillische Alphabet für die orthodoxen Serben, das lateinische für die katholischen Kroaten. Auch die serbische Sprache fand ihren Sprachforscher. Der Serbe Vuk Stefanović Karadžic war nach dem Aufstand und der Wiedereinnahme Serbiens durch die Türken nach Österreich geflohen und hatte sich bei Kopitar in der Methode unterweisen lassen, alte serbische Lieder zu sammeln. Er gab 1814 eine Grammatik heraus und ein Wörterbuch der serbischen Sprache. Von 1826 bis 1829 erschien in Wien ein serbischer Almanach, die „Danica“, ein Beweis dafür, daß man das Serbische keineswegs unterdrücken wollte. Als man das unabhängige Fürstentum Serbien anerkannt hatte, bemühten sich auch Fürst Milan Obrenovič und der serbische Klerus um eine serbische Literatursprache. Die Werke Kopitars wurden allerdings verboten, weil der Autor sich mit Milan überworfen hatte. Der Metropolit Petar beschaffte sich aber dennoch die nötigen Bücher aus Österreich und Rußland, um eine serbische Grammatik herauszugeben, „die das Volk dringend nötig hatte“! (8)

Das Slowenische entwickelte sich separat weiter.

Alle diese sprachlichen Ambitionen wurden von der kaiserlichen Regierung keineswegs bekämpft, sei es, weil sie auf loyalistische Beteuerungen der Schriftsteller hoffte, sei es, weil sie glaubte, daß diese romantische Hinneigung zur eigenen Geschichte einem Staat nicht schaden könne, der nie versucht hatte, seine Untertanen zu einer Nation zu verschmelzen oder ihnen gemeinsame Gesetze aufzuzwingen.

Im Grunde genommen herrschte also in den Donauländern, im Gegensatz zu Italien, eine tolerante Atmosphäre, in der sich das geistige Leben friedlich entwickeln konnte. Subversive Ideen wurden allerdings auch hier nicht geduldet, gleichgültig, in welcher Sprache sie zum Ausdruck kamen.

In Wien konnte man in gewissen religiösen Kreisen Versuche beobachten, den Katholizismus wieder zu beleben, ihn enger an Rom zu binden und den Glauben zu stärken, nachdem unter dem Josephinismus die Gefahr des Austrocknens bestanden hatte. Kaiser Franz war nicht romhörig und wußte es zu schätzen, daß der Josephinismus ihn zum Herrn des Klerus gemacht hatte. Aber wenn er fromm allen Riten nachkam, die seinem Onkel so mißfallen hatten, den Prozessionen, der Fußwaschung der Armen am Gründonnerstag, dann erlebte er eine neue Weihe seines Amtes und empfand die neugestärkte Bindung mit der Kirche als angenehm.

In den unteren Schichten der Landbevölkerung und in der Provinz kam es wieder zu Formen der Frömmigkeit, die für ausländische Reisende etwas Kurioses und für kritische Geister etwas Ärgerliches hatten. Auch im Klerus entstanden darüber Frontenbildungen. Die eine Richtung, welche der Nuntius Severoli begünstigte, wollte die unangreifbare in sich geschlossene Lehre verbreiten, welche sich nur auf die Offenbarung und die völlige Unterwerfung unter den Papst stützte, die andere wollte den Glauben beleben, aber mit Hilfe von Vernunft. Der ersten Richtung gehörte auch der Abt Frint an, der spätere Bischof von St. Pölten und Gründer eines streng orthodoxen Seminars, des Frintaneums in Wien, in dem die Elite des Klerus ausgebildet werden sollte. In Prag übte ein Professor der theologischen Fakultät, Bernhard Bolzano, durch seine deutschen Sonntagspredigten einen großen Einfluß auf die deutsche und tschechische Jugend aus. Er war ein überzeugter Tscheche, der sich aber um ein brüderliches Zusammenleben der beiden Gruppen bemühte. Seine Predigten haben sich bis heute den Charme einer lebendigen Argumentation bewahrt, die immer wieder die Heilige Schrift als Zeugen bemüht und Jesus Christus den Gläubigen näher bringen wollte. Er forderte die jungen Leute auf, niemals ihre christliche Erziehung zu vergessen, und lud sie ein, freie Anhänger der Kirche zu sein. Dabei

---

(8) Mousset, a.a.O., S. 128.

fürchtete er sich nicht, den in der Vergangenheit ausgeübten Zwang in religiösen Fragen zu tadeln. Alle, die durch seine Schule gegangen waren, in der barockes Pathos klein, dagegen echtes Gefühl und klarer Verstand groß geschrieben wurden, bewahrten sich etwas für ihr ganzes Leben.

Aber in Wien fand man, in der Umgebung Frints, daß Bolzano der deutschen Aufklärung und dem Kantschen Idealismus zu nahe stand. Er wurde der Anlaß einer heftigen Fehde, die sich kurioserweise zu einer Art Rivalität zwischen Wien und Prag auswuchs. Der Erzbischof von Prag, Chlumcansky, und der Burggraf Chotek verbürgten sich für seine religiöse Orthodoxie und seine Loyalität. Aber der Leibarzt des Kaisers, Stifft, überredete den Monarchen, daß es sich hier um einen gefährlichen Agitator handle. Man entzog Bolzano seinen Lehrstuhl, sein „Handbuch der religiösen Wissenschaft" wurde wegen Häresie verboten. Jedoch mußte sich der neue Erzbischof von Prag sagen lassen, daß man es zu Hunderten heimlich unter der Hand verkaufe. Seine Schüler verbreiteten seine Bücher und Predigten in Deutschland, während er selbst in unerschütterlicher Treue zu Rom und dem Kaiser sein Leben in stiller Zurückgezogenheit vollendete. (9)

Das Gesellschaftsbild der Donaumonarchie war um 1815 noch immer vorwiegend bäuerlich und traditionsgebunden: einige große Städte, mehr Handels- und Industriestädte, auf dem Lande Schlösser, Klöster, Dörfer und Gehöfte. Der Krieg, die Kontinentalsperre und der dauernde Wechsel in den territorialen Besitzverhältnissen hatten die industrielle Entwicklung während einer Spanne von zwanzig Jahren schwer behindert. Wie stand es nun nach der Rückkehr zu einer stabilen Ordnung um den wirtschaftlichen Aufschwung der Donauländer? Trotz des Schutzes der persönlichen Freiheit bestand die Fron noch immer weiter und stellte eine Anomalie in den allgemeinen Arbeits- und Produktionsbedingungen dar. In Ungarn hatte ein ganzes Jahrhundert nicht ausgereicht, um in allen Regionen der Tiefebene die Spuren der langen und nachdrücklichen türkischen Besetzung zu löschen. Im ganzen Reich fehlte es an genügend Großkapital für industrielle Investitionen großen Stils und für eine moderne Ausbeutung der Bodenschätze, die in Form von Metallen und Kohle reichlich vorhanden waren. Man darf auch hier die allgemeine Geisteslage nicht unterschätzen; vorsichtige Zurückhaltung und Traditionsbewußtsein schufen hier nur wenig Voraussetzungen für einen unternehmerischen Elan. Dazu kamen eine vorschnelle Zufriedenheit mit der Besserstellung der Bauern, eine zähe Anhänglichkeit an die Handarbeit und der Glaube, daß man sich durch eisernes Sparen langsam nach oben arbeiten könne. Wir haben hier also eine ausgesprochen vorsichtige Bevölkerung vor uns, die man nur schwer zu risikoreichen Unternehmungen bewegen konnte. Den Rhythmus der industriellen Produktion der westlichen Staaten oder gar Englands einzuholen, war auch wegen der Struktur des österreichischen Staates kaum möglich.

(9) Winter, E., Bolzano und sein Kreis. 1933; ders., Der böhmische Vormärz in Briefen B. Bolzanos an F. Prihonsky. Berlin 1956.

Behinderungen kamen auch von außen. Rußland zum Beispiel, das einen weiten Absatzmarkt für Textilien und Bergbauprodukte hätte bilden können, verbot die Einfuhr österreichischer Waren. Durch die Wiedereröffnung des atlantischen Marktes und den industriellen Aufschwung in England, Frankreich und Deutschland bildeten sich neue Handelskreise, an denen Österreich wegen mangelnder Konkurrenzfähigkeit nicht teilnehmen konnte. Aber selbst mit dem Absatz von Agrarprodukten, mit Getreide und Zuckerrüben hatte man Schwierigkeiten.

Aber auf der Aktivseite blieb das, was die Donaumonarchie als ihre Aufgabe in einem industriellen Europa auffassen konnte: die Verbindung zu schaffen zwischen den Bergwerksregionen der Alpenländer und den Textil-, Hütten- und Kohlengebieten von Böhmen, Mähren und Schlesien, und aus Wien eine Handelsmetropole zu machen, was der Lage der Stadt an der großen west-östlichen Verkehrsader, der Donau, ihrer Verbindung mit der Adria durch Straßen und Eisenbahnen und ihren Flußverbindungen zur Nord- und Ostsee entsprach. Jetzt galt es, eine industrielle Revolution zu machen, wenn man schon die politische verhindert hatte. Auch die industrielle stand allerdings nicht auf dem Programm der Regierung. Es kam jetzt alles auf die Privatinitiative und verfügbares Kapital an.

Dieses besaßen noch am ehesten die Großgrundbesitzer, und einige gründeten ja auch Manufakturen auf ihrem Besitz. Die eigentlichen Geldgeber waren jedoch die Banken, die 1816 gegründete Nationalbank und die großen Wiener Bankhäuser Rothschild, Arnstein Eskeles, Fries und Geymüller. Zwar ließ ihre Solidarität manchmal zu wünschen übrig, zwar waren sie noch keine eigentlichen Handelsbanken, dennoch begannen sie, eine wertvolle Stütze für die Privatwirtschaft zu sein.

Für die Erweiterung und Beschleunigung der Produktion wurde nun der Einsatz von Maschinen unumgänglich. Man führte sie aus Sachsen und aus England ein, aber man stellte auch bald selber Maschinen her, ohne auf die importierten noch verzichten zu können. 1826 erfanden die Brüder Veverka den Streichblechpflug, der Ingenieur Ressel die Schiffsschraube, Madersperger 1830 die Nähmaschine. Ohne Zweifel hatten an dieser Entdeckungswelle und an der Industrialisierung des Reiches die Technischen Hochschulen von Prag (1806), Wien (1815) und Graz (1821) ihren entscheidenden Anteil. Der Direktor der Prager Hochschule, Freiherr von Gerstner, spielte in der Industrie und Technik eine wichtige Rolle.

So vollzog sich in den Jahren 1815 bis 1848 die langsame industrielle Revolution in den Donauländern als geduldiger und schwieriger Kampf des Fortschritts gegen die Routine. Neue soziale Probleme kamen in ihrem Gefolge.

In Böhmen florierten in dem Gebiet von Reichenberg die Textilfabriken, deren bedeutendste die des Fabrikanten Liebig war. Die Zahl der in der Baumwollspinnerei Arbeitenden betrug um 1799 ungefähr 40.000, 1830 waren es nur noch 2000. In demselben Gebiet stieg die Tuchfabrikation zwischen 1790 und 1832 von 35.534 auf 58.000 Stück, beschäftigte aber nur noch 8985 Arbeiter gegenüber 30.000 im Jahre 1796. Obwohl sich zur selben Zeit auch neue Arbeitsmöglichkeiten boten, versteht man gut, daß die ihrer gewohnten Arbeit beraubten Menschen in der Maschine ihren größten Feind sahen und sich in ihrer Panik gegen die Ingenieure und Mechaniker auflehnten. Die Steinkohle, deren Förderung ständig gesteigert wurde, verdrängte die Holzkohle, die bisher der Großgrundbesitz geliefert hatte.

1832 wurde die Eisenbahn Linz–Budweis eröffnet, welche die erste Verbindung zwischen dem Donaubecken und dem der Moldau und Elbe herstellte. Die Fuhrunternehmer und Herbergsväter fürchteten mit Recht, daß die neue Transportart den Tod ihres Gewerbes nach sich ziehen würde.

Wie überall in Europa waren die Arbeitsbedingungen denkbar schlecht. Die Arbeiter waren jetzt Vorarbeitern ausgeliefert, die sich schlimmer als die Verwalter auf den Grundherrschaften benahmen. Sie mußten sich sogar körperliche Züchtigungen gefallen lassen und konnten in Krisenzeiten fristlos entlassen werden. Frauen und Kinder arbeiteten bis zu dreizehn Stunden täglich in der Fabrik. Die geringe Steigerung der Löhne (in den Jahren 1830 bis 1836 lag der tägliche Durchschnittslohn in Böhmen bei 23 Kreuzern, bei 40,9 in Wien, bei 39,3 in Niederösterreich und stieg von 1837 bis 1842 auf täglich 24,6 in Böhmen, 42 in Wien und 40,6 Kreuzern in Niederösterreich) entsprach keineswegs der Preissteigerung von Korn (von 4,83 Gulden auf 5,25 Gulden pro Hektoliter, von 3,62 auf 3,69 pro Hektoliter Roggen in der gleichen Zeitspanne). Als Folge der unsicheren Verhältnisse und der schlechten Bezahlung bildete sich bald in den Großstädten ein Proletariat, das auf Bettelei angewiesen war und manchmal Märkte, Bäckereien und Fleischhauereien plünderte.

Mißernten führten zu allgemeinen Verpflegungskrisen: 1840, 1842, 1845, 1847 waren harte und teure Jahre. Im Jahr 1829 verteuerte eine allgemeine Verbrauchersteuer die Lebensmittel empfindlich, und 1840 waren die Preise auf dem Höhepunkt angelangt. Da die Herstellung von Alkohol Staatsmonopol geworden war, wurde ein Teil der Korn- und Erdäpfelproduktion dem Lebensmittelmarkt entzogen.

Trotz dieser Komplikationen war jedoch der wirtschaftliche Fortschritt nicht aufzuhalten. Das Land bekam ein Eisenbahnnetz. Die Bank Rothschild übernahm die Konstruktion der Eisenbahnstrecke Wien–Brünn über Lundenburg, die später bis Oderberg erweitert wurde und damit einen Zugang zu den Erzen von Mährisch-Ostrau, dem Weizen von Haná, dem Vieh und Salz von Galizien öffnete.

Die erste Lokomotive wurde in Prag im Jahre 1845 und in Graz 1846 frenetisch begrüßt. Sie wurden aus England importiert, bis in Böhmen in der Nähe von Prag eigene Lokomotivfabriken gegründet wurden. Auf der Donau fuhren jetzt Schraubendampfer. Im Jahre 1829 wurde die Donaudampfschiffahrtsgesellschaft DDSG gegründet, sechs Jahre später wurde eine Werft in Óbuda eröffnet.

In vielen Zweigen der Wirtschaft begann der Konkurrenzkampf: Durch die Kaiser-Ferdinand-Nordbahn konnte das polnische Korn in Triest billiger verkauft werden als das ungarische Getreide. Stephan Graf Széchényi versuchte, die Mehlproduktion in Ungarn durch die Gründung einer Dampfmühle in Ödenburg zu verbessern. Durch das Eisenbahnnetz konnte man die Grundstoffe, wie Baumwolle und Seide, jetzt schneller nach Wien liefern, 1845 gab es schon mehr als 430 Seidenwebereien in Wien. „Denn mei Vater war a Hausherr und a Seidenfabrikant ..." sollte es später in einem Wienerlied heißen. 1832 fusionierten mehrere Gesellschaften zu dem mächtigen Österreichischen Lloyd, der 1848 schon 26 Schiffe besaß. Wirkte sich die steigende Bedeutung Triests nachteilig auf Venedig aus? Der österreichische Hafen sei Venedig gegenüber stark favorisiert worden, hieß es. Aber nichts ist ungenauer als das: Venedig, das durch eine Brücke mit dem Festland verbunden und an die Mailänder Eisenbahn angeschlossen wurde, erlebte ebenfalls einen mächtigen Aufschwung.

Parallel zu diesen Entwicklungen bestand die Grundherrschaft ungebrochen weiter. Wenn Charles Sealsfield scherzhalber schreibt, daß der Fürst Liechtenstein hundert englische Meilen von Schlesien nach Niederösterreich reisen kann, ohne seinen Grund und Boden zu verlassen, daß die Einnahmen des Fürsten Esterházy denen der Könige von Bayern, Sachsen und Württemberg zusammen entsprächen, so wurde das von der Öffentlichkeit als Selbstverständlichkeit hingenommen. Die Wahrheit ist aber, daß allein in Böhmen von zwei Gütern des Fürsten Johann Adolf Schwarzenberg das eine eine Fläche von 49.125 Hektar, das andere 45.714 Hektar ausmachte, daß der Graf Clam-Gallas in Friedland 31.736 Hektar besaß und daß 372 Personen oder Gemeinden Besitzungen über 503 Hektar besaßen. (10)

Diese immensen Güter wurden sehr unterschiedlich verwaltet, ebenso wie die Beziehungen zwischen den Grundherren, den Bauern und Städten überall anders waren. Die noch immer lebendige patriarchalische Tradition spielte den Grundherren in die Hände, man war stolz, von einer mächtigen, angesehenen Persönlichkeit abzuhängen, die sich zudem oft sehr wohlwollend verhielt, wenn es sich um einen Humanisten oder guten Christen handelte.

Ein bescheidener sozialer Aufstieg war im Rahmen der Grundherrschaft auch durchaus möglich. Die Anhänglichkeit des Bauern an seine Erde und an seinen Herrn vererbt sich meistens von Generation zu Generation. Das friedliche Leben dieser wohlhabenderen Bauern hinterließ bei den Reisenden einen günstigen Eindruck, ganz im Gegensatz zum 17. und 18. Jahrhundert, wo das Elend des böhmischen Bauern fremden Besuchern stark aufgefallen war. Jetzt erschien dem Engländer Turnbull das Niveau der

---

(10) Die Zahlen habe ich den Listen entnommen, die im Anhang folgenden Artikels von Kodedová abgedruckt waren: Die Lohnarbeit auf dem Großgrundbesitz in Böhmen in der zweiten Hälfte des 19. Jahrhunderts. „Historica" 14 (1967). S. 166f.

böhmischen und noch mehr der österreichischen Bauern gleich hoch zu sein wie das der englischen Bauern. Charles Sealsfield und Michel Chevallier betonten immer wieder den Eindruck der Zufriedenheit, den die ländliche Bevölkerung machte.

Allerdings sahen sie nicht die Bauern der Karpaten und der Bukowina. Die Fron wurde überall als verhaßter Zwang empfunden. Selbst die Verwaltungsbeamten zweifelten mittlerweile an deren Sinn. Ein Verwalter erklärte 1823, daß die Bauern ihre Arbeit schlecht ausgerüstet und unlustig verrichteten und die Fron auf diese Art und Weise der Grundherrschaft eher abträglich als vorteilhaft sei. Die allgemeine Tendenz war der Freikauf von der Fron. Ein kaiserliches Dekret hatte schon 1821 die Fron auf den Krongütern praktisch abgeschafft. Die weiter zur Fron gezwungenen Bauern verweigerten nun gesammelt die Arbeit, die Unzufriedenheit wuchs, so daß bei der Choleraepidemie von 1830 Gerüchte bei den Bauern kursierten, die Grundherren hätten die Brunnen vergiftet. Als dann 1846 in Galizien eine Agrarrevolte losbrach, schritt die Regierung erneut ein. Das Gesetz vom 18. September 1846 bestätigte das Recht des Loskaufs von der Fron unter der Voraussetzung, daß beide Seiten damit einverstanden sind. Mehrere Lösungen wurden für den Loskauf angeboten: eine jährliche Abzahlung in Geld oder in Getreide, die einmalige Auszahlung des ganzen Betrages oder der Verzicht auf gewisse Gewohnheitsrechte der Fronarbeiter auf den Gütern: Weiderecht auf den dem Gutsherrn vorbehaltenen Wiesen, Holzsammeln, Austausch der Äcker. Das Gesetz wurde mit gemischten Gefühlen aufgenommen: Obwohl das Buch des Prager Advokaten Brauner zum Loskauf zuriet, hofften viele Bauern darauf, daß durch eine völlige Abschaffung der Fron ihnen die Kosten erspart bleiben würden. Andererseits wuchsen durch die Verbesserung der landwirtschaftlichen Methoden auch im Dorf die Unterschiede zwischen arm und reich. Die besitzlose Schicht der Bauern machte in jenen Jahren eine Krise durch. Die Illusion, in der Stadt zu Wohlstand zu kommen, bewog viele, in die Stadt zu ziehen und dort das städtische Proletariat zu vermehren.

In Ungarn, wo es den Bauern auch noch an persönlicher Freiheit fehlte, wies der Bauernstand ebenfalls viele Differenzierungen auf, vom „jobbágy“ mit einer Pacht oder eigenem Besitz bis hinunter zum Landarbeiter, der nur wenig Äcker besitzt, manchmal weniger als ein Achtel des normalen bäuerlichen Besitzes, und der von der bezahlten Arbeit beim „jobbágy“ oder dem Grundherrn lebt. Die ungarischen Landtage beschäftigten sich ebenfalls mit dem Loskauf von der Fron. Sie versuchten auch das Los der Bauern zu verbessern, indem sie die Bedingungen lockerten, unter welchen der Bauer zum Beispiel Hypotheken auf seinen Besitz aufnehmen durfte. Verkaufen durfte er ihn allerdings nicht. Der starke Bevölkerungszuwachs (durchschnittlich 45.000 jährlich) veränderte die Proportionen zwischen den Bauern mit Besitz (1847 ungefähr 40 Prozent) und den besitz- oder fast besitzlosen Bauern (60 Prozent).

Die rechtlichen und sozialen Verhältnisse erschwerten in Ungarn alle Versuche, ein neues Wirtschaftssystem durchzusetzen. Der Kleinadel, der ziemlich bedürftig lebte, kämpfte in den Komitatsversammlungen und im Landtag für die Aufrechterhaltung seiner wirtschaftlichen Unabhängigkeit, ohne begreifen zu wollen, daß dieses Privileg mit seiner fortdauernden Armut bezahlt werden mußte. Im Hochadel fehlte es dagegen nicht an gutinformierten Männern, welche dringend zu radikalen Reformen rieten. Stephan Széchényi war in England gewesen und hatte Bentham, Bacon und Adam Smith gelesen. Genauso gründlich hatte er Montesquieu und Madame de Staël studiert. Als gläubiger Katholik verabscheute er soziale Ungerechtigkeit. Als Patriot wollte er, daß Ungarn seinen Platz in einem sich verändernden Europa einnähme. In dem Bewußtsein, daß er in seiner Eigenschaft als Adeliger über ein besonders großes Prestige verfügte, erklärte er, wie notwendig es sei, die Überreste des feudalistischen Systems zu beseitigen, um die Privatinitiative von ihren Zwängen zu befreien. In seinem in ungarisch geschriebenen Buch „Hitel“ (Kredit) forderte er die Abschaffung des ius aviaticum, durch das der Adel in die Rolle des Nutznießers gedrängt wurde und nur beschränkt über seine Güter verfügen konnte. Mit Hilfe ausländischen Kapitals aus den Ländereien mehr herauszuholen, das schien ihm die Voraussetzung für den wirtschaftlichen Aufschwung Ungarns. Zugleich unterstützte er die Gründung von Gesellschaften: 1822 wurde die Gesellschaft für Pferdezucht gebildet, und schon 1826 fanden in Preßburg die ersten Rennen statt. Eine andere Gesellschaft finanzierte den Bau einer Brücke über die Donau, die Kettenbrücke. Dafür holte man den Erbauer der Hammersmith-Brücke aus London. So wie man seinerzeit die Donauschiffahrt von Wien aus organisiert hatte, ging man nun daran, das gleiche von Pest aus zu organisieren. Eine 1830 gegründete Gesellschaft sorgte für eine regelmäßige Schiffsverbindung Wien—Pest. Auch auf der Theiß und dem Plattensee fuhren nun Dampfschiffe. Eisenbahnlinien verbanden Pest mit Waitzen und mit Miskolc.

Gegenüber der königlichen Zitadelle Buda und dem Aristokratenviertel der Burg entwickelte sich Pest zu einer modernen Stadt. Als Palatin unterstützte Erzherzog Joseph die Initiative, daß am Flußufer ein neues Wohnviertel gebaut wurde, ebenso wie der Burggraf Chotek in Prag die Modernisierung der alten Stadt förderte.

Ohne die enge Verbindung mit Österreich hielt es Graf Széchényi für unmöglich, daß Ungarn zu wirtschaftlichem Wohlstand kommen könnte. Denn Wien war das Geschäftszentrum der Donauwelt. Er war jedoch der Meinung, daß die Ungarn selbst die Initiative zu den notwendigen wirtschaftlichen Reformen übernehmen sollten, und förderte daher den Unterricht der ungarischen Sprache und erhob sie zur Verwaltungssprache. Dabei vermied er sorgfältig, die slawischen Bevölkerungsgruppen zu provozieren. Man durfte nicht vergessen, daß sie zur Verteidigung und Größe des Königreichs unendlich viel beigetragen hatten. Wie viele Kroaten hatten nicht in den Freiheitskämpfen ihr Leben gelassen, wie viele slowakische Bauern hatten nicht in den Regimentern Sigismunds Rákóczys im Kampf gegen die Hegemonie Wiens ihren Mann gestellt! Dieser weisen politischen Haltung stand der engstirnige Patriotismus des kleinen Komitatsadels gegenüber. In diesen Kreisen fürchtete man sich davor, von den Slawen überrollt zu werden, welche immer sehr auf ihre ethnische Verwandtschaft mit ausländischen Volksgruppen pochten. Man fragte sich sogar, ob die Abschaffung der Leibeigenschaft nicht zu einer Veränderung des Nationalcharakters Ungarns beitragen würde, indem man gezwungenermaßen hierbei mehr slawische als magyarische Bauern befreien würde. War der wirtschaftliche Aufstieg Ungarns wirklich nur durch die Assoziierung mit Österreich möglich? Oder konnte sich Ungarn nicht emanzipieren und aus Fiume den Konkurrenzhafen zu Triest schaffen? In Ludwig Kossuth fand der magyarische Patriotismus einen bemerkenswerten Interpreten. Kossuth machte zuerst in den Sitzungen des Landtags auf sich aufmerksam. Außerdem gab er eine Zeitung heraus, den „Pesti Hirlap“. Im Landtag von 1847 klafften die Meinungen über die politischen und administrativen Reformen weit auseinander: Sollten die Autonomie der Komitate verstärkt oder das Königreich zentralisiert werden? Welche der beiden Lösungen den Nichtmagyaren die größte Garantie für eine gewisse Sonderexistenz bot, das war schwer ersichtlich.

Der moderne österreichische Staat war jedenfalls ein Kind des Widerspruchs. Das wird einem so recht klar, wenn man folgende Charakteristika noch einmal Revue passieren läßt: eine Regierung, die vor allem besessen ist von der Sucht nach außenpolitischem Prestige und der Furcht vor revolutionärer Propaganda, die einerseits wirtschaftlichen Neuerungen positiv gegenübersteht, andererseits keine Initiative übernehmen mag, die langsame Industrialisierung eines großen Reiches, in dem es überall an Kapital fehlt, die Vorherrschaft der Landwirtschaft, bei der traditionelle und feudalistische Arbeitsverhältnisse die Produktion hemmen, das wachsende Nationalbewußtsein von Sprachgruppen, welche sich dem Gebrauch der allgemeinen Staatssprache und den neuen Verwaltungsmethoden widersetzen, die Arbeitermisere, die in den Städten mit der Ausbreitung von Fabriken Hand in Hand geht, und schließlich ein geistiges Klima, in dem es brodelt und gärt und romantische Gefühlsseligkeit über die Logik triumphiert.

Nichts ändern zu wollen, erwies sich als unmögliche Devise, angesichts der sich überall vollziehenden Veränderungen. Der Tod des Kaisers – Franz I. starb 1835 im Alter von achtundsechzig Jahren – hatte seltsamerweise zur Folge, daß sich anstatt einer verjüngten eine Regierung von unfähigen und senilen Männern bilden konnte. Metternich hatte nichts von einem Diktator an sich. Aber um sich ungehindert der Überwachung Europas und den Spielereien seines Kanzleramtes widmen zu können, brauchte er eine schwache österreichische Regierung. Daher stellte er neben den geistig fast debilen Ferdinand I. absichtlich nicht die überdurchschnittlich begabten Erzherzöge Karl und Johann, sondern ihren jüngsten Bruder, den Erzherzog Ludwig, dessen Gefügigkeit und mangelnde Initiative die beste Garantie für ein klagloses Funktionieren der bestehenden Verwaltung bot.

DIE REVOLUTION 1848

Als aber die Untätigkeit der Regierung nicht mehr zu übersehen war und nachgerade gefährlich wurde, wuchs auf allen Seiten die Opposition. Die Korrespondenz des jungen Grafen Leo Thun, eines ehemaligen Schülers von Bolzano, mit Alexis de Tocqueville ist in dieser Hinsicht äußerst aufschlußreich. Nach Thun war die österreichische Regierung ein höchst komplizierter Mechanismus, dessen einzelne ausführende Teile leider versagten. „Wenn sich nicht innerhalb der nächsten Jahre eine grundlegende Änderung im Wirtschaftlichen abzeichnet, wenn nicht endlich Ministerien und ein Ministerrat gebildet werden, die nach festgelegten Grundsätzen zu handeln haben, dann stehen uns gefährliche Zeiten für die Monarchie und für unsere Gesellschaft bevor.“ Hier wurde zwei Jahre im voraus erkannt, am 28. Februar 1846, daß die französische Revolution von 1848 in den Nachbarstaaten schwerwiegende Folgen haben könnte, während die Revolution von 1830 noch relativ leicht zu verkraften gewesen war. In gebildeten Kreisen kursierte ebenso wie in der Geschäftswelt und in Studentenkreisen das Zauberwort „Verfassung“, welches das Ende des patriarchalischen Absolutismus bezeichnete, der seinerseits schon den aufgeklärten Despotismus Josephs II. und das Ständeregime abgelöst hatte. Auch die bäuerliche Oberschicht klammerte sich an diese Hoffnung in der berechtigten Annahme, daß auch das alte grundherrschaftliche Wirtschaftssystem liquidiert werden würde. Das Proletariat verfügte damals noch über kein ausgeprägtes Klassenbewußtsein. Dennoch konnte die Polizei sich zahlreicher sozialistischer Pamphlete bemächtigen. Streiks in den Fabriken, mit denen man Gehaltserhöhungen und eine menschlichere Arbeitsgesetzgebung zu erreichen versuchte, waren die ersten Vorboten kommenden Aufruhrs.

Gewisse Solidaritätsgefühle mit westlichen Ländern wie Deutschland und Norditalien bereiteten ebenfalls den Boden für revolutionäre Strömungen. Man schien nur noch auf das Signal aus dem Ausland zu warten. Die österreichische 48er Revolution unterschied sich jedoch von allen anderen europäischen Revolutionen merklich durch die Vielfalt der Probleme, welche zum Teil in den anderen Ländern durch frühere Revolutionen bereits gelöst worden waren. Trotz der Agitation in den Kaffeehäusern und Straßen und der leidenschaftlichen Presseartikel, die sich über die Zensur hinwegsetzten – in Wien tritt der niederösterreichische Landtag zusammen, in Budapest wiegelt der Dichter Petöfi das Volk auf, und Kossuth ruft nach einer modernen Verfassung –, denkt man nicht daran, die Monarchie zu stürzen.

Da der Kanzler sich auf die Flucht begeben hat, wird der Kaiser wieder den Ratschlägen einer gut informierten Gruppe seiner Familie zugänglich. Es sind dies sein Onkel, der Erzherzog Johann, seine Schwägerin, Sophie von Bayern, die Frau des Erzherzogs Franz Karl. Die Liberalen bestürmen ihn mit der Bitte nach einer Verfassung oder wenigstens dem Recht, eine solche vorbereiten zu dürfen. Der Kaiser bildet ein neues Ministerium und verspricht die Zusammenrufung eines konstituierenden Reichstags für die Erbländer. In Ungarn ist vor einigen Monaten der geschickte, maßhaltende Joseph gestorben und hat eine empfindliche Lücke hinterlassen. Eine Delegation des ungarischen Landtags kommt nach Wien und bittet den „König" um die Bildung eines Ministerrats. Ferdinand willigt ein. Die neuen Minister sind: Fürst Ludwig Batthyány, ein liberaler Großgrundbesitzer, Stephan Széchényi, Ludwig Kossuth, Eötvös, welcher Unterrichtsminister wird, und Deák, welcher das Justizministerium übernimmt. Da auch gleichzeitig der Landtag tagt, beschließt der neue Ministerrat im April mit dem Landtag zusammen eine Reihe von Maßnahmen, die aus dem Ungarn der Stände ein modernes Ungarn schaffen. Alle Bürger werden vor dem Gesetz gleich, die Steuerprivilegien werden abgeschafft, die Religionsfreiheit, Pressefreiheit und Versammlungsfreiheit werden verkündet. Ein von allen Wahlberechtigten gewähltes Parlament tritt an die Stelle des alten Landtags. Die Selbständigkeit Ungarns wird durch ein eigenes Heer betont und garantiert, das einem ungarischen Kriegsminister unterstellt wird. Diese Aprilgesetze finden den Beifall ganz Westeuropas. Das moderne Prinzip hatte in einem Land mit mittelalterlichen Strukturen den Sieg davongetragen. Auch der König versagte seine Zustimmung nicht.

In Prag waren alle Gesellschaftsschichten von revolutionärem Feuer erfaßt worden, von den liberalen Adeligen bis hinunter zum kleinen Arbeiter. Zwischen Deutschen und Tschechen trat hierbei kein Gegensatz zutage. Die Jugend beider Volksgruppen fand sich mit Begeisterung in der Akademischen Legion zusammen. Ihre Fahnen trugen dieselbe Inschrift: „Concordia, Svornost". Prager Bürger versammelten sich am 11. März im Prager Wenzelsbad und stimmten für eine Petition, die der tschechische Advokat Brauner redigierte. Diese Petition forderte die Gleichberechtigung beider Sprachen, den Loskauf von der Leibeigenschaft, die Einrichtung eines für die drei Provinzen des Königreichs Böhmen gemeinsamen Landtags. Der Statthalter Franz Graf Stadion war abwesend, aber er erklärte in einem in Tschechisch und Deutsch abgefaßten Telegramm aus Wien, daß die Verfassung für alle Länder ausgerufen worden sei. Nach seiner Rückkehr versuchte er mit viel Geschick, die bereits aufgetauchten Mißverständnisse und Differenzen auszugleichen, die vielmehr zwischen den sozialen Klassen als zwischen Deutschen und Tschechen bestanden. In Prag sympathisierte auch das deutschsprachige Bürgertum mit den tschechischen Intellektuellen. Die Leute kannten sich untereinander, fühlten sich ihrer Stadt und ihrem Viertel verbunden und hielten sich meist noch an die einfachen patriarchalischen Sitten ihrer Väter.

Durch den Brief vom 8. April bestätigte die Wiener Regierung die Gleichberechtigung beider Sprachen, erlaubte, daß ein durch Wahlen erweiterter böhmischer Landtag zusammengerufen wurde, der den Loskauf von der Leibeigenschaft zu diskutieren hätte. Ein in Wien geplanter Reichstag sollte entscheiden, ob die drei böhmischen Landtage nicht zu einem zusammengezogen werden könnten, womit die politische Einheit des böhmischen Königreichs innerhalb des österreichischen Imperiums sanktioniert wäre. In Prag konstituierte sich ein Nationalkomitee, um die Wahlen für den Landtag und den Reichstag vorzubereiten. Wieder arbeiteten hier Deutsche und Tschechen zusammen: von deutscher Seite der Jurist Kliebert, die Schriftsteller Meissner und Ebert, der Autor von „Wlast" (Vaterland); von tschechischer Seite die Anwälte Brauner und Rieger und der Historiker Franz Palacký, dessen „Geschichte des tschechischen Volkes von Böhmen und Mähren" in deutscher Sprache bereits publiziert war und in Tschechisch erscheinen sollte.

Einige Jahre zuvor hatte noch ein kritischer Beobachter, Michel Chevallier, eine Revolution in diesem Lande, in dem die Bevölkerungsgruppen dem Kaiser so loyal gegenüberstanden, für ausgeschlossen gehalten.

Tatsächlich kam die Revolution hier weniger auf Grund eigener Konflikte zum Ausbruch als durch deutschen und italienischen Zündstoff.

In Italien war die Revolution gleich in den ersten Wochen des Jahres 1848 an mehreren Punkten zugleich ausgebrochen. Durch Neuigkeiten aus Paris angeheizt, flammte sie besonders stark in Mailand auf, wo sich alle sozialen Schichten am Aufstand beteiligten, Barrikaden bauten und die regulären Truppen aus der Stadt vertrieben. Die anderen italienischen Regierungen versprachen auf Druck der Öffentlichkeit die Annahme von Verfassungen. Der König von Piemont erklärte Österreich den Krieg, ließ seine Truppen in der Lombardei einmarschieren und forderte alle Staaten der Halbinsel, einschließlich des päpstlichen, auf, sich an dem Befreiungskrieg zu beteiligen.

Was sich zu gleicher Zeit in Deutschland abspielte, war dagegen weit komplizierter. Schon seit langem hatten Wirtschaftstheoretiker darauf hingewiesen, daß die Zerstückelung Deutschlands in kleine und mittlere Staaten außerordentlich fortschrittshemmend sei, ebenso der veraltete Charakter des Deutschen Bundes, eines Fürstenklubs, der sich nur wenig um seine Völker kümmerte. Vor allem anderen mußte die wirtschaftliche Einheit Deutschlands hergestellt werden. Der 1834 unter der Führung Preußens eingerichtete Zollverein stellte die erste Etappe dar. Allerdings umfaßte er noch nicht den ganzen deutschen Bereich. Die Länder im Westen Deutschlands gehörten zu den am weitesten fortgeschrittenen europäischen Ländern des kapitalistischen und industriellen Systems. Die Revolution hatte hier mehr als anderswo einen stark ausgeprägten sozialen Charakter. Die Forderungen der Arbeiter stützten sich auf das „Kommunistische Manifest" von Marx.

Der König von Preußen schien sich, nachdem er den Arbeiteraufstand in Berlin hatte niederwerfen lassen, mit den liberalen Revolutionären in Deutschland aussöhnen zu wollen. Viele glaubten, er könne der Herrscher eines modernen Reiches werden. Das entscheidende Problem aber war: Sollte der neue deutsche Staat, der den deutschen Fürstenbund ablöste, auch Österreich enthalten? Hatte man unter Österreich lediglich die Territorien zu verstehen, die einst Teil des Heiligen Römischen Reichs gewesen waren, oder den Staat, wie er sich seither konstituiert hatte, mit dem Königreich Ungarn und den polnischen Provinzen, die immer fremd und außerhalb des Römischen Reiches gewesen waren? Andererseits konnte man sich mit Recht fragen, wie lange Österreich überhaupt noch existieren würde.

In Heidelberg war ein Komitee deutscher Patrioten – das Komitee der Fünfzig – zusammengetreten, um die Wahlen zur Nationalversammlung in Frankfurt vorzubereiten und eine neue deutsche Verfassung auszuarbeiten. Es wandte sich an alle Instanzen, die als gesetzliche Vertretungen eines Landes gelten konnten. Auch dem Prager Nationalkomitee schickte es die Aufforderung, Abgeordnete für die Frankfurter Nationalversammlung zu bestimmen. Jetzt erst kam es zum Bruch zwischen Deutschen und Tschechen. Den Deutschen erschien es natürlich, in der Erinnerung an das Römische Reich, zu dem auch das Königreich Böhmen gehört hatte, und an den Deutschen Bund, den Österreich angeführt hatte, Deutsche in die Nationalversammlung zu schicken. Die Tschechen fürchteten dagegen mit Recht, daß ihre noch fragile Gruppe in dem neuen deutschen Staat untergehen würde. Franz Palacký antwortete dem Komitee mit einem berühmt gewordenen Brief. Hierin bemühte er die Geschichte, um seine Absage zu motivieren, und plädierte für die Existenz eines unabhängigen österreichischen Reiches.

Das Königreich Böhmen, sagte Palacký, habe mit dem Römischen Reich niemals in ähnlich enger Verbindung wie die anderen deutschen Staaten gestanden. Böhmen sei nicht nur von Deutschen, sondern auch von Tschechen, das heißt von der slawischen Rasse, bewohnt. Tatsächlich siedelten entlang der Donau und in ihrer Nähe Völker verschiedener Rassen: Deutsche, Slawen, Magyaren, romanische und griechische Völkergruppen. Alle diese Völker fühlten sich in der damaligen Situation Europas durch die wachsende Bedeutung zweier großer Reiche bedroht: Rußland und Deutschland. Rußland, dessen Zaren die universelle Monarchie anstrebten, Deutschland, das schon jetzt auch das tschechische Böhmen als sein Eigen betrachtete. Angesichts dieser doppelten Gefahr mußte das Interesse dieser Völker darauf gerichtet sein, sich in einem unabhängigen Staat zusammenzuschließen, der jedem seine jetzige Autonomie garantierte und die Voraussetzungen für eine weitere Entwicklung. „Wenn Österreich nicht schon seit langem bestände", schloß Palacký seinen Brief, „müßte es im Interesse Europas und der Menschheit auf schnellstem Wege geschaffen werden!" Im Lauf der Zeit hat man diese Idee knapper formuliert: Wenn Österreich nicht existierte, müßte es erfunden werden.

Erfinden mußte man es in gewisser Weise wirklich. Nur eine völlige Umgestaltung seiner Institutionen konnte die Fehler der Vergangenheit wieder gutmachen. Palacký warf den letzten österreichischen Regierungen und besonders Metternich vor, die Rechte der Nationen, welche die Monarchie bildeten, verletzt und ihre Gleichberechtigung untereinander zu wenig respektiert zu haben. Trotzdem sollte der österreichische Staat weiterbestehen, in erneuerter Form. Denn es lag nicht im Interesse seiner Völker, der gemeinsamen Armee und der gemeinsamen Hauptstadt Wien zugunsten Frankfurts beraubt zu werden. Und schließlich, meinte Palacký, sprach noch eine Tatsache gegen den Anschluß Österreichs an Deutschland: Der bisherige Verlauf der deutschen Revolutionen lasse befürchten, daß der neue Staat sich eine republikanische Verfassung geben würde. Sollten die Deutschen für sich entscheiden, welches Regime ihnen am besten paßte, Österreich müßte monarchistisch bleiben. „Stellen wir uns nur vor", sagte Palacký, „daß Österreich in eine Menge kleinerer und größerer Republiken zerfällt, welche Versuchung wäre das für die Errichtung einer russischen Weltmonarchie!" Übrigens richtete sich sein Mißtrauen nicht gegen die russische Nation, die von jeher allen Slawen brüderlich, lieb und wert gewesen war; er mißtraute lediglich dem despotischen Regime des zaristischen Rußland. Das Ideal bestand für ihn in der Existenz zweier konstitutioneller Staaten, eines deutschen, möglicherweise republikanischen, und eines österreichischen, sicherlich monarchistischen. Diese beiden Staaten konnten untereinander eine politische Allianz gegen eventuelle Feinde schließen und eine wirtschaftliche Allianz zur Verteidigung gemeinsamer Interessen.

Wenige Wochen später wurde Palacký vom Präsidenten des österreichischen Ministerrats, Pillersdorf, nach Wien gerufen, wo man ihm das Unterrichtsministerium anbot. Palacký wollte es jedoch nicht annehmen, aus Furcht, die Deutschen Böhmens zu brüskieren. Während die Tschechen mit Begeisterung die Botschaft Palackýs unterschrieben hatten, war sie von den deutschen Mitbürgern abgelehnt worden: Die Deutschen schickten ihre Delegierten zur Nationalversammlung nach Frankfurt. Die Spaltung des Königreichs war nicht mehr aufzuhalten.

Feindselig standen sich die beiden Gruppen gegenüber, von denen die deutsche dem nationalen Ideal mehr Gewicht als der historischen Tradition verlieh. Die beiden Gruppen sollten sich bald zu hassen beginnen. Die unterschiedliche Entwicklung der beiden Gruppen in der industriellen Epoche verstärkte die Entfremdung. Der Bruch zwischen dem deutschen und dem slawischen Element im Königreich Böhmen, das durch seine Bevölkerungsdichte und sein wirtschaftliches Potential das Fundament des neuen Österreich hätte bilden können, war eine der schwerwiegendsten Folgen der Revolution, eine Tatsache, die von den Zeitgenossen und Historikern nicht erkannt worden ist.

Die Widerstände, mit denen die Monarchie überall zu kämpfen hatte, waren zu groß, als daß sie sich allein durch die Entente ihrer Völker und die Autorität und Überredungskunst der Regierenden hätte regenerieren können. Sie mußte mit Armeegewalt die Italiener bekämpfen, um die Lombardei wieder an die Monarchie zu binden. In Santa Lucia im Mai und in Custozza im Juli konnte Radetzky den Piemonter schlagen.

Grillparzer feierte diesen militärischen Erfolg in leidenschaftlichen Versen:

„Glück auf, mein Feldherr, führe den Streich!
Nicht bloß um des Ruhmes Schimmer,
In deinem Lager ist Österreich,
Wir andern sind einzelne Trümmer.“

In deinem Lager ist Österreich . . . War es nötig, daß alsbald auch gegen die Revolution im Innern des Reiches Waffen eingesetzt wurden und damit die Hoffnung auf ein liberales und friedliches Österreich, wie es sich Palacký vorgestellt hatte, immer mehr schwand?

X.
Aus Österreich wird Österreich-Ungarn

DER REGIERUNGSANTRITT FRANZ JOSEPHS I. UND DIE BEMÜHUNGEN UM EINE VERFASSUNG

Das größte Problem war die Beziehung zu Deutschland. Denn das in Frankfurt tagende Parlament hatte die Aufgabe, das Reich wiederherzustellen und zu entscheiden, welchen Platz Österreich darin einnehmen könnte. Eine Resolution vom Oktober 1848 stellte fest, daß zwischen nichtdeutschen Ländern und Ländern mit vorwiegend deutscher Bevölkerung nur eine einfache Personalunion bestehen könnte.

Deutlicher konnte man das Auseinanderbrechen Gesamtösterreichs nicht verordnen; denn das System einer Personalunion hätte die auf Gesetzesgrundlage beruhende Organisation vollkommen zerstört. In Österreich wünschte man sich ein großdeutsches Reich, welches sowohl den Bund als auch das österreichische Reich umfassen würde. Eine andere Lösung wäre die Bildung eines kleindeutschen Reiches gewesen, ohne Österreich, also ungefähr das, was sich Palacký gewünscht hatte und was aus anderen Motiven und mit kriegerischen Mitteln, an die der böhmische Historiker kaum gedacht haben dürfte, Bismarck nach 1866 realisieren sollte. Die österreichische Regierung hoffte auf den Tag, an dem sie ihre eigenen Schwierigkeiten bewältigt haben würde und Deutschland die ihr am besten erscheinende Lösung diktieren oder einfach die Ordnung von 1815 wiederherstellen könnte.

Die ungarischen Probleme waren folgende: Der ungarische Landtag mit zwei Kammern, der auf Grund des Kuriensystems gewählt wurde (1,300.000 Wähler wählten das Unterhaus), mußte die Agrarreform beschließen, die religiöse Freiheit proklamieren, die Schulen für die Kinder aller Konfessionen öffnen und schließlich die Rechte der nichtmagyarischen Einwohner regeln. Der Landtag Siebenbürgens hatte für den Anschluß an den ungarischen Landtag gestimmt, aber er repräsentierte lediglich den magyarischen Adel des Großfürstentums. Die kirchlichen Autoritäten (der Metropolit Saguna) und das Bürgertum suchten die Annäherung an Bukarest und dachten an eine Vereinigung aller Rumänen. Die Serben strebten unter der Führung des Metropoliten Rajasič einen besonderen Status an. Und die Kroaten schließlich forderten unter dem Banus Jellačić ein Königreich Kroatien-Slawonien-Dalmatien, was den historischen Traditionen entsprochen und alle Südslawen vereinigt hätte.

Im Sommer verdichteten sich die Schwierigkeiten. Das Ministerium Batthyány konnte beim König nicht die Ratifizierung eines vom Parlament beschlossenen Gesetzes durchsetzen, bei dem es um die Aushebung von zweihunderttausend Mann ging. Die Radikalen protestierten dagegen, weil die Truppen gegen die Aufständischen der Lombardei und Venetiens eingesetzt werden sollten: schließlich war das eine Frage des Patriotismus, die alle anging. Man konnte aber andererseits nicht untätig zusehen, wie sich die Kroaten selbständig zu machen drohten, und mußte der Gefahr eines Aufstandes in der Walachei und in Serbien begegnen können. In dieser allgemeinen Verwirrung, welche durch Schwierigkeiten in der Agrarwirtschaft in Siebenbürgen und in den slowakischen Komitaten noch verstärkt wurde, schickte der König den General Lamberg zur Übernahme der Armee nach Pest. Hier wurde er am 28. September von Extremisten ermordet. Der König betraute nun Jellačić mit der Führung der militärischen Kräfte, aber der ungarische Landtag erklärte Jellačić für einen Vaterlandsverräter. Abermals brach ein Unabhängigkeitskrieg los. Seltsamerweise wurde er einige Zeit im Namen des Königs von Ungarn gegen die kaiserliche Regierung geführt, aber diesmal stellten sich die Untertanen des Königreichs, Kroaten, Serben, Siebenbürger und Rumänen, auf die Seite des Kaisers, in der Hoffnung, daß er ihre Forderungen erfüllen werde.

In Böhmen nahm die Entwicklung einen langsameren und ungefährlicheren Verlauf. Man kam überein, daß man einen konstituierenden Landtag durch Wahlen einberufen wollte. Im Mai 1848 haben wir also folgende Situation vor uns: in Ungarn ein Parlament und ein konstitutionelles Ministerium, in Böhmen bereitet man eine konstituierende Versammlung vor, desgleichen in Wien, um die allgemeinen Einrichtungen des österreichischen Reiches zu organisieren.

Polen und Kroaten erhoben nun die Forderung, in Prag einen Kongreß aller Slawen der Monarchie einzuberufen; sozusagen als Antwort auf die Versammlung aller Deutschen im Frankfurter Parlament sollte dieser Kongreß die Solidarität aller österreichischen Slawen betonen. Die beiden Versammlungen unterschieden sich jedoch dadurch, daß der Prager Kongreß im Gegensatz zum Frankfurter Parlament kein präzises politisches Ziel verfolgte. Seine Rolle war mehr moralischer, oder, wie man jetzt sagen würde, kultureller Natur. Wien gab seine Einwilligung. Um den Verdacht des Panslawismus zu entkräften, kam man überein, daß nur Bürger der Monarchie in den Kommissionen arbeiten sollten. Die Einladung vom 1. Mai aber schloß folgendermaßen: „Wenn auch Slawen, die außerhalb der Monarchie leben, uns mit ihrem Besuch beehren wollen, werden sie unsere hochwillkommenen Gäste sein.“ Unter den Gästen waren auch einige Russen, unter ihnen der Revolutionär Bakunin, auch Deutsche und Magyaren, jedoch nur als reine Beobachter.

Der Kongreß wurde mit einer feierlichen Messe auf dem Pferdemarkt, dem jetzigen Wenzelsplatz, eröffnet, und gleich in den ersten Sitzungen bekamen die Versammelten eine scharfe Rede von Šafařik geboten, der die Nachbarvölker als „Mörder der slawischen Seele" titulierte. Dann ging man daran, die Arbeit in Sektionen aufzuteilen, die tschechoslowakische Sektion, die südslawische und die ruthenische. Man überlegte, ob man einen Verband der Slawen innerhalb des österreichischen Reichs gründen sollte. Obwohl der Kongreß offiziell zugelassen war, wurde er von den Truppen des Generals Windischgrätz scharf überwacht. Dieser pflichtbewußte Offizier stand voll des tiefsten Mißtrauens einer Versammlung von Zivilen gegenüber, die in seinen Augen nichts als Störenfriede waren. Ein Zwischenfall zwischen Soldaten und einem Studentenumzug löste dann den Aufstand von Prag aus. Sogleich bildeten radikale Elemente ein Komitee, das den Gouverneur festnahm, den Grafen Leo Thun, obwohl er ein böhmischer Patriot und ein großzügiger und konziliianter Geist war. Währenddessen traten die Nationalgarde und die Studenten — beide Gruppen waren als bürgerlich zu betrachten — auf die Seite der Handwerker und Arbeiter und errichteten Barrikaden. Ein Nationalaufstand gegen die despotische Machtherrschaft, ein Aufstand der Bürger gegen die Armee. General Windischgrätz zog seine Truppen aus der Stadt zurück und baute seine Artillerie auf dem linken Moldauufer auf. Prag wurde beschossen und begann zu brennen. Zum ersten Mal in der Geschichte wurde die moderne Technik von der Armee gegen die eigenen Bürger eingesetzt. Der Bürgermeister mußte sich bald ergeben. Von einer Wiederaufnahme der Kongreßsitzungen konnte jetzt, da sich die Stadt im Ausnahmezustand befand, keine Rede sein. Ebenso wurden die bereits begonnenen Wahlen für den konstituierenden Landtag in der Provinz abgebrochen. Es gab nur noch eine Tribüne, auf der die tschechischen Delegierten sich bemerkbar machen konnte: die gesetzgebende Versammlung in Wien. Hierhin begab sich eine tschechische Delegation.

In dieser Delegation befanden sich die intelligentesten und fähigsten Köpfe, die Gemäßigten, die Verfechter der Gewaltlosigkeit: Palacký, den die Prager Ereignisse überrollt hatten, Professor Tomek, die Anwälte Brauner und Rieger und der junge, brillante Herausgeber der Zeitung „Narodni Noviny", Karel Havliček. Es war dies die liberale „Intelligentsia".

Die Radikalen, die sehr viel weiter gegangen waren, nämlich Frič und Sabina, hatten aus der Stadt fliehen müssen.

In der gesetzgebenden Versammlung in Wien saßen die Tschechen wieder mit den Deutschböhmen zusammen. Einer von ihnen, Hans Kudlich, ein Schlesier, schlug hier endlich die Maßnahme vor, auf die alle warteten: die Abschaffung des feudalistischen Regimes. Die Rechte der Grundherren wurden aufgehoben, gegen einen Schadenersatz. Es gab nun keine rechtlichen und steuerlichen Privilegien mehr: Alle Bürger der Monarchie waren vor dem Gesetz gleich und frei.

Die Ereignisse in Ungarn hatten jedoch bald neue Unruhen in der Hauptstadt zur Folge. Im Oktober widersetzten sich die Wiener Arbeiter dem Auszug der Regimenter, welche die Ungarn niederschlagen sollten. Wieder wurden Barrikaden in den Straßen errichtet. Man hoffte auf die Hilfe ungarischer Truppen. Diese rückten auch bis nach Schwechat vor, wo sie von den Kroaten aufgehalten wurden. General Windischgrätz wandte wieder seine in Prag erfolgreiche Taktik an: Er ließ Wien beschießen. Der Aufstand wurde niedergeschlagen.

Die kaiserliche Familie hatte rechtzeitig nach Olmütz flüchten können. Die gesetzgebende Versammlung mußte ihre Arbeit in der im Kriegszustand befindlichen Stadt abbrechen. Die Regierung schlug der Versammlung vor, sich nach Kremsier zu begeben, in die Sommerresidenz des Erzbischofs von Olmütz. Dreihundert Deputierte versammelten sich nun in Kremsier, um für ganz Österreich eine Verfassung auszuarbeiten. Nur die Ungarn schlossen sie von ihren Sitzungen aus, da Ungarn sich in Aufruhr befand. Von den Delegierten wurde ein Verfassungskommitee gebildet, dieses wieder in zwei Ausschüsse geteilt, von denen der eine die Menschen- und Bürgerrechte definieren sollte, der andere das neue politische Statut auszuarbeiten hatte. Der letztere umfaßte fünf Mitglieder: zwei Deutsche und drei Slawen, darunter Palacký.

Obwohl Palacký immer noch die Einheit des Königreichs (Böhmen, Mähren, Schlesien) anstrebte, stimmte er einer territorialen Teilung des Reiches nach Nationalitäten zu. Die deutschen Regionen Böhmens sollten ihre Autonomie erhalten, während die tschechischen Distrikte mit Mähren und der Slowakei vereinigt werden sollten. Tomek dagegen, ein energischer Traditionalist, bekämpfte eine solche Auflösung des Königreiches. Palacký aber war bereit, für die Regeneration des Reiches Opfer zu bringen. Die neue Verfassung sollte so liberal wie möglich sein und ein Gleichgewicht zwischen Zentralismus und Föderalismus herstellen. War das zu hoch gegriffen?

Niemand dachte noch daran, die Monarchie abzuschaffen, und für einige bedeutete sie weit mehr als eine Tradition oder ein Symbol. Sie sollte sich letzten Endes als wichtiger Faktor für die Neubildung des Staates entpuppen.

Als Felix Fürst Schwarzenberg im November 1848 zum Ministerpräsidenten bestimmt wurde, erklärte er in Kremsier: „Wir wollen die konstitutionelle Monarchie." Damit traf er die allgemeine Stimmung, auch wenn er vor allem daran dachte, die Macht des Herrschers und die unbestrittene Autorität zu wahren.

In Kremsier wollte man ein starkes Gesamtösterreich schaffen, das auf seinem Territorium keine Revolutionen mehr dulden würde, weder in Ungarn noch in Italien. Nur wenn es im Inneren konsolidiert war, konnte Österreich den Charakter seiner Assoziierung mit einem ebenfalls erneuerten

Deutschland bestimmen. So arbeiteten in Kremsier und in Frankfurt, wo Erzherzog Johann provisorisch das Amt des Reichsverwesers übernommen hatte, zwei Versammlungen an der Verfassung ihres Staates.

Für die neue Ordnung aber brauchte man neue Menschen. Schwarzenberg riet Ferdinand I., abzudanken. Krank und schwach stand der Kaiser hilflos dem Geschehen gegenüber. Er war trotz seiner Popularität nicht der geeignete Herrscher für die gewaltige Aufgabe der Erneuerung des Reiches. Diese konnte nur ein jüngerer Mann bewältigen, der eine unbelastete Vergangenheit und eine vielversprechende Jugend besaß und willens war, sein Schicksal mit dem neuen Österreich zu verbinden.

Dieser Mann war der Neffe des Kaisers, der Sohn seines Bruders Franz Karl, der achtzehnjährige Erzherzog Franz Joseph. Es handelte sich hier keineswegs um eine Hofintrige, es war vielmehr ein revolutionärer Akt zur Rettung der monarchischen Institution. Mit der Zustimmung der kaiserlichen Familie fand die Thronübergabe am 2. Dezember 1848 in Olmütz statt.

Als der jugendliche Kaiser sein Amt übernahm, hätte angesichts der ungewissen Zukunft niemand vorausgesagt, daß eine der längsten Regierungsepochen der europäischen Geschichte begonnen hatte und daß während achtundsechzig Jahren trotz zahlreicher Kriege und sozialer Umwälzungen ein Herrscher und sein Reich unlösbar miteinander verbunden bleiben würden, wie es sich Schwarzenberg erhofft hatte.

Franz Joseph war von einer intelligenten und ehrgeizigen Mutter erzogen worden, jetzt war Schwarzenberg sein Lehrmeister. Er war ein gelehriger Schüler, dessen hervorstechendste Eigenschaft sein Pflichtgefühl war, von dem er sich zeit seines Lebens niemals trennte. Er verfügte über eine robuste Gesundheit und eine solide Intelligenz, die allerdings weder brillant noch imaginativ war. Das gerade machte die Stärke dieses Kaisers aus; denn in dieser romantisch gefärbten Epoche hätte ein begeisterungsfähiger Kopf sich vielleicht in Abenteuer gestürzt und wäre gescheitert. Er aber, dem es nicht um den persönlichen Erfolg ging, erwarb sich im Laufe der Jahre das Vertrauen und den Respekt der Völker. Seine Regierungszeit war geprägt vom technischen Fortschritt, vom Wohlstand der Bürger, von der Verschönerung der Städte, von einem regen Geistesleben und einer Blütezeit der Künste. In einer anderen Zeit hätten alle diese Positiva zum Prestige seines Namens beigetragen. Ihm aber brachten die Kriege eine militärische Niederlage nach der anderen ein. Die staatlichen Einrichtungen wurden ständig in Frage gestellt, es wuchs der Haß zwischen den Nationen des Reiches und brachte den Staat in noch größere Gefahr als die soziale Frage.

Wenn Franz Joseph auch nicht das Zaubermittel fand, um diese wachsenden Schwierigkeiten aus dem Weg zu räumen, so entwickelte er sich immer mehr zu einem Menschen, der allein durch seine Gegenwart größere Katastrophen verhindern konnte.

Man fragte sich in Europa besorgt, was nach seinem Tode sein würde. In einer Epoche, wo in ganz Europa die monarchische Institution an Prestige verlor, inkarnierte er noch einmal alle ihre Tugenden in seiner Person und war vielleicht der letzte echte Monarch der Geschichte.

Aber all das war in den Tagen seiner Thronbesteigung nicht vorauszusehen.

In Italien und Ungarn war Krieg. In Budapest hatte Kossuth eine neue revolutionäre Regierung gebildet und hatte einen emigrierten polnischen General namens Bem beauftragt, Siebenbürgen zu unterwerfen. Aber von Westen näherte sich die kaiserliche Armee und besetzte im Dezember Budapest. Windischgrätz setzte seine Offensive fort und schlug die Ungarn am 26./27. Februar 1849 vernichtend in Kápolna. In Raab konnte der junge Kaiser Beweise seiner persönlichen Tapferkeit ablegen. Er sollte erst später begreifen, daß für einen Herrscher im Kampf mit seinen eigenen Untertanen keine Lorbeeren zu holen sind.

Als der König von Piemont wieder zum Angriff überging, wurde er von Radetzky bei Novara geschlagen.

Schwarzenberg war nun der Überzeugung, daß die Aufstände endgültig niedergeschlagen seien und daß man an die Reform der staatlichen Einrichtungen gehen könne. Als erstes löste er den Kremsierer Reichstag auf, dessen Debatten er für verworrenes Gerede hielt, und verkündete am 4. März eine neue Verfassung für das ganze Reich. Diese „oktroyierte“ Verfassung ließ erkennen, daß die Regierung nicht etwa vorhatte, den Absolutismus wiedereinzuführen. Sie machte dem modernen Zeitgeist gewisse Konzessionen, indem sie zum Beispiel die Gleichheit aller Bürger vor dem Gesetz proklamierte und jeder Nation den Gebrauch ihrer Muttersprache zuerkannte. Aber in wesentlichen Punkten blieb die „Märzverfassung“ zweideutig. So sprach man hier nicht von Nationalitäten, sondern von Volksstämmen, als hätte in Österreich immer nur ein Volk existiert, das sich in verschiedene Sprachengruppen gliederte. Das Reich bildete einen einheitlichen Staat, in dem es nur eine Krone gab, die des Kaisers von Österreich. Ohne auf historische Rechte einzugehen, wurde das Reichsterritorium in Länder eingeteilt und die Grenzen nach den Siedlungsgebieten der größeren Nationalitäten gezogen: Die slowakischen Komitate, Siebenbürgen und Kroatien standen nun gleichberechtigt neben dem magyarischen Ungarn. Diese Länder wählten selber ihre Landtage, und die Landtage schickten ihre Deputierten in den Reichstag.

Aber bis zu dem Zeitpunkt, da diese Einrichtungen tatsächlich in Kraft traten, nahm die Regierung das Recht für sich in Anspruch, provisorische Gesetze zu erlassen (Artikel 86): Es herrschte also noch immer eine Art Absolutismus auf Zeit.

Weniger wegen ihres Inhalts als durch die Art, wie sie durchgesetzt wurde, rief die neue Verfassung in weiten Kreisen des Reiches tiefe Entrüstung hervor. Die Bauern, die noch vor kurzem auf eine Agrarreform gehofft hatten — in Siebenbürgen waren sie durch militärische Gewalt zusammengeschlagen worden —, standen jetzt verfassungsmäßigen Veränderungen gleichgültig gegenüber. Auch die Arbeiterschaft in den großen Städten war unorganisiert und führerlos. Anders verhielt es sich mit der bürgerlichen Klasse, den Juristen, Intellektuellen und Kaufleuten, allen jenen, die eine klare Vorstellung von Freiheit, Recht und Ordnung hatten. Für sie alle war die Auflösung des Kremsierer Reichstages ein Skandal und eine Beleidigung. Die Delegierten waren ihre rechtmäßigen Vertreter gewesen und hatten das Ihrige getan, um ein gerechtes Regime zu schaffen. Nun trieb die Armee diese Männer auseinander, und sie kehrten mit leeren Händen und langen Gesichtern nach Hause zurück. Obendrein bedachte die offizielle Presse ihre Demütigung auch noch mit Hohn und Spott. Um ihre Verachtung gegenüber der Versammlung anzudeuten, sprach sie von „Finis Poloniae".

Karel Havlìček nahm die Herausforderung in seiner Zeitung „Narodni Noviny" an und schrieb: „Wir können uns nur mit dem ersten Wort einverstanden erklären. Was wir an Stelle des Wortes ‚Polen' zu schreiben haben, wissen wir nicht. Die Zukunft wird es uns lehren." (1)

An mangelnder Liberalität konnte Österreich sehr wohl eines Tages zugrunde gehen.

Mit der größten Ablehnung wurde jedoch die neue Verfassung in Ungarn aufgenommen. Niemals wollte das Ungarn der Aprilgesetze, das Nationalungarn Kossuths seine Zustimmung dazu geben, daß sein Territorium durch einen Beschluß von Wien verkleinert und es durch den Verlust von Siebenbürgen, Kroatien und des Banats zu einer Provinz herabgemindert werden sollte. Mit welchem Recht denn auch? Die Abdankung Ferdinands und die Thronbesteigung Franz Josephs waren an sich schon der Gipfel der Illegalität: Sie waren ohne Zustimmung der Ungarn, unter Mißachtung der ungarischen Gesetze erfolgt. Es gab also keinen Herrscher mehr in Ungarn: Die Vertreter der Nation erklärten sich daher aller Verpflichtungen für ledig und verkündeten die Absetzung der Dynastie. Statt dessen wurde die Republik ausgerufen, Kossuth übernahm als Gouverneur die Präsidentschaft.

Das Ereignis fand in Westeuropa allgemeine Zustimmung. Man begeisterte sich für Ungarn wie seinerzeit für Polen. Der Name Kossuth wurde populär und ein Symbol für Freiheit und Patriotismus.

Die Ungarn fanden ihren Mut wieder, und ihre Armeen unter den Generalen Görgey und Bem schritten zur Offensive, zwangen die Kaiserlichen zum Rückzug und die anderen Nationalitäten zur Unterwerfung. Besonnene Köpfe jedoch, unter denen sich auch zahlreiche Patrioten befanden, sahen mit Sorge, daß dieser schöne Neubeginn auch viele Gefahren in sich barg: Wie lange würde sich Ungarn ohne Verbündete seine Unabhän-

(1) Fellner, Th., Zur Geschichte der österreichischen Zentralverwaltung. 1493—1848. M.I.Ö.G.

gigkeit bewahren können? Würde man die slawischen und rumänischen Nationalitäten an sich binden können, ohne ihnen die Garantien zuzugestehen, die sie als freie Völker für sich forderten?

Man hatte kaum Zeit, um über diese Probleme nachzudenken, als die Wiener Regierung Rußland um Hilfe gegen die Ungarn bat. Franz Joseph wandte sich im Namen der europäischen Ordnung an den Zaren, im Namen der Solidarität der Throne gegen die Revolution: „Die Rebellen, welcher Nation sie auch angehören, setzten ihre Hoffnungen auf Ungarn, und jeder Erfolg der Aufständischen wird von den Revolutionären aller Länder in der Weise begrüßt, als wäre er der Vorbote des nahen Sieges ihrer bösen Sache." (2)

Und der Zar half. Seine Soldaten waren zwar nicht besonders gut ausgerüstet. Aber die ungarischen Truppen waren in noch schlechterem Zustand und hielten ihnen nicht lange stand. Durch die Engpässe der Karpaten drangen die Russen in Ungarn ein und zwangen am 13. August 1849 in Világos General Görgey zur Kapitulation. Wieder einmal lag Ungarn zerstört am Boden.

Wie einst Sigismund Rákóczi flüchtete Kossuth in die Türkei und brachte den Bazillus der nationalen Unabhängigkeitsbestrebung mit in sein Gastland. Das von der kaiserlichen Armee zurückeroberte Land wurde furchtbar bestraft!

Dreizehn Generale wurden vor Kriegsgerichte gestellt und in Arad hingerichtet, Ludwig Batthyány wurde aus Rache am Jahrestag des Mordes an Kriegsminister Latour (6. Oktober 1849) hingerichtet. Die Truppen des Generals Haynau, dessen Grausamkeit in Italien ihm den Namen die „Hyäne von Brescia" eingetragen hatte, errichteten in den Komitaten ein Schreckensregime.

Obgleich dieser Sieg, der mit fremder Hilfe über ein Volk errungen wurde, das nur sein traditionelles Recht in Anspruch genommen hatte, wenig rühmlich war, ließ er sich auch als Sieg über die internationale Revolution interpretieren und verlieh Schwarzenberg volle Aktionsfreiheit in Österreich und sogar in Europa. Er konnte nun auch Deutschland seinen Willen diktieren.

Unter Kriegsdrohungen schreckte er den preußischen König von seinem Vorhaben ab, einen kleinen Bund deutscher Fürsten unter Führung Preußens zu bilden, und mangels einer zeitgemäßeren Lösung wurde der alte Deutsche Bund wieder ins Leben gerufen. Einige Monate noch, und man schaffte in Österreich die Verfassung vom 4. März wieder ab. „Wir haben die ganze Verfassung über Bord geworfen; es gibt nur noch einen Herrn in Österreich", schrieb mit mehr Begeisterung als Klugheit der junge Kaiser 1851 an seine Mutter. Und dennoch waren aus der revolutionären Gärung,

(2) Andics, A., Die Habsburger und die Frage der Zarenhilfe gegen die Revolution. In „Études historiques" Band II, S. 7.

den konstitutionellen Sitzungen und den vielen Straßenkämpfen zwei große Errungenschaften der Menschheit hervorgegangen: die Abschaffung der Leibeigenschaft und die Gleichheit aller Bürger vor dem Gesetz. Um aber die politische Ordnung wiederherzustellen, gab es vorerst nur ein Gesetz: den Willen des Kaisers.

DAS ZEITALTER DER BEGINNENDEN INDUSTRIALISIERUNG

Schwarzenberg war zu intelligent, um den Sieg über die Revolution für ein Ziel an sich zu halten. Er sah darin nur eine unentbehrliche Stufe, um die Größe in Europa wiederherzustellen. Er verstand es aber auch, in seinem Ministerium Männer von Format und Erfahrung zu versammeln. Der Handelsminister Bruck und Alexander von Bach, ursprünglich ein Liberaler, den die Schrecken der Revolution zu einem Anhänger der Autorität gemacht hatten. Diese Männer vertraten die Ansicht, daß nur die Rückkehr zur Ordnung Österreich Wohlstand bringen könne. Die Staatsfinanzen wiesen ein erschreckendes Defizit auf. Aber die Banken hatten alles Interesse daran, ein System zu retten, das allein einen stabilen wirtschaftlichen Aufstieg garantieren konnte: So nahmen die Wirtschaft und die Industrie einen ungeheuren Aufschwung in einer Welt, die gestern noch ganz in der grundherrschaftlichen Agrarwirtschaft gelebt hatte. Wenn auch der Boden noch lange die Haupteinnahmequelle für den größeren Teil der Bevölkerung blieb, so wurde er doch in einer ganz neuen individuellen Weise ausgebeutet.

Die Leibeigenschaft wurde ohne Entschädigung abgeschafft, weil sie eine persönliche Freiheitsbeschränkung bedeutete, aber die anderen grundherrschaftlichen Rechte, wie zum Beispiel Zins und sonstige Abgaben, wurden nur gegen einen Schadenersatz aufgehoben. Die solcherart entstandenen Schulden wurden in drei gleiche Teile aufgeteilt. Das erste Drittel wurde sogleich auf die Steuern angerechnet, die bisher der Grundherr für seine Pächter bezahlt hatte. Die zwei anderen Drittel wurden dem Grundherrn in Jahresraten zurückgezahlt, die eine durch den Bauern selbst, die andere durch die Kreisverwaltung. Der Bauer mußte seine Schuld in zwanzig Jahresraten zurückzahlen. Dafür leistete er jedes Vierteljahr eine Zahlung an das Finanzamt. Dieses zahlte seinen Teil in vierzig Jahresraten. 1851 gründete man einen Ablösegeldfonds, welcher dem Grundherrn Grundentlastungsobligationen mit 4,5 Prozent Verzinsung ausschüttete, die dann ausgelost wurden. Das Land, das dem Bauern nun gehörte, war zudem durch Hypotheken belastet. Im Gegensatz also zu Frankreich, wo durch das Gesetz vom 17. Juli 1793 alle Schadenersatzansprüche aufgehoben worden waren, fand in Österreich kein Ausverkauf der Länder an zahlungskräftige Käufer aus bürgerlichen oder bäuerlichen Kreisen statt. Die Aufhebung der Leibeigenschaft wirkte sich sogar günstig auf die Produktivität der Domänen aus. Denn die Schadenersatzgelder konnten nutzbringend investiert werden. Jedenfalls konnten sich die großen Familien des Landadels ihre immensen Besitzungen auch nach der Abschaffung der grundherrschaftlichen Rechte bewahren, oftmals mehrere tausend Hektar; Wälder, Seen und Brachland nahmen einen Gutteil der Oberfläche ein. Die Güter waren durch das Majoratssystem oder als Fideikommiß obendrein unveräußerlich und unpfändbar. Als Familienbesitz vom gegenwärtigen Eigentümer als Nießbrauch deklariert, mußten sie dem Sohn oder dem nächsten Erben weitergegeben werden. Die beträchtlichen Einkommen erlaubten es den Besitzern, sich an industriellen Unternehmen zu beteiligen oder solche zu gründen, und zwar gab es jetzt neben Textilien- und Nährmittel- (Brauereien oder Mühlen) die Schwerindustrie.

Obwohl sich der neue Absolutismus ausdrücklich auf die freie Gemeinde als Grundlage der Gesellschaft berief — die Gemeinde verwaltete sich selbst durch gewählte Vertreter dreier Klassen —, versuchten die ehemaligen Grundherren jetzt als Großgrundbesitzer oder Großagrarier sich der Gemeindeverwaltung zu entziehen, wo sie nur konnten, und sich ihre administrative Autonomie zu bewahren, indem sie in ihrer Domäne für politische Ordnung und für den Straßenbau sorgten. Auch die Pfarreien blieben in der Abhängigkeit des Adels, dieser schlug dem Bischof die Kandidaten seiner Wahl vor und übernahm dafür die Instandhaltung der Gotteshäuser. Auf diese Art bewahrte sich der adelige Großgrundbesitz seine Autonomie und den Charakter eines Kleinstaates. Eines Kleinstaates, der sich seinerseits modernisierte. Wo im 18. Jahrhundert keine barocken Prunkschlösser hingebaut wurden, baute man jetzt Schlösser im neugotischen Stil, wie in Frauenberg, dem Sitz der Schwarzenberg. War der Besitzer zu Hause, dann flatterte seine wappengeschmückte Fahne vom Turm. An Wegkreuzungen und Forstwegen trugen Wegweiser den Namen des Gutes. In der Nähe der niederösterreichisch-ungarischen Grenze kann der Reisende noch heute die Lilienwappen auf den Wegweisern der „Herrschaft Frohsdorf" bewundern, wo Heinrich V., Graf von Chambord, der letzte Thronprätendent Frankreichs, seine traurigen Exiljahre verbrachte. So blieb die Physiognomie der alten Grundherrschaft in vielen Gegenden Böhmens, Österreichs, Galiziens und Ungarns auch in der Epoche des Kapitalismus und der bürgerlichen Gleichheit vielfach erhalten. Für viele bäuerliche Familien bot der Dienst bei der Herrschaft noch immer die besten Voraussetzungen für den beruflichen und sozialen Aufstieg des Sohnes: als Diener, Kutscher, Reitknecht, Forstgehilfe, Buchhalter, Verwalter oder Archivar. Auf gut geführten Gütern gab es Krankenversicherung und Altersrente für die Angestellten. Das Personal einer Herrschaft genoß durchaus soziales Ansehen und führte ein wesentlich angenehmeres Leben als ein Arbeiter oder ein Bauer auf seiner winzigen Parzelle. So bot das alte System unbezweifelbare Vorteile für eine große Anzahl von Familien, wenn es auch den allgemeinen wirtschaftlichen Fortschritt behinderte und letzten Endes zu Stagnation und Routine führte.

Der patriarchalische und paternale Charakter der adeligen Herrschaft blieb der bezeichnende Zug der bäuerlichen Gesellschaft des Reiches, bis die Reformen der demokratischen Republiken und das sozialistische Regime ihn abschaffte. Er war lange Zeit das Resultat des Gleichgewichts zwischen lebendiger Tradition und technischem Fortschritt gewesen.

Parallel zu der neuerlichen Kräftigung des Großgrundbesitzes entwickelte sich die Industrialisierung des Landes. Diese war wohl das bezeichnendste Element der Epoche und gibt uns mit dem Abstand eines Jahrhunderts vielleicht den wichtigsten Schlüssel zu der verwirrenden Problematik dieser Zeit. Die Industrialisierung entsprach der Philosophie der Zeit ebenso wie einem politischen Ideal, das sich an die Größe des österreichischen Systems und der Dynastie klammerte. Die Menschenhand hatte aufgehört, das wesentliche Arbeitsinstrument zu sein, die Schöpferin des Gegenstandes und des Wohlstandes. Diese Aufgaben übernahm die Maschine mit ihren durch Dampf und Elektrizität vervielfachten Kräften. An die Stelle der Manufaktur und der Werkstatt trat die Fabrik. Zu dem Ideal des Fortschritts gesellte sich die Hoffnung auf persönliche Bereicherung durch den Profit. Die freie Arbeit umgab eine Aureole von Größe und Hoffnung. Von der Unternehmerschicht aus gesehen, konnte sich jedoch der Fortschritt nur verwirklichen, wenn die Gesellschaft vor der Gefahr von Volksaufständen geschützt wurde und vor Versuchen, die jetzige Sozialordnung eines liberalen Kapitalismus zu stürzen. Nach den Wirren der Jahre 1848 und 1849 sehnten sich die verschiedensten Wirtschaftskreise, Unternehmer, Kleinbürger und Handwerker, nach Ruhe. Die Unternehmer mußten also eine starke Regierung und Verwaltung unterstützen, die Handwerker mußten sie akzeptieren aus Gründen der täglichen Sicherheit, auch wenn sie damit provisorisch ihre politischen Ideale opferten.

Anders als zu Maria Theresias Zeiten bestand die Monarchie im Zeitalter der wirtschaftlichen Expansion nicht mehr aus einem Nebeneinander von Staaten unter ein und derselben Dynastie, sondern aus der sinnvollen Zusammenarbeit sich ergänzender Industriegebiete. Von Polen bis zum Po, von den böhmischen Bergen bis zur Save und zum Siebenbürgener Bergmassiv hatten alle Einwohner Österreichs dieselben Rechte und Chancen. Das akute Problem war die Entscheidung, ob Mitteleuropa, das sich im Vergleich zu den westlichen Ländern wirtschaftlich noch im Rückstand befand, ob dieses Mitteleuropa mit Deutschland eine Zollunion und damit einen Wirtschaftsblock von siebzig Millionen Einwohnern bilden sollte: ein Mitteleuropa, das sich von der Ostsee bis zur Adria erstreckte und seine Waren über die Donau bis ins Schwarze Meer und in den Mittleren Osten schicken konnte.

Daß dieses für die Zukunft Österreichs von großer Bedeutung sei, war die Überzeugung des Handelsministers des Kabinetts Schwarzenberg, Karl Freiherr von Bruck. Bruck, ein geborener Deutscher und Protestant, hatte in Triest seine Karriere als Geschäftsmann gemacht, war einer der Gründer des Österreichischen Lloyd und war auf Grund seiner überdurchschnittlichen Intelligenz und großen praktischen Erfahrung einer der berufensten Männer, um ein so großes Unternehmen wie die wirtschaftliche Neugestaltung Österreichs zu leiten. Jacques Droz, der in seinem Buch „L'Europe centrale" die Pläne des großen Experten analysiert, sagt von ihm, er sei mehr Deutscher als Österreicher gewesen, aber das sei zu begreifen, wenn man sich das Ziel seines Unternehmens vor Augen halte. (3) Bruck konnte allerdings in der Konferenz von Dresden sein Konzept nicht durchsetzen. Preußen, das auf Grund seiner wirtschaftlichen Macht am Rhein eines der industrialisiertesten Länder Europas war, wollte Deutschland mit Hilfe des Zollvereins beherrschen und die Allianz des Zollvereins mit den Küstenstaaten Norddeutschlands ausnutzen. Sich Gesamtösterreich anzugliedern, erschien daher weniger vorteilhaft. So wuchs die Rivalität Preußens und Österreichs innerhalb Deutschlands sowohl auf wirtschaftlichem als auch auf politischem Gebiet. Ein Mittelweg in Form von Handelsverträgen, wie sie Palacký vorgeschlagen hatte, schien vorläufig noch die vernünftigste Lösung.

Bruck schuf nun für Gesamtösterreich die Grundlagen für einen Wohlstand, den die Donauvölker trotz aller Krisen fast fünfundsiebzig Jahre lang genießen durften. Schwarzenberg und Bruck festigten zwischen den Ländern Gesamtösterreichs eine Solidarität, die in der Folge allen Stürmen und zahllosen institutionellen Veränderungen bis zur Katastrophe von 1918 standhalten sollte. Die gemeinsame Arbeit des großen Aristokraten und des Großbürgers halfen den Donauvölkern, die Ära der grundherrschaftlichen Agrarwirtschaft zu verlassen und in die Epoche des liberalen Kapitalismus und des Industriezeitalters einzutreten. Ihr gemeinsames Schicksal war es, nur die Impulse geben zu können: Bruck demissionierte 1851 und Schwarzenberg starb plötzlich im Frühjahr 1852.

Die Grundlage der Wirtschaft bildeten ab 1850 die Handels- und Gewerbekammern. Es gab sechzig davon in Österreich, jede mit zehn bis dreißig Mitgliedern. Sie hatten die Funktion, die Regierung in allen Wirtschaftsfragen zu beraten. 1851 wurden zwischen Österreich und Ungarn die Zölle abgebaut. Das ganze Reich erhielt nun ein einheitliches Zollsystem. 1859 wurde die Gewerbefreiheit eingeführt: Jedermann konnte jetzt nach Belieben im Handel und in der Industrie tätig sein, er brauchte nur den Ämtern Meldung zu erstatten. Damit war jegliche Beschränkung für die Herstellung und den Verkauf aufgehoben. An Stelle der Zünfte waren nur noch lose Verbände gestattet, welche die Einhaltung der Arbeitsverträge überwachten und die Krankenversicherungen übernahmen. 1858 löste eine neue Währung das Konventionsgeld ab, welches fast ein Jahrhundert im Umlauf gewesen war.

Diese Maßnahmen hatten die verschiedensten Auswirkungen auf die Sozialstruktur des Reiches. Die Aufhebung des Zwischenzolls brachte Un-

---

(3) Droz, J., L'Europe centrale. S. 94.

garn nicht nur Vorteile, die Gewerbefreiheit kam indessen auch dem ungarischen Unternehmer zugute. Ungarn fing an, sich zu industrialisieren: Die Zahl der Dampfmühlen war beträchtlich erhöht worden, es besaß Hütten und Stahlwerke in Óbuda. Immer noch waren jedoch Getreide und Fleisch seine wichtigsten Ausfuhrartikel. Der Westen kaufte sie ihm gerne ab und bot dafür seine Stoffe und seine Maschinen zum Verkauf an oder gleich die technische Ausrüstung ganzer Fabriksanlagen, wie zum Beispiel Zuckerfabriken. Daher haben die ungarischen Historiker nicht unrecht, wenn sie behaupten, daß die Entwicklung auf dem Textilsektor und in der Eisenverarbeitung in Ungarn durch die Überschwemmung österreichisch-böhmischer Waren zurückgeschraubt wurde, während der Großgrundbesitz ohne das Gegengewicht der Großindustrie dafür sorgte, daß sich die alten wirtschaftlichen Strukturen noch lange am Leben erhielten.

In Böhmen ging dagegen die wirtschaftliche Entwicklung ungleich schneller vor sich. Adel und Bürgertum waren gleichermaßen an ihr beteiligt. In der Industriellenvereinigung Böhmens bekleideten Aristokraten, wie ein Clam-Gallas, ein Salm und ein Chotek, Funktionen. Noch 1866 besaßen adelige Familien in Böhmen 500 von 900 Brauereien, 300 von 400 Schnapsbrennereien, 80 von 120 Zuckerfabriken. Trotzdem profitierte am meisten das Bürgertum von dem wirtschaftlichen Aufschwung. Es fand Eingang in die Handelskammern und „tschechisierte" erfolgreich die Industriellenvereinigung; denn die Betonung der Nationalität, welche auch im neuen Unterrichtswesen starke Unterstützung fand, war von nun an eng ans Klassenbewußtsein gebunden.

Zwei Voraussetzungen waren für eine wirtschaftliche Aufwärtsentwicklung vonnöten: ein ausreichendes Verkehrsnetz und Bankkredite. Letztere hatte es bisher nur für den Staat und für den Handel gegeben: Von nun an finanzierten die Banken auch die Industrie.

Die Eisenbahnen waren ursprünglich staatlich gewesen. Aber der Staat, dessen Mittel durch die öffentlichen Ausgaben überfordert waren, sah sich nicht in der Lage, mehr zu investieren. Daher schien es die beste Lösung, die Eisenbahnen an private Gesellschaften abzutreten. Die Bank Salomon Rothschild, die Österreichische Nationalbank und die französische Gruppe Péreire interessierten sich für Projekte, und in wenigen Jahren konstituierten sich die Nordbahn- und die Südbahngesellschaft. Damit war die Verbindung von Böhmen bis zum Hafen Triest und zwischen den wichtigsten Industriegebieten sichergestellt. 1851 wurde auch die Verbindung zwischen Prag und Sachsen über Teschen und Bodenbach hergestellt und damit das Kohlenrevier mit dem Textilindustriegebiet verbunden. Am 17. Juli 1854 übergab man die Semmeringbahn dem Verkehr, das gigantische Werk des Ingenieurs Ghega. Dafür hatte ein anderer Ingenieur namens Engerth eigens eine Lokomotive für die zu bewältigende Steigung gebaut. 1858 übernahm die Südbahngesellschaft auch die Linie Wien—Triest und baute die Linien nach Krain, Kroatien, Slawonien und ins westliche Ungarn weiter aus.

In Ungarn durchquerte die Eisenbahnlinie von Preßburg aus die Tiefebene nördlich der Donau. Bei Galánta und Neusohl stieß sie wieder zur Donau und folgte ihrem Lauf bis Buda. In den Jahren zwischen 1849 und 1866 erhöhte sich das Schienennetz von 178 Kilometern auf 2158 Kilometer. Dem Ausbau des Schienennetzes entsprach die Schiffbarmachung der Donau. Dank der durch die Donaudampfschiffahrtsgesellschaft geförderten Flußregulierungen konnte man auf dem Fluß schwere Güter und Getreide zu vernünftigen Preisen transportieren. Durch den Zustrom der Alpenflüsse noch verstärkt, durchfloß die Donau von der österreichischen Reichsgrenze bis zum Eisernen Tor mehr als 1000 Kilometer, und obwohl die Schiffahrt frei war, kam der Verkehr auf der Donau mehr und mehr unter die Kontrolle Österreichs. Jenseits des Eisernen Tors allerdings war der Fluß türkisch bis zur Deltamündung. 1812 rückten die Russen bis zu einem Deltaarm vor. Im Konkurrenzkampf zwischen Rußland und Österreich eröffnete sich damit ein neues Feld; denn Österreich hatte durch frühere Verträge mit der Pforte und durch allgemeine Absprachen auf dem Wiener Kongreß das Recht zugesichert erhalten, mit seinen Schiffen bis zum Schwarzen Meer fahren zu dürfen. Die beiden Mächte vereinbarten 1840 in Petersburg, daß Rußland die Mündung Sulina zugesprochen bekam und hier von März bis Dezember für einen Leuchtturm zu sorgen hatte. Die Donau war also eigentlich unterteilt in eine vaterländische Donau und in eine Art koloniale Donau, wo Rußland, die Türkei und bald andere fremde Mächte ihre Interessen spielen ließen.

Der Pariser Kongreß unterstellte 1856 diesen Teil der Donau einer internationalen Kommission. Für Österreich war es natürlich ein Nachteil, den Strom, der seine Achse bildete, nicht bis zur Mündung zu beherrschen. Aber da in der Mitte des 19. Jahrhunderts die untere Donau noch nicht reguliert war und das Eiserne Tor weiterhin ein starkes Hindernis für die Schiffahrt bedeutete, blieb der obere Teil von Passau bis zum Eisernen Tor ohnehin der wichtigste Abschnitt dieser natürlichen Verkehrsader, an deren Ausnützung alle Länder der Monarchie interessiert waren.

Wie schon erwähnt, war die weitere Industrialisierung weitgehend von Bankkrediten abhängig. Die wichtigsten Produktionszentren befanden sich auf Grund alter Textiltraditionen, Eisenvorkommen und Energieschätze in Nordböhmen, in Mähren und in Schlesien. Das Finanzzentrum aber blieb Wien, hier sammelte sich inländisches und ausländisches Kapital.

So gründeten die Wiener Rothschilds 1856 die „Creditanstalt“ mit Hilfe der böhmischen Großgrundbesitzer, der Fürstenberg, Schwarzenberg und Chotek. Der großen und kleinen Industrie kam somit das Geld der Agrarwirtschaft zugute. Nebenbei bemerkt, beruhten die Einkünfte der Agrarwirtschaft immer noch auf der Grundrente und der Arbeit der tschechischen Bauern.

Für eine schnellere Abwicklung des Kreditwesens war es nun notwendig, daß die Wiener Banken Filialen in den Provinzen gründeten oder sich entsprechende Partner suchten. Die „Creditanstalt" trat in eine Partnerschaft mit der „Tiszavidéki Vasuttarsasag" in Budapest und gründete 1857 in Böhmen eine Filiale, die erste Depositenkassa des Königreichs, für die sich sogleich deutsches und jüdisches Kapital interessierte. Die Bank Péreire hatte seinerzeit versucht, den Rothschilds mit der Gründung einer Bank zuvorzukommen. Jetzt gründete sie statt dessen die „Allgemeine Österreichische Bodenkreditanstalt" nach Pariser Vorbild. Diese Bemühungen auf dem Banksektor erklären die ansteigende Kurve des privaten Kapitalismus und die nur durch eine Überproduktionskrise von 1857 unterbrochene Aufwärtsentwicklung des Industriezentrums Reichenberg, das Anwachsen der Vororte von Prag (Smichov hatte schon 1851 2608 Einwohner und kam 1869 auf 15.382 Einwohner), die Vergrößerung Pests und die spektakuläre Erweiterung Wiens.

Ende 1857 gab der Kaiser seinem Innenminister offiziell Weisung, die alten Befestigungen der Stadt abreißen zu lassen. Sie hatten zwar die Armeen Napoleons nicht aufhalten können, aber nach den Unruhen des Jahres 1848 bedeuteten sie für die Innenstadt einen gewissen Schutz gegen das Proletariat der Vorstädte. Nun aber, da der allgemeine Wohlstand der beste Schutz für die öffentliche Ordnung darzustellen schien, konnten die Befestigungen verschwinden. An ihrer Stelle sollte ein breiter kreisförmiger Boulevard angelegt werden: die Ringstraße.

Die Breite der neuen Straße entsprach der Schußweite der Gewehre, und dadurch, daß an allen strategisch wichtigen Punkten Kasernen gebaut wurden, bot sie sogar mehr Sicherheit als das alte System. Die Gebäude am Rande der Prachtstraße mußten in Stein und besonders solide gebaut werden. Auf freien Plätzen oder von Gärten umgeben erhoben sich zahlreiche öffentliche Gebäude: die neuen Flügel der Hofburg, davor der weite Heldenplatz, eine neue Universität, ein neues Rathaus und später, als der Konstitutionalismus etabliert war, ein neues Parlament, ein neues Burgtheater und schließlich als Tempel der Kultur des Kaiserreiches die neue Oper. In der Nähe des Rings wurde die Votivkirche erbaut, als Dank, daß der junge Kaiser einem Attentat entgangen war. Der Stil dieser Architektur war eklektisch. Reminiszenzen an die griechische Antike, an die mittelalterliche Kunst, an die italienische Renaissance und ans Barock formten hier gemeinsam ein städtisches Ensemble, über das man im Detail vielleicht streiten könnte, aber das eine unbestreitbare Wirkung von Würde und Eleganz ausstrahlt, eben weil es maßvoll blieb und den Menschen nicht erdrückte. Wien wurde nach den Worten des Journalisten Jörgl endlich das, was es schon lange hätte sein sollen: ein deutsches Paris, eine Weltstadt. Die besondere Kultur der Stadt Wien, dieses Schmelztiegels der Nationen, gab der Ringstraße ihren spezifischen Charme, dem auch der Bombenkrieg 1943 bis 1945 und die politischen Veränderungen von 1945 nichts anhaben konnten. In unseren Augen ist die Ringstraße einer der harmonischsten städtebaulichen Anlagen Europas.

DER NEOABSOLUTISMUS DER ÄRA BACH

Nach dem Tod des Fürsten Schwarzenberg bestimmte Franz Joseph I. keinen neuen Ministerpräsidenten. Die wichtigste Persönlichkeit der Regierung war von nun an der Minister des Inneren, Alexander von Bach, ursprünglich ein Liberaler, der sich seit der Revolution zu einem autoritären Kurs bekehrt hatte. In der Geschichtsschreibung wird die achtjährige Ära Bach als Periode finsterer politischer Reaktion, der unerbittlichen Zentralisation und Germanisierung bezeichnet. Sie war aber auch eine Epoche wirtschaftlichen Aufschwungs. Graf Thun, der Kultusminister, wurde mit der Neuordnung des Unterrichtswesens beauftragt. Durch eine verbesserte Ausbildung hoffte man, sich eine Elite heranzuziehen, die den Ansprüchen der modernen Gesellschaft ebenso Genüge leisten würde, wie sie dem Kaiser und dem Staat treu ergeben zu sein hatte. Die Zeit brauchte Ingenieure, Beamte und Techniker. Die Universitäten erhielten mehr Selbständigkeit. Die Fakultäten wählten nun ihre Professoren selbst und durften sich die Fachleute auch aus dem Ausland holen. Damit traten die österreichischen Universitäten in einen fruchtbaren Wettbewerb mit den deutschen. Die Freiheit der Forschung war gesichert, sofern sie sich an die Gesetze der Religion und des Staates hielt. Die wichtigsten Neuerungen betrafen jedoch die Mittelschulen. Die achtklassigen Gymnasien sorgten für eine humanistische Ausbildung mit Latein und Griechisch, die Realschulen vermittelten dagegen hauptsächlich mathematische und naturwissenschaftliche sowie neusprachliche Kenntnisse. Wie die Gymnasien die Vorstufe zur Universität darstellten, bereiteten die Realschulen auf die Technische Hochschule vor. Ohne Zweifel kam diese Neuordnung vor allem dem aufsteigenden Bürgertum zugute. Die deutsche Sprache hatte sich als Staatssprache durchgesetzt, als Sprache der Verwaltung, der Armee und der Wirtschaft. Es wäre jedoch unrecht, zu behaupten, daß das System versucht habe, die Nationalsprachen zu unterdrücken: In den Städten und Distrikten, in denen Slawen und Magyaren in der Überzahl waren, wurde in den Mittelschulen in der jeweiligen Mehrheitssprache unterrichtet. Ebenso richtete sich auch in den Grundschulen der Unterricht nach der Sprache der Gemeinde.

In den folgenden Jahrzehnten forderten die verschiedenen Nationalitäten in dem Maße, in dem ihre Bevölkerungszahlen stiegen, immer mehr Grund- und Mittelschulen, in denen Deutsch nur als zweite Sprache galt. Später forderten die oberen Schichten dieser Nationalitäten sogar ihre eigenen Universitäten. Zu dieser geistigen Entwicklung der Nationalitätengruppen war es jedenfalls im Rahmen der Thunschen Reformgesetze gekommen.

Als Graf Thun im Jahre 1845 in Wien das „Institut für Österreichische Geschichtsforschung" gründete, wollte er damit nicht eine weitere Geschichtsstätte schaffen, sondern ein neues Forschungszentrum, an dem die Gelehrten der verschiedenen Universitäten des Reiches (Wien, Prag, Budapest) zusammenarbeiten sollten, um die positiven Aspekte der Vergangenheit besser ins Licht zu rücken. Damit wurde sowohl die individuelle nationale

Geschichtsforschung als auch die Zusammenfassung der verschiedenen Resultate gefördert und zum Verständnis einer Assoziierung beigetragen.

Graf Thun war kein Fanatiker. Aber ebenso wie sein Zeitgenosse Thiers war er davon überzeugt, daß auch die moderne Gesellschaft nicht ohne eine solide religiöse Basis existieren könne. Aus diesem Grunde war er bereit, den Josephinismus zu opfern und dem Klerus wieder mehr Platz im öffentlichen Leben zuzubilligen. Dies war der Sinn des Konkordats, welches 1855 mit dem Heiligen Stuhl unterzeichnet wurde. Für die Veröffentlichung der päpstlichen Bullen benötigte der Heilige Stuhl nun kein kaiserliches Plazet mehr, Rom durfte sich wieder direkt mit den Bischöfen ins Einvernehmen setzen, eine katholische Ehe durfte nicht mehr geschieden werden, der Klerus erhielt maßgebenden Einfluß auf das öffentliche Schulwesen, was eine Einschränkung der Lehrfreiheit ohne Beispiel bedeutete, und der Religionsunterricht wurde obligatorisch an Grund- und Mittelschulen. Die Bischöfe schlugen dem Kaiser und den lokalen Autoritäten ihre Kandidaten für die Pfarreien und höheren Würden vor. Bezahlt wurden sie aber noch immer aus dem Religionsfonds.

Diese Klerikalisierung der Gesellschaft stieß auf heftige Kritik in liberalen Kreisen und mußte achtzehn Jahre später durch die Gesetze von 1874 abgeändert werden. Dennoch haben sich viele Resultate als dauerhaft erwiesen. Das Konkordat hat die Rolle des Klerus im Leben Österreichs gesetzmäßig verankert, in demselben Maße, wie der Josephinismus ihn bekämpft hatte. Es hat dadurch beim österreichischen Klerus das Gefühl der Sicherheit verstärkt und hat die Entfremdung der Arbeiter und die wachsende Gleichgültigkeit und Heuchelei bei den Bürgern doch nicht verhindern können. Andererseits hat das Konkordat der Kirche und der Religion ihren ehrfurchtgebietenden Charakter erhalten. Der Glanz der kirchlichen Feste, besonders der mit Hilfe der Armee und der zivilen Autoritäten inszenierte Fronleichnamszug, die Kruzifixe in den Bürgermeisterämtern, Schulen, Gerichten und Postämtern, die auch von den Nachfolgestaaten bis zum Zweiten Weltkrieg toleriert wurden, alles dies sind Charakteristika der „österreichischen Zivilisation" und der religiösen Durchdringung des öffentlichen Lebens. In den gleichen Jahren wurde den Protestanten die Religionsfreiheit zugesprochen, und die Juden erhielten 1867 ihre vollständige bürgerliche Gleichberechtigung.

Parallel dazu entwickelte sich die Regierung Bach zu einem Polizeiregime. Die Polizei war vom Innenministerium getrennt und einer eigenen Direktion unterstellt worden. Einer kleinlichen und erniedrigenden Bespitzelung des öffentlichen und privaten Lebens waren nun keine Grenzen mehr gesetzt. Alle jene, auf die nur der Schatten der Liberalität fallen konnte, wurden unablässig verfolgt. In Böhmen übte der Polizeidirektor Sacher-Masoch eine besonders verhaßte Gewaltherrschaft aus. Selbst Palacký blieb davon nicht verschont. Auch Rieger, der 1852 sein Schwiegersohn wurde, hatte nach seiner Rückkehr aus dem freiwilligen französischen Exil mit zahllosen Feindseligkeiten zu rechnen, als das Thema seiner Doktorarbeit bekannt wurde. Der Journalist Havlíček kam in Brixen ins Gefängnis, erkrankte dort an Tuberkulose und sollte daran später in Prag sterben. Seine von der Polizei überwachte Beerdigung nahm den Charakter einer nationalen Manifestation an, und eine Frau legte auf seinen Sarg einen symbolischen Dornenkranz. Die Frau war Božena Némcová. Ein Jahr später konnte sie ein Buch durch die Zensur bringen, das seit hundert Jahren Generationen von Tschechen unter allen möglichen Regierungen gelesen und geliebt haben: „Babicka" (Die Großmutter). „Babicka", schreibt Arne Novák, „ist die Inkarnation der slawischen Mütterlichkeit. Ihre Güte und Nachsicht ist ein Spiegelbild der mütterlichen Natur."

Die Liebe „Babickas" für ihr Vaterland und die tschechische Erde, die Erinnerungen an ihre Kindheit, wo sie einmal Joseph II. (dem Wundermenschen) begegnet war, ihre Frömmigkeit und Großzügigkeit gegenüber den noch Ärmeren und Kranken, ihre Klugheit und Naivität formen zusammen das ausdrucksvolle Bild einer Bäuerin ebenso zeitnah wie zeitlos. „Durch die Welt der ‚Babicka' ", schreibt Pekař, „begreift man besser die Widersprüchlichkeiten der österreichischen Monarchie, welche den Absolutismus über 1860 hinaus unerträglich machten."

1859 UND DIE NATIONALITÄTENFRAGE

Die ansteigenden Bevölkerungszahlen, eine Folge der relativ ruhigen letzten Jahre und der erfolgreichen Seuchenbekämpfung, machten sich vor allem in den Städten und Industriezentren bemerkbar.

Die Bedingungen der Arbeiter waren jedoch miserabel: eine Arbeitsdauer von zwölf bis vierzehn Stunden täglich, Frauen- und Kinderarbeit in der Fabrik, körperliche Züchtigung und ein Hungerlohn von meist 70 Kreuzern am Tag.

Die Mehrzahl der Einwohner lebte noch immer von der Landwirtschaft. Noch im Jahre 1869 waren von 10.000 Menschen 5.229 in der Landwirtschaft tätig und nur 2.916 in der Industrie, 303 im Handel, 1.552 in anderen Bereichen. Die Besitzverhältnisse auf dem Lande kennzeichnen folgende Zahlen aus Böhmen: Von 640.000 Gütern und Höfen waren 992 in den Händen von Großagrariern und nahmen 34 Prozent der Bodenfläche ein. Zwischen 1847 und 1857 stiegen die direkten Steuern in derselben Provinz von 11,833.946 Gulden auf 20,589.065 an und die indirekten Steuern von 19,566.498 auf 37,697.241, was für einen allgemeinen wirtschaftlichen Aufschwung spricht. Die ständigen Steuererhöhungen stellten eine erhebliche Belastung der Bauern und Kleinbürger dar. Außerdem flossen die Einnahmen des Staates nicht wieder in soziale Einrichtungen zurück; denn das Militärbudget fraß den größten Teil (ungefähr ein Drittel) der Einnahmen (hundert Millionen gegenüber dreißig im Handelsministerium, und die

Polizei bekam doppelt so viel wie die Kultur. Auch die Beamten waren schlecht bezahlt und machten in der bürgerlichen Gesellschaft den Eindruck armer Verwandter.

Trotzdem kam der Staat mit den Steuereinnahmen aus dem eigenen Land nicht aus; seine Abhängigkeit vom ausländischen Kapital wuchs, und die internationale Situation wurde dadurch immer komplizierter. Um sich gleichwertig neben den Großmächten halten zu können, mußte Österreich das Großwerden Preußens in Deutschland verhindern und Rußlands Vorgehen im Nahen Osten überwachen. Schließlich mußte sich Österreich um die Türkei kümmern, die immer mehr unter die finanzielle Bevormundung der Großmächte geriet. England und Frankreich waren sich nähergekommen und betrieben gemeinsam eine aktive Außenpolitik. Als die russische Armee mit ihrem Einmarsch in die Donauprovinzen den Krimkrieg vom Zaun brach, stellten sich England und Frankreich auf die Seite des osmanischen Reiches, um damit Rußlands angestrebte Herrschaft über den Nahen Osten zu verhindern. Die österreichische Politik verriet durch ihre Unsicherheit die Schwäche eines Staates, der sein inneres Gleichgewicht nach den Erschütterungen von 1848 noch nicht wiedergefunden hatte. Österreich betrieb die Evakuierung der Donauprovinzen, mobilisierte seine Truppen und bereitete wenigstens nach außen den Krieg gegen Rußland vor. Dabei hoffte es, seine Neutralität bis zur Wiederherstellung des Friedens bewahren zu können. Der Friedenskongreß von Paris 1856 wurde jedoch zu einem Erfolg Napoleons III. und mehr noch Englands. Die Donauprovinzen wurden zu autonomen Fürstentümern erhoben; und so wie bereits ein Fürstentum Serbien und ein Königreich Griechenland entstanden war, wurde jetzt ein rumänischer Staat ins Leben gerufen. Eine internationale Donaukommission übernahm, wie schon erwähnt, die Kontrolle über die Schiffahrt auf der unteren Donau, vom Eisernen Tor abwärts. Die Zeiten des Prinzen Eugen waren jedenfalls vorbei, wo Österreich noch allein im Osten agieren konnte. Es war jetzt von der Absprache mit den anderen europäischen Mächten abhängig. Auch in Norditalien wurde es für Österreich immer schwieriger, seine Macht zu bewahren. Die Bewegung des „Risorgimento“ fand immer mehr Anhänger, es war aber klar, daß die italienische Einheit nur gegen den Willen Österreichs verwirklicht werden konnte. Der Piemonteser hatte sich am Krimkrieg weniger aus militärischen Erwägungen beteiligt, als um am Pariser Friedenskongreß teilzunehmen und die Aufmerksamkeit Europas auf sich zu lenken. Er übernahm fortan die führende Rolle in der italienischen Unabhängigkeitsbewegung. Um aber gegen Österreich vorgehen zu können, brauchte er die Allianz Napoleons III. In der Prestige-Politik, die der Kaiser der Franzosen unter dem Vorwand verfolgte, die Grenzen der europäischen Landkarte gerechter ziehen zu wollen, indem er die einzelnen Neutralitäten berücksichtigte, war der Sieg über Rußland ein erster Erfolg gewesen. Napoleon III. hoffte, diesen Erfolg durch einen Krieg gegen Österreich zu vervollständigen, obwohl er eigentlich keinen Grund für Feindseligkeiten gegen Österreich hatte. Aber ein neuer Feldzug würde ihm, wenn er günstig verliefe, neue Grenzkorrekturen gestatten, mit denen er vor der Öffentlichkeit die Verluste des Jahres 1815 wieder ausgleichen könnte. Da England ihm keinerlei Hilfe anbot, versuchte Napoleon ein Bündnis mit Rußland anzuknüpfen, indem er ihm auf Kosten Österreichs verlockende Angebote machte. So versprach er dem Zaren Galizien und schlug ihm vor, in Ungarn einen nationalen Aufstand anzuzetteln.

Aber dieses Projekt war dem Zaren viel zu revolutionär. Ein befreites Ungarn, in dem Kossuth wieder zu Einfluß kommen könnte, erschien dem Zaren viel zu gefährlich. Der Zar war auch nicht an der Erwerbung neuen polnischen Territoriums interessiert, wohl aber daran, daß die Interessensgemeinschaft der drei Teilungsmächte weiter bestand. Zwar hatte Österreichs Haltung während des Krimkrieges die russische Regierung sehr verärgert, und sie konnte Österreich diese Undankbarkeit, wie sie es nannte, bis zum Kriegsausbruch 1914 nicht vergessen, aber aus politischer Klugheit verzichtete sie auf eine Rache, welche sie vielleicht teuer zu stehen gekommen wäre.

Frankreich stellte sich also ohne die Unterstützung der Großmächte auf die Seite Piemonts. Auch die ungarischen Revolutionäre hielten sich zurück; denn Kossuth wußte nur zu gut, daß Napoleon III. einen neuerlichen Aufstand nicht wirklich unterstützen würde. Unter diesen Umständen konnte der Kaiser der Franzosen trotz seiner glänzenden Siege bei Magenta und Solferino seinen ursprünglichen Plan, Italien von den Alpen bis zur Adria zu befreien, nicht durchführen.

Österreich aber war geschlagen und wurde gezwungen, die Lombardei abzutreten. Frankreich erhielt Savoyen und nach einer Volksbefragung die Grafschaft Nizza.

Der Prestigeverlust, der die unvermeidliche Folge dieser Niederlage für Österreich war, und der Verlust einer so reichen Provinz wie der Lombardei, auch wenn sie schwierig zu regieren gewesen war, zwangen Österreich, sich wieder mehr der Innenpolitik zu widmen und mit einigen Reformen das Vertrauen seiner Untertanen wiederzugewinnen. Louis Eisenmann schreibt, daß die Veränderungen an der Verfassung zwischen 1859 und 1867 aus außenpolitischen Gründen und weniger aus innerer Notwendigkeit durchgeführt worden sind. (4)

Für die unter österreichischer Herrschaft verbliebenen italienischen Provinzen zählten die wirtschaftlichen Vorteile weit weniger als ihre Sehnsucht nach Unabhängigkeit und Vereinigung mit den Brüdern der Halbinsel. Die Polen Galiziens dagegen wußten sehr wohl, zumindestens der Adel und das Bürgertum, daß von den drei Teilungspartnern Österreich ihnen noch das beste Los zugedacht hatte. Auch in der gemeinsamen Religion sahen sie einen Grund mehr, geduldig auf die politischen Vorteile zu warten, die

---

(4) Eisenmann, L., Le Compromis austro-hongrois. Dijon 1903.

sich aus der Bindung an Österreich ergeben würden. Auch die anderen Provinzen waren in keiner Weise separatistisch gesinnt, auch wenn ihre Forderungen noch so dringend klangen. Ihre Wünsche beschränkten sich auf eine Umformung des politischen Systems und auf mehr Freiheit. Niemand wünschte sich jedoch, zumindest in den aufsteigenden Klassen, den Untergang eines Reiches, das sich für die Aufrechterhaltung der Ordnung gegenüber allen revolutionären Gefahren verbürgt hatte und das fähig schien, seine Kriege auf ausländischem Territorium abzuwickeln und das Innere der Monarchie davon zu verschonen.

Jedenfalls hatte der Begriff Vaterland bei den Völkern Österreichs eine ganz andere Bedeutung. Es handelte sich hier nicht um eine Verbundenheit mit dem Ganzen oder um diesen österreichischen Patriotismus, von dem Schwarzenberg geträumt und vielleicht mit dem Loyalismus zur Dynastie verwechselt hatte, es handelte sich hier vor allem um die Liebe zum Heimatland und zur eigenen Sprache, die immer mehr das wichtigste Merkmal der nationalen Zugehörigkeit wurde.

Und aus Liebe zum Heimatland trat man für das Weiterbestehen des Reiches und der Dynastie ein. Franz Joseph war in Wien recht beliebt, auch der Charme und die Jugend der Kaiserin Elisabeth, die er 1854 geheiratet hatte, trugen zu seinem Ansehen bei. Aber in den monarchistisch gesinnten Provinzen hatte der Respekt vor der überlieferten monarchischen Institution sicherlich noch mehr Gewicht als die Anhänglichkeit an die Person Franz Josephs. Es erschien immer notwendiger, diesem eine andere Weihe zu verleihen als die der selbstherrlichen Macht, die er seit 1851 betont zur Schau trug.

Im lokalen Patriotismus sind zwei verschiedene Elemente zu beachten, die sich einerseits ergänzten, andererseits einander feindlich gegenüberstanden. Da, wo eine historische Tradition bestand, warf man dem zentralistischen System von 1852 vor, diese Tradition gebrochen und mißachtet zu haben; da, wo allein die Nationalität ihr Recht geltend machte, brauchte man die Weihe des Gesetzes und Sicherheiten für eine zukünftige eigenständige Entwicklung.

Ungarn lehnte die neue Ordnung ab, weil sie die Privilegien des Königreichs, die man als politische Errungenschaften des Jahres 1848 heftig verteidigt hatte, negierte. Die neue Ordnung stützte sich ja auf die Niederlage von 1849. Mit allem Nachdruck trat der Adel daher für die Wiedereinsetzung der alten Verfassung ein. Der Radikalismus Kossuths hatte das Land in unnötige Gefahren gebracht. In politischen Kreisen beobachtete man besorgt das wachsende Selbstbewußtsein der Kroaten, Slowaken und Rumänen. Diese forderten ihrerseits immer mehr Rechte für ihre Freiheit und Nationalität. Die herrschenden ungarischen Kreise hofften nun beweisen zu können, daß ein restauriertes, mit seinen alten Rechten ausgestattetes Ungarn seinen Kroaten, Slowaken und Rumänen mehr Vorteile bieten könnte als Wien.

In Böhmen hatte sich der Gegensatz zwischen Deutschen und Tschechen seit 1848 verschärft, denn die tschechische Sprache und das tschechische Nationalbewußtsein konnten sich nur im Zurückdrängen der deutschen Positionen weiterentwickeln. Der Gegensatz war jedoch noch nicht unüberwindbar, und auf tschechischer Seite glaubten die politischen Anführer, daß eine Rückkehr zur alten Verfassung auch zu einer Versöhnung zwischen den beiden Gruppen führen könnte. Die bürgerlichen Politiker verfolgten nicht ohne Sehnsucht, ja Neid, die Ereignisse in Ungarn, wo die nationale Sache von Männern mit großen Namen verfochten wurde. In Böhmen war der Adel durch die historische Entwicklung und den sozialen Habitus germanisiert oder mehr oder weniger „austrifiziert" worden. Heiraten mit Deutschen und der Gebrauch der deutschen Sprache im Privatleben hatte auch in adeligen Familien mit einem alten tschechischen Stammbaum die nationale Integrität aufgeweicht. Trotzdem hätte die Unterstützung des Adels der nationalen Sache dienen können. Palacký definierte folgendermaßen seinen Standpunkt: „Wir können dem Adel unmöglich politische Privilegien zuerkennen nur auf Grund seiner Geburt. Aber wir nehmen ihn mit Freuden auf, wenn er seine Arbeitskraft, welche frei von materiellen Sorgen sich entfalten kann, ganz in den Dienst der Nation und ihrer politischen Interessen stellen will." (5)

Diesem Appell folgten ein Graf Clam-Martinic und ein Fürst Karl Schwarzenberg. Aber schon meldeten die Liberalen im Lande ihre Sorge an, daß ein solches Bündnis zwischen den Führern der Bürgerlichen und den Aristokraten zu einer konservativen Politik führen würde.

In Ungarn verschärfte sich die Lage. In verschiedenen Broschüren, die wegen der größeren Verbreitung in Deutsch erschienen, stellten Stephan Graf Széchényi, Baron Eötvös und Graf Szécsen klar, daß nur die Rückkehr zu der alten Verfassung des Königreichs Ungarn Österreich konsolidieren könnte, während man unter dem trügerischen Vorwand der Gleichheit aller nur zu einer Unterdrückung der Nationalitäten, der einen durch die anderen, kommen würde. Durch die Mißachtung der historischen Rechte seien die Grundlagen der Monarchie erschüttert worden. Auch die sogenannte Wirtschaftshilfe, die Wien Ungarn seit 1851 gewährt hatte, sei illusorisch, gemessen an dem, was das Land wirklich brauche. (6) Man begriff in Wien, daß es höchste Zeit war, sich mit diesem Faktor auseinanderzusetzen.

(5) Masaryk, T. G., Česká otázka (Die tschechische Frage). 1908, S. 190. Masaryk zitiert hier den programmatischen Artikel von Palacký aus der Zeitschrift „Národní listy".

(6) In seinem Buch: Über die Gleichberechtigung der Nationalitäten in Österreich, Pest 1850, hatte J. Eötvös auf die Widersprüche des Systems von 1849 hingewiesen, das sich angeblich auf die Gleichberechtigung aller Nationalitäten stützte. Er forderte die Rückkehr zum historischen Recht und hielt es für widersinnig, den natürlichen Patriotismus zugunsten einer künstlichen Staatseinheit zu unterdrücken. 1857 erschien ein anonymes Werk, das den wirtschaftlichen Aufschwung Ungarns unter dem absolutistischen Regime betonte: „Der Rückblick auf die jüngste Entwicklungsperiode Ungarns." Der „Blick auf den anonymen Rückblick" von S. Széchenyi war eine kritische Antwort darauf.

Um seinen Reformwillen zu demonstrieren, trennte sich der Kaiser von seinen deutschen Ministern und berief einen polnischen Aristokraten, den Grafen Agenor Gołuchowski d. Ä., in sein Ministerium. Der erweiterte Reichsrat wurde aufgefordert, Institutionen zu gründen, welche nicht nur der einigenden Kraft des Reiches dienen sollten, sondern ebenso der freien Entfaltung lokaler Traditionen und Gebräuche. Dies entsprach ganz dem Programm von Baron Eötvös: „Früher verband die verschiedenen Völker des Reiches der gemeinsame Haß und die Furcht vor den Türken. Heute sollte das Band in der Gemeinsamkeit der verfassungsmäßigen Einrichtungen bestehen."

Das Diplom vom 20. Oktober 1860 kündigte daraufhin die Umwandlung der Monarchie an. Es setzte die alten Landtage wieder ein und plante die Schaffung eines Reichsparlamentes, welches sich aus den Delegierten der Landtage zusammensetzen sollte. Das Diplom wurde in den Provinzen freudig aufgenommen, weil es die harte Umklammerung der Zentralregierung aufhob, die Autorität des Landtages in jedem Land wiederherstellte und Hoffnungen auf ein weniger drückendes und gerechteres Steuersystem erweckte. Aus dieser Perspektive erschien das Diplom liberal, und die Nationalitäten erhofften sich von dem angekündigten Föderalismus Möglichkeiten für eine eigenständige Entwicklung. Aber in vielen Landtagen waren die Konservativen in der Mehrheit, und ihr beherrschender Einfluß alarmierte die Liberalen ebenso wie jene, die im Zentralismus die einzige Möglichkeit zu einer günstigen wirtschaftlichen Entwicklung sahen. Auch die zwei Begriffe Landtag und Nationalität wollten sich nicht decken. Die Slowaken hatten zum Beispiel vergeblich gefordert, daß ihnen ein Territorium mit festen Grenzen zugestanden würde. Und mußte der ungarische Landtag nicht das Oktoberdiplom als ungenügend empfinden, da es dem Königreich weder die Gesetze von 1848 noch die vollständige Autonomie zurückgab?

Das Februarpatent von 1861, welches die praktischen Bedingungen der im Diplom bekanntgegebenen Gesetze verfügte, bedeutete eine neuerliche Hinwendung zum Zentralismus. Dieses Patent war das Werk eines neuen Ministers, eines deutschen Liberalen, Anton Ritter von Schmerling. Der Reichsrat, dessen legislative Macht die der Landtage einschränkte, setzte sich aus zwei Kammern zusammen: Im Herrenhaus saßen die großjährigen Erzherzöge, hohe kirchliche Würdenträger, Mitglieder des erblichen Adels und vom Kaiser auf Lebenszeit bestimmte Personen. Das Abgeordnetenhaus bestand aus den 343 Delegierten der Landtage (diese selbst gliederten sich in vier Kurien: Großgrundbesitz, Städte, Handelskammern und Landgemeinden). Davon waren 85 Delegierte aus Ungarn (davon 9 aus Kroatien), 82 aus Böhmen, 38 aus Galizien, 20 aus Venetien.

Die originellste Verordnung betraf wohl die zwei verschiedenen Aspekte des Reichsrats: Als „gesamter Reichsrat" befaßte er sich, einschließlich der Vertreter Ungarns, mit den allen gemeinsamen Angelegenheiten des Reiches, als „engerer Reichsrat" behandelte er unter Ausschluß der Ungarn alle Fragen, die Ungarn nicht betrafen. Das System hatte gewisse praktische Vorteile und verstärkte die Solidarität der westlichen Teile des Reiches. Aber es setzte auf diese Weise eine politische Instanz über den Landtag von Ungarn und gleich zwei über die anderen Landtage. Anstatt also die Öffentlichkeit durch Ansätze zum Liberalismus und zu einem Repräsentativsystem zu gewinnen, steigerte das Patent nur die regionalen Widerstände. (7) Der ungarische Landtag erklärte denn auch prompt, daß er seine Delegierten nicht in den gesamten Reichstag zu schicken gedenke, weil er es ablehne, eine höhere Instanz über sich anzuerkennen. Damit war das ganze System wieder in Frage gestellt.

Zur Stärkung des Nationalbewußtseins wurde innerhalb der Bevölkerungsgruppen nun auch Propaganda betrieben. Begünstigt durch den wirtschaftlichen Aufschwung war man bereit, Geld für die patriotische Sache zu spenden. Es wurden Journale, Zeitungen und Bücher auf den Markt geworfen und alle möglichen Gesellschaften gegründet. In Böhmen riefen 1862 die Doktoren Scheiner und Tyrs einen Turnverein ins Leben, die „Sokols" (Falken), mit der Absicht, die körperliche und geistige Gesundheit der Nation zu verbessern. Weiters sammelte man Unterschriften für die Errichtung eines Nationaltheaters, in dem nur Werke in tschechischer Sprache aufgeführt werden sollten. Man kaufte nur tschechische Waren und möglichst nur bei Landsleuten. Mangelnde Qualität wurde durch nationalen Eifer ersetzt. In Ungarn gründeten die Slowaken einen Verein, „Matice Slovenská", zur Subventionierung von nationalen Schulen. Die Lehrer wurden auch mit den notwendigen Unterrichtsmaterialien ausgestattet: Grammatiken, Wörter- und Lesebücher. In all diesen Unternehmungen steckte viel Idealismus, leider auch viel Haß zwischen den nationalen Gruppen.

Zu diesem Zeitpunkt brauchte man nicht mehr zu befürchten, daß die Regierung diese nationalen Bestrebungen unterdrücken würde. Der Liberalismus gehörte für jeden vernünftigen Menschen, der nicht außerhalb seiner Zeit stehen wollte, zum alltäglichen Gedankengut.

Österreich, dem man noch vor kurzem vorgeworfen hatte, eine reaktionäre, klerikale und despotische Macht zu sein, hatte seinen Ruf im Ausland von dem Augenblick an, wo es eine Verfassungsreform ankündigte, gewaltig verbessern können. Die Provinzlandtage wurden zu Tribünen für patriotische Redner.

Kossuth allerdings verdammte von seinem Exil aus jeden Versöhnungsversuch mit Österreich und der Dynastie als Verrat am Vaterland. Dagegen verfocht er die Möglichkeit einer Donauföderation, unter der Bedingung, daß sie von freien Völkern gebildet würde. Aber dazu waren diese Völker noch längst nicht reif genug. Graf Julius Andrassy d. Ä. dagegen, der an

(7) Über das Diplom und das Patent vlg.: Hellbling, a.a.O., S. 357ff.

den Ereignissen von 1848 beteiligt gewesen und der Todesstrafe nur durch die Emigration entgangen war, ging auf das Angebot der Amnestie ein und kehrte nach Ungarn zurück. Mit Eötvös, Deák (Széchényi hatte in nervöser Depression Selbstmord begangen) und der jungen Generation unter Albert Graf Apponyi bereitete er die Versöhnung mit Österreich vor. Am Ostermontag, dem 11. April 1865, präsentierte Deák das ungarische Programm in einem Artikel in der Zeitung „Pesti Napló". Deák definierte hier klar die historischen Rechte Ungarns. Die Pragmatische Sanktion und die Gesetze von 1848 seien die Grundlagen für ein freies Ungarn. Ungarn, so Deák, habe kein Interesse daran, von den anderen Ländern der Monarchie getrennt zu werden, und wolle die gemeinsamen Angelegenheiten mit ihnen gemeinsam regeln. Die österreichischen Liberalen begriffen, daß die Stunde des Friedens und der Kompromisse gekommen war.

Franz Joseph unternahm, gedrängt von der Kaiserin, seine erste Reise nach Ungarn. Elisabeth, die erst nach 1848 in die kaiserliche Familie eingeheiratet hatte, empfand den Ungarn gegenüber keinerlei Ressentiments, war im Gegenteil angenehm berührt von der außerordentlichen Höflichkeit der ungarischen Gesellschaft und zeigte viel Verständnis für das Freiheitsideal des Adels. Aber eine große Wegstrecke war noch zu durchlaufen, bis man zu einer Einigung kommen konnte: „Non est coronatus, non est unctus, non est rex noster." Solange Franz Joseph sich nicht krönen ließ, stand er außerhalb der ungarischen Legalität.

Während der folgenden Wochen lief in der ganzen Monarchie die politische Agitation auf vollen Touren. In Kroatien forderten Bischof Stroßmayer und der Domherr Racki, die eine Adademie der Wissenschaften für die Südslawen gegründet hatten, die Autonomie für ihr Land und die Solidarität aller Slawen. Ihre slowenischen Nachbarn riefen nach einer Wahlrechtsreform, die Polen nach einer autonomen Verwaltung Galiziens, mit Verwaltungsbeamten eigener Sprache. Palacký gab unter dem Titel „Idea státu rakouského" seine gesammelten Artikel heraus, die bisher in der Zeitung „Národ" (Nation) erschienen waren. Ihn beunruhigte eine eventuelle Annäherung von Magyaren und Deutschen, da er befürchtete, daß die zwei stärksten Völker der Monarchie die anderen unterdrücken würden. Die Slawen sollten sich damit nicht abfinden. Palacký schrieb: „Der Tag, an dem der Dualismus proklamiert wird, wird zugleich durch unwiderstehliche Notwendigkeit der Geburtstag des Panslawismus in seiner am wenigsten erfreulichen Gestalt werden. Als Paten werden ihm die Völker des Dualismus stehen. Die Resultate möge sich der Leser selber ausmalen. Wir Slawen werden dem mit Trauer, aber ohne Furcht entgegensehen. Wir waren vor Österreich da, wir werden auch nach ihm sein." Er hoffte, daß es nicht so weit kommen würde.

Die Slawen Österreichs, welche weder auf die gleiche Geschichte zurückblicken konnten noch sich in ihrem jetzigen kulturellen und zivilisatorischen Niveau glichen, waren von gemeinsamen Aktionen weit entfernt. Und die außerhalb des Reiches lebenden Slawen, besonders die russischen, waren wegen ihrer panslawistischen Ambitionen eher gefürchtet. Der Aufstand der Polen in Rußland 1863 hatte alles noch komplizierter gemacht. Er hatte zu Sympathiekundgebungen der Tschechen, Galizier und Ungarn geführt, die damit wieder einmal ihre feindselige Haltung Rußland gegenüber demonstrieren konnten. Palacký wollte aber keinesfalls, daß der Zar der tschechischen Sache sein Wohlwollen entzöge. Der Zar hatte gerade die Leibeigenen befreit, man konnte sich von ihm noch andere liberale Konzessionen erwarten. Von der traditionalistischen Partei Palackýs, den Alt-Tschechen, hob sich mittlerweile eine noch fortschrittlichere und liberalere Partei ab: die Jung-Tschechen mit Gregr und Sladkowský. Sie unternahmen jedoch vorläufig noch keine entschiedeneren Schritte.

Im September 1865 hob der Kaiser das Patent von 1861 auf und verhandelte mit dem ungarischen Landtag über eine Verfassungsänderung, die anschließend den Landtagen unterbreitet werden sollte.

1866 UND DER AUSGLEICH

Während der Jahre 1861 bis 1865 hatte sich die Lage Österreichs in Europa nicht gebessert. Seit Bismarck in Preußen mit der Absicht an die Macht gekommen war, die Einheit Deutschlands unter preußischer Führung voranzutreiben, hatte er ständig daran gearbeitet, Österreich in Deutschland zu diskreditieren. Er denunzierte Österreich als einen veralteten, allen modernen Ideen feindlichen Staat, der unfähig sei, die deutsche Nation zu führen. 1863 ließ er eine Neuorganisation des Deutschen Bundes scheitern. 1864 zog er Österreich in den Krieg gegen Dänemark und zettelte schließlich einen Krieg zwischen Preußen und Österreich an. Österreich konnte sich zwar die Allianz mit den anderen Staaten des Deutschen Bundes bewahren, aber in diesem Krieg war nicht die Zahl ausschlaggebend: Preußen verfügte über eine neue Waffe, das Zündnadelgewehr, und über einen sehr fähigen Generalstab, der sich geschickt der Eisenbahn zur Mobilisierung und zum Transport der Truppen bediente. Da der König von Italien sich mit Preußen verband, mußte Österreich zudem einen Zweifrontenkrieg führen. Die plötzliche Offensive der Preußen auf böhmischem Boden kostete Österreich dreißigtausend Mann, bevor noch eine Schlacht geschlagen war. Feldzeugmeister Benedek flehte den Kaiser an, sofort Frieden zu schließen. Vergeblich. Die Schlacht von Königgrätz führte schon nach wenigen Stunden zur Niederlage der Österreicher. „Die Katastrophe der Armee, die schon gestern vorauszusehen war, ist heute eingetreten", depeschierte er am 3. Juli an Franz Joseph. Auch die Erfolge des Erzherzogs Albrecht in Custozza und der glänzende Sieg von Admiral Tegetthoff konnten das Desaster nicht ausgleichen. Österreich mußte Venetien an Italien abtreten und wurde aus Deutschland verdrängt, in dem nunmehr Preußen dominierte. Preußen konnte sein Gebiet im Norden abrunden und schloß Allianz mit den süddeutschen Staaten.

Der Krieg hatte wenigstens bewiesen, daß das österreichische Reich noch über einen moralischen Zusammenhalt verfügte, denn die Völker waren aus eigenem Interesse für das Weiterbestehen dieses Reiches eingetreten. Manchen Versuchen einer Auflösung hatten sie widerstanden. So war eine Legion von ungarischen Freiwilligen unter dem Kommando General Klapkas, in der sich auch befreite Häftlinge befanden, in Ungarn aufmarschiert, ohne daß sie eine allgemeine Erhebung nach sich ziehen konnte. Die Tschechen wurden durch Preußen zum Abfall aufgefordert: „Kommt als Freunde zu uns, und ihr werdet in uns eure Freunde finden. Wenn die gerechte Sache Preußens gesiegt hat, wird den Tschechen die Gelegenheit geboten werden, selber ihre Zukunft zu bestimmen." Eine in Berlin gedruckte Broschüre wurde überall in Böhmen gelesen: „Die Tränen der böhmischen Krone." „Trennen wir uns von Österreich; führen wir ohne Österreich ein unabhängiges Leben" konnte man hier lesen. Die Broschüre stammte aus legitimistischen Zirkeln und wandte sich an die konservativen Kreise, die man durch die Erinnerung an den alten Glauben aufzurütteln hoffte. In derselben Zeit schickte Bismarck einen Radikalen des Jahres 1848, Frič, zu den Jung-Tschechen. Er sollte ihnen nahelegen, die Unabhängigkeit des Königreichs auszurufen und als König den Fürsten Amadée von Savoyen zu wählen, den zweiten Sohn Viktor Emmanuels II. Zur damaligen Zeit bedeutete das eine fortschrittliche Lösung. Das Haus Savoyen galt wegen seiner Schwierigkeiten mit dem Papst und den Repräsentanten der alten Dynastien Habsburg und Bourbon als modern und liberal.

Aber es gab zahlreiche Gründe, ideelle und praktische, daß die Völker Österreich ihre Treue bewahrten. In den ländlichen Provinzen, besonders in Tirol, spielte die Tradition eine große Rolle, die Pflicht Gott und dem Fürsten gegenüber. In den Städten hatte sich während der letzten fünfzehn Jahre der wirtschaftliche Aufschwung durch die Gründung von Unternehmen und Geschäften manifestiert, und technische Erfindungen trugen zur Erleichterung des Lebens bei; man denke nur an die Gasbeleuchtung und an den Ausbau des Eisenbahnnetzes. Für die Erhaltung aller dieser Errungenschaften schien der österreichische Staat der beste Garant zu sein. In diesem Zusammenhang wurde gerade den Wienern ihr Materialismus vorgeworfen, ihre Bereitschaft, die Niederlage allzu schnell zu akzeptieren, wenn nur der Friede und die Ruhe des Alltagslebens wiederhergestellt würden.

Aus Deutschland verdrängt und seiner letzten italienischen Provinz beraubt, war Österreich nun ein Staat, in dem die Mehrheit der Bewohner slawisch sprach und sich als Slawen bezeichnete. In Wien verhandelten die Alt-Tschechen Rieger, Pražák und Brauner mit polnischen und anderen slawischen Politikern. Sie alle glaubten, daß sich das Reich am besten unter einer Föderation der historischen Länder reorganisieren sollte: deutsches Österreich, Böhmen, Ungarn, Galizien und Bukowina. „Vor allem", erklärte Rieger 1866, „wollen wir, daß das Reich weiterbesteht, denn in seiner Existenz sehen wir und alle anderen hier versammelten Völker die Garantie für unsere nationale Existenz." Sie band außerdem die Furcht vor dem Preußen Bismarcks und vor Rußland an Österreich: es war die Vorstellung, daß Sicherheit und Fortschritt nur in dem Schutz eines gemeinsamen Staates gedeihen könnten, der den historischen Ländern eine freie Entwicklung ermöglichte. Die Größe der Geschichte Böhmens wurde von Persönlichkeiten wie Palacký, Tomek und dem jungen Professor Gindely immer wieder beschworen. Hier in Böhmen identifizierte sich also der Patriotismus mit den Erinnerungen an die große Vergangenheit. In dem Maße aber, in dem die soziale Entwicklung fortschritt, zeigte sich das deutsche Bürgertum der nördlichen Industriegebiete weniger interessiert an Tradition und Vergangenheit als an einer wirtschaftlichen Solidarität mit der Gesamtheit der Monarchie.

Der in Böhmen so klare Begriff vom Staat war schon in Mähren und Schlesien viel weniger stark entwickelt. Denn eine der Schwächen des Königreichs quer durch die Geschichte bestand darin, daß es keinen gemeinsamen Landtag gab.

Erstaunlich ist, daß Ungarn, welches zu diesem Zeitpunkt weder das dichter besiedelte noch das wirtschaftlich fortgeschrittenere Land war, in der politischen Entwicklung des Reiches eine wichtigere Rolle spielte als Böhmen, das viel reicher und viel enger mit Wien und den Alpenländern verbunden war. Hier zählten eben nicht allein die wirtschaftlichen Aspekte: hier zählten die politischen Persönlichkeiten. Ungarn verfügte über eine stärkere politische Schicht. Der Glaube an die eigene Sache wurde von den ungarischen Politikern mit historischen Begründungen, liberalen Bestrebungen und den Erfordernissen des modernen Kapitalismus untermauert, so daß sie selbst von den deutschen Liberalen für die solidesten Partner gehalten wurden, mit denen man die Neuorganisation des Reiches erarbeiten könnte. In dem kollektiv herausgegebenen ungarischen Buch „Drei Jahre Verfassungsstreit", 1864, stand folgende kühne Erklärung: „Es handelt sich nicht darum, den Ungarn Konzessionen zu machen, sondern von ihnen solche für die Monarchie zu erwarten." Das hieß auf vorteilhafte Weise die Position wechseln und von einem Bittsteller zu einem Gebetenen werden.

Als Kaiser Franz Joseph nach der Niederlage von Königgrätz Deák besorgt fragte: „Was fordert Ungarn?", antwortete der „alte Herr", wie ihn seine Bewunderer familiär nannten, ebenso geschickt wie höflich: „Nach Königgrätz nicht mehr als vor Königgrätz."

Franz Joseph hatte den ehemaligen Minister des Königs von Sachsen, den Grafen Beust, ins Außenministerium berufen. Dieser stand Preußen sehr feindselig gegenüber und trachtete danach, Österreich, wenn schon nicht durch eine militärische Revanche, dann durch andere Umstände, möglichst schnell wieder zu rehabilitieren. Ähnlich wie Prinz Eugen hielt er eine Versöhnung mit Ungarn für absolut notwendig. Und in Julius Andrássy d. Ä. hatte er einen überzeugenden Gesprächspartner gefunden. Nachdem es auch in Wien an Ermutigungen nicht fehlte, schloß man ziemlich rasch den österreichisch-ungarischen Ausgleich. Man muß allerdings sagen, daß hier der Kaiser die Rolle des obersten Schiedsrichters nur ungenügend ausfüllte. Er opferte, obwohl er gefühlsmäßig zu einer föderalistischeren Lösung neigte, die Interessen seiner anderen Untertanen, besonders die der Slawen.

Dieser Ausgleich stellte nach Inhalt und Art eine der seltsamsten konstitutionellen Urkunden des 19. Jahrhunderts dar. Denn es handelte sich hierbei nicht um einen von zwei Partnern unterzeichneten Vertrag, sondern um ein Gesetzesbündel, welches von zwei Regierungen gleichzeitig angenommen und von zwei Parlamenten gleichzeitig verabschiedet wurde. Das eine war der frühere ungarische Landtag mit zwei Kammern, das andere der von Schmerling 1861 geplante „engere" österreichische Reichstag. Inhaltlich bot der Ausgleich neunzehn Jahre nach der Revolution von 1848 eine Lösung an, die sich ebenso dauerhaft wie die Monarchie erweisen sollte. Vielen Zeitgenossen, besonders ausländischen, erschien der Vertrag mit Ungarn als eine liberale Konzession Wiens und als das Ende des germanisierenden Zentralismus. Das hieß aber die Augen verschließen vor der Tatsache, daß der Zentralismus lediglich halbiert worden war. Ungarn kam jedenfalls wieder in den Rang eines souveränen Staates. Franz Joseph und Elisabeth begaben sich zur Krönung nach Budapest: Mit östlichem Prunk ging die traditionelle Zeremonie über die Bühne. Der König legte einen feierlichen Eid ab, die Gesetze zu respektieren, ritt im Galopp auf den Krönungshügel und zog den Degen nach allen vier Himmelsrichtungen: nichts wurde ausgelassen. Denn jedes Detail war notwendig, damit der König Legitimität erlangte und die im Ausgleich enthaltenen Gesetze verkünden konnte.

Zwei rechtmäßige Staaten bekundeten ihre Treue zur gemeinsamen Geschichte in Form eines Bündnisses, das auf der Pragmatischen Sanktion beruhte: Auch in Zukunft wollten sie sich einem gemeinsamen Herrscher unterstellen. Der Kaiser von Österreich sollte zugleich König von Ungarn sein. Aber es handelte sich nicht um eine simple Personalunion; denn die beiden Staaten hatten ein gemeinsames Außenministerium und eine gemeinsame Armee mit dem Kaiser-König als Oberkommandierenden. Zu den Unkosten dieser Einrichtung trugen sie ihrem Volkseinkommen entsprechend bei.

Der Kaiser-König sollte drei Minister ernennen: einen Außenminister, einen Kriegsminister und einen Finanzminister für gemeinsame Angelegenheiten. Die Schwierigkeit bestand darin, sicherzustellen, daß diese Minister von den Parlamenten kontrolliert werden konnten. Denn mehr noch als Österreich lehnte Ungarn alles ab, was nach einer höheren Instanz aussah. Man beschloß also, daß jedes Parlament eine Delegation bestimmen sollte, welche abwechselnd in Wien und Budapest tagen sollte, und zwar zur gleichen Zeit, aber getrennt. Sie durften sich nur schriftlich verständigen. Auf diese Weise hoffte man, die Souveränität und Unabhängigkeit jedes Staates sicherzustellen.

Außerdem schlossen die beiden Länder einen Wirtschaftsvertrag, der alle zehn Jahre erneuert werden sollte. Anfangs hatten sie dieselben Zölle, dasselbe Währungssystem, die gleiche Post. Ungarns Beitrag zu gemeinsamen Ausgaben wurde auf 30 Prozent festgesetzt, durfte aber nachträglich modifiziert werden. Die österreichische Nationalbank wurde gemeinsame Staatsbank.

So trat an die Stelle der alten dynastischen Union, die ab 1526 existiert hatte, und an die Stelle des einheitlichen Reiches, welches Felix Schwarzenberg errichten wollte, ein Bündnis zweier Staaten: Österreich-Ungarn war geboren.

Jeder Staat hatte seine Nationalitätenprobleme selbständig zu lösen. Ungarn schloß ein Abkommen mit dem kroatischen Landtag: die „Nagodba" von 1868. Das kroatische Königreich bekam einen untergeordneten, aber vorteilhaften Platz innerhalb Ungarns zugewiesen. Es anerkannte den gleichen König und bestand nicht auf einer speziellen Krönung. Sein eigener Landtag, der Sabor, tagte in Zagreb und beschloß alle inneren Angelegenheiten: Verwaltung, Unterricht, Kultur und Rechtsprechung. Die Exekutivgewalt hatte ein Statthalter inne, der Banus, den der ungarische Ministerpräsident vorschlug und der König nominierte, beziehungsweise abrief. Kroatien zahlte 56 Prozent seiner Einnahmen an Ungarn für gemeinsame Ausgaben. In allen staatlichen Einrichtungen war Serbokroatisch die Amtssprache. Ebenso wie Ungarn innerhalb der k. u. k. Armee, in welcher Deutsch gesprochen wurde, eine im Lande stationierte Reservetruppe hatte, welche Ungarisch sprach, gab es auch eine kroatische Territorialarmee.

Kroatien bekam jedoch nicht alle Territorien zugesprochen, auf die es Anspruch erheben konnte: Dalmatien kam an Österreich, und Fiume erhielt ein besonderes Statut im Königreich Ungarn. Für die anderen Nationalitäten, für die Slowaken und Serben, für die Rumänen Siebenbürgens und für die Ruthenen der nordöstlichen Komitate, verabschiedete das ungarische Parlament 1868 ein besonderes Gesetz, welches Eötvös und Deák ausgearbeitet hatten.

Alle Bürger Ungarns waren Mitglieder der unteilbaren ungarischen Nation (Magyar nemzet), die Zugehörigkeit zu einer besonderen Nationalität durfte also kein Hindernis sein, um jedes öffentliche Amt auszuüben. Gleichermaßen hatte jeder Bürger das Recht, in seinem Privatleben, bei der Ausübung seiner Religion, bei der Erziehung seiner Kinder und fallweise auch bei Gericht seine Muttersprache zu gebrauchen.

Im öffentlichen Leben jedoch gab es nur eine Amtssprache: das Ungarische. In den Versammlungen der Komitate wurde, wenn ein Fünftel der

Mitglieder dafür stimmte, eine zweite Sprache für die Abfassung von Urkunden zugelassen. Die Gemeindeversammlungen genossen noch weitergehende sprachliche Freiheiten.

Außer Kroatien durfte keine Nationalität eine territoriale Autonomie fordern. Siebenbürgen wurde Ungarn eingegliedert und verlor damit seine selbständige Verwaltung. Wenn die Rede auf die Slowakei kam, hat man oft das Bonmont eines ungarischen Staatsmannes zitiert: Tót ember, nem ember (der Slowake ist kein Mann). Damit war gemeint, der Slowake hatte kein Recht auf eine eigenstaatliche Existenz, er war ungarischer Bürger slowakischer Abstammung. Niemand bestritt jedoch den Nationalitäten das Recht, sich innerhalb ihrer Sprachgruppe kulturell weiterzuentwickeln. Die Zahl der Schulen und Gymnasien wurde von Fall zu Fall festgesetzt beziehungsweise erweitert. Die Universitäten blieben freilich ungarisch. Zwar wurden in Budapest Lehrstühle für die Sprachen und Literaturen der anderen Nationalitäten errichtet, aber der Unterricht fand in Ungarisch statt. Man wollte damit den territorialen Separatismus verhindern und so weit kommen, daß die Elite des Königreichs die ungarische Sprache sprach, Symbol der geistigen Einheit des Landes. War man erst an diesem Punkte angelangt, dann bedeutete der Gebrauch der Nationalsprachen keine Gefahr mehr.

Von den ungarischen Politikern wurde dieser Verfassungsentwurf als liberal und gerecht angesehen. Er verband vorbildlich die Interessen eines modernen Staates mit den persönlichen Rechten des Bürgers. Alles hing nun von der loyalen Anwendung der Gesetze ab.

Die Rumänen Siebenbürgens und die Slowaken empfanden es allerdings als schwere Ungerechtigkeit, daß man ihnen keine eigene Verwaltung und kein abgegrenztes Territorium zugestanden hatte. Auch Bischof Stroßmayer und seine Freunde protestierten gegen die Zerstückelung des historischen Territoriums Kroatien und riefen die Südslawen zur Solidarität auf.

Zur gleichen Zeit wie das ungarische hätte man nun eigentlich auch das böhmische Problem lösen müssen. Der Ausgleich mußte vom österreichischen Parlament verabschiedet werden, und Ministerpräsident Richard Graf Belcredi wollte zu dieser Gelegenheit ein besonderes Parlament zusammenrufen, in dem die Slawen ihrer Zahl entsprechend mehr Gewicht gehabt hätten. Auch ein Vertrag zwischen Wien und Prag war geplant. Aber Beust wollte zu einem schnellen Abschluß kommen; mit der traditionellen Verachtung eines Deutschen und Sachsen für die Tschechen hielt er an der Zusammensetzung des Parlaments von 1861 fest, in dem die Deutschen über die Mehrheit verfügten.

Im böhmischen Landtag protestierte Franz Ladislaus Rieger gegen diese Beschlüsse. Er erklärte, daß eine eigene Verfassung die Garantie „unserer politischen und nationalen Individualität" sei, und kündigte an, daß die Tschechen unter diesen Umständen nicht nach Wien kommen würden. So wurde in ihrer Abwesenheit und ohne ihre Zustimmung im Parlament der

Ausgleich und die sogenannten Dezembergesetze verabschiedet. Das Reich bestand von nun an aus siebzehn im Reichsrat vertretenen Königreichen und Ländern. Es handelte sich hier weniger um eine Föderation als um eine administrative Aufteilung nach liberalen Grundsätzen. Obwohl sich die Länder nach Größe und Bevölkerungsdichte erheblich unterschieden, hatte jedes seinen gewählten Landtag, der für die lokale Verwaltung verantwortlich war und seine Delegierten in den Reichsrat zu schicken hatte. Dieser Reichsrat setzte sich aus zwei Kammern zusammen und war die gesetzgebende Versammlung für das Reich. Der Kaiser ernannte und entließ die Minister, und jeder Minister hatte sich vor den Kammern für die Arbeit seines Ressorts zu verantworten.

Die Tschechen hatten nun allen Grund, unzufrieden zu sein. Obwohl der Kaiser weiter den Titel eines Königs von Böhmen trug, erhielt ihr Land doch nicht das Statut, auf das es ein historisches Recht hatte. Böhmen, Mähren und Schlesien wurden als getrennte Provinzen angesehen, ohne gemeinsamen Landtag und ohne gemeinsame Körperschaften. Daher ist der Eifer der Tschechen verständlich, ihr Nationalbewußtsein in großen Veranstaltungen zu demonstrieren, wie in der Grundsteinlegung des Nationaltheaters und in nationalen Wallfahrten zu historischen Stätten, dem Berg Říp in der Umgebung Prags, auf dem sich eine der ersten christlichen Kultstätten befand.

Zur selben Zeit versuchten sie, sich im Ausland bemerkbar zu machen und ihren slawischen Charakter von den Deutschen und Magyaren abzuheben. Auf einem wissenschaftlichen Kongreß in Moskau, 1867, ergriffen Palacký und Rieger die Gelegenheit, den Russen die Solidarität zwischen den slawischen Völkern zu predigen und sie zu mehr Gerechtigkeit den Polen gegenüber anzuhalten. (8) Auch in Frankreich warben sie um Freunde. Zusammen mit Frič gab Louis Léger „La Bohême historique, pittoresque et littéraire" heraus, ein informatives Werk, das dem französischen Publikum die tschechische Nation mit ihren Problemen näherzubringen versuchte.

In einem Artikel der „Revue des Deux Mondes" (1869) wandte sich Saint-René Taillandier mit einer feierlichen Warnung an Österreich: „Von der Höhe unseres Wachturms geben wir den Alarmruf weiter, der uns von der Moldau und Donau erreichte: Österreich muß ein föderalistischer Staat werden, oder es gibt bald kein Österreich mehr." (9)

Rieger kam nach Paris, wurde Napoleon III. vorgestellt und überreichte ihm ein Memorandum über die Situation seines Landes. Aber Frankreich war eigentlich viel mehr an den inneren Reformen der Monarchie interes-

(8) Léger, L., Le panslavisme et l'interêt français. Paris 1917 (ziemlich tendenziöses Kriegsbuch) schildert ausführlich (S. 210—249) den Moskauer Kongreß 1867 und enthält Auszüge aus den Reden Riegers.

(9) Léger, L., – Fricz (frič) J., La Bohême historique, pittoresque et littéraire. Paris 1867; vgl.: Birke, E., Frankreich und Ostmitteleuropa im 19. Jahrhundert. S. 272ff.

siert, aus der nun eine konstitutionelle und parlamentarische Monarchie geworden war. Frankreich hielt es für möglich, daß diese Reformen nun vorgenommen worden waren, um sich möglichst bald für Königgrätz rächen zu können.

Napoleon III. hatte vergeblich darauf gehofft, daß Preußen ihm als Ausgleich für die eigenen territorialen Vergrößerungen erlauben würde, Frankreichs Ostgrenze auszudehnen. Enttäuscht und gedemütigt faßte nun der französische Kaiser eine Allianz mit Österreich-Ungarn ins Auge. Es kam auch zu Verhandlungen zwischen den Generalstabchefs, aber zu keinen positiven Ergebnissen. Eigenartigerweise war daran Ungarn schuld, Ungarn, das bei den Franzosen so beliebt war.

Nicht daß die Ungarn für die Franzosen nicht die gleiche Sympathie empfanden, wie diese für die Ungarn: sie bewunderten und liebten sie aufrichtig. Aber die ungarischen Politiker mußten vorsichtig sein. Sie brauchten vor allem Frieden für ihr Land, das sich zu einem modernen Staat entwickeln sollte. Ein Krieg hätte alles in Frage gestellt. Außerdem nährten sie Preußen gegenüber keine Ressentiments und hatten mehr Grund, Rußland zu mißtrauen. Sie mußten sogar befürchten, daß ein siegreich beendeter Krieg den Einfluß der Deutschen in Österreich stärken und das gegenwärtige, für die Ungarn so günstige Gleichgewicht stören würde. Frankreich war es also nicht gelungen, die Allianz mit Österreich-Ungarn zu schließen, als es die Unvorsichtigkeit beging, im Juli 1870 in Bismarcks Falle zu treten und allein den Krieg gegen Preußen zu beginnen. Es kam zur Niederlage von Sedan, das Kaiserreich ging unter, Paris wurde belagert, ein Waffenstillstand geschlossen und der Aufstand der Kommune brach los. In Versailles wurde das Deutsche Reich gegründet, ohne Österreich, zum Vorteil Preußens.

Alle diese Umstände machten es für Österreich dringend notwendig, seine Schwierigkeiten mit den Tschechen beizulegen. Auch Franz Joseph war persönlich dazu bereit. Da ihm die Politik der deutschen Liberalen (Regierung Carlos Auersperg) mit ihrer antiklerikalen Note aus mehreren Gründen nicht ganz behagte, ernannte er 1871 die Regierung Hohenwart mit dem deutschen Nationalökonomen Schäffle, einem Professor aus Tübingen und zwei Tschechen, Habětinek und Jireček. Man trat in Verhandlungen mit den gesetzmäßigen Repräsentanten Böhmens ein: mit Rieger, Clam-Martinic und dem Fürsten Schwarzenberg.

In dem Septemberreskript (12. September 1871) versprach Franz Joseph, sich in Prag zum König krönen zu lassen. Dann verhandelte man über die Modalitäten eines Vertrages. Die böhmische Kanzlei sollte wiederhergestellt werden. Der böhmische Landtag sollte über Justiz, Schulfragen und die Finanzen des Landes entscheiden. Die mit den anderen Ländern des Reiches gemeinsamen Angelegenheiten, wie Eisenbahn, Post, militärische Verteidigung, allgemeine Finanzen, sollten in einem zentralen Parlament behandelt werden und dieses sollte auch über die heikle Frage eines gemeinsamen Landtags für alle drei Provinzen des Königreichs, nämlich Böhmen, Mähren und Schlesien, entscheiden.

Ein Nationalitätengesetz garantierte den Deutschen in Böhmen sprachliche Gleichberechtigung. Der böhmische Landtag sollte den Ausgleich von 1867 verabschieden, und die Tschechen sollten wieder im Reichsrat erscheinen. Diese Bestimmungen sollten die Krönung der Arbeit von Jahren sein und Österreich endlich den inneren Frieden schenken, den es zu seiner Entwicklung dringend benötigte.

Aber das Projekt scheiterte an dem Widerstand der Deutschen und der Magyaren. Sie brachten folgende Argumente vor: Den Ausgleich vier Jahre, nachdem er beschlossen worden war, nun dem böhmischen Landtag vorzulegen, hieß ja seine Gesetzmäßigkeit erneut in Frage stellen. Durch die Autonomie Böhmens würde Österreichs Verfassung geändert werden, indem ihr ein föderativer Charakter verliehen würde, umso mehr, als die österreichische Regierung von nun an Repräsentanten des Landtags enthalten sollte. Von ungarischer Seite fürchtete man, daß die Außenpolitik sich zu sehr Rußland zuneigen würde und meldete alte Bedenken gegen den Panslawismus an. Die Liberalen gaben zu bedenken, daß das politische Personal in Böhmen sich hauptsächlich aus adeligen Großgrundbesitzern und konservativen Bürgern zusammensetzen würde. Robert A. Kann, ein ausgezeichneter Kenner der Nationalitätengeschichte, hat den Befürchtungen der Liberalen in diesem Punkte Recht gegeben. Er wundert sich, daß Schäffle an die Anerkennung der Eigenstaatlichkeit Böhmens ein neues Wirtschaftsprogramm geknüpft hatte. Schäffle beunruhigten zwar manche Folgen des ökonomischen Liberalismus, er fürchtete zum Beispiel den übermächtigen Einfluß der Banken auf die Industriewirtschaft und die üblen Wirkungen eines unkontrollierten und zügellosen Wettbewerbs, aber nicht minder unlieb war ihm die Übermacht des Großgrundbesitzes innerhalb der Agrarwirtschaft. Er hoffte, daß die Autonomie Böhmens und die Tendenz Zisleithaniens zum Föderalismus eine günstige Basis für ein neues Produktionssystem schaffen würden. Sein Irrtum bestand, nach Robert A. Kann, darin, daß er übersah, wie sehr gerade die Eigenstaatlichkeit Böhmens den wirtschaftlichen Interessen des Adels und des Großgrundbesitzes dienen würde. (10)

Es stimmte, ein Teil des böhmischen Adels erwartete sich nicht nur materielle Vorteile von der neuen Verfassung. Aber eine andere Gruppe, die sogenannten „Kaisertreuen“, waren zentralistisch und liberal gesinnt. Kurz, bei den Tschechen wurde die Eigenstaatlichkeit Böhmens begeistert aufgenommen, bei den Deutschen Böhmens und den Österreichern stieß sie auf Ablehnung: „Wir haben nicht bei Sedan gesiegt, um die Heloten der Tschechen zu werden“, sagte einer von ihnen. Aber standen die Deutschen Böhmens wirklich einstimmig hinter der ablehnenden Haltung ihrer politischen

(10) Kann, a.a.O., II., S. 175ff.

Führer, eines Plener, eines Herbst? Diese Frage ist niemals eindeutig beantwortet worden. Sicher ist, daß man in dieser Debatte immer nur die Stimmen der Extremisten gehört hat. Und oft sind die Deutschen Böhmens von 1871 mit den Sudetendeutschen von 1938 verglichen worden. Aber wer zwischen 1918 und 1938 beobachten konnte, wie viele Deutschböhmen die Tschechoslowakei einem wirtschaftlich ruinierten Deutschland vorzogen, welches bereits auf das Hitlerabenteuer zuschlitterte, der ist geneigt anzunehmen, daß ihre Vorfahren ebenfalls Gründe hatten, sich mit einem autonomen Böhmen anzufreunden. Immerhin war auch in ihnen der böhmische Patriotismus lebendig geblieben. In der spätromantischen Atmosphäre jener Zeit hätte die Krönung des Königs vielleicht ebensoviel Begeisterung bei den Deutschen wie bei den Tschechen Prags ausgelöst.

Der Gegenbeweis ist jedenfalls nie erbracht worden.

Als die Krönung und die Anwendung der Grundgesetze verschoben und damit praktisch aufgegeben wurden und die Regierung Hohenwart zurücktrat, breitete sich tiefe Enttäuschung in der tschechischen Nation aus. Man konnte den Eindruck eines unerhörten Betruges nicht verwinden und niemals vergessen. Zwischen den Tschechen und den Deutschen Böhmens vertiefte sich der Graben. Von nun an gab es in Böhmen nicht mehr nur ein zweisprachiges Volk, sondern zwei nationale Gruppen, die wie Feinde auf dem Boden des gemeinsamen Vaterlandes lebten. Der Kaiser und die Dynastie erfreute sich bei den Tschechen einer immer geringeren Beliebtheit, so daß um 1900 von allen Nationen des Reiches die tschechische sich dem Kaiserhaus am meisten entfremdet hatte. (11)

Das ungelöste böhmische Problem machte bis zum Zusammenbruch von 1918 die schwache Stelle der Monarchie aus und hat das Gleichgewicht des Reiches, ja sogar Europas, gefährlich erschüttert.

Die nachfolgende Generation der Jung-Tschechen hat den Alt-Tschechen Unfähigkeit vorgeworfen. Man muß aber anerkennen, daß die Alt-Tschechen die Auseinandersetzungen auf einem Niveau führten, „das die tschechische Nation während der darauffolgenden Jahre der politischen Aktivität verlassen und erst während des ersten Weltkrieges im Freiheitskampf wiederfinden sollte".

Diesem Zeugnis eines Tschechen kann man die Worte des Deutschböhmen Rainer Maria Rilke an die Seite stellen. Er war der Interpret all jener, die für die Gedankenfreiheit und für die freien Künste fochten und sich klar darüber waren, in welchem Maße die nationalen Kämpfe in ihrer

---

(11) Die aufsässigen Tschechen hatten Kaiser Franz Joseph den Spitznamen „Procházka" (Spaziergang) gegeben, der ein sehr gebräuchlicher tschechischer Familienname war. Johannes Urzidil erzählt in seinen Erinnerungen (in: „Journal de Vienne", am 19. November 1966, Beilage zum 50. Todestag von Franz Joseph), daß, als der Kaiser anläßlich seines Besuches von 1908 in Prag durch die Stadt fuhr, plötzlich Röhren aus Zeitungspapier durch die Luft geschwenkt wurden mit dem Ruf: „Hole na procházku", wörtlich: „Stöcke für den Spaziergang" oder: „Stöcke, um Procházka zu schlagen".

Ungerechtigkeit und ihrem Haß die produktiven Beziehungen zwischen den beiden nationalen Gruppen zerstört hatten:

„Es dringt kein Laut bis her zu mir,
Von der Nationen wildem Streite,
Ich stehe ja auf keiner Seite
Denn Recht ist weder dort noch hier.“

XI.
Industrialisierung und Nationalitätenfrage

DIE ANFÄNGE DES PARLAMENTARISMUS

Der Reisende, der von Wien nach Budapest fährt, wird sich unmöglich dem Eindruck ostentativer Macht entziehen können, der von den beiden Parlamentsgebäuden ausgeht, dem griechischen an der Ringstraße und dem neugotischen am Ufer der Donau. (1)

Beide Gebäude sind stolze Zeugen des Parlamentarismus, damals Ausdruck höchster Liberalität, sie zeugen jedoch auch von dem materiellen Reichtum und der geringen Kreativität der Epoche. Die Hofburg in Wien und die Königsburg auf dem Hügel von Buda mit der von König Karl III. (Karl VI.) (2) und Maria-Theresia umgestalteten Fassade hatten aufgehört, die Zentren der politischen Macht zu sein: die Gesetze wurden von nun an in den Parlamenten gemacht.

1960 erzählte mir ein alter Professor der Universität Budapest von seiner Jugend und von den Hoffnungen, die sie beseelt hatten: „Ich habe noch den König über die Kettenbrücke fahren sehen", sagte er und meinte Franz Joseph auf seinem Weg vom Schloß, in dem er jährlich residierte, zum Parlament, wo die Nation tagte. Er, der als absolutistischer Herrscher begonnen hatte, war in seinen beiden Monarchien ein konstitutioneller Herrscher geworden. Beide Länder hatten seit 1867 eine liberale Verfassung, in dem Sinn, daß alle Bürger als gleichberechtigt galten, ihnen die Gewissensfreiheit, die Presse- und Redefreiheit zustanden sowie die Freiheit, ihre Muttersprache zu sprechen und in dieser ihre Kinder zu erziehen.

Weder in Österreich noch in Ungarn konnte der Herrscher willkürlich die Verfassung ändern, und auch der Rückgriff auf den Artikel 14, welcher dem Herrscher erlaubte, während der Suspendierung des Parlaments Verfügungen mit legislativem Charakter zu erlassen, war zeitlich begrenzt und erlaubte keine Änderung der Verfassung.

---

(1) Das Wiener Parlament ist 1873–1883 von Theophil Hansen und das Budapester 1883–1902 von dem Architekten D. Steindl erbaut worden.

(2) Kaiser Karl VI. war der dritte König Karl von Ungarn.

All das unterschied sich nicht wesentlich von dem System der westlichen Länder Europas. Aber die Parlamente dieser Länder repräsentieren einheitliche Nationen. In Deutschland vertrat der nach allgemeinem Wahlrecht gewählte Reichstag die deutsche Nation, der Bundesrat setzte sich aus den Delegierten der einzelnen deutschen Länder zusammen.

Die westlichen Parlamente kannten nur eine Opposition aus ideologischen oder wirtschaftlichen Gründen. In Österreich-Ungarn war das alles viel komplizierter, denn hier nahmen die Forderungen der Nationalitäten, die mit dem System allgemein unzufrieden waren, einen immer größeren Raum ein und behinderten beträchtlich das parlamentarische Leben.

Man darf nun aber daraus nicht schließen, daß sich die Nationalitäten in einer ständigen und unbeugsamen Opposition zu Wien befanden. Viele wichtige Fragen wurden zunächst in den Landtagen und Gemeinderäten durchdebattiert, bevor sie von den Delegierten im Reichsrat vorgetragen wurden, in der Hoffnung, diesen zu günstigeren Entscheidungen bewegen zu können. Natürlich gab es daneben die ewigen Nein-Sager, die alles als Opportunismus verdammten. So lehnten in Ungarn noch immer die Parteigänger Kossuths den Ausgleich ab und weigerten sich, ins Parlament zu ziehen.

In Böhmen waren es die tschechischen Mitglieder des böhmischen Landtags, die sich weigerten, zwischen 1871 und 1879 Delegierte für den Reichsrat zu nominieren. So nahmen nur die Delegierten der Deutschen an den Sitzungen in Wien teil. Die Rumänen in Siebenbürgen, welche die Deklaration von Blaj 1868 unterschrieben hatten, lehnten die Union Siebenbürgens mit Ungarn ab, die der Landtag von 1865 beschlossen hatte. Sie erkannten daher auch die rumänischen Delegierten im Budapester Parlament nicht als Repräsentanten der rumänischen Nation an.

Aber diese Nein-Sager waren in der Minderheit, und viele von ihnen resignierten mit der Zeit.

Innerhalb der größeren Nationalitäten gab es bereits einen Stock fähiger Politiker, die es verstanden, sich in den Parlamentsdebatten Gehör zu verschaffen. Indem sie an den Sitzungen in Wien und Budapest teilnahmen, anerkannten sie ja schon die Verfassung von 1867, aber sie wußten auch, daß sie diese Verfassung zugunsten ihrer nationalen Gruppe benutzen und konkrete Vorteile herausschlagen konnten.

Einige Länder hatten mehr Grund als andere, das bestehende System zu unterstützen, allen voran die Polen. Nicht weil sie ihren Traum eines unabhängigen und freien Polen aufgegeben oder der empörenden Rechtsverletzung zugestimmt hätten, die die Zerstückelung ihres Vaterlandes darstellte, sondern weil ihnen von den drei Teilungspartnern Österreich die besten, ja eigentlich die einzigen Existenzmöglichkeiten bot. Von dem Joch des Zaren und dem harten Regime des Königs von Preußen hob sich die Vormundschaft des Kaisers von Österreich günstig ab, der unter seinen zahlreichen Titeln auch den Titel eines Königs von Galizien und Lodomerien trug. Wie die anderen sechzehn Länder Zisleithaniens war Galizien im Reichsrat vertreten, es hatte aber durch die Verfügungen vom Jänner 1867, Juli und November 1868 spezielle Vorteile und praktisch die Autonomie zugesprochen bekommen. Polnisch war die Verwaltungssprache des Landes, und Deutsch mußte nur im Verkehr mit der Zentralgewalt verwendet werden. Der Statthalter Galiziens war immer ein Pole, und traditionellerweise gehörte der zisleithanen Regierung immer ein polnischer Minister an. In Lemberg und Krakau gab es zwei bedeutende polnische Universitäten. Und schließlich wurde auch die gemeinsame Religion mit Österreich von den polnischen Katholiken umso mehr geschätzt, als die konfessionelle Frage bei den Landsleuten zu schweren Mißklängen mit dem orthodoxen Rußland und dem protestantischen Preußen geführt hatte.

Auf Grund ihrer Loyalität wurden daher zahlreiche Polen, ein Gołuchowski d. Ä., ein Potocki, ein Belcredi, ein Badeni, in schwierigen Stunden zu Ministerpräsidenten berufen, besonders wenn es darum ging, dringende Probleme mit den Tschechen und Slawen auszuhandeln. Polnische Abgeordnete, Franz Smołka und David von Abrahamowicz, waren Präsidenten des Abgeordnetenhauses, und die Mandatszeit des letzteren erstreckte sich über siebenunddreißig Jahre, von 1881 bis 1918.

Die politischen Führer der Rumänen in Siebenbürgen schwankten lange zwischen Passivität und aktiver Teilnahme an der Politik. Als aber 1864 Franz Joseph den Bischof Andréas Saguna zum Metropoliten der rumänischen Kirche erhob, rief er, ohne daß er dabei etwaige Absichten gehabt hätte, bei dieser nationalen Gruppe große Zufriedenheit und Dankbarkeit hervor, weil er die rumänischen Orthodoxen aus der Abhängigkeit vom serbischen Metropoliten Ungarns befreit hatte.

Man sah wohl allgemein ein, daß es einer kleinen Nationalität nichts nütze, abseits zu stehen und sich selbst des Rechtes zu berauben, seine Vertreter in den Reichsrat zu schicken.

Die Abgeordneten Österreichs kamen aus den Landtagen. Diese gliederten sich in vier Kurien (Großgrundbesitz, Städte, Handelskammern, Landgemeinden). Außer der Verpflichtung, lesen und schreiben zu können, wurde das Wahlrecht erst von einer gewissen Steuergrenze ab erteilt. Seit 1873 bestimmten die Wähler der Kurien direkt die Delegierten für das österreichische Parlament, ohne die Intervention der Landtage.

In Ungarn, wo jedem männlichen Bürger das Wahlrecht zugesprochen wurde, der älter als zwanzig Jahre und materiell und geistig unabhängig war, bestand dennoch ein kompliziertes System von siebenunddreißig Klassen, nach denen die Einkommensverhältnisse geschätzt wurden. (Die Erträgnisse des Bodens in Siebenbürgen wurden zum Beispiel geringer als die der ungarischen Tiefebene eingeschätzt.) Das Militär, Soldaten und Offiziere, war von der Wahl ausgeschlossen. So unterlag das Wahlrecht doch noch erheblichen Einschränkungen. In Österreich wurde es aber etappenweise erweitert, bis 1907 das allgemeine Wahlrecht bewilligt wurde. Im ganzen

Reich verfügte die alte Aristokratie über eine große politische Macht, was an seiner ökonomischen Stärke und seinem sozialen Prestige lag, obwohl alle rechtlichen Privilegien abgeschafft worden waren. Die Schicht, die vom System am meisten begünstigt wurde, war jedoch das Bürgertum, denn der wirtschaftliche Erfolg hatte ein Ansteigen des Einkommens und der Steuern zur Folge und damit automatisch das Wahlrecht. Die vom Innenministerium vorgenommene Aufteilung der Wahlkreise stieß bei den Nationalitäten immer wieder auf heftige Kritik: Man sah darin allgemein das Mittel, die dominierenden Gruppen der Deutschen und Magyaren zum Schaden der slawischen und lateinischen Nationalitäten zu begünstigen. In Böhmen, dem Land der klassischen Kontroversen, beklagten sich die Tschechen unaufhörlich über eine ihrer tatsächlichen Potenz nicht entsprechenden Vertretung, vor allem was Mähren anging. Erbitterte Kämpfe entbrannten in den Jahren 1870 um den Erwerb von großen Gütern, da die Nationalität eines neuen Besitzers über die tschechische oder deutsche Stimmenmehrheit in der Kurie des Großgrundbesitzers entscheiden konnte.

Die Rumänen Siebenbürgens bildeten seit der Eingliederung ihrer Provinz in den ungarischen Staat nur 15 Prozent der ungarischen Bevölkerung und beklagten sich über den solcherart sehr beschränkten Einfluß im Reichstag.

In den Parlamenten fanden die Debatten jeweils in der offiziellen Landessprache statt: Deutsch in Wien, Ungarisch in Budapest. Die zu einer sozialen Elite gehörenden Abgeordneten mußten beide Sprachen beherrschen. Im böhmischen Landtag debattierte man zweisprachig, in Galizien und Kroatien nur in Polnisch beziehungsweise in Kroatisch.

Insgesamt waren die Verhältnisse erträglich und vernünftig. Entsprechend dem Bevölkerungszuwachs und dem steigenden Nationalitätenbewußtsein erfuhren sie im Lauf der Zeit leichte Veränderungen. So förderten in Ungarn zahlreiche Gesetze, ohne das Nationalitätengesetz von 1868 zu verletzen, die immer größere Verbreitung der ungarischen Sprache. Sie schrieben jetzt nicht nur das Ungarische für öffentliche Ämter vor, sondern auch für die freien Berufe.

In der Armee, einer der mächtigsten Pfeiler der Doppelmonarchie, war Deutsch weiter die Kommandosprache. Die Entscheidung für den Militärberuf bedeutete aber deshalb noch nicht die Aufgabe der eigenen Nationalität — die Romanfigur von Zeyers „Jan Maria Plojhar", ein tschechischer Marineoffizier, und der letzte Marinekommandant der Monarchie, der Ungar Nikolaus von Horthy, beweisen das Gegenteil —, sondern bedeutete nur die Zurückstellung der nationalen Interessen hinter die Anforderungen des Staates. (3)

---

(3) In dem Roman des tschechischen Schriftstellers Julius Zeyer (1840–1902) quittiert der Held, ein Marineoffizier, seinen Dienst, nachdem er sich mit einem Kameraden von der Landeinheit, der auf Prag geschimpft hatte, im Duell geschlagen hatte. Bemerkenswert ist hier die Tatsache, daß ein Tscheche bei der Marine diente.

Durch Heiraten und Ortswechsel innerhalb der Monarchie kam es häufig zur Annahme einer neuen Nationalität, die nicht unbedingt auch die Sprache umfaßte. So blieb zwar die Sprache das wesentliche Zeichen einer Nationalitätenzugehörigkeit, aber man konnte sich nicht immer darauf verlassen.

DER BEVÖLKERUNGSZUWACHS IN DER DONAUMONARCHIE

Die gesamte Monarchie umfaßte mit der Lombardei und Venetien 32,261.000 Einwohner, 1869 trotz des Verlustes der beiden Provinzen 35,812.000 Einwohner, gegen Ende des Jahrhunderts 46,974.000 Einwohner, wobei Bosnien und die Herzegowina noch nicht zählten, da sie erst 1908 annektiert wurden. Zwei Jahre nach der Annexion zählte Österreich-Ungarn 51,390.000 Einwohner. Der beträchtliche Zuwachs hielt sich in den beiden Monarchien durchaus die Waage.

Zwischen 1850 und 1880 belief sich der durchschnittliche Bevölkerungszuwachs in England und Wales auf 45 Prozent, in Rußland auf 39 Prozent, in Deutschland auf 28 Prozent, in Österreich auf 23 Prozent (davon 24 Prozent allein in Böhmen). Böhmen ist der charakteristische Fall eines stark entwickelten Industrielandes. Böhmen, Mähren und Schlesien erreichten im Jahre 1880 zusammen 8,271.400 Einwohner; in dreißig Jahren haben also die böhmischen Länder zusammen einen Zuwachs von einem Viertel zu verzeichnen. Allerdings kann man ab 1850 wieder ein Absinken feststellen. (4)

In ländlichen Gebieten waren die Heiraten häufiger als in Industriezonen. Die Kindersterblichkeit war erheblich und betraf vor allem das männliche Geschlecht, obwohl mehr Jungen als Mädchen geboren wurden. Die Lebenserwartung der Frauen war im allgemeinen größer als die der Männer, wenn erst einmal das Kindbett überstanden war, so daß am Ende des 19. Jahrhunderts in der Monarchie um 10 Prozent mehr Frauen als Männer lebten. Es ist oft behauptet worden, daß der weibliche Einfluß in der Kindererziehung sich entscheidend im Nationalbewußtsein widergespiegelt hat. Obwohl dieses Problem noch nicht wissenschaftlich untersucht worden ist, erscheint es, daß sich der Frauenüberschuß günstig auf den Zusammenhalt innerhalb einer Nationalität ausgewirkt hat. Man müßte jedoch die Zahl der Mischehen genauer kennen, um hieraus Folgerungen ziehen zu können. In Böhmen-Mähren blieb die Zahl der Heiraten erstaunlich gering, dafür stieg der Anteil der unehelichen Geburten, besonders in den Städten und während der Wirtschaftskrisen.

Um 1870, während der guten Jahre äußeren Friedens und Wohlstandes,

---

(4) Hier geben die Veröffentlichungen der Österreichischen Statistik alle notwendigen Informationen, z. B. die „Ergebnisse der Volkszählung 1880, 1890, 1900, 1910".

stieg auch die Zahl der Heiraten wieder an, und die Zahl der unehelichen Geburten sank: der Ausgleich begünstigte anscheinend die Fortpflanzung! Die Entwicklung der Industrie führte zu einer Vergrößerung der Städte. Prags Einwohnerzahl stieg von 142.588 im Jahre 1857 auf 162.323 im Jahre 1880. Aber den größten Zuwachs hatten die Industrievorstädte Karlin und Smichov. Rechnet man sie zu der Einwohnerzahl Prags dazu, dann kommt man auf 234.007 beziehungsweise 356.246 Einwohner. Von der Wachstumsrate Prags, welche zwischen 1869 und 1880 29 Prozent ausmachte, kommen 80 Prozent auf Karlin, 37 Prozent auf Smichov und nur 3 Prozent auf Prag selbst.

Aber nicht nur die Hauptstadt Böhmens und die Industriestädte der deutschen Distrikte Nordböhmens zogen neue Bewohner an, auch andere Gebiete der Monarchie waren jetzt dank des ausgebauten Eisenbahnnetzes leichter erreichbar. Von Wien nach Prag konnte man bisher nur über Mähren fahren, seit 1871 gab es aber eine direktere Bahnverbindung durch Süd- und Mittelböhmen: Wittingau, Tabor, Beneschau. Viele Tschechen verließen jedoch auch ihr Land und suchten sich Arbeit in der Hauptstadt des Reiches. Wiens Einwohnerzahl, die zwischen 1851 und 1890 von 431.147 auf 827.567 (mit den Vorstädten) stieg, bestand 1880 zu einem Drittel aus Tschechen, ungefähr 235.000 von 750.000. Es waren dies zumeist einfache Leute, Schuhmacher, Schneider, Tischler, Hausangestellte, während die böhmischen Deutschen, welche ebenfalls durch die Direktverbindung Wien—Prag angelockt wurden, die wohlhabenderen Handwerker, Angestellten und Lehrer stellten. Der Verschmelzungsprozeß der tschechischen Einwanderer mit der österreichischen Bevölkerung ging meist problemlos vor sich. Daher rührt die beträchtliche Anzahl tschechischer Namen in Wien. Gleichwohl hatten die Tschechen ihre eigenen Schulen, die Grundschulausbildung durfte in der Muttersprache vorgenommen werden, und manche Tschechen, besonders Frauen, verbrachten ihr ganzes Leben in Wien, ohne Deutsch zu lernen, bis auf einige gebräuchliche Phrasen. „Laßt mir meine Böhm' in Ruh'!" sollte später der Bürgermeister von Wien, Karl Lueger, gesagt haben, der unter den Tschechen viele Wähler hatte und sie auch gegen die nationalen Leidenschaften seiner deutschen Mitbürger verteidigte.

Diese Auswanderer, zu denen noch die Auswanderer nach Amerika kamen, haben das Potential der tschechischen Bevölkerung spürbar vermindert. Ohne sie wäre die Bevölkerung Böhmens möglicherweise in dreißig Jahren nicht nur um ein Viertel, sondern um ein Drittel gewachsen.

Nach den österreichischen Statistiken waren die Verhältnisse 1880 in Zisleithanien folgendermaßen: 36,8 Prozent Deutsche, 23,8 Prozent Tschechen, 14,9 Prozent Polen, 12,8 Prozent Ruthenen, 3,1 Prozent Italiener. Und dazu die entsprechenden Zahlen von 1910: 35,6 Prozent; 23 Prozent; 17,8 Prozent; 12,6 Prozent; 2,7 Prozent. Man sieht, der Widerstand der Nationalitäten, sich zu assimilieren, ist stark geblieben, wodurch sich auch das Gleichgewicht zwischen ihnen nicht verschoben hat.

In Transleithanien war dagegen der Anteil der magyarischen Bevölkerung stark gestiegen. In dreißig Jahren immerhin von 41,2 Prozent auf 48,1 Prozent, während die Anzahl der Deutschen von 12,5 Prozent auf 9,8 Prozent fiel und die der Slowaken von 11,9 Prozent auf 9,4 Prozent. Diese letzte Zahl erklärt sich wahrscheinlich aus der Assimilation an die dominierende Gruppe und weniger aus der Auswanderung. Die slowakische Elite hatte ihr Nationalbewußtsein trotz der Feindseligkeit des Regimes durch Zeitungen, Bücher und Schulen behaupten und stärken können.

DER WIRTSCHAFTLICHE AUFSTIEG ÖSTERREICH-UNGARNS

Sicher hatte zu Anfang der sechziger Jahre die günstige Wirtschaftslage die herrschenden Schichten in ihrem Bestreben unterstützt, eine entsprechend solide politische Grundlage zu schaffen, und der Ausgleich resultierte zum guten Teil aus einer allgemeinen Sehnsucht nach Stabilität. Die Privatwirtschaft konnte sich erst danach voll entwickeln. 1862 wurde ein gesetzmäßiges Statut für Aktiengesellschaften verkündet. Bis zur Krise von 1873 stieg ihre Zahl von Jahr zu Jahr. 1867 wurden 154 neue Aktiengesellschaften in Zisleithanien gegründet, 1869: 113; 1870: 74; 1872: 248. Böhmens Anteil auf diesem Sektor war sehr groß: 18 Gesellschaftsgründungen im Jahre 1867, davon allein 16 in Prag, 18 im Jahre 1869, 40 im Jahr 1870, 59 im Jahre 1872, davon allein 37 in Prag.

Die österreichisch-ungarische Monarchie bildete einen großen Wirtschaftsblock, in dem die Landwirtschaft und die Textilindustrie traditionellerweise den größten Raum einnahmen, aber in dem die Bodenschätze reich und verschieden genug waren, um die Industrialisierung auf anderen Sektoren voranzutreiben. Die Anwendung von Bessemer-Birnen in den Hüttenwerken von Witkowitz in Mähren im Jahre 1866, der Bau von Hochöfen in Kladno im Jahre 1860 waren der Beginn einer rapiden Entwicklung des Schmelzverfahrens. Der große Bedarf an Landmaschinen und Eisenbahnmaterial sicherten der Stahlindustrie im eigenen Land einen so großen Absatzmarkt, daß sie ihn nicht befriedigen konnte. Daher blieb die Wirtschaft der Doppelmonarchie weitgehend von Importen abhängig. Aber ausländische Geldgeber erkannten bald, daß in diesen dicht besiedelten Gebieten vorteilhafte Investitionen zu machen waren. Die Erfolgschancen waren gut, da die Länder über gute Arbeitsbedingungen, gute Ingenieure und eine Arbeiterschaft verfügten, die während vieler Handwerkergenerationen technische Geschicklichkeit und ein gewisses Berufsethos entwickelt hatten. Außerdem konnten diese Länder durch ihre geographische Lage sehr bald die Lieferanten für weniger industrialisierte Gebiete werden: für die ersten unabhängigen Balkanstaaten (Serbien, Rumänien), für Rußland, den Mittleren Osten und sogar für weiter entfernte Kunden: Indien und Südamerika, hier vor allem mit Textilien. Aber zu all dem brauchte man dringend Kapital. Die Reichen im Lande waren meist Grundbesitzer, die eher dazu neigten, ihr Geld in der Nahrungsmittelindustrie anzulegen, in Zuckerrübenraffinerien, in Mühlenbetrieben und Brauereien. Also ging man daran, die Reserven des liberalen Kleinbürgers und der Bauernschaft flüssig zu machen, um, unterstützt vom Kreditwesen, mittlere Unternehmen zu gründen. Diese Aufgabe übernahm zum Beispiel die „Živnostenská Banka" (Bank der kleinen Industrie), die 1869 in Prag gegründet wurde und schnell das Vertrauen der tschechischen Sparer gewann. Diese Bank spielte tatsächlich eine große Rolle in der Industrialisierung des Landes. Aber immer noch war Wien das Zentrum der großen Geschäfte und Banken. Die prunkvollen Bankgebäude am Ring waren ein beredtes Zeugnis für ihre Macht. Aber auch ausländische Banken pumpten ihr Geld in die Monarchie. Neben der Anglo-Austrian Bank gab es die Rothschilds, deren Wiener Zweig die österreichische Nationalität annahm, und den Baron Hirsch, einen belgischen Juden. Der wirtschaftliche Erfolg ließ nicht auf sich warten und spiegelt sich in der Kurve von Import und Export wider. Von 1869 bis 1873 stieg der Import um 83 Prozent, die Einfuhr des für die industrielle Verarbeitung bestimmten Rohmaterials stieg um 40 Prozent und die der Fertigprodukte um 131 Prozent. Die Ausfuhr von Rohstoffen sank dagegen um 7 Prozent; denn ein großer Teil dieser Rohstoffe wurde nun für die heimische Industrie benötigt. Entsprechend vergrößerte sich die Ausfuhr von Fertigwaren um 33 Prozent, aber der gesamte Export nur um 15 Prozent, was den gestiegenen Konsum im Inland beweist. Durchschnittlich wurden in der Zeit von 1867 bis 1872 jährlich 707 Konzessionen erteilt, davon 403 für Zisleithanien, während zwischen 1862 und 1867 die jährliche Quote bei 578 lag. (5)

Fünf Jahre nach dem großen Erfolg der Weltausstellung in Paris eröffnete nun auch Wien eine Weltausstellung. Aber der Börsenkrach vom 1. Mai 1873 bereitete der Euphorie ein jähes Ende, brachte die Konjunktur zum Wanken, ließ Geschäfte zusammenbrechen und Betriebe reihenweise den Bankrott erklären, trieb zahllose Familien in den Ruin und die Unternehmer zum Selbstmord. Die Menschen wurden von einer Panik erfaßt, die sie sobald nicht vergessen sollten. Von 1873 bis 1879 dauerten Rezession und Wirtschaftskrise. Dann besserten sich allmählich wieder die Verhältnisse. Man war nun mißtrauischer geworden und vertraute die geduldig angesammelten Ersparnisse von nun an mit Vorliebe Sparkassen und Genossenschaften an.

Die Rückkehr zum Wohlstand ging Hand in Hand mit einer allgemeinen innenpolitischen Beruhigung: die Spannung zwischen den Nationalitäten hatte nachgelassen (die Tschechen kehrten ins Parlament von Wien

(5) Die Zahlen stammen von Purš, J. Průmyslová revoluce v českých zemích (Die industrielle Revolution in den tschechischen Ländern). Prag 1960, S. 110.

zurück), eine soziale Gesetzgebung milderte das Elend der Arbeiterklasse, in der Außenpolitik schloß man den Zweibund beziehungsweise den Dreibund, was von der Öffentlichkeit als Aktion gegen die Kriegsgefahr interpretiert wurde, der man sich nach den Balkanaufständen und dem russisch-türkischen Krieg von 1877 schon ganz nah geglaubt hatte.

Zahlreiche Erfindungen verbesserten die industrielle Produktion. 1879 wurde zum ersten Mal das Verfahren Thomas Gillchrist in der böhmischen Erzverhüttung angewandt; die Produktion von Kohle und Braunkohle stieg kontinuierlich. 1884 wurden die Erfindungen des Tschechen Křižik auf dem Gebiet der Elektrizität verwertet.

Während die Nahrungsmittelindustrie trotz einer Krise der Zuckerfabriken zwischen 1883 und 1885 ihren Platz vor der Textilindustrie weiter behauptete, machte letztere große Fortschritte in der Baumwoll- und Juteverarbeitung. Gute Geschäfte machte auch die Lederindustrie, und die Wiener Handschuherzeugung fand wegen ihrer Eleganz und Feinheit sogar Absatz in Nordamerika.

Auf dem Papiersektor verarbeiteten jetzt die Fabriken das billige Holz aus den waldreichen Ländern der Monarchie. Die Verarbeitung von Lumpen für besonders glattes Feinpapier ging dagegen zurück. Gewisse Geschäfte in Wien versorgten damit allerdings noch ihre Stammkundschaft bis in die Jahre 1938/39. Die chemische Industrie, die Möbelfabrikation, die Glaswarenherstellung in Böhmen, die Porzellan- und Fayencenmanufakturen meldeten ebenfalls steigende Produktionsziffern. Auch die Herstellung von Musikinstrumenten soll nicht unerwähnt bleiben, denn das Interesse an der Kunst ist nicht erloschen, und die Konservatorien, die Amateurmusikgesellschaften, Konzerte und Kaffeehausorchester nahmen im gesellschaftlichen Leben einen immer breiteren Raum ein.

Die wichtigsten Zentren der Großindustrie befanden sich nach wie vor in Niederösterreich und Böhmen. Gegen Ende des Jahrhunderts zählen wir von 3100 großen zisleithanischen Unternehmen 1846, also mehr als die Hälfte, in Böhmen. (6) Aber auch in der Steiermark, Kärnten und Vorarlberg, rund um die großen Städte der ungarischen Tiefebene, im Banat, bei Temeschburg, in Siebenbürgen, in der Nähe der kleinen slowakischen Städte hat sich Industrie angesiedelt. Dennoch gilt Österreich-Ungarn im damaligen Europa nicht als Industrieland. Um 1900 zählt es noch 66,8 Prozent Ackerbauern gegenüber 35,2 Prozent in Deutschland. Mit dem schnelleren Produktionsrhythmus der westlichen Länder konnte Österreich-Ungarn nur schwer mithalten. Auf dem Agrarmarkt sah sich die Doppelmonarchie durch den amerikanischen und kanadischen Weizen in die Enge getrieben, der in Massen auf den europäischen Markt geworfen wurde. Auch das russische Korn verursachte den ungarischen und polnischen Gutsbesitzern schwere Sorgen. Die Fertigwaren des Deutschen Reiches nahmen in der Doppel-

(6) Zöllner, E., Geschichte Österreichs. Wien 1961, S. 453.

monarchie den Konkurrenzkampf mit den heimischen Waren auf. Die österreichisch-ungarische Zollpolitik mußte einerseits dem Ruf der Landwirtschaft, besonders der ungarischen, nach Schutzzöllen nachkommen, andererseits die Wünsche der österreichischen und böhmischen Industriellen erfüllen, die an einem relativ freien Austausch interessiert waren.

Die Doppelmonarchie präsentierte sich demnach als eine sehr komplexe Wirtschaftsgemeinschaft. Auf ihrem Territorium, das nach Rußland und Deutschland das größte Europas ist, fanden sich die entwickelten Industriegebiete neben Gebieten mit rückständiger Landwirtschaft. Es wäre allerdings falsch, generell Industrie mit Fortschritt und auf der anderen Seite Landwirtschaft mit Rückständigkeit zu identifizieren. Denn auch die Landwirtschaft wurde teilweise mit modernster Technik betrieben, während in der Industrie manchmal mit veralteten Methoden gearbeitet wurde.

In den letzten Jahren haben die mitteleuropäischen Historiker (Österreicher, Polen, Tschechoslowaken, Ungarn, Rumänen) trotz aller Meinungsverschiedenheiten und Differenzen in der Methode erkannt, daß die Wirtschaftsgeschichte von den vorangegangenen Generationen zu sehr vernachlässigt worden ist. Erst jetzt geht man an eine gründlichere Erforschung der jeweiligen wirtschaftlichen Verhältnisse und an eine Koordinierung der Resultate.

Innerhalb der kapitalistischen und liberalen Ära, ungefähr also von 1867 bis 1890, und sogar während der Entwicklung des Monopolkapitalismus bis zum Ersten Weltkrieg änderte sich die wirtschaftliche Potenz der Länder im Verhältnis zueinander nicht wesentlich. Die mechanische Pferdekraft hatte zum Beispiel in der Doppelmonarchie zwischen 1863 und 1900 erheblich zugenommen, der Anteil der Länder ist jedoch konstant geblieben: Böhmen hatte 1863 35,8 Prozent der Gesamtkraft und 1900/01 36 Prozent. Ungarns entsprechende Zahlen lauteten 18 Prozent und 19 Prozent, für die österreichischen Länder ohne Böhmen (wobei hauptsächlich das Industriegebiet um Wien zählt) 46,2 Prozent und 46 Prozent. Böhmen kam in vierzig Jahren von 20.728 PS auf 604.510 PS, Ungarn von 10.425 auf 300.000, die österreichischen Länder von 26.735 auf 772.490 PS. Beachtlich war die Anstrengung Ungarns, ohne daß es ihm gelang, auf einen vorderen Platz zu rücken. Die beiden durch den Ausgleich von 1867 assoziierten Staaten mit gleichem Zollsystem haben im wesentlichen ihre Produktionszweige beibehalten. Das Ungarn der Großgrundbesitzer und Bauern (die immer noch zu wenig Land haben, aber das ist ein anderes Problem) blieb der Hauptlieferant von Getreide auf dem österreichischen Markt und Österreich der Fertigwarenlieferant. Es ist häufig gesagt worden, daß Ungarn trotz seiner politischen Unabhängigkeit in der österreichischen Wirtschaft eine untergeordnete Rolle gespielt habe und in der Position eines Koloniallandes steckengeblieben sei. Diese Meinung wird aber mit Recht bestritten. Denn auch Zisleithanien war kein homogener Wirtschaftsblock: Viele Gebiete diesseits der Leitha blieben außerhalb des Handelsaustausches, durch den Industrieprodukte und Maschinen nach Ungarn und das ungarische Getreide nach Österreich gebracht wurden.

Man kann wohl eher sagen, daß die beiden Staaten sich wirtschaftlich ausgezeichnet ergänzten. Gewinn daraus zogen die drei großen wirtschaftlich am meisten entwickelten Nationalitäten: die deutsche, tschechische und magyarische, während die anderen nationalen Gruppen, vor allem in Ungarn, aber auch in Österreich in Nachteil gerieten, was sich in rückständigen landwirtschaftlichen Methoden und in überholten Industrieformen ausdrückte.

Auf Österreich-Ungarn kamen 1913 nur 6 Prozent der europäischen Industrieproduktion. Österreich-Ungarn stand an dritter Stelle in der Kohleförderung, an fünfter für Roheisen und Textilien. Mit 2,7 Millionen Tonnen Stahl steuerte es 6,30 Prozent der europäischen Stahlproduktion bei. Zwischen 1867 und 1914 war die Doppelmonarchie jedoch ständig auf ausländisches Kapital angewiesen. Am Vorabend des Ersten Weltkrieges betrug die Höhe des investierten Fremdkapitals zehn Milliarden Kronen, von denen sechs aus Deutschland, drei aus Frankreich stammten, während die österreichisch-ungarischen Investitionen im Ausland bei nur fünfhunderttausend Kronen lagen. Da Österreich-Ungarn sich auch nicht an dem allgemeinen Kampf um Kolonialländer beteiligte – auch nach Bosnien und in die Herzegowina flossen deutsche Kapitalien –, stand es auch zu Beginn des 20. Jahrhunderts im wirtschaftlichen Wettbewerb keineswegs als Weltmacht da. Wohl aber als eine Großmacht, allein durch seine Einwohnerzahl, die Größe seines Territoriums und den Reichtum seiner Bodenschätze. Aus dieser Sicht war Österreich-Ungarn sogar für eine Macht von morgen zu halten. Das wurde aber allgemein wegen seiner bedeutenden politischen Schwierigkeiten übersehen. Dabei deuteten zweifelsohne zahlreiche Merkmale auf den steigenden Wohlstand des Landes hin: das Wachstum der Städte, die steigende Zahl der Beamten, was auf eine ständige Ausweitung des öffentlichen Verwaltungsdienstes hinwies, der Ausbau des Eisenbahnnetzes und der anderen Verkehrsadern. Da es aber auch nicht an Krisen fehlte, wurden von publizistischer Seite eher diese ins Bewußtsein der europäischen Öffentlichkeit gebracht als die positiven Aspekte der österreichisch-ungarischen Monarchie.

DIE SOZIALE FRAGE

Die wichtigsten soziologischen Veränderungen innerhalb des Industriezeitalters spielten sich bei den Arbeitern und im Bürgertum ab. Hier wie dort waren steigende Zahlen und ein allgemeiner Aufwärtstrend zu beobachten. Die bürgerlichen Schichten behielten dabei ihren eigenen Nationalcharakter bei. Wirtschaftliche Entwicklung und Industrialisierung bedeuteten zum Beispiel in Böhmen nicht mehr, wie noch zu Kaiser Josephs II. Zeiten, eine

Entnationalisierung der Tschechen. In Böhmen existierten ein tschechisches neben einem deutschen Bürgertum, die sich stark voneinander unterschieden. Auch in Ungarn, wo der Prozeß der Entnationalisierung besonders stark ausgeprägt war, bildete sich wieder ein serbisches, slowakisches und siebenbürgisches Bürgertum. Wir werden später auf ihre politischen und kulturellen Aktionen eingehen.

So einfach es ist, die Arbeiter in den Fabriken als Proletariat zu bezeichnen, so schwierig ist die Grenze zu ziehen zwischen den Arbeitern und den kleinen Handwerkern, den Mitinhabern von Kleinstbetrieben und all jenen, die dem Kleinbürgertum näher stehen als dem Klassenkampf zwischen Kapital und Proletariat. Der Arbeiterstand holte sich seinen Nachschub vorwiegend aus den minderbegünstigten Schichten der Bauernschaft. (Die besser gestellte Bauernschaft konnte man schon als bürgerliche Landgesellschaft bezeichnen, die im übrigen sehr charakteristisch für Österreich und Ungarn gewesen ist.) Der tschechische Arbeiter war in der ganzen Welt als sparsam, fleißig und anständig bekannt, man bewarb sich um ihn in allen Teilen der Monarchie bis nach Siebenbürgen. Aber die meisten Arbeitsmöglichkeiten bot nun einmal das nordböhmische Industriegebiet, die Textilfabriken und Hüttenwerke von Reichenberg und Gablonz. Die Arbeitsbedingungen waren allerdings auch hier wie überall katastrophal: niedrige Löhne, unsichere Arbeitsplätze, körperliche Züchtigungen, gestörtes Familienleben durch Frauenarbeit und Kinderarbeit. (Kinder wurden schon ab fünf Jahren zu Hilfsarbeiten herangezogen.) Dennoch regte sich der Wille zur Selbsthilfe bei der österreichischen Arbeiterschaft erst nach Impulsen des benachbarten deutschen, besonders des sächsischen Proletariats. Mit der Gründung der Ersten Internationale 1864, dem Kongreß von Eisenach 1869, der Gründung der sozialdemokratischen Partei durch Liebknecht und Bebel 1869 zeichnete sich die Arbeiterbewegung ab, an der auch das Proletariat diesseits der Leitha immer mehr partizipierte. Die Arbeiterbewegung teilte sich sogleich in mehrere Strömungen. Da war zum Beispiel die korporative Strömung: Sie gründete Versicherungen und Produktionsgenossenschaften. Das Modell dazu kam aus Deutschland. Zu einem großen Erfolg wurden in Böhmen die ländlichen Kreditkassen des Dr. Kampelik. Ebenso erfolgreich waren innerhalb der Arbeiter- und Handwerkerschaft die Produktions-, Konsum- und Kreditgenossenschaften eines tschechischen Juristen, des Doktor Ladislav Chleborad (1839—1911). In Prag stimmte eine Arbeiterversammlung auf der Sophieninsel für die Gründung einer Produktionsgenossenschaft „Oul“ (Bienenstock). Chleborad hatte ein klares Programm: „Die Arbeiterklasse muß sich selbst helfen. Wir verlassen uns weder auf Schulze-Delitzsch noch auf Lassalle, sondern auf unsere eigenen Kräfte und auf die Hilfe der tschechoslawischen Nation.“ Dies war das Prinzip der Selbsthilfe, das auch die österreichischen Sozialisten in Wien unterstützten: Keßler und Max Menger. Aber bei Chleborad trat die spezielle Sorge um das Los der tschechischen Arbeiter deutlich in den Vordergrund. Ab 1867 gab er eine

Zeitung in tschechischer Sprache heraus, „Delník“ (Der Arbeiter), und bestärkte in den nördlichen Industriegebieten die Opposition der tschechischen Arbeiter gegen ihre deutschen Unternehmer. Die soziale Frage verschmolz bei ihm mit der nationalen. Wie Rieger vertrat er die Meinung, daß es den Arbeitern so lange nicht gut gehen könnte, wie es der Nation nicht besser ginge.

Aber das hieß das Bündnis mit dem patriarchalischen Bürgertum anstreben, das war das Eingeständnis, daß es für das Proletariat vorteilhafter sei, mit Hilfe des tschechischen Prager Bürgertums gezielt gegen das deutsche Bürgertum von Reichenberg vorzugehen, als einen allgemeinen Klassenkampf zu führen. Chleborad war nicht allzu weit von der Auffassung entfernt, daß nur der deutsche und jüdische Kapitalismus der eigentliche Feind sei, während der tschechische Kapitalismus durchaus ein Partner und Verbündeter sein könne. Abgesehen von der nationalen Frage bot diese Position mancherlei Parallelen zu den Vorgängen in Niederösterreich. Ein Reichsgesetz hatte 1867 für ganz Zisleithanien die Freiheit der Versammlung verkündet, sofern es sich nicht um politische Vereine handelte. Am 15. Dezember 1867 wurde darauf der erste Arbeiterbildungsverein gegründet, dem bald weitere folgen sollten. In Böhmen gab es 1871 schon 49 Arbeitervereine, von denen 8 Produktionsgenossenschaften waren und 36 Versicherungsgesellschaften. Die Arbeiterbildungsvereine mit ihrer kulturellen Note genossen den Schutz der Regierung und der Unternehmerkreise, die hier Möglichkeiten sahen, sich mit den Arbeitern gütlich zu einigen und sie von Streiks und Tätlichkeiten abzuhalten. Gegen diese Gefahr der Absorption durch die Autoritäten und der Kompromittierung der Arbeiterselbsthilfe wandten sich jedoch bald die treuen Anhänger der marxistischen Lehre und der Sozialdemokratie.

Die Arbeiterbewegung der Doppelmonarchie war, zumindest bis zum Hainfelder Parteitag 1888, mehr von Lassalle als von Karl Marx geprägt. Aber auch die Anhänger Lassalles wandten sich gegen die Konzeption der Selbsthilfe. Das war für sie liberales Gedankengut. Sie organisierten nun Arbeitertage und gründeten im Gegensatz zum Arbeiterbildungsverein den Arbeiterverein. In Ungarn wurde 1866 heimlich ein Kongreß abgehalten.

Mißtrauisch beobachteten die internationalen Sozialisten die nationalen Bestrebungen innerhalb der Arbeiterbewegung. „In den Fabriken arbeiten die Arbeiter verschiedener Nationen Seite an Seite unter denselben Bedingungen, und sie sind gezwungen, sich denselben wirtschaftlichen Gesetzen zu beugen“, erklärten sie. Nationale Forderungen seien Relikte der bürgerlichen und liberalen Ideologie, und die Arbeiter sollten sich nicht länger damit abgeben. In Österreich und Böhmen kam es zu Streiks (in den Liebigwerken in Reichenberg), nach denen zum Teil zehnprozentige Lohnerhöhungen gewährt wurden. Am 13. Dezember 1869 fand auf dem Wiener Paradeplatz, wo einige Jahre später mit dem Bau von Parlament und Rathaus begonnen wurde, eine große Demonstration von mehreren tausend Arbeitern statt.

Delegierte überreichten dem Innenminister Taaffe eine Petition, in der Koalitionsfreiheit, Vereinsfreiheit und Pressefreiheit ohne alle Beschränkungen gefordert wurden, außerdem das allgemeine Wahlrecht und statt der regulären Armeen ein Volksheer. Als Antwort auf diese gewagte Forderung, wofür die Zeit noch nicht reif war, verbot die Regierung die Arbeitervereine; in Zukunft durften sich nur noch Berufsverbände bilden. Damit legte sich aber keineswegs die allgemeine Unruhe. Gerüchte aus dem Ausland heizten sie von neuem an. Die Nachrichten über die Pariser Kommune hatten in der Bevölkerung der Doppelmonarchie widersprüchlichste Reaktionen zur Folge: Begeisterung in Volkskreisen, Unruhe und Angst im kleinen und mittleren Bürgertum. In der Arbeiterschaft fühlten sich sowohl die Radikalen wie auch die Gemäßigten bestätigt, die ersteren in ihrer revolutionären Unnachgiebigkeit, die letzteren in ihrem Glauben an den Vorteil unmittelbarer Teilerfolge.

Die Lassallisten konnten ihre Anhängerschaft vergrößern. Den größten Anklang fand die These, daß man gegen das eherne Lohngesetz und angesichts der Ohnmacht des liberalen Kapitalismus die Regierung zum Schutz der Arbeiterklasse aufrufen müsse.

Die Wirtschaftskrise von 1873 traf die Arbeiterschaft der Doppelmonarchie mit voller Wucht. Die Unternehmer mußten einen Teil des Personals entlassen und senkten die Löhne, die zu erhöhen sie versprochen hatten. Erwerbslosigkeit breitete sich aus. In der Schwerindustrie Siebenbürgens gab es zwischen 1873 und 1879 15.000 Arbeitslose.

Die Arbeiter streikten immer öfter und immer verzweifelter. Letzten Endes mußte die Armee eingreifen, um die Ordnung wiederherzustellen. Im Juni 1875 streikten 42 Textilfabriken in Nordböhmen. Und selbst wenn die Streiks durch Konzessionen seitens der Arbeitgeber beendet wurden, so mußten die Anführer meistens mit ihrer Entlassung rechnen. In dieser Zeit der schwersten Prüfungen für die Arbeiterschaft, versuchte die Sozialdemokratie ihre Kräfte auf dem Kongreß von Neudörfl zu sammeln. Unter den 74 Delegierten ganz Österreichs waren 10 Tschechen und 3 Ungarn. Auf dem anschließenden Kongreß von Wiener Neustadt siegten die reformistischen Beschlüsse des Gothaer Kongresses von 1875 über die Tradition von Eisenach.

Im allgemeinen war das sozialdemokratische Programm Lassalles in Deutschland und in der Doppelmonarchie weitaus populärer als die Ideen von Marx. Tschechische Historiker sind zu dem Ergebnis gekommen, daß bei den tschechischen Arbeitern Marx nahezu ein Unbekannter war. Die tschechische Arbeiterzeitung „Dělnické Listy" war ein Organ für Lassallsches Gedankengut. Der Marxismus war nur bei den jüngeren und besser informierten Arbeitern bekannt: Der Schneider Ladislav Zapotocký (1852—1917) übersetzte die Werke von Engels (7) und gab mit dem Schmied Bohuslav

(7) Der Sohn von Ladislav Zapotocký war einer der Kommunistenführer während der Ersten Tschechoslowakischen Republik und wurde Präsident der sozialistischen Republik zwi-

Pečka die Zeitung „Budoucnost“ (Die Zukunft) heraus, die den wissenschaftlichen Sozialismus unters Volk bringen wollte. Aber auf dem Kongreß von St. Margareten, in der Nähe von Břevnov, 1878, auf dem man die Forderungen der „tschechoslawischen“ Arbeitergruppe formulierte, dominierten Lassallsche Gedanken. Die tschechischen Arbeiter betonten ihre Solidarität mit den deutschen Genossen. Die ungarischen Arbeiter dagegen organisierten 1880 ihre eigene Arbeiterpartei. Dieser Partei schlossen sich auch die Slowaken und Rumänen an.

Die Sozialdemokratie spaltete sich zwischen denen, die eine kürzere Arbeitszeit, das allgemeine Wahlrecht und eine bessere Ausbildung der Arbeiter forderten, und jenen, die ihr Heil nur in der illegalen und revolutionären Agitation sahen. Unter dem Einfluß des russischen Nihilismus tauchten dazu noch anarchistische Tendenzen auf und übten gerade auf junge Menschen eine große Anziehungskraft aus.

Endlich versuchte nun auch die Regierung, das Arbeiterproblem mit einer sozialen Gesetzgebung zu lösen, für die in gewisser Weise das Bismarck-Deutschland Modell gestanden hat. 1887 verabschiedete das Parlament die gesetzliche Versicherung gegen Arbeitsunfälle und 1889 das Krankenversicherungsgesetz. Mit diesen Gesetzen war Österreich vielen westlichen Ländern um ein Beträchtliches voraus.

Während die Liberalen die Intervention des Staates in der sozialen Frage aus Vernunftgründen, wenn auch zögernd, guthießen, suchten auch die „Christlich-Sozialen“ auf ihre Weise nach einem Ausgleich zwischen christlichen Idealen und den besten Lebensbedingungen der modernen Wirtschaft. Ihr Begründer war Freiherr von Vogelsang, ein Deutscher im Dienst der Familie Liechtenstein. Einer der jüngeren Fürsten, Prinz Alois Liechtenstein, war ein enger Mitarbeiter Vogelsangs. Die neue Bewegung wollte sich nicht als Partei verstanden wissen. Auf dem zweiten Katholikentag in Wien im Jahre 1889 wurden alle, die keiner politischen Partei beitreten wollten, eingeladen, sich in einer christlich-sozialen Bewegung zu versammeln. Begeistert folgten junge Leute wie Friedrich Piffl und Karl Lueger dieser Aufforderung. Lueger sollte später der Obmann dieser Partei werden, als sie sich dann doch als eine solche organisierte. Der Einfluß dieser Bewegung erstreckte sich bis in konservative Kreise und sogar auf Mitglieder der kaiserlichen Familie.

Das unmittelbare Resultat bestand darin, daß man innerhalb der katholischen Kirche wieder idealistisch dachte und die Zeitprobleme klar sah. Leider mischte sich jedoch in den idealistischen Elan ein stark ausgeprägter Antisemitismus. Wie der Sozialismus überwand auch der soziale Katholizismus die Barrieren der Nationalitäten, aber auch für ihn stellte sich das Problem, mit den Besonderheiten jeder Gruppe einzeln fertig zu werden.

schen Gottwald und Novotný. Seine humanistische Bildung und seine Menschenkenntnis trugen ihm eine weit größere Popularität ein als seinem Vorgänger und Nachfolger. In der Epoche des kalten Krieges war er jedoch im Westen praktisch unbekannt.

Aber weder die Sozialpolitik der Regierung noch die Bewegung der Christlich-Sozialen konnten die Sozialdemokratie verhindern. Auf dem Parteitag von Hainfeld 1888 veröffentlichte die Partei ein überzeugendes Programm, das eigentlich den Sieg des Marxismus bedeutete.

Klarer als bisher wurde der Klassenkampf hervorgehoben und die Ziele der Arbeiterklasse auf ihrem Weg zur Bildung einer sozialistischen Welt. Die Sozialdemokratie erklärte sich als eine internationale Partei, für die kein Unterschied zwischen Rasse und Nation bestand. Im parlamentarischen Regierungssystem sah sie nur eine neue Form der Klassenherrschaft. Sie forderte das allgemeine Wahlrecht, die Trennung von Kirche und Staat, den weltlichen Unterricht, die Auflösung der Armee, denn sie stellte eine permanente Kriegsgefahr dar, und verlangte statt dessen eine Miliz und schließlich auch die Verteidigung der Arbeiterklasse durch qualifizierte Repräsentanten.

Dieses massive und konstruktive Programm konnte sich freilich nicht mit einem Schlag durchsetzen. Man konnte auch nicht verhindern, daß einige der Artikel von anderen nichtsozialistischen Parteien aufgenommen wurden. Der Parteitag hatte aber die Gegensätze zwischen den Anhängern der Selbsthilfe und den Lassallisten der Staatshilfe überwinden können und sogar zwischen Gemäßigten und Anarchisten Einigung geschaffen: Als Motor der Arbeiterbewegung galt nun die Lehre von Marx. Wenn das Programm einen heiklen Punkt vermied, dann das Nationalitätenproblem. Zuerst mußte die soziale Revolution vorbereitet werden. Zum erstenmal wurde 1890 am 1. Mai der „Tag der Arbeit" gefeiert. Die Forderung nach einem allgemeinen Wahlrecht hatte der Arbeiterklasse auch die intellektuelle Jugend nähergebracht und einen Teil der älteren Generation, die sich noch an 1848 erinnerte. 1890 wurde in Ungarn eine ungarische Partei der Sozialdemokratie gegründet. Wie die österreichische Partei trat sie der Zweiten Internationalen bei, die 1889 neu gegründet worden war. Aber nach und nach zeichneten sich innerhalb der österreichischen Sozialdemokratie zwei verschiedene Tendenzen ab. Die eine Richtung vertrat Viktor Adler, der führende Kopf der Partei. Angesichts der vielen Nationalitäten in Österreich fürchtete er eine Zersplitterung der Arbeiterpartei, glaubte ihr durch eine stärkere Betonung des Marxismus begegnen zu können und gründete so den Austromarxismus. Dieser trat für die Aufrechterhaltung des Reiches und selbst der Monarchie ein, nicht weil Adler sich zu einer Institution bekehrt hatte, welche aus der aristokratischen und bürgerlichen Ordnung hervorgegangen war und die Klassenherrschaft verkörperte, sondern weil der bestehende Staat die notwendigen Bedingungen für die Existenz eines großen Wirtschaftsraumes garantierte, innerhalb dessen sich die Arbeiterklasse organisieren und die Machtübernahme durch das Volk vorbereiten konnte. Adler wurde somit nach seinen eigenen Worten der „Hofrat der Revolution". Nach einer Unterredung mit Adler meinte Kaiser Franz Joseph, der durch seine Menschenkenntnis illusionslos geworden war, dennoch mit einer gewissen Befriedigung: „Er hat sich mir gegenüber vollkommen korrekt benommen.“ Vielleicht zog er ihn sogar gewissen Liberalen vor.

Die andere Richtung innerhalb der Sozialdemokratie stand zwar nicht in völligem Gegensatz dazu, aber unterschied sich doch in wesentlichen Punkten und konnte unter Umständen zu ganz anderen Ergebnissen kommen. Auf dem Kongreß von Brünn 1899 wurde erklärt, daß Österreich sich in einen demokratischen Staat und einen Föderalismus von Nationalitäten umzubilden habe, was dem Austromarxismus allerdings in keiner Weise widersprach. Aber die tschechischen Sozialisten führten von nun an ihr Eigendasein, wenn sie auch mit den österreichischen Sozialdemokraten nicht brachen. Wie die Österreicher gehörten sie weiter der Zweiten Internationale an. Mit einer neuen Zeitung, dem „Právo Lidu“, bekam die tschechische Partei neuen Aufschwung. Sie blieb dem Prinzip des Klassenkampfes treu und lehnte die Verbindung mit den bürgerlichen Parteien strikt ab. Parallel zu ihr entstand jedoch eine sozialistische Nationalpartei.

In Ungarn konnte die Sozialdemokratie, mit deren Gründung sich der Name des Arbeiters Fraks verband, ihre Einheit mit einer slowakischen und rumänischen Sektion bewahren. In Serbisch, Slowakisch, Rumänisch erschienen sozialistische Zeitungen, vertraten die besonderen Interessen jeder Gruppe und sorgten für die Verbreitung der allen gemeinsamen marxistischen Doktrin.

ÖSTERREICH-UNGARNS AUSSENPOLITIK

1866 und 1871 waren Jahre schwerwiegender Strukturveränderungen innerhalb Europas. Nach der endgültigen Abtrennung vom Deutschen Bund interessierte sich die österreichisch-ungarische Monarchie, nachdem sie alle Aussichten, die preußische Oberherrschaft zu brechen, begraben mußte, vornehmlich für die Balkanhalbinsel und den Nahen Osten. Das Ziel waren hier nicht mehr wie einst territoriale Eroberungen, sondern die Ausdehnung des wirtschaftlichen Einflusses.

Das osmanische Reich bestand noch immer trotz seiner Rückständigkeit und seiner erstarrten Institutionen, trotz des Widerwillens der von ihm beherrschten christlichen Bevölkerungsgruppen und trotz seiner Abhängigkeit von westlichem Kapital, mit dessen Hilfe es erste Schritte zu einer Industrialisierung unternahm. Vier Staaten hatten sich im Laufe der letzten fünfzig Jahre von ihm gelöst und verselbständigt: das Königreich Griechenland und die Fürstentümer Serbien, Montenegro und Rumänien. Die Probleme im Nahen Osten machten Österreich-Ungarn und Rußland zu Gegnern. Die Bevölkerung des Balkans übte nach wie vor eine mächtige Anziehungskraft auf die Politik des Zaren aus, sowohl durch sein Prestige als durch seine strategische Position am Bosporus. 1871 erreichte Rußland das Außerkrafttreten gewisser Klauseln des Pariser Vertrages von 1856, die ihm verboten, Kriegsschiffe im Schwarzen Meer zu unterhalten.

Aber England hatte wenig Lust, russische Kriegsschiffe im Mittelmeer zu dulden. Und auch die Balkanangelegenheiten, nämlich sowohl die Schifffahrt auf der Donau wie die politische Organisation der Halbinsel, interessierten auch noch die anderen Mächte außer Rußland und Österreich-Ungarn.

Nach 1871 war man in den europäischen Staatskanzleien entschlossen, es nicht auf einen neuen Krieg ankommen zu lassen. Also mußte der Status quo aufrechterhalten werden, das hieß: Das osmanische Reich mußte erhalten und eine vernünftige Entente zwischen Rußland und Österreich-Ungarn hergestellt werden. Beide mußten in Zukunft ihre Machtambitionen im Orient zügeln. Das Resultat dieser Überlegungen war das Drei-Kaiser-Treffen 1872 in Berlin (Zar Alexander II., Kaiser Wilhelm I. und Kaiser Franz Joseph), die Verhandlungen von Alexander II. und Franz Joseph 1873 in Schönbrunn und in Reichstadt in Böhmen 1876.

Als sich die christliche Bevölkerung aber in Bosnien und Herzegowina gegen den Sultan erhob, wurde es kompliziert. Serbien, das seinen Brüdern zu Hilfe geeilt war, wurde sofort geschlagen und nur durch die diplomatische Intervention der Großmächte gerettet. Nun mischte sich auch Rußland unter dem Vorwand ein, der Sultan habe die versprochenen Reformen nicht gehalten und asiatische Truppen gegen die bulgarische Bevölkerung der nördlichen Provinzen eingesetzt. Nach mehreren Monaten schwieriger Kämpfe konnten die russischen Armeen die Bergpässe überwinden und rückten auf der Straße nach Konstantinopel vor. In San Stefano mußte der Sultan sich unter harten Bedingungen ergeben. Ein neuer Staat wurde gegründet: Groß-Bulgarien. Er reichte vom Schwarzen Meer bis zur Ägäis, fast identisch mit dem byzantinischen Militärgouvernement Mazedonien. Bulgarien blieb ein Vasallenstaat der Pforte, aber mit einem von Rußland bestimmten Fürsten. So bestand auf dem östlichen Teil der Balkanhalbinsel nun praktisch ein russisches Protektorat, welches die Straße zwischen Serbien und Saloniki überwachte.

Damit konnten sich weder England noch Österreich-Ungarn abfinden, aber die internationale Krise wurde im Kongreß von Berlin beigelegt, wo Bismarck als Vermittler auftrat und ein zumindest provisorisches europäisches Gleichgewicht wiederherstellte.

Das osmanische Reich wurde amputiert, aber am Leben gelassen: Es bekam sogar Mazedonien zurück. Von Groß-Bulgarien blieben nur die zwei Provinzen Bulgarien und Rumelien übrig. Die anderen Balkanstaaten wurden vergrößert: Serbien um das Gebiet Niš, Montenegro um zwei adriatische Häfen, Rumänien um die Dobrudscha, ein unfruchtbares Land, das es gegen Süd-Bessarabien, welches Rußland zugesprochen worden war, tauschen mußte. Allen drei Ländern wurde zugleich ihre völlige Unabhängigkeit ausgesprochen, Serbien und Rumänien erklärten sich daraufhin sogleich als Königreich. Die Großmächte erhielten ebenfalls große Vorteile: England etablierte sich in Zypern, Rußland in Bessarabien. Österreich-Ungarn bekam vom Kongreß die Aufgabe zuerteilt, die beiden Provinzen Bosnien und Herzegowina zu verwalten und den Sandschak-Novipazar zu besetzen.

Auf dem Kongreß errang der österreichisch-ungarische Außenminister Graf Julius Andrássy d. Ä., seit seiner englischen Exilzeit ein Freund Disraelis, große diplomatische Erfolge für sein Land. Seinem eigenen Wort zufolge hat er der Doppelmonarchie den Orient politisch und materiell erschlossen. Niemand konnte nun die Ordnung auf der Balkanhalbinsel mehr ohne seine Zustimmung ändern, und der wirtschaftliche Einfluß Österreich-Ungarns schien gesichert. Man hatte die Vereinigung Serbiens und Montenegros verhindern können und das Weiterbestehen der Türkei gesichert. Denn die wichtigste Aufgabe war, „dort, wo die türkische Herrschaft zusammenbrach, größere slawische Staatenbildungen zu verhindern".

Die militärische Besetzung Bosniens und der Herzegowina bot Österreich-Ungarn dieselben Vorteile wie eine Annexion ohne deren Unannehmlichkeiten. Dieses Hinterland Dalmatiens, ein wirtschaftlich rückständiges Bergland, war von Slawen bewohnt: Kroaten und Serben. Die Religion war mehrheitlich orthodox, daneben gab es auch Mohammedaner. Kroatien – und damit Ungarn – machte natürlich auf diese Provinzen seine alten historischen Rechte geltend. Andererseits bestand damals kein unbedingtes Interesse, die Zahl der Slawen in der Monarchie zu erhöhen. Wohingegen es günstig war, der Industrie ein Investitionsgebiet anpreisen zu können. Daher wurde die Lösung einer militärischen Besetzung ohne Schwierigkeiten von den Delegationen beider Parlamente angenommen.

Die Verhandlungspartner des Berliner Kongresses gingen noch immer nach den traditionellen Methoden des Wiener Kongresses und der Diplomatie des 18. Jahrhunderts vor, indem sie die Interessen der Machthaber und in keiner Weise die der Völker vertraten. Das Nationalbewußtsein der Balkanvölker war zu jener Zeit allerdings auch erst im Entstehen. Aus religiösen Gründen blieb Rußland, das gedemütigt und unzufrieden den Berliner Kongreß verlassen hatte, in den Augen der Balkanslawen ihre natürliche Schutzmacht, mit der sie dieselbe Religion, dieselbe Rasse und eine verwandte Sprache verbanden. Rußland, so hoffte man, würde die Balkanvölker eines Tages befreien. In Sofia stellte man ein Standbild des Zaren Alexander II., des Befreiers, auf.

Der Kongreß hatte den Krieg in Europa verhindert, nicht aber den Keim für zukünftige Streitfälle auf dem Balkan ausgerottet und auch nicht die Rivalität zwischen Österreich-Ungarn und Rußland. Die zwei Großmächte schienen sich zwar über eine Teilung ihrer Einflußbereiche geeinigt zu haben, wie einst Joseph II. und Katharina II., aber die Einigung war nicht aufrichtig: Beide Mächte waren bestrebt, ihre Anhängerschaft auf dem Balkan auf Kosten der anderen Macht zu vergrößern.

Immerhin konnte das Gleichgewicht dreißig Jahre lang aufrechterhalten werden.

In Serbien regierte die eingeborene Dynastie der Obrenović. König

Milan I., der Gatte der schönen Königin Nathalie, der Tochter eines russischen Offiziers, war bestechlich und anmaßend und dachte nur an seinen Profit. Mit der Doppelmonarchie hatte er eine Allianz geschlossen, weil es zu jener Zeit gar nicht anders möglich war; denn Serbien war wirtschaftlich eng mit Österreich-Ungarn assoziiert, indem es seine Agrarprodukte nach Österreich verkaufte und Österreich Fertigwaren abkaufte. Serbische Geldanleihen waren nur in Wien möglich.

In Rumänien herrschte eine ganz andere Situation. Hier war der Herrscher, der katholische Fürst Karl I. aus dem Hause Hohenzollern-Sigmaringen, ein kultivierter und politisch sehr kluger Regent. 1883 schloß auch Rumänien eine Allianz mit Österreich-Ungarn und dem Deutschen Reich. So bildete es eine Barriere zwischen Rußland und Bulgarien. Die beiden Provinzen Bulgarien und Rumelien sollten getrennt bleiben: Sie vereinigten sich jedoch, und ihre Fürsten schwankten als Vasallen des Sultans zwischen österreichischer und russischer Protektion hin und her.

Die Lage auf dem Balkan hing vor allem von dem Verhalten der Großmächte ab. Bismarck machten die eventuellen Revanchegelüste Frankreichs Sorgen und Frankreichs mögliche Annäherung an Rußland. Er schloß daher am 9. Oktober 1879 mit Österreich-Ungarn einen Vertrag, welcher der Grundstein eines europäischen Bündnissystems während der nächsten fünfundzwanzig Jahre war. Es handelte sich um ein Defensivbündnis für den Fall, daß eine der beiden Mächte von Rußland angegriffen würde und enthielt das Versprechen wohlwollender Neutralität für den Fall eines Angriffs durch eine andere Macht.

Andrássy war der Auffassung, daß ein solches Bündnis genügend Schutz gegenüber Rußland böte; denn Rußland würde keinesfalls das Risiko eines Krieges mit Deutschland eingehen. Die Doppelallianz wurde dann auf die Bitte Deutschlands auf Italien ausgedehnt. Bismarck wollte jedoch nicht, daß dieser Dreibund zum Bruch mit Rußland führte. Er schloß daher mit Rußland den Rückversicherungsvertrag ab. Rußland aber war der Dreibund auch weiterhin ein Dorn im Auge. Da es außerdem England als Rivalen auf der Straße nach Indien hatte, andererseits Frankreich im Westen Europas isoliert und ohne Verbündete dastand, war die französisch-russische Annäherung trotz aller Unterschiede im Regime — hier republikanisches Frankreich, dort kleinbürgerlich-autokratisches Rußland — eine logische Antwort auf den Dreibund. So zeichneten sich in Europa zwei gegensätzliche Bündnissysteme ab, welche zwar auf politischer Grundlage entstanden waren, sich aber durch die Entwicklung des Großkapitalismus in ihrem Antagonismus immer mehr versteiften.

Nach dem Abschluß der Allianz mit Österreich-Ungarn verbot Bismarck in Deutschland jegliche Propaganda zugunsten einer Vereinigung aller Deutschen in einem einzigen Reich. Das Reich der Hohenzollern hatte von nun an die territoriale Integrität seines Alliierten zu respektieren. Wichtig war für Preußen, daß es im Kriegsfall auf die Hilfe der österreichisch-ungarischen

Armee zählen konnte, einer Armee, die von Erzherzog Albrecht und Minister Kuhn ausgezeichnet organisiert worden war. Die Solidität dieser Armee hing jedoch wesentlich von der inneren Ruhe des Reiches ab. Daher konnten die Pangermanisten in Österreich wie in Deutschland noch so propagandistisch wirken (Schönerer in Österreich), man schenkte ihnen wenig Gehör. So hielt sich die Allianz zwischen den beiden Staaten bis zum gemeinsamen Krieg von 1914 und zu ihrer beider Auflösung im Jahre 1918. Durch die Nachbarschaft der beiden Reiche, die gemeinsame Sprache, zumindest mit einem großen Teil Österreichs, und durch die vermehrten wirtschaftlichen Kontakte bildete sich im übrigen Europa die Meinung, daß es sich da um so etwas wie einen Block handele, man sprach von den Mittelmächten. Auf Regierungsebene kam es zu häufigen Begegnungen zwischen den Generalstabschefs und Politikern. In Wien und in anderen Städten bevorzugte man die Waren aus Deutschland, ebenso wie man sich auch auf dem Gebiet der Mode, der Technik, der Information, der Kunst und der Philosophie mit Vorliebe an den deutschen Import hielt.

Deutschland nahm somit zu Ende des 19. Jahrhunderts in Österreich den Platz ein, den Italien einst zur Zeit des Barock innegehabt hatte. Daß deutsche Kultureinflüsse so begierig aufgesogen wurden, lag wohl auch daran, daß man in ihnen einen Schutz gegen den Panslawismus witterte. Die donauländische Gesellschaft gab sich betont germanisch. Auch die nichtdeutschen Nationen entgingen nicht einer gewissen Germanisierung, zumindest in ihrem Alltagsleben. Dafür betonten sie aber umso lebhafter ihre geistige Unabhängigkeit, ihren slawischen oder lateinischen Charakter, so daß die Allianz mit Deutschland auch zu einem gewissen Zerfall des österreichischen Gemeinschaftsbewußtseins führte.

Die Beziehungen mit den romanischen Ländern bildeten zu dieser starken Allianz kaum ein Gegengewicht. Die politische Annäherung an Italien wurde durch gegenseitige Mißverständnisse sehr erschwert. Die Erinnerung an die frühere österreichische Herrschaft war noch nicht erloschen. Mit dem Nationalismus und dem Irredentismus wuchs in Italien das Zusammengehörigkeitsgefühl mit den Landsleuten, die im Reich lebten, in Triest und Südtirol, an der adriatischen Küste und in Dalmatien.

Auch mit Frankreich unterhielt Österreich kaum noch Kontakte. Während kurz nach Königgrätz alles für eine Allianz zwischen Österreich-Ungarn und Frankreich sprach, stellte der Dreibund Österreich-Ungarn jetzt in das Lager des französischen Erzfeindes, des Deutschen Reiches. Obwohl Frankreich beim österreichischen Volk noch immer ein gewisses Prestige besaß, obwohl die französische Sprache in der oberen Gesellschaft und teilweise auch im Bürgertum noch immer zum guten Ton gehörte, ja obwohl sie sogar zur Zweitsprache in den Gymnasien und Realschulen erklärt wurde, wuchsen die gegenseitigen Vorurteile und die Unkenntnis, und es kam zu neuen absichtsvollen Sympathiekundgebungen zwischen den Franzosen und Slawen.

So hatte die Allianz mit Deutschland über ihren rein politischen Charakter hinaus für die Völker an der Donau schwer zu definierende, aber deshalb umso tiefgreifendere Folgen. (8)

Die Beziehungen zu Rußland behielten bis zum Ende des Jahrhunderts ihren normalen Charakter. Aber in dem Maße, in dem sich die industrielle Wirtschaft weiterentwickelte und im Innern der Monarchie und auf dem Balkan neues Bürgertum entstand, beschränkten sich die Rivalitäten nicht mehr nur auf Prestigeangelegenheiten. Die Kriegsgefahr rückte wieder in greifbare Nähe. Weder Rußland noch Österreich waren jedoch für einen Krieg gerüstet. In den Verträgen von 1897 und 1903 versuchten die beiden Mächte noch einmal, das Gleichgewicht auf dem Balkan zu konsolidieren und bestätigten sich ihr gegenseitiges Interesse an der Erhaltung der Türkei. Aber wie lange noch ließ sich die Explosivkraft der kleinen Balkanstaaten eindämmen?

DAS TSCHECHISCHE PROBLEM

Der Ausgleich zwischen Österreich und Ungarn hatte den beiden Ländern eine Epoche wirtschaftlichen Wohlstandes und eine gewisse innere Beruhigung gebracht.

In Ungarn handelte es sich darum, den Ausgleich in die Tat umzusetzen und Verwaltungsreformen durchzuführen. Diese Aufgaben übernahm ab 1875 die liberale Regierung Koloman Tisza. Die Methoden dieses Politikers, mit dem Parlament umzugehen, erinnern an die Taktiken des französischen Politikers Guizot, der es ebenfalls ausgezeichnet verstand, sich durch geschickt verteilte Vergünstigungen im Parlament eine gefügige Mehrheit zu verschaffen.

In Österreich waren ab 1867 die Liberalen am Ruder. Ihre Herrschaft wurde nur durch die Regierung Hohenwart unterbrochen, die sich vergeblich bemühte, zu einer Einigung mit den Tschechen zu kommen. Paradoxerweise wurden die Regierungen, die man bürgerlich nannte, von adeligen böhmischen Grundbesitzern geleitet: den Brüdern Auersperg (Adolf und Carlos). Ihre antiklerikale Politik, welche auch zu schweren Konflikten mit dem Vatikan führte, rief allerdings bei breiten Bevölkerungsschichten große Unzufriedenheit hervor. Ebenfalls kritisch standen liberale Kreise der Außenpolitik Andrássys gegenüber, die ihnen zu gewagt war, besonders Rußland gegenüber. Sie warfen Andrássy außerdem vor, das Parlament zugunsten der Krone zu vernachlässigen und mit seinen militärischen Ausgaben das Budget übermäßig zu belasten.

Die Deutschen Österreichs waren weit davon entfernt, einen einheitlichen Block zu bilden. Die Partei der Verfassungstreuen wollte nicht als eine deutschnationale Partei gelten. Sie hielten es im Gegenteil für äußerst

---

(8) 91,2 Prozent der ausländischen Bücher kamen aus Deutschland.

gefährlich, wenn nationale Interessen zu sehr im Vordergrund der allgemeinen Reichspolitik standen. Aber eine andere Gruppe unter Schönerer, einem Grundbesitzer aus dem Waldviertel, versuchte unablässig, bei ihren Landsleuten den deutschnationalen Funken zu schüren. Ihr Ziel war die Vereinigung mit dem Deutschen Reich. Daher attackierten sie besonders heftig die konservativen Elemente Österreichs und insbesondere die katholische Kirche, deren Internationalität sie als störend für ihre deutschnationalen Bestrebungen empfinden mußten.

Ihre Haltung bestärkte Kaiser Franz Joseph in seinem Wunsche, sich mit den Tschechen zu versöhnen, denn ihre Rückkehr ins Parlament konnte sehr wohl die Wiederherstellung einer konservativen Mehrheit bedeuten. Seit 1874 war Mähren bereits wieder im Reichsrat vertreten. Die Alt-Tschechen versprachen, 1879 in den Reichsrat zurückzukehren und die Regierung Taaffe zu unterstützen. Taaffe besaß das persönliche Vertrauen des Kaisers. Ein Mitglied der Partei der Alt-Tschechen, Dr. Alois Pražák, ein Mähre, wurde als Minister ohne Portefeuille ernannt, was aus ihm praktisch einen Minister für Böhmen machte; es gab im Kabinett auch einen polnischen Minister für Galizien.

Wie hat man nun diese Rückkehr ins Parlament zu verstehen? Hatten die Tschechen auf ihr böhmisches Staatsrecht verzichtet? Rieger hatte es noch als Prinzip aufgestellt, an dem nicht zu rühren sei, und Karl Fürst Schwarzenberg hatte im böhmischen Landtag den berühmten Satz geäußert, daß sie es bis aufs Blut verteidigen wollten, und wenn sie dabei auch ihren Kopf und alle ihre Güter verlören. Nein, die Tschechen standen zu ihrer alten Forderung, aber sie hielten es im Moment für geschickter, dem Kaiser den Beistand nicht zu versagen. Sie hofften dadurch, der tschechischen Nation konkrete Vorteile einhandeln zu können und ihr wieder zu einer aktiven Rolle innerhalb der Reichspolitik zu verhelfen. 1876 war Palacký gestorben. Das Volk umgab ihn mit der Aureole eines Vaters der Nation. Rieger, der Chef der Alt-Tschechen, liierte sich eng mit den konservativen Kräften. Er war jedoch ein sehr guter Taktiker im Parlament, und seine Partei hatte noch immer, besonders auf dem Land, mehr Anhänger als die liberale jung-tschechische Partei von Sladowský und Gregr, dem Direktor der großen Prager Zeitung „Národní listy". Rieger war zu jener Zeit schon nicht mehr der Jüngste, die vielen Enttäuschungen hatten seinen Kampfgeist geschwächt. Als weitausholender und pathetischer Redner konnte er aber immer noch das Parlament durch seine Überredungskunst für sich gewinnen und für sein Land beachtliche Resultate erreichen.

Sein größter Erfolg war wohl 1882 die Erlaubnis, in Prag eine Universität mit allen Fakultäten zu gründen, deren einzige Unterrichtssprache Tschechisch sein sollte. Die alte Karlsuniversität blieb als deutsche Universität bestehen. Man fragte sich allgemein, ob die Tschechen in der Lage sein würden, alle Lehrstühle zu besetzen. Es würde ihnen unmöglich sein, hieß es, genügend Fachleute zu finden, die des Tschechischen mächtig seien. Die neue

Universität, hieß es weiter, würde eine Brutstätte des Chauvinismus werden. Der „gesamtösterreichische" Historiker Anton Gindely, an dessen tschechischem Patriotismus indessen nicht gezweifelt werden soll, lehnte denn auch die Berufung ab und zog es vor, weiter an der deutschen Universität zu unterrichten.

Die Zweifler hatten sich jedoch getäuscht. Die Lehrstühle wurden sämtlich besetzt. Nach einigem Zögern nahm ein junger Wiener Dozent, Thomas G. Masaryk, ermutigt durch seine amerikanische Frau, den Lehrauftrag für Philosophie an der neuen Prager Universität an, in der Hoffnung, die Studenten für die Ideale Freiheit und Gerechtigkeit begeistern zu können. Er zögerte auch nicht, sogleich Beweise seiner Unabhängigkeit und seines kritischen Geistes abzulegen, indem er alte Wertvorstellungen und Vorurteile angriff. So veröffentlichte er in seiner Zeitschrift „Athenaeum" einige Artikel seines Kollegen Gebauer, der entdeckt hatte, daß die seinerzeit von Hanka präsentierten Manuskripte gefälscht waren. Trotz zahlreicher Verleumdungen verteidigte er die wissenschaftliche Wahrheit und gab auch dem Drängen Riegers nicht nach, der beschwörend Palacký zitierte.

An der tschechischen Prager Universität bildete sich eine neue liberale Generation, die bereit war, sich den Jung-Tschechen zu nähern, wenn diese sich mehr den Tagesproblemen zuwandten. Masaryk lehrte eine neue Sicht des tschechischen Problems. Er sah den wahren Sinn, den „logos" der nationalen Tradition im Hussitentum, im Geist der Böhmischen Brüder, in der Philosophie der Aufklärung und im Protestantismus. „Die Politik", schrieb er, „ist sehr wichtig für die Nationen, sollte aber nicht an erster Stelle stehen. An erster Stelle sollte die Sorge um die intellektuelle und moralische Entwicklung der Gesellschaft stehen." Deshalb interessierte er sich auch für die soziale Frage, sie war für ihn mit der tschechischen Frage fast identisch. „Wer von euch würde seinem Sohn, wenn er euch um Brot bittet, Steine geben? Und dennoch geben wir der Arbeiterklasse nichts als Steine, in der Literatur, in der Philosophie, in der Theologie und in der Politik." Daß die Sozialdemokratie Marx zu ihrem Gott erklärt habe, sei bedauerlich, aber er begrüße jeden Versuch, Gerechtigkeit und Ausgleich zu schaffen, gleichgültig, aus welcher Richtung dieser komme. Er hatte den Mut, offen zu bekennen, seiner Meinung nach hätten die Christlich-Sozialen die soziale Frage besser begriffen als die Alttschechen und die Jungtschechen. Zur Innenpolitik meinte er, die nationale Politik könne sich doch nicht nur in Streitereien der Deutschen mit der Regierung erschöpfen. Aber Masaryks Stunde war noch nicht gekommen, seine Thesen wurden als die Meinung eines Schreibtischgelehrten zur Seite geschoben. Die Öffentlichkeit folgte gebannt den Redeschlachten im Reichsrat. (9)

(9) In der Passage über Masaryk beziehe ich mich auf sein Buch „Česká Otázka" (Die tschechische Frage) und auf ein persönliches Gespräch, welches ich mit ihm im Februar 1934 am Hradschin führen durfte.

Da man bei der Wiedereinrichtung des böhmischen Staatsrechtes die Regelung der Nationalitätenfrage nicht mehr den Landtagen übertragen hatte, war damit dem Parlament die Aufgabe zugewiesen worden, diese zu lösen. Die Tschechen forderten die sprachliche Gleichstellung an den Gerichten, den Schulen und in der gesamten Verwaltung. Die Regierung Taaffe hatte dagegen nichts einzuwenden, sofern die Richter und Beamten beide Sprachen beherrschten und Böhmen in tschechische und deutsche Distrikte eingeteilt würde, im Falle einer Koexistenz in zweisprachliche Distrikte. Die Deutschen Böhmens jedoch, die im Parlament von den österreichischen Abgeordneten unterstützt wurden, lehnten die Gesetzesvorlage ab, die als unvorteilhaft für die deutsche Gruppe galt. Die Tschechen ihrerseits wollten gewisse Maßnahmen nicht akzeptieren, die ihr historisches Territorium zerstückelt hätten, und damit die Einheit des Königreichs. Die Entscheidungskraft auf beiden Seiten wurde zudem durch die nahenden Wahlen gelähmt: Die Abgeordneten fürchteten, sich bei ihren Wählern durch die Annahme von Kompromissen zu diskreditieren. Die Ohnmacht des konstitutionellen und parlamentarischen Systems hätte sich nicht deutlicher manifestieren können. Wir wollen hier nicht die leidenschaftlichen Debatten verfolgen, die sich im Reichsrat und im böhmischen Landtag abspielten, wir wollen nur darauf hinweisen, daß dem Kampf um das Sprachenrecht in Böhmen zwanzig Jahre lang im öffentlichen Leben des Reiches eine unglaubliche Wichtigkeit zukam und daß sich dieser Kampf von Legislaturperiode zu Legislaturperiode erheblich verschärfte. Alle diesbezüglichen Verfügungen der Regierung wurden zurückgewiesen oder sabotiert. Als die Alt-Tschechen unter Rieger sich gerade auf den Wunsch des Kaisers zu einer Einigung mit den Deutschen durchgerungen hatten, errang die Opposition bei den Wahlen von 1891 die zu diesem Thema abgehalten wurden, die Mehrheit. Die Jung-Tschechen lehnten die Einigung ab. Aber auch sie konnten kein besseres Resultat erreichen. 1897 endlich schlug Ministerpräsident Badeni, ehemaliger Statthalter Galiziens, die wahrscheinlich seriöseste Lösung vor: die Zweisprachigkeit für alle Beamten Böhmens.

Diese Lösung tat auf indirekte Weise der Verfassung Genüge, da damit dieselbe Sprachensituation im ganzen Königreich gegolten hätte. Aber die nationalen Leidenschaften siegten wieder einmal über das Geschichtsverständnis und über die Vernunft. Wieder bekämpften sich die zwei Gruppen im Parlament und im böhmischen Landtag. Die Leidenschaft erfaßte auch die Straße.

Jeder beschuldigte jeden des Panslawismus und des Pangermanismus. In Deutschland sah sich der große Historiker Mommsen bemüßigt, die Tschechen zu beschimpfen. Pekař blieb ihm die Antwort darauf nicht schuldig. Der Kaiser mußte das Parlament auflösen und auf Artikel 14 zurückgreifen. Zu diesem Zeitpunkt hätte man den Wirtschaftsvertrag mit Ungarn erneuern müssen. Aber die Ungarn weigerten sich, zu verhandeln, wenn es sich bei ihren Partnern nicht um Delegierte des österreichischen Parlamentes handelte. Kurz, die Sprachenverordnungen wurden zurückgezogen, die Tschechen der Ordnung im Reich geopfert. (10) Darauf reagierten sie zunächst heftig, dann konnte der Jungtscheche Karel Kramař im Parlament wieder an Einfluß gewinnen. Zwei Tschechen, Joseph Kaizl und Albin Bráf, Schwiegersohn Riegers, wurden zu Finanzministern in österreichischen Kabinetten ernannt. Aber der Loyalismus der tschechischen Nation war tief verletzt worden, und auch der nachfolgende Wohlstand konnte die Wunden der erlittenen Ungerechtigkeit nicht heilen.

Durch einen glücklichen Umstand fielen wenigstens die Perioden der Obstruktion im ungarischen und österreichischen Parlament zeitlich nicht zusammen. Während der Aufregungen um die Badenische Sprachverordnungen in Österreich und Böhmen herrschte in Ungarn gerade wieder relative Ruhe. Die Öffentlichkeit war schon mit den Vorbereitungen zur Tausendjahrfeier Ungarns beschäftigt. Diese sollte 1896 stattfinden und sorgte schon jetzt für ein Ansteigen der Popularität des Königs und vor allem der heißgeliebten Königin.

UNGARN UND DER DUALISMUS

Der Ausgleich hatte Ungarn die Anerkennung seiner Verfassung gebracht und die Unabhängigkeit des Königreichs. Der 1868 mit den Kroaten abgeschlossene Vertrag war eine Konzession Ungarns an den schwächeren Partner und rührte nicht an das Prinzip seiner Verfassung. Das ungarische Parlament war und blieb die höchste politische Instanz. Nur die gemeinsame Armee, die dem Kaiser-König in seiner Doppelfunktion unterstand, schien außerhalb, ja oberhalb der transleithanischen Instanzen zu stehen. Die Verfechter des Ausgleichs hatten sich damit abgefunden. Sie waren davon überzeugt, daß Ungarn große Vorteile aus der Assoziierung mit Österreich ziehen konnte, auf dem Gebiet der Verteidigung ebenso wie in der Wirtschaft. Diese Ansicht vertraten Männer wie Deák und Graf Andrássy d. Ä. Aber die junge Generation dachte anders. Ihr Interpret war Graf Albert Apponyi (1846—1926), ein glühender Patriot, der seine hohe Intelligenz, seine Aktivität und sein Vermögen in den Dienst des Vaterlandes gestellt hatte. Unvergessen bleibt seine noble Verteidigung Ungarns vor dem Völkerbund. Da war er schon ein alter Herr, und Ungarn war ein geschlagenes Land. Jetzt, in der vollen Kraft seiner Jugend, wollte er

(10) Suttner, B., Die Badenischen Sprachenverordnungen 1897. Wien 1960. Graf Thun, Statthalter von Böhmen, stand den Verordnungen sehr negativ gegenüber, weil er fürchtete, sie würden den Haß zwischen den beiden Gruppen schüren. Den Deutschen hatte Badeni die Verordnungen schmackhaft gemacht, indem er sagte, sie würden das Experiment des Staatsrechtes in weite Ferne verweisen. Das größte Hindernis für die Durchsetzung des Staatsrechtes lag in der Tatsache, daß Mähren und Schlesien nicht rechtmäßig mit dem Königreich verbunden waren.

seinem Land zu größerer Bewegungsfreiheit innerhalb der Doppelmonarchie verhelfen und warf der Regierung Tisza vor, Österreich in zu vielen Punkten nachzugeben.

Offiziere und Soldaten pflegten einen persönlichen Treueid auf den Kaiser-König abzulegen, die Kommandosprache war Deutsch, außer bei den Honvéds. So mußten die in den verschiedenen Regimentern dienenden ungarischen Offiziere eine fremde Sprache sprechen, und die ungarischen Rekruten wurden weniger in ihrem ungarischen Nationalbewußtsein gestärkt, als daß sie lernten, einem Ganzen zu dienen, das über das ungarische Königreich hinausging. Kurz, in der Armee und durch sie lebte Großösterreich weiter.

Aber es stimmt auch, daß die Armeeführer — besonders Erzherzog Albrecht, ein gewissenhafter Soldat und glänzender Organisator — die Erinnerung an die, wie sie sagten, „Rebellion von 1848" nicht überwinden konnten und mit allen Mitteln einen supranationalen Geist in den Regimentern züchten wollten. Alle Manifestationen eines ungarischen Partikularismus unterlagen einer strengen Ahndung, und die Honvéds wurden absichtlich links liegen gelassen. Der Kaiser betrachtete die Armee als die gemeinsame Grundlage der Macht aller seiner Staaten, als die Institution, die ihn mit seinen Völkern und seine Völker mit ihm verband.

Die Forderungen der ungarischen Opposition mußten also zum Konflikt mit dem Kaiser führen. Die Debatte der Militärgesetze im ungarischen Parlament (Einberufung der Kontingente, Budget) führte zu stürmischen Sitzungen. Selbst Kronprinz Rudolf näherte sich wenige Tage vor seinem Selbstmord in dieser Frage der ungarischen Opposition. (11) Die schweren Konflikte um die Armee und die daraus resultierende Frage der nationalen Souveränität belasteten die letzten Jahre der Regierung Tisza (1886—1890).

Indes tat Tisza alles, um das Land wirtschaftlich und national zu stärken. Er unterstützte die Industrie und den Handel in allen Landesteilen. Da die in der Mehrheit magyarischen Anhänger Kossuths hauptsächlich in der Tiefebene saßen, soll Tisza sich besonders bemüht haben, die nicht magyarischen Nationalitäten in den Bergregionen für sich zu gewinnen. Indem er sie aber materiell unterstützte, verletzte er sie in ihrem Patriotismus: denn er versuchte, sie mit Verwaltungsmethoden zu magyarisieren. Wenn Ungarn sich zu einer Nation entwickeln wollte, konnte den Nationalitäten keine allzu große Autonomie zugebilligt werden. Ihre Forderungen wurden als

(11) Es ist so viel über die Tragödie von Mayerling geschrieben worden, daß wir hier nur bemerken wollen: Allein die Tatsache, daß der Kaiser noch weitere dreißig Jahre regiert hat, nimmt dem Ereignis vom 30. Jänner 1889 jegliche politische Konsequenz. Im Wiener Staatsarchiv befindet sich im Karton 15 unter dem Nachlaß des Kronprinzen Rudolf der unter Eid abgelegte Bericht des Grafen Hoyos vom Februar 1889. Er gibt hier sein letztes Gespräch mit dem Kronprinzen wieder, am Abend vor dem Selbstmord. Der Kronprinz machte einen ruhigen Eindruck. Er deutete nur kurz an, daß die ungarische Opposition versucht habe, ihn zu kompromittieren, ohne daß ihn das besonders zu bewegen schien. Die tieferen Gründe für seine Tat müssen wohl in seiner labilen Geisteshaltung gesucht werden.

staatsverletzend und staatsverräterisch zurückgewiesen. Angesichts einer so autoritär auftretenden Regierung wandten sich die Nationalitätensprecher daraufhin nach Wien und baten den Kaiser um Schutz vor der Regierung des Königs.

1892 übergaben dreihundert Rumänen Siebenbürgens dem Kaiser ein Memorandum, welches dieser dem ungarischen Ministerium zur Kenntnis bringen mußte. Ein Hochverratsprozeß war die Folge. Trotzdem durfte 1895 in Budapest ein Nationalitätenkongreß stattfinden (Serben, Slowaken, Rumänen, Deutsche), der die Sprachenfreiheit für alle nichtmagyarischen Staatsbürger auf dem Programm hatte, den Gebrauch der Nationalsprache in den Komitaten, die Abänderung des Gesetzes von 1868, die Autonomie von Schule und Kirche, das Vereins- und Koalitionsrecht, das allgemeine und geheime Wahlrecht. Praktisch ging man jedoch längst nicht so weit. Die Tausendjahrfeier sorgte für Ablenkung. Auch daß man in Österreich den Abschluß eines neuen Wirtschaftsvertrages aufgeschoben hatte und man befürchten mußte, daß er womöglich nicht erneuert würde, brachte die Opposition zur Vernunft. Für einige Zeit schien Österreich-Ungarn konsolidiert. Die Ungarn akzeptierten sogar eine Erhöhung ihres Anteils an den Staatsausgaben auf 34,4 Prozent. Dafür wurden sie in einem anderen wichtigen Punkt zufriedengestellt. Auf mehreren Waren, wie Bier, Zucker, Alkohol, Petroleum, lag eine Verbrauchersteuer, die bisher dem Herstellerland zugute kam. Die Ungarn beklagten sich schon seit längerem, daß sie auf diese Weise den Wiener Bierbrauern eine Extrasteuer zu zahlen hatten. Nun wurde festgesetzt, daß die Steuer vom Verbraucherland eingezogen werden durfte. Aber die 1884 gegründete Unabhängigkeitspartei, der auch der Sohn Kossuths (Franz) später beitrat, ging noch einmal mit allem Nachdruck an die militärische Frage. Sie forderte, daß die Offiziere ungarischer Regimenter das Ungarische beherrschen müssen, daß die Regimenter in Ungarn selbst einquartiert werden, Ungarisch die Kommandosprache wird, und daß der militärische Eid der ungarischen Soldaten in Zukunft auf die ungarische Verfassung abgelegt wird. Damit wäre die ungarische Armee innerhalb der k. u. k. Armee praktisch autonom geworden, der supranationale Charakter der gemeinsamen Armee wäre zerstört worden. Und da man zur selben Zeit die Errichtung einer unabhängigen Staatsbank forderte und die Möglichkeit einer Zollbarriere zwischen den beiden Ländern eröterte, wäre der Dualismus der beiden Länder auf allen Gebieten in Frage gestellt worden. Nur noch die Person des gemeinsamen Herrschers hätte die Verbundenheit der beiden Staaten in Form der Personalunion aufrechterhalten.

Dem konnte der Kaiser unmöglich seine Zustimmung geben. In seinem Armeebefehl von Chlopý, während der Septembermanöver im Jahre 1903, sagte er: „Gemeinsam und einheitlich, wie es ist, soll Mein Heer bleiben, die starke Macht zur Verteidigung der österreichisch-ungarischen Monarchie gegen jeden Feind. Getreu ihrem Eid wird Meine gesamte Wehrmacht fortschreiten auf dem Wege ernster Pflichterfüllung, durchdrungen von jenem Geist der Einigkeit und Harmonie, welcher jede nationale Eigenart achtet und alle Gegensätze löst, indem er die besonderen Vorzüge jedes Volksstammes zum Wohle des großen Ganzen verwertet."

Tatsächlich hielten es auch viele Ungarn für günstiger, wenn ihr immer noch wirtschaftlich rückständiges Land im großen Wirtschaftsverband der Donaumonarchie bliebe. Die gemeinsame Bank, deren ungarischer Anteil ständig wuchs, bot möglicherweise mehr Vorteile als eine in ihren Mitteln beschränktere Nationalbank. Die wirtschaftliche Autonomie Ungarns drückte sich zum Beispiel auch durch eigenes Geld aus und durch ungarische Briefmarken mit dem Bild des Königs und der Stephanskrone. Aber das Nationalitätenproblem hörte nicht auf, die ruhige Entwicklung des ungarischen Staates zu behindern.

1880 stellten die Magyaren 41,2 Prozent der Bevölkerung des Königreiches. Durch ihre Anziehungskraft auf die aufsteigenden Schichten und die Juden des Geschäftsmilieus stieg der magyarische Anteil auf 48,1 Prozent im Jahre 1910. Damit hatten sie aber immer noch nicht die Mehrheit. Zwischen 1890 und 1913 hatte die Industrieproduktion in Ungarn eine Steigerung von 120 Prozent. Welche der verschiedenen Nationalitäten nun aber am meisten Nutzen aus dem wirtschaftlichen Aufschwung zog, ist schwer festzustellen. Dem Bestreben der Regierung, das Ungarische zur Pflichtsprache in allen Schulen und Kirchen zu erklären, leisteten die Bürger der verschiedenen Nationalitäten in eigenen Zeitungen, eigenen Schulen und eigenen Wirtschaftsvereinen (Tatrabank 1885) betont Widerstand. Zu einer nationalen Manifestation wurde die Ausstellung slowakischer Stickereien 1887 in St. Martin. Der Konkurrenzkampf nahm immer stärkere Züge an. In Kroatien verehrte man Bischof Stroßmayer bis zu seinem Tod, 1895, fast wie einen Nationalheiligen. In seiner Akademie pflegte man die kulturellen Beziehungen zwischen den Südslawen: Serben, Kroaten, Dalmatinern und sogar Slowenen. Stroßmayer war ein Anhänger der Ökumene. Immer wieder versuchte er, die Katholiken und die Orthodoxen für die Gemeinsamkeiten ihrer Kirchen auf dem Gebiet des Glaubens und des Kultes zu interessieren. Ganz im Gegensatz dazu heizte der jeweilige ungarische Banus in Kroatien die Rivalität zwischen Serben und Kroaten nach Kräften an, indem er die ersteren deutlich bevorzugte. Die kroatischen Verfassungskämpfer (Starčevič) forderten die Wiedereinrichtung des alten Königreichs Kroatien-Slawonien-Dalmatien und erwarteten Unterstützung von Wien, die Wien nicht willens war, ihnen zu geben, aus Furcht, die Schwierigkeiten mit Ungarn zu vergrößern und den Ausgleich zu gefährden. Im Oktober 1905 gaben dalmatinische Abgeordnete und Abgeordnete des Küstenlandes (Triest, Istrien, Görz) in Fiume eine Resolution heraus, in der sie das Recht für jede Nation forderten, frei über ihr Schicksal zu entscheiden. Die Serben schlossen sich in Zara der Fiumer Resolution an. Auch die Verbindung mit der ungarischen Unabhängigkeitspartei wurde hergestellt und Kontakt mit den Kroaten aufgenommen, alles mit dem Ziel, einen

Keil in die Budapester Regierung und die Verteidiger des Ausgleichs zu treiben. Die Bewegung wurde von Intellektuellen und wohlhabenden Bürgern unterstützt, die aus ihrer Feindseligkeit den alten Sozialstrukturen gegenüber und aus ihrer antiklerikalen Einstellung kein Hehl machten. Daher konnte ihr Einfluß in Kroatien, einem katholischen Land, nur sehr beschränkt sein. Weder die Verfechter des kroatischen Staatsrechts (nach dem Tod von Starčevič: Johann Frank), noch die Verteidiger der bäuerlichen Interessen (Gruppe Radić) schlossen sich der Bewegung an.

In der Slowakei wurde die nationale Sache von den Tschechen unterstützt. Man verwies auf die enge geistige Beziehung, die zwischen den Tschechen und den slowakischen Protestanten in den Komitaten Oberungarns bestanden hatte. Aber deshalb Tschechen und Slowaken als ein Volk zu betrachten, war eine andere Sache. Die Tschechen konnten nicht für sich selbst die böhmische Verfassung in Anspruch nehmen und zur selben Zeit die ungarische Verfassung attackieren. Dazu hatte man nur das Recht, wenn man die Entscheidung der nationalen Gruppe über das historische Recht stellte. Wie zum Beispiel Masaryk. Er, der nie seine slowakische Abstammung vergessen hatte, erforschte während zahlreicher Aufenthalte in der Slowakei die Bräuche und das Denken der Bevölkerung. Die bürgerlichen Kreise der Slowaken in Preßburg und anderen Städten waren zwar fest entschlossen, sich gegen die Magyarisierung zu wehren, dennoch wählten sie weiter die ungarische Partei (1896 die katholische Partei des Grafen Zichy), die ihnen am meisten Schutz zu bieten schienen. Gleichzeitig bestärkten sie die Kontakte zu den Rumänen Siebenbürgens.

Obwohl Siebenbürgen vorwiegend ein Agrarland geblieben war (69,3 Prozent der Bevölkerung arbeiteten in der Landwirtschaft) und einige so rückständige Gebiete aufzuweisen hatte, daß die Bewohner in Scharen auswanderten, machte die Industrialisierung doch große Fortschritte. Zwischen 1900 und 1910 stieg die Zahl der Betriebe von 477 auf 791, ein Resultat der von der ungarischen Regierung gewährten Industriesubventionen. Ohne Hilfe fremden Kapitals ging es freilich nicht, besonders nicht ohne die großen österreichischen und ungarischen Banken, aber auch die Zahl der eigenen Banken stieg, von 285 Banken im Jahre 1899 auf 463 im Jahre 1909. Der wirtschaftliche Wohlstand fand auch in intellektuellen Kreisen seinen Niederschlag. Die Rumänen Siebenbürgens besaßen zwar nur die Universität von Klausenburg, mit einem Lehrstuhl für Rumänisch, aber sie standen in regem kulturellen Austausch mit dem benachbarten Rumänien und der „Liga culturală“. Nach Jahren der Passivität, die auf die Überreichung des Memorandums gefolgt waren, kehrten die Rumänen Siebenbürgens nun auch wieder ins Parlament von Budapest zurück. Ihre Abgeordneten sahen sich allerdings in einer verschwindend kleinen Minderheit und verbanden sich daher mit ihren serbischen und slowakischen Kollegen, um ihren gemeinsamen Forderungen mehr Nachdruck zu verschaffen. Ihr Chef, Juliu Maniu, erklärte am 28. Juli 1906: „Der Bestand Ungarns und der österreichisch-ungarischen Monarchie ist eine politische und internationale Notwendigkeit, für die Rumänen ebenso wie für die Ungarn." Politik der ausgestreckten Hand.

GIBT ES EINEN WEG AUS DER SACKGASSE?

Dessenungeachtet fragten sich um die Jahrhundertwende viele Menschen, ob der Dualismus nicht längst überholt sei. War es für die österreichisch-ungarische Monarchie nicht unbedingt nötig, das Nationalitätenproblem anders als durch einen doppelten Zentralismus zu lösen?

In Österreich publizierte der Bibliothekar im Parlament, Karl Renner, 1902 unter dem Pseudonym Rudolf Springer ein Traktat mit dem Titel: „Der Kampf der österreichischen Nation um den Staat". Aus der sozialistischen Perspektive analysierte Renner hier die Begriffe Nation und Staat und folgerte, es sei notwendig, die nationale Idee von der historisch-territorialen Idee zu trennen. Es galt, die Monarchie zu retten, aber sie mußte in eine Föderation umgewandelt werden. Jedes der föderierten Länder sollte dem Siedlungsgebiet einer Nationalität entsprechen und verwaltungstechnisch autonom sein. Das Recht, einer Nationalität anzugehören, war das persönliche Recht jedes Menschen, ein ebenso geheiligtes Recht wie das politische Wahlrecht und das Entscheidungsrecht in Religionsfragen. Nun lebten jedoch viele Bürger des Reiches im Industriezeitalter nicht mehr in den Siedlungsgebieten ihrer Nationalität. Das sollte sie aber nicht daran hindern, ihre Nationalität in allen entscheidenden Fragen zu vertreten, besonders in kultureller Hinsicht. Das nun von Karl Renner vorgeschlagene System beruhte auf einem nationalen Kataster, in dem man eingetragen war, gleichgültig, wo man wohnte. Jeder Bürger hätte auf diese Weise die Möglichkeit, durch Wahlen an der Verwaltung eines Territoriums und an der Verteidigung der Rechte seiner Nation teilzunehmen. Darüber hinaus würde es selbstverständlich gemeinsame Instanzen für die allgemeine Politik und Wirtschaft geben, und die Antinomie zwischen Wohnsitz und Nationalität wäre behoben.

1903 legte ein junger französischer Geschichtsprofessor und guter Kenner Mitteleuropas, Louis Eisenmann, der juridischen Fakultät von Dijon eine Dissertationsschrift über den österreichisch-ungarischen Ausgleich vor. Nach einer kritischen Untersuchung des Ausgleichs kam er ebenfalls zu dem Schluß, daß eine Änderung des Systems unumgänglich nötig sei. Er erwartete sich eine solche besonders von den Ungarn. Das aristokratische und klassenwahlrechtliche System müßte in ein echtes demokratisches System umgewandelt werden, in dem der Chauvinismus keinen Platz mehr hätte und der Dualismus aufhörte, ein doppelter Zentralismus zu sein. Trotz seiner sozialistischen Einstellung bejahte Louis Eisenmann die Monarchie. Als Ideal schwebte ihm eine monarchistische Schweiz vor. Wenn das System nicht geändert würde, sähe er schwarz für Österreich-Ungarn und möglicherweise für Europa. Angesichts einer erneuten Kriegsgefahr durch den Imperialismus der Großmächte rief Louis Eisenmann die Völker zum Widerstand gegen die Militärkasten auf. Ein umgewandeltes Österreich-Ungarn könnte den Vereinigten Staaten von Europa Modell stehen. (12)

In diese Richtung wies auch der Titel einer Arbeit, die 1906 Aurel C. Popovici aus Siebenbürgen veröffentlichte: „Die Vereinigten Staaten von Groß-Österreich." Popovici, der sich als genauer Kenner dessen erweist, was in den letzten hundert Jahren an politischem Schrifttum im Ausland und in der Doppelmonarchie erschienen ist, und der die amerikanische Verfassung gründlich studiert hat, schlägt ebenfalls eine föderalistische Lösung unter neuen Gesichtspunkten vor.

Unter Verzicht auf die ungarische Verfassung rät er zu einer Neuaufteilung in fünfzehn nationale Territorien: ein deutsches Österreich (mit Tirol und einem Teil Südböhmens), ein deutsches Böhmen, ein deutsches Mähren (die nördliche Markgrafschaft), ein Böhmen, welches Mittelböhmen und den Rest Mährens umfassen würde, eine Slowakei mit Preßburg, ein westliches Galizien mit Krakau, also ein polnisches Galizien, ein östliches, also ruthenisches Galizien, ein rein magyarisches Ungarn, welches aber dennoch größer wäre als das des Trianon-Vertrages, ein Siebenbürgen mit der Bukowina, welche im Osten den Szeklern ein Gebiet abträte, eine Wojwodina auf dem Gebiet der alten Militärgrenzen, ein um Dalmatien vergrößertes Kroatien, eine slowenische Krain, Triest und Trient. Selbstverständlich bleiben auch bei dieser Aufteilung Minoritäteninseln bestehen. Sie aber dürften, meint der Autor, kein Hindernis für eine vernünftige Rekonstituierung Groß-Österreichs sein. Eine kleine Minoritätenklave in einem anderssprachigen Gebiet sei noch keine Nationalität, sondern ein „Bruchstück" oder ein „Splitter". Für diese Enklave die Autonomie fordern, hieße den Begriff Nationalität ins Lächerliche zerren. Jedes der vorgeschlagenen Nationalterritorien bekäme seine administrative und sprachliche Autonomie. Durch Delegierte würde es an einem Reichsrat teilnehmen, der über die gemeinsamen Angelegenheiten der Konföderation zu entscheiden hätte. Die offizielle Reichssprache wäre Deutsch, nämlich in den Zentralbehörden in Wien, im Reichsrat (wo die Delegierten aber auch in ihrer Nationalsprache reden dürften) und schließlich in der administrativen Korrespondenz der Territorien unter sich oder mit der Regierung des Reiches.

Zum Schluß betonte Popovici noch einmal die Notwendigkeit, die Donaumonarchie zu erhalten. „Die Stunde drängt", sagte er, „die Völker alle sind im Lager Österreich" (Grillparzers Formulierung!) „und warten auf die Befreiung vom dualistischen Joch, auf die erlösende Tat ihres Kaisers. Der Augenblick ist historisch und für immer entscheidend: Soll

(12) Eisenmann, a.a.O., S. 680.

das Reich der Habsburger bestehen oder untergehen? Noch kann alles gutgemacht, alles gerettet werden. Es gilt: Jetzt oder nimmermehr.“ (13)

Man hat diesen Arbeiten vorgeworfen, nichts als Schreibtischutopien zu sein, Fantasien von Intellektuellen und Professoren. Im Detail erwiesen sich ihre Projekte in vielen Punkten als korrekturbedürftig. Popovicis Plan zeugt von einer alarmierenden Fehleinschätzung der tschechischen Gefühle. Was uns daran interessiert, ist die Tatsache, daß diese Männer etwa so alt wie der Ausgleich waren (Popovici geboren 1863, Eisenmann geboren 1869, Renner geboren 1870) und mit ihren Arbeiten Zeugnis für das rapide Altern des Systems abgelegt haben. Es paßte eben nicht mehr zu einer Industriegesellschaft, die sich von Jahr zu Jahr veränderte und sich in immer selbstbewußtere Nationalitäten aufsplitterte. Wie in den Jahren 1860 der Absolutismus mußte jetzt der doppelte Zentralismus ersetzt werden. Verfügt die Donaumonarchie noch über genügend Kraft?

---

(13) Popovici, A., Die Vereinigten Staaten von Großösterreich, S. 295 und Zusammenfassung S. 247.

XII.
Der Zusammenbruch

DIE KULTURELLE SZENE UM DIE JAHRHUNDERTWENDE

Ein ungarischer Historiker, P. Hanák, hat vor einigen Jahren auf die komplizierten Kräfteverhältnisse in Österreich-Ungarn hingewiesen und die Historiker aller Schulen, seien sie nun liberal oder marxistisch, davor gewarnt, die Problematik dieser Endzeit zu simplifizieren. (1) Weder für den Bestand des Systems bis 1914 noch für seinen Zusammenbruch im Laufe des Krieges genügen einseitige Erklärungen. Genausowenig wie man für seinen Sturz allein den inneren Zerfall verantwortlich machen kann, genauso wenig läßt sich beweisen, daß der entscheidende Stoß von außen gekommen ist. Es sind dieselben Gedanken, die man sich um den Sturz des römischen Reiches gemacht hat: Ist Rom an Altersschwäche gestorben oder ist es ermordet worden?

Auf die Kräfte, die das Reich am Leben hielten, ist oftmals hingewiesen worden: das persönliche Ansehen des Herrschers, die Armee, die Kirche und die Verwaltung. Die Gründe sucht man momentan in den ökonomischen und sozialen Verhältnissen. Der Wettbewerbszwang auf dem internationalen Markt hat sicherlich an Österreich-Ungarns Kräften übermäßig gezehrt, die Arbeiterschaft ist stark genug geworden, um die Ablöse des aus dem Wirtschaftsaufschwung hervorgegangenen Bürgertums anzutreten. Aber da ist noch ein Aspekt, der zu wenig beachtet worden ist. In welchem Maße existierte bei den Völkern der Donaumonarchie eine gemeinsame Zivilisation?

(1) „Die nationale Frage in der österreichisch-ungarischen Monarchie 1900-1918". Budapest 1966, ist eine Publikation der Beiträge und Diskussionen des Kolloquiums von Budapest vom 4. bis 9. Mai 1964. Der Beitrag von Hanák, P., Einige sozial-ökonomische Aspekte der nationalen Frage in der österreichisch-ungarischen Monarchie (S. 319ff), analysiert die verschiedenen Interpretationsmöglichkeiten und hebt die Notwendigkeit hervor, die verschiedenen sozialen Klassen und ihre Beiträge zu politischen Veränderungen genauer zu untersuchen. Vgl. auch: Pichlík, ebd., S. 331. Die junge Schule will dagegen mit den Überresten des Nationalismus brechen und interessiert sich mehr als ihre Vorgänger für die internationalen Bestrebungen der Arbeiterklasse.

Von kurzen Krisen und Einschränkungen abgesehen, machte sich im ganzen Reich zwischen 1867 und 1914 wachsender Wohlstand bemerkbar. (Auch wenn es im Osten noch nach Mißernten zu bäuerlichen Massenfluchten kommt.) Den Beweis für den allgemein gestiegenen Lebensstandard lieferten die steigenden Einnahmen aus den Verbrauchersteuern und Einkommenssteuern; diese wurden von Einkommen über der Grenze von eintausendzweihundert Kronen erhoben. Die Städte, besonders die großen, überboten sich an Prachtbauten und Eleganz. In Wien flanierte gegen Mittag eine aufgeputzte Gesellschaft zwischen dem Schwarzenbergplatz und der Oper über den Ring oder zeigte sich der Volksmenge in ihren Equipagen im Prater. Budapest bot mit seinen Kais und Flußterrassen eine der schönsten städtebaulichen Anlagen Europas. In Prag war aus dem ehemaligen Pferdemarkt der Wenzelsplatz geworden (im Volksmund Vaclávák), eine schöne baumbepflanzte breite Straße mit dem dominierenden Nationalmuseum und der Reiterstatue des hl. Wenzel. Von dem modernen Komfort der bürgerlichen Prachtbauten auf dem Wenzelsplatz waren es nur ein paar Schritte in die historische alte Stadt und über die neuen Moldaubrücken zu den Palästen und Gärten der Kleinseite, deren Charme sich seit dem 18. Jahrhundert unverändert bewahrt hatte.

Auch viele andere Städte der Doppelmonarchie, wie Agram, Preßburg, Krakau, Lemberg, Klausenburg usw., boten ein ähnliches Nebeneinander von malerischen alten Vierteln und neuen Prunkbauten. Es gab kaum eine kleine Stadt, die nicht schöne neue Verwaltungs- und Schulgebäude erbaut hätte.

Die Architektur der öffentlichen Gebäude gab sich majestätisch, sie zeugte von der Macht des Staates und der Provinz und oftmals auch für ein stärker ausgebildetes Kollektivbewußtsein, denn an vielen Orten hatten Unterschriftensammlungen das Mäzenatentum des Adels abgelöst. Auch das Prager Theater war ein Geschenk der Nation an sich selbst: „Narod Sobe.“ Der Stil inspirierte sich meist an der Renaissance: Säulen, Arkaden, Loggien, Kuppeln, Statuen. Während Kirchner noch die Pläne von Fischer von Erlach benutzte, um die Fassade der Hofburg zum Michaelerplatz hin abzuschließen, entwarfen seine Kollegen Semper und Hasenauer zum Ring hin eine neue monumentale Hofburg, von der allerdings nur ein Flügel gebaut wurde. Dieser Flügel fand jenseits des Ringes seine sinnvolle Verlängerung in den beiden Museen, ein majestätisches, der italienischen Renaissance nachempfundenes städtebauliches Ensemble. Auch auf antike und mittelalterliche Bauelemente griff man gerne zurück. In den neuen Wohnvierteln von Wien, Budapest, Prag, Agram usw. gehörten die noble Kälte des Empire und die harmonische Zurückhaltung des Biedermeier der Vergangenheit an: Jetzt triumphierte der neobarocke Stil mit Atlanten, gewölbten Fronten, Ranken- und Muschelverzierungen. Schöpferische Fantasie suchte man vergeblich, und in Künstlerkreisen mokierte man sich über diesen bürgerlichen und pompösen Stil. Aber auch unbestreitbar große

Künstler wie Makart hatten eine Vorliebe für den Eklektizismus und die Überladenheit. Durch Makart kamen die dicht verhängten Räume in Mode, vollgestopft mit orientalischen Teppichen, Krügen, Vasen, Nippes und Bronzefiguren und Palmen, die sich vergeblich nach etwas Licht sehnten. An den Umzug, den Makart 1879 zur Silbernen Hochzeit des Kaiserlichen Paares organisierte, erinnerten sich die Wiener noch lange: ein kostümierter Reiterzug, das gelungenste Fest der Epoche.

Es ist schon an früherer Stelle der dominierende deutsche Einfluß auf Österreich erwähnt worden, der sich auf so vielen Gebieten bemerkbar machte. Aber genauso begierig wurden auch die Strömungen aufgesogen, die bewußt vom offiziellen Stil des wilhelminischen Deutschland abwichen. Wie sehr ist jedoch der Wiener Kultur dieser Kosmopolitismus zum Vorwurf gemacht worden, wie oft hat man tadelnd bemerkt, sie habe sich vom Gesunden und Tiefen entfernt, um sich slawischen, lateinischen und jüdischen Einflüssen hinzugeben. Wer hätte sich jedoch dem Reiz der Wiener Atmosphäre entziehen können, in der Anmut und Geschmack den Ton auf allen Gebieten angaben, ob es sich nun um Mode, um ausgesucht höfliche Manieren oder die gute Küche handelte, kurz, in keiner Stadt Mitteleuropas war das Leben so angenehm wie in Wien.

Zu Ende des Jahrhunderts kamen einige ungarische und tschechische Künstler von Wien nach Paris und wurden hier berühmt: Munkácsy für sein großes Bild „Christus vor Pilatus". Mucha wurde der Ausstatter von Sarah Bernhardt. Er entwickelte sich zu einem Interpreten des neuen Stils, der unter dem Einfluß des Symbolismus entstanden war und sich nun, befreit von der servilen Nachahmung der Natur, in der Allegorie und in fantastischen Themen gefiel.

In den gleichen Jahren entstand in Wien unter dem Einfluß des Malers Gustav Klimt eine neue Bewegung, deren Charakter 1898 von der Zeitschrift „Ver Sacrum" dem Publikum folgendermaßen erklärt wurde: „Wir wollen eine Kunst ohne Fremdendienerei, aber ohne Fremdenfurcht und ohne Fremdenhaß. Die ausländische Kunst soll uns anregen, uns auf uns selbst zu besinnen, wir wollen sie anerkennen, bewundern, wenn sie es wert ist, nur nachahmen wollen wir sie nicht ... eine lebendige nationale Kunst sollte es natürlich sein, nicht Heimatkunst." (2)

Bruch mit der offiziellen Kunstrichtung: Sezession. Keineswegs eine neue Schule, welche wie die anderen nur den Künstler unter Zwang gestellt hätte. Man suchte die Individualität und die reine Form: Man wollte der Natur ihr Geheimnis abjagen, man berauschte sich an der Freiheit. Man baute einen neuen Ausstellungspavillon, den eine Kuppel aus vergoldeten Lorbeerblättern krönte, und schrieb auf den Giebel: „Der Zeit ihre Kunst. Der Kunst ihre Freiheit."

(2) „Ver Sacrum" 1898, I, S. 6. An der Sezession nahmen von literarischer Seite Rainer Maria Rilke, Hugo von Hofmannsthal, Ricarda Huch teil.

Hugo von Hofmannsthal war die bedeutendste literarische Persönlichkeit der damaligen Zeit. Er inspirierte sich an der Antike und am Barock. Zu seinen erfolgreichsten Werken gehören seine Libretti für die Opern von Richard Strauss, Beschwörungen einer Traum- und Mysterienwelt, wie sie wiederum spezifisch wienerisch ist. Aber in Wien, der Stadt des Walzers und der Operette, feierte auch die leichtere, dafür umso charmantere Muse ihre berechtigten Erfolge. Aus der Straußfamilie wird der Jüngste, Johann (1825—1899), der Berühmteste, fast zu einer österreichischen Nationalfigur. Der Rhythmus des Donauwalzers hat in seiner wirbeligen und schwerelosen Tonfolge etwas von dem unvergleichlichen Lebensrhythmus der Stadt. Im Strauß'schen Kielwasser feierte auch die ohrenbetäubende Technik eines Franz Lehár, eines Ungarn, ihre Triumphe beim ausländischen Publikum. In einer Zeit ohne Schallplatten und Radio war diese Musik weit bekannter als die ernste und erhabene Musik der beiden großen Rivalen Brahms und Bruckner. Während auch der Ungar Liszt weltberühmt wurde, blieben Smetana und Dvořák dem europäischen Publikum fast unbekannt. Smetana hatte in der Fürstin Pauline Metternich eine Beschützerin gefunden. Sie spielte, nach ihrer mondänen und politischen Periode als Botschaftersgattin in Paris, eine der ersten Rollen im Wiener Gesellschaftsleben. Auch Dvořák lebte lange in Wien. Der Mähre Gustav Mahler war Operndirigent in Wien. Es war die Zeit seiner großen Kompositionen. Bruckner, Smetana, Dvořák, diese Namen sind für einen bestimmten Charakterzug im künstlerischen und geistigen Klima Österreich-Ungarns bezeichnend. Nicht nur für die Wirtschaftsfachleute ist der hohe bäuerliche Anteil an der Bevölkerung Österreichs im 19. Jahrhundert aufschlußreich. Das schöpferische Genie dieser großen Musiker erklärt sich auch aus ihrer bäuerlichen Herkunft, der Verbundenheit mit der Erde und denen, die noch unmittelbar von ihr leben. Bruckner, der Organist von St. Florian, ist immer ein Bauer geblieben. Und das symphonische Gedicht von Smetana „Má Vlast" hat die Landschaft Böhmens mit seinen Wiesen, Flüssen, Felsen zum Thema, „Die verkaufte Braut" das bäuerliche Leben, zugleich naiv und gewitzt, die „Symphonie aus der Neuen Welt", die er in Amerika komponiert hat, voll der Sehnsucht nach seinem Heimatland. Diese Verbundenheit mit dem Vaterland und dem bäuerlichen Milieu hatte schon den Charme von „Babicka" ausgemacht. Es wäre jedoch ein Irrtum, anzunehmen, es handle sich da nur um Folklore.

Ein ungarischer Kritiker, István Sötór, hat dies in einer Studie über die Assimilierungsprobleme der ungarischen Literatur untersucht. Indem er ebenfalls vom musikalischen Beispiel und speziell vom Fall Béla Bartók ausgeht, schreibt er: „Eine der wichtigsten Quellen war für Bartók die bäuerliche und ungarische Musik. Dennoch ist er kein folkloristischer Komponist. Er benutzte die Musik seiner Heimat, weil er in ihr das, was er der Menschheit zu sagen hat, am besten ausdrücken kann ... Die Beziehung Bartóks zur bäuerlichen Musik hat seine Analogien in unserer Dichtung."

Der Autor nennt zeitgenössische Dichter, aber auch solche des 19. Jahrhunderts, wie zum Beispiel Arany. (3)

Auch in anderen künstlerischen Bereichen, wie Malerei und Bildhauerei, und in anderen Ländern der Monarchie verbanden sich traditionelle Inspiration und neuzeitlicher Ausdruckswille. Aber nur wenige Werke drückten den supranationalen Geist aus, der der Struktur der Monarchie entsprochen hätte. Und gerade die Literatur hatte sehr oft etwas Forderndes an sich. Dabei wollte diese Literatur gar nicht unbedingt polemisch sein. Nur gewisse Schriftsteller haben absichtlich dieses Genre gewählt. Die anderen, die lediglich ihre humanitären Gedanken unters Volk bringen wollten, haben dies oft an Hand von Beispielen getan, die an die Schmerzen und Demütigungen ihres unglücklichen Volkes erinnerten. Damit züchteten sie den Geist der Feindseligkeit gegenüber der Dynastie und der Kirche. So hat die Literatur des 19. Jahrhunderts nicht gerade dazu beigetragen, daß die Völker einander näherkamen. Man muß ihr dafür andere noble Eigenschaften zuerkennen, sie hat den Nationalstolz gestärkt, die Heimatliebe, die Liebe zu einem Volk und zu seiner Geschichte. Aber sie hat nie ihre heimliche Rachsucht verleugnen können oder etwa den Unionsgedanken gefördert. Das gilt auch für die tschechische Literatur eines Alois Jirásek, eines Svatopluk Čech, Mitarbeiter an der Zeitschrift „Ruch“ (Bewegung) und Autor der „Gesänge eines Sklaven“, wie auch für die ungarische Literatur mit dem Romancier Mór Jókai (1825—1904) und der Zeitschrift „Nyugat“ (Der Westen), in der die erste Novelle von Sigmund Móricz (1879—1924) abgedruckt wurde. Auch den österreichischen Schriftstellern ist es nicht gelungen, ihren engen nationalen Rahmen zu verlassen, weder dem Erzähler Peter Rosegger, noch der Marie Ebner-Eschenbach, die uns ihre mährische Heimat und die Gesellschaft ihrer Zeit so plastisch zu schildern vermag. Soll man ihnen die Baronin Suttner, geborene Kinsky, gegenüberstellen? Ihr Buch „Die Waffen nieder“, das sie in der Hoffnung auf eine allgemeine Abrüstung und im Vertrauen auf die österreichische Politik geschrieben hatte, wurde ein großer Erfolg und brachte der Autorin den Friedensnobelpreis. Aber wenn dieses Buch auch viele Leserherzen durch seine pazifistische Einstellung bewegt hat, so hat es auch viel Ablehnung hervorgerufen, ähnlich wie das Werk Romain Rollands. Eine durchschlagende Wirkung blieb auch ihm versagt. Für Professoren aus dem Deutschen Reich war es eine Ehre, an die österreichischen Universitäten berufen zu werden, die auf dem Gebiet der Forschung laufend neue Methoden entwickelten. Es seien nur einige große Namen genannt: Mendel in der Biologie, Sueß in der Geographie, Franz Brentano in der Philosophie und Freud am Drehpunkt zwischen Erfahrungswissenschaften und Psychologie.

---

(3) Sötér, I., Les problèmes de l'assimilation dans la littérature hongroise du 19e siècle, in: „Littérature hongroise, littérature européenne, études de littérature comparée.“ Budapest 1964, S. 355.

In den Seminaren und Labors entstanden bedeutende Gemeinschafts- und Einzelarbeiten. So bildete sich an den Universitäten eine Elite, die sowohl zum Ruhme des Staatsganzen als auch zur Weiterentwicklung der einzelnen Nationalitäten beitrug. Nach dem Zerfall des Reiches ernteten die einzelnen Nachfolgestaaten die Früchte dieser produktiven Zeit.

DIE DROHENDEN GEFAHREN AUF DEM BALKAN

Zu Beginn des 20. Jahrhunderts gelang es Österreich-Ungarn noch, seinen Platz als Großmacht in Europa zu halten, nachdem es eine mehr als ehrenwerte Rolle in dem allgemeinen wirtschaftlichen und sozialen Entwicklungsprozeß gespielt hatte.

Neue Schwierigkeiten hatten jedoch die internationale Lage mit Konfliktstoff aufgeladen. Österreich-Ungarns Mittel reichten allein nicht aus, um mit der unaufhörlich fortschreitenden Technik Schritt zu halten, besonders da sein Interesse an der Erschließung der Balkanstaaten immer mehr stieg. Die Interessensgemeinschaft mit Deutschland vertiefte sich daher zwangsläufig, was Rußland mit großer Sorge erfüllte. Denn weniger denn je konnte Rußland zulassen, daß sich die Balkanvölker aus wirtschaftlichen Erwägungen eine andere Schutzmacht als die russische aussuchten. Die Rivalität zwischen Rußland und Österreich bekam daher neuen Auftrieb. Sie hatte aufgehört, eine Prestigeangelegenheit der Herrscher zu sein, sie wurde jetzt zwischen Banken und Wirtschaftsführern ausgetragen. Auch die Botschaften spielten dabei eine nicht ganz unwesentliche, noch nicht genau definierte Rolle. Früher wurde die Politik von den Herrschern und ihren Ministern gemacht, jetzt bestimmten andere, von den Herrschern kaum kontrollierte Kräfte, die Politik.

Serbiens Wirtschaftslage hatte sich stark verändert. Das kleine Königreich war als unmittelbarer Nachbar von Österreich-Ungarn in enge wirtschaftliche Beziehungen mit der Doppelmonarchie getreten, die ihm sein gesamtes Getreide und Vieh abkaufte, und dafür kam alles, was Serbien importierte, aus Österreich-Ungarn, so daß man auf österreichischer Seite ernsthaft eine Zollunion erwog. (4) (In einem schwächeren Grade galt dasselbe für das Königreich Rumänien, das seit 1883 der militärische Alliierte von Österreich-Ungarn war.) Die herrschenden Kreise in Serbien und die junge Generation wollten allerdings von der österreichischen Vormundschaft nur wenig wissen. Ihre Ungeduld war schon zur Regierungszeit des jungen Alexander I. Obrenović, des Sohnes von König Milan I., die beide eng mit Wien zusammenarbeiteten, deutlich hervorgetreten. Sie war kaum noch zu zügeln, nachdem 1903 Alexander I. ermordet worden war und Peter I.

(4) Zwischen 1895 und 1905 machte der Anteil der Doppelmonarchie am serbischen Import 58 Prozent und am serbischen Export 88 Prozent aus.

Karadjordjević, Schwiegersohn des Fürsten von Montenegro, den Thron bestiegen hatte. Dieser Peter I. war nach Rußland und nach Frankreich hin orientiert, wo er sich lange aufgehalten hatte. Mit Politikern wie Pašić spielte Serbien plötzlich eine internationale Rolle. Seine Wunschvorstellung, alle Serben in einem Staat zu vereinen, führte dazu, daß Serbien Einfluß auf die Serben der Doppelmonarchie zu gewinnen versuchte. Serbien unterstützte sie in ihren Forderungen und pflegte auch die Beziehungen zu den Kroaten. Auch eine territoriale Ausdehnung auf dem Boden der Türkei wurde ins Auge gefaßt, denn auch hier lebten Serben. Schließlich wurde auch Mazedonien mit seiner slawischen Bevölkerung orthodoxen Glaubens, aber unbestimmter Nationalität, zu einem Streitobjekt zwischen Serbien und Bulgarien (und blieb es bis heute).

Die bulgarische Regierung schwankte unentschlossen in ihrem Anlehnungsbedürfnis zwischen Petersburg und Wien. König Carol I. von Rumänien allerdings hatte allen Grund, der österreichischen Allianz treu zu bleiben. Andererseits strebte die rumänische Öffentlichkeit die Solidarität mit den Rumänen Siebenbürgens an. Man sieht also, daß sich in den beiden Nachbarstaaten Österreich-Ungarns Aktionen abzeichneten, die in letzter Konsequenz bereits zu einer Auflösung der Monarchie führen konnten.

Die drohende Gefahr auf dem Balkan war den österreichisch-ungarischen Staatsmännern um die Jahrhundertwende durchaus bewußt. Sie wußten auch, daß es nicht mehr genügte, sich zu behaupten, sondern daß man jetzt den Platz der Doppelmonarchie in Europa wieder neu stärken mußte. Auf Grund seines Temperaments und seiner Erfahrung wollte Kaiser Franz Joseph das durch seine Beziehungen zu den Herrschern und Staatsmännern Europas erreichen, auf dieselbe Art, wie er stets die innenpolitischen Probleme zu lösen versuchte. Anderer Meinung war allerdings ein Mitglied der Familie, das die Umstände zum zweiten Mann im Staat gemacht hatten. Nach dem Tod des Kronprinzen Rudolf war nach dem Familienstatut, das der Tochter Rudolfs, der Erzherzogin Elisabeth, keine Thronrechte zubilligte, der zweite Bruder des Kaisers, Erzherzog Karl Ludwig, zum Thronfolger bestimmt worden. Als ihn ein vorzeitiger Tod 1896 dahinraffte, rückte sein ältester Sohn an seine Stelle. Erzherzog Franz Ferdinand war vom letzten im Exil in Wien lebenden Herzog von Modena zum Erben seines Vermögens und seines Namens erklärt worden. Intelligent, eigenwillig, zutiefst religiös und von dem monarchischen Ideal durchdrungen, nahm der neue Thronfolger schon bald einen wichtigen Platz in der Politik Österreich-Ungarns ein. Seine ausgeprägte Persönlichkeit ist im allgemeinen mißverstanden worden. Vor allem war er ein äußerst loyaler Charakter. Er hat nie versucht, seinen Onkel zu verdrängen oder ihm willentlich Schwierigkeiten zu bereiten. Seine militärischen Aufgaben erfüllte er mit einem solchen Eifer und so viel Kompetenz, daß der Kaiser ihm von Jahr zu Jahr immer höhere Posten anvertraute, bis zu der Inspektion aller Streitkräfte zu Lande und auf dem Wasser. Aber in dem Maße, in dem der Kaiser alterte, dachte der Erzherzog immer mehr an seine bevorstehende Regierung. Sein Wohnsitz im Belvedere entwickelte sich, wenn auch nicht zu einem Intrigennest, wie behauptet worden ist, so doch zu einem Konsultationszentrum, in dem alle jene empfangen wurden, die den Thronfolger über den Zustand der Monarchie informieren konnten. Die Öffentlichkeit schaute freilich besorgt zum Belvedere und fragte sich: „Was wird dort vorbereitet?“ Die Staatsauffassung des Erzherzogs beruhte auf zwei unberührbaren Prinzipien: auf der Größe der Monarchie und auf dem Respekt vor der katholischen Religion. Der Erzherzog glaubte nicht, daß eine zivile Ordnung ohne die Basis der Kirche existieren könne, aber er war auch weit davon entfernt, den einzelnen wegen seiner Überzeugungen oder seines Privatlebens anzugreifen. Das seine war untadelig: Nach der überraschenden Heirat mit einem jungen Mädchen aus der tschechischen Aristokratie, der Gräfin Sophie Chotek, 1900, hatte der Erzherzog feierlich darauf verzichtet, seinen Kindern aus dieser Ehe die Nachfolgerechte zu übertragen. Diese gingen auf seinen jüngeren Bruder, den Erzherzog Otto über, und als dieser 1906 starb, auf seinen Neffen Karl, der 1916 Kaiser wurde. Niemals hatte der Thronfolger daran gedacht, sein gegebenes Wort zu brechen.

Erzherzog Franz Ferdinand hielt nicht viel vom Dualismus. Er sah in ihm eine unheilvolle Halbierung der Monarchie und warf Ungarn vor, von einer nationalistischen Aristokratie regiert zu werden, die die nichtmagyarischen Bewohner ungerecht behandelte und dadurch bei ihnen separatistische Gefühle züchtete. Er machte aus seiner Abneigung kein Hehl und umgab sich mit dem kroatischen Oppositionellen Frank, dem slowakischen Milan Hodža, einem Protestanten, den Rumänen Maniu und Miron Cristea und versprach ihnen, daß er ihre legitimen Rechte nicht verjähren lassen würde. Ebensowenig verbarg der Erzherzog, daß er wenig vom parlamentarischen System halte, weil sich seiner Ansicht nach die Kräfte in Intrigen und Debatten verzehrten. Aus Traditionsbewußtsein Agrarier und Grundherr, empfand er persönlichen Widerwillen der Industrie und dem Liberalismus gegenüber, die beide allzuoft von Lauheit in kirchlichen Fragen, ja sogar von Antiklerikalismus und Atheismus begleitet waren. Ebensowenig liebte er die Juden wegen ihrer finanziellen Macht und hielt den Einfluß der Freimaurer für äußerst gefährlich. Dafür interessierte er sich für die Arbeiterfrage. Hier tendierte er zu den Christlich-Sozialen, denn wie sie wollte er nicht zulassen, daß die Bereicherung der einen auf Kosten der anderen ging. Dies war die Persönlichkeit, die Österreich-Ungarn mit Hilfe monarchistischer und religiöser Prinzipien neugestalten wollte, die, das muß man sagen, damals noch nicht im Widerspruch zu der Sozialstruktur seines Landes und zu den Aspirationen eines großen Teiles seiner Bewohner standen. Der Erzherzog war nicht populär. Er wirkte kalt und hochmütig, wahrscheinlich war er aber nur schüchtern und zurückhaltend. Man war sich jedoch einig, daß bei seiner Thronbesteigung vieles geändert werden würde: Die einen hofften es, die anderen fürchteten sich davor.

So wurde ihm auch manches Projekt in die Schuhe geschoben, das in Wahrheit nicht seines war, zum Beispiel der Trialismus in Form einer Wiederherstellung des alten böhmischen Königreichs. Es stimmt, er liebte Böhmen, wo er oft im Schloß Konopischt residierte, und er vergaß niemals, daß seine Kinder halbe Tschechen waren. Aber er mißtraute der Politik der Jung-Tschechen zutiefst, wegen ihres Antiklerikalismus, ihres Hussitentums und ihrer panslawistischen Tendenzen. Eine andere Form des Trialismus schien ihm dagegen mehr zu liegen. Sie bestand in der Loslösung Kroatiens von Ungarn, um die Zelle eines südslawischen Königreichs zu bilden, welches Dalmatien, Slowenien und nach der Annexion von 1908 Bosnien und Herzegowina umfaßt hätte. Ein solcher Plan hätte die serbischen Ambitionen zunichte gemacht, und sicher hielten deshalb viele Serben den Thronfolger für ihren gefährlichsten Feind.

Auch mit den Projekten von Aurel C. Popovici beschäftigte sich der Erzherzog intensiv und empfing den Autor mehrmals persönlich. So häufte sich in seiner Kanzlei das Informationsmaterial für die Entscheidungen, die er eines Tages zu treffen haben würde. Während er darauf wartete, arbeitete er an der Konsolidierung der Armee als dem geeignetsten Mittel, Österreich im Ausland Respekt zu verschaffen und damit den Platz in Europa, der ihm auf Grund seiner Geschichte, seiner Ausdehnung und seiner Bevölkerungsquote zukam.

Die außenpolitischen Allianzen wollte der Erzherzog unbedingt eingehalten wissen. So sicher er des Vertrages mit Deutschland war, so wenig Vertrauen hatte er zu Italien, weil er dessen Hintergedanken, Triest und Dalmatien betreffend, genau kannte. Er hätte sich auch eine dauerhafte Entente mit Rußland gewünscht, und sei es nur aus monarchischer Solidarität, vor allem aber, weil er aus Vernunftgründen ein solides Gleichgewicht in den Einflußsphären anstrebte. Europa wünschte sich der Erzherzog als ein Staatenensemble, dessen Herrscher sich um das Wohl ihrer Völker sorgten und um die Einhaltung der gegenseitigen Verträge.

INNENPOLITISCHE KRISEN IN ÖSTERREICH-UNGARN

1905 und 1906 waren für Österreich-Ungarn schwierige Jahre. Dennoch stand damals noch keineswegs das Sein oder Nichtsein der Donaumonarchie auf dem Spiel; in der Auslandspresse wurden die Kräfte der Monarchie gewaltig unterschätzt und ihre Schwierigkeiten überbetont.

Diesmal aber zogen sich die parlamentarischen Gewitterwolken gleichzeitig in den beiden Staaten zusammen, der Dualismus machte eine schwere Krise durch. Und nicht nur das: In ganz Europa braute sich eine politische und soziale Krise zusammen. Die wachsende Macht der Wirtschaft hatte eine Verschiebung der politischen Machtverhältnisse in Europa zur Folge.

Der maritime und koloniale Wettbewerb zwischen England und Deutschland spitzte sich immer mehr zu. Rußland war mit Frankreich verbündet; Deutschland versuchte, wenn es schon dieses Bündnis nicht verhindern konnte, Rußland wenigstens zu einer englandfeindlichen Politik zu bewegen. Frankreich dagegen näherte sich wieder England. Es liquidierte die alten Streitereien, um freie Hand in Marokko zu gewinnen, wo ihm Deutschland feindlich gegenüberstand. Rußland schließlich hatte sich unvorsichtigerweise in einen Krieg mit Japan eingelassen, der es von den Balkanangelegenheiten ablenkte. Außerdem hatte es mit schweren innenpolitischen Unruhen fertigzuwerden. In der Revolution von 1905 stellten nicht nur die Proletarier, sondern auch die Bürgerlichen ihre Forderungen. Die Unruhen in Rußland blieben nicht ohne Folgen auf die innenpolitischen Verhältnisse anderer Länder.

In Österreich kam es wegen der böhmischen Frage zu heftigen Debatten im Reichsrat und im Prager Landtag. Jetzt stellte man fest, daß man sich schon viel früher um eine Verständigung zwischen Deutschen und Tschechen hätte bemühen müssen, jetzt, da die Leidenschaften und der Eigensinn auf beiden Seiten kaum noch eine Verständigung ermöglichten. Und doch zeigte 1905 der mährische Landtag, daß es noch Lösungen gab. Hier war es dank eines nationalen Katasters möglich, die Sitze zwischen Deutschen und Tschechen nahezu gerecht aufzuteilen. Jede Nationalität hatte außerdem noch ihre eigenen politischen Parteien. Diese Lösung wurde später auch in der Bukowina ausprobiert und in Galizien erwogen, wo sich die polnische und die ruthenische Gruppe gegenüberstanden. Aber in Böhmen scheiterte eine solche Lösung am Widerstand der adeligen Großgrundbesitzer, die sich an das Kurienwahlrecht klammerten (für eine gewisse Anzahl Sitze galt schon das allgemeine Wahlrecht). Unter dem Vorwand, treu zum Reich und über dem Sprachen- und Nationalitätenstreit zu stehen, hatten sie sich in Wahrheit mit der deutschen Gruppe verbunden und entwickelten sich immer stärker zum Gegner des tschechischen Bürgertums. Dieses war in unaufhaltsamem Aufstieg begriffen und hatte in seinem Kielwasser die Kleinbürger, die reichen Bauern und die zahllosen aufsteigenden Arbeiter, kurz, es repräsentierte die Nation. Zwar stand es noch immer leicht im Schatten des deutschen Bürgertums, spielte aber jetzt schon eine wichtige Rolle in der zisleithanischen Wirtschaft, ein Zeichen dafür war die Präsenz tschechischer Minister in zisleithanischen Kabinetten (Finanzminister Dr. Albin Bráf). In Dr. Karel Kramář besaßen die Jung-Tschechen, die sich zwar mittlerweile gegen die Konkurrenz anderer tschechischer Parteien behaupten mußten, einen Führer, der über eine echte Autorität im Reichsrat verfügte. Geschickt wußte er das Ausland für die tschechische Frage zu interessieren und unter dem Namen „Austroslawismus“ pflegte er die kulturelle Solidarität zwischen allen Slawen Zisleithaniens. Sein Ziel war, den Einfluß der Slawen auf die allgemeine Politik der Monarchie geltend zu machen, eine Beziehung zum russischen Bürgertum herzustellen und der deutschen Expansion in politischer und wirtschaftlicher Hinsicht einen Riegel vorzuschieben. (5) Das tschechisch-deutsche Tauziehen überschattete alle Vorgänge in Österreich. Die Deutschen machten ja nur 25 Prozent der zisleithanischen Bevölkerung aus, und die Tschechen (allein in Böhmen vier Millionen gegen zwei Millionen Deutsche) waren mit ihrer wirtschaftlichen Kapazität ein Modellfall für die anderen Nationalitäten wie Polen, Ruthenen, die Italiener Südtirols und die Dalmatiner. Die Tumulte im Parlament zogen häufigen Ministerwechsel und den Rückgriff auf Artikel 14 nach sich, ganz zu schweigen von der Auflösung des Prager Landtags und der Verhängung des Ausnahmezustandes. Jedenfalls genügten diese Schwierigkeiten, um zu Schlagzeilen auch in der ausländischen Presse zu werden und die vielfältig verlockenden Interessengemeinschaften vergessen zu machen.

Ganz anders die Verhältnisse in Ungarn. Wie man im vorhergehenden Kapitel gelesen hat, befand sich das Königreich in einer wirtschaftlichen Aufwärtsentwicklung mit einer rapide ansteigenden industriellen Produktion. Die Produktion der Großindustrie stieg in Ungarn zwischen 1898 und 1913 um 120 Prozent. Das war eine jährliche Steigerungsrate von 5,4 Prozent, die damit über der durchschnittlichen Steigerungsrate von 4,6 Prozent in Westeuropa lag. Die jährliche Steigerungsrate auf dem Textil- und Ledersektor lag bei 14,6 Prozent, gegenüber 3,5 Prozent in West-Europa. Die Entwicklung der Eisenbahnlinien in Transleithanien stieg im Produktionsindex von 100 im Jahre 1860 auf 420 zwischen 1890 und 1900. Ungarn besaß jetzt 20.988 Schienenkilometer. Die Nutznießer der Wirtschaftsblüte waren vor allem die Großindustriellen, im allgemeinen Magyaren und Deutsche. Aber auch die Mittelschichten waren daran beteiligt, was die steigende Ziffer der Sparkassen- und Bankdepots belegt. Diese wirtschaftlichen und sozialen Veränderungen beeinflußten natürlich auch das politische Leben.

Die liberale Partei hatte sich durch das beschränkte, nicht geheime Wahlrecht und durch Wahlerpressungen an der Macht gehalten. Die Partei bestand aus Mitgliedern des Hochadels und des Bürgertums. Der österreichisch-ungarische Ausgleich konnte nun durchaus als ein Kuhhandel zwischen dem ungarischen Großgrundbesitzer, dem Getreideexporteur, und dem österreichischen Großindustriellen, dem Waffenfabrikanten, angesehen werden. Der ungarische Adel nahm weit mehr als der zisleithane in der ungarischen Gesellschaft durch seinen ausgedehnten Grundbesitz und seinen prahlerischen Lebensstil einen privilegierten Platz ein. Aber ein gewisser Teil des Adels war bereits aus ideologischen Gründen zur Opposition übergegangen,

(5) Kramář, K., war einer der wichtigsten politischen Persönlichkeiten Böhmens zwischen 1891 und 1920. Als Parteiführer der Jung-Tschechen vertrat er den politischen und kulturellen Austroslawismus. Mit einer Russin verheiratet, unterhielt er sympathisierende Beziehungen mit liberalen Russen und französischen Republikanern. Er war Vizepräsident des Abgeordnetenhauses. Während des Krieges nahm man ihn fest und machte ihm den Prozeß, der mit seinem Todesurteil endete: 1915. Die Vollstreckung des Urteils wurde jedoch verschoben. Nach der Begnadigung durch Kaiser Karl nahm er Kontakte mit der Emigration auf und vertrat sein Land auf der Friedenskonferenz. Nach dem Bruch mit Masaryk ging er in die Opposition. Es gibt bisher keine Biographie über ihn.

wie auch gewisse Kreise des Bürgertums, diese allerdings aus wirtschaftlichen Interessen. Sie machten der liberalen Partei den Vorwurf, den ungarischen Markt und die ungarische Wirtschaft von zisleithanen Industriellen, besonders von Deutschen und Tschechen, beherrschen zu lassen und die Industrialisierung des Landes zu hemmen. Die Forderungen der ungarischen Opposition, die sich bisher auf die Armee und die Kommandosprache spezialisiert hatten, weiteten sich nun immer mehr auf den wirtschaftlichen Sektor aus. Einige forderten sogar die vollständige Unabhängigkeit, ein eigenes Zollsystem und eine autonome Staatsbank. Wenn man auch nicht offen für die Auflösung des Dualismus eintrat, so kamen die verlangten Änderungen doch fast einer solchen gleich. In Ungarn selbst lieferten sich nun die Magyaren eine politische und soziale Schlacht, in der Stunde, da die Arbeiterfrage und das Nationalitätenproblem immer dringender einer Lösung bedurften. Die bürgerlichen Kreise der Nationalitäten hatten zudem von einem Erfolg der Unabhängigkeitspartei von 1848 wenig Gutes zu erwarten: Mit ihrem Chauvinismus war die Partei gefährlicher für sie als die liberale, die das Gesetz von 1867 mitbewirkt hatte. Aber nach der Auflösung des Parlaments 1905 triumphierten bei den Neuwahlen die koalierenden Oppositionsparteien: Unabhängigkeitspartei, Volkspartei (slowakischer Wählerstamm) und Agrarpartei (Slowaken und Rumänen). Die Forderungen dieser neuen Majorität führten zu einem Konflikt mit der Krone: Der König konnte nicht zulassen, daß der Ausgleich angetastet wurde, die konstitutionelle Basis der Doppelmonarchie.

In Zisleithanien war man über den Sieg der magyarischen Nationalisten tief beunruhigt; denn diese waren die bisher unversöhnlichsten Gegner in den politischen und wirtschaftlichen Beziehungen der beiden Länder gewesen. Die Deutschen und Tschechen mit ihren vielen ungelösten gemeinsamen Schwierigkeiten waren sich in der herben Kritik an den ungarischen Vorgängen plötzlich einig. Die Handelskammern beklagten sich, daß die Verwaltung des Königreichs die Einziehung der zisleithanischen Schuldbeträge behinderte. (6) In Wien nannte man die Ungarn schon die schlimmsten Feinde Österreichs. Die gleichzeitige Krise der beiden Parlamente hatte sich zu einer Krise des Dualismus ausgeweitet. Alles schien zu einer Veränderung der vierzigjährigen wirtschaftlichen und sozialen Verhältnisse zu drängen. Da der Kaiser-König revolutionäre Lösungen strikt ablehnte, also nicht kraft seiner Autorität das Reich in eine Föderation von Nationalitäten oder Staaten umwandeln wollte, blieb ihm nichts anderes übrig, als zu verhandeln. Er versuchte also, innerhalb der gesetzmäßigen Ordnung mit der gehörigen Strenge, aber ohne seine Kompetenzen zu überziehen, die Ruhe in beiden Ländern wiederherzustellen und eine Erneuerung des zehnjährigen Wirtschaftsvertrages zu ermöglichen. Dieser Vertrag war aber ohne den Ausgleich nicht denkbar.

(6) Křižek, J., La crise du dualisme et le dernier Compromis austro-hongrois 1897-1907, „Historica" 12, S. 117. Fußnote 107.

Er versuchte, in Ungarn mit einer Regierung von parteilosen Beamten zu regieren. Aber sogleich organisierte sich in den Komitaten der Widerstand; man weigerte sich, Steuern zu zahlen, und entließ die Rekruten. Im September 1906 traf sich der König mit den Führern der Koalition (Andrássy d. J., Kossuth, Apponyi), um die verschiedenen Standpunkte zu klären. Der König war keineswegs bereit, in puncto Armee und Ausgleich um einen Schritt zurückzuweichen. Der Innenminister gab sogar zu verstehen, man könne in Ungarn das allgemeine Wahlrecht einführen. Dann hätten sowohl die Koalitionsparteien wie auch die liberale Partei sicher der Übermacht der wahlberechtigten Nichtmagyaren und Sozialisten weichen müssen.

Anfang 1906 wurde die Abgeordnetenkammer aufgelöst; rumänische Regimenter ließen den Sitzungssaal räumen. Entweder man akzeptierte den Bürgerkrieg oder man einigte sich mit dem König. Zum Preise einiger Kompromisse in militärischen Fragen, welche aber nicht an die Einheit der Armee tasteten, willigten die Koalitionsmitglieder ein, in dem neuen ausgleichsfreundlichen Kabinett Wekerle mitzuarbeiten.

Franz Kossuth bekam das Handelsministerium, Apponyi wurde Kultusminister. Der erste wachte über die spezifisch ungarischen Interessen innerhalb der Wirtschaft, der andere erließ 1907 eine neue Schulordnung, die die magyarische Sprache zur Pflichtsprache auch an Konfessionsschulen und Kindergärten erhob. Aber dem König war doch gelungen, die unmittelbare Gefahr einer Sezession Ungarns abzuwenden.

In Zisleithanien war das letzte Ministerium über eine Nationalitätenfrage gestolpert. Es handelte sich in diesem Fall um die Polen, die eine größere Autonomie Galiziens forderten. (7) Hätte man diesen unlösbaren Konfliktstoff nicht entschärfen können, indem man die Aufmerksamkeit auf andere mindestens so wichtige Probleme lenkte? Da war zum Beispiel das allgemeine Wahlrecht. War es klug, dieses immer noch zu verweigern? Waren denn wirklich die sozialistischen und sozialen Parteien gefährlicher als die nationalen Parteien? Kaiser Franz Joseph hatte sich lange geweigert, die Wahl des christlich-sozialen Karl Lueger zum Bürgermeister von Wien anzuerkennen. Als er sich aber schließlich 1897 dazu entschlossen hatte, durfte er bald feststellen, wie wirkungsvoll Lueger seine Amtsgeschäfte führte und wie loyal er sich der Krone gegenüber betrug. Auch der Austromarxismus hätte die Monarchie geschützt, wenn diese sich nur zu Reformen entschlossen hätte. Das allgemeine Wahlrecht schien einsichtigen Köpfen das geeignete Mittel zu sein, um in einem stark industrialisierten Land die Unzufriedenheit zu dämpfen und ein Abgeordnetenhaus zu bekommen, das sich weniger an Nationalitätenproblemen aufrieb, als sich mit wirtschaftlichen Fragen auseinandersetzte und für eine Erneuerung des Ausgleichs eintrat.

Der Kaiser berief daraufhin Freiherrn von Beck, einen Juristen, zum

(7) Den Polen Galiziens war ihrerseits die Entwicklung der ruthenischen Nationalität in ihrem Lande im Wege.

Ministerpräsidenten, der sich als ein geschickter Parlamentarier auswies und in den letzten Wochen des Jahres 1906 erst durch den Reichsrat, dann durch das widerstrebende Herrenhaus das allgemeine männliche Wahlrecht verabschieden ließ. Aus den Wahlen von 1907 gingen die Christlich-Sozialen und die Sozialdemokraten (aller Nationalitäten) als die stärksten Parteien hervor. Sie erhielten von 516 Sitzen 96 bzw. 86 Sitze. (Siehe Anhang.)

Freiherr von Beck hatte die Wahlrechtsform vor die Erneuerung des Ausgleichs gestellt. Nun aber wurden die Verhandlungen wieder aufgenommen und dank Becks souveräner Leitung zu einem schnellen Abschluß geführt. Um den Ungarn entgegenzukommen, wurde beschlossen, die Zollunion in einen Handelsvertrag umzuwandeln und den Zolltarif als zwei eigene, aber identische Tarife anzuerkennen. Die ungarische Beitragsrate wurde angehoben und Ungarn die Parität in den österreichisch-ungarischen Banken zugestanden. Die Doppelmonarchie war gerettet. Der Kaiser, der daran großen Anteil hatte, konnte in einer seiner Reden von der Gemeinsamkeit beider Staaten sprechen, welche auf der Pragmatischen Sanktion beruhte und nun intakt der kommenden Generation übergeben werden könnte.

DIE ANNEXION BOSNIEN-HERZEGOWINAS UND DIE AUSSENPOLITISCHEN FOLGEN

Nachdem die Krise zwischen Österreich und Ungarn vorläufig beigelegt war, arbeitete man in den neugebildeten Regierungsmannschaften intensiv daran, das Ansehen der Doppelmonarchie nach innen und außen wieder zu festigen. Bezeichnend dafür war die Ernennung Conrads von Hötzendorf zum Generalstabschef der Armee. Baron Lexa von Aehrenthal wurde Nachfolger des Außenministers Graf Gołuchowski d. J. Beide waren fest entschlossen, die Machtstellung Großösterreichs innerhalb Europas zu stärken. Theoretisch waren sie sich hierin mit dem Thronfolger einig, nicht so in vielen praktischen Details. Der Kaiser dagegen repräsentierte schon eine andere Generation, eine Generation, die im allgemeinen geduldiger nach versöhnlichen Lösungen gesucht hatte.

Immer mehr Widersprüche prägten die Doppelmonarchie. Der steigende Lebensstandard vermittelte den Eindruck eines allgemeinen Wohlstands, aber in den internationalen Wirtschaftsbeziehungen rutschte Österreich-Ungarn auf einen immer ungünstigeren Platz. Durch die deutschen Einfuhrbeschränkungen wurde der österreichisch-ungarische Agrar-Export stark beschnitten, während die deutschen Geldinvestitionen in Österreich-Ungarn, auf der Balkanhalbinsel und in der Türkei weiter wuchsen. So sah sich Österreich-Ungarn nicht nur im Westen in seiner wirtschaftlichen Expansion durch seinen Verbündeten gehemmt, dieser war auch sein Rivale im Nahen Osten. Serbien baute mit Hilfe französischen und russischen Kapitals ein Eisenbahnnetz und seine Armee aus und führte Waren aus Deutschland und

England ein. Als die Handelsverträge mit Serbien 1905 erloschen, wollte daher Österreich-Ungarn Serbien härtere Bedingungen stellen. Dabei sollten nicht nur die Interessen der ungarischen Großgrundbesitzer geschützt werden, es ging auch um das Wohl und Wehe breiter Bauernschichten in den beiden Reichshälften, welche durch die Überschwemmung mit billigen Agrarprodukten aus Übersee und aus den Balkanländern schwer unter Druck gesetzt worden wären. (8) Die Verträge wurden also nicht erneuert, zwischen den beiden Staaten Österreich und Serbien entspann sich ein jahrelanger Zollkrieg. Denn auch für Serbien war der Absatz seiner infolge der technischen Entwicklung sprunghaft in die Höhe gestiegenen Agrarprodukte eine Existenzfrage.

Von großer Bedeutung für den Wirtschaftsverkehr war selbstverständlich der Ausbau des Eisenbahnnetzes. Der Orient-Express stellte die Verbindung zwischen Wien, Budapest, Belgrad und Konstantinopel her. Nun aber sollte eine neue Bahnlinie gebaut werden, die das Schwarze Meer direkt mit der Adria verbunden hätte und Österreich-Ungarn links hätte liegen lassen. Als Antwort betrieben die Österreicher den Ausbau ihrer Linien und den Anschluß an das türkische Eisenbahnnetz quer durch den Sandschak-Novipazar in Richtung Saloniki. Außerdem errichtete eine neue Handelsgesellschaft, die „Austro-Orientalische Handelsactionsgesellschaft", ihre Filialen in Alexandria und Izmir und wandte sich an die Regierung mit der Bitte um Unterstützung ihrer Investitionen in der Türkei und in den Balkanländern. Zu Anfang des Jahres 1908 erinnerte Außenminister Aehrenthal daran, daß die Besetzung Bosniens und der Herzegowina Österreich das Recht gäbe, sich als Balkanmacht zu betrachten. Seine Aufgabe sei es, die Zeichen der Zeit zu verstehen und sie sich zunutze zu machen. Über das bosnische Eisenbahnnetz ließ sich der österreichisch-ungarische Handel bis zur Ägäis und zum Mittelmeer leiten. Da es sich aber nicht nur um österreichisch-ungarische Waren gehandelt hätte, die über „diesen kürzesten Weg von Mitteleuropa nach Ägypten und Indien" geschafft worden wären, belebte sich an diesen Plänen wieder die slawische Furcht vor einer zu großen deutschen Expansion. In Rußland blühte die panslawistische Idee wieder auf, und in Serbien zeigte sie sich in Form einer rußlandfreundlichen und österreichfeindlichen Stimmung. Die Jugend begeisterte sich an der Hoffnung für ein großserbisches Reich, und da die serbische Regierung keine Manifestationen dulden durfte, die die ohnehin schwierigen Beziehungen mit Österreich gefährdet hätten, organisierten sich Untergrundvereine. Die österreichisch-ungarische Polizei deckte auch in Bosnien-Herzegowina revolutionäre Umtriebe auf.

Als im Juli 1908 die jung-türkische Revolution ausbrach, welche in englandfreundlichen Geschäftskreisen Unterstützung gefunden hatte, mußte Österreich befürchten, daß sich die Ansteckungsgefahr dieser national-liberalen Bewegung schnell über die ganze Halbinsel bis nach Bosnien-Herzego-

(8) Hantsch, H., Leopold Graf Berchtold, Grandseigneur und Staatsmann. Graz 1963, S. 593.

wina ausbreiten würde. Daher wurde im Außenministerium ein schon oft diskutiertes Projekt wieder aktuell: die Annexion der beiden besetzten Provinzen. Nun konnte allerdings ein Staat nicht von sich aus den Charakter des Auftrags ändern, den er von anderen Mächten beim Berliner Kongreß erhalten hatte. Außerdem verboten die Verträge mit Rußland jede Veränderung auf dem Balkan ohne vorherige Absprache. Aehrenthal lud also den russischen Außenminister Iswolskij, der sich gerade auf einer Kur in Böhmen befand, am 15. und 16. September 1908 zu einer Unterredung ins Schloß Buchlau, in Mähren, ein. Ein Notenaustausch hatte das Terrain bereits sondiert. Im Lauf dieser persönlichen Unterredung erhielt Aehrenthal die Versicherung, daß Rußland sich einer Annexion nicht widersetzen würde. Österreich-Ungarn versprach seinerseits, Rußland in der Meerengenfrage zu unterstützen. In den Buchlauer Gesprächen wurde allerdings nichts über das Wann und Wie der Annexion vereinbart. Islowskij konnte also annehmen, daß sie nicht sofort und nicht ohne Zustimmung der anderen Mächte vorgenommen würde. Als Aerenthal Informationen erhielt, daß Bulgarien mit dem Sultan brechen und seine Unabhängigkeit erklären wollte, glaubte er dem Lauf der Dinge zuvorkommen zu müssen. Am 7. Oktober wurde durch eine kaiserliche Verordnung dem bosnischen Volk die Annexion Bosniens und der Herzegowina bekanntgegeben. Als Zeichen guten Willens räumten dafür die kaiserlichen Truppen den Sandschak-Novipazar, der damit wieder unter türkische Kontrolle kam, aber auch leicht zum Zankapfel zwischen zwei verbündeten slawischen Ländern werden konnte, nämlich Serbien und Montenegro.

Was sollte nun mit der Neuerwerbung geschehen? Eine Bevölkerung von fast zwei Millionen (1,604.000 nach den Schätzungen von 1895, 1,932.000 bei der Volkszählung von 1919) mußte in die Doppelmonarchie eingegliedert werden. Das slawische serbisch-kroatische Element dominierte (96,02 Prozent), teilte sich aber konfessionell in Römisch-Katholische, Orthodoxe und Mohammedaner. Im Namen alter historischer Rechte hätte Kroatien das Gebiet gerne an Ungarn angeschlossen. Aber die Magyaren befürchteten ein Überhandnehmen der Slawen in ihrem Königreich. Am opportunsten schien es, eine Art Reichsland zu schaffen, nach dem Beispiel von Elsaß-Lothringen im Deutschen Reich, welches die beiden Staaten der Doppelmonarchie gemeinsam verwalten würden und in dem die Bewohner selbst ihren Landtag wählen sollten.

Die Parlamente gaben ihre Zustimmung zur Annexion im Herbst. Anfang Dezember wurde in Wien das sechzigjährige Regierungsjubiläum des Kaiser-Königs festlich begangen. Die territoriale Ausdehnung seiner Macht wurde dem Herrscher sozusagen von seinen Völkern zu Füßen gelegt. Aber die Tschechen störten durch ihr Fernbleiben die Harmonie des Festes. Im böhmischen Landtag war es wieder einmal zwischen Tschechen und Deutschen zu schweren Tumulten gekommen, über Prag wurde das Standrecht verhängt.

Aehrenthal hatte mit der Annexion bewiesen, daß die Monarchie wieder zu einer unabhängigen und kühnen Außenpolitik fähig war. Aber es war ein gefährlicher Sieg. Von den vor die vollendete Tatsache gestellten Großmächten gaben einige sofort ihre Einwilligung: Deutschland, Italien, Frankreich. England zeigte sich reserviert, es hätte eine internationale Konferenz vorgezogen. Der Zar dagegen protestierte energisch. Iswolskij behauptete, von Aehrenthal getäuscht worden zu sein. Rußland unterstützte mit seiner ganzen Autorität den Widerstand Serbiens, das erklärte, niemals die Eingliederung seiner Brüder in die Doppelmonarchie unterschreiben zu wollen.

Anfang 1909 entschloß sich die Türkei, die Annexion anzuerkennen und unterschrieb einen Vertrag mit Österreich-Ungarn. In Serbien aber kam es zu immer heftigeren Protestaktionen, die von Rußland unterstützt wurden. Die militärischen Kreise in Österreich glaubten, aus der Sackgasse nur noch durch einen Krieg gegen Serbien herauszukommen. In Wirtschaftskreisen war man geteilter Meinung, die einen traten für Versöhnung, die anderen für den offenen Konflikt ein, auch wenn er sich europäisch ausweiten sollte. Der Reichsrat genehmigte bereits die Mittel für eine Mobilmachung. Aber Deutschland bemühte sich bei der russischen Regierung, damit sie Serbien zur Mäßigung rate. Und Serbien, das ohne die Unterstützung der Großmacht unmöglich einen Krieg gegen Österreich-Ungarn vom Zaun brechen konnte, gab nach. Die Belgrader Regierung erkannte die Annexion an. Mit knapper Not war ein Konflikt vermieden worden, in den beide Bündnissysteme verwickelt worden wären.

Nur dem Anschein nach war die Annexion ein großer diplomatischer Erfolg oder, wie es hieß, eine Kompensation für die in Italien 1859 und 1866 verlorenen Gebiete. Die Balkanprovinzen waren höchstens flächenmäßig mit den reichen, hochzivilisierten und industrialisierten italienischen Provinzen Lombardei und Venetien zu vergleichen. Schon im 18. Jahrhundert hatte sich die Methode des Tauschhandels in der Politik als höchst anfechtbar erwiesen; im 19. Jahrhundert hatte man nur noch wenig mit ihr erreichen können. Im 20. Jahrhundert zählte die Territorialmacht einer Dynastie immer weniger, was zählte, war die wirtschaftliche Stärke eines Staates und in welchem Maße er mit den sozialen Veränderungen seiner Gesellschaft fertig wurde. Hinter dem, was man damals noch ein diplomatisches Bravourstück nannte, zeigten die imperialistischen Mächte ihr wahres Gesicht. Indessen hatte sich in dieser Verflechtung von politischem Ehrgeiz, wirtschaftlichem Wettbewerbsdenken und kollektivem Fanatismus auch noch einmal die Macht der Persönlichkeit erwiesen. Denn die Initiative, der Entschluß zum Krieg oder zur Beilegung des Konflikts, lag bei einigen wenigen Männern.

Aehrenthal und Conrad von Hötzendorf glaubten, noblen Zielen zu dienen: der Unabhängigkeit und Größe ihres Staates. Aber Aehrenthal, gewiß ein charaktervoller und ehrenwerter Mann, hatte den politischen Erfolg mit veralteten machiavellistischen Methoden errungen. Seine Art, das

Öffentliche Recht zu umgehen und einer internationalen Entscheidung auszuweichen, und eine listenreiche Unterredung mit Iswolskij rechtfertigten den Mißkredit, in den er im Ausland geriet. Die Presse, deren Rolle immer wichtiger für die Bildung der öffentlichen Meinung wurde, hatte leichtes Spiel, wenn sie die Eroberungsgelüste eines mächtigen Staates angesichts eines schwachen Nachbarn anprangerte. Die mindestens ebenso gefährlichen imperialistischen Ambitionen Rußlands und die versteckte Wühlarbeit serbischer Kreise gegen den inneren Frieden Österreich-Ungarns traten dagegen weniger ins Licht der Öffentlichkeit.

Mit großem Eifer und Sachverstand reorganisierte Conrad die Armee, um sie für einen Präventivkrieg zu rüsten und den Serben und Russen zuvorzukommen, die sich von den Verlusten des Jahres 1905 noch nicht erholt hatten.

Die drohende Gefahr eines europäischen Krieges konnte angesichts der Untätigkeit der großen internationalen Kräfte, Kirche und Sozialismus, nur durch die Vorsicht und den Mut einiger Persönlichkeiten abgewandt werden, die noch nicht einmal bedeutende Staatsmänner waren. Präsident Fallières zum Beispiel erkannte klar, daß die russische Allianz Frankreich nicht in einen leichtsinnigen Krieg wegen irgendwelcher Schwierigkeiten auf dem Balkan ziehen durfte. Vielleicht erinnerte er sich auch an den Dienst, den Österreich-Ungarn einst bei der Konferenz von Algeciras 1906 dem europäischen Frieden geleistet hatte. Auch König Eduard VII., der vergeblich versucht hatte, Franz Joseph 1908 in Bad Ischl zu einer englandfreundlicheren Außenpolitik zu bewegen, war ein Anhänger des Friedens. Schließlich wollte zu jenem Zeitpunkt auch Wilhelm II. trotz seiner unvorsichtigen Äußerungen den Krieg mit Rußland vermeiden.

Der Friede hatte noch einmal gesiegt, aber er stand auf wackeligen Füßen. Das Risiko eines europäischen Konflikts war damit nicht ausgeschaltet, sondern nur hinausgeschoben worden.

In allen Ländern stand die Presse im Dienst weitverzweigter und sich widersprechender wirtschaftlicher Interessen, was den Lesern gar nicht zu Bewußtsein kam, da man die Emotionen mit anderen, leichter zugänglichen Argumenten aufzuheizen verstand, zum Beispiel mit dem nationalen Ideal. Durch gefährliche Ungeschicklichkeiten, wie durch den Prozeß von Agram, wo für die Anklage gegen angebliche serbo-kroatische Verschwörer gefälschte Dokumente benutzt wurden, fügte man dem österreichischen Ansehen zusätzlichen, unermeßlichen Schaden zu.

DAS ATTENTAT

Im Lauf der nächsten sechs Jahre, welche zwischen der Krise von 1908 und dem Krieg von 1914 lagen, verschlechterte sich das internationale Klima von Jahr zu Jahr. Die Schwächung der Türkei ermutigte Italien, seinen kolonialen Ehrgeiz auf Tripolis zu richten und förderte den Irredentismus im Lande, der sich auf Trient, Triest und Dalmatien bezog, Gebiete, die zwar schon lange zur Monarchie gehörten, aber eine starke italienische Bevölkerung aufwiesen. Durch die beiden Balkankriege von 1912 und 1913 wuchs die Gefahr eines allgemeinen Konflikts noch mehr. In der Londoner Konferenz von 1913 bekamen Serbien und Montenegro eine gemeinsame Grenze. Serbien erhielt dazu große Gebiete in Mazedonien, allerdings nicht den ersehnten Zugang zum Meer, da ein neuer Staat, Albanien, gegründet wurde. Die Rumänen erhielten den Südteil der Dobrudscha. Obwohl die Bulgaren im 2. Balkankrieg einen Teil ihrer Eroberungen an die Türkei abtreten mußten, ging die europäische Türkei sehr geschwächt aus den Kriegen hervor. In Österreich-Ungarn gerieten wieder einmal die Anhänger eines Präventivkrieges und die Fürsprecher einer Politik der Vorsicht aneinander. Der Thronfolger hatte zwar als Generalinspekteur der Streitkräfte seine ganze Sorgfalt auf die militärische Ausrüstung der Doppelmonarchie verwendet, war sich aber mit dem Nachfolger Aehrenthals, dem Grafen Berchtold, einig, keinen Krieg zu beginnen, bevor sich nicht die innere Ordnung stabilisiert hätte. Dieses Ziel glaubte er bald erreichen zu können.

Der tschechische Historiker Křížek schreibt in seinem Aufsatz über den Dualismus: „Es ist erstaunlich, daß sich im politischen Leben Zisleithaniens bis zum Zusammenbruch der Monarchie fast keine Stimme gegen das monarchische Prinzip erhoben hat und daß das Bürgertum nicht als Klasse für eine republikanische Staatsform eingetreten ist.“ (9) Aber das ist gar nicht so erstaunlich. Der Grund liegt auch nicht nur darin, daß „die nationalen bürgerlichen Klassen“, wie Křížek weiter ausführt, „die supranationale Haltung der Krone übernommen hatten und sich außerdem vor dem Durchbruch der Arbeiterklassen fürchteten.“ Der Grund liegt viel tiefer. Im kollektiven Bewußtsein und Unterbewußtsein waren die Kräfte der Tradition noch durchaus lebendig. Der jahrhundertealte Respekt vor der monarchischen Institution, dieser patriarchalischen Schutzherrschaft, war nicht erloschen. Sie stellte die Spitze einer hierarchischen Gesellschaft mit einer breiten bäuerlichen Basis dar und paßte hervorragend zu der Agrargesellschaft, in der jede Etage bestimmte Privilegien besaß und die wirtschaftliche Expansion sich in Grenzen hielt. Der König war das oberste, aber noch zugängliche, ordnende Prinzip. Im Industriezeitalter freilich wurde das hierarchische System durch die neuartigen, übergreifenden wirtschaftlichen Beziehungen gesprengt. Der Klassenkampf war die Konsequenz des neuen Freiheitsgefühls, das für jedes Individuum dieselben Rechte forderte. Damit hatte der Monarch seine wichtigste Funktion verloren. Aber diese Veränderungen drangen nicht von einem Tag zum andern in das öffentliche Bewußtsein, besonders auf dem Land hielt man sich noch lange an die alten Lebensgewohnheiten, auch die Kirchen traten weiter für die althergebrachte

(9) Křižek, a.a.O., S. 108, Nr. 81.

göttliche Ordnung ein. Es war also ganz normal, daß der monarchische Gedanke weiter lebendig blieb. Höchstens in Böhmen und Polen, wo man nicht vergessen konnte, daß man erobert worden war, was eigentlich nur für Polen zutraf, war der Loyalismus dem Herrscher und der Dynastie gegenüber eher lau und unpersönlich.

Ähnliches wie für die Ablehnung oder Annahme des monarchischen Prinzips gilt für die freiwillige Assoziierung der verschiedenen Nationen in einem gemeinsamen Staatenverband. Joseph Redlich, ein österreichischer Jurist und Politiker, gibt in seinen Tagebüchern, die unter dem Namen „Schicksalsjahre" herausgegeben wurden, eine Analyse, in der sich Ungerechtigkeiten und profunde Kenntnisse die Waage halten: „Wie soll dieses Reich, in dem niemand mehr ein Reichsgefühl hat, zusammengehalten werden, wenn man den gegenwärtigen Zustand der Verwaltung, der inneren Politik, der Diplomatie betrachtet, die Unfähigkeit des greisen Herrschers, die unbeschreiblich schwierige Persönlichkeit und Position des Thronfolgers, die Unmöglichkeit des 67er Dualismus, die zum Verzweifeln große Fülle unsagbar schwieriger Probleme auf allen Seiten, dazu die geweckte Begehrlichkeit der Massen in nationaler, finanzieller und politischer Hinsicht, die ihren Ausdruck findet in dem Zerrbild von Parlamentarismus hier und in Budapest. Alles das läßt keine rechte Hoffnung auf Besserung aufkommen. Und doch: Wie und wo sollten alle diese Völker, Kulturen, Menschen leben, wenn nicht in diesem unmöglichen Österreich-Ungarn, das Slawen und Magyaren doch die deutsche Kultur gebracht hat und noch bringt. Wie wäre ein unabhängiges Ungarn der Magyaren denkbar nach dem Entstehen starker südslawischer Staaten! Wo wollen die Tschechen, wie die Polen, es besser als in Österreich finden?" (10)

Anläßlich der Sokol-Feiern in Prag im Jahre 1912 fiel ausländischen Besuchern auf, wie ruhig und selbstbewußt sich die tschechische Nation gab, wie souverän in wirtschaftlicher und kultureller Hinsicht sie zu sein schien. Und als im selben Jahr der Eucharistische Kongreß ganze Wagenladungen von Bauern in ihrer Landestracht nach Wien brachte, Scharen von Priestern und Nonnen, und wider Erwarten Tausende Menschen, welche sich sonst über die Geistlichkeit nur noch lustig machen konnten, hätte man ohne die bedrohliche internationale Lage niemals an den nahenden Untergang gedacht.

1913 erklärte vor dem Parlament Thomas Masaryk, der inzwischen Abgeordneter und einer der gefürchtetsten Opponenten geworden war: „Gerade deshalb, weil ich mich auf Träume über den Zerfall Österreichs nicht einlassen kann, weil ich weiß, daß dieses Österreich — ob gut oder schlecht — dauern wird, ist es mir ernst darum zu tun, daß wir aus diesem Österreich etwas machen ... Unsere staatsrechtlichen, unsere administrativen Pläne

(10) Redlich, J., Schicksalsjahre. 1912, I, S. 166.
(11) Masaryk, zitiert von Hantsch, Nationalitätenprobleme, a.a.O., S. 66.

gehen nicht darauf aus, die anderen zu schwächen, sondern das Ganze zu stärken." (11)

Zu diesem Ziel glaubte er allerdings nicht mit den Mitteln zu gelangen, die dem Thronfolger vorschwebten: einer starken Armee und einem verstärkten Loyalismus der Dynastie gegenüber. Die Monarchie vertrug sich jedoch sehr wohl mit seiner Vorstellung von Demokratie. Die Schwierigkeit lag ganz woanders: Sie lag in der Weigerung oder Unfähigkeit der Politiker, für dieses Österreich-Ungarn, dessen Existenz sie für erstrebenswert hielten, ein konkretes Föderationsprogramm auszuarbeiten. Das überließ man den Schreibtischgelehrten. Jede Gruppe innerhalb der beiden zentralistischen Staaten bestand weiter hartnäckig auf ihren kleinen Vorteilen.

In Ungarn nahm das parlamentarische Leben unter Ministerpräsident Stephan Tisza, so gut es eben ging, seinen Lauf. In Zisleithanien dagegen kam es zu einer Regierungskrise nach der anderen, ständig griff die Regierung auf Artikel 14 zurück. In Böhmen war am 26. Juli 1913 der Landtag aufgelöst worden und die Verwaltung von einer provisorischen Kommission, der sogenannten St.-Anna-Kommission, übernommen worden.

Trotz all der Schwierigkeiten nahm das Alltagsleben seinen gewohnten Lauf. (12) Nicht einmal die Arbeiterunruhen hatten sich verstärkt. Plötzlich platzte in die Euphorie eines schönen und heißen Sommersonntags am 28. Juni 1914 die Nachricht, die sich blitzschnell über ganz Europa verbreiten sollte: Am Mittag waren in Sarajewo der Thronfolger und seine Frau, die Herzogin von Hohenberg, durch die Revolverschüsse eines jungen Fanatikers ermordet worden. Der Mord war von dem Belgrader Geheimbund „Narodna Obrana" geplant worden, dessen Devise „Einheit oder Tod" war. Der Drahtzieher des Komplotts war ein serbischer Offizier, Oberst Dragutin Dimetrijević, der für seine Verschwörertätigkeit den Namen Apis angenommen hatte. Waffen, Pläne und die nötigen Instruktionen waren in Serbien an eine Gruppe von Verschwörern ausgehändigt worden, die sich damit nach Bosnien begaben, wo sich der Thronfolger zu Manövern aufhielt. Weder der serbische Ministerpräsident Nicola Pašić noch der Erbprinz Alexander (der spätere König von Jugoslawien), der wegen der unheilbaren Krankheit König Peters I. zum Regenten ernannt worden war, wußten etwas von dem Projekt. Zwar dürfte ihnen die Aktivität der Geheimbünde und die nationalistische Hochspannung in ihrem Lande kein Geheimnis gewesen sein, aber sie verfügten angeblich nicht über die Mittel, diese Aktivitäten zu unterbinden. Apis selbst war ein leidenschaftlicher Anhänger der Karadjordjević-Dynastie, ein glühender Verteidiger Großserbiens. Man weiß, daß er seine Informationen vom Geheimdienst erhielt und in Beziehung zum russischen Militärattaché in Belgrad stand. Für ihn war der Erzherzog der Feind Serbiens, das größte Hindernis für die Vereinigung aller Serben. Denn daß der Erzherzog der Bildung eines süd-

(12) Zöllner, a.a.O., S. 427ff.

slawischen Staates positiv gegenüberstand, war kein Geheimnis geblieben. (13)

Wenige Tage vor dem Attentat hatte der Erzherzog Kaiser Wilhelm II. in seinem Schloß Konopischt empfangen. Böswilligen Gerüchten zufolge hatte die Unterredung einen politischen Zweck, nämlich den Krieg vorzubereiten. Nichts davon ist jedoch erwiesen. Ohne Zweifel ist während des gemeinsamen Spazierganges durch den berühmten Rosengarten auch die politische Lage besprochen worden. Zwei Monate vorher hatte der Kaiser immerhin eine sehr schwere Krankheit durchgemacht. Wilhelm II. hat vor allem seinen Gastgeber zu mehr Wohlwollen gegenüber der ungarischen Regierung und dem Grafen Tisza überreden wollen. Aber der Erzherzog, der immer noch unter dem Einfluß von Maniu und Vajda-Vojevod stand, beklagte sich über die Unterdrückung der Rumänen Siebenbürgens durch die Magyaren und verbarg auch nicht sein Mißvergnügen über die Intrigen der italienischen Politik in Albanien und sein persönliches Mißtrauen gegenüber König Viktor Emmanuel III.

Mit dem Mord in Sarajewo begann die letzte Epoche der Monarchie. Ermutigt durch Kaiser Wilhelm II., den der Mord tief in seinen monarchischen Gefühlen verletzt hatte, faßte Österreich-Ungarn den Entschluß, mit Serbien endgültig abzurechnen. Nach der Absendung eines Ultimatums, dessen scharfer Ton eine Weigerung provozieren sollte, wurde am 28. Juli der Krieg erklärt. Sicherlich konnte man in Wien und in Budapest — die ungarische Regierung hatte sich, wenn auch widerwillig, dem Ultimatum angeschlossen — noch darauf hoffen, daß es sich um einen begrenzten Krieg handeln würde. Nur war diese Hoffnung reichlich unbegründet. Die persönliche Schwäche des Zaren, die Entschlossenheit seiner Minister und Generale, die beweisen sollte, daß die Protektion Rußlands kein leerer Wahn war, der Versuch Deutschlands, Frankreich einzuschüchtern, der Eifer Frankreichs, seinen Verpflichtungen Rußland gegenüber nachzukommen, alles zusammen mußte zur Katastrophe führen. Als ob durch den Tod dieses Erzherzogs, dem man ungerechterweise eine kriegerische Gesinnung nachsagte, das letzte Hindernis aus dem Weg geräumt worden sei, brach überall der Krieg aus.

---

(13) Über das Attentat existiert eine reichhaltige Literatur. Zöllner gibt in seiner Geschichte die Bibliographie darüber an. Dokumentarisch am besten ausgestattet ist das Buch von Übersberger, H., Österreich zwischen Rußland und Serbien. Graz 1958. Die serbische Regierung trug keine direkte Verantwortung für das Attentat, das klar als das Verbrechen eines Fanatikers erkannt worden ist. Dieser hingegen war das Organ einer nationalistischen Verschwörung. Man braucht aus den Mördern, die so viel Blut über Europa und die Welt gebracht haben, deshalb keineswegs revolutionäre Volkshelden zu machen. Die Schutzmaßnahmen der Polizei ließen zu wünschen übrig, das war bekannt, war aber eine reine Nachlässigkeit. Die Bevölkerung der Stadt bereitete dem Erzherzog einen herzlichen Empfang und wollte den Mörder lynchen. Und der Erzherzog, der oft genug anonyme Morddrohungen erhalten hatte, wußte, wie gefährlich es für ihn war, Sarajewo zu besuchen, ja, nach einem ersten, gescheiterten Attentat bestand er darauf, im Spital die Verwundeten zu besuchen. Auf dieser Fahrt lauerte sein Mörder auf ihn.

DER KRIEG

Es soll hier nicht die Geschichte des Ersten Weltkrieges wiedergegeben werden. Wir wollen hier nur auf einige Fakten hinweisen, die unserer Ansicht nach unentbehrlich sind für das Verständnis dessen, was passiert ist.

Da die Armee eine der wichtigsten Grundlagen des Systems war, ist ihr Verhalten während des Krieges geradezu von symbolhafter Bedeutung. Da sie sich aus verschiedenen Nationalitäten zusammensetzte, war ziemlich sicher vorauszusehen, daß es ihr an Zusammenhalt und Disziplin fehlen werde. Es war nicht schwer, sie zu karikieren, was der „brave Soldat Schweijk" bewiesen hat. Die Moral der Truppen, die gegen Soldaten gleicher Nationalität zu kämpfen hatten, was bei den Polen und Serben und nach dem Kriegseintritt Italiens 1915 und Rumäniens 1916 auch bei den Italienern und Rumänen Siebenbürgens der Fall war, war jedenfalls einer viel größeren Gefahr ausgesetzt als die Moral der anderen Nationalarmeen.

Rußland konnte an die slawische Solidarität der Tschechen und Slowaken appellieren, konnte die gegnerischen Armeen zur Fraternisierung einladen und durch mannigfache Versprechen, die verschiedenen Unabhängigkeitsbestrebungen zu unterstützen, die Öffentlichkeit für sich gewinnen. Schon im Herbst 1914 richtete der russische Generalissimus, Großfürst Nikolai Nikolajewitsch, gewisse Botschaften an die Nationen Österreich-Ungarns. Im April 1915 kam es zu den ersten Desertionen tschechischer Regimenter (das Prager 28. Regiment), und nach der Offensive von Brussilow 1916 gab es so viele Überläufer, daß die Russen die stattliche Zahl von 265.000 bis 300.000 Gefangenen zählen konnten. Man dachte in Rußland 1914 sogar an die Aufstellung einer Freiwilligenkompanie, die sich aus Tschechen und Slowaken zusammensetzte, die sogenannte Druzina, und es gab auch Einschreibungen in die französische Fremdenlegion (Gruppe Na Zdar). Durch eine aktive Propaganda in den Gefangenenlagern ließen sich viele auch zum Dienst in den Armeen der Entente gegen die Mittelmächte verpflichten. Dieser Umstand brachte die Entente dazu, 1918 die Exilregierungen anzuerkennen. Denn so konnten sie nicht beschuldigt werden, das Kriegsrecht gebrochen zu haben, indem sie Gefangene in den Kampf gegen ihr eigenes Land schickten. Die tschechoslowakische Legion Sibiriens trug entscheidend zum Kriegsverlauf der letzten Monate bei. Immer wieder kam es zu Aufständen in den Regimentern und in der Marine, wie im Februar 1918 zur Revolte der Flotteneinheiten in Cattaro. (14)

Und trotzdem schlug sich die österreichisch-ungarische Armee im ganzen ausgezeichnet, und der einzelne Soldat, gleichgültig welcher Herkunft, nahm seinen persönlichen Treueid ernst. Auch die Befehlshaber waren denen der anderen Armeen im allgemeinen ebenbürtig. Feldmarschall Conrad von Hötzendorf wurde zwar im eigenen Land heftig kritisiert, bekam aber

(14) Plaschka, R., Cattaro und Prag, Revolte und Revolution. Graz 1963.

dafür von seinen Gegnern außergewöhnliche Fähigkeiten zugesprochen; dort hielt man ihn für einen der besten Stabschefs des Krieges. Auch unter den Generalen gab es hervorragende Heerführer, Feldmarschall Boroević und die Erzherzöge Friedrich und Eugen.

Infolgedessen konnten die österreichisch-ungarischen Armeen nach dem ersten schwierigen Kriegsjahr (Fall Lembergs und Przemyśls im März 1915, Rückzug nach der ersten Offensive in Serbien und der Einnahme Belgrads) ab August 1915 große Erfolge für sich buchen. In einigen Monaten wurde die Ostfront von Czernowitz bis nach Dünaburg ausgedehnt und Serbien und Montenegro besetzt. Die Armee mußte sich auf mehreren Schauplätzen zugleich schlagen: in Rumänien, in der Ukraine und an der italienischen Front, wo elf Schlachten am Isonzo vor der großen Offensive vom Herbst 1917 (Karfreit) geschlagen werden mußten, bevor die Armee vom Isonzo bis zur Piave vorrücken konnte.

Aber keiner dieser Feldzüge brachte den entscheidenden Sieg, der zu einem Abbruch der Feindseligkeiten geführt hätte. Die letzten Monate des Jahres 1918 brachten statt dessen nicht wiedergutzumachende Niederlagen. Als der Waffenstillstand unterzeichnet wurde, standen die Armeen der Entente bereits an den Landesgrenzen. Aber während sich die Armee noch in Italien schlug, war im Inneren des Reiches bereits die Revolution ausgebrochen. Der Sozialist Otto Bauer beschreibt in seinem Buch „Österreichische Revolution" die Situation folgendermaßen: „Im Hinterland war das Reich schon in voller Auflösung. Hier an der Front schien es noch zu leben in der alle die Nationen umspannenden Einheit der Armee. Die Lage vom Sommer 1848 schien wiedergekehrt: In deinem Lager ist Österreich, wir andern sind einzelne Trümmer." Es war jedoch nur noch eine Frage der Zeit, wann der revolutionäre Funke auf die Armee übergreifen würde.

Warum kam es gerade jetzt zur Revolution? Das österreichische Volk hatte die Mobilmachung und den Krieg anfangs mit Gleichmut akzeptiert. Patriotismus, Staatssinn und bürgerliche Pflichtauffassung waren zu Beginn des 20. Jahrhunderts bei den bürgerlichen Schichten der verschiedenen Nationen stark entwickelt. Umso ärgerlicher war daher das Verhalten einiger militärischer Autoritäten, die den tschechischen Abgeordneten Karel Kramář und Alois Rašín Prozesse an den Hals hängten, aus reinem Mißtrauen allen Slawen gegenüber. Die beiden Abgeordneten wurden 1915 zum Tode verurteilt, jedoch nicht hingerichtet. Die Folge dieser Prozesse war ein Aufleben des nationalen Hasses und die Organisation neuer Widerstandsverbände. Dazu kam, daß in Zisleithanien das parlamentarische Leben nicht mehr funktionierte und sich die Kluft zwischen Öffentlichkeit und Regierung empfindlich vertiefte. Vor allem aber hatte sich die wirtschaftliche Lage Österreichs durch die Blockade sehr verschlechtert. Ungarn als Agrarland kam mit seiner Ernährungslage noch besser zurecht. Für die Versorgung der großen Städte Österreichs und Böhmens genügten aber schon längst nicht mehr die landwirtschaftlichen Produkte der unmittelbaren Umgebung. Deutschland und Ungarn jedoch, die alliierten Länder, waren mit ihren eigenen Problemen beschäftigt und leisteten nur wenig Hilfe. Auf allen Gebieten gab es nur mehr Ersatz: Maisbrot, Kriegskaffee, Kriegsmarmelade, Sacharin. Die dauernde Unterernährung blieb nicht ohne Folgen auf die Gesundheit und Nerven der Zivilbevölkerung. Der Ausfall der Kohle konnte auch nicht durch Holz aus den Wäldern kompensiert werden, denn da die Eisenbahn von der Armee in Beschlag genommen worden war, gab es keine Transportmittel. Mehr noch als an Hunger litt man an der Kälte während der harten Winter 1916 und 1917, und zwar in allen Schichten der Gesellschaft. Auch durch die Eroberung der Ukraine und durch die Besetzung der italienischen Provinzen verbesserte sich nur die Versorgung der Armee um ein geringes, die Städte merkten nicht viel davon. Verteuerung, Rationierung, Transportschwierigkeiten und Streiks prägten das städtische Leben. Das Vertrauen in den Staat schwand. Mehr als alle politischen Unzulänglichkeiten hatte der Krieg zur Zerstörung des Ansehens Österreichs beigetragen.

Das Verhalten der Verbündeten brachte weitere Unsicherheitsfaktoren mit sich. Man verlor den Glauben an den Sinn des Blutvergießens. Die große Unbekannte war lange Zeit die Entscheidung Italiens. Zu Beginn des Krieges hatte Italien seine Neutralität erklärt. Aber jeder der beiden Gegner versuchte natürlich, Italien für sich zu gewinnen. Das war nur möglich, indem man ihm Gebietserweiterungen versprach, und diese waren nur möglich auf Kosten Österreichs. Deutschland bestand darauf, daß Österreich Italien Trient zurückgebe und Triest, das eine freie Stadt werden sollte. Die noch freigiebigere Entente versprach Italien außer Trient und Triest noch Südtirol, Görz, Istrien und Dalmatien, obwohl die dalmatinische Bevölkerung in der Überzahl slawisch war (Londoner Vertrag, 26. April 1915), worauf Italien in den Krieg gegen seinen alten Verbündeten eintrat. Im nächsten Jahr wurde Österreich nahegelegt, auf Siebenbürgen zu verzichten, um Rumänien zufriedenzustellen, und es war abgemacht, daß Österreich Galizien abgeben würde, um ein unabhängiges Polen als Partner gegen Rußland zu gewinnen. So forderte Deutschland von Österreich immer neue Opfer für den Frieden. Im Falle einer Niederlage konnten kaum schlimmere verlangt werden.

Die Propaganda, die das Ziel hatte, die Solidarität zwischen den Verbündeten zu festigen, verfehlte allzu oft ihre Wirkung. Es häuften sich die Bilder, auf denen ein behelmter, unerschrockener Wilhelm II. den altersschwachen Franz Joseph zu stützen schien. Deutlicher hätte man den zweiten Platz Österreich-Ungarns nicht betonen können. Auch die Zukunftsvisionen der Publizisten trugen zur allgemeinen Unsicherheit bei. In „Mitteleuropa", seinem 1915 erschienenen berühmten Buch, schlug der deutsche Schriftsteller Viktor Naumann eine weitere Lösung zum Problem Mitteleuropa vor. Indem er von dem Konzept Brucks ausging, der zu einer engen wirtschaftlichen Allianz zwischen den zwei großen Mittelmächten geraten hatte, schlug auch Naumann eine enge Wirtschaftsgemeinschaft vor, die bis zu einer Zollunion gehen sollte. Was der Krieg erzwungen hatte, sollte im Frieden weitergeführt werden. Die beiden Mächte sollten sich dabei auf ihr eigenes Territorium und den Balkan konzentrieren und auf die Eroberung überseeischer Märkte verzichten. Einem Oberstaat sollten, ähnlich wie im britischen Commonwealth, die anderen Länder, etwa Polen und die Balkanländer, angegliedert werden. So würde sich die von Bismarck realisierte militärische Allianz zwischen den beiden Reichen zu einem wirtschaftlichen System „Mitteleuropa" ausweiten, das für ein Gleichgewicht in Europa gesorgt hätte.

Es wäre ungerecht, Naumann pangermanischer Neigungen oder andererseits des Defaitismus zu beschuldigen, weil er das maritime und das Expansionsprogramm für erledigt ansah und glaubte, daß die Rolle Gesamtösterreichs ausgespielt sei. Die führende Rolle Deutschlands mußten nun die anderen Nationen (Ungarn, Böhmen, Südslawen) als bedrohlich für ihre Zukunft empfinden. Aber auch in Deutschland interessierten sich nur wenige für sein Projekt. Weit mehr Gehör fanden die Militärs und Industriellen mit ihrem unbedingten Willen, zu siegen und Land zu erobern.

DIE FRIEDENSBEMÜHUNGEN

Da jeder Friedensschluß einen Kompromiß darstellt, versucht jeder kriegführende Staat schon während der Kampfhandlungen herauszubekommen, wie er sich mit dem Feind versöhnen oder in der gegnerischen Koalition einen zugänglichen Partner finden könnte.

Obwohl Österreich-Ungarn die Kriegsschuld zugesprochen bekam, stand man ihm in Frankreich und England relativ wohlwollend gegenüber und glaubte, daß es leicht sein würde, Österreich-Ungarn von Deutschland zu trennen, ja daß es diese Trennung selber herbeiwünsche. Über diese Absicht war man sich in Wien und in Budapest nicht im unklaren. Man wußte, daß der schlimmste Feind der Doppelmonarchie Rußland war. Jedenfalls gab es bei keiner anderen Macht so viele Sondierungen für einen Separatfrieden wie bei Österreich. Es ist schwer zu sagen, bis zu welchem Maße diese Taktik, die übrigens zu keinen Ergebnissen führte, dazu beigetragen hat, den Kampfgeist auf Regierungsebene und in der Öffentlichkeit zu schwächen. Schon ziemlich früh verbreitete sich die Ansicht, daß von einem Sieg keine Rede sein könnte und man sich besser an Verhandlungen hielte. Außerdem zeigte der Dualismus sich wieder einmal von seiner schlechtesten Seite: Ungarn betrachtete sich in keiner Weise als enger Alliierter Österreichs! Schon 1914 dachte die ungarische Opposition ernsthaft daran, angesichts einer drohenden russischen Invasion direkt und gesondert mit den Russen zu verhandeln. Und 1915 trat die ungarische Opposition in private Verhandlungen mit italienischen Staatsmännern ein. So ist es wohl nicht übertrieben zu sagen, daß die Politik der ungarischen Opposition eine wichtige Rolle in dem Prozeß der Auflösung der Monarchie gespielt hat. Die Friedensinitiativen gingen aber auch von anderen Gruppen aus. Alte Geschäftsverbindungen, gesellschaftliche Beziehungen und ideologische Sympathien (es besteht Anlaß zu glauben, daß auch die Freimaurer hier aktiv geworden sind) erlaubten es den Verhandlungspartnern, Kontakte auf neutralem Gebiet aufzunehmen. Unter diesen Friedensangeboten sollen die Angebote Kaiser Karls an Frankreich während der ersten Monate seiner Regierung einem erfolgreichen Abschluß am nächsten gekommen sein. In gewissen französischen Kreisen hinterließen sie einen guten Eindruck. An dem guten Willen des Kaisers, an seinen christlichen Motiven, an der Liebe zu seinen Völkern soll auch hier nicht gezweifelt werden. Erzherzog Franz Ferdinand hatte ihn als seinen politischen Schüler betrachtet und geglaubt, in seinem Neffen, falls ihm etwas zustoßen sollte, einen fähigen Nachfolger zu haben. Aber welch ein Unterschied zwischen Meister und Schüler! Naiv, beeinflußbar und ungeschickt, schien Kaiser Karl das rechte Maß für seine Worte und Taten zu fehlen. In seiner Aufrichtigkeit verwechselte er Geheimhaltung und Heimlichtuerei. Zweifellos war er nicht glücklich über die Art, in der die Deutschen die Allianz praktizierten. Er zitierte die angeblichen Worte Franz Josephs, die Deutschen hätten Österreich-Ungarn zur Kriegserklärung überredet wie acht Jahre vorher zur Annexion von Bosnien-Herzegowina. Aus dem engeren Kreis der kaiserlichen Familie – die Kaiserin und mehr noch deren Mutter, die Herzogin von Parma, waren erklärte Feindinnen Preußens – ging schließlich die Initiative eines Friedensangebots an Poincaré hervor. Der Überbringer war Prinz Sixtus von Bourbon-Parma, Bruder der Kaiserin und Offizier in der belgischen Armee. Der Kaiser machte das Angebot, die „gerechten Ansprüche“ Frankreichs auf Elsaß-Lothringen zu unterstützen. Graf Czernin, der Außenminister, wußte um die Verhandlungen, er partizipierte sogar an ihnen, ohne allerdings die wesentlichen Punkte zu kennen. Von französischer Seite glaubte man auch an einen positiven Ausgang der Verhandlungen, aber sie scheiterten an dem Widerstand des italienischen Ministers Sonnino. Dann, im Frühjahr 1918, beging Czernin die Unvorsichtigkeit, in der Öffentlichkeit Anspielungen auf andere Geheimverhandlungen mit den Franzosen zu machen. Clemenceau rächte sich durch die Veröffentlichung der Verhandlungen von 1917 und des Briefes von Kaiser Karl I. Die „Sixtus-Affäre“ hatte die Entlassung Czernins zur Folge und zwang den Kaiser zu einer öffentlichen Abbitte bei den Deutschen. Er mußte erklären, Österreich-Ungarn würde dafür kämpfen, daß Elsaß-Lothringen bei Deutschland bliebe. So mußte er eine Allianz erneuern, die er haßte, und mußte ein Wirtschaftsbündnis abschließen, das die Unabhängigkeit seines eigenen Reiches noch weiter einschränkte.

Auf allen Verhandlungen Österreichs mit den Kriegsmächten lastete die Ungewißheit, ob es sich um einen Separatfrieden oder einen allgemeinen Frieden handelte. Aber selbst wenn Österreich die ersten Schritte allein unternahm, so hätte sich der Friede zwangsläufig auf Deutschland ausgebreitet. Die Erfolgschancen fielen und stiegen mit den Veränderungen auf den Kriegsschauplätzen.

Weder England, Frankreich und später Amerika empfanden Österreich gegenüber dieselben Gefühle wie gegenüber Deutschland. Keinesfalls sollte Österreich-Ungarn von der Landkarte gestrichen werden, schon, um nicht eine noch konfusere Situation zu schaffen. Lange hofften die Alliierten, durch einen Vertrag mit Österreich das Ende des Krieges beschleunigen zu können. Aber wenn man nicht mit der kaiserlichen Regierung zu einer Friedenslösung käme, würde man sie mit den Nationalausschüssen zu finden versuchen, die sich in Rußland, England und Frankreich gebildet und die Regierungen der Entente um den Schutz ihrer nationalen Angelegenheiten gebeten hatten.

Die Aktivitäten der Emigrierten hatten in den tschechischen und slowakischen Kolonien Rußlands im Sommer 1914 begonnen. In das noch neutrale Italien waren die Südslawen Supilo und Trumbić gekommen, um das Schicksal Dalmatiens zu verteidigen. Bei der Volkszählung von 1910 waren 18.028 Italiener und 610.669 Serbokroaten gezählt worden. Aber die ersteren bildeten eine mächtige bürgerliche Gruppe und waren sich des Schutzes der Italiener im Mutterland sicher. Mit Recht fürchteten die Südslawen, daß die Alliierten Italien gewisse Hoffnungen auf Dalmatien gemacht hätten. Supilo begab sich also nach London und nach Bordeaux, wohin sich die französische Regierung zurückgezogen hatte. Hier mußte er sich sagen lassen, daß die südslawischen Ansprüche weit weniger zählten als die Million Soldaten, die Italien der Entente stellen wollte.

In London dagegen wurden die Nationalitäten von Intellektuellen, Professoren und liberalen Journalisten unterstützt: Wickham Steed und Seton Watson. Im Frühjahr 1915 gründete Trumbić in London ein jugoslawisches Komitee, das die Gründung eines großen Südslawischen Staates zum Ziel hatte, mit Serbien, dem Temescher Banat, der Batschka und dem Süden von Kärnten und der Steiermark. Das waren ziemlich unvernünftige Forderungen, aber Steed und Watson unterstützten sie trotzdem bei der englischen Regierung. Die Emigranten konnten auf Grund ihrer Beziehungen zu Ministerpräsident Pašić der Entente wertvolle Dienste leisten. Um Bulgarien auf die Seite der Entente zu ziehen, mußte man Serbien dazu bringen, einige Gebiete von Mazedonien an Bulgarien abzutreten. Dafür würde man Serbien die Batschka versprechen, ungarisches Land mit vielen serbischen Bewohnern.

Die südslawische Frage an sich interessierte die Alliierten weniger als die einzelnen Beziehungen mit Italien, Serbien und Bulgarien. Auch das jugoslawische Komitee wurde von der Entente nur wegen seiner möglichen zukünftigen Rolle unterstützt.

Etwas später, im November 1915, wurde in London auch ein Nationalausschuß der tschechischen Länder gegründet, eine Bezeichnung, die absichtlich vage gehalten war, um auch die Slowaken einzuschließen. Die treibende Kraft der tschechischen Emigranten war Masaryk, der nicht sofort bei Beginn des Krieges emigriert war, sich aber viel im Ausland aufhielt, unter anderem in Paris, wo sich ein Professor der Sorbonne, Ernest Denis, der tschechischen Sache, wie überhaupt der Slawen Österreich-Ungarns angenommen hatte. In seinem 1915 erschienenen Buch „La Guerre" (Der Krieg) entwarf Denis eine Zukunftskarte Europas, so wie sie im wesentlichen bei den Friedensverträgen festgelegt werden sollte.

Ernest Denis und Masaryk kannten sich schon lange. Jetzt nahmen sie die alte Beziehung wieder auf und gaben zusammen die Zeitschriften „La Nation tchèque" und „L'Indépendance tchèque" heraus. Anders als viele seiner Landsleute, die in den ersten Monaten des Krieges auf die Befreiung durch die Russen warteten, setzte Masaryk nur wenig Vertrauen in das zaristische Rußland. Er gab offen zu, daß er sich vor der Einsetzung eines Großfürsten als König von Böhmen fürchtete. Seine Sympathien waren England zugewandt, von dessen Sieg er überzeugt war. Denn seine ganze Philosophie gründete sich auf die Hoffnung, daß der Krieg zum Sieg der westlichen Demokratie über die militaristischen und autoritären Mächte führen würde.

Die nationalen Ausschüsse wurden zum Teil von Landsleuten unterstützt, die in Amerika reich geworden waren und ihr Interesse am alten Vaterland nicht verloren hatten. Und da sie nicht umsonst ausgewandert waren, haßten sie fast alle das alte System Österreich-Ungarn.

Auch Eduard Beneš, Dozent der Prager Universität und Schüler Masaryks, ließ sich in Paris nieder und publizierte das berühmt gewordene Pamphlet „Detruisez l'Autriche-Hongrie!" Als dritter schloß sich Masaryk und Beneš ein junger Slowake und naturalisierter Franzose an, Milan Stefanik, Astronom am Pariser Observatorium. Die Koordination zwischen den Tschechen in Paris, London und Rußland ließ allerdings viel zu wünschen übrig. Erst 1917, nach dem Sturz des Zarenregimes, in das die russischen Tschechen ihre Hoffnungen gesetzt hatten, besserten sich die Kontakte. Einer der neuen Minister, Milioukow, war ein alter Freund Masaryks, dessen Buch „Rußland und Europa" von der zaristischen Zensur verboten war. Milioukow nahm sofort Kontakt mit den tschechoslowakischen Emigranten auf.

Die Regierungen der Entente, die den Krieg im Namen der Freiheit und Unabhängigkeit der unterdrückten Völker führten, protegierten also die nationalen Ausschüsse und unterstützten ihre Autonomiebestrebungen. Aber sie taten es mit gewisser Vorsicht, um sich den Weg zu einem Separatfrieden mit Österreich-Ungarn nicht zu versperren. Auch die Nationalitätenausschüsse unterhielten Kontakte mit Geheimorganisationen in ihren Heimatländern zum Austausch von Informationen und Direktiven. So war man während des Krieges in Österreich-Ungarn mehr als in anderen Ländern über die Vorgänge im feindlichen Lager informiert und verfolgte die Aktivitäten der Emigranten mit der Hoffnung, daß diese der jeweiligen nationalen Sache nützen könnten. Denn daß das Regime von Österreich-Ungarn in seiner alten Form nicht länger bestehen werde und durch eine neue Ordnung abgelöst werden würde, war wohl allen klar. Was nicht unbedingt einer Absage an die Monarchie an sich und an die Assoziierung der Völker gleichkam. Am 21. November 1916 starb Kaiser Franz Joseph. Obwohl sein Begräbnis mit Würde und Respekt begangen wurde, gab sein Tod das Zeichen für die Liquidierung der Vergangenheit. Er fiel zeitlich zusammen mit dem ersten Friedensangebot der Mittelmächte, der Aufforderung Präsident Wilsons an die kriegführenden Mächte, ihre Kriegsziele zu definieren, und der Antwort der Entente, in der ein unabhängiger polnischer Staat und die Befreiung der Tschechoslowaken, Italiener, Rumänen und aller Slawen Österreich-Ungarns von der Fremdherrschaft gefordert wurde.

In Böhmen hatten jedoch die Parlamentsabgeordneten einen tschechischen Verband (Česky Svaz) gebildet, in der die Repräsentanten aller Parteien saßen, auch die Sozialdemokraten. An der Spitze dieses Verbandes stand ein Nationalausschuß mit dem Führer der Agrarier, Anton Švehla. Der tschechische Verband erklärte nun, daß er die Antwort der Alliierten zurückweise, „denn die Nation könne sich ihre Zukunft nicht anders als unter dem Zepter der Habsburger vorstellen".

Das neue Herrscherpaar war in Budapest in der Anwesenheit der Delegierten aller Länder der Doppelmonarchie gekrönt worden. Wegen einer Krönung in Prag bereitete nun Professor Pekař eine Adresse der Nation an ihren König vor.

Die Zensur war so tolerant geworden, daß sie neue Ideen geradezu inspirierte: Zeitungen, Broschüren und Bücher waren voll von Plänen und Artikeln über den bevorstehenden Wechsel. Der junge Kaiser zögerte: Sollte er aus eigener Machtbefugnis eine Reform des Reiches durchsetzen oder sollte er das Parlament befragen? Nichts war noch entschieden worden, als sich die Ereignisse überstürzten: Die Erklärung des verschärften Unterseebootkrieges durch die deutsche Regierung, die Revolution von 1917 in Rußland und der Kriegseintritt der Vereinigten Staaten.

LETZTE RETTUNGSVERSUCHE

Am 30. Mai 1917 trat das österreichische Parlament wieder zusammen. Die Abgeordneten der verschiedenen nationalen Gruppen erklärten sich, obwohl sie ihre Loyalität dem Kaiser und der Dynastie gegenüber erneut bekräftigten, offen für die Umbildung Österreichs. Der Führer des tschechischen Klubs, der Agrarier Staněk, beantragte die Umbildung der Habsburgermonarchie in eine Föderation von freien und gleichberechtigten Nationalstaaten. Für die tschechische Nation beanspruchte er das historische Territorium, also die weitere Assoziierung mit den Deutschen Böhmens, und die Union mit den Slowaken.

Der Delegierte der Südslawen, das heißt der Slowenen, der Dalmatiner und der Kroaten Zisleithaniens, war der slowenische Abgeordnete Korošeć. Bei der Volkszählung von 1919 hatte man in Zisleithanien 1,252.940 Slowenen gezählt, die hauptsächlich in Krain wohnten. Bis auf das slowenische Bürgertum in den Städten (Laibach), das sich gegen die Konkurrenz von Deutschen und Italienern zu behaupten hatte, waren die Slowenen ein Landvolk, katholisch und kaisertreu. Der Klerus mit den beiden Bischöfen in Laibach (Jeglič) und in Triest (Karlin) war patriotisch gesinnt. Die Mehrzahl der Bevölkerung wollte mit den Kroaten einen Staat bilden. Daher trat Korošeć für einen unabhängigen Staat der Serben, Kroaten und Slowenen unter dem Zepter der Dynastie Habsburg-Lothringen ein. Das war im Grunde das südslawische Königreich, an das auch Franz Ferdinand gedacht hatte. Auch diese Lösung bedeutete die Auflösung des österreichisch-ungarischen Ausgleichs. Aber am 20. Juli 1917 einigten sich in Korfu der Präsident des serbischen Nationalrates Pašić und der Sprecher der jugoslawischen Emigranten Trumbić auf die Gründung eines südslawischen Königreichs mit Serbien als Kern. Die erste Lösung verlangte die Umgestaltung, aber nicht die Auflösung der Doppelmonarchie. Die zweite Lösung wollte den Austritt der südslawischen Völker aus der Doppelmonarchie.

Die Sozialdemokraten, einschließlich der tschechischen, stimmten der eventuellen Bildung eines föderalistischen Staates der Donaunationen zu und erklärten sich nicht ausgesprochen gegen das monarchische Prinzip. Wesentlich für sie war, daß jedes Volk das Recht bekam, sein Schicksal selbst zu bestimmen, und daß der Krieg ein Ende nahm mit einem Frieden ohne Annexionen und Entschädigungen.

Das Klima in Österreich hatte sich im Lauf des Krieges sehr gewandelt. Die militärische und polizeiliche Diktatur der ersten beiden Kriegsjahre war vorbei. Die Zensur existierte zwar noch, aber in höchst lockerer Form. In Wien erschien die Zeitschrift „Das Neue Österreich" unter der Patronanz von Persönlichkeiten, die dem Kaiser nahestanden, wie Generaladjutant Zdeněk von Lobkowitz, Graf Crenneville, Professor Lammasch. Ignaz Seipel, der spätere Kanzler der Österreichischen Republik, damals noch Theologieprofessor, konnte 1916 die Studie „Nation und Staat" publizieren. In seiner Analyse dieser beiden Begriffe wies er nach, daß es sich hier um zwei verschiedene Typen von Gemeinwesen handelt. Internationalismus und Nationalismus lehnte er als Extremlösungen ab. Auch er hielt eine Föderation für die beste Grundlage zur Verteidigung der gemeinsamen Interessen, bei Wahrung der besonderen sozialen, wirtschaftlichen und intellektuellen Bestrebungen jeder Gruppe.

Die Titel gleichen sich: Nach „Österreichs Erneuerung" von Karl Renner erschien 1917 „Zur Wiederverjüngung Österreichs"; unter dem Pseudonym Austriacus Observator glaubte man einen Priester aus der näheren Umgebung des Kaisers zu erkennen. 1918 brachte Karl Renner sein Buch „Der Kampf der österreichischen Nationen für den Staat" unter dem Titel

„Das Selbstbestimmungsrecht der Nationen in besonderer Anwendung auf Österreich" neu heraus. Österreich habe, sagte er, trotz des reaktionären Charakters seiner Verfassungen das erste und überzeugendste Beispiel eines internationalen Staates gegeben; jetzt müsse dieser Staat den gegenwärtigen Verhältnissen angepaßt werden.

Von den acht Nationen der Monarchie, die er aufzählt, habe jede das Recht, auf ihrem Territorium (Kreis) ihre Angelegenheiten selbst zu regeln. Der Staat sollte die politische und territoriale Föderation aller Kreise sein, die Nation die Föderation aller Kreise der ethnischen Gruppen. Alle Bürger würden als Mitglieder der Föderation im allgemeinen Wahlrecht eine föderative Versammlung wählen, aber alles käme auf eine starke Zentralregierung an, denn eine einfache Personalunion würde sich als nicht dauerhaft erweisen.

Die alten Ansprüche auf historische Verfassungen entsprachen nach Renner nicht mehr dem neuen Nationalbewußtsein der Minderheiten, ebensowenig wie der bürgerliche Nationalismus, der zur Zerstückelung des Reiches in lauter kleine Einzelstaaten führen würde. Als der erste Band 1918 erschien, waren manche Thesen schon wieder überholt. Es handelte sich hier keineswegs um das Werk eines Utopisten, denn Renner, der zweimal die Unabhängigkeit Österreichs rettete, hat in seiner späteren Laufbahn bewiesen, daß er ein Staatsmann und kein Träumer war. Aber 1918 rief das Buch den Protest sowohl der Nationalisten wie auch der Sozialisten hervor. Es verlangte zu viel Abstriche von dem Ideal der Autonomie, das den Nationen zum Hebel in die totale Unabhängigkeit diente. Und der linke Flügel der Sozialdemokratie warf Renner vor, sich im Austromarxismus vergangen zu haben und noch von einem starken föderativen Staat zu träumen, während die sozialistischen Nationen bereits über eine neue Form der Assoziierung nachdächten.

DAS ENDE

Die Hauptsorge Kaiser Karls galt dem Frieden, und die beste Voraussetzung dafür schien ihm eine umfassende Reform der Doppelmonarchie zu sein, welche die Nationalitäten befriedigen und ihm das Volk wieder näherbringen würde. Am 2. Juli erließ er eine große Amnestie und begann mit den Sondierungen für ein neues Kabinett, in dem auch die Nationalitäten ihre Repräsentanten haben sollten. Beraten ließ er sich hierbei vor allem von Joseph Redlich, einem erfahrenen österreichischen Abgeordneten, Mitglied der Deutsch-Liberalen, einem geschickten Parlamentarier und vorurteilslosen Menschen. Dieser wiederum stand in enger Beziehung mit Professor Lammasch und Julius Meinl, die in der Schweiz bereits mehrere geheime Friedensverhandlungen geführt hatten.

In Ungarn hätte der Kaiser gerne Tisza durch den Grafen Michael

Károlyi, den demokratisch gesinnten Aristokraten, ersetzt und das allgemeine Wahlrecht eingeführt. Das war ein kühnes Programm, das wert gewesen wäre, daß man es ausprobiert hätte. Aber der Kaiser engagierte sich nicht wirklich dafür: Er bevorzugte die abwartende Haltung, auch in seiner Regierung. Vielleicht setzte er damals auch einige Hoffnung in die Friedensbemühungen Papst Benedikts XV.

Obwohl der Krieg die beiden Mittelmächte schicksalhaft aneinandergekettet hatte und Österreich kaum noch eigene Politik machen konnte, begann Kaiser Karl geheime Verhandlungen mit Präsident Wilson, nachdem dieser die vierzehn Punkte seines Friedensprogramms veröffentlicht hatte. Der Kaiser versuchte Wilson klarzumachen, daß ihre Ziele nicht unvereinbar seien und daß er bereit sei, den Nationalitäten die Autonomie zu gewähren, um den allgemeinen Frieden herbeizuführen. Der strittigen Punkte aber waren inzwischen zu viele. Im Frühjahr 1918 wurden die österreichisch-amerikanischen Verhandlungen abgebrochen; die Polemik zwischen Clemenceau und Czernin hatte die österreichische Regierung schwer kompromittiert.

Die letzten entscheidenden Schlachten des Krieges wurden an der Westfront geschlagen, wo die Mittelmächte eine neue Offensive gestartet hatten. Die Legionen der Freiwilligen und befreiten Kriegsgefangenen wurden hier zu einer echten Hilfe für die alliierten Armeen; denn es waren gute Truppen: die tschechoslowakischen Soldaten zeichneten sich in den Vogesen aus und bildeten in Rußland eine Armee, die Masaryk als integrierenden Teil der französischen Streitkräfte anerkennen ließ. Im Sommer 1918 vollbrachte die tschechoslowakische Legion ihre „Anabasis", indem sie die transsibirische Eisenbahn beherrschte und das Festsetzen des sowjetischen Regimes einige Zeit hinauszögern konnte.

Im Mai fand in Rom ein Kongreß der Nationen Österreich-Ungarns statt. Einige Wochen später erkannte die französische Regierung den tschechoslowakischen Nationalrat als „Basis einer zukünftigen unabhängigen Regierung und als Repräsentanten der tschechoslowakischen Interessen" an. So wuchs die Solidarität der Entente und der nationalen Ausschüsse in dem Maße, in dem die Chancen eines Separatfriedens mit Österreich geringer wurden. Da die Geheimverhandlungen mit der österreichischen Regierung zu keinem Ergebnis geführt hatten, schien man jetzt ihren Sturz beschleunigen zu wollen, da ihr Sturz den der deutschen Regierung nach sich ziehen würde.

Um die Monarchie stand es auch im Inneren immer schlechter. Von den österreichisch-ungarischen Kriegsgefangenen, die im Frieden von Brest-Litwosk befreit worden waren, hatte sich ein kleiner Teil in die Dienste der bolschewistischen Armee begeben, ein größerer in die der tschechoslowakischen Legion, und die Masse war heimgekehrt. In das ausgehungerte Land pflanzte sie den revolutionären Bazillus, predigte den annexionslosen Frieden und die soziale Revolution. Die Ideen fielen auf fruchtbaren Boden. Überall herrschte Hunger und Elend. Die Getreideernte war von 91 Millionen Zentner im Jahre 1913 auf 49 Millionen Zentner im Jahre 1916 und auf 28,1 Millionen Zentner im Jahre 1917 gefallen. Die Lebenskosten hatten sich für eine Arbeiterfamilie von 1914 bis 1916 verdreifacht, bis 1917 versechsfacht und bis 1918 waren sie fünfzehnfach angestiegen. Dies war die Zeit, in der die Prager aufs Land strömten, um bei den Bauern Lebensmittel zusammenzubetteln, und in der in Wien das mittlere Bürgertum, das seine Ersparnisse in Kriegsanleihen angelegt hatte, ins Elend getrieben wurde. In den Industriegebieten löste ein Streik den anderen ab, und die Truppen weigerten sich, gegen die Streikenden vorzugehen. In Prag marschierte der Festzug auf dem Wenzelsplatz am 1. Mai hinter der Parole „Die sozialistische Nation". In Wien begann eine Verleumdungskampagne gegen die kaiserliche Familie: Man sprach vom Verrat der Kaiserin, man sagte, der Kaiser sei wehrlos einer Kamarilla von Priestern und Kriegsgewinnlern ausgeliefert. Der Kaiser hatte aber, als sich im Lauf des Sommers 1918 eindeutig der Sieg der Alliierten abzeichnete und Deutschland dem Zusammenbruch nahe war, Amerika nochmals vergeblich um einen Frieden auf der Basis der vierzehn Punkte gebeten. Im September brach die bulgarische Front zusammen. Wiederum wälzte sich eine Woge von demoralisierten Heimkehrern dem Vaterland entgegen. In den Straßen von Wien hörte man den Ruf: „Es lebe der Friede! Nieder mit der Monarchie!" In Regierungskreisen fürchtete man die Ausbreitung des Bolschewismus auf das ganze Land.

Wer würde die neue Ordnung repräsentieren? Die bürgerliche Klasse zusammen mit den liberalen Intellektuellen oder die Arbeiterklasse? Das alte monarchische System und seine zwei traditionellen Pfeiler, Adel und Kirche, wurden von zwei Seiten angegriffen. Am 16. Oktober gab der Kaiser, der immer noch hoffte, den Frieden auf der Grundlage des Wilson-Programms erreichen zu können, ein Manifest heraus, in dem er die Umwandlung Österreichs in eine Föderation von Nationalstaaten verkündete. Damit akzeptierte er jetzt im Chaos, was im vergangenen Jahr die Parlamentsabgeordneten beantragt hatten und was man mit einer liberalen Regierung hätte realisieren können. Ungarn war in diesem Reformvorschlag nicht mit eingeschlossen. Auf dem sozialdemokratischen Kongreß in Budapest am 13. Oktober erklärte ein Abgeordneter, daß Österreich-Ungarn keine politische Einheit mehr bilde und von nun an jedes Volk sein Schicksal selbst in die Hand nehmen müsse. Die Rumänen forderten die Unabhängigkeit Siebenbürgens, des Banats und der Bukowina.

Am 28. Oktober wurde in Prag die Unabhängigkeit des tschechoslowakischen Staates verkündet. Der Nationalausschuß von Agram proklamierte die Trennung der Südslawen von der Monarchie der Habsburger und ihren Anschluß an das Königreich Serbien. Am selben Tag verkündete Graf Károlyi, dem der König die Regierung übergeben hatte, die volle Unabhängigkeit Ungarns und versuchte in Verhandlungen mit dem Generalstab der französischen Armee in Belgrad zu treten.

Auf das Friedensgesuch des Kaisers antwortete Präsident Wilson, daß die vierzehn Punkte inzwischen überholt seien, daß jetzt die Nationen der Monarchie selber ihr Schicksal bestimmen müßten. Am 21. Oktober bildeten die österreichischen Abgeordneten eine Nationalversammlung für die Länder deutscher Sprache. Der letzte Ministerpräsident des Kaisers, Professor Lammasch, übergab Renner am 31. Oktober seine Machtbefugnisse, nachdem er der Armee in Italien den Befehl erteilt hatte, um Waffenstillstand anzusuchen. Der Kaiser dankte nicht ab. Er begnügte sich damit, am 11. November auf die Ausübung seiner Macht zu verzichten. Am 12. November rief die provisorische Nationalversammlung des deutschen Österreichs die Republik aus. Auch Ministerpräsident Károlyi bat den König, im Interesse des Landes, die Regierungsgeschäfte niederzulegen.

So löste sich in einigen Tagen die Monarchie der Habsburger auf, die fünfeinhalb Jahrhunderte europäische Geschichte mitgeprägt hatte. Von den Repräsentanten der Nationen, deren Existenz sie geschützt hatte, so lange sie stark war, und deren Entwicklung sie gefördert hatte, während sie selber immer mehr an Macht verlor, wurde sie, wenn auch nicht gerade verjagt, so doch mehr oder weniger höflich gebeten, zu verschwinden. Aber diese Nationen befanden sich selber am Rande der großen sozialen Revolution, die in Rußland schon alles umgestürzt hatte. Neue Regierungschefs, von denen die meisten sich ihre Sporen noch in der Monarchie verdient hatten, übernahmen die Aufgabe, ihre Nation jetzt bei den Siegern zu repräsentieren und Friedensbedingungen auszuhandeln, die, nach einem Worte Renners, besser sein sollten als die Friedensbedingungen von Brest-Litowsk.

Schluß

Die Völker unter dem Doppeladler. An der Wende vom Mittelalter zur Renaissance wurde eine Familie von Lehensherren langsam zu einer Familie von Herrschern. Sie verteidigte eine immer größere Anzahl von Territorien gegen die Türken und versuchte schließlich, diese Territorien in einem modernen Staat zusammenzufassen: „die Monarchie als ein Ganzes". So vorsichtig Maria Theresia den Rat des Prinzen Eugen befolgte, so ungestüm und allzu konsequent faßte Joseph II. seine Aufgabe an und setzte damit alles wieder aufs Spiel. Die Einheit blieb ein unerfüllter Traum. Der Dynastie der Habsburger war nicht das gelungen, was andere Dynastien vollbracht hatten, zum Beispiel die Capetinger und ihre Nachfolger, die Valois und Bourbonen in Frankreich. Das lag zum Gutteil an der konstanten Ambivalenz des Systems. Als Lehensherren in Deutschland, als Erzherzöge in Österreich und als Könige in Böhmen wurden die Habsburger zu Kaisern des Heiligen Römischen Reiches Deutscher Nation gewählt. Jetzt konnten sie zwar als Träger des höchsten Titels der Christenheit sämtliche deutsche Fürsten in ihre politische Gefolgschaft bringen, aber die westeuropäischen Mächte, besonders das besser verwaltete und reichere Frankreich, wollten nicht erlauben, daß das Reich ein Erbstück des Hauses Österreich wurde. Der Dreißigjährige Krieg entschied die Rivalität der beiden Mächte. Frankreichs Hegemonie war in Europa bekräftigt, und das Haus Habsburg baute seine Position im Donauraum aus, ohne aus dem Reich ausgeschlossen zu sein.

Zwei Faktoren hatten zur Macht der Habsburger in Europa beigetragen: der Besitz Spaniens und ihre Treue zur katholischen Kirche. Nach Karl V. konnte das Riesenreich nicht mehr zusammengehalten werden: Der spanische Zweig der Habsburger erhielt Spanien, Flandern, Mailand und Neapel mit den dazugehörigen Märkten und Armeen und erschloß sich selbst das riesige Kolonialgebiet Amerikas, das ihm Geld und Gold einbrachte.

Während sich in Mitteleuropa das Luthertum ausbreitete und der Calvinismus bis nach Holland vordrang, blieben die Habsburger dem Katholizismus treu und unternahmen es mit Hilfe Spaniens und des Papstes, die vom rechten Glauben abgefallenen Völker in den Schoß der Kirche zurückzuführen. Nur wenn alle Untertanen demselben Glauben anhingen, war nach der Auffassung der Zeit die politische Macht des Fürsten gewährleistet. In dem damaligen Ständestaat jedoch, wo jede Gruppe ihre Privilegien beanspruchte, war die Anhängerschaft an den Protestantismus eine Möglichkeit, sich der königlichen Macht zu widersetzen. Daher gingen die Habsburger so oft gegen ihre eigenen Untertanen vor und maßregelten die königlichen Städte. Während der Krieg, der durch den Prager Fenstersturz entfesselt wurde, in Böhmen den religiösen Absolutismus einführte, gelang es dem ungarischen Adel, der die Bauern in die Kuruzzenkriege trieb, seine Vorrechte zu verteidigen und Bedingungen für den Huldigungseid zu stellen.

Zur selben Zeit führte die wirtschaftliche Entwicklung zum Niedergang der königlichen Städte und zur größten Machtentfaltung der adeligen Grundherren. Ihr Reichtum beruhte vor allem auf der Arbeit der Bauern, der Fron oder der Robot, weniger auf dem alten Zins, den der Bauer dem Lehensherrn zu zahlen hatte. Die Grundherren unterstützten zwar ihren Landesherrn in Kriegsfällen mit Geld und Soldaten, dienten ihm als Verwalter, Heerführer und Diplomaten, aber zugleich waren sie das größte Hindernis für den Absolutismus, indem sie den Herrscher daran hinderten, sein Land wirksam zu verwalten und das Steuerpotential des Landes so auszuschöpfen, daß es ihm eine unabhängige Politik ermöglicht hätte. Auch in der Epoche des Merkantilismus blieb der Wohlstand auf einige wenige beschränkt, die es zu verhindern wußten, daß die Steuerlasten gerechter verteilt wurden.

Die angesehene Monarchie der Habsburger war daher in Wahrheit viel schwächer, als zugegeben wurde. Weder das unzulängliche Verwaltungssystem noch die finanziellen Mittel entsprachen der Rolle einer Großmacht. Dieser unvollkommene Charakter der Monarchie, die mangelnde Zentralgewalt, war für die Völker selbst eher vorteilhaft. Die Individualität der nationalen Gruppen blieb dadurch besser gewahrt. Andererseits hätten die Untertanen, besonders die Bauern, mehr persönliche Freiheit gehabt, wenn die lehensherrliche Gewalt schwächer und die königliche Autorität ausgeprägter gewesen wäre. Zwischen den beiden Polen Gemeinschaft und Besonderheit entwickelte sich die Geschichte der Donauvölker.

Als zu Ende des 17. Jahrhunderts die Gefahr langer und zerstörerischer Kriege auf dem Boden der Monarchie gebannt schien, konnte sich die barocke Kultur in allen Schichten der Völker entfalten. Alle trugen ihren Teil dazu, und das besondere Genie jeden Volkes gab den Kunstwerken ihre besondere Note. Von 1690 bis 1740, also fünfzig, vielleicht sechzig Jahre dauerte die barocke Hochblüte. Die Zeitgenossen der Aufklärung und des Positivismus hatten allerdings wenig Sinn für die Architektur, Malerei und Skulptur des Barock und nahmen auch die Barockmusik so wenig zur Kenntnis, daß sie in Vergessenheit geraten ist und man sie erst heute wiederentdeckt hat. Nun erst begreifen wir, wieso es zu Ende des 18. Jahrhunderts und zu Beginn des 19. Jahrhunderts plötzlich zu einer so genialen Hochblüte der Musik in den Donauländern kommen konnte.

Über die wirtschaftlichen Beziehungen hinaus (Wein und Vieh aus Ungarn gegen Textilien aus Österreich) mußten die Völker nun auch die politische Basis ihres Bündnisses finden. Die Anhänglichkeit an den gemeinsamen Herrscher war nicht stark genug, um alle Probleme lösen zu können. Immerhin ist es erstaunlich genug—gerade, da immer von den Gegensätzen zwischen der Dynastie und ihren Völkern gesprochen wird —, wie treu eigentlich die Völker in den Wirbeln der revolutionären und napoleonischen Epoche dem monarchischen Prinzip anhingen. Die Monarchie hat sich leider auf diese Treue viel zu sehr verlassen. Zu spät erst war die Rede von der verbindlichen Rolle des Kaisers von Österreich und des übernationalen Charkters Gesamtösterreichs, in dem jedes Land den ihm gemäßen Platz einnahm. Die Bemühungen um den inneren Ausgleich standen in der Machtpolitik der Kaiser weit hinten. Der Blick war auf Deutschland und Italien gerichtet, und die Hauptsorge galt einer schlagkräftigen Armee, mit der man wirksam in die europäischen Kriege eingreifen und den Besitz des lombardisch-venetianischen Königreichs sichern konnte.

Auch Rußland stellte eine ständige Gefahr dar. Schon damals waren Panslawismus und Pangermanismus eine doppelte Bedrohung. Aber die Donaumonarchie konnte sich durch die Geschichte selbst in ihrer Existenz gerechtfertigt fühlen. Warum sollte sie sich, nur weil sie in ihrem Staatenverband den Schutz über deutsche und slawische Bevölkerungsgruppen übernommen hatte, von den Preußen und Russen einschüchtern lassen?

Nach 1848 löste das Bürgertum der verschiedenen Länder die Grundherren in ihrem politischen Einflußbereich weitgehend ab. Deren Macht war nun zwar noch groß, aber nicht mehr exklusiv. Aus wirtschaftlichen Gründen war das Bürgertum an der Assoziation interessiert, jedoch auch ihm gelang es nicht, gültige Bedingungen für eine Föderation zu schaffen, die dem Wunsche der Mehrzahl der Bewohner entsprochen hätte. So wenig sich der Absolutismus wirklich überzeugend durchsetzen konnte, so wenig befriedigend war das System, das die konstitutionelle und liberale Gesellschaftsordnung des Industriezeitalters präsentierte. Die empirische Vorgangsweise, das Weiterwursteln, bestimmte auch das 19. Jahrhundert. Der beste Schutz für die Monarchie war der wirtschaftliche und soziale Fortschritt. Von nun an war es ausgesprochen gefährlich, einen Krieg zu beginnen. Verlief er kurz und siegreich, brachte er nicht viel ein. Verlief er lang und verlustreich, führte er zur Auflösung Österreich-Ungarns. Weniger als die militärischen Niederlagen verursachten die innenpolitischen Schwierigkeiten und das wachsende soziale Elend den Zusammenbruch des Systems.

Es ist oft gesagt worden, daß die Verhandlungspartner bei der Pariser Friedenskonferenz eine einmalige Inkonsequenz bewiesen hätten, indem sie das Deutsche Reich bestehen ließen und ihm nur Elsaß-Lothringen und Posen wegnahmen, während sie Österreich-Ungarn total zerstückelten. Hier liegt aber eine Verfälschung der Wahrheit vor. Soweit man aus dem vorliegenden Material entnehmen kann, gab es kein Programm einer systematischen Zerstörung. Es fehlten nur die kompetenten Stimmen, die die Streitereien zwischen den Nachfolgestaaten geschlichtet und dafür gesorgt hätten, daß die Unabhängigkeit des einen nicht zu einer Zumutung für die anderen und alles Gemeinsame nicht total vergessen und geopfert wurde.

Prinzipiell wurde anerkannt: das Selbstbestimmungsrecht der Völker, ihre demokratische Staatsform, die Wilsondoktrin der vierzehn Punkte. Schwierig war nur die praktische Durchführung.

Die Verhandlungspartner von 1918 bis 1919 waren nicht so sehr an den Problemen der Donauwelt interessiert, die sie nur als Sekundärfragen behandelten, sondern viel mehr an der großen Unbekannten Rußland. Und ihre Furcht vor der sozialen Agitation war nicht unbegründet, denn sie war bereits dabei, die öffentliche Ordnung der westlichen Länder zu zerfressen. Die tschechoslowakische Republik, das Königreich der Serben, Kroaten und Slowenen und Großrumänien konstituierten sich, indem die alten Nationalausschüsse, die die Entente schon anerkannt hatte, sich mit den Politikern in der Heimat verbündeten.

Ihre Regierungen würden, so hoffte man in Paris, die demokratische und liberale Ordnung in ihren Ländern einführen und aufrechterhalten. Mit erheblich mehr Mißtrauen betrachtete man Österreich und Ungarn. Sie waren die Kriegsverbrecher und „Völkerkerker". Sie waren die Verlierer und Schuldigen. In den Verträgen von Versailles, Saint-Germain und Trianon wurde auf Grund von Memoranden und Statistiken ein neues Mitteleuropa gebildet.

Vom alten Kaiserreich wurde Galizien abgetrennt und einem unabhängigen Polen zugesprochen. Polen war den Habsburgern immer ein guter Nachbar gewesen und hatte ihnen 1683 sogar geholfen. Die Teilnahme Österreichs an seiner Teilung ist durch die damalige europäische Lage zwar erklärt, aber nie entschuldigt worden. Nun fanden die Polen und Ukrainer ihren legitimen Platz in ihrem wiederhergestellten Vaterland. Dieses Problem war also gerecht gelöst worden, obwohl sogleich eine starke polnische Bevölkerungsgruppe in der Gegend von Teschen in Schlesien, also im alten Königreich Böhmen, Protest erhob und dadurch fast einen Krieg zwischen Polen und der Tschechoslowakei heraufbeschworen hätte.

Der neue tschechoslowakische Staat bestand aus Böhmen, Mähren, Schlesien und den Komitaten Oberungarns, die in der Mehrzahl von Slowaken besiedelt waren. Masaryk hatte in der Emigration lange über die Möglichkeit einer wirtschaftlich unabhängigen Existenz der tschechischen Länder nachgedacht und den Rat von Wirtschaftsexperten über dieses Problem eingeholt. Seine Schlußfolgerung bestand darin, daß die tschechischen Länder genügend eigene Mittel hatten, um einen eigenen Staat bilden zu können. Allerdings nur unter der Voraussetzung, daß gewisse Gebiete im Norden, Westen und Süden mit deutscher Majorität in dem neuen Staat enthalten wären. Bestand hier nicht eine Ungerechtigkeit, ein Widerspruch mit dem Selbstbestimmungsrecht der Völker? Wurde hier nicht eine autonome deutsche Volksgruppe, nämlich die Sudeten, gegen ihren Willen in den tschechoslowakischen Staat inkorporiert? Der Name „Sudeten", der später einmal so oft genannt werden sollte, war zwar schon in einigen Polemiken pangermanischer Tendenz aufgetaucht, aber er war ungebräuchlich, da er nicht wirklich einem Nationalbewußtsein entsprach. Tatsächlich aber hatten die Repräsentanten mehrerer Millionen Deutscher in Böhmen und Mähren im Oktober und November 1918 den Anschluß an die neue Republik Deutsch-Österreich versucht. Denn angesichts der nationalistischen und chauvinistischen Haltung gewisser tschechischer Kreise war zu befürchten, daß der neue Staat Repressalien gegen sie anwenden würde. Schließlich war es schon zu bedauerlichen Zwischenfällen gekommen. Aber distanziert betrachtet, kam für einen historisch bewußten Tschechen die Bildung eines unabhängigen tschechischen Staates nur innerhalb der historischen Grenzen und ohne Gebietsverstümmelung in Frage. Und ob man es nun zugab oder nicht, durch die Jahrhunderte hindurch hatten Tschechen und Deutsche eine mehr oder weniger stürmische Koexistenz geführt. Sie waren verbunden durch eine gemeinsame Kultur und den gemeinsamen wirtschaftlichen Fortschritt, unterschieden sich kaum in ihrem Lebensstil und liebten ihre Heimat. So sah die Realität aus, die kein vorurteilsfreier Mensch bestreiten konnte. Sie rechtfertigte die Anwesenheit der Deutschen Böhmens in dem neuen tschechoslowakischen Staat. Nach wenigen Jahren schon gab es in der Republik Präsident Masaryks deutsche Minister. Bei der Gründung aber zählte nur das wirtschaftliche Argument, daß die Tschechoslowakei nicht ohne die Industriegebiete existieren könne, wohingegen die historischen und soziologischen Argumente besonders im Ausland weitgehend unbekannt blieben.

So umfaßte die Tschechoslowakei auf einem Territorium von 140.394 Quadratkilometern 13,613.172 Einwohner, davon 8,760.937 Tschechoslowaken (als eine Nation betrachtet), 3,123.586 Deutsche und 745.431 Magyaren. In Prozenten also: 64,4 Prozent, 23 Prozent, 5,5 Prozent. Ohne Zweifel haben wir hier das alte Nationalitätenproblem der Doppelmonarchie in der Form des Minoritätenproblems vor uns. Wenn die Magyaren auch keine so fremde Volksgruppe wie die Deutschen darstellten, so waren sie doch, bedingt durch ihre Geschichte und ihr Bewußtsein, Fremde in dem neuen Staat. Ihre Anwesenheit war nur aus strategischen Gründen zu erklären.

In Preßburg, einer Großstadt, hatte die Tschechoslowakei ihren Stützpunkt an der Donau. Die Grenze folgte dem Flußlauf, die beiden Ufer und die Städte Neuschloß, Rosenau und Kaschau waren hauptsächlich von Magyaren besiedelt. Mit der Karpatho-Ukraine (12.656 Quadratkilometer und 606.568 Einwohner, das bedeutete 48 Einwohner pro Quadratkilometer, gegen 128 in Böhmen und 61 in der Slowakei) war der tschechoslowakischen Republik ein neues Bosnien-Herzegowina zur Verwaltung übergeben worden. Von Vorteil war nur die gemeinsame Grenze mit Rumänien.

Das Rumänien von 1919 stellte die Verwirklichung des alten Traumes von der Vereinigung aller Rumänen dar, so wie sie 1848 und in der Nationalversammlung von Alba Julia im November 1918 gefordert worden war.

Zum Königreich Rumänien (mit der regierenden Dynastie der Hohenzollern-Sigmaringer; Erbe von Carol I.: König Ferdinand) kam Siebenbürgen mit einem starken Bevölkerungsanteil von Magyaren, Deutschen und Szeklern, die von Rumänen besiedelte Bukowina und im Süden das magyarische Temescher Banat.

Mit dem Königreich der Serben, Kroaten, Slowenen, wie es in Korfu konzipiert worden war, entstand in erweiterter Form jener Staat der Südslawen, den einst die Anhänger des Trialismus innerhalb der Doppelmonarchie errichten wollten. Mit Dalmatien besaß es eine breite Meeresküste von Fiume bis Cattaro, diesem ständigen Zankapfel zwischen dem Königreich und Italien. Im Norden kamen durch die Batschka und das westliche Banat ungarische und deutsche Minoritäten in das sonst slawische Königreich.

Angesichts dieser Länder, die als Siegermächte vergrößert, wenn auch nicht gefestigt aus dem Krieg hervorgingen, waren Österreich und Ungarn die Besiegten und Gedemütigten. Ihre Regierungen mußten sich ernstlich fragen, ob sie wirtschaftlich überhaupt existieren konnten. Nachdem man Österreich die Assoziierung mit den deutschen Gebieten Böhmens abgeschlagen hatte, erwog man in Österreich ebenfalls vergeblich den Anschluß an Deutschland. Ebenso wurde der Antrag Vorarlbergs, sich an die Schweiz anschließen zu dürfen, abgelehnt.

Istrien und Südtirol mit Trient kamen an Italien. Ein Teil Süd-Kärntens und das Burgenland (außer Ödenburg) durften nach einer Volksbefragung bei Österreich bleiben. Die neue österreichische Republik, nunmehr aller ihrer böhmischen Energiequellen beraubt, die bisher das Wiener Gebiet versorgt hatten, erschien mit ihrer riesigen und übervölkerten Hauptstadt als ein absurder Restbestand des alten Reiches. Einige seiner Nachbarn warteten gelassen und mit einer gewissen Schadenfreude auf ihr baldiges Ende. Als hätte man dieses wichtige Zentrum der westlichen Zivilisation zur Aufrechterhaltung des europäischen Gleichgewichts nicht mehr nötig gehabt!

Ungarn endlich wurde auf sein von Magyaren besiedeltes Territorium beschränkt. Das waren 8 Millionen Einwohner auf 93.030 Quadratkilometer. 1918 hatte Graf Károlyi, der der Entente als der beste Garant für eine demokratische Ordnung zu gelten schien, ohne Erfolg versucht, Ungarn sein historisches Territorium zu erhalten. Als ihm das nicht gelang, trat er zurück und überließ das Feld den Revolutionären. So konnte sich innerhalb weniger Monate die Räterepublik konstituieren, die aber nach der Intervention tschechoslowakischer und rumänischer Regimenter der reaktionären Regierung Admiral Horthys weichen mußte, welche von der Entente auch nur mit Vorbehalten akzeptiert wurde. Unter Horthy versuchte der König, zweimal nach Ungarn zurückzukehren. Beim zweiten Mal wurde er gefangengenommen und ins Exil nach Madeira verbannt. In Ungarn, das im Vertrag von Trianon auf seine historischen Territorien, soweit sie von fremdstämmigen Völkern besiedelt waren, verzichten mußte, dominierten im öffentlichen Leben nun zwanzig Jahre lang nationale Gebietsansprüche. Ihr beredsamster Interpret war Albert Apponyi vor dem Völkerbund. Die Slowakei, Siebenbürgen, die Batschka, das Temescher Banat und das Burgenland wurden von der nationalen Propaganda als „die fünf Elsaß-Lothringen“ bezeichnet. Das wollte Ungarn nicht hinnehmen. Nem! Nem! Soha. Nein! Nein! Niemals.

Aber auf diese Weise ließ sich Ungarn in das Lager der Vertragsgegner ziehen und geriet später in die Einflußsphäre der Diktaturen Hitlers und Mussolinis.

Neu geregelt mußte auch die Schiffahrt auf der Donau werden. Alle diese Länder waren sozusagen Uferbesitzer. Wäre jetzt nicht die Gelegenheit gewesen, eine Donauföderation ins Leben zu rufen, mit dem Strom als Achse, um Handel und Produktion der betreffenden Länder zu intensivieren? Die Beschaffenheit des Flusses entsprach in keiner Weise den Erfordernissen der europäischen Wirtschaft. 1878 hatte Österreich-Ungarn die Aufgabe übertragen bekommen, den Flußlauf beim Eisernen Tor zu regeln. Die Hauptlast hatte Ungarn getragen. 1896 fand die feierliche Eröffnung des Kanals statt. Jetzt wurde Ungarn die Aufsicht entzogen. Am 23. Juli 1921 kam eine Bestimmung heraus, daß eine internationale Kommission mit Sitz in Preßburg die Verwaltung und Überwachung der Donau von Ulm bis Brăila übernehmen sollte, während die alte europäische Kommission weiter den maritimen Teil zu überwachen hatte. Aber auch die Donau konnte die Nachfolgestaaten nicht miteinander versöhnen oder gar solidarisieren.

Masaryk hatte an ein föderatives Wirtschaftssystem gedacht, das von der Nordsee bis zum Ägäischen Meer reichen sollte, aber auch dieses Projekt war seiner Zeit weit voraus.

Dafür schlossen sich 1921 die drei wichtigsten Nachfolgestaaten, die Tschechoslowakei, das Königreich Serbien-Kroatien-Slowenien und Rumänien zu der Kleinen Entente unter der Patronanz der westeuropäischen Länder zusammen. Es war eine politische Allianz, deren eigentliche Aufgabe darin bestand, die Einhaltung der Verträge zu garantieren und eine eventuelle Restauration der Habsburger zu verhindern. Damit war im Donaubecken der Keim zu einer ständigen Feindseligkeit zwischen der Gruppe der drei mächtigen Nachfolgestaaten und den beiden schwächeren Staaten gelegt, und die Erbschaft der Monarchie wurde nicht zur Grundlage eines demokratischen Friedens, sondern zum Zündstoff zukünftiger Konflikte.

Immerhin bewährten sich die neuen Staaten anfangs noch als die geplante Barriere gegen den von Osten eindringenden Sozialismus. Als 1920 in der Tschechoslowakei ein Streik ausbrach und sich über das ganze Land ausbreitete, wurde er von der Armee, wie einst in der Monarchie, unbarmherzig niedergeschlagen. Auch in Rumänien hatten bei der Nationalversammlung von Alba Julia 1918 sozialdemokratische Elemente vergeblich versucht, die Dynastie abzuschaffen und die Republik auszurufen.

Mit der Zeit setzte sich doch ein gewisses Gleichgewicht durch, und zwar dank der Regierungspersönlichkeiten, die bereits als Politiker der alten Monarchie ihre Erfahrungen gesammelt hatten. Das geistige Erbe der Vergangenheit trug wenigstens an einigen Punkten zu einer vernünftigen Neugestaltung Mitteleuropas bei.

Mehrere Minister der Nachfolgestaaten waren im Belvedere ein- und ausgegangen: Milan Hodža (Tschechoslowakei), Juliu Maniu (Rumänien), der schon vor dem Krieg mit den Rumänen Brătianu und Jorga zusammengearbeitet hatte. Auch Masaryks politische Fähigkeiten hatten nicht erst in der Emigration von sich reden gemacht: er war schon einer der bekanntesten Köpfe des österreichischen Parlaments seit den Wahlen von 1907 gewesen. Jetzt halfen ihm seine politischen Erfahrungen und seine Beziehungen zu den Regierungsmannschaften der neuen Staaten, die schlimmsten Exzesse und Fehler zu verhindern. Wenn er sagte, er wolle sein Land „entaustrifizieren", so wollte er damit sagen, daß er für eine Verbreitung demokratischer Ideen eintreten würde und für den Sieg der Vernunft über die nationalen Leidenschaften (Pravda vitezi). Seine ersten Finanzminister (Rašín und J. Preis, der Direktor der Zivnostenská Banka) griffen zu harten Maßnahmen, um das liberale Wirtschaftssystem zu retten. Rašín schuf eine unabhängige tschechoslowakische Währung und ersparte dadurch seinem Land die Inflation von Deutschland und Österreich. Die Gesundung der Finanzen brachte dem Land einen neuen industriellen Aufschwung, Masaryk legte aber auch großes Gewicht auf die religiöse Frage. Er war vom Katholizismus zum Protestantismus übergetreten. Seiner Meinung nach repräsentierten die Hussiten und die Lehre der Böhmischen Brüder die authentisch tschechische Tradition. Der römisch-katholischen Kirche stand er wegen ihres Bündnisses mit dem alten Regime skeptisch gegenüber und unterstützte daher die Geburt der tschechischen Nationalkirche, der aber nur eine geringe Bedeutung beschieden sein sollte. Masaryk begriff sehr schnell, daß der Antiklerikalismus dem inneren Frieden abträglich war und zu Schwierigkeiten mit der Slowakei führte, deren Landbevölkerung an ihren Priestern hing. Er bemühte sich daher um einen Modus vivendi mit Rom, und 1929 wurde die Versöhnungspolitik durch die Tausendjahrfeier des hl. Wenzel gekrönt. Ebenso bemühte er sich um eine gerechte Behandlung der Minoritäten und erwog sogar gewisse Gebietsrückgaben an Ungarn. Nur wenn es gelänge, fünfzig Jahre lang den internationalen Frieden aufrechtzuerhalten, sagte er, würde Mitteleuropa zur Ruhe kommen.

Als man 1930 in Genf eine europäische Union plante, wurde von Masaryk als Präsident gesprochen. Aber damals war er schon achtzig. Sein Nachfolger, Eduard Beneš, hielt sich zwar selbst für einen ausgezeichneten Taktiker, verfügte aber bei weitem nicht über die Qualitäten Masaryks. Sein aufrichtiger oder gespielter Optimismus erweckte in Westeuropa gefährliche Illusionen über seine eigene Persönlichkeit und die wirklichen Kräfteverhältnisse in der Donauwelt. Seine Feindseligkeit Ungarn und Österreich gegenüber führte ihn dort zu einer blinden Verkennung der Wirklichkeit, wo sie seine Pläne durchkreuzte: „Lieber den Anschluß als die Habsburger!" Auf die Passivseite des neuen Mitteleuropa gehören leider die Streitereien zwischen den Brudervölkern, die sich ihre Vereinigung in einem Staat so sehr gewünscht hatten und sich jetzt nur schwer an das gemeinsame Leben gewöhnen konnten. „Die neuen Staaten", schreibt Roger Portal, „haben in ihrem neugewonnenen Dynamismus nicht den Versuchungen einer Assimilationspolitik widerstehen können, in einer Zeit, in der sich das Nationalbewußtsein der einzelnen ethnischen Gruppen durch breitere Information und Bildungsmittel enorm vertieft hatte." (1) Die Nationalitätenprobleme waren durch den simplen Regimewechsel keineswegs gelöst worden. Nur das Vokabular hatte sich geändert; züchtig sprach man jetzt von „Minoritäten". Aber wie eh und je tendierte die Gruppe mit dem höchsten Niveau dazu, ihre Methoden und ihre Ideologie den schwächeren Gruppen zu oktroyieren, worauf diese sich unterdrückt und schikaniert fühlten; denn anstatt die totale Freiheit zu finden, sahen sie sich einem neuen Imperialismus ausgeliefert. Zwischen Serben und Kroaten, Tschechen und Slowaken wuchsen die Gegensätze. König Alexander I. glaubte, durch eine vorübergehende Diktatur die Einheit Jugoslawiens retten zu können.

Die Kleine Entente, die sich ursprünglich gegen den ungarischen Revisionismus und gegen Österreich gebildet hatte, mußte nun auch Front gegen ein Wiedererwachen des deutschen Imperialismus machen, gegen die von deutschen Theoretikern verbreitete Idee, Deutschland käme die Mission zu, die wirtschaftlichen und politischen Interessen Mitteleuropas leiten zu müssen.

Trotzdem stabilisierten sich die Verhältnisse, es machte sich sogar ein allgemeiner Wohlstand bemerkbar. Österreich erhielt unter Kanzler Ignaz Seipel eine internationale Finanzhilfe. Es konnte seine Währung in Ordnung bringen und dank seiner Energiequellen eine Industrie ins Leben rufen: Gebirgsflüsse, steirische Braunkohle, Erdölvorkommen im Marchfeld (1937: 33.000 Tonnen). Der Außenhandel der Tschechoslowakei war 1929 im Vergleich zu 1924 um 25 Prozent gestiegen. Prag hatte sich schnell an seine neue Rolle als Hauptstadt gewöhnt; noch nie hatte in Prag ein so lebendiges geistiges Klima geherrscht wie in jenen Jahren. Aber auch in Wien und Budapest kam es zu einer Blüte der Musik (Suk, Fibich, Martinú in der Tschechoslowakei, Alban Berg und Schönberg in Österreich, Béla Bartók und Zoltan Kodály in Ungarn) und der Literatur. Die Hoffnungen der Arbeiterklasse fanden ihren Ausdruck in einer neuartigen Arbeiterdichtung.

Ließ sich nun nicht zwischen den Nachfolgestaaten eine engere wirtschaftliche Bindung herstellen, um die komplementären Produktionszweige im Donauraum besser zu koordinieren? Die Euphorie der Jahre 1925 bis 1930 hatte das Problem zur Seite geschoben. Erst die Vorboten der Weltwirtschaftskrise richteten die Aufmerksamkeit wieder darauf. 1931 wollte

---

(1) Portal, R., Les Slaves. S. 376.

Österreich der Gefahr begegnen, indem es sich wirtschaftlich an Deutschland anschloß. Der Haager Gerichtshof verbot diese Lösung als vertragswidrig.

Von tschechoslowakischer Seite waren auch Pläne ausgearbeitet worden, um die politische Kleine Entente wirtschaftlich zu untermauern. Wiederum waren diese Pläne gegen Österreich und Ungarn gerichtet. Gemäßigte Agrarreformen in der Tschechoslowakei und in Rumänien hatten die Erträgnisse der Landwirtschaft gesteigert, als aber die Krise sich auch auf die Landwirtschaft auswirkte, lehnten die tschechoslowakischen Agrarier, die großen Einfluß auf die Regierung besaßen, es ab, ihre Interessen auf jene der jugoslawischen und rumänischen Erzeuger abzustimmen.

So mußten die Schutzmächte mit Gewalt darauf dringen, daß die mitteleuropäischen Mächte durch verstärkte Zusammenarbeit die donauländische Wirtschaft zu retten versuchten. Konkrete Vorschläge dazu kamen aus Frankreich. In England und Italien wurden sie kaum unterstützt. Frankreichs Einfluß im Donauraum hatte seit dem Kriege enorm zugenommen. Französische Konzerne waren an den Skodawerken in der Tschechoslowakei beteiligt, und die tschechoslowakische Armee war von einer französischen Militärmission neu organisiert worden. Ihr Generalstabschef war ein Franzose, General Faucher. In allen Ländern gab es französische Institute, auch in Österreich und Ungarn, wo die Sympathien für Frankreich trotz allem sehr lebendig geblieben waren. Die Kenntnisse der französischen Sprache, die schon durch das Schulgesetz aus der Vorkriegszeit sehr gefördert worden waren, nahmen in allen Gesellschaftsschichten zu. Die ein wenig eifersüchtige Reserve, mit der die französischen Vorschläge in England und Italien aufgenommen wurden, war bereits ein Anzeichen für die Uneinigkeit der Großmächte.

Die Industriegebiete der Tschechoslowakei wurden von der Weltwirtschaftskrise am schwersten betroffen: Die vorwiegend deutsche Bevölkerung, und zwar sowohl das vom Ruin bedrohte kaufmännische Bürgertum als auch die vielen Arbeitslosen der Arbeiterklasse, bildete einen idealen Boden für die Hitlerpropaganda. In deutschen intellektuellen Kreisen verbreitete sich die Vorstellung von einem Volk von drei Millionen Sudetendeutschen, dem der tschechische Imperialismus sein Nationalbewußtsein rauben wollte. Ein schlimmeres Klima hatte auch in der Vorkriegszeit nicht geherrscht. Zur selben Zeit wurde auch die kommunistische Partei, die lange von den sozialistischen Parteien in Schach gehalten worden war, wieder aktiv und konnte sich Gehör bei den Arbeitern verschaffen.

So wie das Chaos der Kriegswirtschaft Österreich-Ungarn den entscheidenden Stoß versetzt hatte, so erschütterte jetzt die Wirtschaftskrise die mitteleuropäischen Staaten in ihrer inneren Struktur. Und sie schienen gar nicht zu erkennen, daß sie eine gemeinsame Gefahr bedrohte.

Wie einst die Nationalitäten der Doppelmonarchie ihre Energien in gegenseitigen Animositäten erschöpft hatten, anstatt ihr Heil in einer Föderation zu suchen, erwiesen sich jetzt auch die Nachfolgestaaten als unfähig, auf dem Prinzip der nationalen Unabhängigkeit und der demokratischen Freiheit zu einer Einigung zu kommen. Das Resultat ist bekannt. Zuerst der Anschluß Österreichs. Dann München, wo die Tschechoslowakei von ihren Verbündeten im Stich gelassen wurde und niemand zu begreifen schien, wie skandalös die Zerstückelung seines historischen Territoriums eigentlich war. Nach den mitteleuropäischen Staaten sollte sich ganz Europa in die nationalsozialistische Zwangsherrschaft begeben.

Vier Jahre brauchte es und das Bündnis zwischen Amerika und Rußland, bis Europa wieder befreit wurde. Aber im offenen und im geheimen Widerstandskampf bewiesen die Nationen der Welt, daß sie keine künstlichen Produkte der Verträge von 1919 waren. Sie repräsentierten im Gegenteil Realitäten, mit denen man rechnen mußte, wenn man Europa materiell und geistig wieder aufbauen wollte.

Aber hatte Europa überhaupt noch sein Schicksal in der Hand? Inzwischen teilten sich zwei Supermächte die Welt: die Vereinigten Staaten und die Sowjetunion. Der sogenannte Geist von Jalta, der nicht ganz dem Vertrag entsprach, trieb nach und nach die ost- und mitteleuropäischen Länder in den russischen Einflußbereich. Ein Eiserner Vorhang zerteilte die alte Welt. Den Kampf um den Einfluß in Österreich beendete der einzige internationale Friedensvertrag nach dem Zweiten Weltkrieg, der Österreichische Staatsvertrag, im Jahr 1955.

Dem kleinen Staat, dessen Schicksal 1919 so ungewiß erschien, wurde die Unabhängigkeit wieder gegeben, unter der Bedingung, daß er neutral bleibe und gewisse wirtschaftliche Auflagen akzeptiere. Zwischen den Ländern der NATO und den Ländern des Warschauer Paktes bildete Österreich sozusagen die Verlängerung des schweizerischen Bundesstaates in Mitteleuropa, und aus der alten kaiserlichen Hauptstadt wurde wieder ein Zentrum der Kultur und der internationalen Begegnungen.

Jedoch schützt auch diese Teillösung nicht vor Unsicherheit und Gefahr. Die Donauregion ist und bleibt eine ungenügend organisierte Zone, in der niemals die wirtschaftlichen und politischen Kräfte zu einem starken Ganzen verbunden werden könnten. So bleibt sie wie eh und je den Gefahren einer Vormundschaft oder gar Unterwerfung durch eine benachbarte Großmacht ausgesetzt.

Auch Hitler hatte ja schon geglaubt, den für seine Machtstellung unerläßlichen Anschluß durchführen zu müssen, um dann die Tschechoslowakei zu beschneiden und sie unter der Form eines Protektorats zu annektieren. Ebenso etablierte Rußland seine Herrschaft über die europäischen Donauländer immer zugleich aus strategischen und ideologischen Gründen. Deswegen unterdrückte es sowohl die emanzipatorischen Bestrebungen Ungarns im Jahre 1956 wie auch zwölf Jahre später den Prager Frühling, obwohl der Wunsch der Tschechoslowaken nach einer wirtschaftlichen Annäherung an das freie Europa und nach größerer Gedankenfreiheit weder die Aufgabe des Sozialismus noch den Bruch mit dem Warschauer Pakt nach sich gezogen hätte. So lasten die Folgen zweier Weltkriege noch immer schwer auf den Donauländern und vertagen den Zeitpunkt freier Selbstbestimmung. Die schweren Prüfungen, die sie über sich hatten ergehen lassen müssen, haben sicherlich den aggressiven Nationalismus, der sie im 19. Jahrhundert gegeneinandergehetzt hat und eine der Ursachen für den Zusammenbruch der Monarchie gewesen war, gedämpft. Alle seit einem halben Jahrhundert geführten Kämpfe waren gegen Tyranneien von außen gerichtet gewesen, unter welchen ideologischen Systemen sie auch daherkamen. Und hier enthüllt sich die unbeugsame Kraft der Völker an der Donau. In jeder Übergangsepoche, in blutigen Kämpfen und nationalen Unglückszeiten bewahrheitet sich das Wort Palackýs: „Wir waren und wir werden sein.“ Die Gründe für dieses ausgeprägte Selbstbewußtsein liegen in der Geschichte, aber sie liefert uns nicht den Schlüssel, mit dem die Probleme der Donauvölker zu lösen wären. Und solange wir ihn nicht gefunden haben, wird Europa nicht sorgenlos in die Zukunft blicken können.

Anhang

REGIERENDE DYNASTIEN

ÖSTERREICHISCHE HERRSCHER

(Habsburger bzw. Habsburg-Lothringer)

Rudolf I. von Habsburg, 1273-1282
Albrecht I., 1282-1308
Rudolf II., 1282-1283
Friedrich III., der Schöne, 1308-1330
Albrecht II., der Weise (Lahme), 1330-1358
Rudolf IV., der Stifter, 1358-1365
Albrecht III. (albertinische Linie), 1365-1395
Leopold III. (leopoldinische Linie), 1365-1386
Albrecht IV. (albertinische Linie), 1395-1404
Albrecht V. (albertinische Linie), 1404-1439
Wilhelm (leopoldinische Linie), 1395-1406
Leopold IV. (leopoldinische Linie), 1406-1411
Ernst II., der Eiserne (leopoldinisch-steirische Linie), 1411-1424
Friedrich IV., mit der leeren Tasche (leopoldinisch-tirolerische Linie), 1411—1439
Ladislaus Posthumus (albertinische Linie), 1440-1457
Friedrich V. (leopoldinisch-steirische Linie), 1424-1493
Sigismund der Münzreiche (leopoldinisch-steirische Linie), 1439-1490
Maximilian I., 1493 (Tirol 1490)-1519
Karl V., 1519-1522
Ferdinand I., 1522-1564
Maximilian II. (niederösterreichische Linie), 1564-1576
Karl (innerösterreichische Linie), 1564-1590
Ferdinand (tirolerische Linie), 1564-1590
Rudolf II. (niederösterreichische Linie), 1576-1612
Matthias (niederösterreichische Linie), 1612-1619

Ferdinand II. (innerösterreichische Linie), 1590 (seit 1619 auch niederösterreichische Länder)-1637
Maximilian (Gubernator in den tirolerischen Ländern), 1602 (vorher Thronstreitigkeiten)-1618
Leopold (Gubernator in den tirolerischen Ländern), 1618-1623
derselbe (Landesfürst dortselbst), 1623-1662
Ferdinand Karl, 1662
Sigismund Franz, 1662-1665
Ferdinand III., 1637-1657
Leopold I., 1657 (Tirol 1665)-1705
Joseph I., 1705-1711
Karl VI., 1711-1740
Maria Theresia, 1740-1780
Joseph II., 1780-1790
Leopold II., 1790—1792
Franz I. (II.), 1792-1835
Ferdinand I., der Gütige, 1835-1848
Franz Joseph I., 1848-1916
Karl I. (in Ungarn Karl IV.), 1916-1918

DEUTSCHE KÖNIGE (KAISER)

(ab Rudolf I. von Habsburg)

Rudolf I. von Habsburg, 1273-1291
Adolf von Nassau, 1291-1298
Albrecht I., 1298-1308, Habsburger
Heinrich VII. von Luxemburg, 1308-1313, Luxemburger
Friedrich (III.), der Schöne, 1314-1330, Habsburger } Doppelwahl
Ludwig der Bayer, 1314-1347, Wittelsbacher }
Karl IV., 1347-1378, Luxemburger
Wenzel, 1378-1400, Luxemburger
Rupprecht von der Pfalz, 1400-1410
Sigismund, 1410-1437, Luxemburger
Albrecht II., 1438-1439, Habsburger
Friedrich III. (als deutscher König IV.), 1440-1493, Habsburger
Maximilian I., 1493-1519, Habsburger
Karl V., 1519-1556, Habsburger
Ferdinand I., 1556-1564, Habsburger
Maximilian II., 1564-1576, Habsburger
Rudolf II., 1576-1612, Habsburger
Matthias, 1612-1619, Habsburger
Ferdinand II., 1619-1637, Habsburger

Ferdinand III., 1637-1657, Habsburger
Leopold I., 1658-1705, Habsburger
Joseph I., 1705-1711, Habsburger
Karl VI., 1711-1740, Habsburger
Karl VII., 1742 (vorher Thronstreitigkeiten)-1745, Wittelsbacher
Franz I., 1745-1765, Lothringer
Joseph II., 1765-1790, Habsburg-Lothringer
Leopold II., 1790-1792, Habsburg-Lothringer
Franz II., 1792-1806, Habsburg-Lothringer

BÖHMISCHE KÖNIGE

(vom Aussterben der Přemysliden bis zum Anfall an die Habsburger)

Rudolf, 1306-1307, Habsburger
Heinrich von Kärnten, 1307-1310, Görzer
Johann, 1310-1346, Luxemburger
Karl, 1347-1378, Luxemburger
Wenzel IV., 1378—1419, Luxemburger
Sigismund, 1419-1437, Luxemburger
Albrecht, 1438-1439, Habsburger
Ladislaus Posthumus, 1440-1457, Habsburger
Georg von Podjebrad, 1457-1471
Vladislav IV., 1471-1516, Jagellone
Ludwig, 1516-1526, Jagellone

UNGARISCHE KÖNIGE

(vom Aussterben der Arpaden bis zum Anfall an die Habsburger)

Karl Robert, 1301-1342, Anjou
Ludwig I., der Große, 1342-1382, Anjou
Sigismund, 1387 (vorher Thronkämpfe)-1437, Luxemburger
Albrecht, 1438-1439, Habsburger
Vladislav I., 1440-1444, Jagellone
Ladislaus Posthumus, 1444-1457, Habsburger
Matthias Corvinus, 1458-1490
Vladislav II., 1490-1516, Jagellone
Ludwig II., 1516-1526, Jagellone

DIE ERGEBNISSE DER WAHLEN ZUM ABGEORDNETENHAUS DES ÖSTERREICHISCHEN REICHSRATES 1907 UND 1911

Mit dem kaiserlichen Patent vom 20. Oktober 1860 (Oktoberdiplom) und den sechs Staatsgrundgesetzen vom 21. Dezember 1867 wurde die verfassungsmäßige Mitwirkung des Reichsrates an der Gesetzgebung anerkannt. Zuerst wählten die Landtage die Abgeordneten. Erst das Wahlreformgesetz vom 2. April 1873 führte die direkten Wahlen in das Abgeordnetenhaus des Reichsrates ein. Am 14. Juni 1896 wurde die Kurie der allgemeinen Wählerklasse geschaffen, in der alle 24 Jahre alten Staatsbürger wahlberechtigt waren. Somit eine erste Stufe zum allgemeinen Wahlrecht. Die Zahl der Mitglieder des Abgeordnetenhauses wurde gleichzeitig von 353 auf 425 erhöht, so daß die einzelnen Kurien folgende Zusammensetzung hatten: Großgrundbesitz 85, Städte, Märkte und Industrieorte 116, Handels- und Gewerbekammer 21, Landgemeinden 131, allgemeine Klasse 72.

Mit dem Gesetz vom 26. Jänner 1907 wurde das Kuriensystem endgültig abgeschafft und ein allgemeines, geheimes und gleiches Wahlrecht für alle 24 Jahre alten männlichen Staatsbürger eingeführt. Gleichzeitig wurde das Abgeordnetenhaus auf 516 Mitglieder aufgestockt. Österreich wurde mit Ausnahme Galiziens (dort gab es Zweier-Wahlkreise) in Einer-Wahlkreise eingeteilt, in denen nach dem absoluten Mehrheitswahlrecht gewählt wurde. Als gewählt galt der Kandidat, der die absolute Mehrheit der Stimmen auf sich vereinigen konnte. Hatte beim ersten Wahlgang keiner der Kandidaten die absolute Mehrheit erreicht, so erfolgte eine Stichwahl zwischen den beiden Erstplazierten.

Die Legislaturperiode dauerte sechs Jahre, jedoch wurde das 1907 gewählte Abgeordnetenhaus frühzeitig aufgelöst, so daß bereits 1911 eine Neuwahl erfolgte.

	14./24. 5. 1907	13./20. 6. 1911
Christlichsoziale	96	76
Sozialdemokraten (insgesamt)	86	81
Deutsche Agrarier	21	26
Deutsche Volkspartei	31	33
Deutschfortschrittliche	17	21
Deutschradikale	12	22
Alldeutsche	3	4
Deutsche Arbeiterpartei	0	3

	14./24. 5. 1907	13./20. 6. 1911
Tschechische Agrarier	28	38
Jung-Tschechen	18	14
Tschechisch-Katholische Volkspartei	17	7
Tschechisch-National-Soziale	9	16
Alt-Tschechen	7	1
Tschechisch-fortschrittliche Volkspartei	2	6
Polnische Nationaldemokraten	25	22
Polnische Volkspartei	17	25
Polnisch-Konservative	16	22
Polnisches Zentrum	12	2
Slowenische Volkspartei	18	20
Kroaten	8	6
Slowenisch-Liberale	5	3
Kroaten — reine Rechtspartei	4	5
Serben	2	2
Serbo-Kroaten	0	1
Ruthenische Nationaldemokraten	25	23
Ruthenisch-Radikale	0	5
Alt-Ruthenen	4	0
Russisch-Nationale	1	2
Italienische Volkspartei	10	10
Italienisch-Liberale	4	6
Rumänen	5	5
Zionisten	4	1
Jüdische Demokraten	1	1
Unabhängige/Sonstige	8	7
	516	516

In der Folge werden die bekanntesten Abgeordneten der beiden Legislaturperioden unter besonderer Berücksichtigung ihrer Erwähnung im Text angeführt. In der Klammer wird auf den Wahlkreis hingewiesen.

Christlichsoziale

Bielohlawek, Hermann (Wien bzw. Niederösterreich 3)
Fink, Jodok (Vorarlberg 2), Vizekanzler 1919/20
Hauser, Johann Nep. (Oberösterreich 14), Prälat, Landeshauptmann von Oberösterreich 1918-1931
Kunschak, Leopold (Wien bzw. Niederösterreich 28), 1. Nationalratspräsident 1945-1953
Lueger, Karl (Wien bzw. Niederösterreich 7), Bürgermeister von Wien
Mayr, Michael (Tirol 3), Bundeskanzler 1920/21
Miklas, Wilhelm (Niederösterreich 59), Bundespräsident 1928-1938
Withalm, Ignaz (Niederösterreich 54), Großvater von Hermann Withalm (Vizekanzler 1968-1970)
Wollek, Richard (Niederösterreich 58), Generalsekretär der Christlich-Sozialen Partei in der Ersten Republik

Sozialdemokraten

Adler, Viktor (Wien bzw. Niederösterreich 20)
Glöckel, Otto (Böhmen 89), Unterstaatssekretär 1919/20
Hanusch, Ferdinand (Böhmen 102), Staatssekretär 1918-1920
Muchitsch, Vinzenz (Steiermark 6), Bürgermeister von Graz
Pernerstorfer, Engelbert (Niederösterreich 40)
Renner, Karl (Niederösterreich 42), Staatskanzler 1918-1920 und 1945, Bundespräsident 1945-1950
Reumann, Jakob (Wien bzw. Niederösterreich 19), Bürgermeister von Wien 1918-1923
Schuhmeier, Franz (Wien bzw. Niederösterreich 6)
Seitz, Karl (Wien bzw. Niederösterreich 33), Bürgermeister von Wien 1923-1934, Alterspräsident des Nationalrats 1945

Deutsche Volkspartei

Dinghofer, Franz (Oberösterreich 2)
Hofmann von Wellenhof, Paul (Steiermark 1)
Sylvester, Julius (Salzburg 1)

Deutschfortschrittliche

Redlich, Joseph (Mähren 5-dtsch)

Jung-Tschechen

Kramář, Karl (Böhmen 3)
Rašin, Alois (Böhmen 31)

Alt-Tschechen

Neumann, Joseph (Böhmen 8)

Tschechisch-fortschrittliche Volkspartei

Masaryk, Thomas G. (Mähren 4-tsch), Präsident der tschechoslowakischen Republik

Polnisch-Konservative

Abrahamovicz, David Ritter von (Galizien 64)

Slowenische Volkspartei

Korošeć, Anton (Steiermark 27)

Italienische Volkspartei

Degasperi, Alcide (Tirol 22), Italienischer Ministerpräsident nach 1945

Tschechische Agrarier

Staněk, František (Mähren 27-tsch)

DIE NATIONALITÄTEN IN ÖSTERREICH-UNGARN

Nach der Volkszählung von 1910

	Österreich (Zisleithanien)	Ungarn (Transleithanien)	Insgesamt	%
Deutsche	9,950.266	2,037.000	11,987.266	23,9
Ungarn	10.974	9,945.000	9,955.974	19,8
Tschechen/ Slowaken	6,435.983	1,967.970	8,403.953	16,7
Serben/ Kroaten	783.334	2,939.000	5,622.334*)	11,2
Polen	4,967.984	26.836	4,994.820	10,0
Ruthenen	3,518.854	473.000	3,991.854	8,0
Rumänen	275.115	2,949.000	3,224.115	6,4
Slowenen	1,252.940	---	1,252.940	2,5
Italiener	768.442	---	768.442	1,5
	27,963.892	20,337.806	50,201.698*)	100,0

*) Inklusive Bosnien-Herzegowina (1,900.000 Einwohner).

Sprachgruppenverteilung

Slawen	48,4 Prozent
Deutsche	23,9 Prozent
Ungarn	19,8 Prozent
Romanen	7,9 Prozent

Ortsverzeichnis

Im folgenden Register wird bei den Ortsnamen die altösterreichische bzw. deutsche Schreibweise verwendet. In der Klammer werden die gegenwärtigen bzw. fremdsprachigen Bezeichnungen angeführt.

Personenverzeichnis

Stammtafel der Habsburger

RUDOLF I. (1218—129

ALBRECHT I., † 1308
∞ Elisabeth v. Görz

Hartmann
† 1281

Katharina, † 1318
∞ Otto v. Niederbayern

Hedwig, † 1303
∞ Otto von Brandenburg

Rudolf III., † 1307
Kg. v. Böhmen

Agnes, † 1364
∞ Andreas III. v. Ungarn

Friedrich d. Schöne, † 1330
∞ Elisabeth v. Aragonien

Leopold I.
† 1326

Margareta, † 1366
∞ 1. Meinhard III. v. Tirol
2. Joh. Heinrich v. Böhmen

Rudolf IV. d. Stifter
† 1365

Friedrich III.
† 1362

Albrecht III., † 1395
∞ 1. Elisabeth v. Luxemburg
(Böhmen)
2. Beatrix v. Hohenzollern
(Nürnberg)

Albrecht IV., † 1404
∞ Johanna v. Bayern

Albrecht V. (II.), † 1439
∞ Elisabeth v. Böhmen
† 1442

Anna, † 1462
∞ Wilhelm III.
Markgraf zu Meißen

Elisabeth, † 1503
∞ Kasimir v. Polen

Ladislaus Posthumus
† 1457

Eleonore
∞ 1. Emanuel v. Portugal
2. Franz I. v. Frankreich

KARL I. (V.) (1500—1558)
∞ Isabella v. Portugal

Isabella, † 1526
∞ Christ. II. v. Dänemark

Maria, † 1558
∞ Ludwig v. Ungarn

Maria, † 1603
∞ Maximilian II.

Philipp II., † 1598
∞ 1. Maria v. Portugal
2. Maria v. England
3. Elisabeth v. Frankreich
4. Anna v. Österreich

MAXIMILIAN II., † 1576
∞ Maria v. Spanien
† 1603

Anna
† 1580

RUDOLF II.
† 1612

Ernst
† 1595

Carlos
† 1568
(von 1)

Klara Eugenia
† 1663
(von 3)

Katharina, † 1630
∞ Karl Em. v. Savoyen

Philipp III., † 1621
∞ Margareta v. Öst.
(von 4)

Anna M., 1666
∞ Ludwig XIII. v. Frkr.

Philipp IV.
† 1665

Maria Anna, † 1646
∞ Ferdinand III.

Gertrud (Anna) v. Hohenberg

Klementia, † 1322
Karl M. v. Ungarn

Agnes, † 1322
∞ Albert v. Sachsen

Jutta, † 1297
∞ Wenzel II. v. Böhmen

Rudolf II., † 1290
∞ Agnes v. Böhmen

Mathilde
∞ Ludwig v. Bayern

Albrecht II., † 1358
∞ Johanna v. Pfirt

Heinrich

Otto d. Fröhliche
† 1339

Johann Parricida
† 1313

Ludwig d. Bayer
† 1346

Leopold III., † 1386
∞ Viridis Visconti
(Mailand)

Agnes
∞ Heinrich v. Jauer

Wilhelm
† 1406

Leopold IV.
† 1411

Ernst d. Eiserne, † 1424
∞ Cimburga (mit d. großen Lippe)
v. Masowien

Friedrich IV., † 1439
(mit d. leeren Tasche)

Sigismund, † 1496

Margareta, † 1486
∞ Friedrich v. Sachsen

FRIEDRICH III. (V.)
(1415—1493)
∞ Eleonora v. Portugal

Katharina, † 1493
∞ Karl v. Baden

Albrecht VI.
† 1463

MAXIMILIAN I. (1459—1519)
∞ 1. Maria v. Burgund, † 1482
2. Bianca Maria Sforza
v. Mailand

Kunigunde, † 1520
∞ Albrecht IV. v. Bayern

Philipp d. Schöne, † 1506
∞ Johanna v. Kastilien

Katharina, † 1578
∞ Joh. III. v. Portugal

FERDINAND I., † 1564
∞ Anna v. Ungarn

Maria, † 1584
∞ Wilh. v. Jülich

Ferdinand in Tirol
† 1595
∞ Phil. Welser, † 1580

Karl v. Innerösterreich
† 1590
∞ Maria v. Bayern

Anna
† 1590

MATTHIAS
† 1619

Maximilian
† 1618

Albrecht VII.
† 1621

FERDINAND II., † 1637
∞ Maria Anna v. Bayern

Leopold V.
(in Tirol), † 1632

FERDINAND III., † 1657
∞ 1. Maria v. Spanien
† 1646

Leopold Wilh.
† 1662

M. Anna
† 1651

Ferdinand Karl
† 1662

Claudia Felizitas
∞ Leopold I.

M. Anna
† 1696

Ferdinand IV.
† 1654

LEOPOLD I.
† 1705

LEOPOLD I. (1640—1705)
∞ 1. Margaretha Theresia v. Spanien, † 16
2. Claudia Felizitas v. Tirol, † 1676
3. Eleonore Magdalena v. d. Pfalz, † 1720

Marie Antonie, † 1692
∞ Max Emanuel v. Bayern, † 1726

Joseph Ferdinand, † 1699

JOSEPH I. (1678—1711)
∞ Wilhelmine Amalie
v. Braunschweig-Lüneburg, † 1742

Maria Josepha, † 1757
∞ Friedrich August II. (III.)
Kg. v. Polen, Kf. v. Sachsen, † 1763

Marie Amalie, † 1756
∞ Ks. Karl VII.
Kf. v. Bayern, † 1745

JOSEPH II.
(1741—1790)
∞ 1. Maria Isabella
v. Parma, † 1763
2. Maria Josepha
v. Bayern, † 1767

Marie Christine, † 1798
∞ Albert v. Sachsen-Teschen, † 1822

Maria Amalia, † 1804
∞ Ferdinand v. Parma
† 1802

LEOPOLD II.
(1747—1792)
∞ Maria Ludovika
v. Spanien, † 1792

Maria Theresia, † 1827
∞ Anton v. Sachsen
† 1836

FRANZ II. (I.) (1768—1835)
∞ 1. Elisabeth v. Württemberg, † 1790
2. Maria Theresia v. Sizilien, † 1807
3. Maria Ludovika v. Modena, † 1816
4. Karoline v. Bayern, † 1873

Ferdinand III. v. Toskana
† 1824

Leopold II., † 1870

Ferdinand IV., † 1908

Marie Luise, † 1847
∞ Napoleon I., † 1821

FERDINAND I. (1793—1875)
∞ Maria Anna v. Sardinien, † 1884

Leopoldine, † 1826
∞ Pedro, Ks. von Brasilien, † 183

FRANZ JOSEPH I. (1830—1916)
∞ Elisabeth v. Bayern, † 1898

Sophie, † 1857

Gisela, † 1932
∞ Leopold Prinz v. Bayern
† 1930

Rudolf, † 1889
∞ Stephanie v. Belgien, † 1945

Elisabeth

Marie Valerie, † 192
∞ Franz Salvator
† 1939

KARL VI. (1685—1740)
∞ Elisabeth v. Braunschweig-Wolfenbüttel, † 1750

MARIA THERESIA (1717—1780)
∞ Franz I. Stephan (v. Lothringen), † 1765

Maria Anna, † 1744
∞ Karl v. Lothringen, † 1770

Maria Karoline, † 1814
∞ Ferdinand I.
Kg. beider Sizilien
† 1825

Ferdinand, † 1806
∞ Maria Beatrix v. Modena
† 1829

Franz IV. v. Mod., † 1846

Franz V. v. Mod., † 1875

Marie Antoinette
† 1793
∞ Ludwig XVI.
v. Frankreich, † 1793

Maximilian Franz
Kf. v. Köln
† 1801

Karl, † 1847
∞ Henriette v. Nassau-
Weilburg, † 1829

Albrecht, † 1895

Karl Ferdinand, † 1874

Joseph, † 1847

Johann, † 1859
∞ Anna Plochl

Rainer, † 1853
∞ Elisabeth v.
Savoyen-Carignan, † 1856

Adelheid, † 1855
∞ Viktor Emanuel II.
Kg. v. Sardinien, † 1878

Rainer
† 1913

Karoline, † 1832
∞ Friedrich August II.
Kg. v. Sachsen, † 1854

Franz Karl, † 1878
∞ Sophie v. Bayern, † 1872

Maximilian, † 1867
∞ Charlotte v. Belgien
† 1927

Karl Ludwig, † 1896
∞ 1. Margarete v. Sachsen, † 1858
2. Maria Annunziata v. Sizilien, † 1871
3. Maria Theresia v. Portugal, † 1944

Franz Ferdinand, † 1914
∞ Sophie Gfn. Chotek
Hzgn. v. Hohenberg
† 1914

Otto, † 1906
∞ Maria Josepha v. Sachsen, † 1944

KARL I. (1887—1922)
∞ Zita v. Bourbon-Parma

Ferdinand (Burg)
† 1915

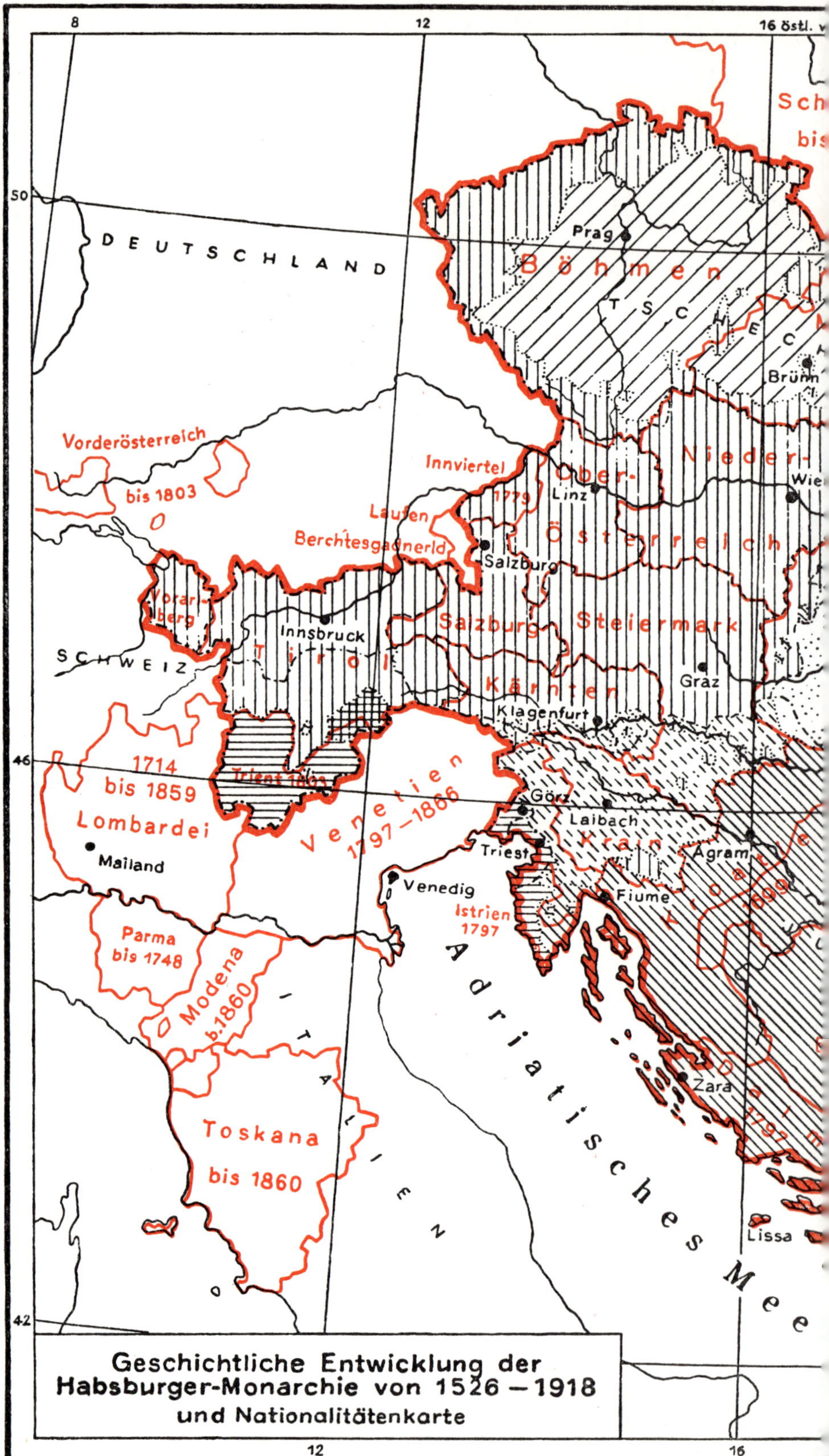

Geschichtliche Entwicklung der Habsburger-Monarchie von 1526 – 1918 und Nationalitätenkarte